· WANDERER ACHTE NATUR UND KUNST UND SCHONE IHRER WERKE ·

Flora · Fauna · Gartenfreude

DAS GARTENREICH DESSAU-WÖRLITZ
IM KREISLAUF DER NATUR

WELTERBE DER UNESCO

HERAUSGEGEBEN VON THOMAS WEISS

FOTOGRAFIEN VON
JANOS STEKOVICS

THOMAS HINSCHE UND HEINZ FRÄSSDORF

VERLAG JANOS STEKOVICS

Inhalt

Thomas Weiß · *Ein Fest der Sinnesfreude* · 7

Thomas Weiß · *Vom Genius Loci im Gartenreich* · 13

Antje Vollmer · *„Komm in den totgesagten Park und schau"* · 37

Christoph Stölzl · *Nonkonformismus in Anhalt* · 57

Guido Puhlmann · *Lebensader Elbe* · 81

Hartmut Kolbe, Eckart Schwarze · *Über die Vogelwelt* · 105

Ludwig Trauzettel · *„… allenthalben Selbst zugegen"* · 131

Sebastian Doil · *Kunstvoll und zugleich nützlich* · 157

Christa Hasselhorst · *Louises Blumenwelten* · 173

Wolfgang Savelsberg · *Bildgewordene Natur* · 195

Annette Scholtka · *Lorbeerbaum und Pfauenauge* · 221

Uwe Quilitzsch · *Süße Früchte* · 237

Uwe Quilitzsch · *Zwei faszinierende „Ideenmagazine" für Liebhaber von Gärten* · 253

Ingo Pfeifer · *Ein Tempel für die Flora* · 265

Thomas Raff · *Zephyr und die anderen* · 279

Hans-Ulrich Cain · *Der römische Hercules mingens* · 291

Eckhard Fuhr · *Lob der Jagd* · 301

Ingo Schmidt · *Gaumenfreuden* · 323

Thomas Weiß · *Genuss ohne Grenzen* · 335

Autoren · 364

Impressum · 368

Ein Fest der Sinnesfreude

THOMAS WEISS

Dieser Band ist eine Huldigung an das Gartenreich Dessau-Wörlitz, diese faszinierende Kulturlandschaft, die seit dem Jahr 2000 durch die Entscheidung der UNESCO zum schützenswerten Erbe der Menschheit gezählt werden darf. Hier verschmelzen in einem harmonischen Nebeneinander von üppiger Natur und Menschenwerk prachtvolle Meisterwerke barocker, neugotischer und streng klassizistischer Baukunst sowie bezaubernde historische Gärten zu einem außergewöhnlichen Landschaftserlebnis, das für viele Generationen bis heute identitätsstiftend wirkte und wirkt.

Insbesondere der Wörlitzer Park ist sozusagen das Flaggschiff in einer Flotte von Gartenanlagen beachtlichen Ausmaßes. Vor genau 250 Jahren – im Januar 1765 – wurde der vom damaligen Hofgärtner Johann Friedrich Eyserbeck 1764 gezeichnete Entwurfsplan rund um das heutige Schloss stufenweise realisiert. Dieses Buch ist konzipiert als eine bleibende Erinnerung an das bedeutende Jubiläum und an diesen Meilenstein in der Geschichte europäischer Gartenkunst.

In unserer Zeit, in der das Virtuelle mehr und mehr an die Stelle des Realen tritt, ist die Authentizität des Gartenreichs Dessau-Wörlitz nicht hoch genug zu bewerten. So ist dieses Buch auch ein beredtes Zeugnis für das innige Verhältnis der regionalen Bevölkerung zu ihrer Heimat, auch wenn der Begriff derzeit häufig zwiespältige Gefühle auslöst.

Jedem Anfang wohnt ein Zauber inne. Und tatsächlich scheint dem Beginn der Regierungsgeschäfte von Fürst Leopold III. Friedrich Franz von Anhalt-Dessau im Alter von achtzehn Jahren jene wunderbare Magie zugrunde zu liegen. Diese Publikation ist eine Huldigung an den charismatischen Landesherren und sein umfassendes Reformwerk. Das Buch soll uns an sein für damalige Zeiten höchst ungewöhnliches friedliches Vermächtnis erinnern, das immer wieder neu entdeckt zu werden lohnt. Es erweist aber auch den zahlreichen Menschen eine Reverenz, an die sich heute niemand mehr erinnert, die aber in der sich dynamisch entwickelnden Kulturlandschaft kontinuierlich dafür Sorge getragen haben, dem gesellschaftlichen und agrarökonomischen Wandel bis heute eine menschliche Dimension zu bewahren.

Liest man die Essays zu ausgewählten Aspekten zum Gartenreich und lässt man sich von den im Jahreszyklus angefertigten Fotografien bezaubern, ist man en passant zu einer kleinen Geschichtsstunde eingeladen und zu einer Zeitreise mitten hinein in die Epoche der Aufklärung in Mitteldeutschland. Diese Gegend muss aus ökonomischer und kultureller Sicht ohne Zweifel zu den fortschrittlichsten Landstrichen im ausgehenden 18. Jahrhundert gerechnet werden.

Die Naturgewalten haben die Elbauen mal verheerend zerstört, mal besonders fruchtbar gemacht. Dieses Buch gewährt einen fesselnden Blick auf die facettenreiche Schönheit der Natur, lenkt unser Auge auf ausgedehnte Auenwälder mit urwüchsigen knorrigen Solitäreichen, auf historische Streuobstwiesen, aber auch auf seltene Pflanzen und eine artenreiche Tierwelt. Wie im System einer Uhr Dutzende kleiner Rädchen, Federn und Schrauben ineinandergreifen und schließlich zu einer exakten Zeitangabe führen, wird im Gartenreich durch eine ganz spezielle Flora und Fauna sowie durch geologisch-geografische Eigenarten eine perfekte Symbiose erreicht. Darum empfiehlt es sich, der lebendigen Wechselwirkung von allem, was im Gartenreich zwischen Regenwurm und Regenbogen kreucht und fleucht, sein Augenmerk zu schenken. Deswegen sind auch Gerichte mit frischen regionalen Produkten aus naturverträglicher Bewirtschaftung Teil der persönlichen und kollektiven Identität.

Frontispiz
Der nach der umlaufenden Inschrift sogenannte Warnungsaltar, bald nach dem Tod Friedrich Wilhelm von Erdmannsdorffs (1800) in Schochs Garten aufgestellt, gilt als frühestes Zeugnis des Denkmal- und Naturschutzes in Europa. Diana und Phöbus zwischen Leiern und Lorbeergirlanden zieren als Relief die zylinderförmige Ära aus Sandstein, darunter reihen sich die neun Musen.

◀◀
Die in Gedanken versunkene Muschelnymphe am Ufer des Wörlitzer Sees, die freie Nachbildung einer antiken Knöchelspielerin aus der Villa Borghese in Rom, ist Mittelpunkt eines Stimmungsbildes mit Blick auf Schochs Garten.

Obwohl der Sinn für Tradition und die Bewusstheit seiner Herkunft als „Schutzräume" in unserer modernen Welt nur noch bedingt existieren, hoffe ich dennoch, mit der Botschaft dieses Buches die Empfindungen und Gefühle möglichst vieler Menschen anzusprechen und so die große Verantwortung gegenüber der Umwelt auch für unsere Nachfahren zu entwickeln. Allerdings setzt Sinn für das Erbe Sinn für Gemeinschaft voraus. Geben wir also unserer Vergangenheit eine Zukunft: geduldig und ohne Hast, jedoch mit Ausdauer und Disziplin. Dabei empfiehlt es sich, nicht nur in eigenen Lebensspannen zu denken oder gar bloß in Legislaturperioden.

Das Gartenreich ist als geborgt zu betrachten, als etwas, das wir mit dem gebotenen Respekt vor der Schöpfung zu pflegen haben. Das Gartenreich Dessau-Wörlitz, dieses unbeschwerte Fest der Sinnesfreude, mit all seinen Naturreichtümern, Schlössern und historischen Gärten hat die wundervolle Eigenschaft, eine zeitlose Aktualität zu besitzen. Es ist in seiner überragenden Qualität ein Schatz von globaler Signifikanz.

▶▶
Landschaft ist nichts, was schon immer da war, sondern die Dynamik elementarer Natur gräbt sich in die durch den Menschen gestaltete Landschaft ein, hat jedoch niemals endgültigen Charakter. Die topografisch markanten Fließgräben gleichen kostbaren Lebensadern.

Vom Genius Loci im Gartenreich

GEDANKEN ZUM GEIST DES ORTES

THOMAS WEISS

Es gibt Orte, die man zwar wahrnimmt, die aber schnell wieder aus dem Gedächtnis verschwinden. Andere hingegen üben einen unwiderstehlichen, bleibenden Reiz auf uns aus. Berge, Täler, Sümpfe, Seen oder Haine zaubern im Geist des Betrachters mitunter rätselhafte Sehnsüchte hervor. Sinnlichkeit und Intellekt gleichermaßen ansprechend, ziehen sie durch ihre außergewöhnliche Atmosphäre, die oftmals in ihrer Authentizität nur schwer beschrieben werden kann, unvermittelt unsere Aufmerksamkeit auf sich. Alles scheint sich dort in einer seltenen Balance zu befinden. Allerdings gelingt es nicht jedem, den Zusammenhang zwischen den natürlichen Gegebenheiten, der Geschichte des Ortes und dem in ihm verborgenen Geheimnis zu entdecken. Denn unsere Wahrnehmungsfähigkeit und darüber hinaus die Sensibilisierung für den unverwechselbaren Charakter eines Ortes werden in einer von ökonomischer Vernunft und Bilderflut bestimmten Zivilisation nur selten ausreichend kultiviert. So entzieht sich der Genius Loci, der Geist des Ortes, weitgehend rationalen Deutungsversuchen.

Der Wörlitzer Park im Gartenreich, im Stil englischer Landschaftsgärten angelegt, ist solch ein mystischer Sehnsuchtsort, ein begehbares Spiegelbild der aufgeklärten Weltanschauung eines deutschen Fürsten in der zweiten Hälfte des 18. Jahrhunderts. Natur und Kultur gehen hier eine untrennbare Symbiose ein. In diesem Miteinander verdient jedes Detail Beachtung. Der realisierte Traum von einer arkadisch-idyllischen Landschaft inspirierte schon viele Besucher zu meditativer Gelassenheit. „Nie verliess ich den Garten zu Wörlitz", schwärmte beispielsweise der Dichter Friedrich von Matthisson mit den Augen eines Zeitgenossen, „ohne die beglückende Stille des Geistes, welche nach Horazens Ausdrucke, Bitterkeiten durch sanftes Lächeln mildert und die Mutter der ächten Lebensweisheit ist."

Wörlitz: ein Reiseziel, das durch seine unaufgeregte Eleganz seit mehr als zwei Jahrhunderten Menschen inspiriert und bewegt. Ein magischer Ort, aus dem Geist der Antike geschaffen und von erotischer Lust inspiriert; das prominente Gegenbild zu der eher kühlen Pracht friderizianischer Kunst im Dienste preußischer Machtpolitik. Vielen gilt Wörlitz bis heute als Synonym für eine friedliche Welt. Oftmals ohne die Gründe dafür ausfindig machen zu können, unterliegen wir dem stillen Zauber einer so gearteten harmonischen Gestaltqualität und werden zum Innehalten verführt. Die faszinierenden Gartenbilder im Wörlitzer Park sind groß und still. Sie wirken auf den unvoreingenommenen Betrachter auf eine betörende Art, als sei die Zeit stehen geblieben und als habe man jetzt die einmalige Gelegenheit, eine Reise in das 18. Jahrhundert anzutreten.

Offensichtlich liegt diesem grandiosen Gesamtkunstwerk eine unsichtbare Konstante zugrunde. Lautlos, unbemerkt, unspektakulär: Attribute eines verwunschen anmutenden Ortes der Kontemplation und Regeneration. Balsam für die Seele. So wie einstmals im Fürstentum Anhalt-Dessau die träge dahinfließende Elbe, dieser letzte frei fließende Strom Deutschlands, den Rhythmus des Lebens bestimmte, indem er das Gartenreich regelmäßig flutete, so geschieht dies mit aller Wucht der unbezähmbaren Natur auch heute noch – eben eine von der Natur und vom Menschen gemeinsam in Jahrtausenden überformte Auenlandschaft, in der artenreiche Lebensgemeinschaften existieren, in der man das nicht zu Greifende spürt sowie ganz nebenbei auch wertvolle Erkenntnisse über den ikonografischen Kontext gewinnen kann. In dieser angefüllten Atmosphäre der Friedfertigkeit stört kaum etwas unsere poetischen Empfindungen. Die Natur: Bäume, Wasser, Wolken und Wind vermögen hier tiefe Emotionen zu erzeugen. Die Zeit scheint im Gartenreich langsamer zu vergehen als in der gewohnten Umgebung. In diesen Momenten einer sinnlich-berührenden Begegnung mit der Landschaft stellt sich beim Spaziergänger schnell Gelassenheit ein: aequanimitas, wie man diesen Gemütszustand in der römischen Antike nannte.

Das Verhältnis der Menschen zu einer Landschaft und zu deren „Genius" ist einem ständigen Wandel unterworfen. Es oszilliert zwischen

◄◄
Die raffiniert-kultivierte Zwanglosigkeit alter europäischer Häuser, die Henriette-Catharina von Oranien-Nassau als Regentin an der Seite von Johann Georg II. in das Fürstentum an der Elbe brachte, ist im Schloss Oranienbaum zwar verblasst, jedoch immer noch allgegenwärtig.

Erst aus der Vogelperspektive wird deutlich, wie zwischen Luisenklippe und Venustempel die romantische Partie vom Hochwasserdeich perfekt umfangen wird.

„Einer der schönsten Sommerabende, die vom nördlichen Himmel herabsinken können, übergoß die Wipfel des Parks mit grünlich goldnem Lichte. Kein Lüftchen regte die Flügel. Selbst das Laub der Zitterpappel und der Espen schien zu schlummern. Der See glich einem festen Spiegel und blinkte die Uferlandschaft so klar und umrissen zurück."
Friedrich von Matthisson, 1805

idyllisch-sentimentaler Verklärung und ökonomischer Realität. Was noch im Mittelalter als schauerliche Wildnis galt und wegen der dort lauernden Gefahren von der Bevölkerung im Allgemeinen gefürchtet wurde, änderte sich durch intensive Beobachtung der Natur im Bewusstsein des 18. Jahrhunderts grundlegend. Seitdem kann ein jeder durch Anschauung, Bewunderung und Nachdenken über Naturphänomene eine Welt des Erhabenen für sich erfahren. Auf diese Weise ist das Gartenreich Dessau-Wörlitz eine vom Menschen geschaffene Welt, die eine gesteigerte Anziehungskraft in der Kombination von Schönheit und Sinn besitzt. „Daß wir nicht ganz in einer Wildniß, in einem einzelnen finstern Orte der Einsamkeit zu wandeln glauben", so begründete noch 1805 der einzige Sohn des Dessauer Fürsten, Erbprinz Friedrich, seinen Entschluss, einen weiteren Park in den Elbwiesen nahe dem Ort Kühnau anlegen zu lassen.

Das Nützliche mit dem Angenehmen zu verbinden war lebenslang das Motto seines passionierten Vaters, des regierenden Fürsten und späteren Herzogs Leopold III. Friedrich Franz von Anhalt-Dessau. Nicht nur das klassizistische Schloss Wörlitz – Landhaus hat es sein Erbauer passenderweise genannt –, das sich nach mehr als zwanzig Jahren umfassender Restaurierung heute wieder seiner ursprünglichen Pracht annähert, zieht das Interesse der Besucher auf sich. Die vom Fürsten in Verbindung mit weitläufigen Parks in die Auenlandschaft des breit gelagerten Elbtals hineinkomponierten kleineren Staffagebauten, Skulpturen und Gedenksteine, sozusagen eine Inszenierung der „wilden" Natur, geraten uns während eines Spaziergangs eher wie beiläufig in den Blick. Gerade sie belegen jedoch, wie sehr der aufgeklärte Landesherr von der Kunst der Antike beeinflusst war, und gleichzeitig zeugen sie von seinem feinen Gespür für naturhaft bildnerische Wirkungen. Sie dokumentieren auch, wie sehr er es liebte, die natürlichen landschaftlichen Gegebenheiten, wie zum Beispiel die alten Mäander der Elbe und Mulde, als sanfte topografische Modulationen in die gartenkünstlerisch veredelten „englischen Anlagen" geschickt zu integrieren.

Literarische Vorbilder fand der Dessauer Fürst in den Schriften Alexander Popes, der schon 1731 gefordert hatte: „All must be adapted to the Genius and use of the Place, and the Beauties not forced into it, but resulting from it". Sinngemäß ist demnach der Geist eines Ortes und dessen „Nützlichkeit" für den jeweiligen Zweck entscheidend. Schönheit dürfe eben nicht hineingezwungen werden, sie müsse sich vielmehr aus den landschaftlichen Besonderheiten ergeben, argumentierte der englische Dichter und Schriftsteller.

Während das reiche baukulturelle Erbe eine Vorstellung davon liefert, wie eng gewebt und kompliziert die Blickperspektiven in diesem „Lustwald" (August Rode, 1796) sind, fragt man sich allerdings manchmal auch, ob sie vom Fürsten Franz durch die üppige Natur absichtlich getarnt wurden, um hierdurch etwas Verborgenes sichtbarer zu machen. Das mag wohl auch ein Grund für den kunstsinnigen Landesherren aus Dessau

Die von Erdmannsdorff entworfene Weiße Brücke, auch „Stufenbrücke" oder „Chinesische Brücke" genannt, überspannt den Wolfskanal und verbindet in Schochs Garten die als Ackerfläche genutzte Florabreite mit dem Landschaftsgarten auf der Großen Wiese – Lehrbeispiele zweier unterschiedlicher Formen der Landnutzung.

▶▶

Das imposante „Fürstlich Anhalt-Dessauische Landhaus", wie es August Rode in seiner Beschreibung von 1788 nannte, liegt auf der Anhöhe einer Geländeterrasse und fügt sich zauberhaft in den Landschaftsgarten mit seinen weitläufigen Wiesenarealen und deren jahreszeitlich wechselndem Flor. Einzeln stehende Eichen, Rotbuchen und eine Gruppe von Platanen gliedern hier das Gartenbild wie auf einer Bühne.

gewesen sein, sein tusculum rurale inmitten seiner ersten Gartenanlage nicht, wie ursprünglich beabsichtigt, westlich der Dessauer Residenz in der Nähe von Kühnau, sondern östlich davon neben dem Städtchen Wörlitz anzulegen. War es der spezielle Geist des Ortes, der in den wildreichen Jagdgründen mit den mächtigen Solitäreichen und den dicht bewaldeten Altwasserarmen der Elbe herrschte, den er dort für seine Zwecke entdeckte? Eine Vorbestimmtheit für das Gelingen des fürstlichen Unternehmens, diese urwüchsige Landschaft neu zu „kodieren", gab es seinerzeit offensichtlich nicht. Allerdings existierte damals wohl unter Eingeweihten ein innerer Zusammenhang zwischen den biosphärischen Bedingungen, der profunden Kenntnis antiker Geschichte und Mythen sowie einer ausgeprägten Empfindsamkeit.

Der anhaltische Landesherr und seine Hofgärtner mussten sich bei ihrem Projekt notgedrungen auf das vergleichsweise überschaubare, siebenhundert Quadratkilometer umfassende Gebiet des Fürstentums beschränken – ein Territorium, das sich schon seit zwei Generationen vollständig im Eigentum des Hauses Anhalt-Dessau befand. Mit ihren hauptsächlich der Aufklärung verpflichteten Plänen und den auf ihren ausgedehnten Reisen besichtigten und studierten italienischen und englischen Vorbildern hatten sie sich zu Hause stets den topografischen Gegebenheiten unterzuordnen. Ganz bewusst bedienten sie sich bei der Gestaltung der geplanten Gartenpartien der physiognomischen Wirkung von Bäumen und Sträuchern. Anscheinend war es keinem anderen der Zeitgenossen des Fürsten damals besser gelungen, die verschiedenen Gehölze wirkungsvoller in Szene zu setzen. Das heißt, „durch Mischung von hundertfachem Grün schattieren und grün in grün zu malen", wie es Karl August Böttiger in seiner Reisebeschreibung 1797 so zutreffend formulierte. (Böttger: Reise nach Wörlitz. 1797, Berlin ⁸1999)

Mit solchen und anderen Mitteln sollten die Besucher des Wörlitzer Landschaftsgartens in einen bestimmten seelischen Zustand versetzt werden. Im finsteren Dickicht des Auenwaldes, zwischen unzähligen in der Fantasie der Flaneure hervorgerufenen Waldnymphen und imaginären Gottheiten wurde das Betrachten von vermeintlich stillen Gartenbildern zu etwas ungemein Lebendigem. „Du nur, Genius, mehrst in der Natur die Natur! und so oft sich meinen Gedanken diese Stelle aufdrang, war mirs als wenn dieser Genius vor mir herschwebte, mit zarter Hand die bergenden Zweiglein hinwegbeugte, und das Heiligtum seiner Kraft, die Szene seiner Kunst mir öffnete." Beeindruckt von der Großartigkeit seines Erlebnisses in Anbetracht dieser mythengetränkten Gartenbilder war Johann Gottlieb Böttgers Erkenntnis allerdings auch gepaart mit trauriger Ratlosigkeit: „Fühlen kann ich dieses Schöne, aber sein Ursprung mag mir noch fremd seyn." (Böttger: Triumph der Schönen Gartenkunst. Leipzig 1800, hier 3. Heft) Daran hat sich bis heute nichts geändert.

Jedoch: Ist unsere Sicht auf die Vergangenheit nicht eher verschwommen und eingeschränkt durch den persönlichen Blickwinkel? Schließlich

---

Die Sandsteinhermen von Anakreon und Sappho, beides bedeutende griechische Lyriker, in deren Dichtkunst sich Liebe, Wein und heitere Geselligkeit widerspiegeln, bekrönen die Amaliengrotte auf der gleichnamigen Insel und erinnern an die Erbprinzessin Christiane Amalie, Schwiegertochter des Fürsten Franz.

▸▸
Die beiden antiken Bildnisbüsten der römischen Kaiser Septimus Severus und Marc Aurel hatte der Fürst bei Bartolomeo Cavaceppi, dem besten Antikenrestaurator seiner Zeit, in Rom erworben. Mit anderen Grand-Tour-Souvenirs schmücken sie den Großen Saal im Schloss Wörlitz.

ist der Genius Loci nichts Beständiges, sondern wird erst durch das Auge des Betrachters spürbar. Die Suche danach ist mit der Suche nach etwas scheinbar Verlorenem zu vergleichen. Doch wenn es für diesen gigantischen Masterplan, der eigentlich nie vorlag, keine Gewissheiten gab, dann erschließen sich uns heute vielleicht die geistigen Hintergründe durch eigene Erkundungen und Reflexionen. Die geschickt komponierte Zufallsschönheit als eine ideale Verkörperung des Genius Loci? Der Traum vom Glück in der idyllischen Natur speiste sich für seine aristokratischen Planer aus der Unmittelbarkeit der Naturwirkungen und mythologischen Assoziationen. Beides war geprägt von ungezügelter Sehnsucht nach einem Leben in Arkadien, einem Traumgefilde, bewohnt von Nymphen und Hirten, das nicht nur für Böttger seinerzeit auf den „Wörlitzer Fluren" zu entdecken war. „Hier schützt die mildspendende Ceres das Feld, auf weichem Grase scherzt der Chor der Hamadryaden. Hier sind Quellen, hier dickes Gebüsch, hier ein wiederauflebendes Tempe", schwärmte Carl Wilhelm Kolbe im Jahr 1795 (zit. nach Dorow: Denkschriften, Bd. 2). In der Auenlandschaft um Dessau mit ihrem jahrhundertealten Baumbestand waren es für ihn als Künstler, der die Natur gleichsam gefühlt wissen wollte, insbesondere die charakteristischen Solitäreichen, denen er als Indikatoren für die wirksamen Kräfte eines Ortes eine wichtige spirituelle Bedeutung beimaß. Ist es Einbildung oder berichten die bizarr gewachsenen Bäume wirklich von den magischen Kräften, die hier walten?

Heute irritiert im Gartenreich Dessau-Wörlitz nicht die allzeit spürbare Anwesenheit der Geschichte, sondern hauptsächlich die eindeutige Abwesenheit von Tradition. Beginnen in unserer Gesellschaft im Zuge der Globalisierung die „Traditionsfäden als bestimmendes Herkunftsmerkmal" (Bernd Kauffmann) zu reißen? Können wir nicht mehr Vergangenheit als Bereicherung des eigenen Lebens begreifen? Oder, wie es Friedrich Nietzsche formulierte, dass wir wieder „gute Nachbarn der nächsten Dinge" werden müssten? In unserer alltäglichen Welt, geprägt von einem schleichenden Verlust der Eigenart, ist überwiegend Pragmatismus angesagt. Da existiert häufig keine Zeit mehr für die Suche nach dem unbegreiflichen Genius Loci, um dessen Kräfte als eine Quelle der Inspiration zu entdecken.

Wenn die Erfahrung nicht täuscht, dass gerade das, was uns in der heimischen Umgebung am vertrautesten erscheint, immer das ist, wovon wir am wenigsten wissen, dann wird die Entdeckung des Genius Loci im Gartenreich in der Tat zu einer Zufallsbekanntschaft. Die Steigerung der Wahrnehmungsbereitschaft ist aber Voraussetzung für jedweden Erkenntnisgewinn. So ist denn auch Goethe zu verstehen, wenn er bemerkt, dass das Höchste, wozu der Mensch gelangen kann, das Erstaunen sei. Nicht nur aufgrund der uns eigenen Ignoranz oder Nüchternheit, sondern auch wegen einer permanenten kommerziellen Berieselung mit beliebigen Surrogaten, ist die geistige Welt, die sich in den abwechslungsreichen Gartenpartien entlang der Elbe präsentiert, für die meisten von uns kaum

---

Die Gipskopie eines Fauns, Personifikation des Lüsternen und der Trunkenheit, hier tanzend und mit Handzimbeln sowie einer Fußklapper musizierend, entstand nach dem berühmten Vorbild in der Tribuna in den Uffizien in Florenz. Die Skulptur ziert eine Nische in der Eingangsrotunde des Wörlitzer Schlosses und ist Ausdruck eines eleganten Klassizismus im Stil der schottischen Architekten Robert und James Adam.

▶▶
Der Haupteingang in den Park von Großkühnau, Rittertor genannt, wird flankiert von zwei Sandsteinpostamenten mit je einer Figurengruppe von Lorenzo Mattielli, die ursprünglich aus Dresden stammen und 1818 von Herzog Leopold Friedrich für diesen Standort erworben wurden. Die Mitte des 18. Jahrhunderts geschaffenen Skulpturen stellen Mars und Venus mit einem Taubenpärchen sowie Theseus und Ariadne dar.

▶▶▶
Auf den ausgedehnten Auenwaldwiesen, wo man der Sehnsucht nach Entschleunigung ganz nah ist, sind die Stimmungsbilder in einem ständigen Wandel.

Mein Lieber! Du liegst im Gras, den Kopf im Nacken, um dich herum keine Menschenseele, du hörst nur den Wind und schaust hinauf in den offenen Himmel – in das Blau dort oben, wo die Wolken ziehen –, das ist vielleicht das Schönste, was du im Leben getan und gesehen hast.

Ilya Kabakov, Looking Up, Reading the Words, 1997

mehr erfahrbar. Deswegen spaziert die Mehrzahl der Besucher des Gartenreichs wie durch ein „amputiertes Kunstwerk" (Érik Orsenna), in dem die Gartenbilder zu Kulissen degradiert sind und demzufolge in der Einbildung nur höchst selten von Fantasie gespeiste Gefühle entstehen. Vor allem dem von Ruhelosigkeit geplagten Zeitgenossen ohne gartenhistorische Kenntnisse, ohne Wissen um antike Mythologie und ohne Naturverständnis und Sinn für deren fein abgestuftes Formenvokabular verweigert sich der Genius Loci. Für einen solchermaßen bildungsfernen Besucher reicht es allerdings nicht, der anhaltenden Trivialisierung zu begegnen, indem er lediglich die rasche Wahrnehmung verzögert. Wenn dies auch ein erster Schritt zu sein scheint, kann sich allein dadurch kein besseres Verständnis für die komplexe Homogenität dieses kulturellen Raumes einstellen.

Aber warum darüber klagen? Schließlich atmet der Geist der Natur doch in anderen Zeiträumen und Dimensionen, und wie man immer wieder erleichtert feststellen kann, lassen die Natur und ihr Genius Loci sich nicht von einem durch den Menschen bestimmten Zivilisationsprozess in die Schranken weisen. Der Geist des Ortes, sein Genius Loci, bleibt etwas Unsichtbares und wird nur für den, der ihn fühlt, ein ihm ganz eigenes Erleben schaffen. Oder mit den Worten der österreichischen Schriftstellerin Marie von Ebner-Eschenbach gesagt: „Nicht was wir erleben, sondern wie wir empfinden, was wir erleben, macht unser Schicksal aus."

Diesem Aspekt, dem Flanieren mit offenen Sinnen, sollten alle Besucher künftig weitaus mehr Aufmerksamkeit widmen. Und wir dürfen nicht aufhören, diese Menschen zu lehren, wie sie während stiller Spaziergänge und gemächlicher Kahnfahrten auf dem Wörlitzer See und durch die Kanäle Zeit für das genaue Hinsehen aufbringen sollten, um Empfindungen wieder stärker zu erfahren. Im Gegensatz zu den beliebigen Themenparks, wo man regelmäßig neue Attraktionen präsentiert, um die Kundschaft bei Laune zu halten, kann es im Gartenreich gelingen, den Genius Loci als Wert der Schöpfung höher zu schätzen und einen Aufenthalt dort nicht als verlorene Zeit.

◀◀
„Eine kleine Stunde von dem Vogelherd an der Elbe [Luisium] liegt der Sieglitzer Berg. Daselbst hat der Fürst im vergangenen Jahr ein Gebäude aufführen lassen, dessen vordre Seite mit einer Kollonade versehen ist, und auf deren Giebel die Worte: der Besserung stehen. Hier wohnt der Fürst zu Anfange des Sommers einige Wochen, um das Bad oder den Brunnen zu brauchen, worauf obige Worte zielen. Seitwärts ist die Küche in der Figur einer Ruine angebracht; auch der Garten hat hübsche Partien, und wird so wie das Schloss von einem starken Wald umschlossen, in welchen Hirsche, Rehe und Schweine heerdenweise herumlaufen."
Christian August Bertram, 1780

Die zwischen 2008 und 2012 aus Ruinen auferstandene Solitude bildet heute wieder das Zentrum des Waldparks zwischen Dessau und Vockerode.

Rousseaus Insel, nach dem Vorbild im Park von Ermenonville bei Paris angelegt, stimmt seit 1782 die Besucher der Wörlitzer Anlagen auf die Gestaltungsabsichten ein, die den philosophischen Ideen des französischsprachigen Genfers verpflichtet sind. Der von einer Urne bekrönte Gedenkstein trägt die Inschrift: „dem Andenken J. J. Rousseau / Bürgers zu Genf, der die Witzlinge zum gesunden Verstand / die Wollüstigen zum wahren Genuss / die irrende Kunst zur Einfalt der Natur / die Zweifler zum Trost der Offenbarung / mit männlicher Beredsamkeit zurückwies. / er starb den 2. Juli 1778."

▶▶
Die Kirche Madonna dell'Orto in unmittelbarer Nähe der landschaftlich reizvollen nördlichen Lagune Venedigs, einer abgelegenen Gegend, wo es im 18. Jahrhundert mehr Gärten als Häuser gab, war Vorbild für die zum Kanal gerichtete Fassade des Gotischen Hauses, einem Gründungsbau der Neugotik in Deutschland. Anfangs als Gärtnerwohnung vorgesehen, diente das Haus später dem Fürsten Franz als privates Refugium, um die reichhaltige Sammlung mittelalterlicher Kunst aufzunehmen.

„Komm in den totgesagten Park und schau"

ANTJE VOLLMER

Der Bau der Berliner Mauer lag erst zehn Monate zurück. Ich war gerade neunzehn geworden und hatte vor zwei Monaten das Abitur bestanden. Ich wollte zum Studium nach Berlin, dachte aber, ein Praktikum könnte in der Wartezeit bis zum Beginn des Wintersemesters 1962/63 nicht schaden. Ich meldete mich in den von Bodelschwinghschen Anstalten in Bethel, um eine Zeit lang in einer Behinderten-Einrichtung zu helfen. Der größte Bedarf an Unterstützung herrschte offenbar in einer geschlossenen Station mit schwerstbehinderten, oft auch dementen älteren Frauen, angesiedelt in der Bethel-Dependance Eckardtsheim in der Senne vor Bielefeld.

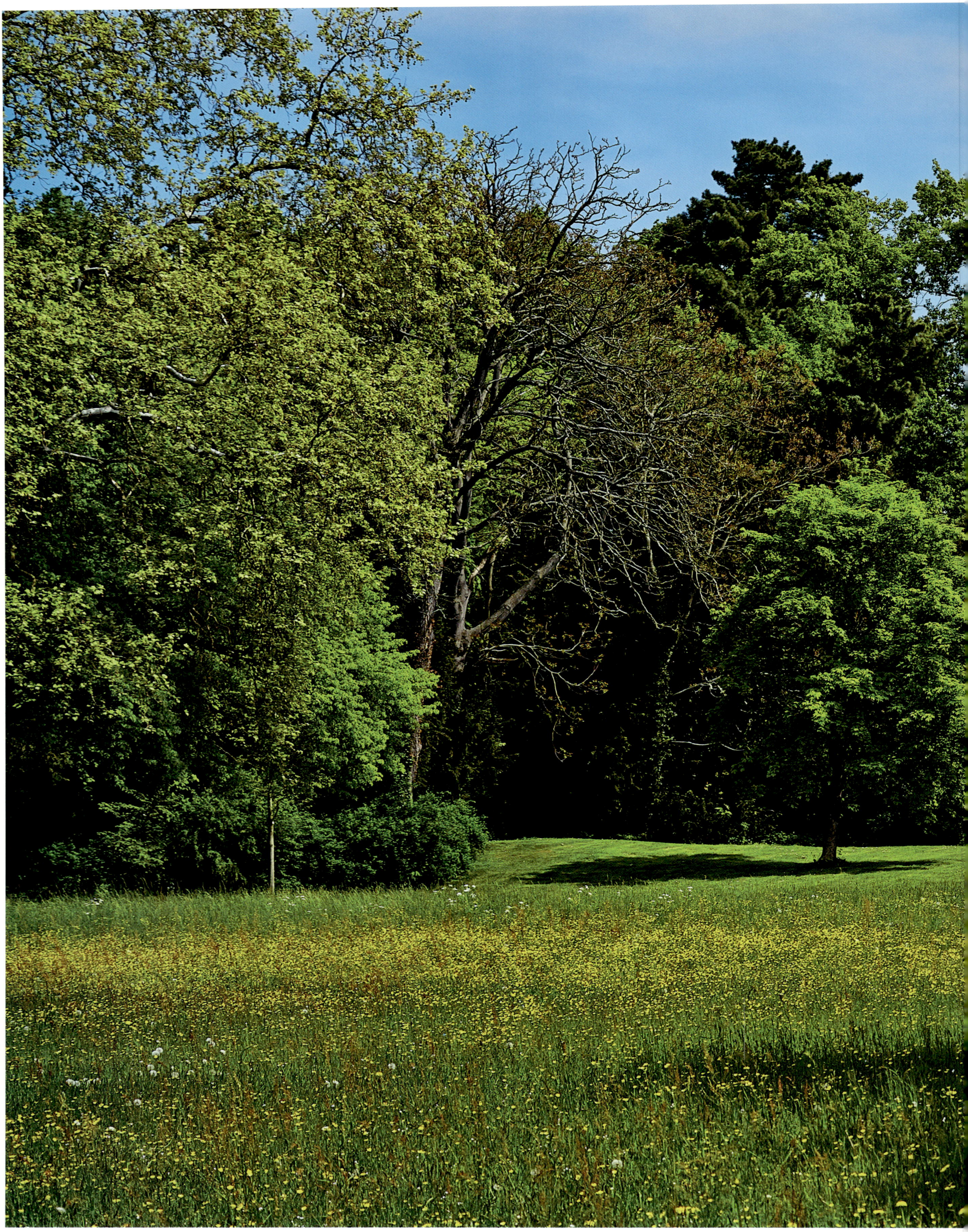

FRANCISCVS. PR. AEDIF. INSTRVXIT. LVDOVICAE. CONIVGI. DIGNISS. D.

Als ich ankam, bekam ich als Erstes einen Schlüssel für das Schließsystem. Dann wurde noch am selben Tag eine erfahrene Diakonisse in die Kur geschickt, die sie dringend benötigte. Ich war vollkommen überfordert. Zu zweit mussten wir schon morgens um sechs Uhr an die dreißig Patientinnen – viele davon in Rollstühlen – aus den Betten holen, waschen, pflegen, mit Frühstück versorgen. Danach die Zimmer, Toiletten, Waschräume säubern. Dann gab es eine Andacht für alle – dann schließlich konnten auch die Pflegekräfte und Helferinnen eine Frühstückspause machen, bevor der Tagesdienst begann.

Sechs Wochen wollte ich bleiben, täglich hatte ich Zweifel, ob ich aus Gründen der Kräfte- und Seelenerschöpfung durchhalten würde. Nach drei Wochen erhielt ich Post von einer Brieffreundin aus Dessau. Ihr war etwas Besonderes gelungen: eine Einreisegenehmigung für mich in die DDR, das Land hinter der Mauer und dem Eisernen Vorhang. Ich hatte dort keine Verwandten, es hatte sie viel Mühe und Geduld gekostet, die Genehmigung für mich durchzusetzen. Der Zeitraum war begrenzt: Ich musste in einer Woche fahren und würde dann drei Wochen bleiben können.

Die Leiterin meiner Station war nicht erfreut, sie hatte so schnell keinen Ersatz für mich. In der gemeinsamen Andacht wurde dafür gebetet, ich möge erkennen, wo jetzt mein Platz und meine Aufgabe sei, ich möge auch nicht in die Fänge der Kommunisten geraten. Ich sah das anders und straffte innerlich den Rücken. Ich blieb noch eine Woche und machte mich dann auf die Reise in ein anderes Land.

An einem der ersten Tage in Dessau fuhren wir zum Schloss Mosigkau mit seinen Wänden voller kostbarer Gemälde. Eine Postkarte mit dem kleinen oranischen Prinzen bewahre ich bis heute. Dann folgte ein Nachmittag in Wörlitz. Es war Sommer, ich wusste noch wenig von den großen Parkanlagen der Welt, ich glaubte, in einem Traum gelandet zu sein. Es gibt ein Foto, wo ich eine Zehenspitze ins Wasser tauche, während ein Schwan auf mich zusteuert.

War es die Befreiung von der dumpfen Enge der geschlossenen Station, war es die Überraschung, dass ich nicht in einem kommunistischen Sperrbezirk mit Stacheldraht und Wachturm gelandet war, sondern in einem der schönsten Gärten Europas? Bis heute erinnere ich mich an ein Staunen, dass die Welt ganz anders erscheinen und leuchten kann, als sie in den Zeitungen beschrieben wird.

1990, nach dem großen Umbruch, kam ich eher beiläufig mit dem Auto auf dem Weg von München nach Berlin an Wörlitz vorbei. Jahre waren vergangen. Oft war ich inzwischen in der DDR gewesen, erst zu privaten Treffen, dann zu kirchlichen Kontakten, später auch zu bürgerrechtlichen Geheimtreffen. Unzählige Male war ich am Tränenpalast zurückgewiesen worden. 1983, auf dem Höhepunkt der Friedensbewegung, aber durfte ich plötzlich beim Empfang der ersten Delegation der Grünen bei Erich

◂◂◂
Am westlichen Ende der Roseninsel im Wörlitzer Park erhebt sich eine von Fürst Franz gepflanzte mächtige Eiche, die bereits als junger Baum neben der Fürstin Louise in dem 1769 entstandenen Porträt, im Speisesaal des Wörlitzer Schlosses zu sehen ist.

◂◂
Um den Landhauscharakter zu unterstreichen, führen die Wege zum Schloss Wörlitz bewusst nicht zentral auf das Gebäude zu. Der Besucher soll das Haus immer leicht von der Seite betrachten, um seine feinen Proportionen wahrnehmen zu können.

Die Skulptur der Diana mit dem Hund an ihrer Seite erhebt sich auf einem zwischen dem Kleinen Walloch und dem Gotischen Haus errichteten Sockel. Diana als Inbegriff weiblicher Tugenden und als Schutzgöttin der Jagd ist in mehreren plastischen Versionen sowie in Gemälden im Gartenreich zu entdecken.

▸▸
Sowohl die Sonnenbrücke als auch die Wolfsbrücke gehören zu einem in Bildungsabsicht angelegten Brückenbauprogramm im Wörlitzer Park. Insgesamt zählen wir siebzehn sehr unterschiedliche Brücken; die Spannweite reicht hierbei von einer der primitivsten Brückenformen, einem über den Kanal gelegten Baumstamm, bis hin zu der innovativen Eisengussbrücke, die nach einem in England entwickelten Vorbild entstanden ist.

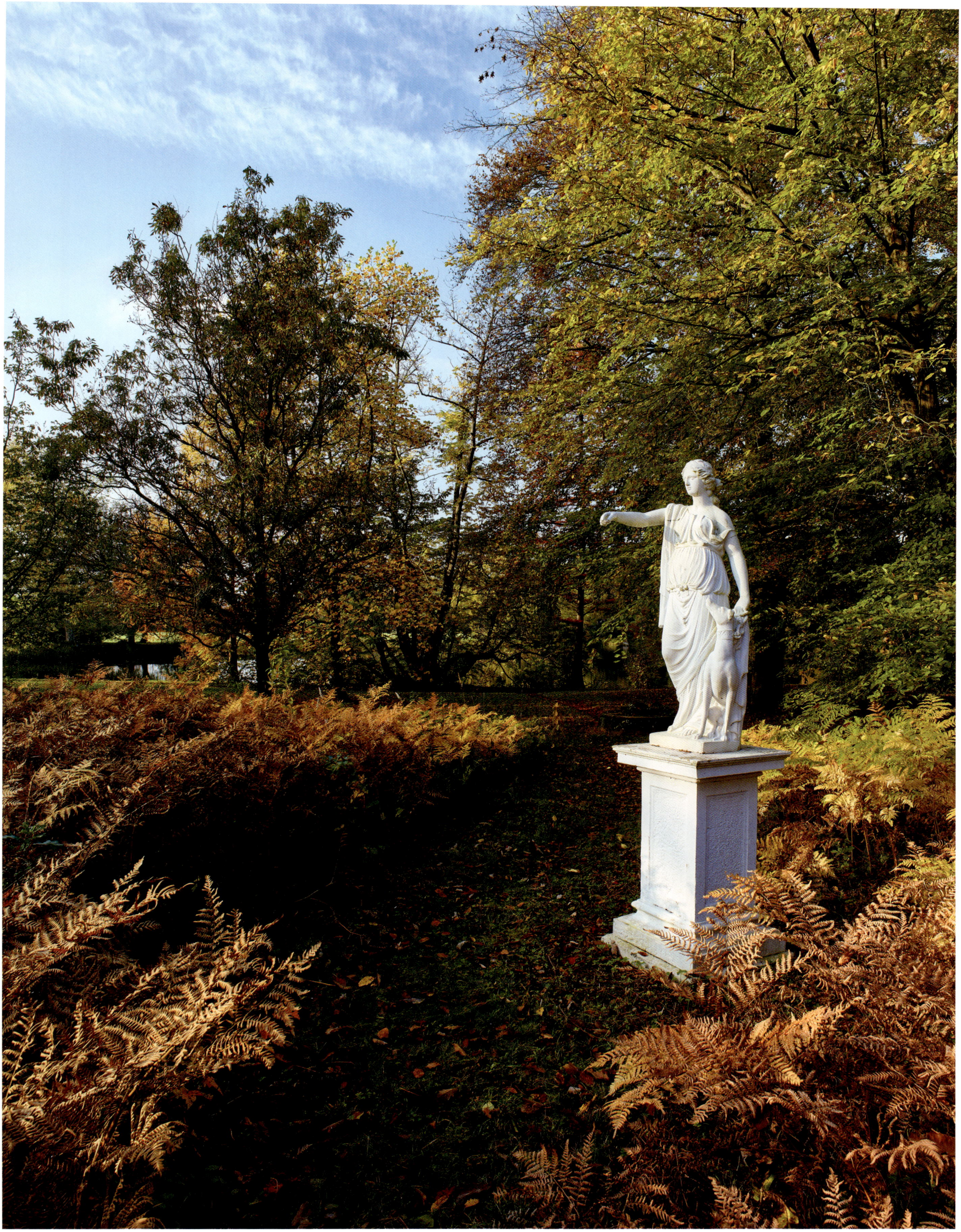

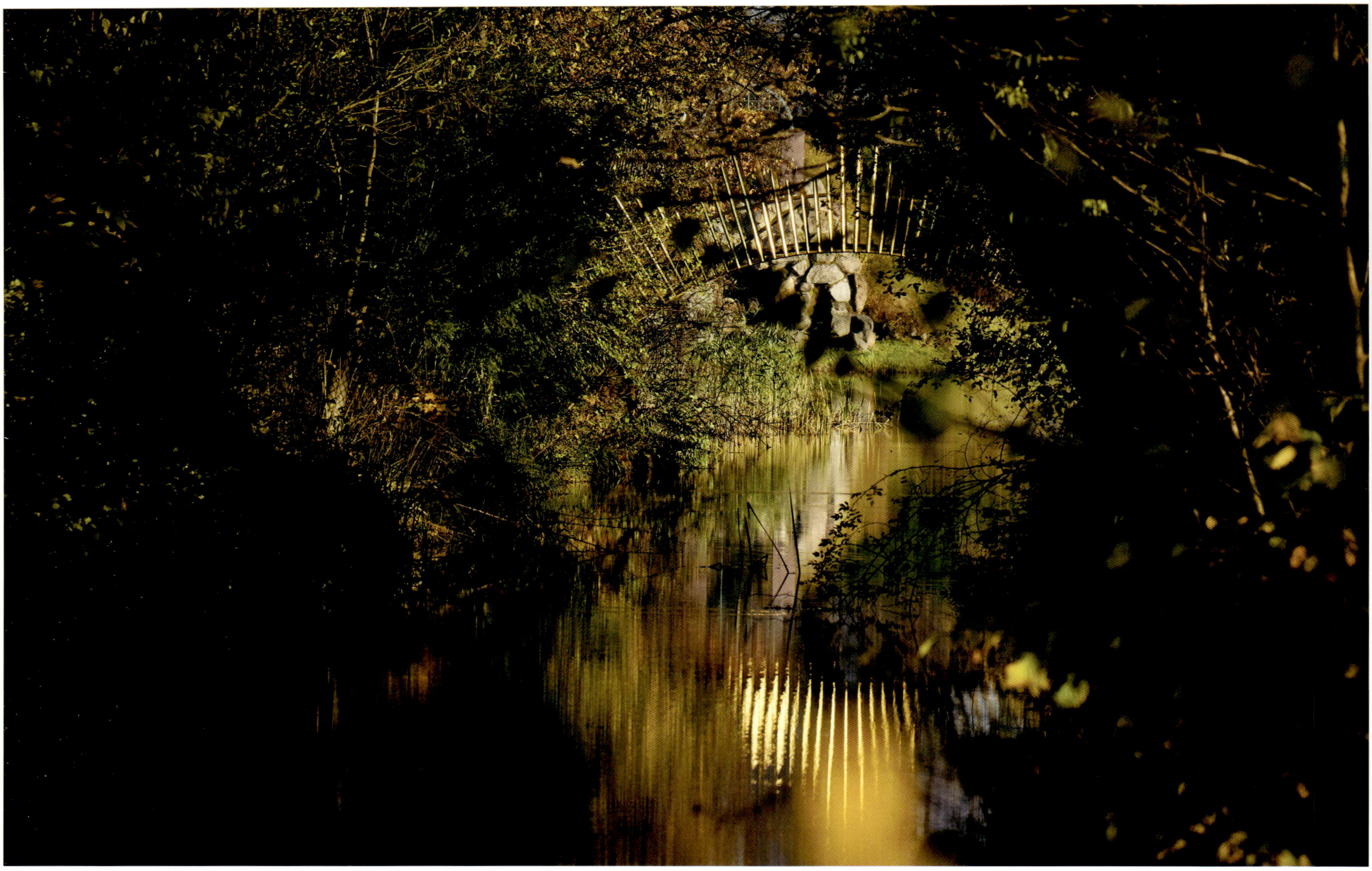

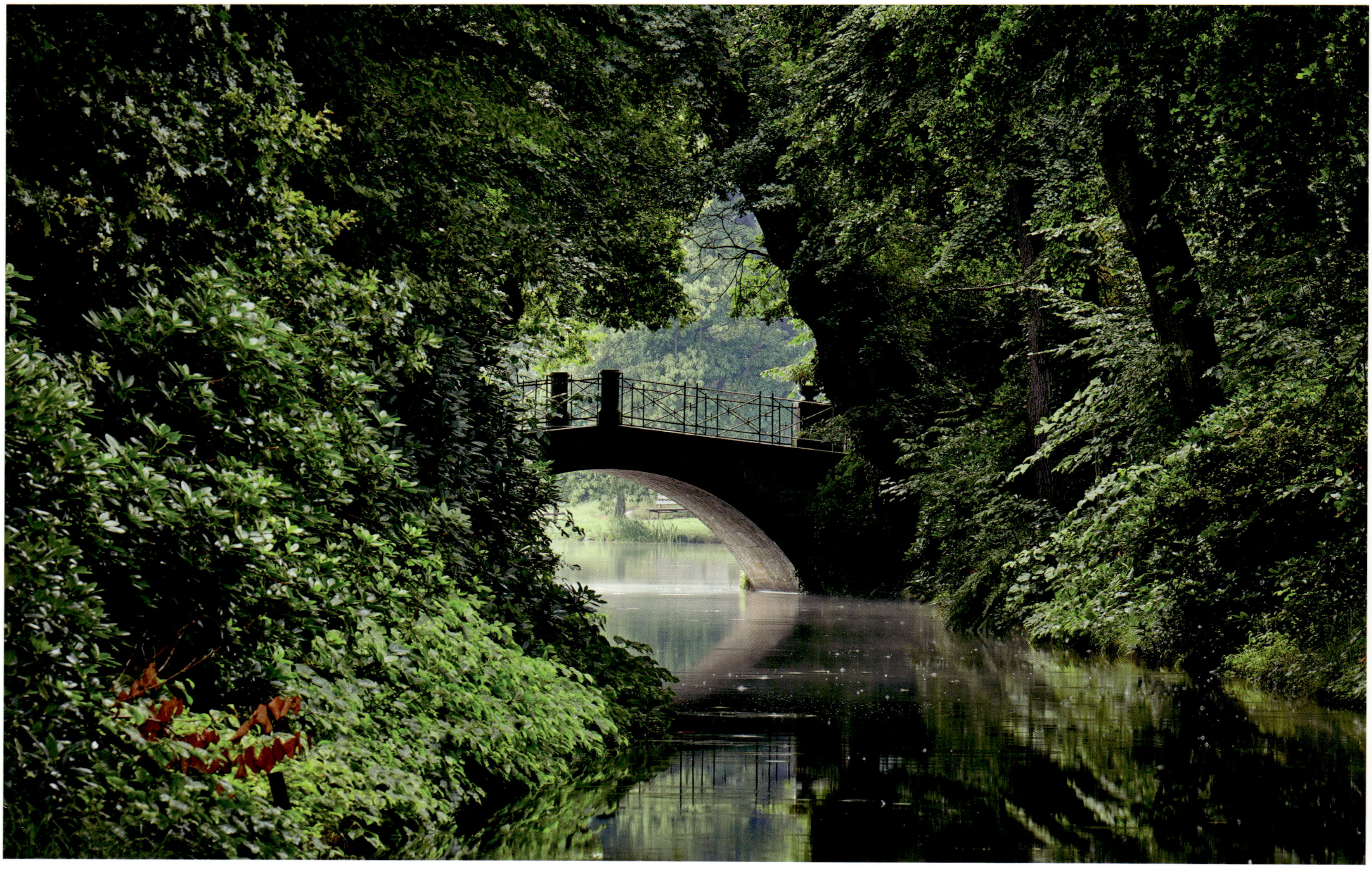

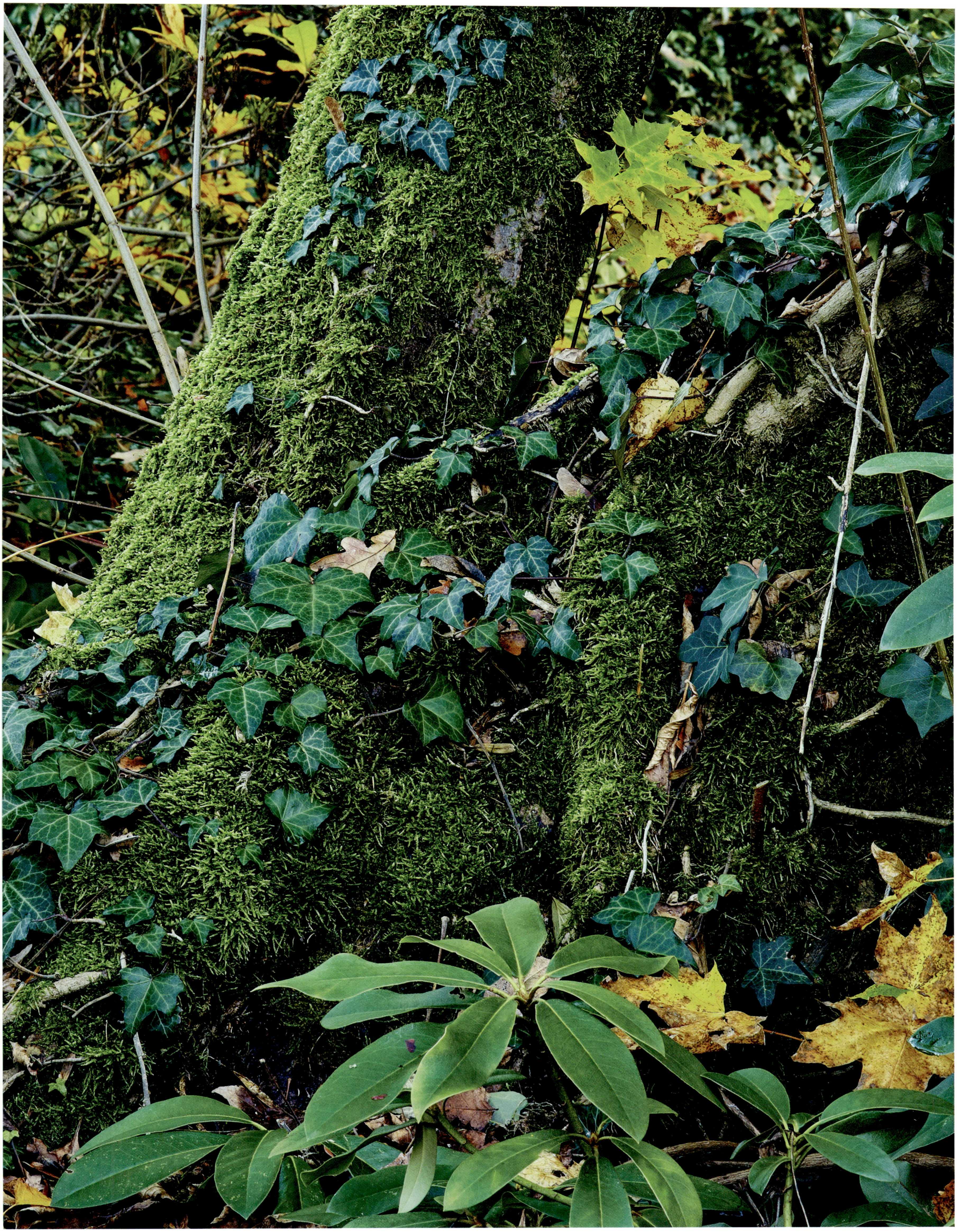

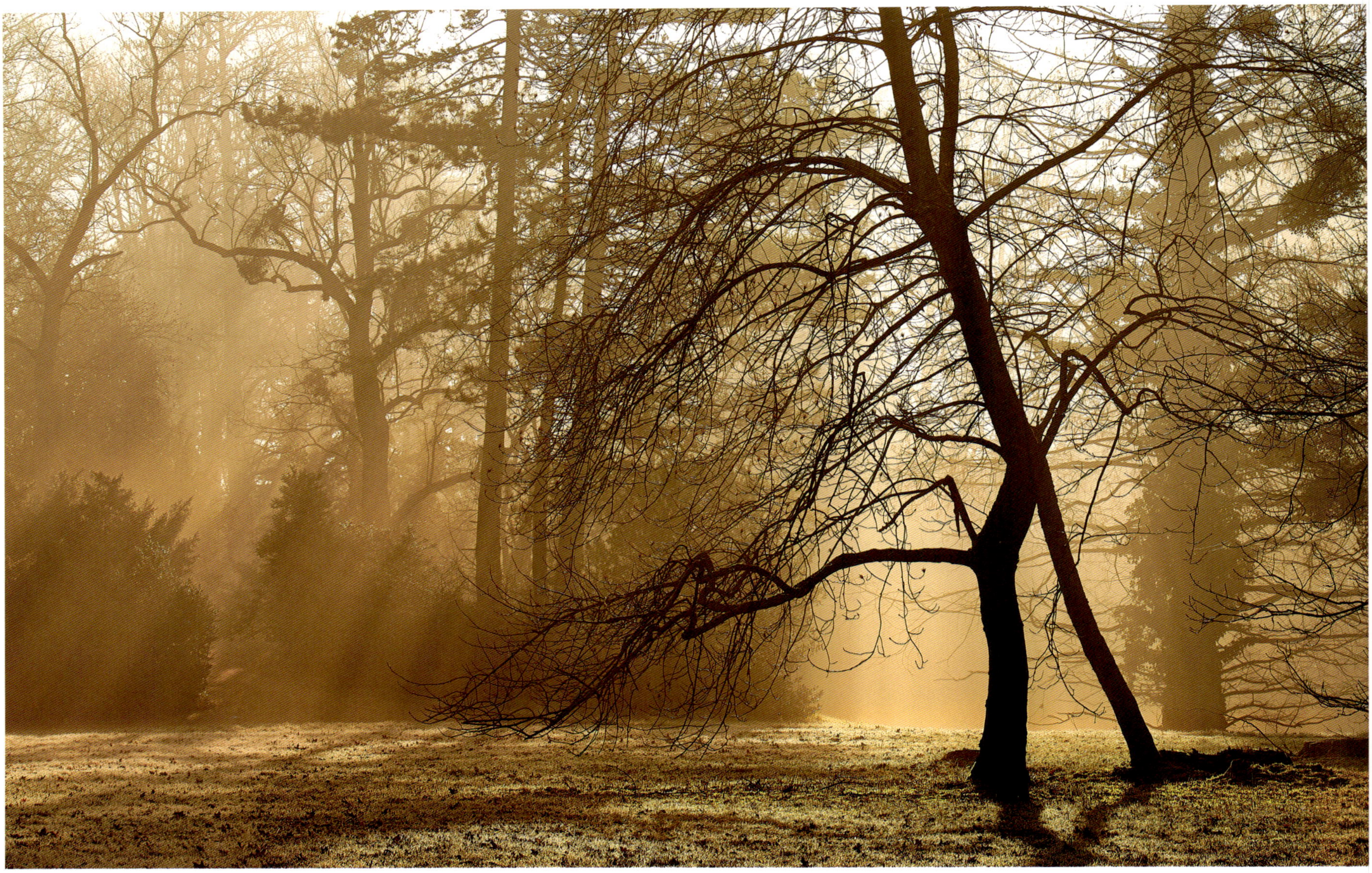

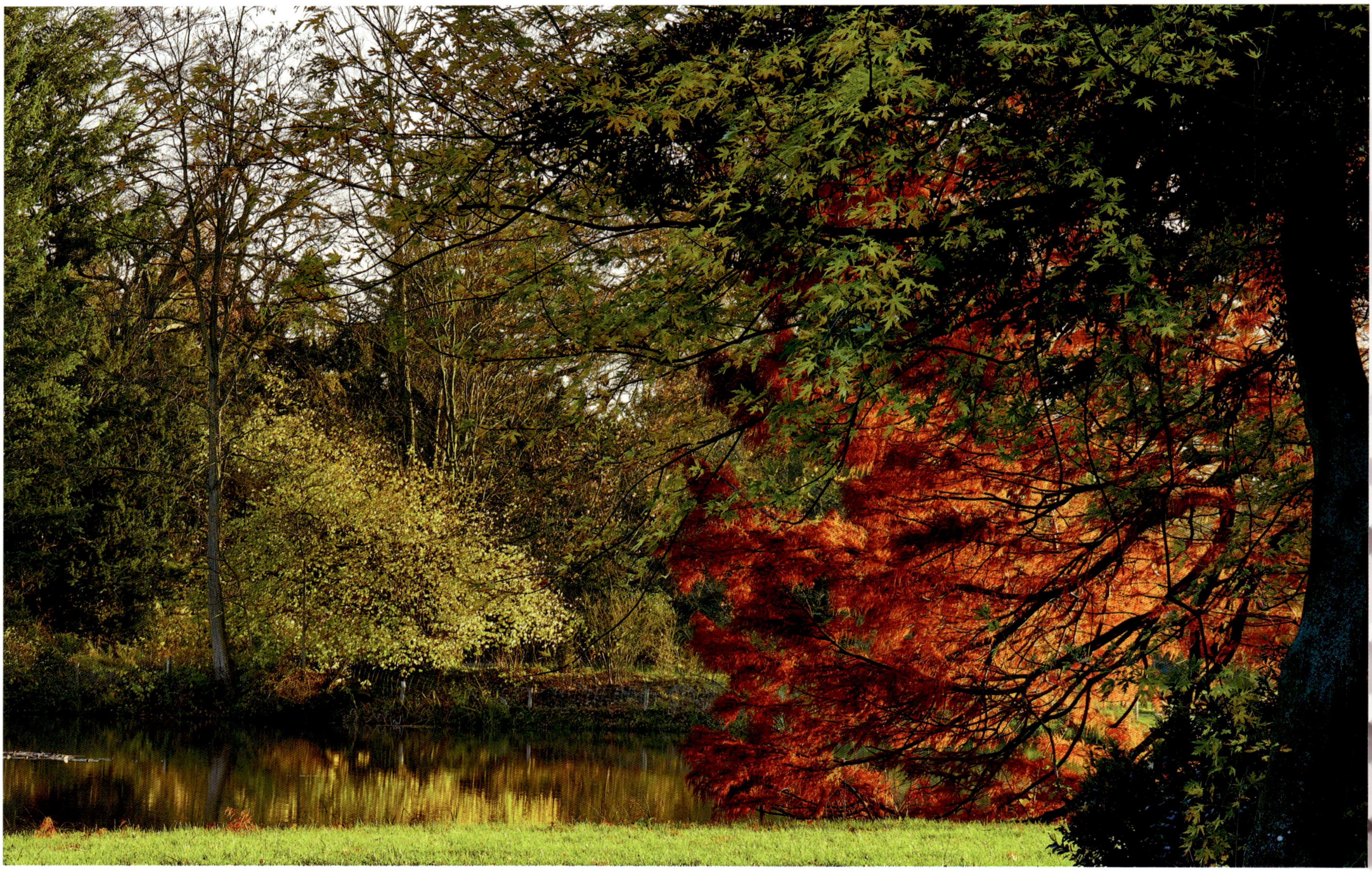

Neben der gestalteten Schönheit des Wörlitzer Parks entwickelt die Natur ihre eigenen Schönheiten und Reize. Hier bildet die feste Blattform des Efeus einen wundervollen Kontrast zum moosigen Überzug des Baumstammes.

Honecker mit dabei sein, den Petra Kelly, Gert Bastian und Lukas Beckmann durch ihre Aktion auf dem Alexanderplatz initiiert hatten. Meine privaten Besuche führten mich regelmäßig zum Pastor auf Hiddensee, Manfred Domrös, bei den kirchlichen und politischen Begegnungen kam ich nie über Ostberlin hinaus. Dessau und Wörlitz lagen damals nicht auf meiner Wegstrecke.

Jetzt aber sah ich das Hinweisschild: Vockerode, Coswig und Wörlitz. Es war eine spontane Eingebung: „Ich will doch mal sehen, ob es den alten Park noch gibt!"

Kurz vorher war ich an Bitterfeld und Wolfen vorbeigekommen und an der Aufschrift an der Autobahnbrücke: PLASTE UND ELASTE. Von den apokalyptischen Umweltkatastrophen in diesem Chemie-Dreieck war viel ins Bewusstsein gedrungen in diesen Tagen. Eine Freundin hatte auf eigene Faust Fotos in verbotenen Arealen gemacht, am „Silbersee", der vor Giftigkeit in allen Regenbogenfarben unheimlich oszillierend schimmerte. Sie war krank zurückgekommen.

„Komm in den totgesagten Park und schau!" Stefan Georges Zeilen gingen mir durch den Kopf. Ich bog ab, ich nahm mir Zeit.

Es war eigentlich unvorstellbar, aber der Park war immer noch da, er lag da, als sei ihm gar nichts geschehen in der verflossenen Zeit. Es war Herbst, vielleicht die schönste Zeit, das versunkene Gartenreich wieder zu finden.

In all diesen Jahren war es gepflegt worden von treuen Wächtern, die sich gegenseitig unterstützten. Sogar die Sichtachsen, die ein vorausahnendes philosophisches Lehr-Programm für aufklärungsferne Zeiten waren, hatten die Gärtner um Gartenmeister Ludwig Trauzettel freigeschnitten, soweit es ging. Diese Hüter des Gartenreichs, eine verschworene Gemeinschaft, wussten alles über die große Geschichte des ehemaligen Fürstentums, die kein öffentliches Thema sein durfte: Es gab einmal eine Epoche im 18. Jahrhundert, da war ganz Europa in das kleine Reich des Fürsten Franz von Anhalt-Dessau gepilgert, um die Musterlandschaft von Humanismus, Toleranz und Aufklärung zu studieren und sich von ihr inspirieren zu lassen. Bevor im 19. Jahrhundert die Omnipotenz des Menschen im Umgang mit der Natur begann und damit die Grundlagen einer potenziellen apokalyptischen Zerstörung gelegt wurden, war hier noch einmal der Traum einer vollkommenen, kreativen Symbiose zwischen Mensch und Landschaft, Natur und Kultur als Gegenprogramm zum aufkommenden industriellen Zeitgeist geträumt worden. Heimlich hatten die Mitarbeiter in ihren privaten Bibliotheken viele Dokumente, alte Stiche und Pläne gesammelt. Sie versuchten, ihren Schatz nach den alten Vorlagen so originalgetreu wie möglich für andere Zeiten und irgendeine Zukunft zu retten. Aber sie sprachen nicht viel darüber.

Aus meiner ersten glückszitternden Überwältigung durch das Gartenreich ist längst eine lebensbegleitende große Liebe zu einer Landschaft

Zu allen Tages- und zu allen Jahreszeiten bieten die Wörlitzer Anlagen zauberhafte Einblicke. Man kann dem Besucher nur raten, nicht nur bei Tag oder in der Hauptsaison, der Sommerzeit, im Garten zu spazieren; sondern sich einmal früh morgens oder im Herbst aufzumachen, um reizvollste Stimmungen zu erleben.

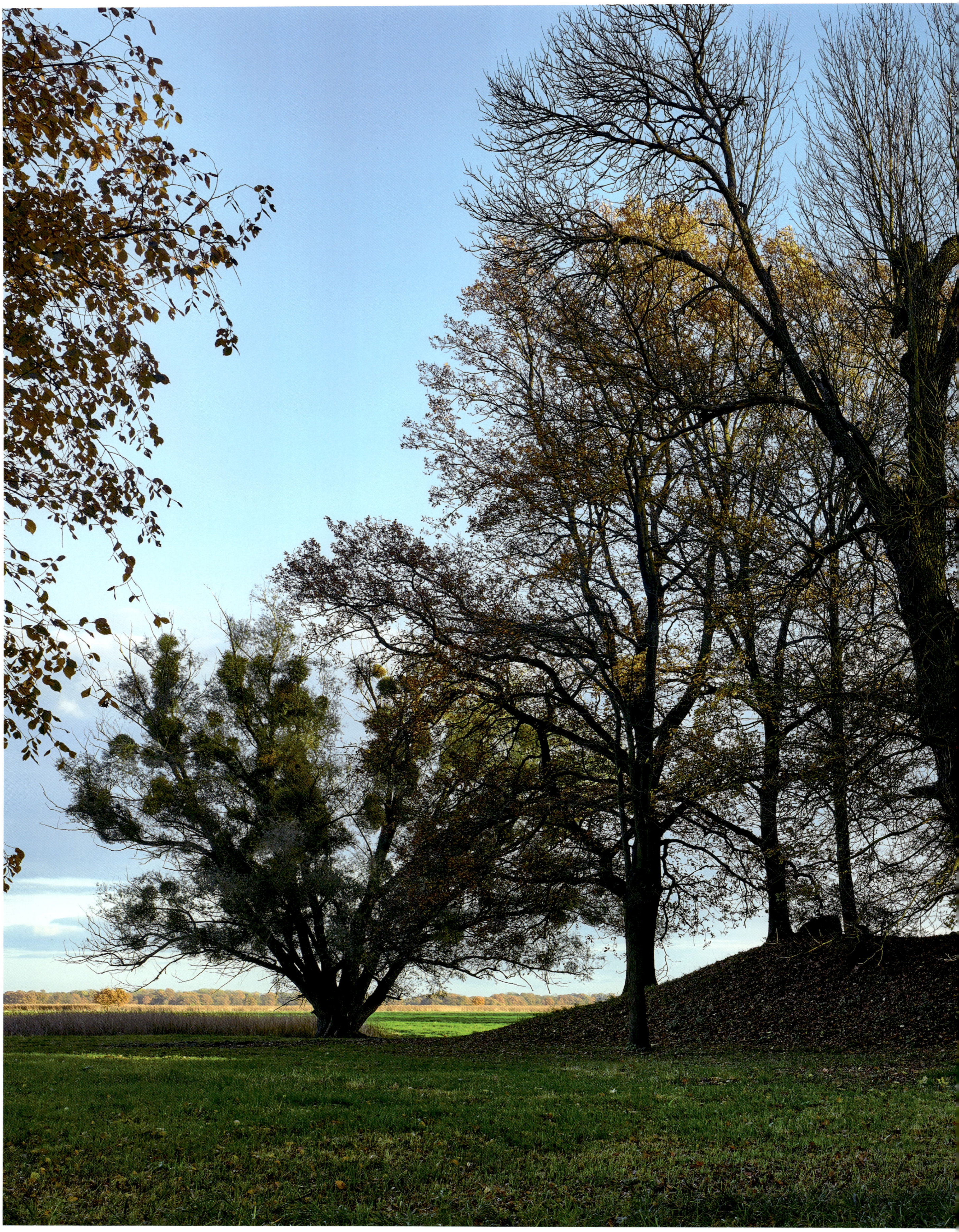

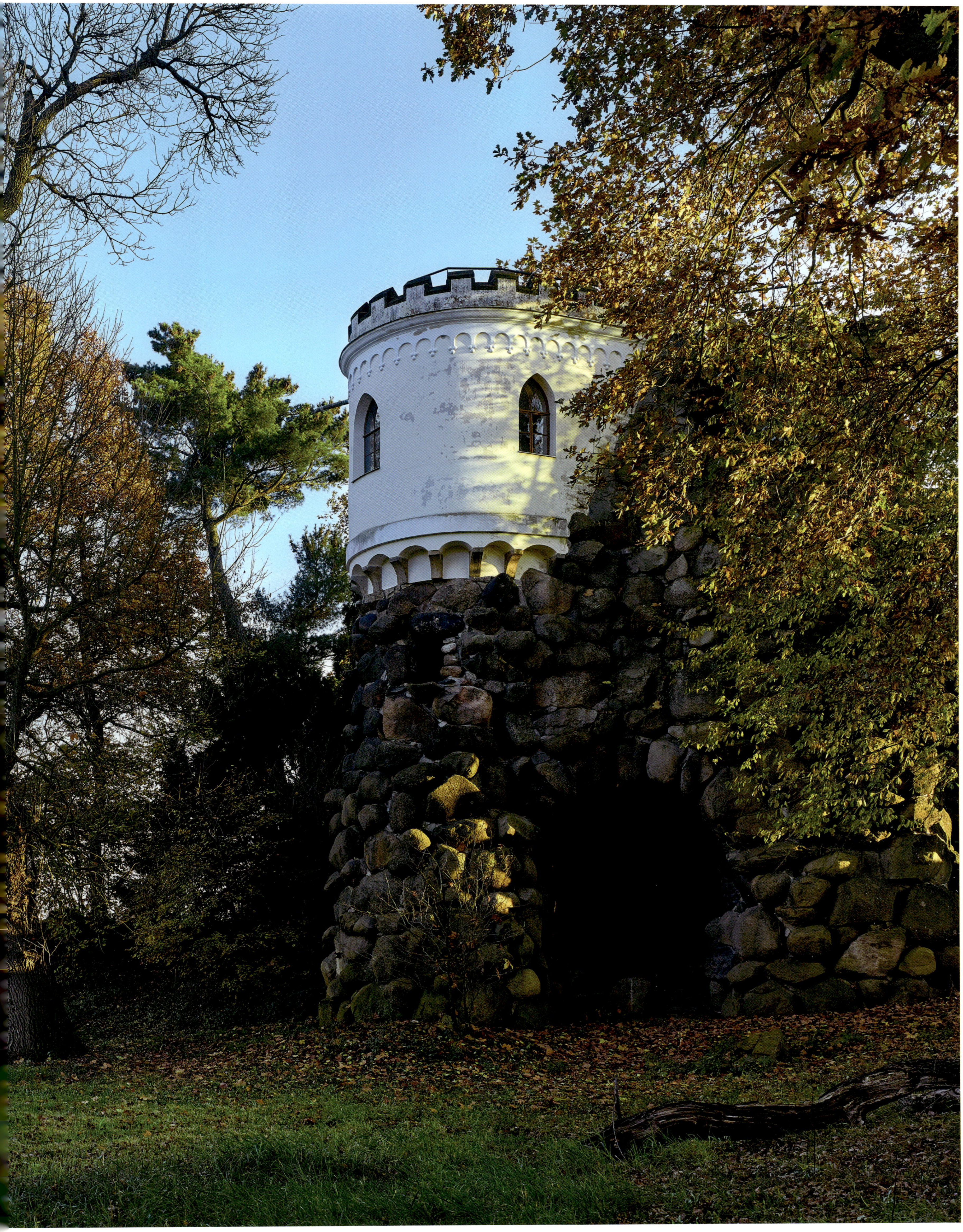

geworden, die ein Sehnsuchtsort für Suchende bleibt, die sich oft schwertun mit Heimaten und Vaterländern. Wer begreifen und sinnlich erfahren will, was Europa im 18. Jahrhundert einmal war und was es im glücklichsten Verlaufsfall einmal wieder werden könnte, hier findet er Spuren einer gelingenden Utopie für den Kontinent, einer Balance von Weltoffenheit und Weltabgeschiedenheit, von internationaler Inspiration und lokaler bescheidener Umsetzung, nicht zu vergessen das Toleranzgebot zwischen allen Religionen und Ideologien und die unerschrockene Abstinenz von allen Kriegen der damaligen Zeit.

Dennoch liegt über allem eine eigenartige Melancholie, als sei die Wucht der großen Machtströme der letzten Jahrhunderte an diesem Flecken Erde unerschüttert und unbeirrt vorbeigeströmt – und oft auch dröhnend vorbeimarschiert.

„Komm in den totgesagten Park und schau!" – so beginnt das Gedicht von Stefan George. Welchen Park mag er wohl gemeint haben?

Mindestens zweimal im Jahr, gern auch öfter, suche ich eine Chance, zu sehen, was neu ist im Gartenreich. Es wird ununterbrochen restauriert: Das Schloss vom Keller bis zum Palmensaal unter der Kuppel, der Sommerspeisesaal, der Vulkan und das kleine Amphitheater, die Klippen, der Venustempel, die Villa Hamilton, das Gestüt am Luisium, zu dem irgendwann einmal wieder Pferde, Schafe, Ziegen gehören werden, die unterschiedlichen Wallwachhäuser, der Eichenkranz, die Ledertapeten in Oranienbaum, die Solitude ...

Der Direktor der Stiftung, Thomas Weiß, muss ein glücklicher Mann sein, wenn es denn stimmt, was Albert Camus sagt: dass Sysiphus ein glücklicher Mensch war. Selbst aus den großen Flutkatastrophen – da steht die gesamte Belegschaft mit ihm auf den weich werdenden Deichen – holt er die Kraft (und manchmal die Mittel), um alles und mehr aufs Neue und möglichst noch perfekter entstehen zu lassen. Auferstanden aus den Fluten des Zweistromlandes zwischen Elbe und Mulde, so hält es sich, das Gartenreich.

Dabei ist das Qualitätsverständnis der Stiftungs-Mitarbeiter radikal und kompromisslos. Im Gartenreich gibt es keine Würstchenbuden wie unter der Kuppel im restaurierten Reichstag in Berlin – und auch keinen Andenken-Kitsch wie in der Humboldt-Box beim Neuaufbau des Berliner Schlosses.

Dafür serviert die Familie Pirl des traditionsreichen Hotels „Zum Stein", das auch zu DDR-Zeiten in Privatbesitz blieb, Saale-Unstrut-Wein und sogar ein dreigängiges warmes Menü aus regionalen Zutaten in den Gondeln, die mit weißen Tischdecken und kleinen Blumensträußen geschmückt sind. Da steht die Zeit still und wird durchsichtig für eine andere Art von Lebenskunst. Da landet Arkadien mitten im Herzen von Sachsen-Anhalt.

◀◀
Den schönsten Blick auf die romantisierende Luisenklippe, benannt nach der Erbprinzessin Luise Charlotte von Sachsen-Gotha, die 1797 die Klippe bestieg, hat der Reisende, wenn er sich dem Wörlitzer Garten von der Coswiger Fähre nähert. Von der Terrasse, die nur beherzten Kletterern zugänglich ist, bietet sich ein grandioser Blick über die weiten Elbwiesen und auf die angrenzenden Partien der Wörlitzer Anlagen.

Das einstmals von Deichwächtern genutzte, versteckt gelegene „Wachhaus zum Pferde" im Wörlitzer Garten, 1769 als eines der ersten Bauwerke des Parks errichtet, ziert ein Sandsteinrelief des Dessauer Bildhauers Johann Christian Ehrlich, das dieser nach einer Vorlage seines Lehrers, des römischen Bildhauers und Antikenrestaurators Bartolomeo Cavaceppi, angefertigt hat.

▶▶▲
Die Neue Brücke am nördlichen Ufer des Wörlitzer Sees verbindet die nach dem Hofgärtner Johann Leopold Ludwig Schoch benannte Insel mit der weiten, landwirtschaftlich genutzten, Weidenheger genannten Gartenpartie. Hier wird das Gartenbild besonders geprägt durch ein Chinesisches Rotholz als dendrologische Besonderheit und Schwarzkiefern.

▶▶▼
Im Bereich der italienischen Landschaft an der östlichen Seespitze trifft man auf wenigen Metern vereint Architekturelemente aus Neapel (Villa Hamilton), Sizilien (Ziegelmauer vom Gymnasium aus Taormina) und Rom (Grotte der Egeria).

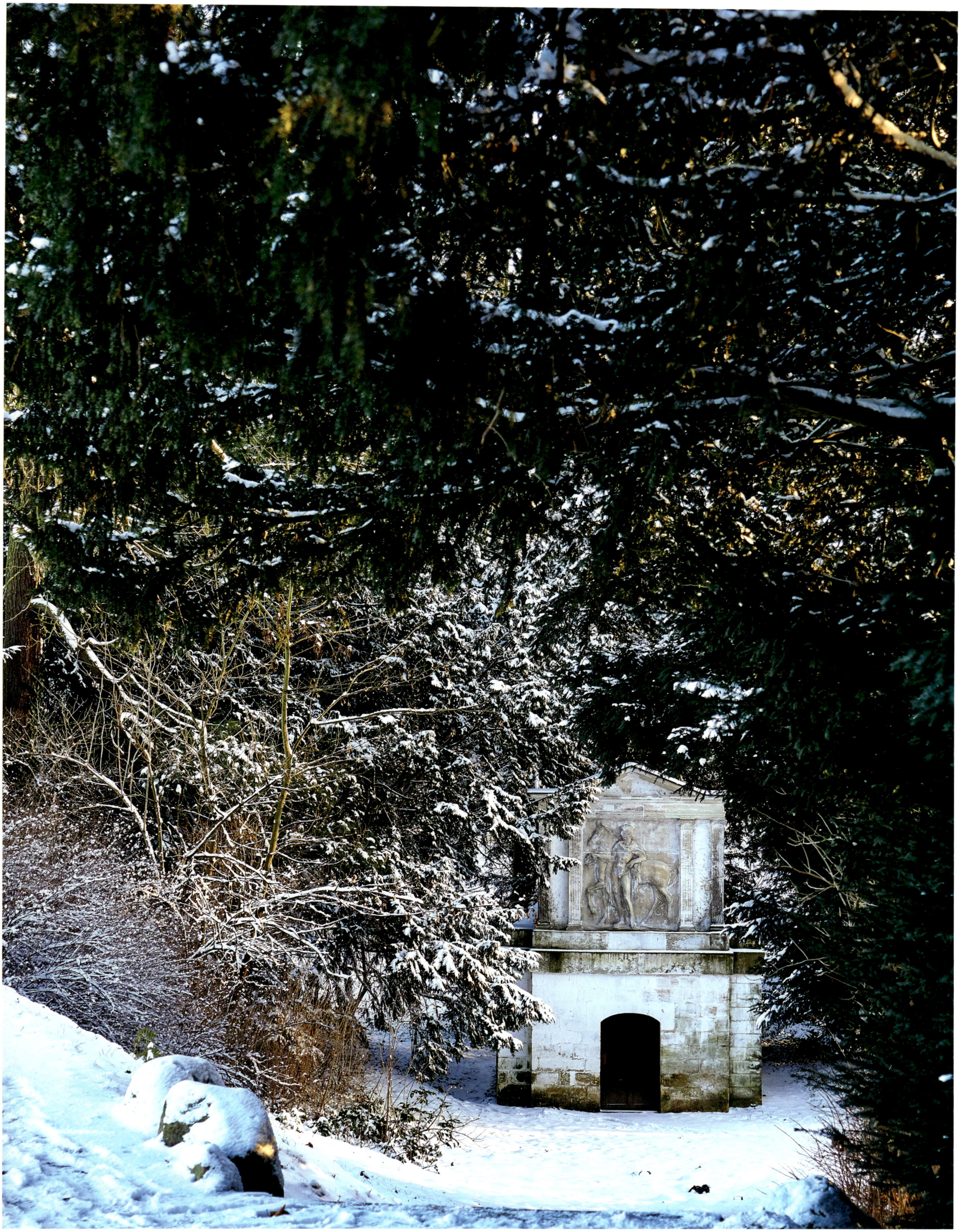

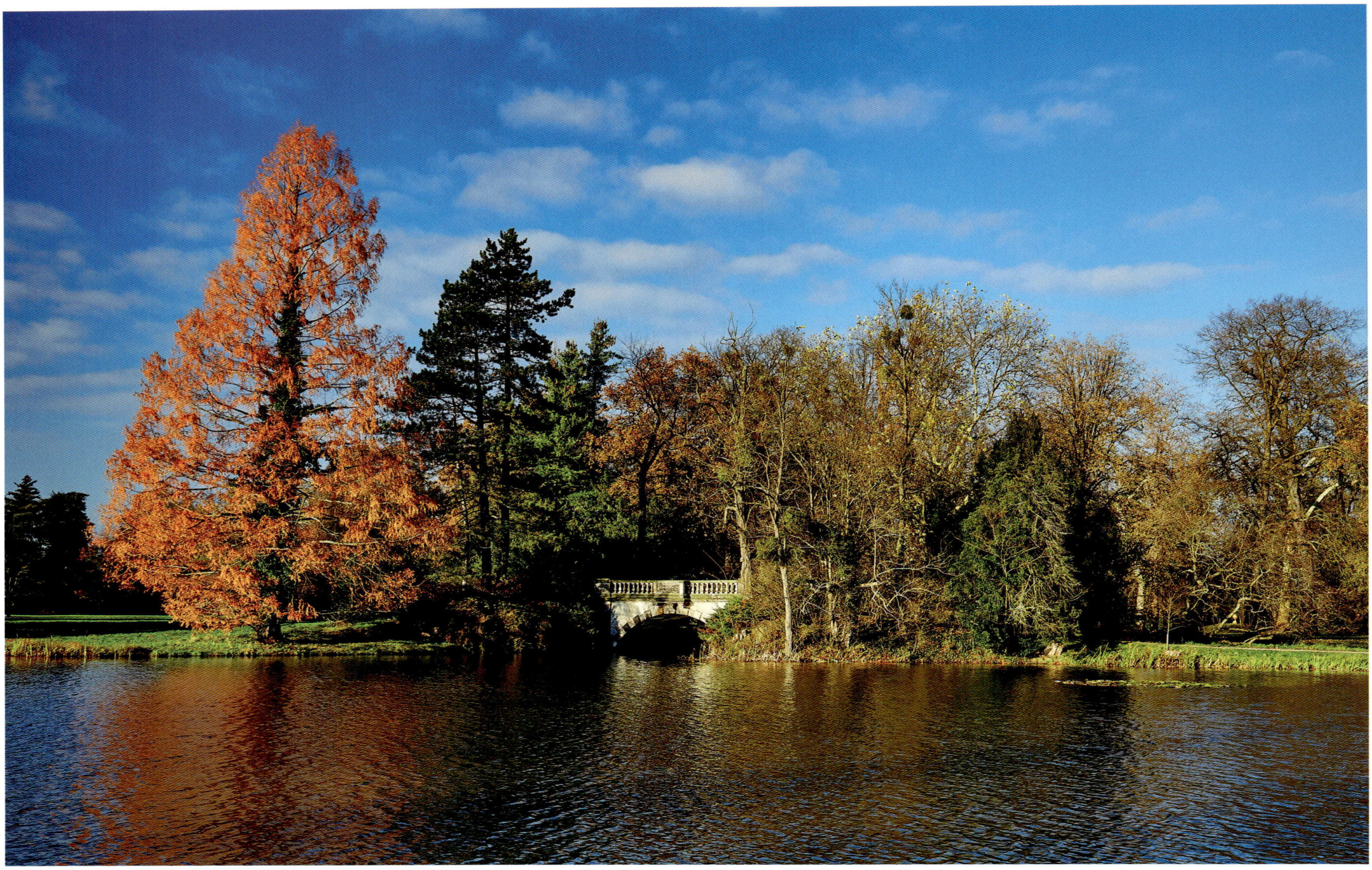

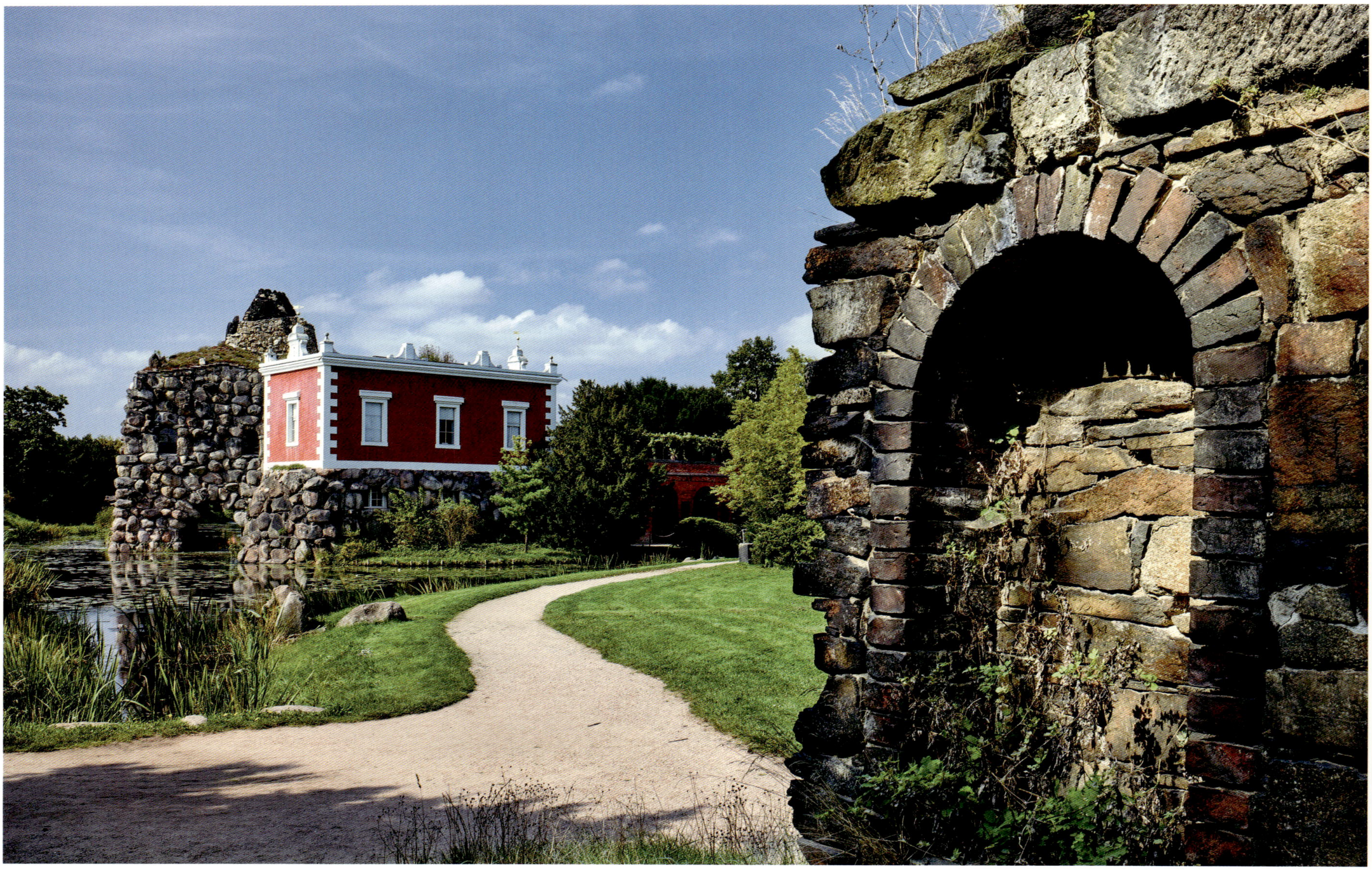

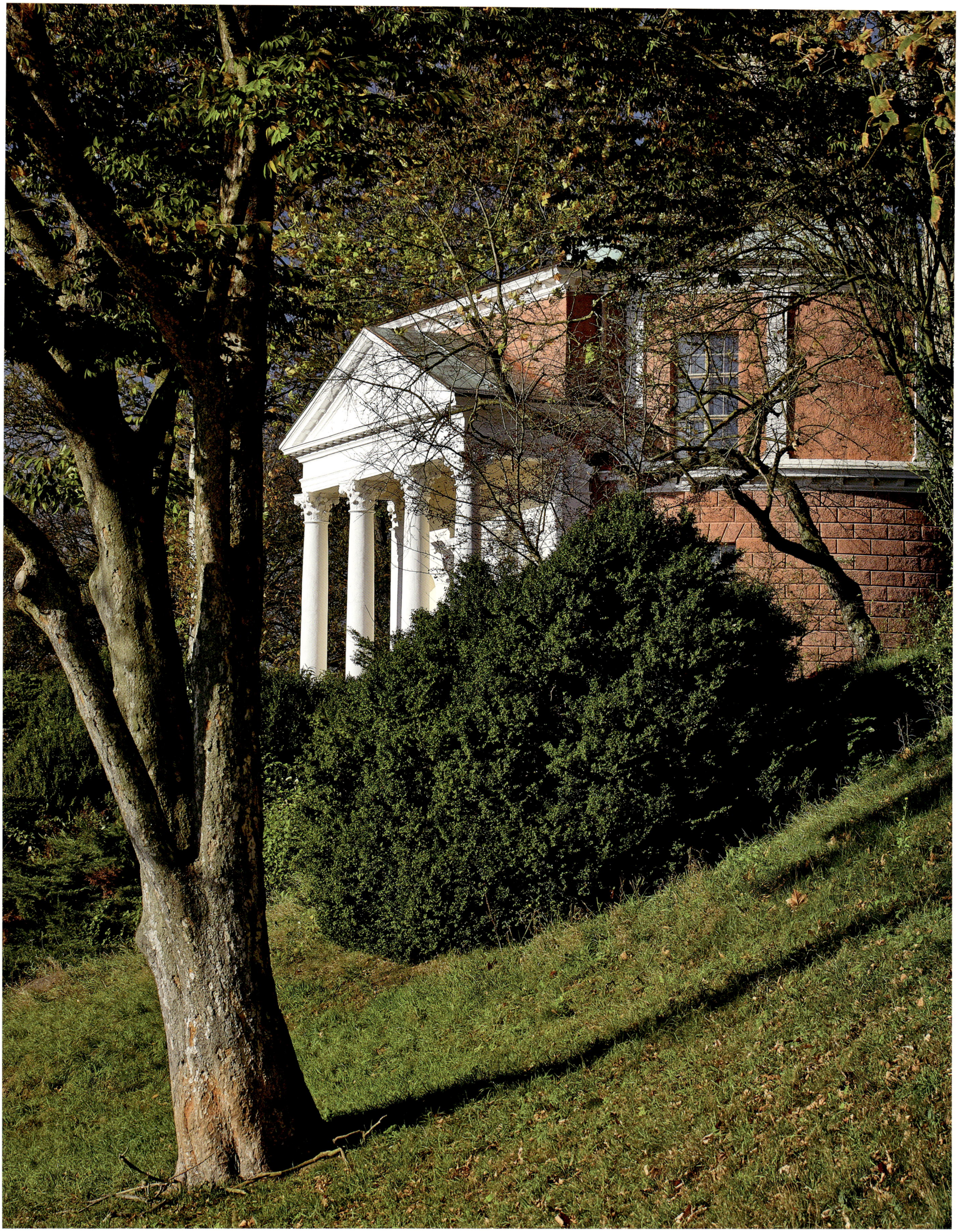

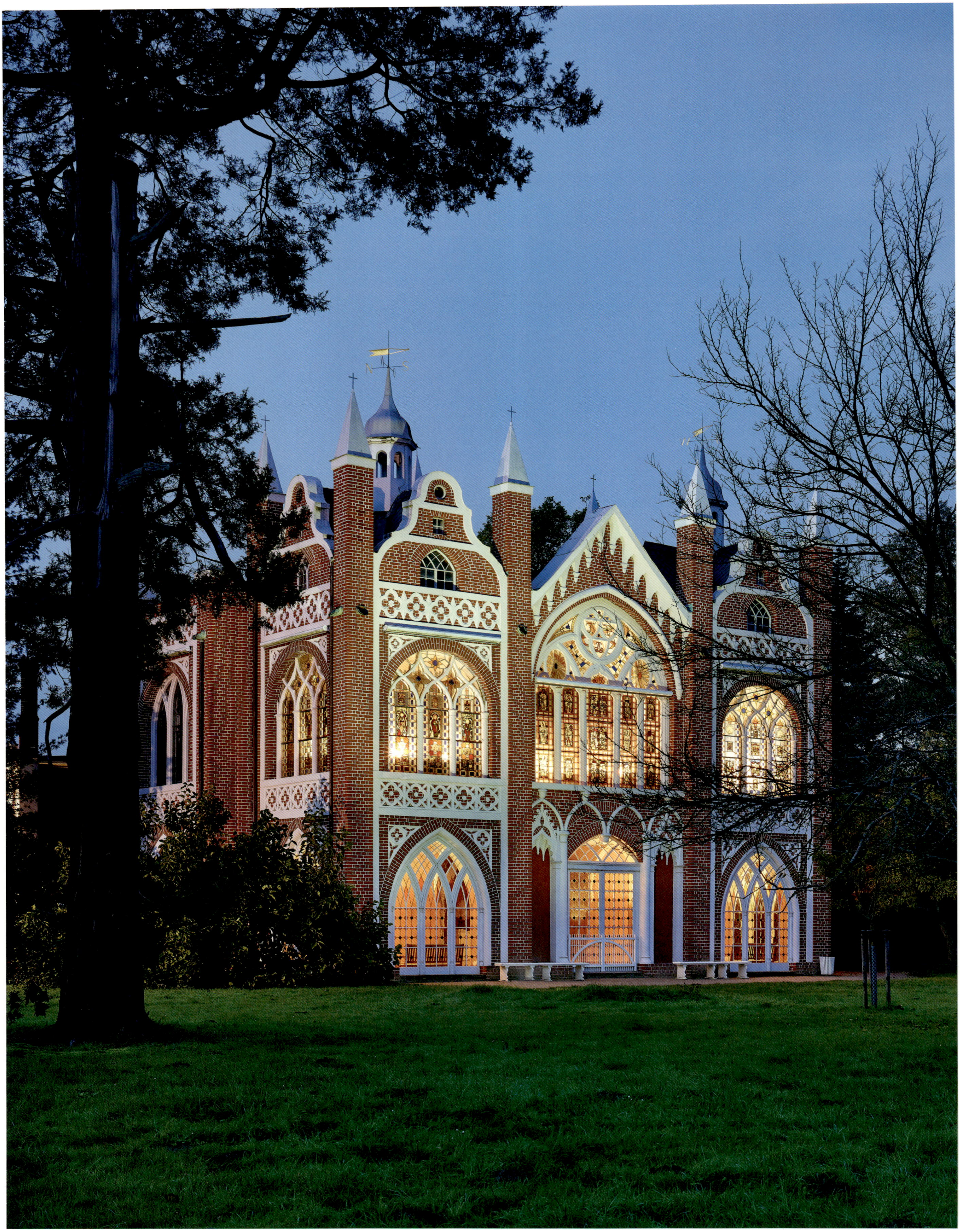

Wie auf einem klassizistischen Landschaftsgemälde erhebt sich das Pantheon, ein wohlproportionierter Rundbau mit Portikus, oberhalb der Wasserfläche des Großen Walloches. Eingerahmt von Bäumen und Sträuchern, versinnbildlicht der Bau die Parität von Natur und Kunst.

Viele Jahre lang verbrachte die Bundestags-Fraktion der Grünen ihre Winterklausur Anfang Januar in Wörlitz. Es sollte einmal ihr Traditionsort werden, mit dem sie mehr verband als nur die Aussicht auf einen schönen Tagungsort. Anders nämlich als das Wildbad Kreuth, das auch ein angenehmer Ort ist, wies Wörlitz mit seinen Bezügen zu Ökologie und regionaler Ökonomie, mit seinem Selbstverständnis von Bürgernähe in der Verwaltung und Ressourcenschonung in der Wirtschaft, mit seiner toleranten und pazifistischen Grundhaltung im Gebrauch von gezähmter Macht und Herrschaft tausenderlei Bezüge und die schönsten historischen Beispiele für die „Vier Säulen der Grünen" auf, wie sie ganz am Anfang der Bewegung definiert worden waren: Ökologisch, sozial, basisdemokratisch und gewaltfrei, so hießen die grünen Prinzipien und Politikziele. Damals, am Anfang.

Viele Jahre hat diese zeitweise Koexistenz von grüner Bundespolitik und der Aura des Gartenreiches am Anfang jedes neuen Jahres Bestand gehabt. Dann wurde die Grüne Fraktion zu groß und vielleicht auch zu mächtig und sprengte das Maß der Wörlitzer Hotels und wohl auch das der Philosophie des Gartenreichs. Vielleicht war das logisch, auf traurige Weise auch konsequent. Die Grünen zogen weiter zu neuen Orten und anderen Zielen.

Das Gartenreich bleibt. Es lässt sich wiederfinden.

„Nie hat es etwas so vollkommenes gegeben, nie etwas, das so gut ausgeführt worden: alles ist da so consequent, dass man sich um dreihundert Jahre jünger glaubt." Charles Joseph, Fürst de Ligne, 1799 über das Gotische Haus mit seiner Sammlung kostbarer bemalter Glasscheiben in den Maßwerkfenstern

An vielen Stellen im Wörlitzer Park breitet sich wie in einem Panorama ein Sichtenfächer aus, hier die Aussicht von der Kanalseite des Gotischen Hauses.

... der Garten, dessen Aussichten wieder Gärten sind ... Alle Tempel blitzten wie vom Morgenlicht – erfrischender Thau überquoll den Boden, und die Morgenlieder der Lerche flogen umher.

Jean Paul Friedrich Richter (1763–1825)

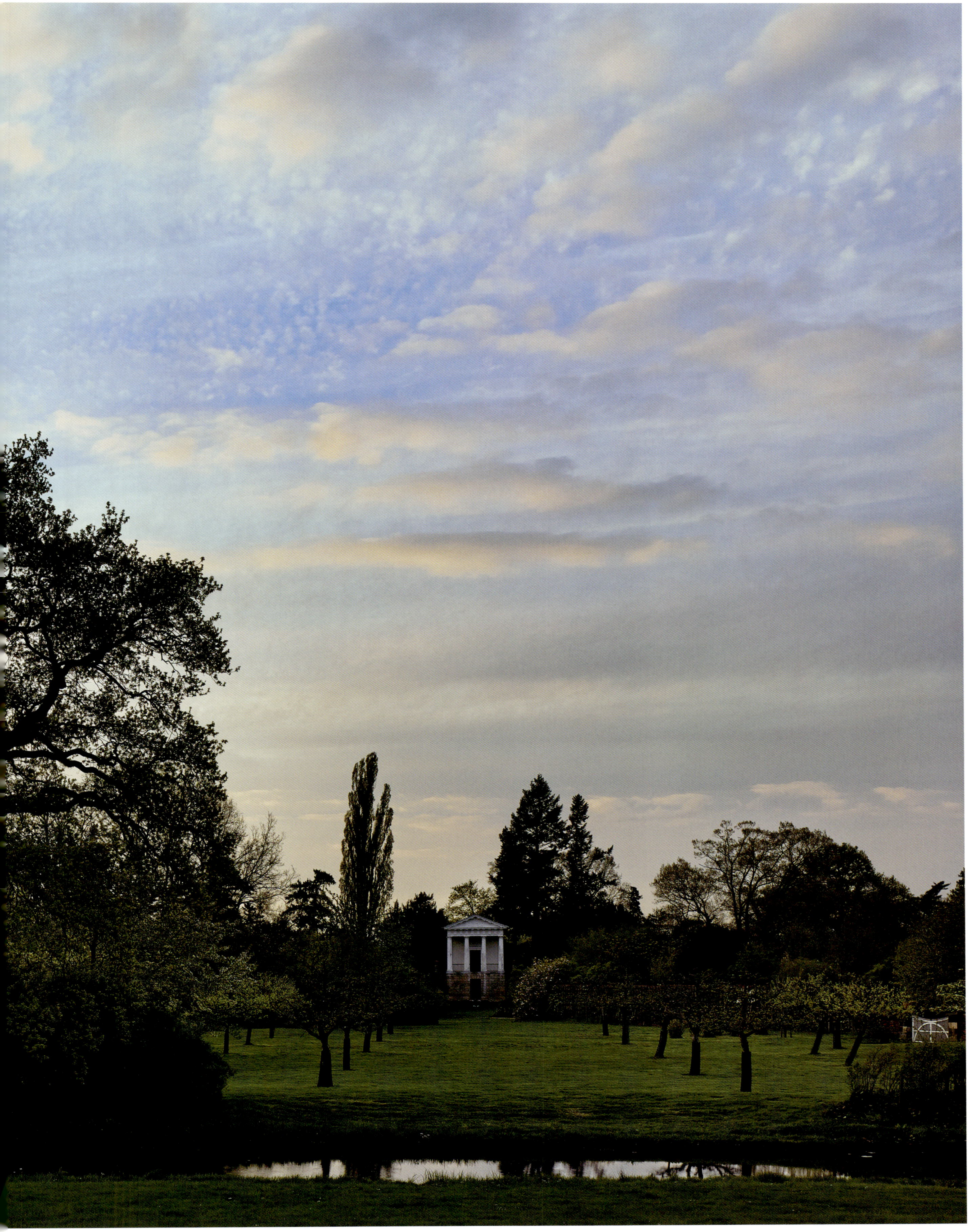

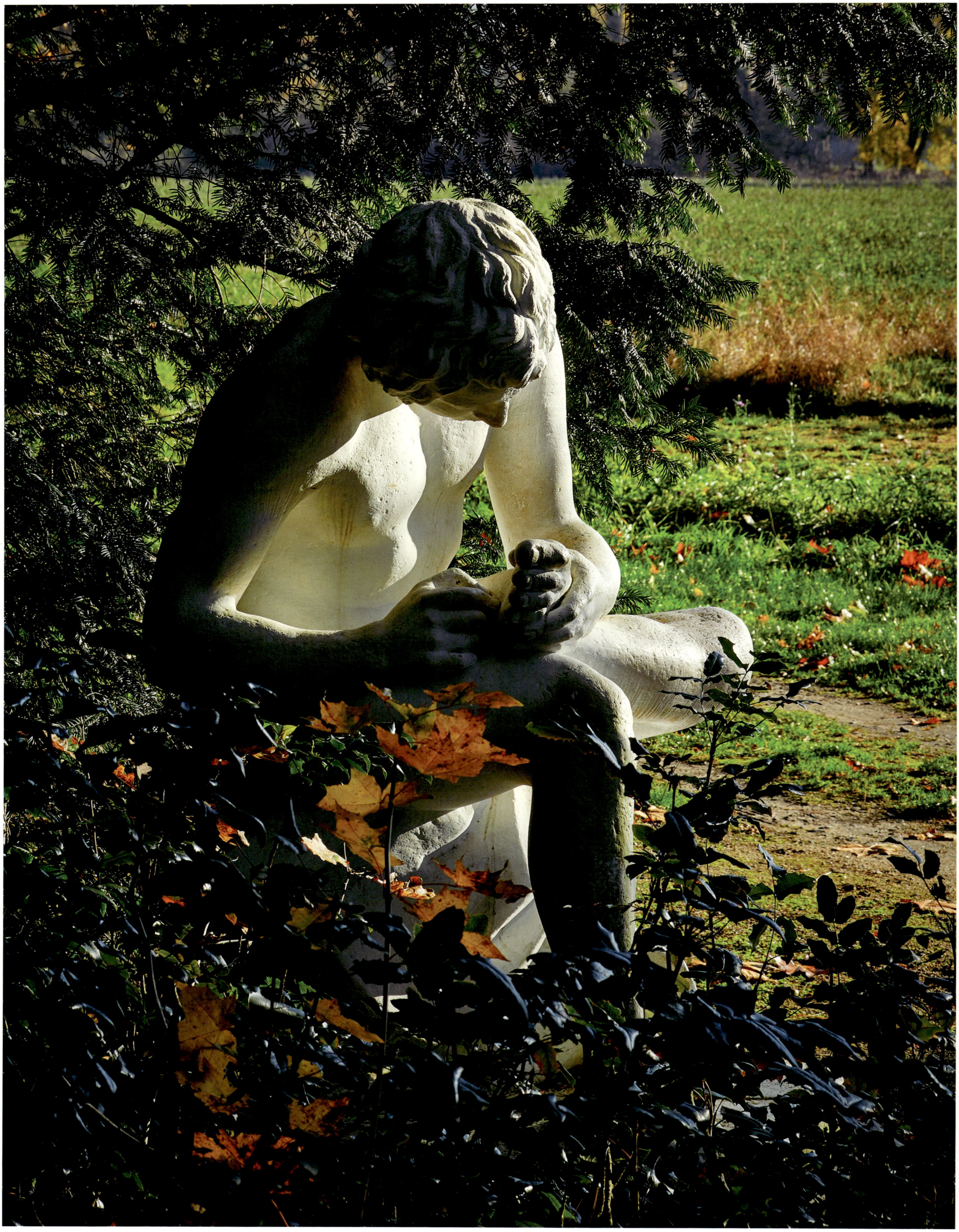

Nonkonformismus in Anhalt

DAS PARADIESISCHE IM WÖRLITZER GARTEN

CHRISTOPH STÖLZL

Das Wort Paradies kommt aus dem Altpersischen und heißt nichts anderes als „umgrenzter Garten". Aus dem Glücks-Paradies der Bibel sind die Menschen vertrieben worden vor unvordenklicher Zeit. Geblieben ist die Erinnerung an eine Utopie – einen Ort der Unschuld und des Friedens, wo Löwe und Lamm in zärtlicher Nähe lagern, wo es keinen Kampf ums Dasein gibt, wo Harmonie alle Lebewesen zu schönem Bilde vereinigt. Noch muss Eva („die Leben Schenkende") nicht unter Schmerzen gebären, noch muss Adam („der Mensch") nicht im Schweiße seines Angesichts den Boden bearbeiten, noch hat Kain nicht aus Neid die Hand zum Brudermord erhoben.

Wenn wir die Wortbedeutungsfelder des Namens Kain aufblättern („Schmied", „Lanze", aber auch: „Erwerb, Erworbenes, Gewinn"), dann finden wir da die ganze Ambivalenz der „harten" Faktoren der Weltgeschichte versammelt: das Eiserne Zeitalter von Konkurrenz und Krieg, Besitz und Eroberung.

Der Wörlitzer Garten hat von Anfang an bei allen sensiblen Besuchern paradiesische Assoziationen geweckt. Entstanden ist er freilich in einer Epoche, die mit ihren dramatischen Mächte-Konfrontationen durchaus ins Eiserne Zeitalter gehört. Was Johann Peter Hebel in seiner Kalendergeschichte über das „Unverhoffte Wiedersehen" erzählt, spiegelt eine Epoche mit dynastischem Dauerkrieg und ideologischem Weltkrieg – von allen anderen Katastrophen zu schweigen: „Unterdessen wurde die Stadt Lissabon in Portugal durch ein Erdbeben zerstört, und der Siebenjährige Krieg ging vorüber, und Kaiser Franz der Erste starb, und der Jesuitenorden wurde aufgehoben und Polen geteilt, und die Kaiserin Maria Theresia starb, und der Struensee wurde hingerichtet, Amerika wurde frei, und die vereinigte französische und spanische Macht konnte Gibraltar nicht erobern. Die Türken schlossen den General Stein in der Veteraner Höhle in Ungarn ein, und der Kaiser Joseph starb auch. Der König Gustav von Schweden eroberte russisch Finnland, und die Französische Revolution und der lange Krieg fing an, und der Kaiser Leopold der Zweite ging auch ins Grab. Napoleon eroberte Preussen, und die Engländer bombardierten Kopenhagen." Wenn Hebel lakonisch vermerkt, dass trotz aller Gewaltpolitik das Leben weiterging – „und die Ackerleute säeten und schnitten. Der Müller mahlte, und die Schmiede hämmerten, und die Bergleute gruben nach den Metalladern in ihrer unterirdischen Werkstatt" –, ändert das wenig an der Bilanz.

Die Prominenz von Wörlitz, der sofort nach dem ersten Sichtbarwerden einsetzende Ruhm bei den fortschrittlichen Köpfen – allen voran bei Goethe und seinen Freunden! –, verschleiert ein wenig die Tatsache, dass der Wunder-Garten nicht nur den aufgeklärten ästhetischen Zeitgeist verdichtet, sondern ebenso als großer Widerspruch gegen die anderen, viel mächtigeren Zeittendenzen gelesen werden kann.

Der Schöpfer des Gartens war ein deutscher Fürst des Ancien Régime, seine Schöpfung war damit Ausdruck nicht allein individuellen Gestaltungswillens. Was immer ein Angehöriger einer Dynastie verwirklichte, fügte der Kette der Familientaten ein neues Glied hinzu. Der Gartenkonzeptor von Wörlitz, der große Widersprecher, ist nicht allein wegen seiner unvergesslichen „Land Art" interessant – er ist es erst recht im Kontext seiner Familiengeschichte. Wie sieht es damit aus?

Seit dem 16. Jahrhundert bemühten sich Hof-Historiker der Askanier-Dynastie, die Land und Herrschaft seit dem hohen Mittelalter in den Händen hatte, die Abkunft der Familie in mythische Vergangenheit zu verlegen. Askanios, der Sohn des Trojanerhelden Aeneas, aber auch Aschkenas,

---

Im Schnittpunkt mehrerer Sichtbeziehungen am nordöstlichen Rand des Weidenhegers aufgestellt, sitzt, etwas versteckt unterhalb des Walles zwischen Eiben, der einer antiken Statue aus dem Kapitol nachgebildete sogenannte Dornauszieher. Die aus der Nähe etwas grob wirkende Sandsteinplastik ist auf eine Fernwirkung als Point de vue einer Sichtachse vom gegenüberliegenden Seeufer aus gedacht.

„Meinen Vorfahren" lautet die Inschrift über der Eingangstür des „Monuments" in Wörlitz. Das Innere ließ Fürst Franz als eine Ruhmeshalle für das Geschlecht der Fürsten von Anhalt-Dessau gestalten. Sein Nachfolger, Herzog Leopold Friedrich, wies seinem Großvater den Ehrenplatz gegenüber des Eingangsportals zu.
„Gott erbaute er Kirchen. Der Armut Hütten. / Den Kuensten und Wissenschaften wuerdige Tempel. / Alles schoenen Freund und Kenner. / Alles guten Foerderer. / Seines Volkes Vater. / Seines Landes zweiter Schoepfer. / Dieses Gartens Gruender", so lautet die Inschrift unter der Büste des Fürsten Franz.

REGIERENDE FÜRSTEN VON DESSAU

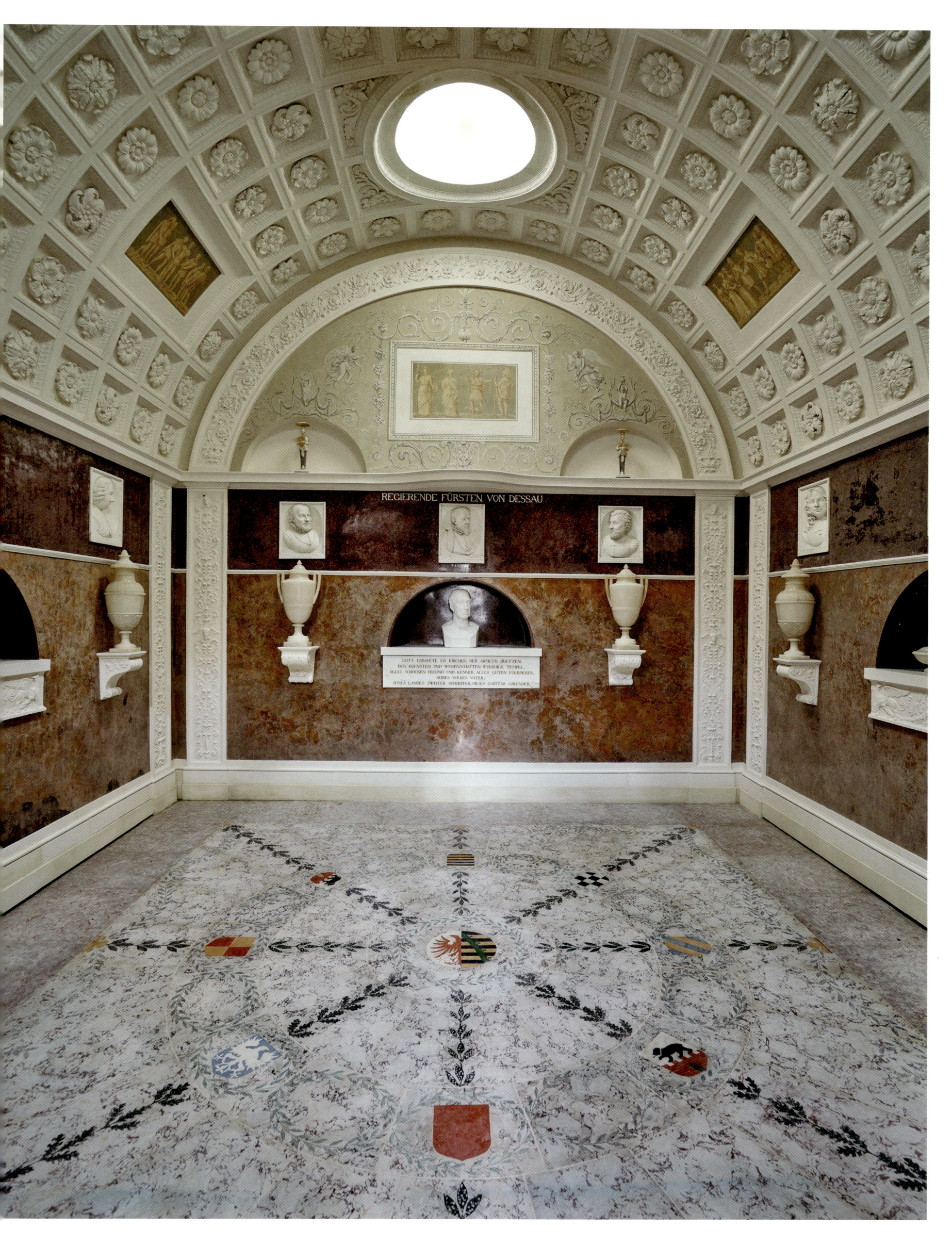

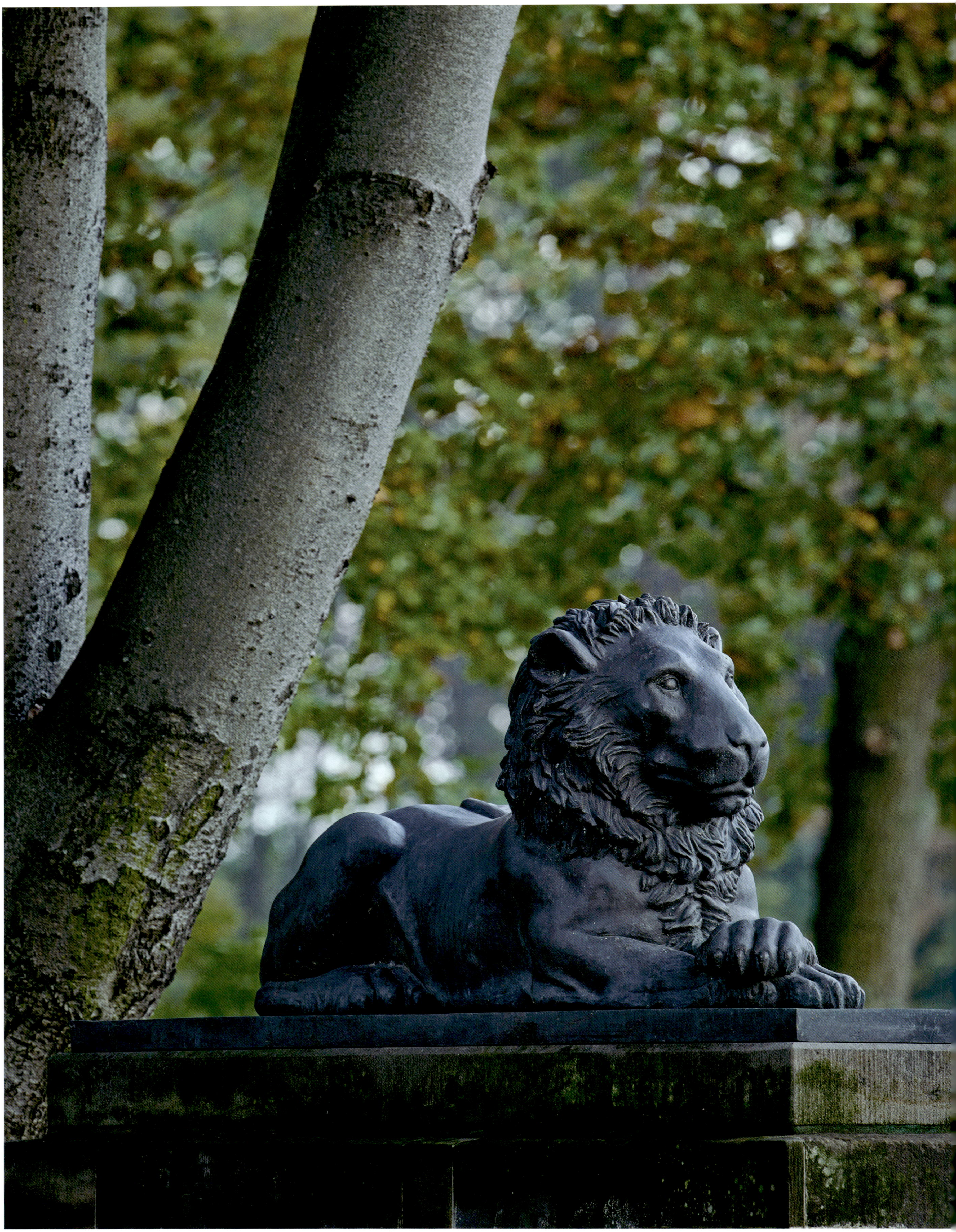

der Urenkel des alttestamentarischen Noahs, wurden dabei in die genealogischen Spekulationen einbezogen. Aber mit der mythischen Größe wurde es nichts in der Anhalter Geschichte. Keine machtvolle Riesensaga wie bei den Staufern, kein Heiratsglück ohne Ende wie beim Hause Habsburg, kein Auf und Ab von militärischem Triumph und tiefem Fall wie bei den Hohenzollern und ihrem Preußen-Mythos. Erst recht keine Kriminalstory wie in Shakespeares Königsdramen Englands.

Stattdessen viel Klein-Macht und Versenkung ins Regionale. Es ist die Abwesenheit des Primogenitur-Prinzips, das hier jahrhundertelange Wirkungen zeugte. Wenn alle erben, dann muss geteilt werden. Ein ganz modernes Prinzip, aus Erben-Sicht nicht unsympathisch, als Matrix der Machtpolitik aber eine fast sichere Garantie für Misserfolg. Die deutsche Machtideologie des 19. und frühen 20. Jahrhunderts im Gefolge des Preußenfreundes Treitschke konnte in solchen Bedingungen des Kleinteiligen nur einen Irrweg sehen. „Kleinstaaterei" nannte man das verächtlich in der Epoche des Nationalismus, wo man es kleiner als der „Ruf wie Donnerhall" nicht mehr machen wollte.

Anhalt ist in seinen schlechthin unerzählbaren Mäandern der dynastischen Geschichtlichkeiten also nie eine „Staatskarriere" geworden, sondern blieb immer Kontinuität im überschaubaren Format.

Was an Anhalt interessant ist, das sind nicht Mächte, sondern Menschen. Gibt es bei den großen historischen Figuren aus der Dynastie Anhalt ein gemeinsames Motiv?

In der Tat scheint es einen wiederkehrenden Charakterzug zu geben. Er wurde vielleicht gefördert durch die Abwesenheit dynastischer Dominanz, durch das Lebensmuster der vielen Kleinfürstentümer mit ihrem Freiraum für originelle Lebenswege. Nennen wir es mit einem modernen Wort „Nonkonformismus". Schauen wir uns ein paar herausragende Nonkonformisten Anhalts genauer an.

Da ist Wolfgang, Fürst zu Anhalt-Köthen, geboren am 1. August 1492, just zu dem Zeitpunkt, da Columbus nach Amerika fuhr ins Ungewisse. Mit sechzehn Jahren hat Wolfgang die Regierung übernommen. 1521 lernte er auf dem Reichstag zu Worms den jungen Rebellen Luther kennen und verschrieb sich spontan der neuen Reformationsbewegung: „Er hat mir das Herz abgewonnen!" Kann man nonkonformes, nicht der Staatsraison und dem feudalen Herkommen geschuldetes Handeln besser ausdrücken? Als zweites Land im Reich führte Anhalt-Köthen 1525 die Reformation ein. Kleine Angeln drehen große Türen. 1529 war Wolfgang einer der fürstlichen „Protestanten" auf dem Reichstag in Speyer, 1530 unterzeichnete er die Augsburger Konfession. 1546 stand er an Luthers Sterbebett, 1547 beglaubigte er seinen Eigen-Sinn gegen die kaiserliche Macht in der für die evangelische Seite katastrophalen Schlacht bei Mühlberg und verfiel danach der Reichsacht. Fazit: ein Fürstenleben auf Risiko, eigensinnig, überzeugungsstark, nonkonform.

Zwei bronzene Löwen schmücken den südlichen Zugang zu dem ab 1805 westlich von Dessau angelegten Kühnauer Park. Der Löwe spielt möglicherweise auf den Namen Leopold an, den der Großvater, Vater, Enkel und Leopold III. Friedrich Franz Fürst von Anhalt-Dessau selbst trugen.

Ähnlich zwei Menschenalter später der Charakter des Christian von Anhalt-Bernburg: Er wurde um 1600 als Calvinist Kopf der protestantisch-antihabsburgischen Revolte in der Pfalz, war 1620 Teilnehmer der Schlacht am Weißen Berg bei Prag, der zweiten großen Katastrophe für die protestantische Bewegung.

Und noch einmal finden wir später einen Nonkonformisten, diesmal einen unmilitärischen: Ludwig von Anhalt-Köthen, der sich eigensinnig der deutschen Sprache annahm, die im europäischen Aufstieg des Französischen und der italienischen Kultur verloren zu gehen drohte. Mit seiner „Fruchtbringenden Gesellschaft" versuchte Ludwig gegenzusteuern. Er war Pate einer ganzen Bewegung, die erst viel später das Deutsche von Mitteldeutschland aus als Literatursprache rehabilitieren sollte.

Dann wieder ein militärischer Charakter, dessen Nonkonformismus sich auf paradoxe Weise in seinem Genie für Ordnung und Disziplin spiegelte: Leopold I. von Anhalt-Dessau, der „Alte Dessauer", 1676 geboren, ein Patenkind des Kaisers Leopold I., erlebte als junger Mensch die große Konfrontation zwischen Habsburg und Bourbon. Leopold war verwandt mit den Oraniern, diesen Schöpfern der modernen Niederlande, der Keimzelle von Rationalität, ob im Bankwesen, ob in der Industrie, ob im Militär. Wer mit den Niederländern zu tun hatte, dem bot sich die Chance, dabei zu sein an der Spitze des Fortschritts. Ganz früh, mit zwölf Jahren, steckte man ihn in ein Regiment, er hatte eine auffällige militärische Begabung. So weit, so normal in einem aristokratischen Lebenslauf. Jetzt aber kam das Nonkonforme: Der junge Standesherr, ein Fürst, verliebte sich in eine Apothekerstochter, Anna-Luise Föhse. Damit er sie vergesse, verordnete ihm die Familie eine „Kavalierstour". Er wurde nach Venedig geschickt, nach Rom, reiste nach Turin, nach Genua, wurde in Wien dem Kaiser vorgestellt und lernte in Turin eine Schicksalsfigur des Jahrhunderts kennen, Eugen, den Prinzen von Savoyen.

Der Dessauer war also von Anfang an vernetzt in der Sternenwelt der europäischen Hocharistokratie. Doch die Kavaliersreise blieb im entscheidenden Punkt erfolglos: Er heiratete gegen den Willen der Familie und unter dem Stirnrunzeln, wahrscheinlich der Verachtung der europäischen Höfe seine Apothekerstochter und brachte – ein Wunder des Eigensinns! – den Kaiser dazu, sie zur Reichsgräfin zu machen samt Erbfolge für die Kinder der Mesalliance.

Inzwischen war er zum Kriegshelden avanciert und zum großen Militärreformer des brandenburgisch-preußischen Heeres. Systematische wissenschaftliche Militärtechnik, das Marschieren im Gleichschritt, der eiserne Ladestock, die Einheitlichkeit in der Uniformierung, das Salvenschießen in drei Gliedern, das Bajonett – alles Ideen des Dessauers.

Er machte das preußische Heer zum effektivsten Europas. Er war in den beiden großen entscheidenden Schlachten des frühen 18. Jahrhunderts dabei, am 13. August 1704 bei Höchstädt in Bayern, wo der Mythos von der Unbesiegbarkeit Frankreichs zum ersten Mal zerbrach unter dem

Im Bild aus dem Schloss Oranienbaum vereint sind eine der vergoldeten Früchte am stilisierten Orangenbaum, der ursprünglich das Zentrum des Oranienbaumer Marktes schmückte – heute steht dort eine originalgetreue Kopie –, und die im Oranienbaumer Garten ausgegrabene Sandsteinbüste Johann Georgs II., Fürst von Anhalt-Dessau, des Gemahls der Erbauerin der barocken Schlossanlage Henriette Catharina.

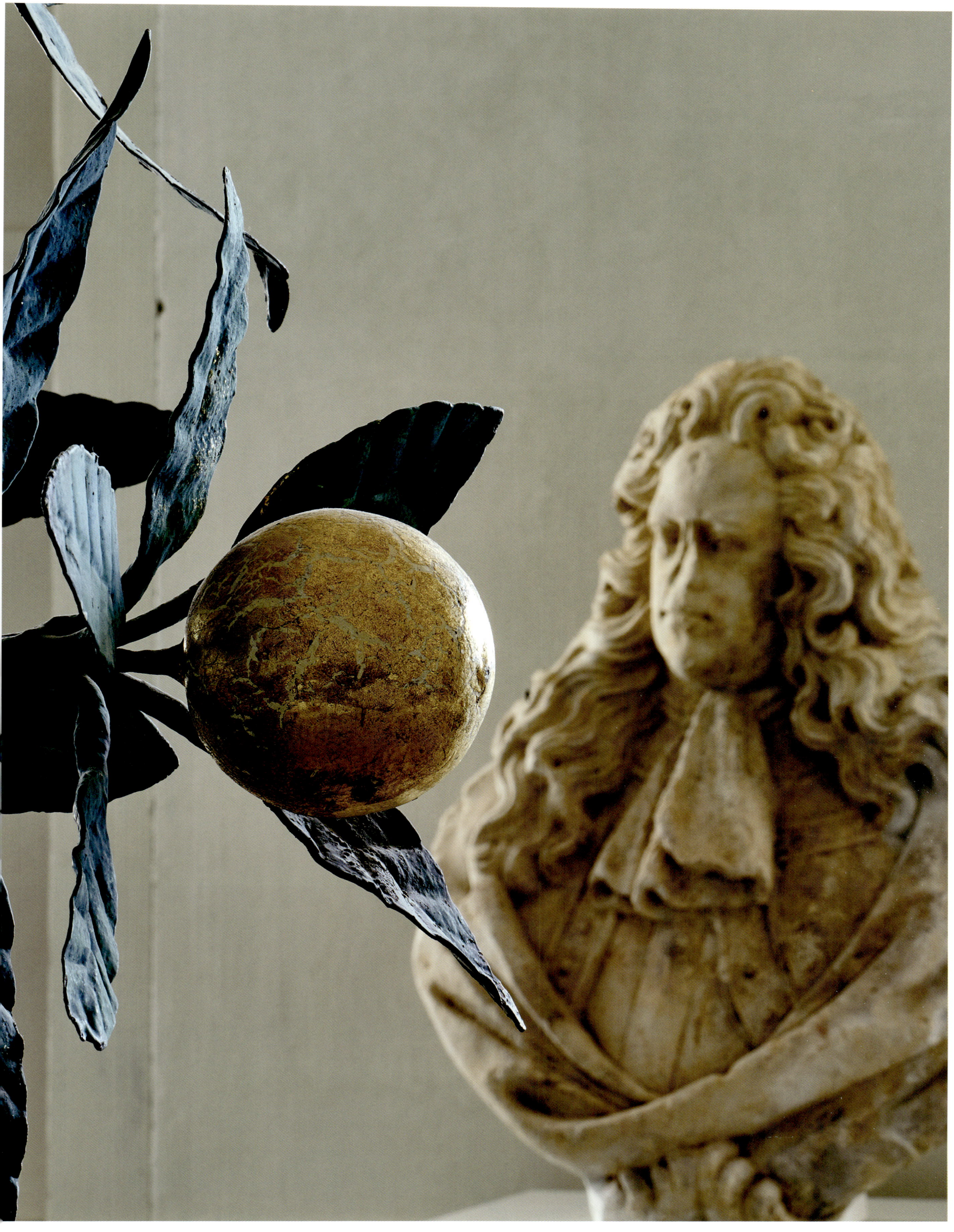

Der Schnee ist geschmolzen, schon kehren die Gräser den Gefilden und die Blätter den Bäumen zurück; die Erde verändert die Jahreszeiten und die abschwellenden Flüsse fließen vorbei an den Ufern. Die Grazie wagt mit den Nymphen und den Zwillingsschwestern nackte Reigen zu führen. Erhoffe nicht Unsterbliches, es mahnt das Jahr und die Stunde, die den holden Tag raubt.

Quintus Horatius Flaccus (65 v. Chr.–8 v. Chr.)

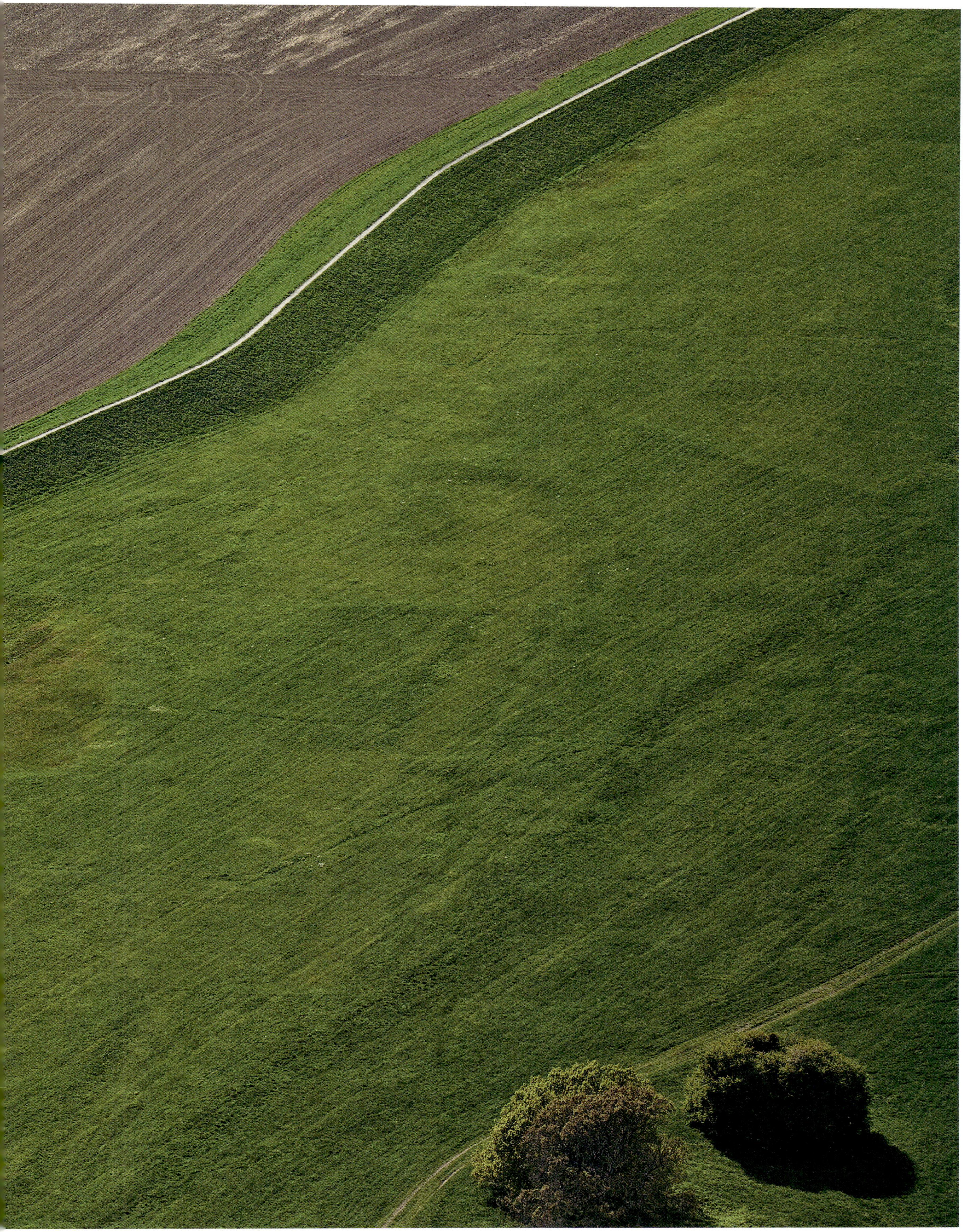

Angriff der Heere, die John Churchill, später Herzog von Marlborough, und Prinz Eugen kommandierten, und danach bei der blutigsten Schlacht des 18. Jahrhunderts überhaupt, der von Malplaquet in Belgien. 1712 wurde er Kommandierender aller preußischen Truppen an der Front des Spanischen Erbfolgekrieges. Erfolgreich behauptete er sein nonkonformes Nichtrauchertum im Tabakscollegium Friedrich Wilhelms I. Ebenso selbstbewusst trat er dem zornigen König entgegen, als der gegen den aufbegehrenden halbwüchsigen Friedrich mit drakonischen Strafen wütete.

Der Herzog von Anhalt, in späteren Lebensjahren der „Alte Dessauer" genannt, war populär, soweit Fürsten überhaupt populär sein können. Er war witzig, ein Original, und überaus geschickt bei der Arrondierung seines persönlichen Landbesitzes, sodass am Ende fast das ganze kleine Land eigentlich dem Fürsten selbst gehörte, womit der Boden gelegt war für den enormen Modernisierungssprung, der dann mit dem sehr unmilitärischen Enkel des Alten Dessauers kommen sollte.

Zu welthistorischem Ruhm sollte es eine anhaltische Nonkonformistin bringen, deren bescheidene Herkunft umgekehrt proportional zu ihrer späteren Machtfülle stand: Sophie Friederike Auguste von Anhalt-Zerbst, geboren am 2. Mai 1729, der Welt freilich erinnerungswürdig unter ganz anderem Namen.

1744 fuhr die Fünfzehnjährige über die russische Grenze einer Hochzeit entgegen, die mit Liebe nichts, mit Politik alles zu tun hatte. Die wichtigste Aufgabe der aristokratischen Bräute war es, möglichst rasch einem Thronfolger das Leben zu schenken. Sophie wusste, was ihr blühte. Die blutjunge Prinzessin war von edelster Abkunft, aber in der Realität eine arme Generalstochter. Aufgewachsen war sie in einem glanzlosen Militärhaushalt, erzogen im strengen preußischen Geist, wo sich Lutherisches, Pietistisches und Hugenottisches zum Kult der Pflicht vereinigten. Auch der zukünftige Bräutigam, der Thronfolger in St. Petersburg, war übrigens ein deutscher Prinz – er kannte sein Land wenig. Die Hochzeit fand auf die übliche Weise statt. Aber die beiden jungen Leute fanden nicht zueinander. Sophie blieb der blasse Mann vollkommen gleichgültig. Was sie aber faszinierte, war der überwältigende Eindruck der Pracht des Hofes.

Alles, was die Prinzessin nach der Hochzeit tat, war vom Gedanken an die Krone geleitet. Sophie Friederike konvertierte zum orthodoxen Glauben, sie nahm den Namen Katharina an. Durch demonstratives Russentum gewann sie die Sympathie des ganzen Hofes. Ihr Mann, blind für die Gefahr, in die er rannte, spottete über die Zurückgebliebenheit der Russen. Katharina war klüger: Sie begeisterte sich für die westeuropäische Aufklärung, für Diderot und Voltaire, aber sie versteckte ihren klugen Kopf geschickt hinter ihrer Schönheit. Ihre dynastische Pflicht erfüllte sie erst 1754, wobei es viel begründeten Zweifel an der Vaterschaft gab.

1761 war ihr Geliebter Grigori Orlow aus der Palastgarde. Katharina war schwanger von ihm, als ihr ungeliebter Mann auf den Thron gelangte und sich durch unpopuläre Maßnahmen sofort verhasst machte. Am

Aus der Vogelperspektive entfaltet das Gartenreich eine ungewohnt faszinierende Wirkung – hier das Dianen-Wachhaus hinter dem Deich zwischen Waldersee und dem ehemaligen Fischerdorf Vockerode.

Mit Franz Heinrich Schwechten beauftragte das anhaltische Herzogshaus zwanzig Jahre vor Ende der Monarchie noch einmal einen Architekten von Format. Er errichtete das monumentale Mausoleum als weithin sichtbare Grablege der Familie in der Achse des Haupteingangs zum Georgium, umgeben von einem kleinen Park als Verbindungsglied zum Landschaftsgarten.

Zur Erinnerung an Herzog August Wilhelm von Braunschweig-Bevern ließ Prinz Johann Georg von Anhalt-Dessau im Georgengarten in Dessau östlich des Vasenhauses eine Sandsteinvase aufstellen. Beide hatten gemeinsam neun Jahre in der Garnison Stettin verbracht.

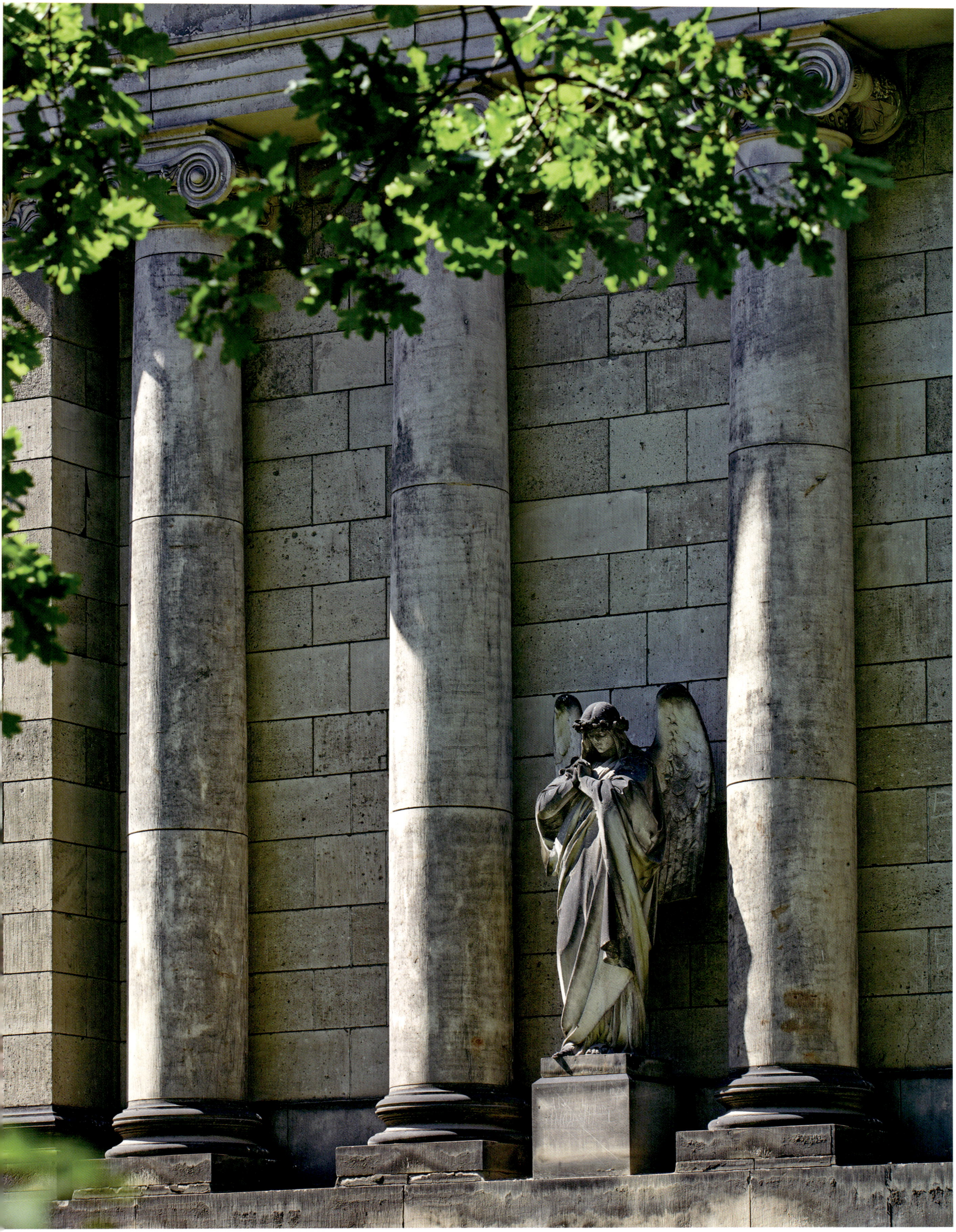

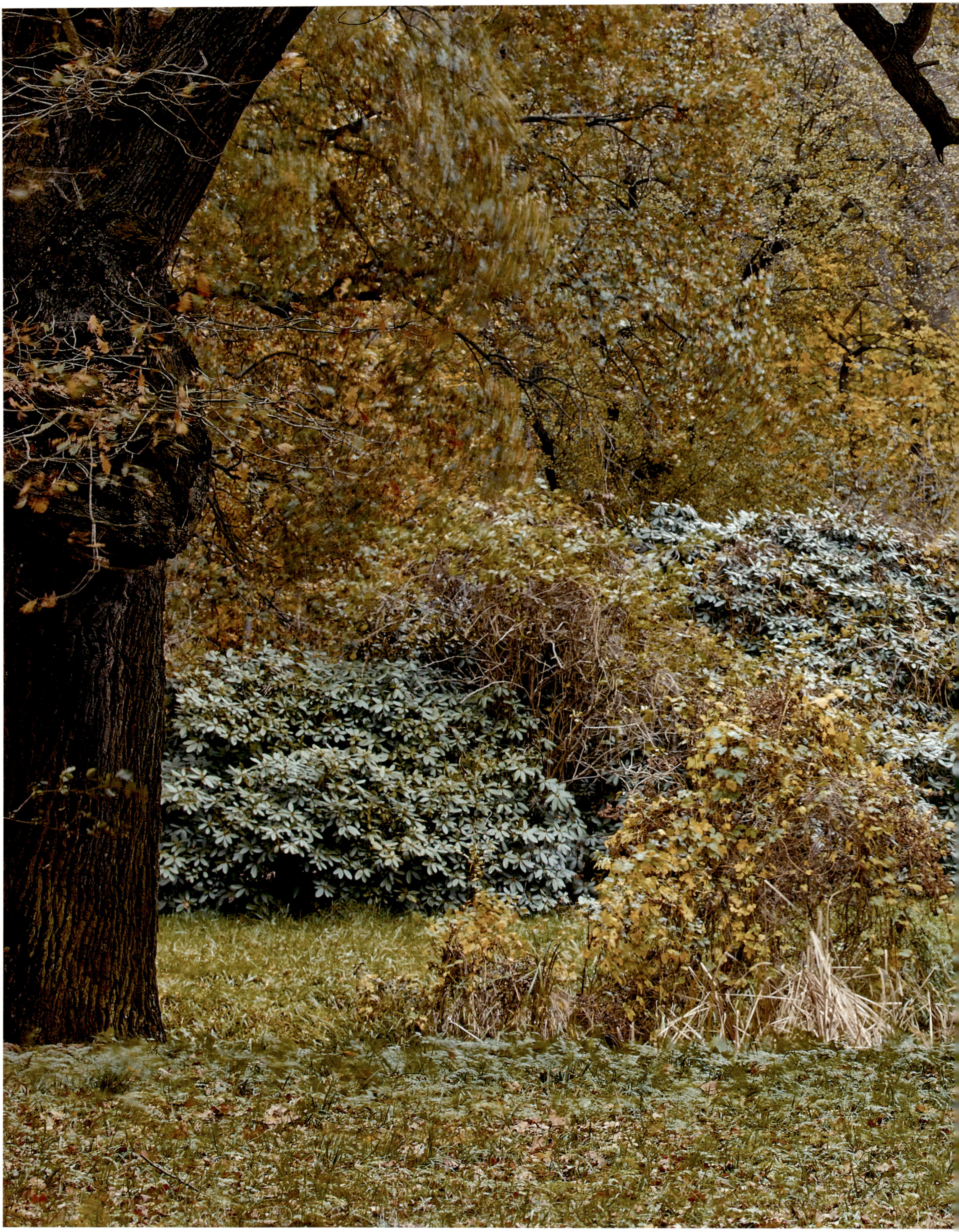

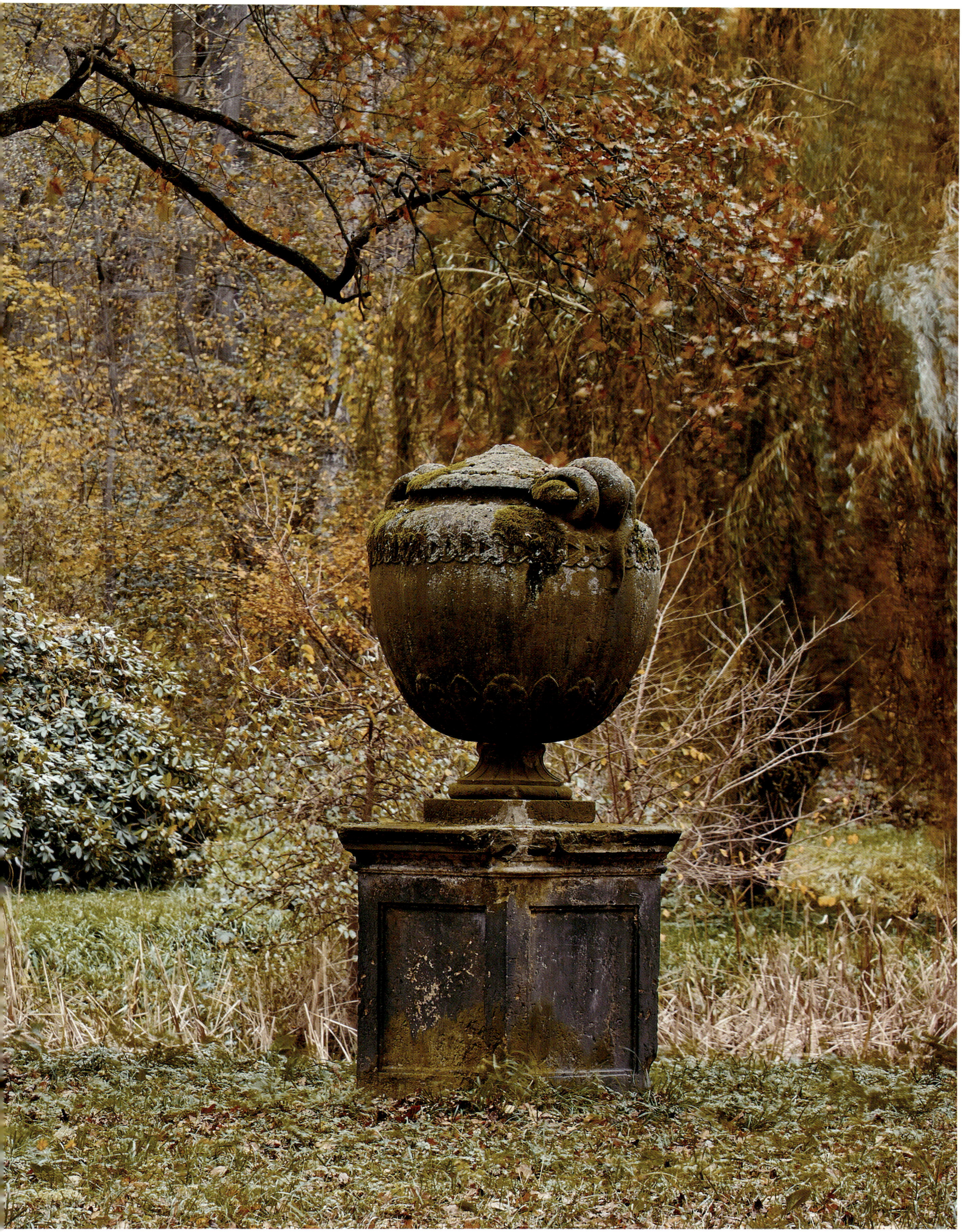

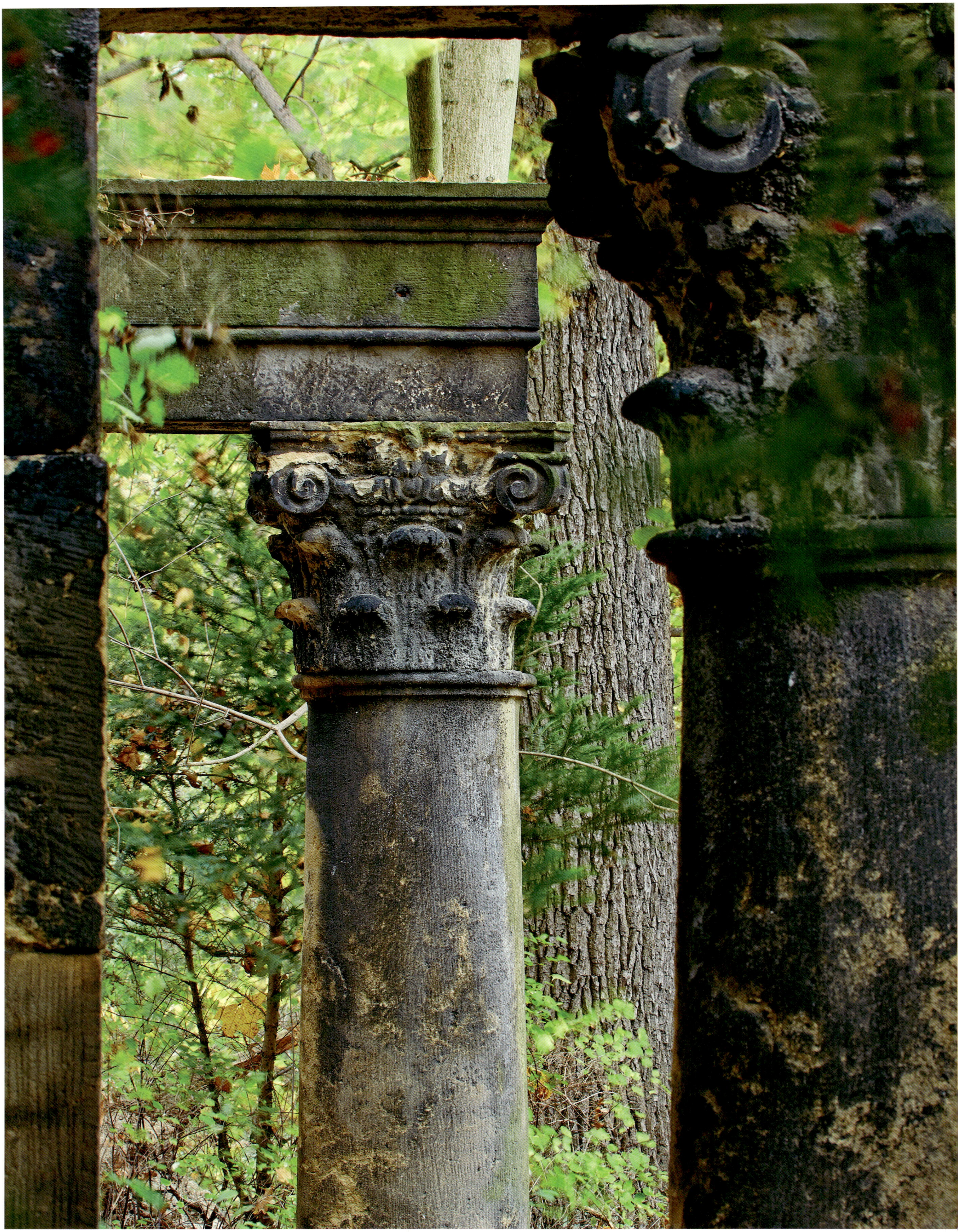

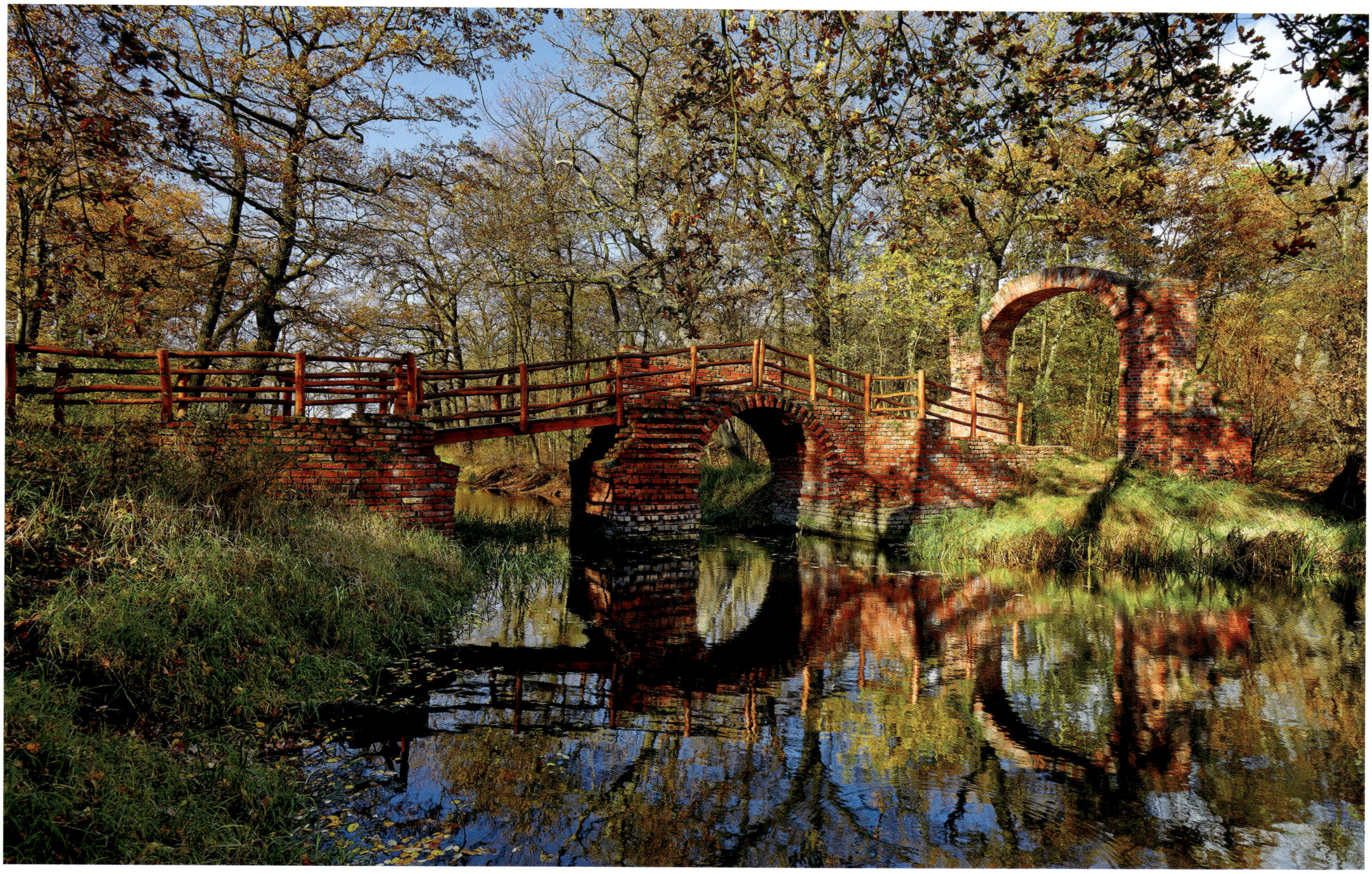

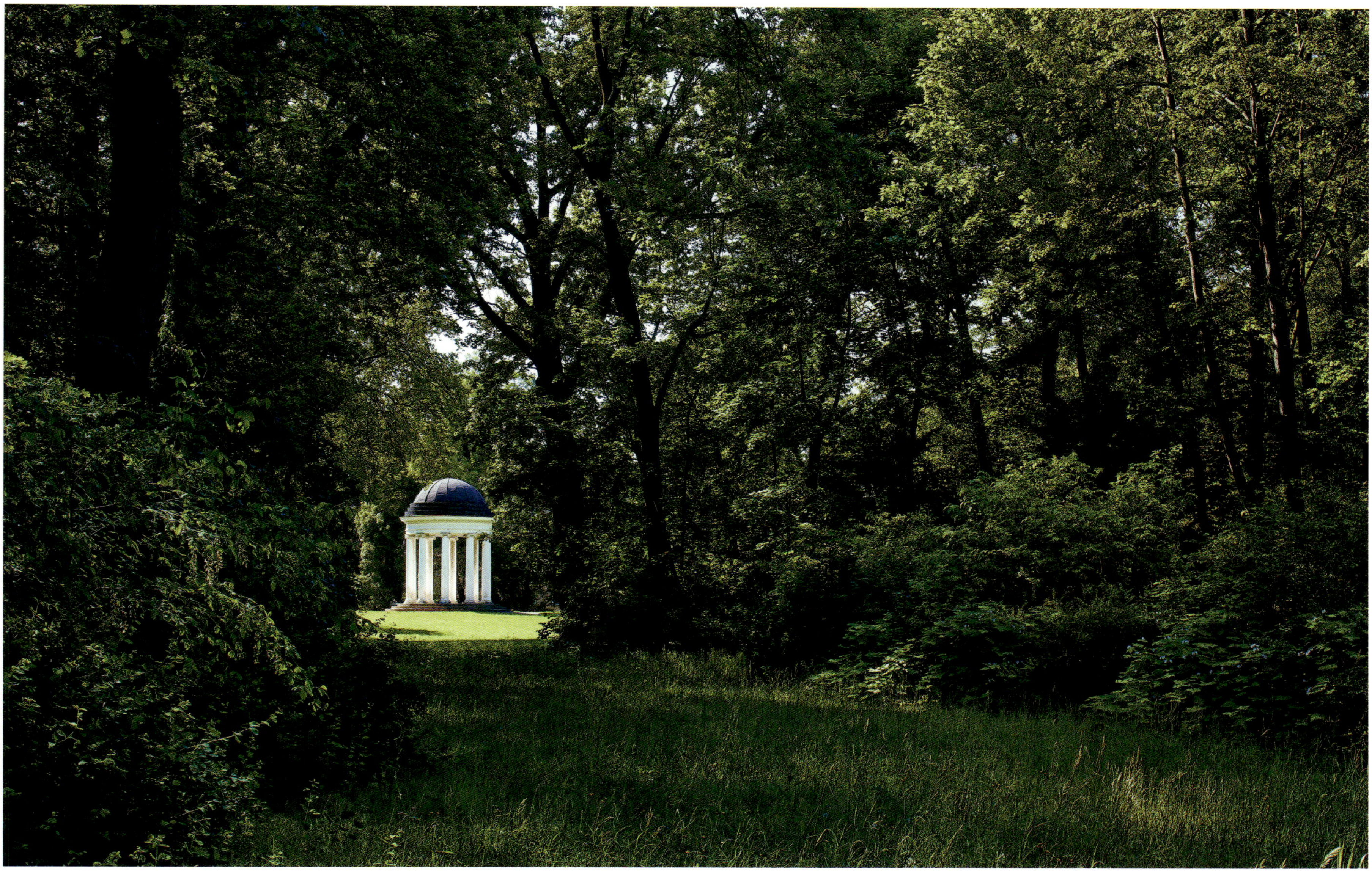

29. Juni 1762 putschten die Garden, Zar Peter III. wurde ermordet. Katharina, die lange Unterschätzte, wurde zur Kaiserin von Russland ausgerufen.

Was jetzt für 34 Jahre begann, hat man später als „Goldenes Zeitalter" bezeichnet. Katharina regierte unermüdlich. In steter Korrespondenz mit den Chefdenkern Westeuropas reformierte sie das Land, förderte Wissenschaften und Künste, gründete Schulen, Universitäten und Waisenhäuser. Moskau und St. Peterburg wurden prachtvoll ausgebaut. Die Zarin brachte das Kunststück zustande, im Inneren als traditionsbewusste Russin, im Ausland aber als Missionarin der Aufklärung zu erscheinen.

Ihr heftiges Liebesleben hat die Mitwelt fasziniert. Die Dokumente erzählen nichts von Exzessen, umso mehr von einem Netzwerk der Sympathie, geknüpft von einer leidenschaftlichen Frau auf der Suche nach Glück im Hier und Jetzt. Katharinas freimütige Partnerwahl war – auch gemessen am Laissez-faire der höfischen Sitten – nonkonformistisch, wenn nicht sogar revolutionär. Sie nahm sich das Recht, ihre Favoriten selbst auszusuchen. Dabei mischte sich erotische Passion mit der Jagd nach hilfreichen Talenten. Ende der 1750er Jahre liebte sie Stanislaw Poniatowski, den sie später zum König von Polen machte. Fürst Potjomkin, Katharinas große Liebe ab 1774, hat als Feldherr die Krim erobert.

Heißes Herz und kühler Kopf: Katharina II. hat den Machtbereich Russlands ausgedehnt wie kein Herrscher vor ihr. Das Andenken ihres Volkes ehrt sie deshalb als „die Große".

Derjenige Nonkonforme, der im äußeren Bild des Landes Anhalt die spektakulärste Spur hinterlassen hat, ist der Enkel des Alten Dessauers: Leopold III. Friedrich Franz von Anhalt-Dessau. Geboren 1740, ist er der Schöpfer des zauberhaften Wörlitzer Gartenreichs. Er hatte nicht weniger im Sinn als eine Versöhnung von Natur und Zivilisation. Kunst und Landschaft, Empfindsamkeit und Aufklärung, Pädagogik und Spiel, das Schöne und das Nützliche gingen im Werk dieses Fürsten und Gesamtkunstwerk-Schöpfers eine faszinierende Verbindung ein.

Es bleibt freilich das Paradox, dass all dies nicht möglich gewesen wäre, hätte nicht der Großvater – wahrlich ein Charakter, in dem Schwert und Erwerb sich nüchtern paarten – das Land so drastisch zum Eigenbesitz arrondiert, dass es tatsächlich die Voraussetzungen dafür bot, von einem allmächtigen fürstlichen „Gärtner" zum „Paradies" („umhegter Garten") verwandelt zu werden.

Am Anfang stand ein Schock: die Verstörung über die blutige Realität des Krieges, den er, der Familientradition gemäß, im Heer Friedrichs des Großen miterlebte. In den Schlachten von Prag und Kolin wurde der junge Offizier dramatisch zum Pazifisten. Er floh geradezu aus der Umgebung des Preußenkönigs – zeitlebens sollte er Angst vor Friedrich II. haben. Der brachte immerhin noch eine aufgezwungene Eheverbindung mit einer brandenburgischen Prinzessin zustande. Die Ehe missglückt sozusagen plangemäß – der Dessauer aber würde lebenslang mit einer bürgerlichen

Architektonische Gestaltungselemente ziehen auch im Georgengarten die Blicke der Besucher an: der Ruinenbogen, die künstliche Ruinenbrücke und der Monopteros.

Der vorzügliche, von den Zeitgenossen hoch geschätzte Dessauer Hofmaler Christoph Friedrich Reinhold Lisiewski (1725–1794) malte Leopold Friedrich Franz III. von Anhalt-Dessau kurz nach dessen Regierungsantritt 1758. Mit großer Einfühlung erfasste der talentierte Künstler mit der Pastellkreide die Physiognomie eines intelligenten, aufgeweckten und tatkräftigen Fürsten am Startpunkt seines großen Lebenswerkes.

Pastell, 65 x 53 cm.
Schloss Mosigkau

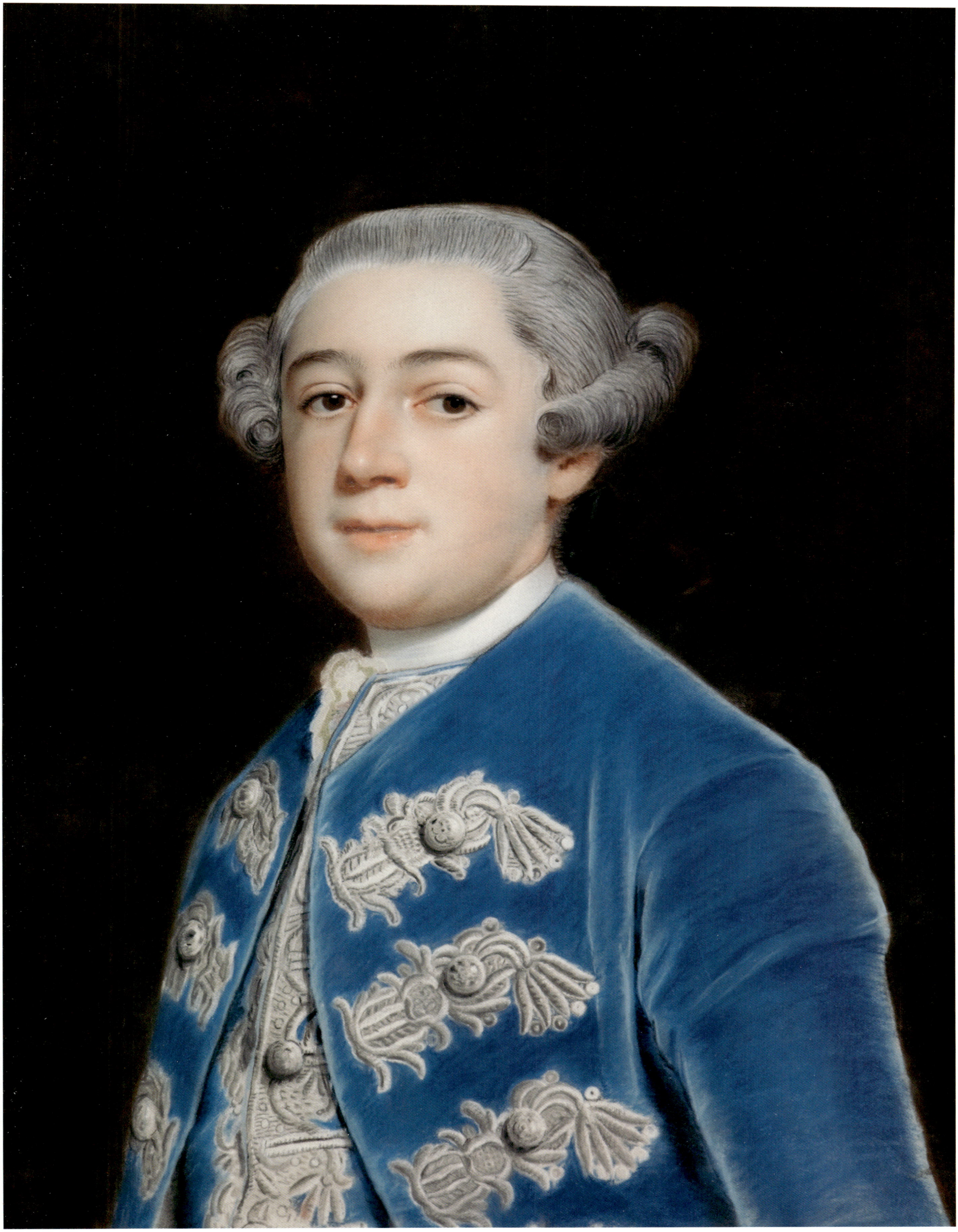

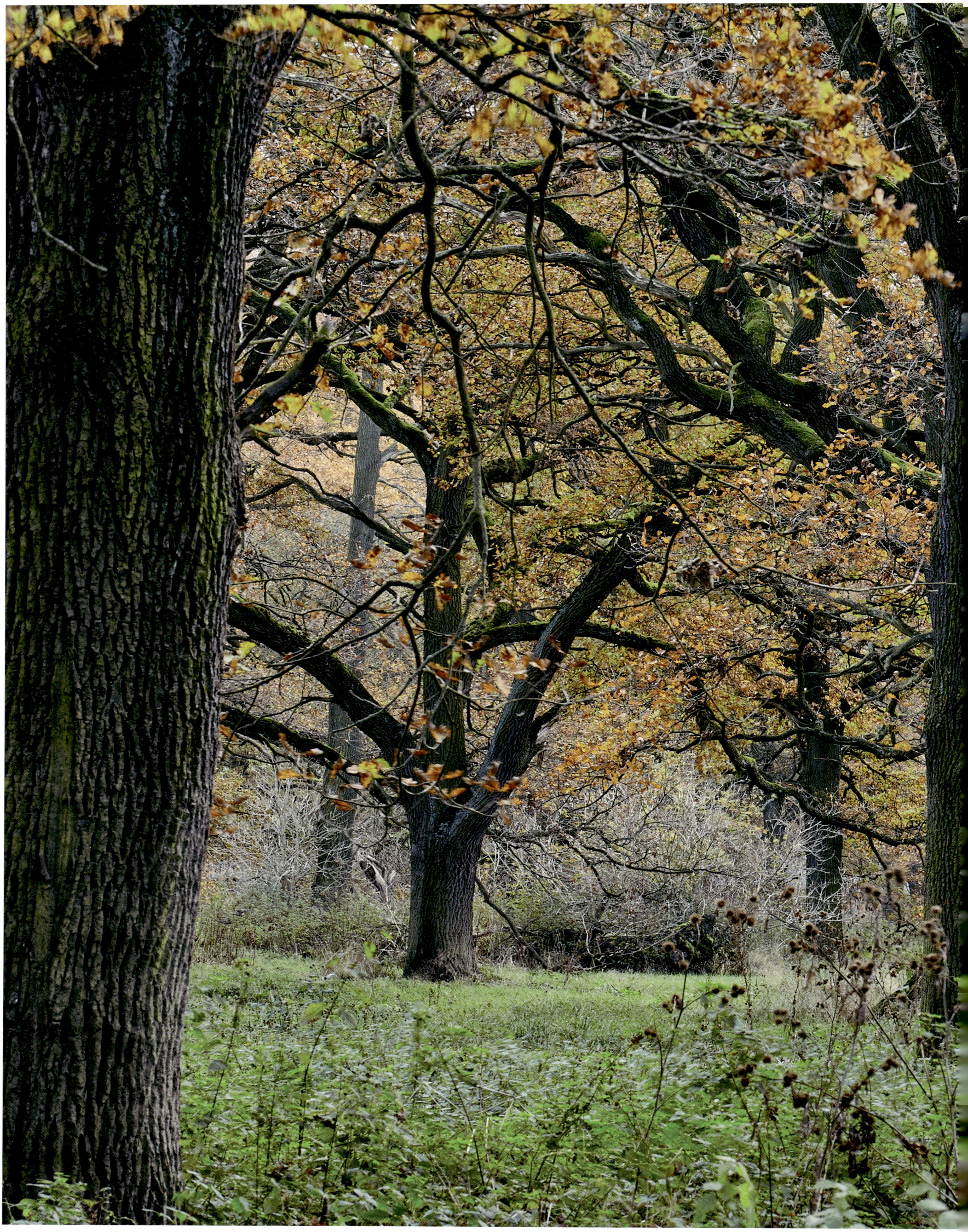

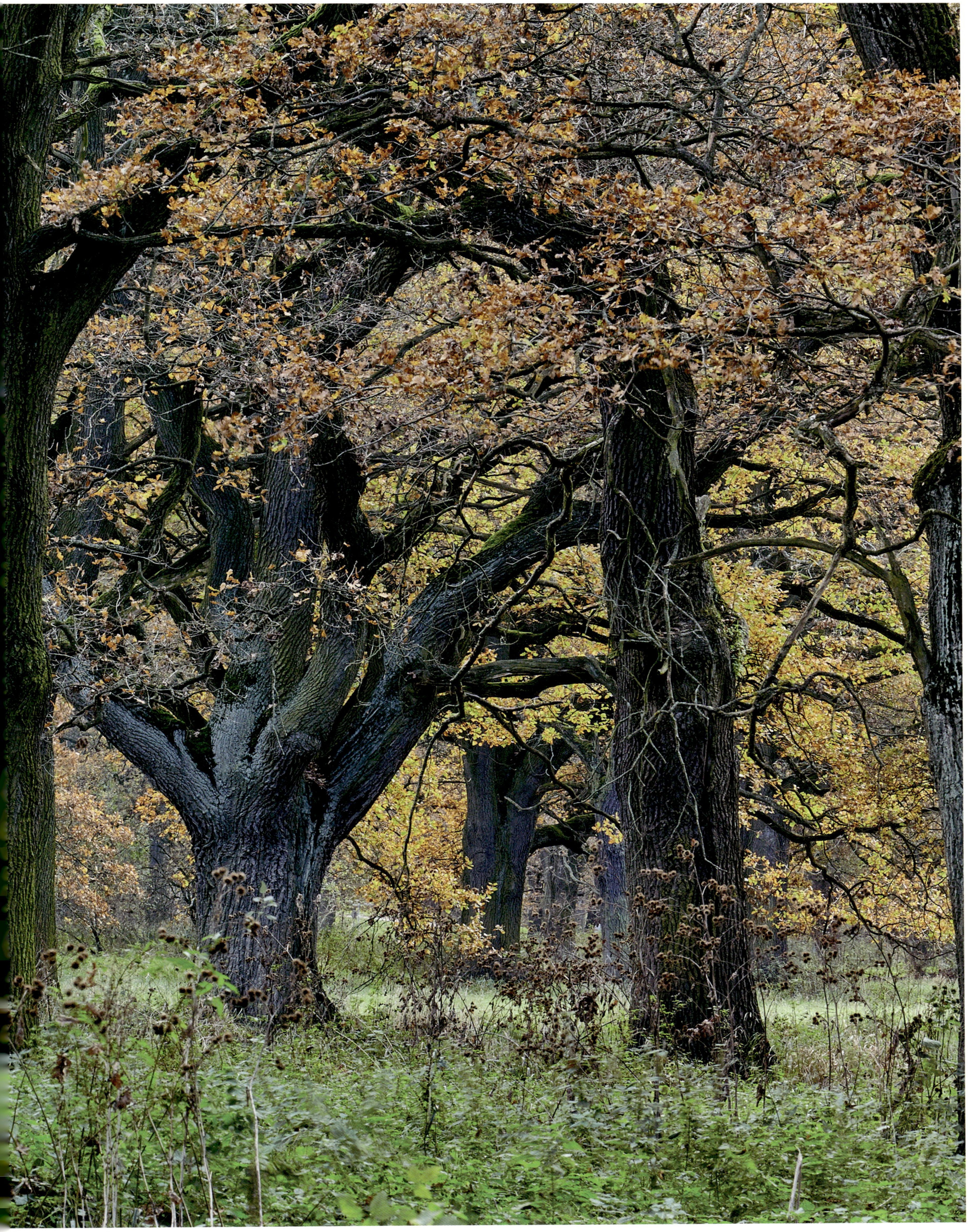

Frau zur linken Hand zusammenleben, der Tochter seines Gärtners Schoch. Aus Italien, aus England holte er sich seine ästhetischen Vorbilder, der englische Palladianismus stand Pate beim ersten klassizistischen Schlossbau auf dem Kontinent und bei einem der perfektesten „englischen" Parks seiner Zeit. Erste Sozialversicherung auf deutschem Boden, Toleranz gegenüber den Juden, Agrarreformen, Reformpädagogik, Abschaffung der Zensur, Sympathien für die amerikanische Revolution: wahrlich eine beachtliche Bilanz.

Goethe ist oft nach Wörlitz gepilgert. Die – angesichts vieler Beziehungen eigentlich naheliegende – Weiterreise nach Berlin hat er nur einmal unternommen. Sein Leben lang vermied er die direkte Begegnung mit dem preußischen Militärmacht-Syndrom. Im Mai 1778 war er ein einziges Mal in der Stadt Friedrichs II. auf einer diplomatischen Mission. Aber auch da tauchte er erst tief in das Wörlitzer Paradies ein: „Hier ists ietzt unendlich schön. Mich hats gestern Abend wie wir durch die Seen Canäle und Wäldgen schlichen sehr gerührt wie die Götter dem Fürsten erlaubt haben einen Traum um sich herum zu schaffen. Es ist wenn man so durchzieht, wie ein Mährgen das einem vorgetragen wird und hat ganz den Charackter der Elisischen Felder ..."

Berlin wurde wenige Tage danach für den Reisenden der Inbegriff des ehernen Zeitalters. Goethe, der Hochsensible, las aus der Physiognomie Berlins am Vorabend des bayerischen Erbfolgekrieges ahnungsvoll die Zeichen der Gegenwelt zu Wörlitz heraus: Es sei aufregend, „an der Quelle des Krieges zu sitzen in dem Augenblick da sie überzusprudeln droht". Und er fuhr mit seinen Gedanken fort, oberflächlich gleichmütig, innerlich aber schaudernd vor der Dialektik von Macht, Pracht und Menschenverachtung: „Und die Pracht der Königsstadt, und Leben und Ordnung und Überfluss, das nichts wäre ohne die tausend und tausend Menschen bereit für sie geopfert zu werden."

Es ist kein Zufall, dass Goethe das „Elysion" zitiert, die „Insel der Seligen", das antike Äquivalent zum biblischen Paradies mit seinen rosengeschmückten Wiesen, auf denen ewiger Frühling herrscht. Ob „umgrenzter Garten", ob „entlegenes Eiland" – die Sehnsucht nach dem großen Widerspruch gegen die Zeit ist heute viel machtvoller als zur Zeit des Fürsten Franz von Anhalt-Dessau und Goethes. Alle zivilisationskritischen Bewegungen leben sowohl von den apokalyptischen Bildern, die sie beschwören, wie vom utopischen Gegenbild, das sie ersehnen: Es ist das Bild des idealen Gartens. Als Wörlitz entstand, begann gerade erst die „planetarische Rodung" der Natur durch die Industriezivilisation. Wenn Wörlitz schon damals auf die Zeitgenossen als das ganz andere wirkte – dann ist es heute ein umso erstaunlicheres Phänomen: Inbegriff aristokratischer Autokratie, also der Gestaltungsmacht eines Einzigen, wie – im hegelschen Sinne – ihrer „Aufhebung" in einer Symbiose gleichrangiger Elemente: Natur, Kunst und Mensch, die gemeinsam zu Kultur werden.

Der mit bis zu zweihundert Jahre alten Eichen bestandene Tiergarten in Sichtweite des im Zweiten Weltkrieg weitgehend zerstörten Residenzschlosses bei Dessau diente ursprünglich der Schweinemast. Heute freut sich das Schwarzwild über die herbstliche Leckerei.

Eine lange Sichtachse lenkt den Blick vom Monument über Schochs Garten auf das Schloss Wörlitz.

Der Sichtenfächer an der Goldenen Urne zur Synagoge, zur St.-Petri-Kirche und zum Warnungsaltar wird auch als Toleranzblick bezeichnet. „Die Toleranz ist in Dessau ganz zu Hause und daher kommt es, daß Protestanten, Katholiken und Juden untermischt in Ruhe und Eintracht neben einander wohnen, ihre Geschäfte treiben, und keiner den anderen in seinen Religionsgebräuchen und Gottesverehrungen stört."
Lebrecht Ludwig Bäntsch, 1800

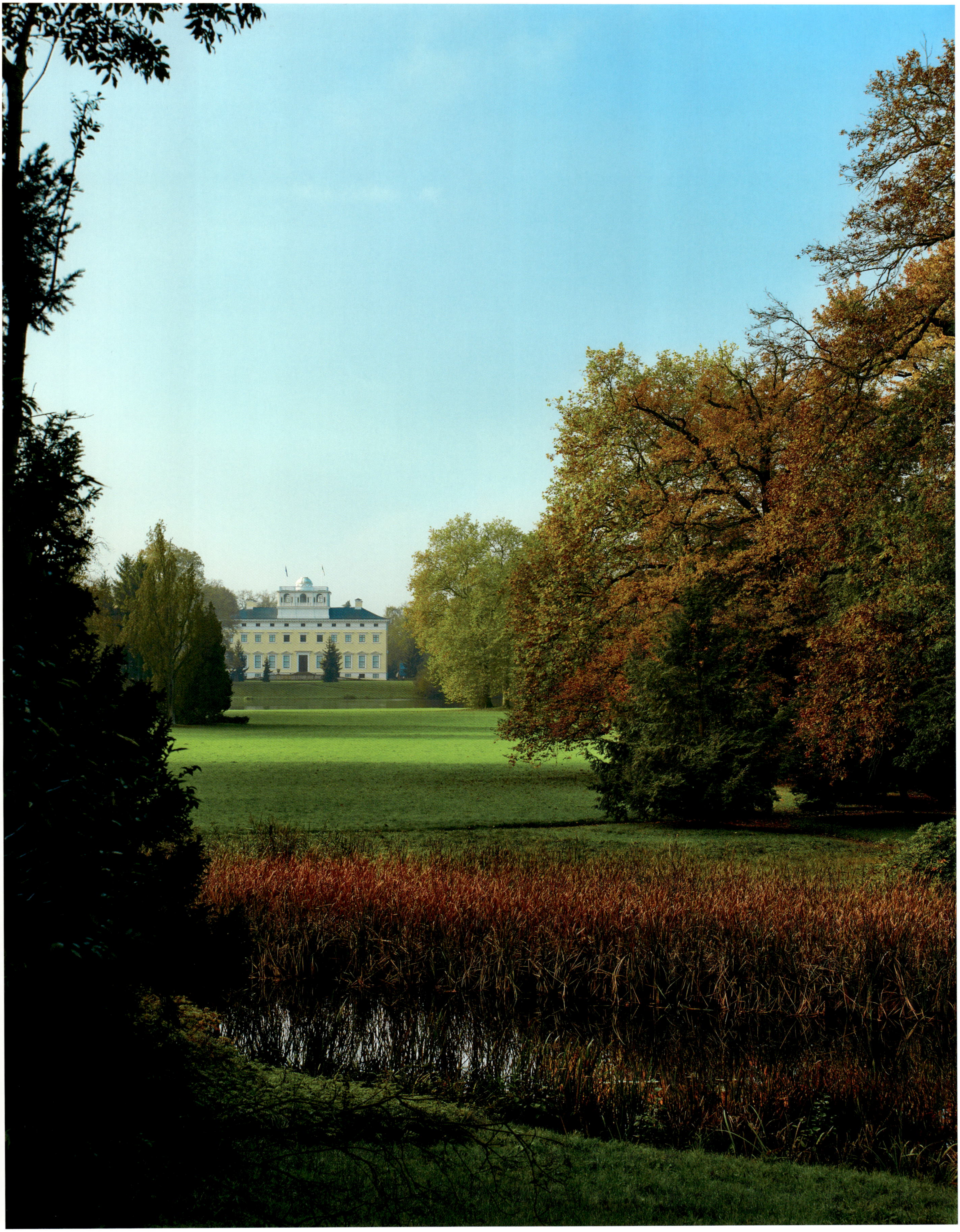

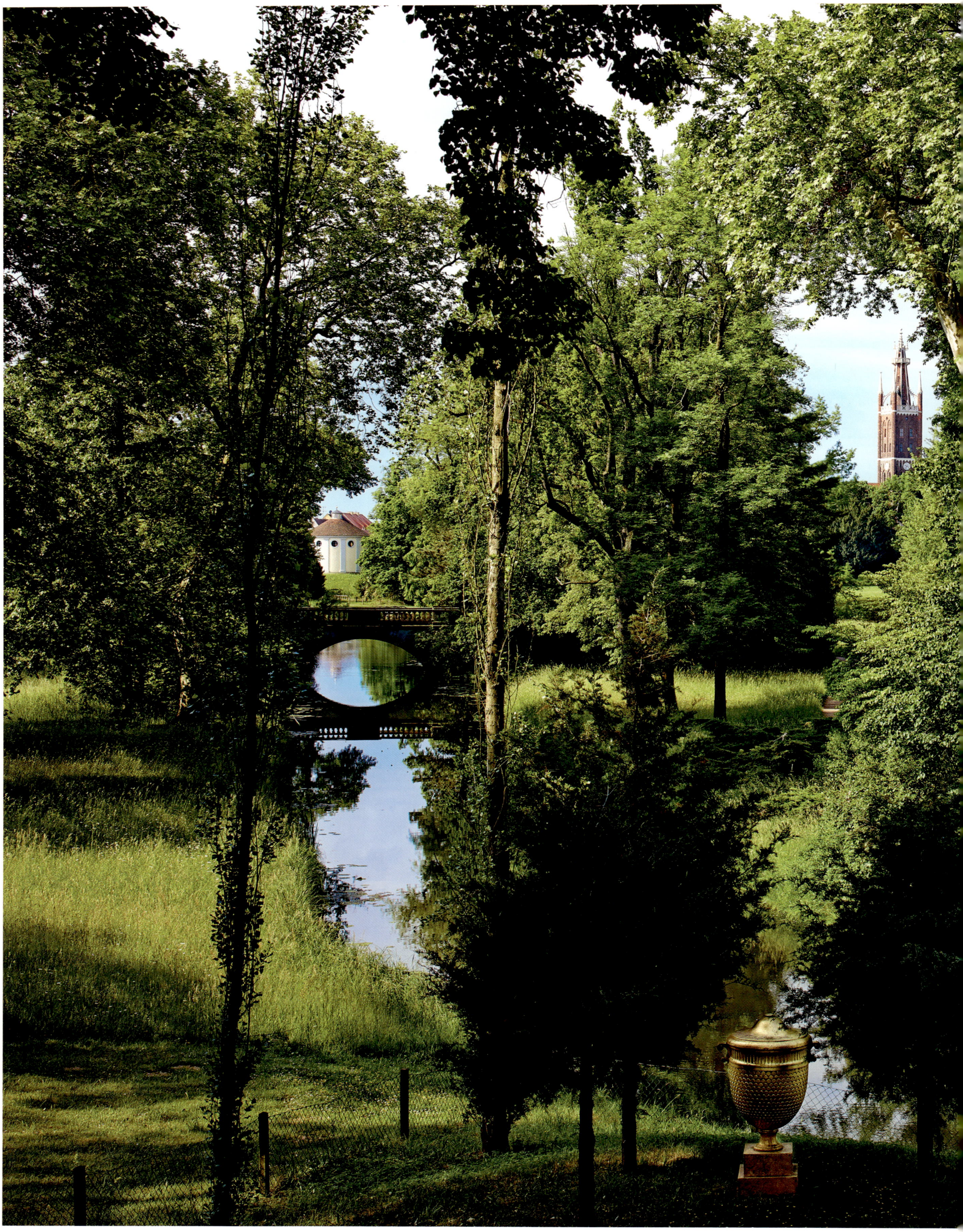

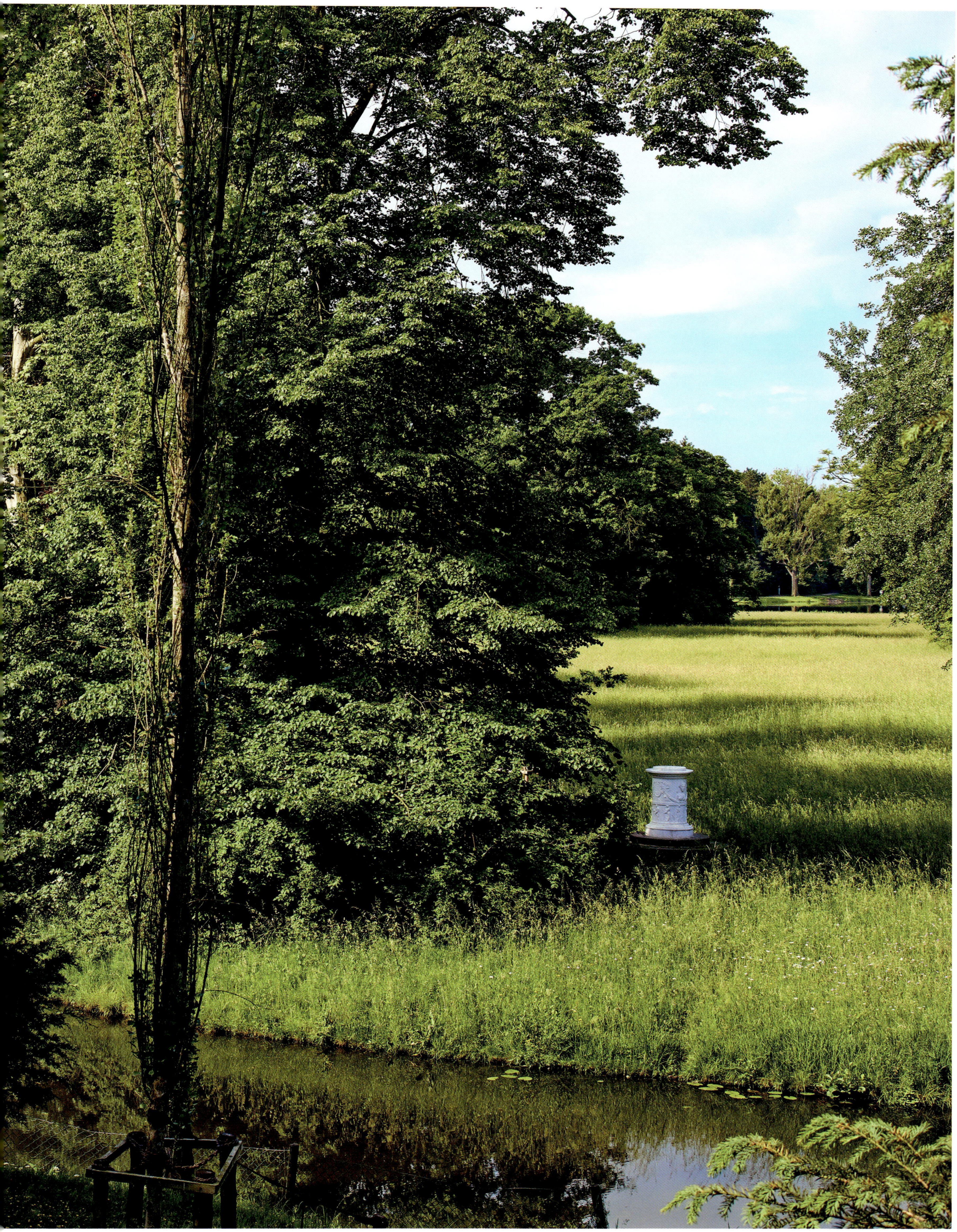

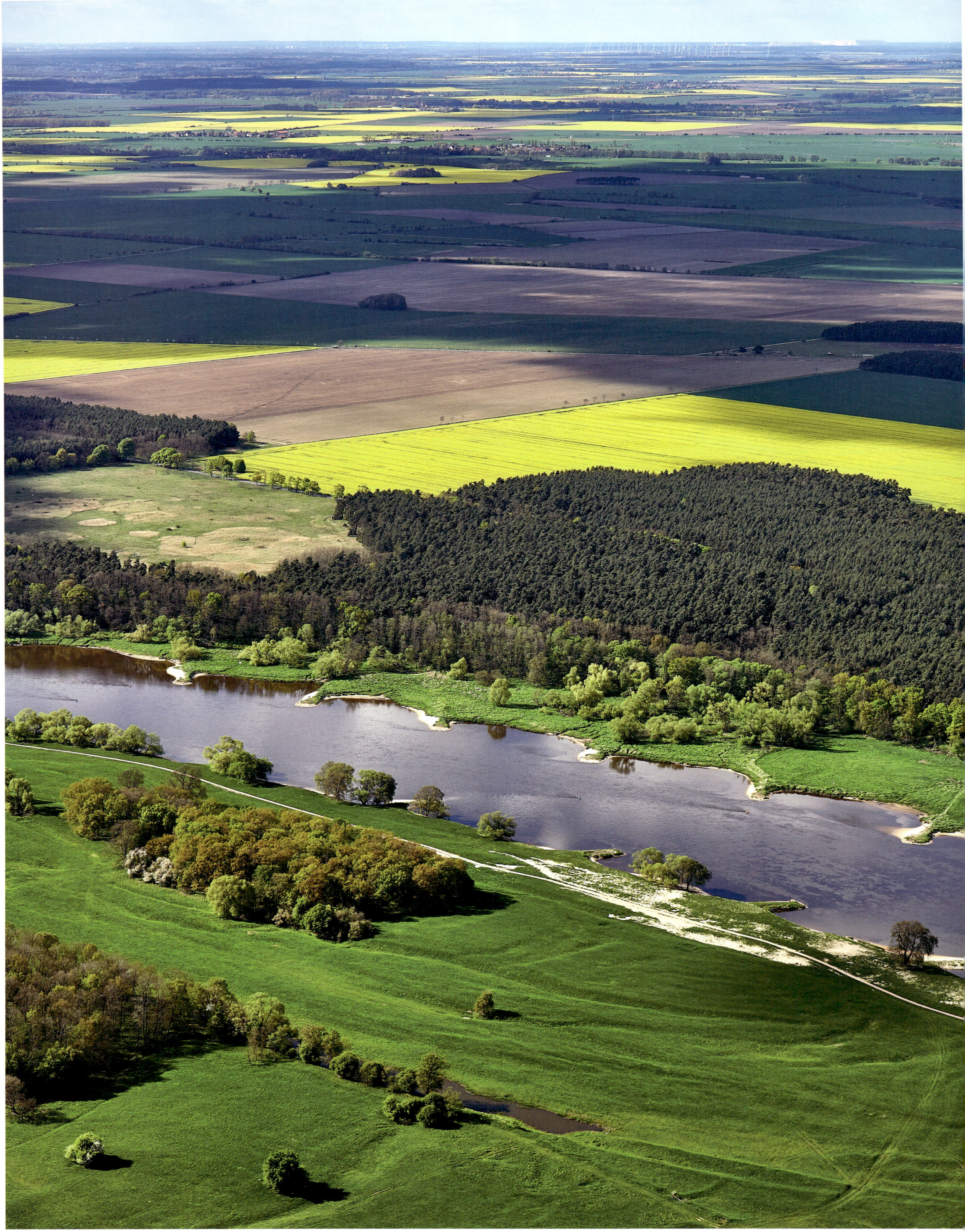

Lebensader Elbe

VIELFALT IM FLUSS DER ZEITEN

GUIDO PUHLMANN

Vor circa 10 000 Jahren schmolz der Eispanzer der letzten Eiszeit endgültig. Das Schmelzwasser floss in Urstromtälern in Richtung Meer ab. Dabei wurden riesige Mengen Kies und Sand ab- und immer wieder umgelagert. Die Elbe ist der drittlängste Fluss in Deutschland und fließt im Raum Dessau bis heute, also seit mehreren tausend Jahren, in diesem Urstromtal. Die Landschaft im Gartenreich Dessau-Wörlitz ist seit der Eiszeit aus dem Fluss geboren und wird vom Fluss bis heute weiter geformt. Viele Gewässer der heutigen Aue erinnern als Altwässer oder Altarme von Elbe und Mulde an die damaligen Flussbetten. Nacheiszeitlich wurden durch Wasser und Wind sowohl fruchtbare lehmige als auch unfruchtbare sandige Böden im Gebiet abgelagert – das und das immer wiederkehrende Wasser in seiner Dynamik des Auf und Ab ist die Basis für eine vielgestaltige Pflanzen- und Tierwelt. Die Aue war im Gegensatz zu weiten Teilen Mitteleuropas durch stagnierendes Wasser, Eisgang, den Einfluss von Großtieren und das Wirken des Bibers niemals geschlossen bewaldet. Die Senkensysteme waren waldfrei und förderten das Vordringen des Menschen in diese Naturräume.

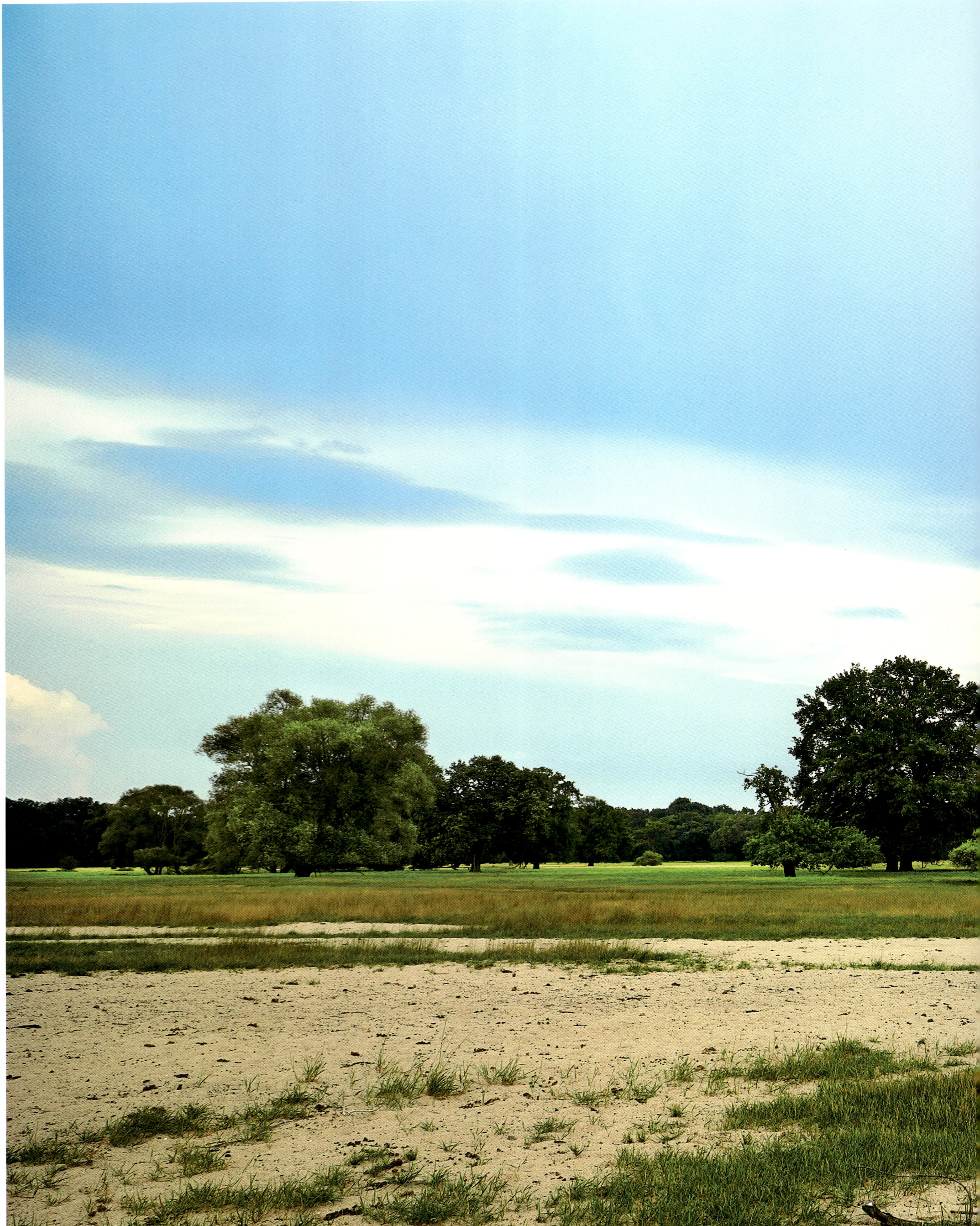

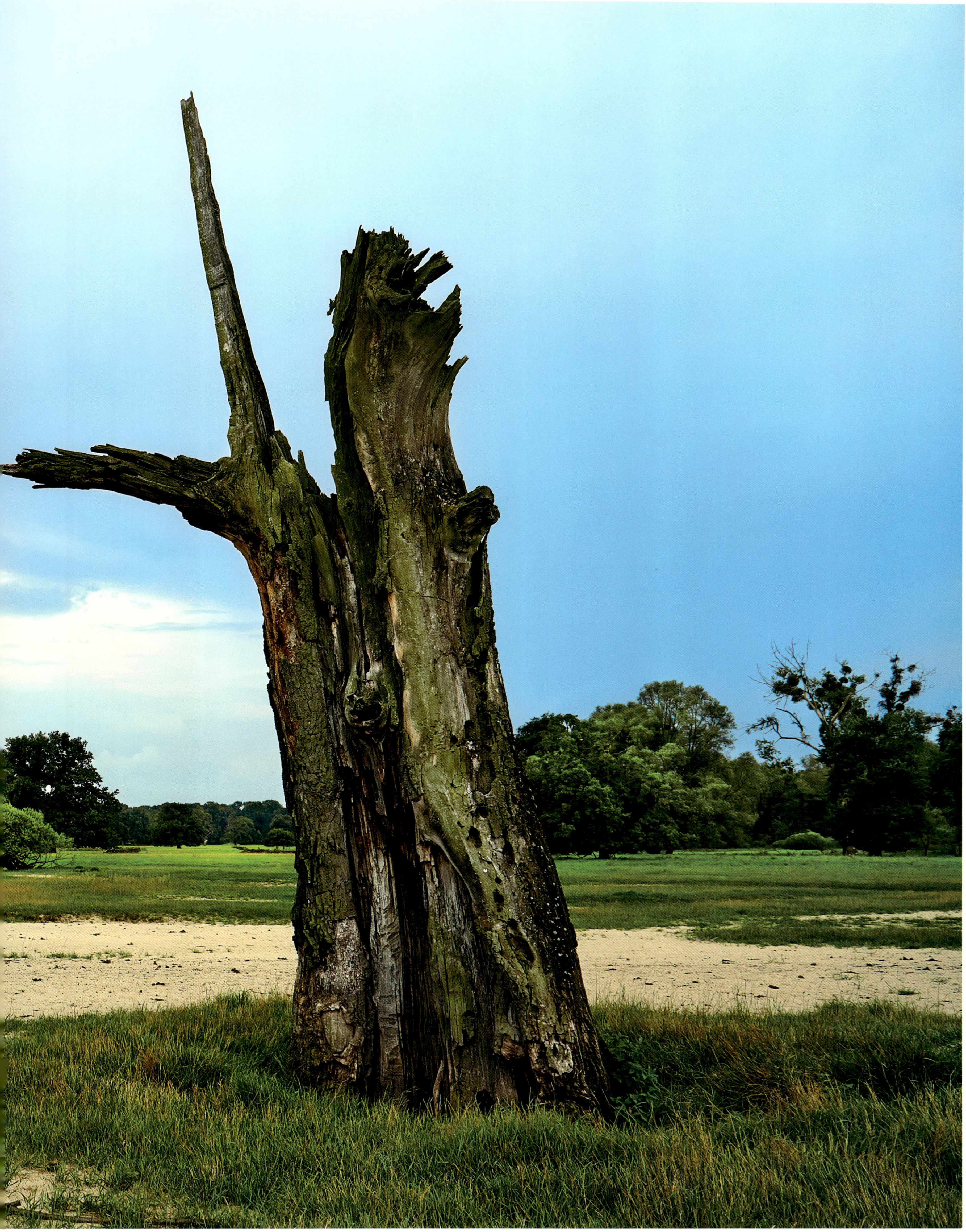

An den Rändern der Täler und auf hochwasserfreien Erhebungen im Tal siedelten früh Menschen. Waldweide, Holznutzung, Fischfang u. a. m. waren Vorzüge dieses Siedlungsraumes. Besiedlung und vor allem Waldweide führten frühzeitig zur Waldverlichtung und zur Ausbildung von Offenvegetation. Die Waldweide hatte den zweiten Effekt der Förderung von Lichtbaumarten, insbesondere der Stieleiche. Zudem wurde die Eiche bewusst gefördert, da sie vielfach nutzbar war und ihr Fruchtfall die Waldweide begünstigte, vor allem mit Schweinen. So entstanden die an Eichen reichen sogenannten Hutewälder mit ihren inzwischen vielhundertjährigen Bäumen, die sich heute im Freistand befinden.

Was fand Leopold I. von Anhalt-Dessau um 1700 östlich von Dessau vor? Früher als in weiten Teilen Mitteleuropas üblich, hat der Großvater für seinen Enkel Leopold III. Friedrich Franz von Anhalt-Dessau als „eigentlichen Schöpfer des Gartenreiches" in seiner langen Regierungszeit bis 1750 mit großflächiger, bis heute wirksamer Melioration, Urbarmachung und mit Landerwerb großen Stils wesentliche Grundlagen geschaffen.

Lassen wir dazu den Engländer David Blackbourn zu Wort kommen: „Ein Deutscher, der aus dem Jahre 1915 oder 1940 in das Jahr 1750 zurückversetzt worden wäre, hätte zu seiner Verblüffung festgestellt, wie anders die ‚natürliche' Landschaft aussah [...] weitaus weniger Flächen waren kultiviert, ein weit größerer Teil war von Sand, Gestrüpp und vor allem von Wasser bedeckt. Der Besucher aus dem 20. Jahrhundert hätte nicht weit zu reisen gehabt, bis er auf Tümpel, Teiche und Seen gestoßen wäre, die seit langem trockengelegt und vergessen waren [...] Es hatte schon seinen Grund, warum diese Tiefebene von gebildeten Zeitgenossen mit den Feuchtgebieten der Neuen Welt oder gar Amazonien verglichen wurde. Schwarzbraun und morastig, durchzogen von sich schlängelnden Gräben, halb verborgen von darüber hängenden Kletterpflanzen und nur mit flachen Kähnen befahrbar, hätten diese Lebensräume von Stechmücken, Fröschen, Fischen, Wildschweinen und Wölfen [...] ein völlig anderes Bild gegeben [...] als zu Beginn des 20. Jahrhunderts [...] Der moderne Reisende in einem deutschen Flusstal hätte zweifellos dasselbe Gefühl, in eine verlorene Welt versetzt worden zu sein. Auch der Fluss selbst sah um 1750 völlig anders aus, und sein Verlauf war ein anderer. Im Gegensatz zu den vertrauten Wasserstraßen von heute, deren Wasser aufgrund von Baumaßnahmen schnell in einer einzigen Fahrrinne zwischen Uferdämmen dahinströmt, mäandrierten Flüsse des 18. Jahrhunderts in ihrem Überschwemmungsgebiet oder nahmen ihren Weg durch Hunderte von kleinen Kanälen, die durch Sand- und Kiesbänke und Inseln voneinander getrennt waren. Ihre Geschwindigkeit richtete sich nach der Jahreszeit und nicht nach den Erfordernissen einer ganzjährigen Schifffahrt. Und auf beiden Seiten zogen sich kilometerlange Auenwälder hin, die noch keinen Ackerflächen oder Industrieanlagen gewichen waren." (Die Eroberung der Natur. München 2007)

◀◀◀
Obwohl wegen der langen Überflutungen nur eingeschränkt landwirtschaftlich nutzbar, sind die mehrere Kilometer breiten Weich- und Hartholzauen mit ihren charakteristischen Stromtalwiesen längs der Elbe außerordentlich fruchtbar. Ehemalige Flussläufe und Inseln des Stroms zeichnen sich deutlich im Gelände ab.

◀◀
Auentypisches Werden und Vergehen: eine schon im 19. Jahrhundert abgestorbene Solitäreiche als besondere Eigenheit für eine Landschaft entlang der Elbe, hier bei Vockerode, inmitten von Kies- und Sandablagerungen als Lebensraum für spezialisierte Pflanzen und Tiere wie Käferlarven und Flussregenpfeifer

In der Überflutungsaue sind weit ausladende Solitärbäume, zumeist Stieleichen zusammen mit Wildobstsorten, typisch für den Wechsel von geschlossenem Waldbestand zu einer weiträumigen Offenlandschaft als Zeugnis der historischen Weidebewirtschaftung in Form der Hutewiesen.

▶▶
Zahlreiche landschaftsprägende Altgewässer und Altarme durchziehen die Auwälder der Mittelelbe. Ihr biologisches Potenzial ist bemerkenswert, beispielsweise als ein Ort der „Frühjahrskonzerte" von Moorfrosch und Rotbauchunke. Letztere hat in den Flussauen der Elbe ihr größtes Vorkommen in Deutschland.

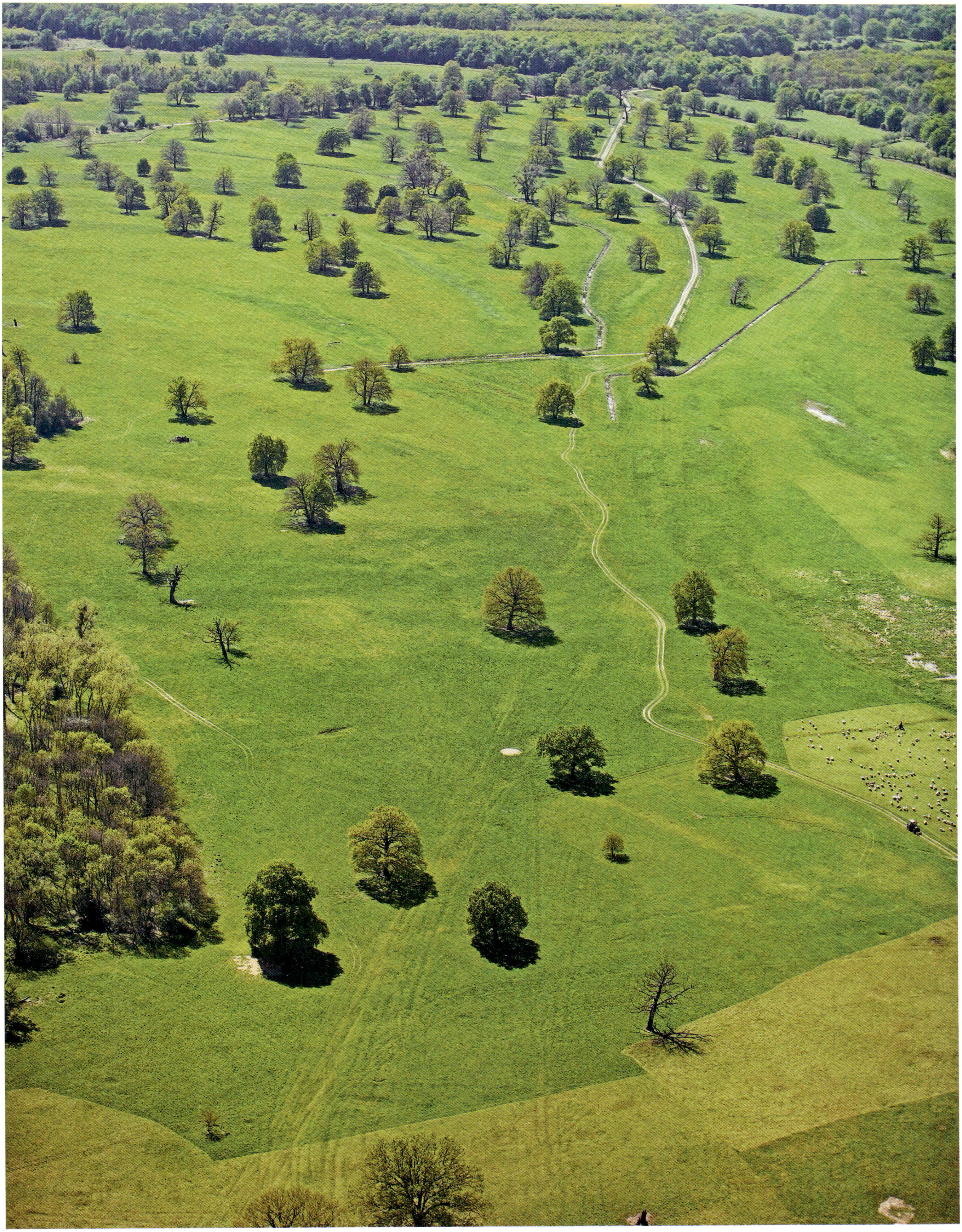

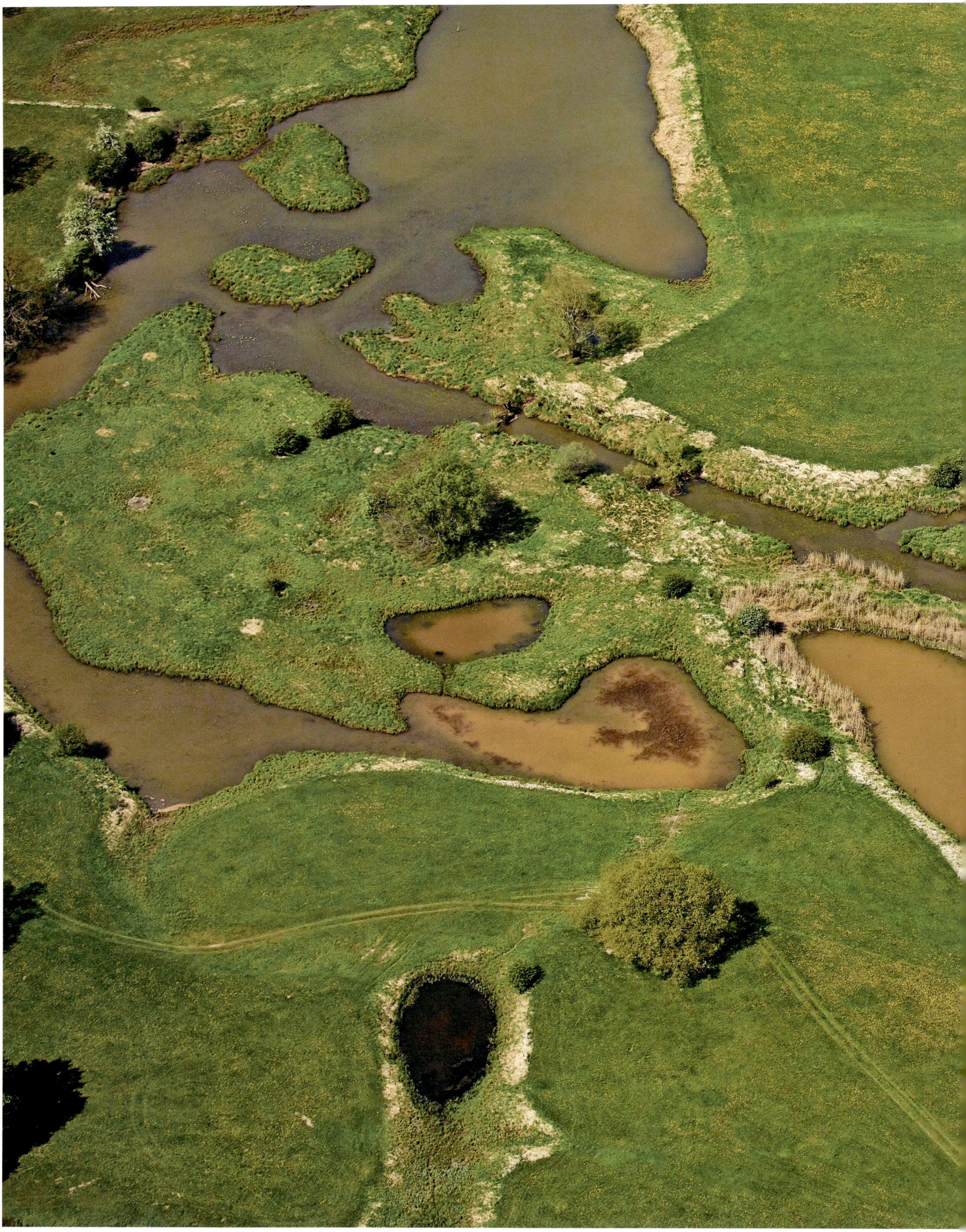

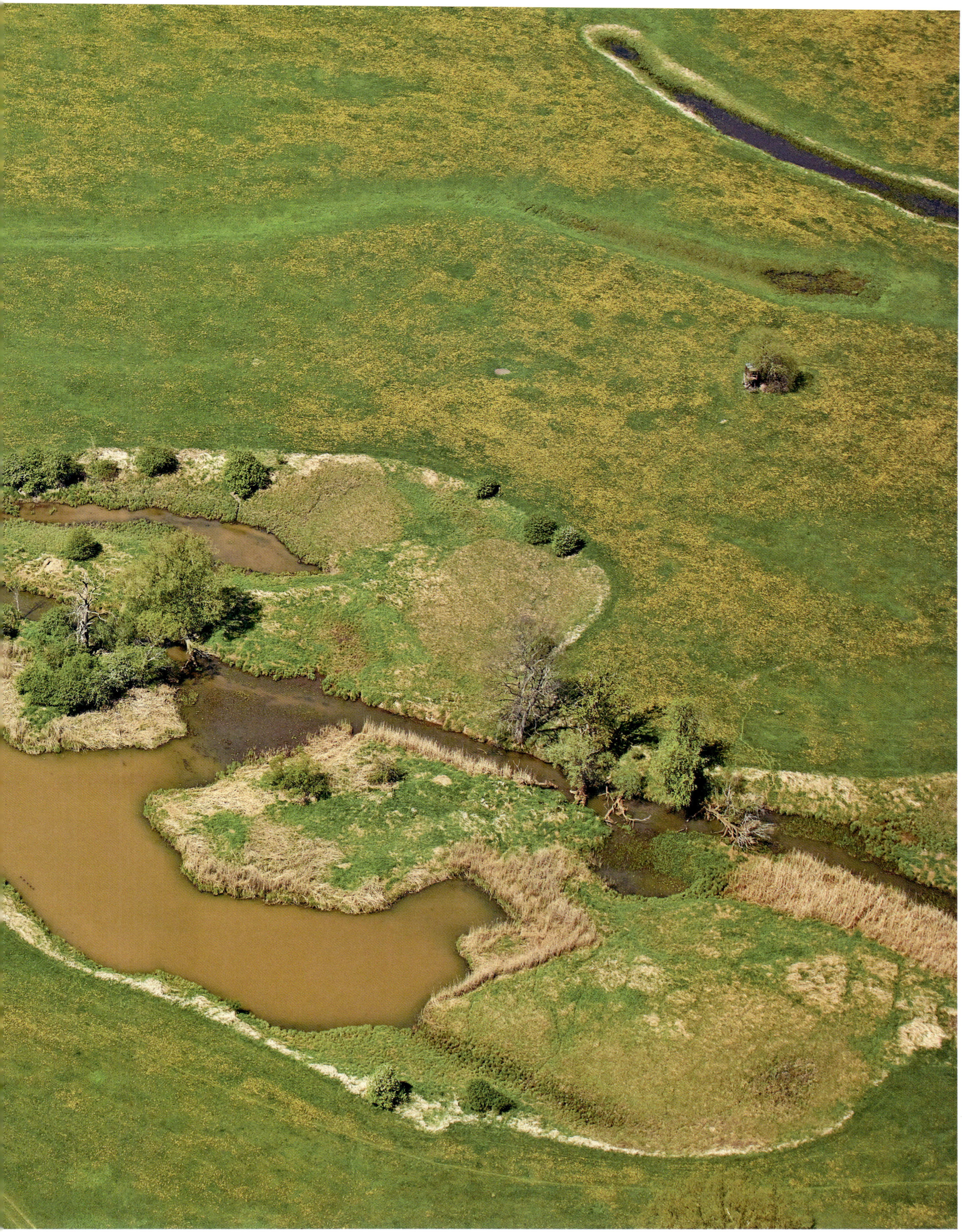

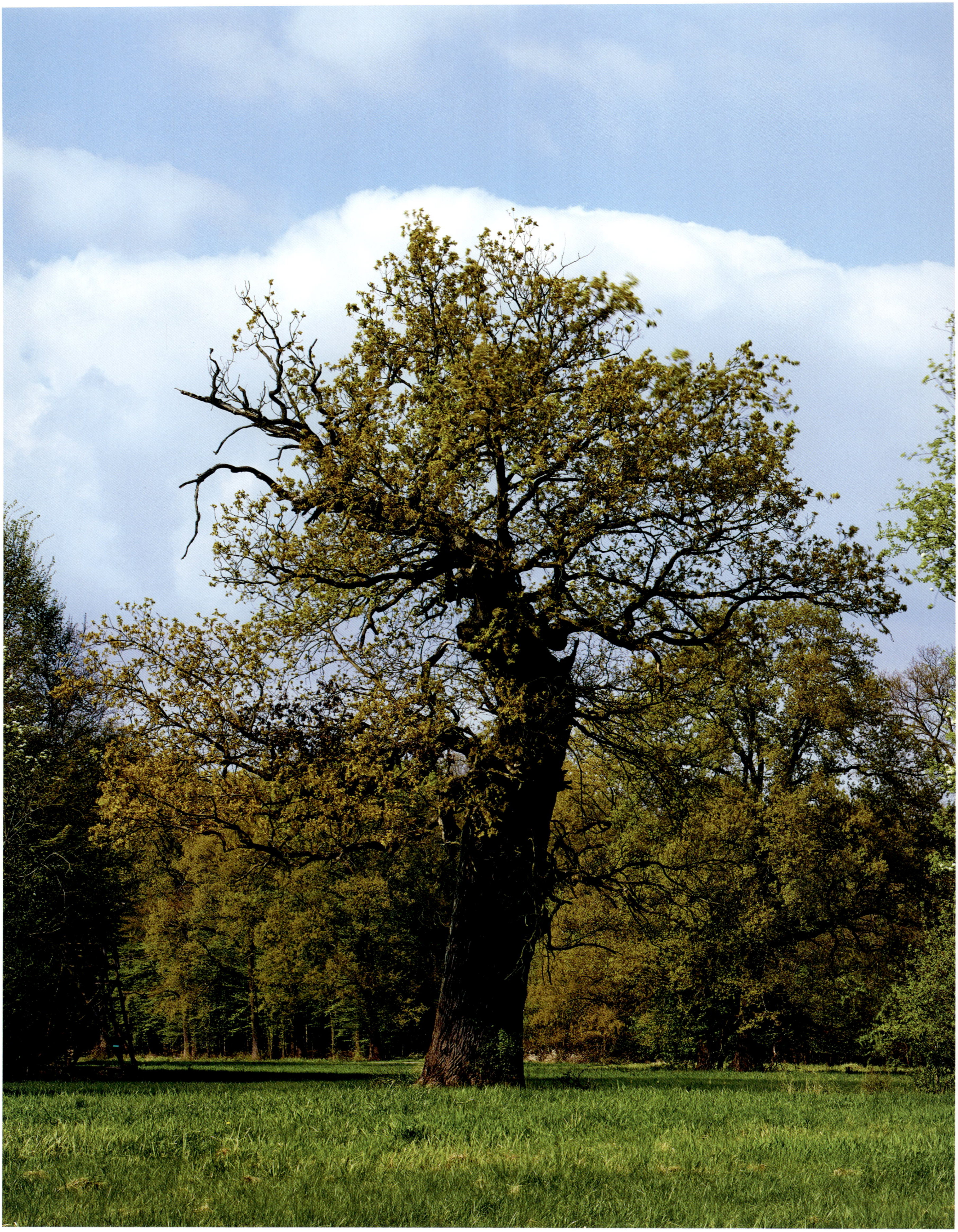

Seit dem 12. Jahrhundert werden Deiche gebaut. Lange waren es kleine Verwallungen oder Ringdeiche um Ortschaften. Zu Beginn des 18. Jahrhunderts erfolgte die flussparallele Eindeichung, die dann ab Mitte des 19. Jahrhunderts zum Ausbau der heutigen Winterdeichlinie führte. Etwa 80 Prozent der Flussaue wurden so entlang der gesamten Elbe eingedeicht und der Überflutung entzogen, im Gartenreich sind es weniger als 70 Prozent. Innerdeichs konnten sich nun Ackerflächen, Siedlungen und Infrastruktur ausdehnen. Auch in der verbliebenen Überschwemmungsaue wurden die Hartholzauenwälder weiter zurückgedrängt. Größere zusammenhängende Bestände blieben in Deutschland nur an der Elbe zwischen Wittenberg und der Saalemündung erhalten. Allein im Gartenreich Dessau-Wörlitz befindet sich heute fast die Hälfte der noch in Deutschland existierenden Hartholzauenwälder.

Es gab also um 1700 sumpfige, von Hochwassern weithin bedrohte Flussauen mit ehemaligen Flussarmen und Hutewälder mit prachtvollen, solitär stehenden Eichen. Fürst Leopold I. erschloss u. a. mit dem Bau des Kapengrabens, des Fließgrabens, und der erheblichen Verbesserung der Deichsysteme das heutige Gartenreich. Eine so in wesentlichen Teilen entwässerte, in großen Arealen dem Fürstenhaus gehörende und mit durchgehenden Deichlinien besser vor Hochwassern geschützte, ja dadurch kultivierte Flussaue war die landschaftliche Basis für die Gestaltung des heutigen Gartenreiches um 1750.

Leopold III. Friedrich Franz nutzte geschickt die Besonderheiten der flachen Elbaue und reagierte auf hochwasserbedingte Rückschläge mit der Einbeziehung von bei Deichbrüchen neu entstandenen Gewässern (Großes und Kleines Walloch) im Wörlitzer Park sowie mit besserem Hochwasserschutz. So sind beispielsweise der Wörlitzer See, der Kühnauer See und die Gewässer im Luisium Altwässer von Elbe und Mulde. Sie sind selbstverständlicher Teil der Park- und Landschaftsgestaltung und werden als solche aus kulturhistorischen sowie landschaftsästhetischen Gründen bis heute erhalten. Während die solitär stehenden Eichen als Folge der modernen Entwicklungen in der Landwirtschaft seit der zweiten Hälfte des 18. Jahrhunderts – Einstellung der Tiere, Entwicklung der Grünlandbewirtschaftung und Separationen im 19. Jahrhundert – überall verloren gingen, wurden sie als ästhetische Elemente in Anhalt-Dessau zu großen Teilen bewusst erhalten.

Die Elbe blieb über lange Zeit ein natürlicher Fluss, wenngleich schon frühzeitig mit dem Durchstich von Mäandern (enge Flusskrümmungen) begonnen wurde. Im Ergebnis des Wiener Kongresses erfolgte ihr Ausbau zu einer Schifffahrtsstraße. Dieser endete in den 1930er-Jahren, sodass der Fluss im Gegensatz zu sonstigen mitteleuropäischen Flüssen bis heute in einem relativ „naturnahen" Zustand verblieb. Im Gartenreich vertieft sich die Elbe seit dem Flussausbau in einem langsam ablaufenden, Sohlerosion genannten Prozess mit erheblichen Auswirkungen auf Natur und Landschaft. Seit der deutschen Einheit gibt es

Das fruchtbare Auengrünland mit seinen jahrhundertealten knorrigen Solitäreichen ist ein notwendiger Lebensraum für Heldbock und Hirschkäfer, unsere größten heimischen Käferarten, die entlang der Mittelelbe in für Europa einmaliger Dichte vorkommen.

Die ganze Gegend ist eine angenehme Wiesenaue mit Holz begränzt und liegt wie ein weiter grüner Teppig vor unseren Augen, hier sehen wir die Bilder eines Horaz und Virgil, jene trefflichen Zeichner der Natur in ihrer Wirklichkeit, hier wadet der Stier durch die üppige Flur, hier sehen wir das junge Roß zügellos in jugendlicher Kraft, hier sehen wir des Landmanns Fleiß, und das schönste Waizenfeld wechselt mit tausend Frühlingsblumen schimmernden Wiesen ab.

Der Führer von Leipzig über Halle und Cöthen nach Dessau, Wörlitz u. Coswig. Ein Beitrag zur Topographie der Leipzig–Berliner Eisenbahn von Dr. D., Leipzig 1841

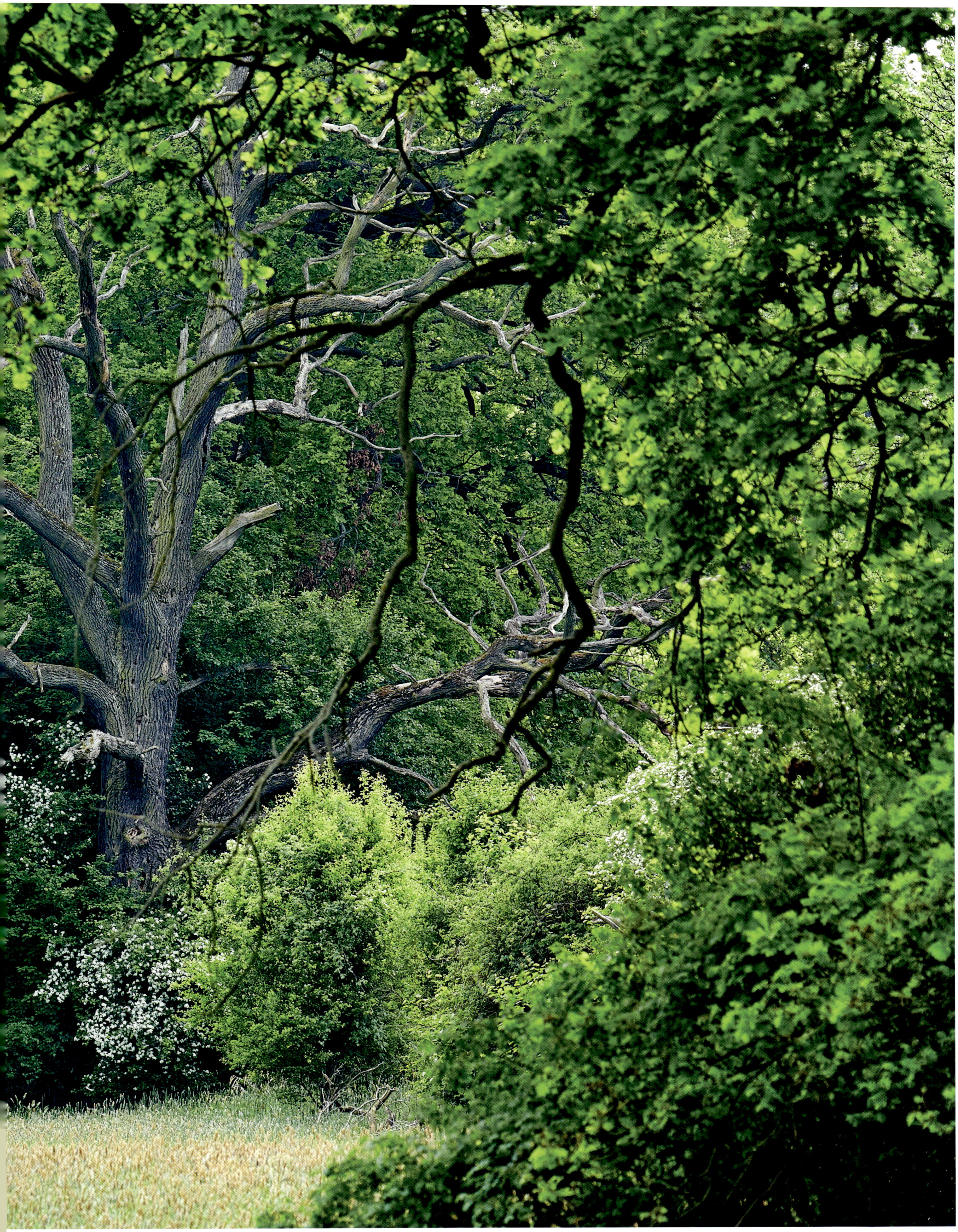

Bestrebungen und Aktivitäten zur „Ertüchtigung" der vor allem durch sommerliche Niedrigwasser begrenzten Leistungsfähigkeit der Wasserstraße. Denen stehen heute im Biosphärenreservat Mittelelbe und Gartenreich Dessau-Wörlitz in bundesweit einmaligem Umfang qualitätvolle Maßnahmen zur Verbesserung der ökologischen Verhältnisse im Rahmen der Wasserstraßenunterhaltung gegenüber. Diese werden auch zur Erosionsminderung weiterentwickelt und im laufenden Betrieb eingesetzt sowie in Pilotvorhaben zur Umsetzung gebracht.

Durch viele günstige Umstände hat sich im Gartenreich Dessau-Wörlitz weit mehr als sonst in Deutschland bis heute vieles von der natürlichen Ausstattung einer typischen Flussaue erhalten. Die in Deutschland einzigartige naturnahe Flusslandschaft der Mittelelbe im Gartenreich, die seit 1979 bzw. 1988 UNESCO-Biosphärenreservat ist, kann auch außerhalb der Parks schönste Momente und bleibende Erinnerungen bescheren. Diese haben Ruhe, Stille und Zeit zur Voraussetzung. Ein solcher heutzutage bescheiden wirkender Umgang mit der Natur erscheint in der auf kurzfristige Ereignisse und herausragende Events fixierten Gesellschaft anachronistisch, antiquiert und nostalgisch. Vielen Kindern (und Erwachsenen) wird der sinnliche Zugang zu nicht urbanisierter Landschaft zunehmend fremd, er ist momentan scheinbar ja auch nicht mehr überlebenswichtig.

Die gängige Auffassung von Wohlstand und Sicherheit bei hoher Bevölkerungsdichte und zunehmend für die Anwendung industriemäßiger Produktionsmethoden gestalteten Agrar- und Forstlandschaften fördert vordergründig kein gutes Verhältnis zu ursprünglicher Natur oder Wildnis. Unsere heutigen Generationen haben es bei permanenter Reizüberflutung und vielen attraktiv wie aggressiv beworbenen Freizeitangeboten schwer, die Sinne für Ursprüngliches zu bewahren. Und doch suchen die meisten Mitteleuropäer glücklicherweise nicht nur in weiter Entfernung im Urlaub möglichst schöne Landschaften und ursprüngliche Natur. Im Biosphärenreservat Mittelelbe mit dem eingebetteten Gartenreich Dessau-Wörlitz bietet die urwüchsigste Fluss- und Auenlandschaft Deutschlands im Kontext mit einzigartig gestalteter historischer Kulturlandschaft vielfältige Möglichkeiten, ursprüngliche natürliche Prozesse und für das menschliche Auge schöne Landschaft zu erleben. Es bedarf dabei nicht einmal des eindrücklich und großräumig erlebbaren Naturereignisses Hochwasser, das, abgesehen von sogenannten Katastrophenhochwässern, ein sehr sinnlicher Genuss der Elemente sein kann. Auch muss man hinsichtlich Artenreichtum und Artenvielfalt nicht in die berühmten großen Auenwälder eintauchen, die „Regenwälder Europas". Hier singen an manchem Frühjahrsmorgen gleichzeitig bis zu sechzig verschiedene Vogelarten und darüber kreisen Seeadler, Kraniche und Milane – ein einzigartiges Erlebnis.

In den zum Teil noch mehrere Kilometer breiten Überschwemmungsgebieten von Elbe und Mulde wirkt weiter wie seit der Eiszeit das fließende Wasser in immer wiederkehrendem Wechsel von wenig und

Er ist der größte Bockkäfer und sehr standorttreu. Der Große Eichenbock bleibt bei seinem Geburtsbaum. Dort legen die Weibchen ihre Eier in die Rinde, wo die Larven schlüpfen und sich entwickeln.

Der Hirschkäfer ist der größte und imposanteste Käfer Europas. Das Riesengeweih ist Erkennungsmerkmal der Männchen und dient als Waffe bei Revierkämpfen.

▶▶▲
Jedes Exemplar der Knoblauchkröte ist unterschiedlich gezeichnet, das macht diesen Lurch individuell unterscheidbar. Auffällig sind auch die senkrecht geschlitzten Pupillen.

▶▶▼
Die kleine, auf den ersten Blick unscheinbare Rotbauchunke verrät sich im Frühsommer durch stundenlange „Unken-Rufe". Prall aufgebläht liegen dabei die Männchen auf der Wasseroberfläche.

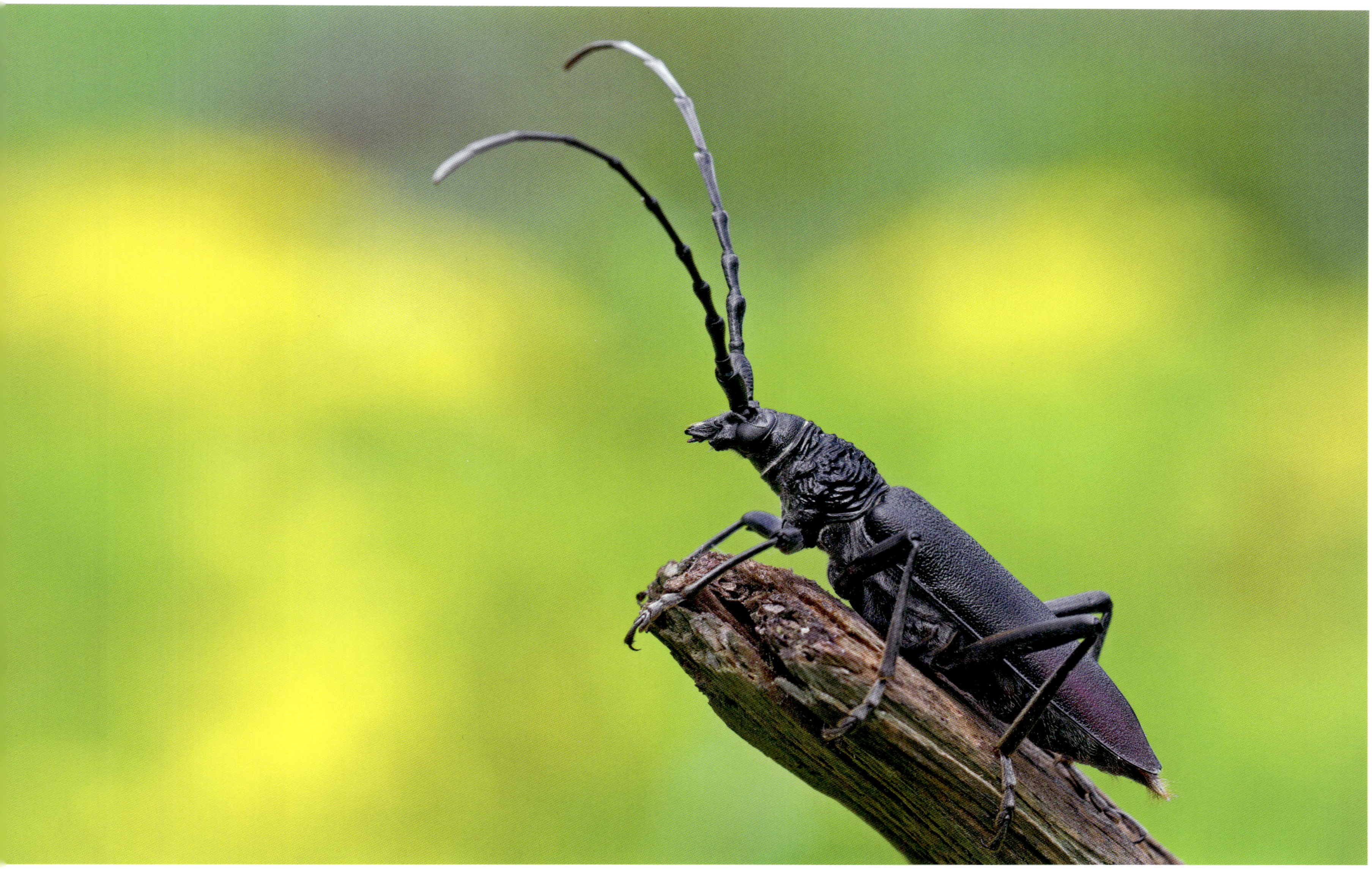
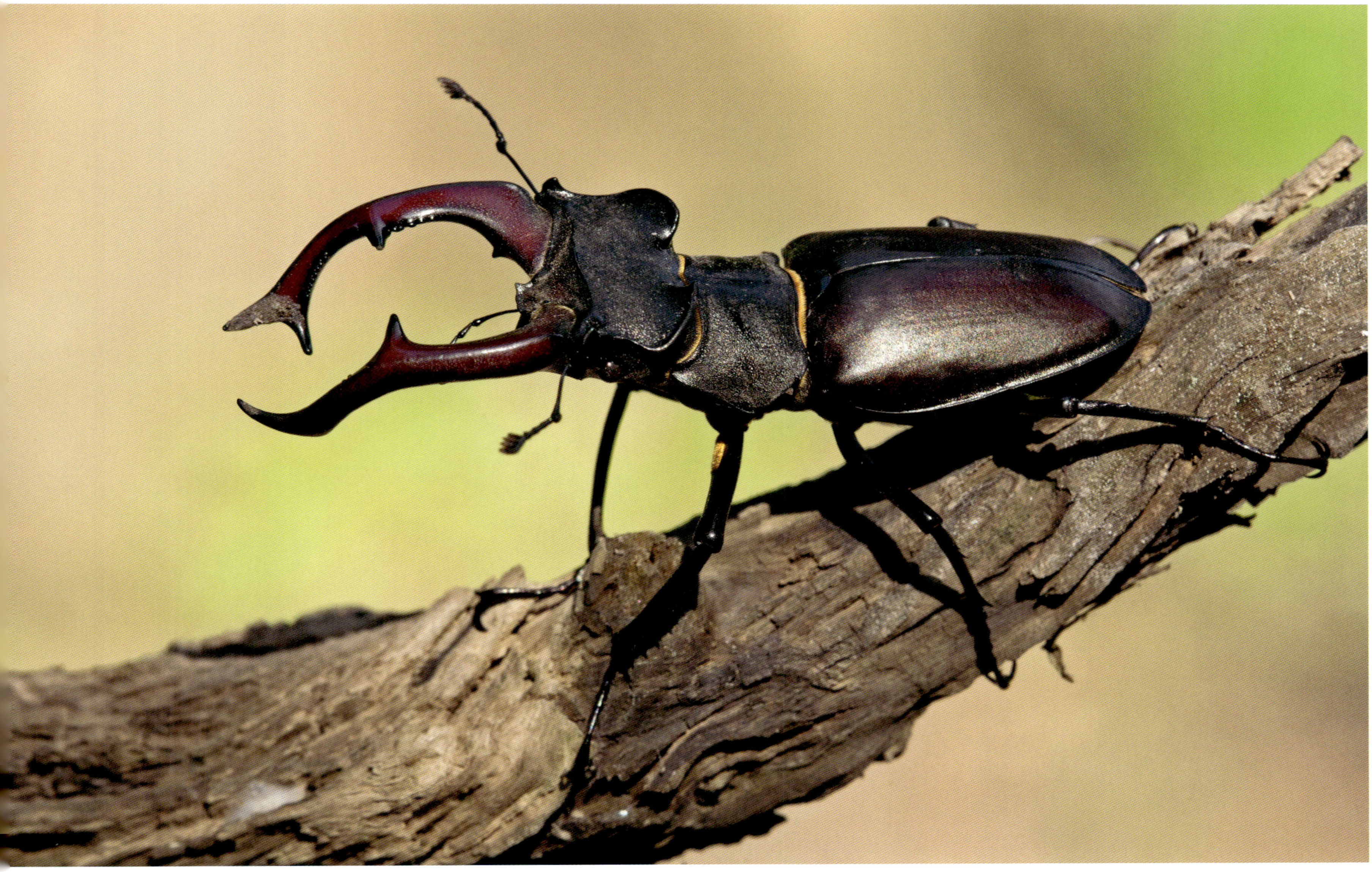

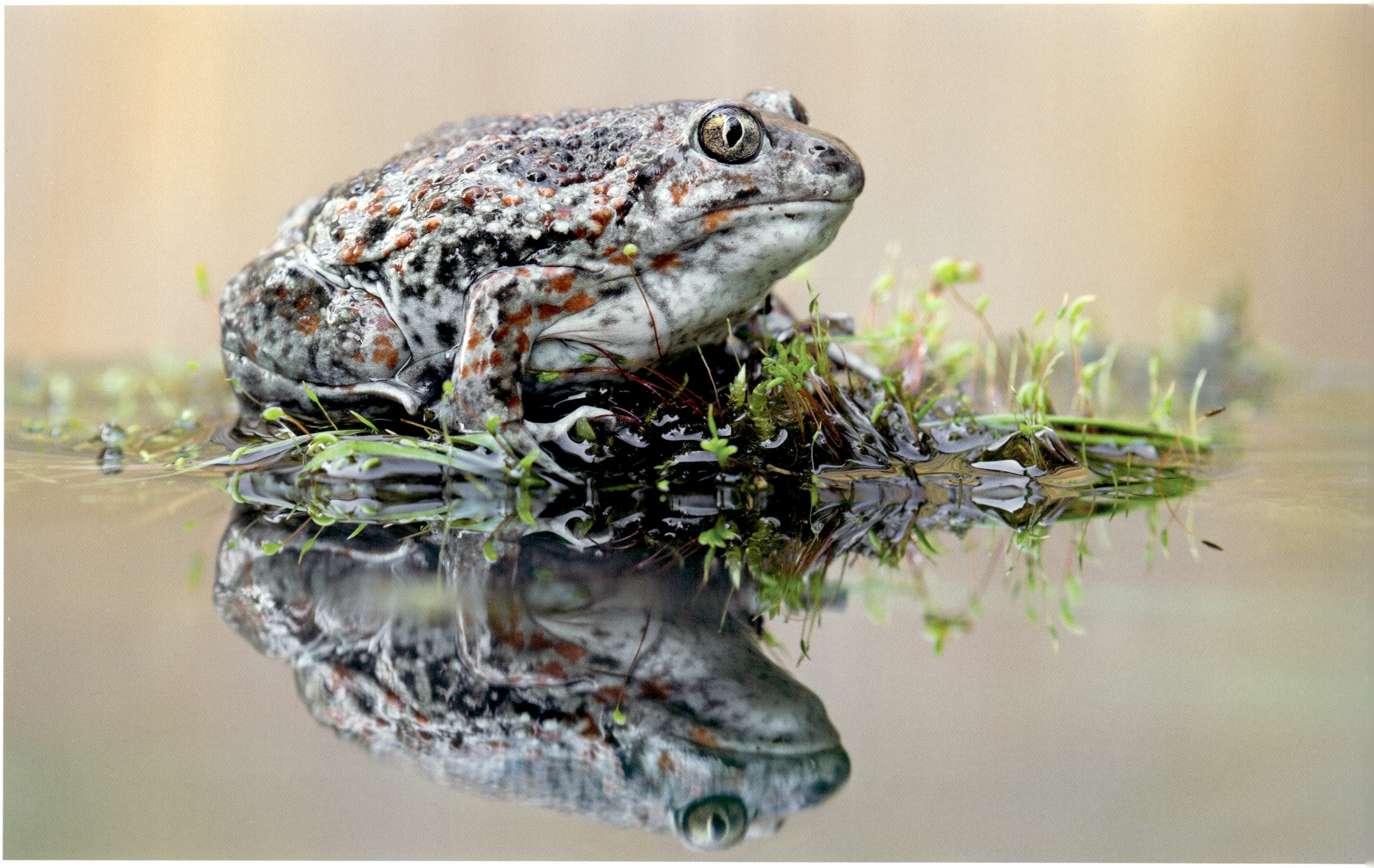

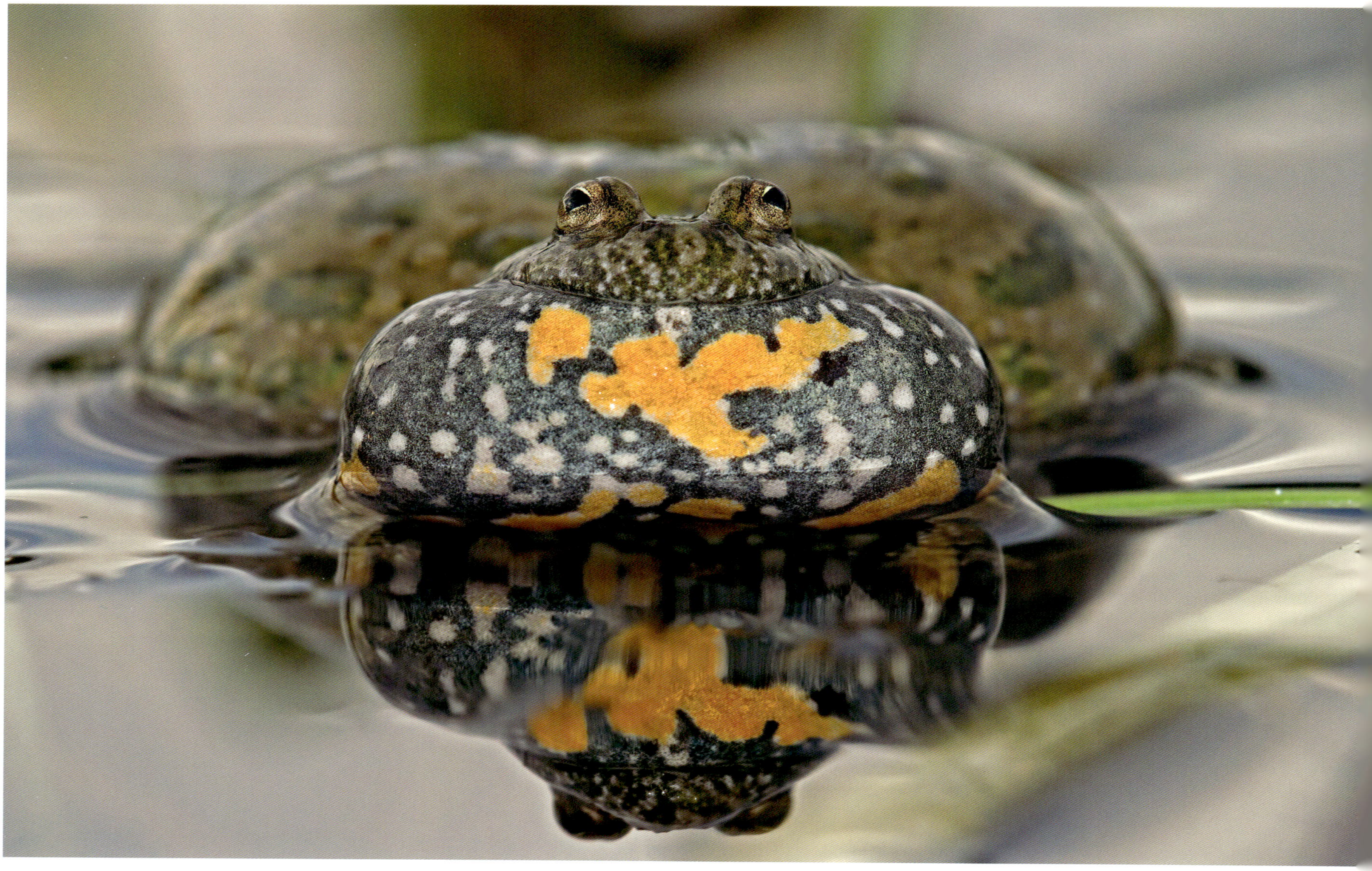

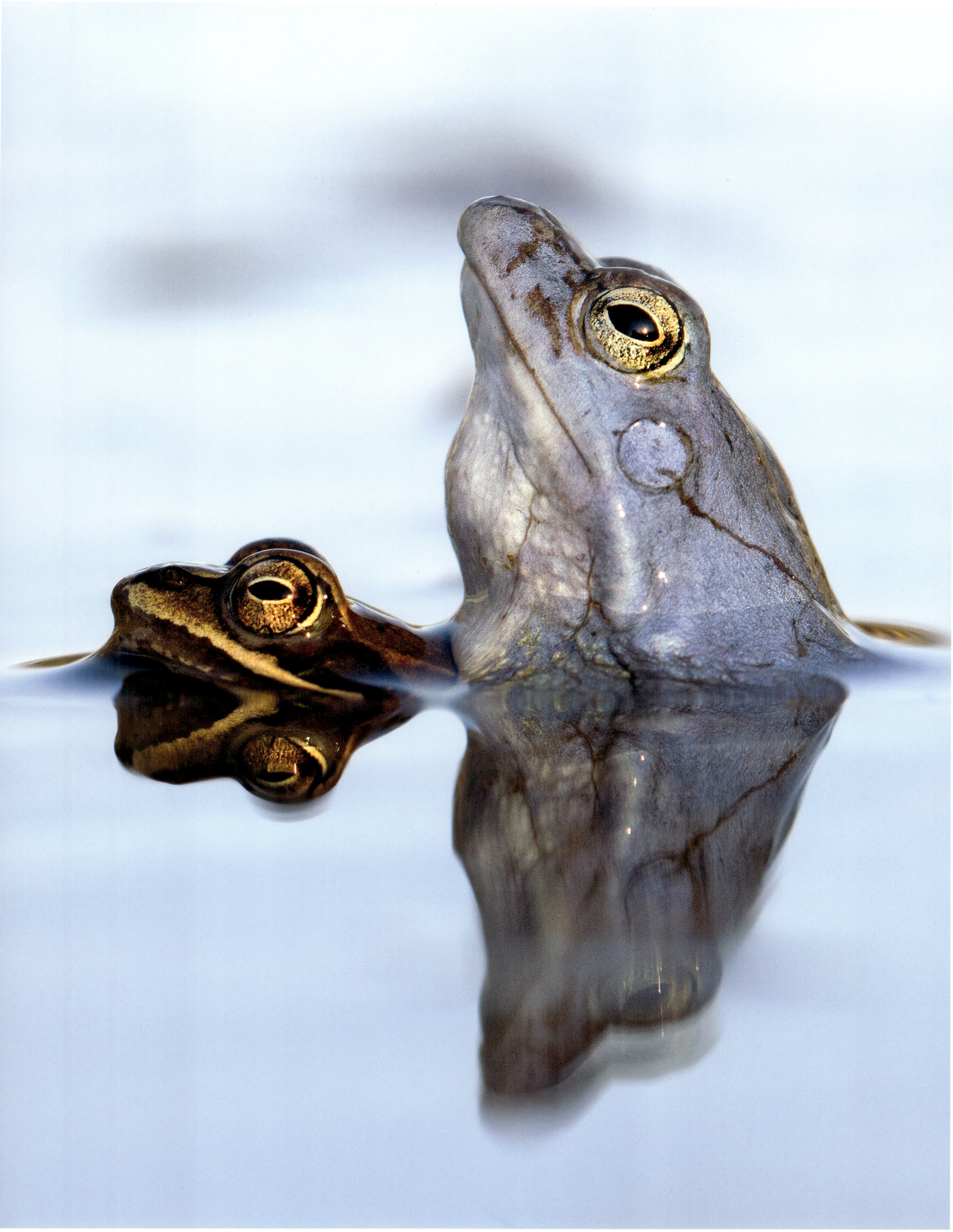

viel. Hier kann man Wildnis und Kulturlandschaft nebeneinander erleben. Im Winter sind zehntausende nordische Gänse und hunderte Singschwäne in den Auen zu Gast und besonders morgens oder abends auf Flügen zu den Schlafgewässern eindrucksvoll zu erleben. Eisgang mit zahllosen Eisschollen auf der Elbe ist ein stilles und beeindruckendes Naturschauspiel. Wenn danach das typische Frühjahrshochwasser aufläuft, rasten oft tausende Enten, viele Graureiher und seit einiger Zeit die filigranen Silberreiher und andere Wasservögel auf den überschwemmten Wiesen. Nirgendwo in Deutschland gibt es so viele Weißstörche und auch rastende Schwarzstörche wie in den Elbauen. Ab April ertönt besonders in der Abenddämmerung, untermalt vom Gesang der ersten Nachtigallen und dem Trommeln der vielen Spechte, das Konzert der Laubfrösche, Rotbauchunken und Wasserfrösche. Erdkröten, die in dieser Zeit blau gefärbten Moorfrösche, Molche und Grasfrösche laichen in großer Zahl in den Gewässern der Aue. Die Ringelnatter ist vielerorts zu finden, an den mächtigen Eichen sind oft unsere größten Käferarten Hirschkäfer und Heldbock zu beobachten.

Am augenfälligsten ist das Wirken des Elbebibers. Diese auentypische Tierart hat nach dem Zweiten Weltkrieg in Europa nur an der Mittelelbe im Raum Dessau-Wittenberg überlebt und eroberte von hier aus mit menschlicher Hilfe erfolgreich weite Teile ihres ehemaligen Verbreitungsgebietes zurück. Ihre Anwesenheit ist anhand von gefällten Bäumen selbst im Wörlitzer Park offensichtlich und erlebbar. Der Biber ist eines der wenigen Tiere, die ihren Lebensraum unter anderem mit sehr einfachen, doch effizienten Staudämmen selbst gestalten und so immer wieder auch Lebensmöglichkeiten für andere Tiere bereiten, oft jedoch Konflikte mit menschlicher Nutzung. Es spricht für unsere Kultur und gesellschaftliche Entwicklung, wenn wir heute derartig konfliktträchtigen Tierarten Raum geben. Das bietet uns unter anderem Möglichkeiten, natürliche Prozesse sinnlich zu erleben und zu genießen.

So benötigt der in Deutschland an keinem anderen Fluss in größerer Zahl brütende Flussregenpfeifer Kiesflächen als Brutplatz und Nahrungsrevier. Abgesehen von Baustellen und Kiesgruben, entstehen diese auf natürliche Weise im Binnenland nur an frei fließenden und sehr dynamischen Flüssen – dynamisch bedeutet in diesem Kontext das in der Flussaue wenig eingeschränkte Wirken des Wassers mit seinem Vermögen, an einer Stelle Material abzutragen und es an anderer Stelle wieder abzulagern. In naturnahen Flüssen ist es ein organischer Prozess, mit dem das fließende Wasser immer wiederkehrend die typische Landschaft formt.

Trotzdem sieht sie nach jedem Hochwasser immer ein wenig anders aus als zuvor. Diese Landschaft entsteht in Teilen immer wieder neu, das kann bei entsprechender Wahrnehmung sehr eindrucksvoll und spannend sein. An Elbe und Mulde kann man diese unspektakulären Veränderungen sowie den Flussregenpfeifer selbst im unmittelbaren Stadtgebiet von Dessau-Roßlau erleben. Das ist ein Stück des immer wieder neuen

Ein wirkliches Naturschauspiel an der Mittelelbe ist die Hochzeit der Moorfrösche. Die Geschlechter sind zur Paarungszeit unterschiedlich gefärbt. Durch hormonelle Veränderungen in der Haut schwemmen die Männchen auf und leuchten blau.

Der Biber ist eher scheu und man bekommt ihn selten am Tage zu Gesicht. Dafür aber hinterlässt der Nager nicht zu übersehende Spuren.

Der Elbebiber ist das Symboltier der Mittelelbe. Er hat in den letzten Jahren eine erfreuliche Bestandsentwicklung erlebt. Ist man in der Dämmerung zur richtigen Zeit am richtigen Ort, kann man ihn bei seinen Aktivitäten beobachten.

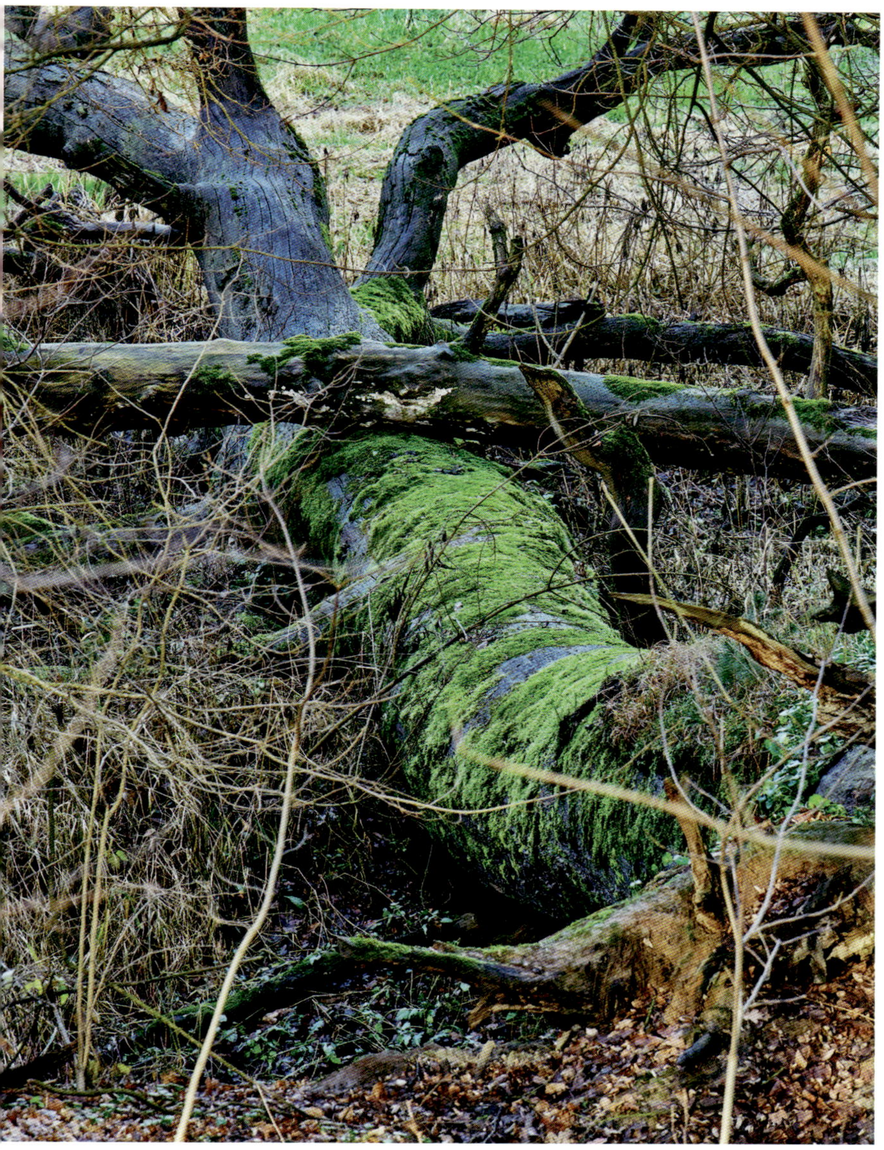

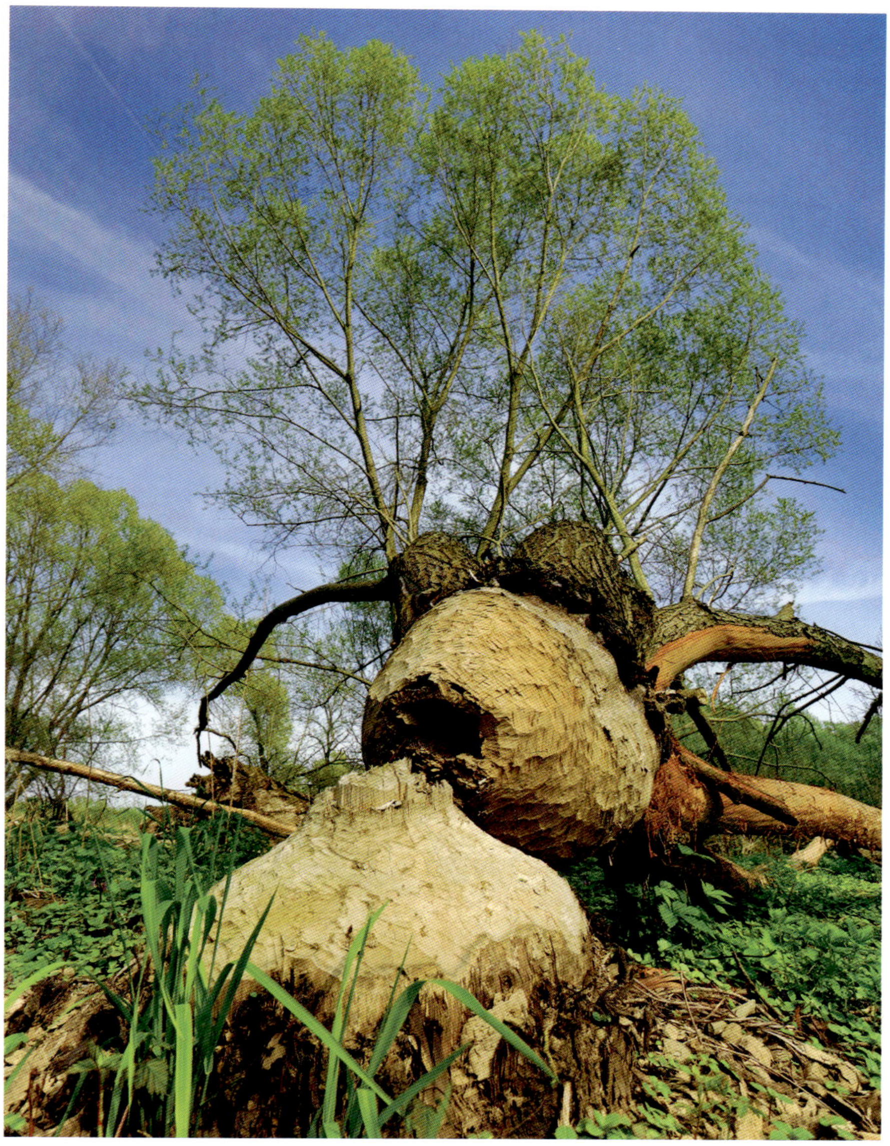

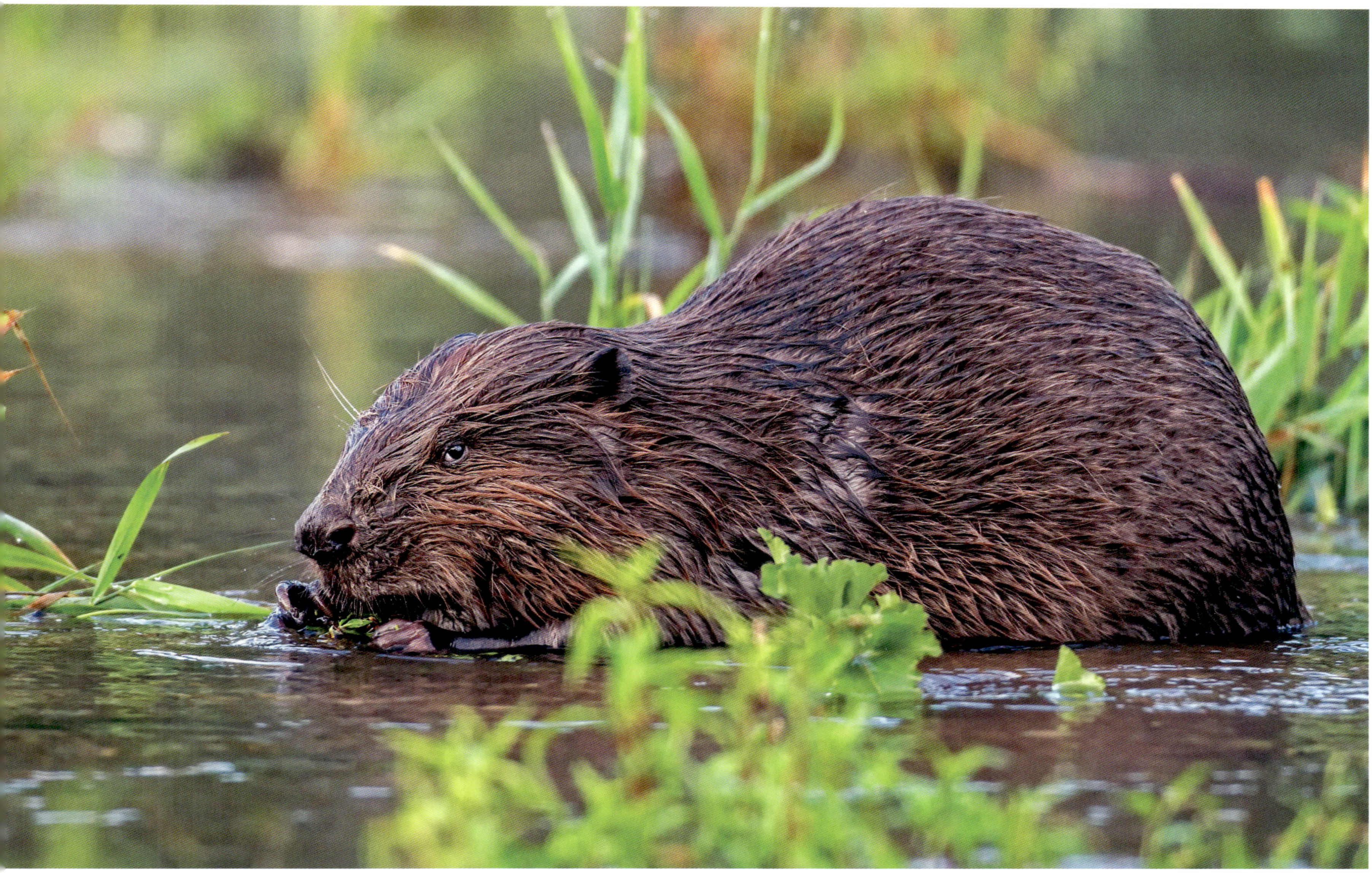

Die Kälten werden durch die Westwinde lau, und den Frühling vertreibt der Sommer, bestimmt zu vergehen, sobald der fruchtbare Herbst seine Feldfrüchte ausgegossen haben wird, und bald kehrt die untätige Winterkälte zurück.

Quintius Horatius Flaccus (65 v. Chr.–8 v. Chr.) „Vergänglichkeit"

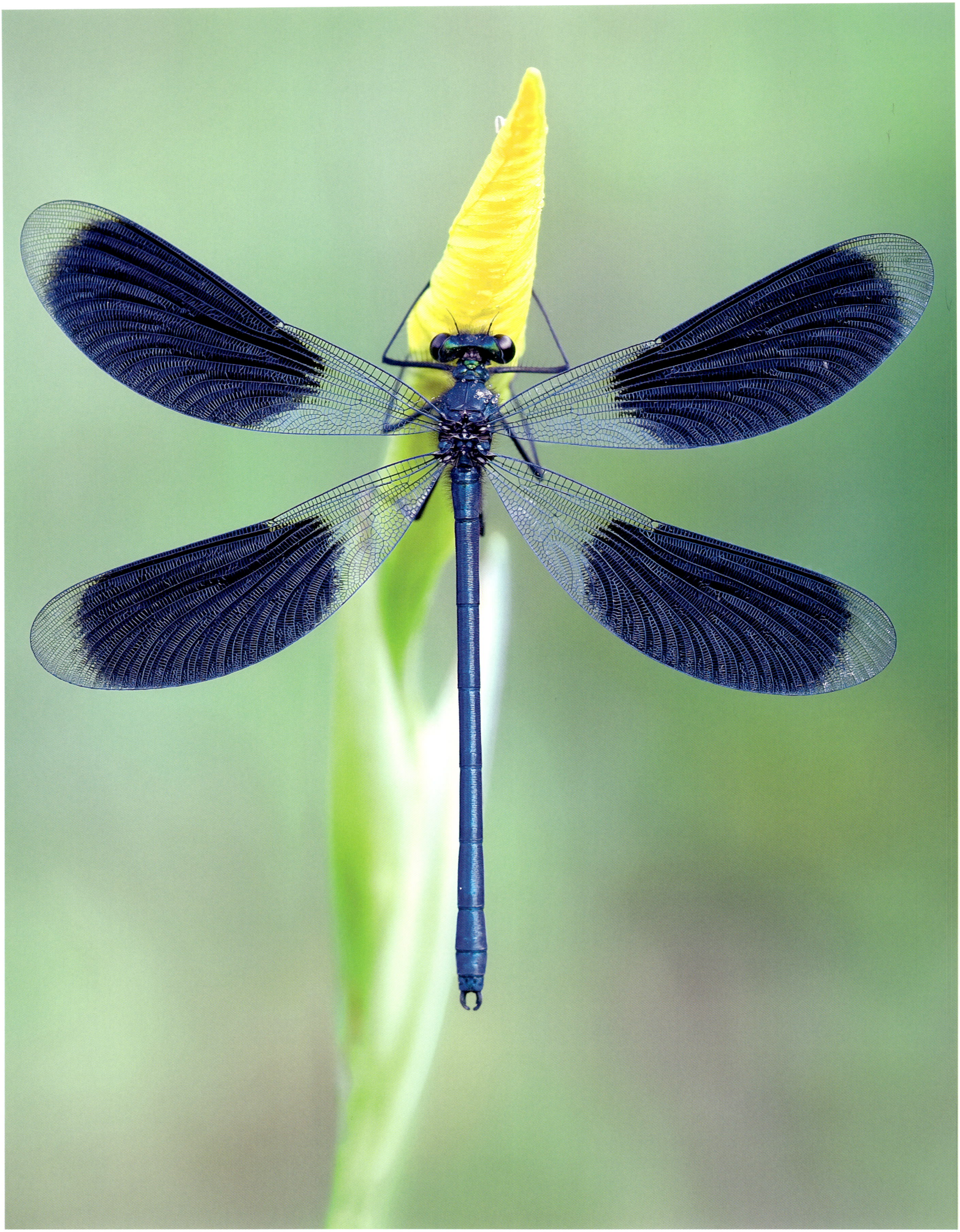

Die abwechslungsreiche Vegetation in der Flussaue ist an sich schon beeindruckend, steigert aber ihre Wirkung auf den Betrachter, wenn sich durch Wind und Wetter dramatische Szenerien entwickeln.

Die Gebänderte Prachtlibelle gehört zu den schönsten Kleinlibellen überhaupt. An den vielen Zuflüssen zur Elbe ist sie noch zahlreich anzutreffen und die blauen Männchen leuchten schon von Weitem.

Erst nach dem Laubfall im Herbst werden die Misteln (Viscum album) auf ihren Wirtsbäumen deutlicher sichtbar. Der immergrüne Halbschmarotzer hat seinen Lebensspender, hier eine alte Weide, fast überwuchert. Aus den klebrigen Früchten stellte der Vogelfänger Papageno seine Leimruten her. Nach altem Brauch herrscht unter den Zweigen der Mistel Kussfreiheit – jedoch keine Pflicht.

Entstehens von Wildnis im Kleinen. Jede Landschaft hat ihre Geschichte, doch nur in wenigen Landschaftstypen ist das Prinzip ihrer Entstehung wiederkehrend so direkt erlebbar wie in naturnahen Flussauen. Wo im Frühjahr noch Kiesbänke Flussregenpfeifern Lebensraum boten, wachsen im Spätsommer genau auf solche Standorte angewiesene bestandsbedrohte einjährige Pflanzengesellschaften wie sogenannte Schlammlingsfluren. Im nächsten Jahr können schon erste Weidenarten als Vorstufe von Weichholzauenwäldern entstehen – wenn wir Menschen es ihnen denn erlauben.

Seit dem Ende des letzten Jahrtausends wird der Elbe und der Mulde im Biosphärenreservat und gerade auch im Gartenreich durch Umsetzung von mehreren Deichrückverlegungen in europaweit einmaligem Umfang wieder mehr Raum gegeben. Es wird versucht, die über 20 000 frei stehenden Eichen zu erhalten und wo nötig nachzupflanzen. Auenwälder, Wiesen, Altwässer und ehemalige Flutrinnen werden renaturiert. Manch verloren gegangener Teil der historischen Infrastruktur der Kulturlandschaft wird wieder hergestellt. Und doch sind zum Beispiel die Intensivierung der Landnutzung, der Nutzungswandel in Land- und Forstwirtschaft sowie viele Formen heutigen Freizeitverhaltens ernsthafte Probleme und Herausforderungen bei der Erhaltung und Entwicklung der Kulturlandschaft des Gartenreiches Dessau-Wörlitz.

Die über die Geschiebezugabe von bis zu 100 000 t/Jahr hinausgehende aktive Eindämmung der andauernden Sohlerosion der Elbe ist für den Bestand zentraler Werte des Gartenreichs Dessau-Wörlitz und des Biosphärenreservates von entscheidender Bedeutung. Dies und die Aktivitäten zur verkehrstechnischen Verbesserung der Wasserstraßen Elbe, Havel und Saale sowie seit Kurzem auch die Bekämpfung der Sohlerosion sind seit 1990 Inhalt einer breite Bevölkerungs-, Politik- und Gesellschaftsbereiche einbeziehenden öffentlichen Diskussion. Die extremen Hochwässer 2002, 2006, 2010 und 2013 haben den Blick weiter Teile unserer Gesellschaft auf unsere Flussauen gerichtet – das öffnet Erkenntnisfenster, ist Notwendigkeit und Chance zugleich.

So wie uns im Gartenreich Dessau-Wörlitz Natur und Kulturlandschaft in immer noch einzigartiger Qualität und mit hohem Erlebnispotenzial von vorangegangenen Generationen übergeben wurden, steigt auch der Anspruch an die jetzigen und nächsten Generationen, dieses Erbe zu erhalten und zu mehren. Erkannte Problemstellungen und zur Lösung ausreichend vorliegende Konzepte müssen als Generationen übergreifender Handlungsprozess definiert und schrittweise umgesetzt werden. Der Status als international renommiertes UNESCO-Biosphärenreservat und UNESCO-Welterbe ist dabei als einmalige Chance und Verpflichtung zu begreifen.

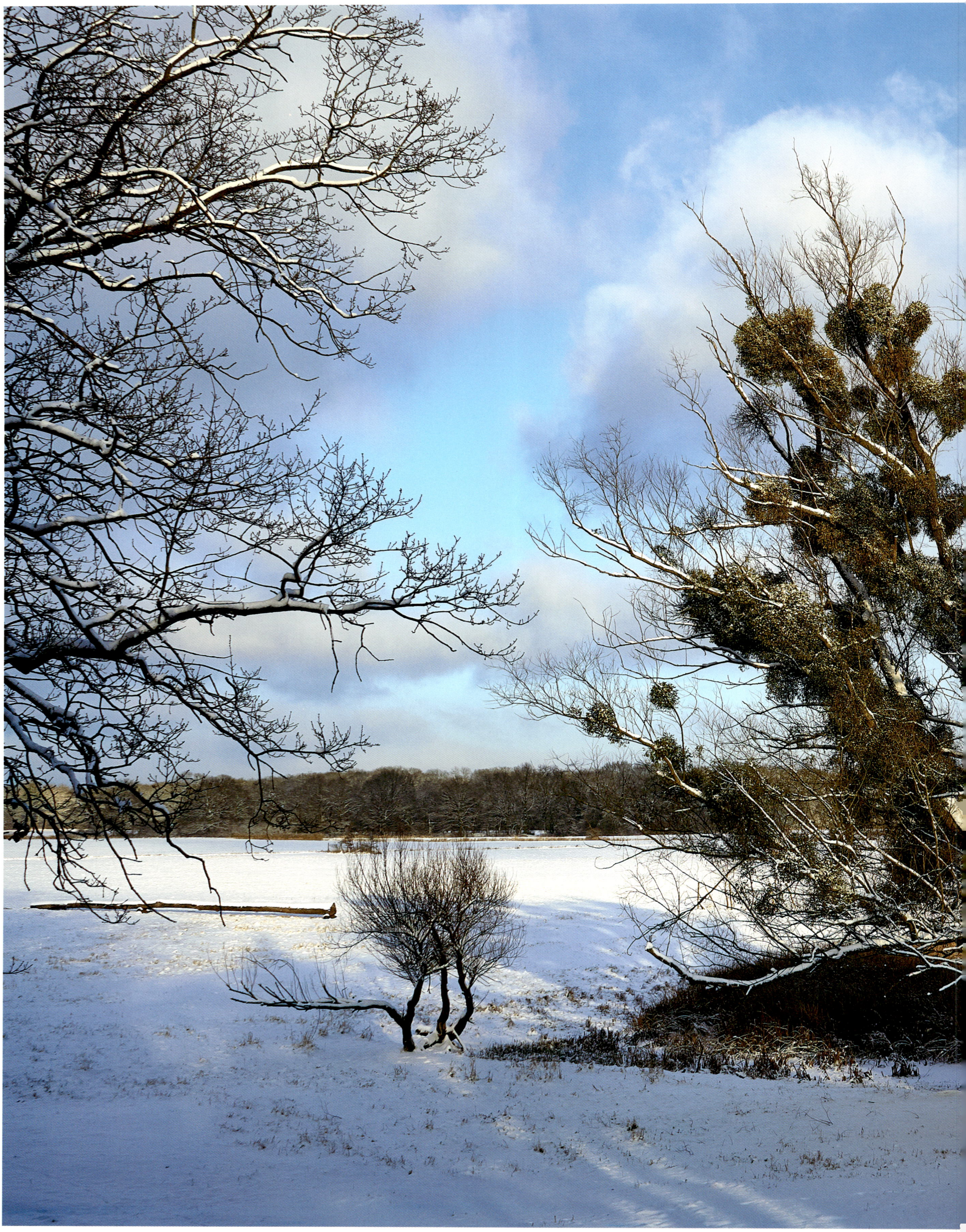

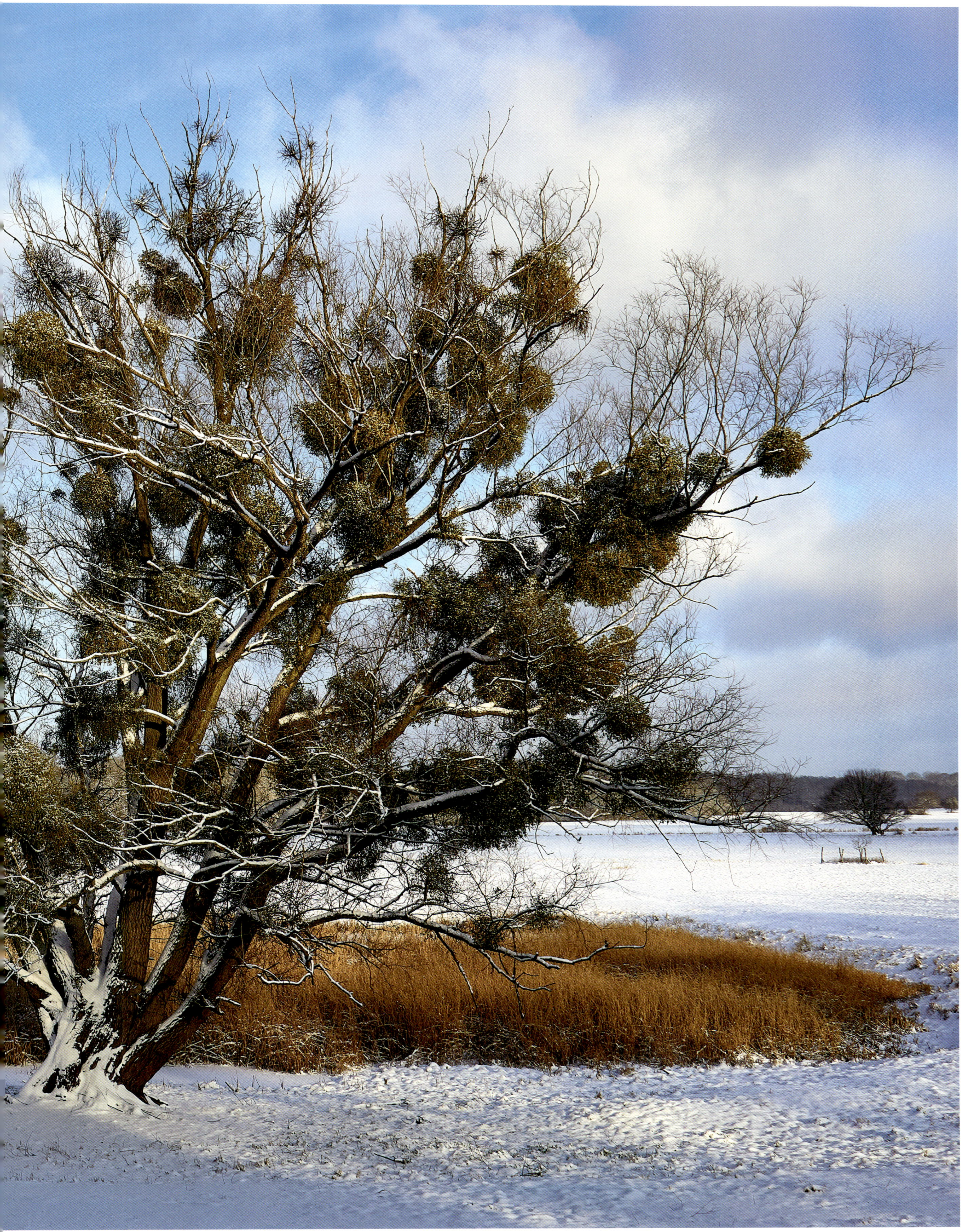

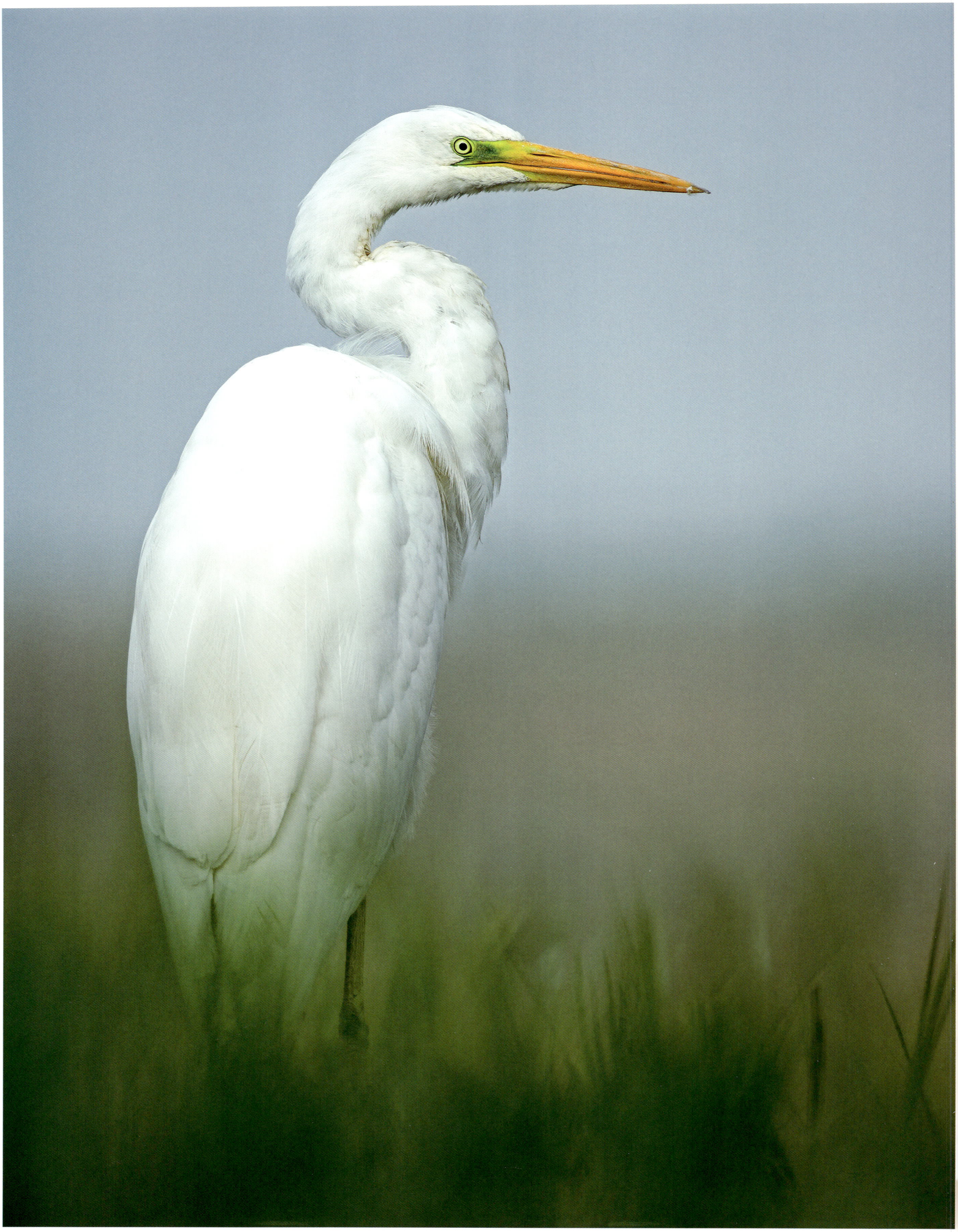

Über die Vogelwelt

HARTMUT KOLBE
ECKART SCHWARZE

„Du weist es, lieber Schweizer, daß ich jetzt in Dessaus Gegenden herum wandle, um meinem Geschmack für die Schönheiten der Natur einige Nahrung und meinem Herzen nach so mancherlei Leiden, eine süße Erquickung zu geben [...] Zwei ansehnliche Flüsse, die Mulde und die Elbe, schließen mit ihrem schön geschlängelten Lauf eine herrliche Landschaft ein. – Ehrwürdige mächtige Wälder, einige kleine Städte, fette Wiesen, fruchtbares Feld, Heerden von wilden und zahmen Vieh, große Alleen von Obstbäumen, und eine erstaunliche Menge Nachtigallen, dieses alles machet den Frühling hier ungemein schön, und die Gegend zu einer der reizendsten Fluren in Deutschland."

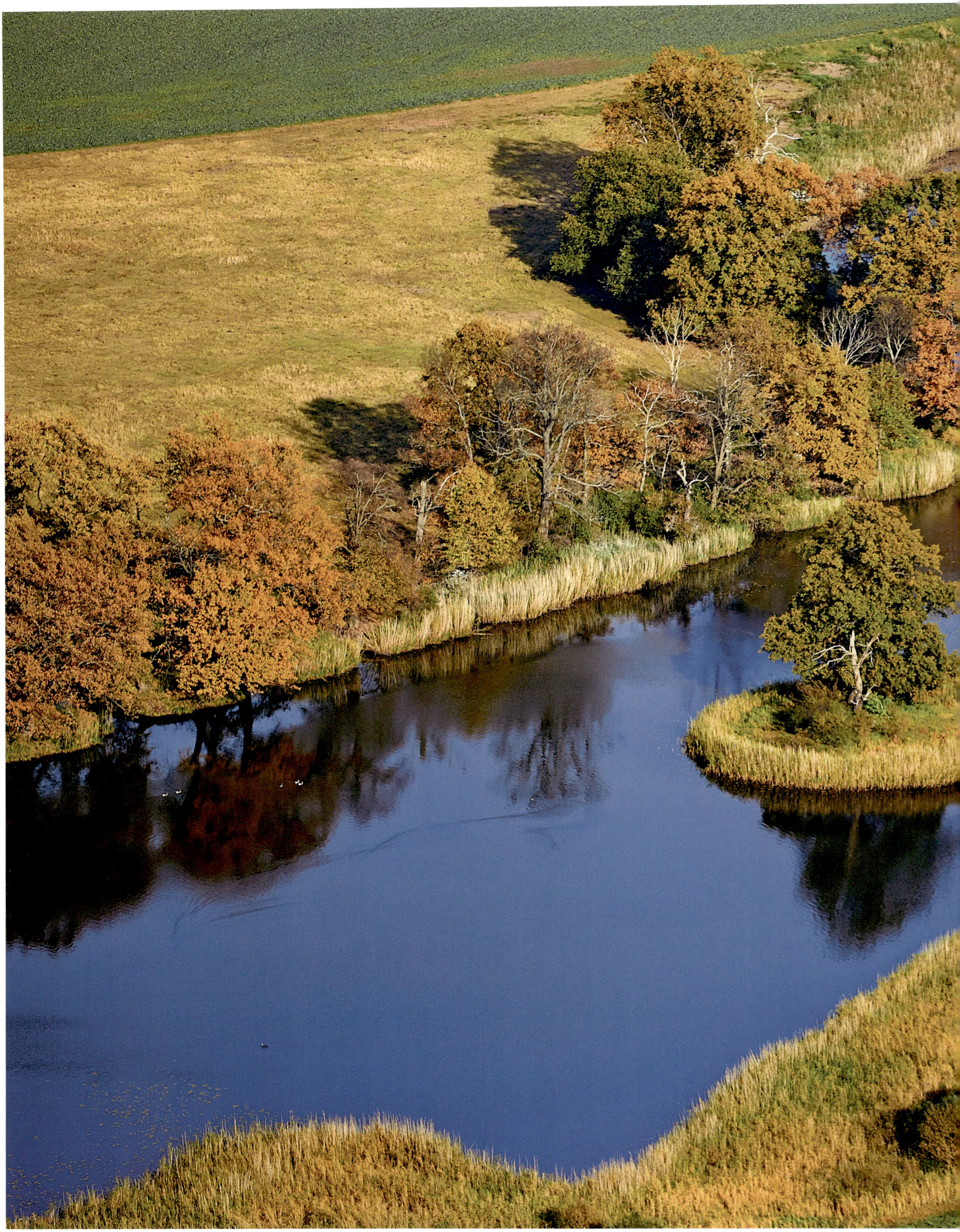

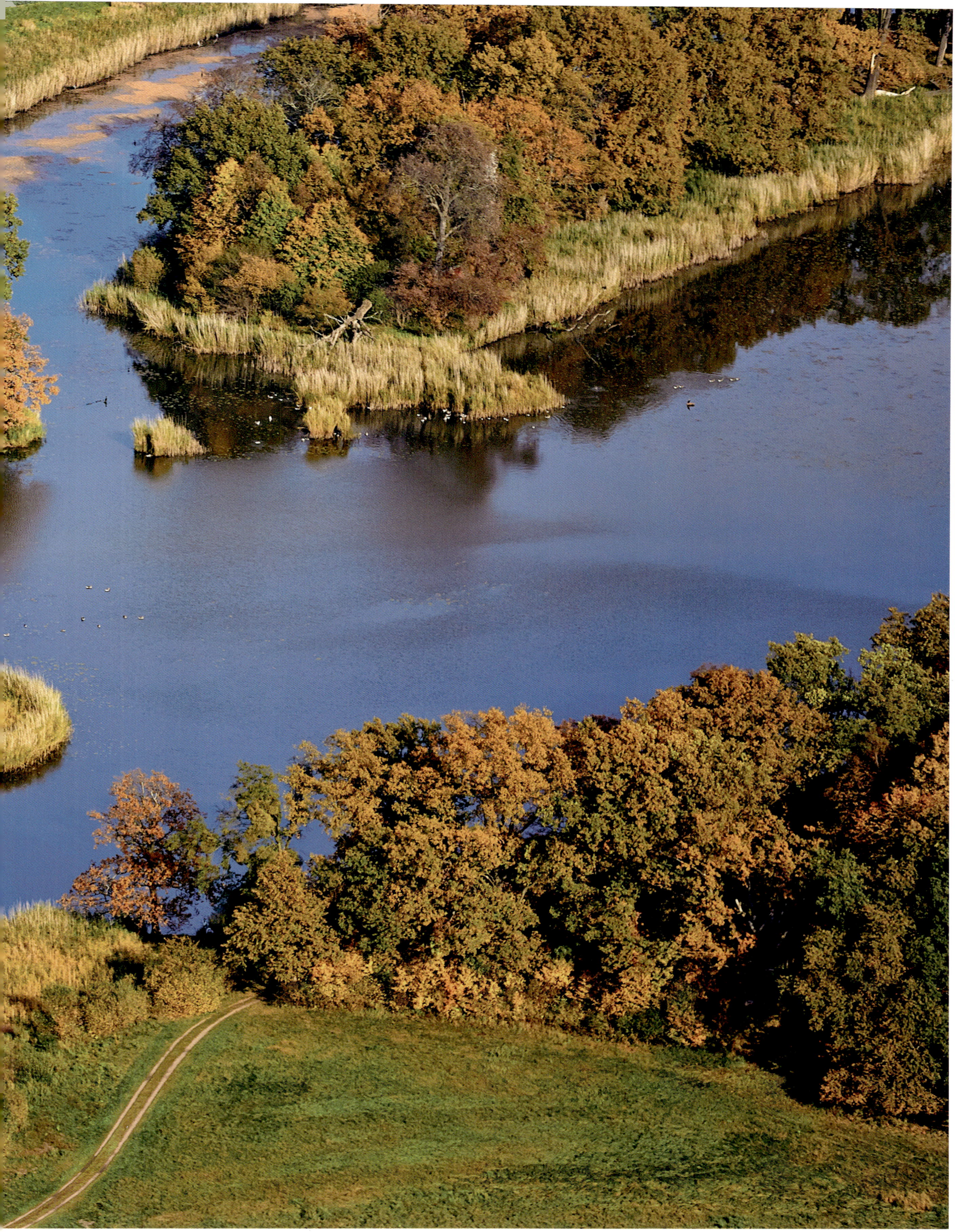

Diese von Natur- und Kunsterlebnissen schwelgenden Zeilen schrieb ein Reisender an einen seiner Schweizer Freunde. (Anonymus: Auszüge aus Briefen. 1778–1788, 2. Bd.)

Nachtigallen gehören bis heute zum Frühling im Dessau-Wörlitzer Gartenreich. Naturliebhaber schätzen die im Mai überall singenden Männchen in den Parks und städtischen Anlagen, besonders aber in den Auenwäldern von Mittelelbe und unterer Mulde. Als Lebensraum benötigt die Nachtigall strukturreiche Hecken und lockeres Strauchwerk unter Altbäumen und für die Nahrungssuche mit Vorjahreslaub bedeckte Böden statt eines hohen Grasbewuchses.

Die Brutvögel treffen in der zweiten Aprilhälfte aus ihrem afrikanischen Winterquartier bei uns ein. Die Männchen zeigen durch lauten Gesang ihr besetzt gehaltenes Brutrevier an. Ist ein Weibchen gefunden, verstummt im Juni der Gesang. In aller Heimlichkeit betreuen nun beide Eltern ihren Nachwuchs. Der weit hörbare, klare Gesang ertönt nicht nur nachts, wie aus dem Namen abzuleiten wäre, sondern ebenso bis in den späten Vormittag und ab dem frühen Abend. Er ist nur in der Stille der Nacht besonders laut und melodiös hörbar. Das Gartenreich gehört bis heute zu den an Nachtigallen reichen Gebieten in Deutschland. Das ist Grund genug für so manchen Vogelkenner, eine weite Anreise zu unternehmen. Leider hat die Nachtigall in der heutigen Zeit in uns Menschen einen übermächtigen Feind, der rapide Bestandsabnahmen u. a. durch Entfernen oder zu starkes Zurückschneiden der Hecken und Gebüsche, durch flächiges Ausharken des Altlaubes und durch stark gestiegene Katzenhaltung verursacht. Auf dem Fliederwall brütet nun keine Nachtigall mehr, wohl aber ist ihre unverwechselbare Stimme aus den nahen Auenwäldern zu vernehmen.

Bis heute sind der Vogelreichtum und die Vielzahl der Vogelarten für aufgeschlossene Parkbesucher im Gartenreich gut wahrnehmbar. Etwa 120 Arten sind angestammte Brutvögel, hinzu kommen während der Wintermonate 40 Gastarten und über 50 in zum Teil großer Anzahl durchwandernde, in den Parks, Auenwäldern und auf den zahlreichen Gewässern rastende Vogelarten. Schutzmaßnahmen führten zur Rückkehr von Fisch- und Seeadlern, Kranichen, Schwarzstörchen und Kolkraben als Brutvögel und zur Neubesiedlung durch Nil- und Brandgänse, Türkentauben, Beutelmeisen und Schwarzkehlchen. Die in den letzten Jahrzehnten aus Süd- und Südosteuropa einwandernden Silberreiher verbringen bei uns zwischen August und November ihre Nachbrutzeit, z. T. überwintern sie sogar hier, um im März wieder zu den südlichen Brutplätzen zurückzukehren. Unübersehbar nehmen jedoch die Vogelbestände trotz umfangreicher Schutzbemühungen immer weiter ab – nicht nur bei den Nachtigallen. Bei fast allen Arten ist ein deutlicher Individuenrückgang zu verzeichnen. 17 Arten, darunter die ehemals häufigen Brutvögel Kiebitz, Lachmöwe, Rebhuhn, Steinkauz, Blauracke oder Wiedehopf, haben das Gebiet nach 1950 geräumt, viele andere sind selten geworden.

Der Silberreiher gehört mittlerweile neben dem Graureiher zum Erscheinungsbild an der Mittelelbe. Sein schneeweißes Gefieder unterscheidet ihn von seinem grauen Verwandten.

Der Kühnauer See, wichtiges Gestaltungselement des gleichnamigen, von Erbprinz Friedrich ab 1805 angelegten Parks als westlichster Garten im Fürstentum Anhalt-Dessau, ist an seiner gestreckten Form als Altwasser der Elbe zu erkennen. Der See mit seinen zwei künstlichen Inselgruppen sowie der Fischerinsel liegt im Überschwemmungsland und ist heute Brutgebiet für seltene Tierarten wie die Zwergrohrdommel und der Drosselrohrsänger.

Der seltene Wiedehopf brütet wieder in den Elbauen und in den angrenzenden Heiden.

Trotz seiner nahen Verwandtschaft zum Weißstorch ist der etwas kleinere Schwarzstorch vielen Menschen unbekannt. Er gehört an der Mittelelbe zu den festen Brutarten. Mit etwas Glück kann man ihn beobachten, wenn er auf den Elbwiesen nach Nahrung stochert.

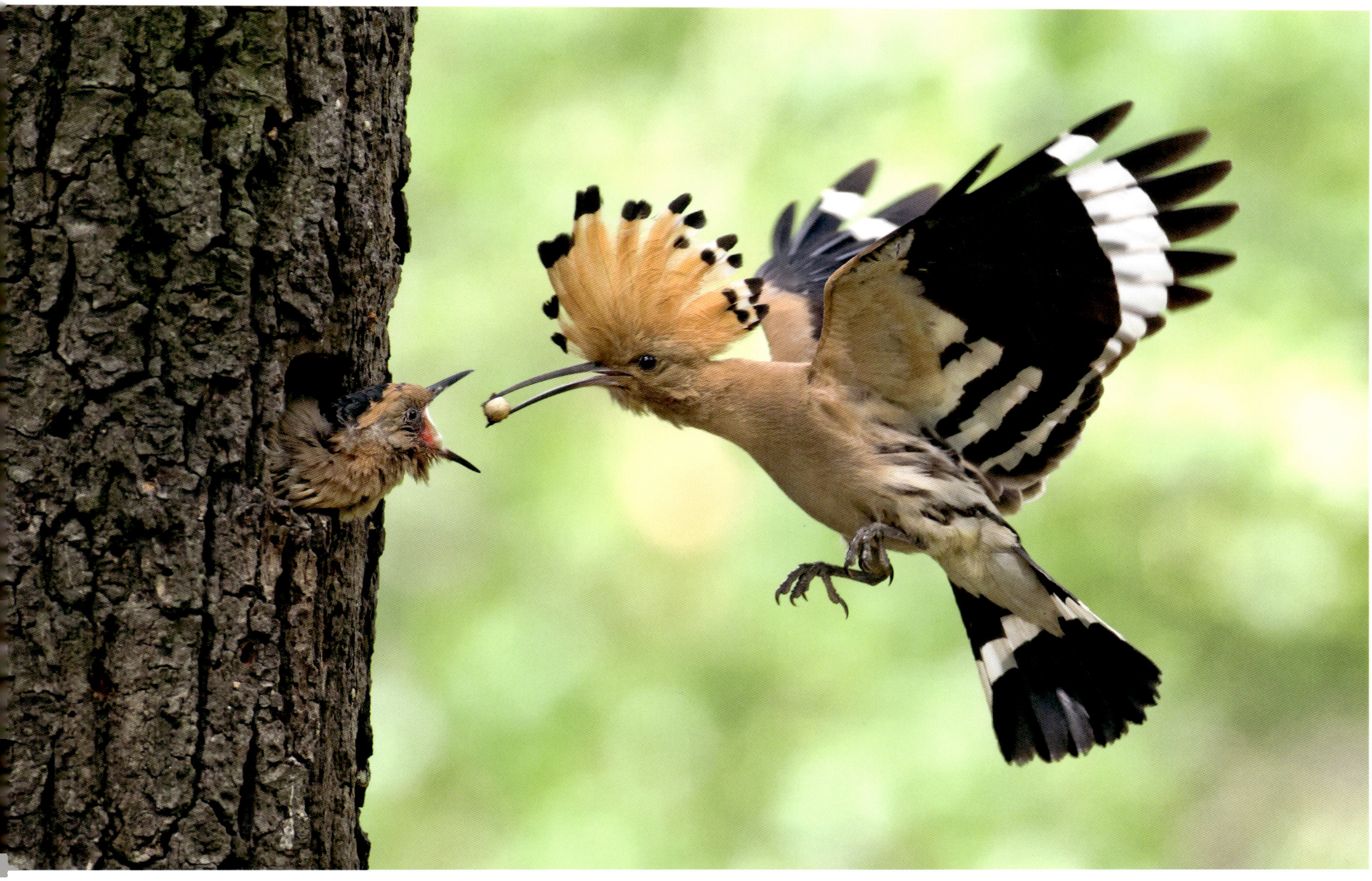
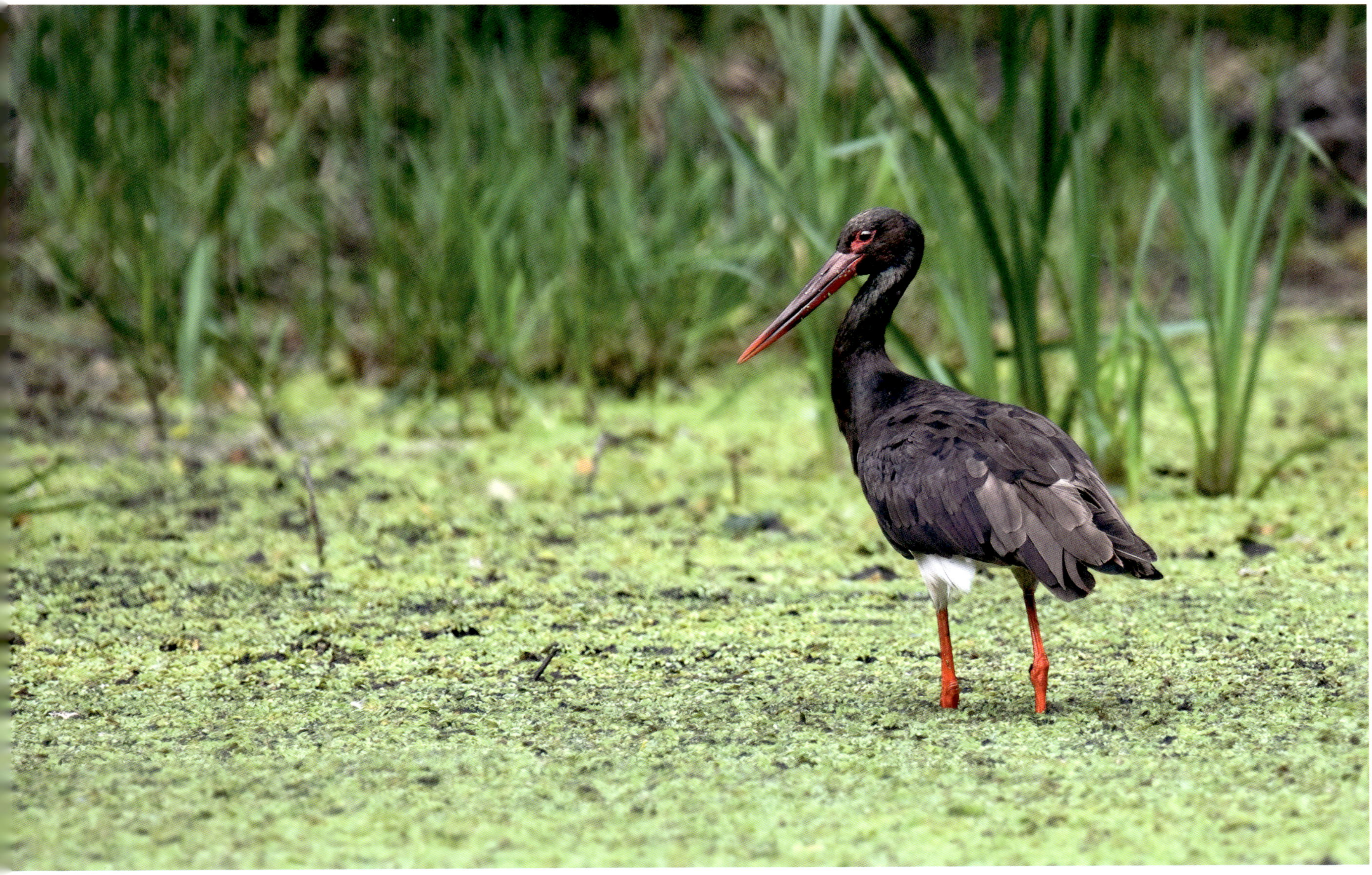

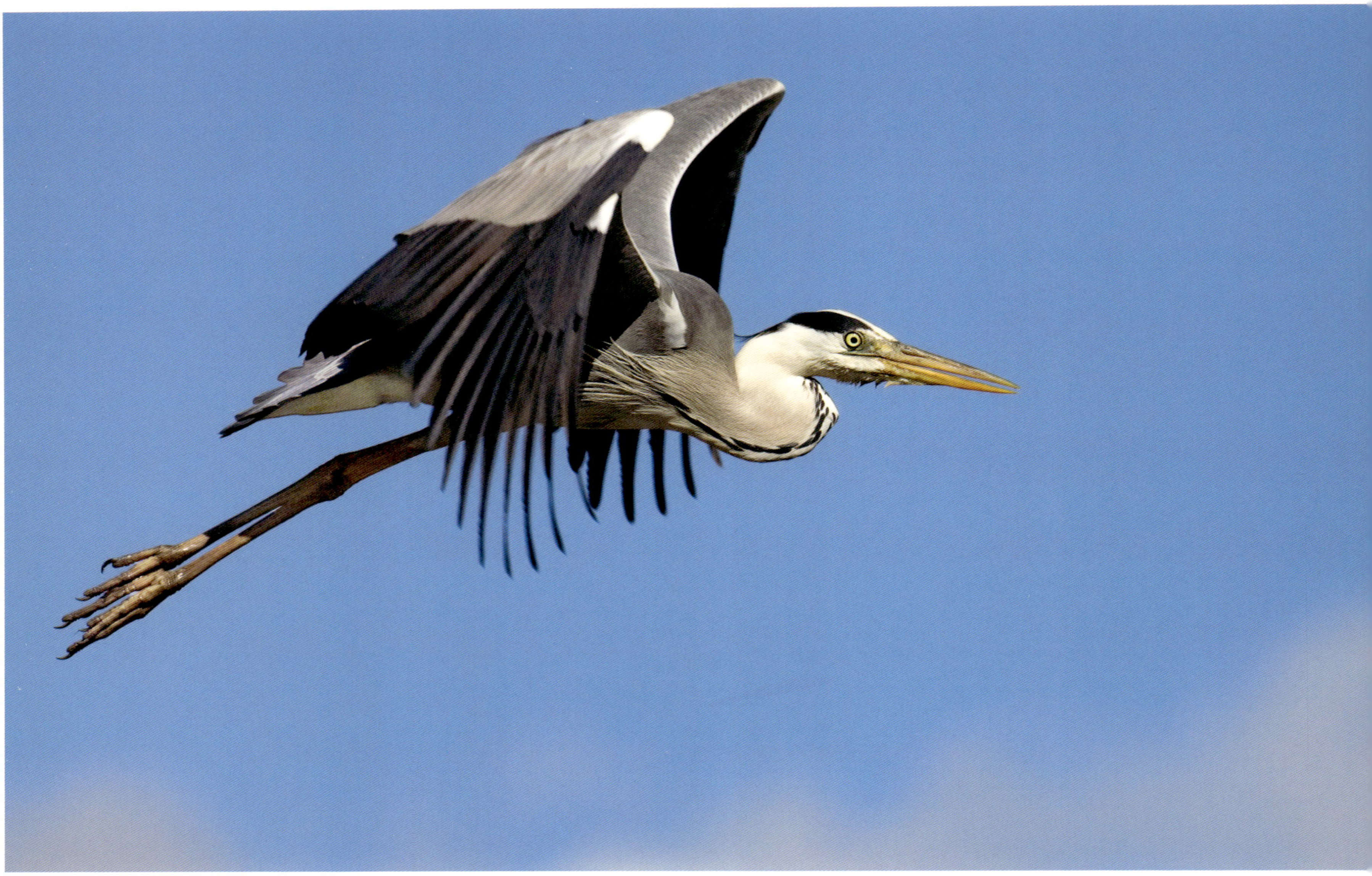

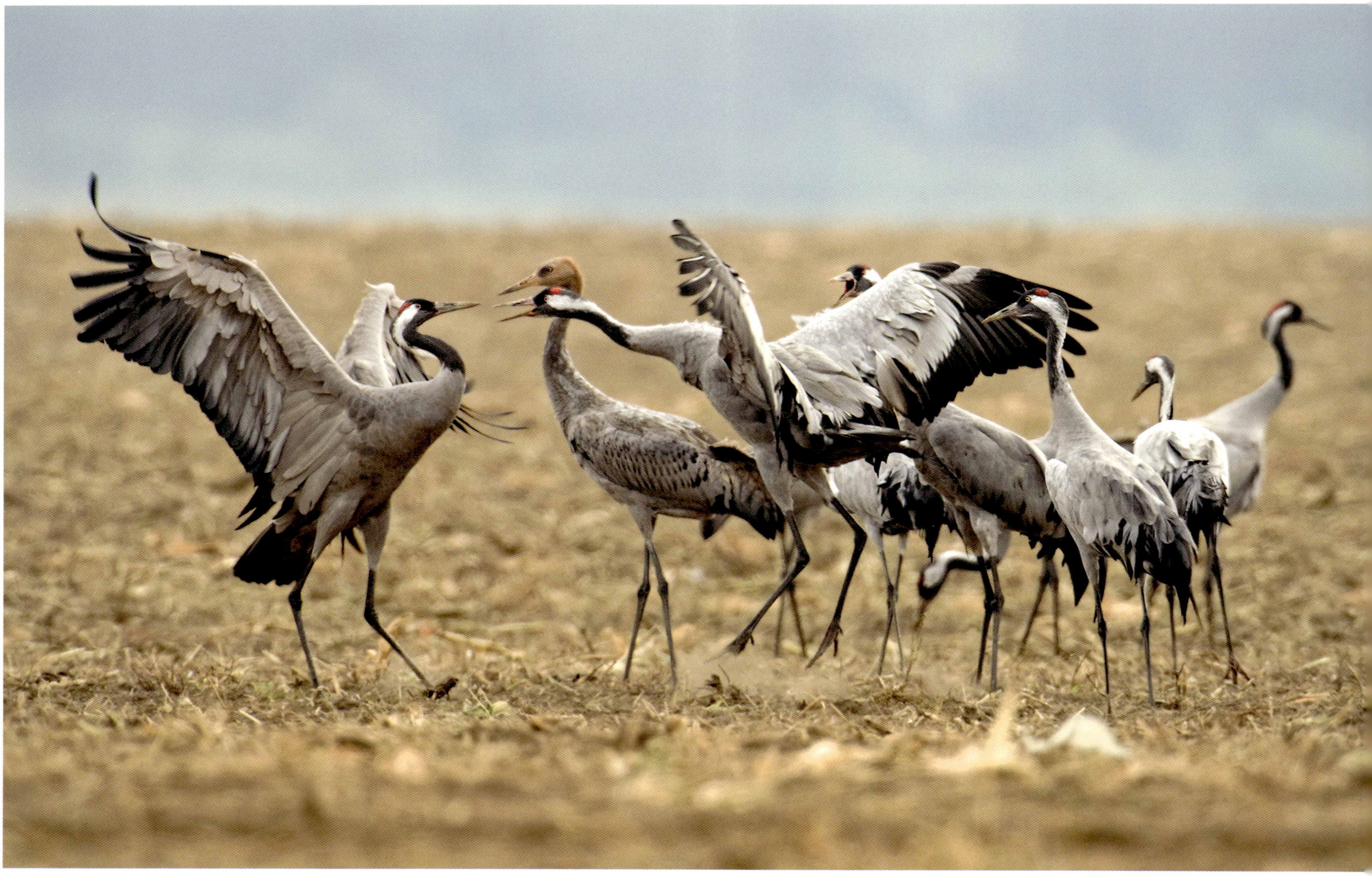

Die Vielgestaltigkeit der Vogelwelt beruht in starkem Maße auf den zahlreichen Gewässern im Gartenreich: im Landschaftsstil gepflegte Parkteiche, urige Altwässer von Elbe und Mulde oder der mit hohen Kosten vor der Verlandung bewahrte Kühnauer See. Für den Besucher und Spaziergänger gut sichtbar sind die Höckerschwäne und Stockenten, die an den Wörlitzer Parkgewässern brüten und mit wenig Scheu ihre Jungen aufziehen. Auch das Vogelleben auf dem Kühnauer See lässt sich gut beobachten, wenn die Blesshühner am Schilfrand nach Nahrung tauchen, die Haubentaucher auf dem See balzen oder ihre Jungen, die sie im Rückengefieder tragen, mit Fischchen füttern. Im Röhricht verborgen, brüten Rohrweihen und in größerer Zahl Rohrammern, Teich- und Drosselrohrsänger. Mit etwas Glück oder gezieltem Suchen findet man die kunstvollen Nester der Beutelmeisen an herabhängenden Zweigen stehender Weiden oder Birken am Wasser. Die dicht bewachsenen Altwässer sind die Jagdreviere des seltenen und in Deutschland vom Aussterben bedrohten Schwarzstorches. Drei bis vier Paare brüten in der Region, ihre Horste stehen auf Seitenästen dicker Eichen. Im August, wenn die Jungen flügge sind und sich weitere Zuwanderer zu kleinen Gruppen zusammenfinden, kann der Parkbesucher diese scheuen Vögel zu Gesicht bekommen. Alteingesessene Graureiher können das ganze Jahr hindurch fischend oder auf den Elbwiesen mäusejagend entlang der Gewässer beobachtet werden. Ihre seit 1906 genutzten Brutkolonien wenige Kilometer nordöstlich von Wörlitz und bei Vockerode haben Waschbären als arge Eierdiebe um 2010 zerstört. Dafür brüten aktuell etwa 40 Paare auf den alten Bäumen im Georgengarten am Rande Dessaus. Die Brutbäume wurden mit Plastikhüllen versehen, um das Hinaufsteigen der Waschbären zu verhindern.

Besondere Bedeutung haben Elbe, Mulde und die zahlreichen Alt- und Parkgewässer für durchwandernde und überwinternde Wasservögel, wobei den lange eisfrei bleibenden Elbe und Mulde zwischen Dezember und Februar eine exponierte Rolle zukommt. In Zeiten größter Wasserverschmutzung in den 1970/80er Jahren überwinterten auf der Elbe zwischen Griebo und Großkühnau bis zu 7000 Blesshühner, 14 000 Stock- und in manchen Jahren über 8000 Tafelenten. Sie nutzten die durch industriebedingte leichte Wassererwärmung verzögerte Eisbildung und die durch Abwässereintrag in den Uferzonen wuchernde spezielle Lebensgemeinschaft (u. a. Abwasserpilze) als Nahrungsquelle. Nach der Abwasserkonsolidierung ging ihre Zahl auf ein Minimum zurück, dafür stellten sich verstärkt Kormorane und Schellenten ein.

Zwölf Arten von Greifvögeln brüten hier, drei weitere kommen als Wintergäste. Einzelne Seeadler überwinterten in früheren Jahrzehnten alljährlich an der Elbe zwischen Sieglitzer und Leiner Berg. Heute brüten zwei Paare im Gartenreich und vier weitere im näheren Umfeld. Ihre Horste stehen unauffällig im Kronendach alter Auenwaldbäume. Ab dem Spätsommer und besonders im Winter lassen sich diese riesigen Vögel regelmäßig beobachten. Fischadler hingegen errichten ihren Horst für

Der Grau- oder Fischreiher lebt ganzjährig an der Mittelelbe und brütet in Kolonien.

Der Graukranich ist der „Vogel des Glücks". Dank umfangreicher Schutzmaßnahmen gehört auch er wieder zu den hiesigen Brutvögeln. Zur Zugzeit rasten mitunter Hunderte der großen Vögel in der Elbregion.

▲◀ Die Rohrweihe liebt die Gewässernähe. Die dichten Schilfzonen sind ihr Jagd- und Brutgebiet.

▲▲ Ein junger Kuckuck wächst im Nest eines Teichrohrsängers heran. Als Brutparasit haben Kuckucke verschiedene Wirtsvögel, denn Brut und Aufzucht der Jungvögel überlassen sie anderen.

◀ Haubentaucher sind auch im Wörlitzer Park vor allem auf großen Seen zu finden. Dunkle Federbüschel und die Krause am Kopf charakterisieren sie, ihre Jungen tragen sie die erste Zeit spazieren.

▶▲ Angespülte Wurzeln werden von verschiedenen Vögeln gern als Ansitz benutzt. Hier muss sich ein Schwarzer Milan gegen eine streitlustige Nebelkrähe wehren.

▶▲▲ Im Gegensatz zum Seeadler jagt der Fischadler ausschließlich Fische an Seen und Flüssen. Er ist als Brutvogel in der Region heimisch, zieht aber im Herbst in warme Gefilde.

▶ Der Mäusebussard ist in unserer Region der häufigste Greifvogel. Seine Beute sucht er mit Vorliebe im freien Feld. Man sieht ihn oft stundenlang über Wiesen und Äcker kreisen oder am Straßenrand sitzen, um nach Beute Ausschau zu halten.

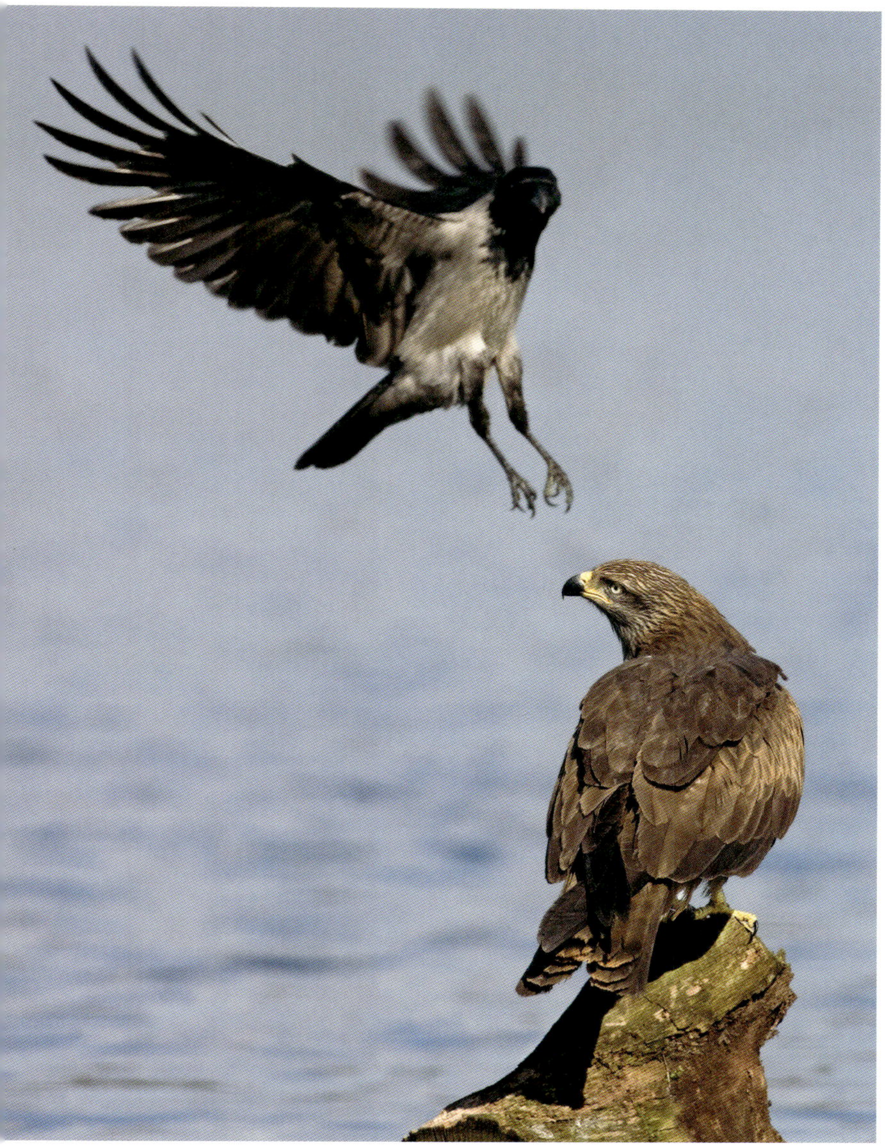
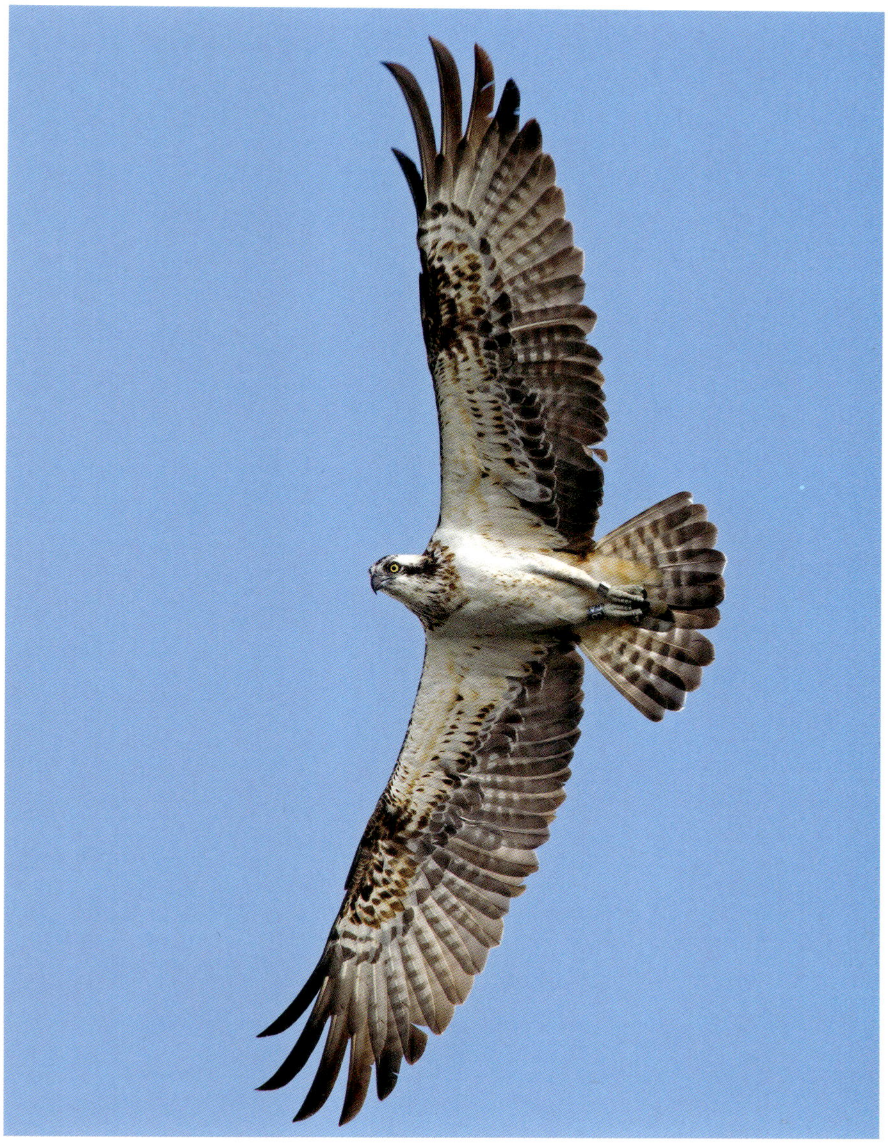
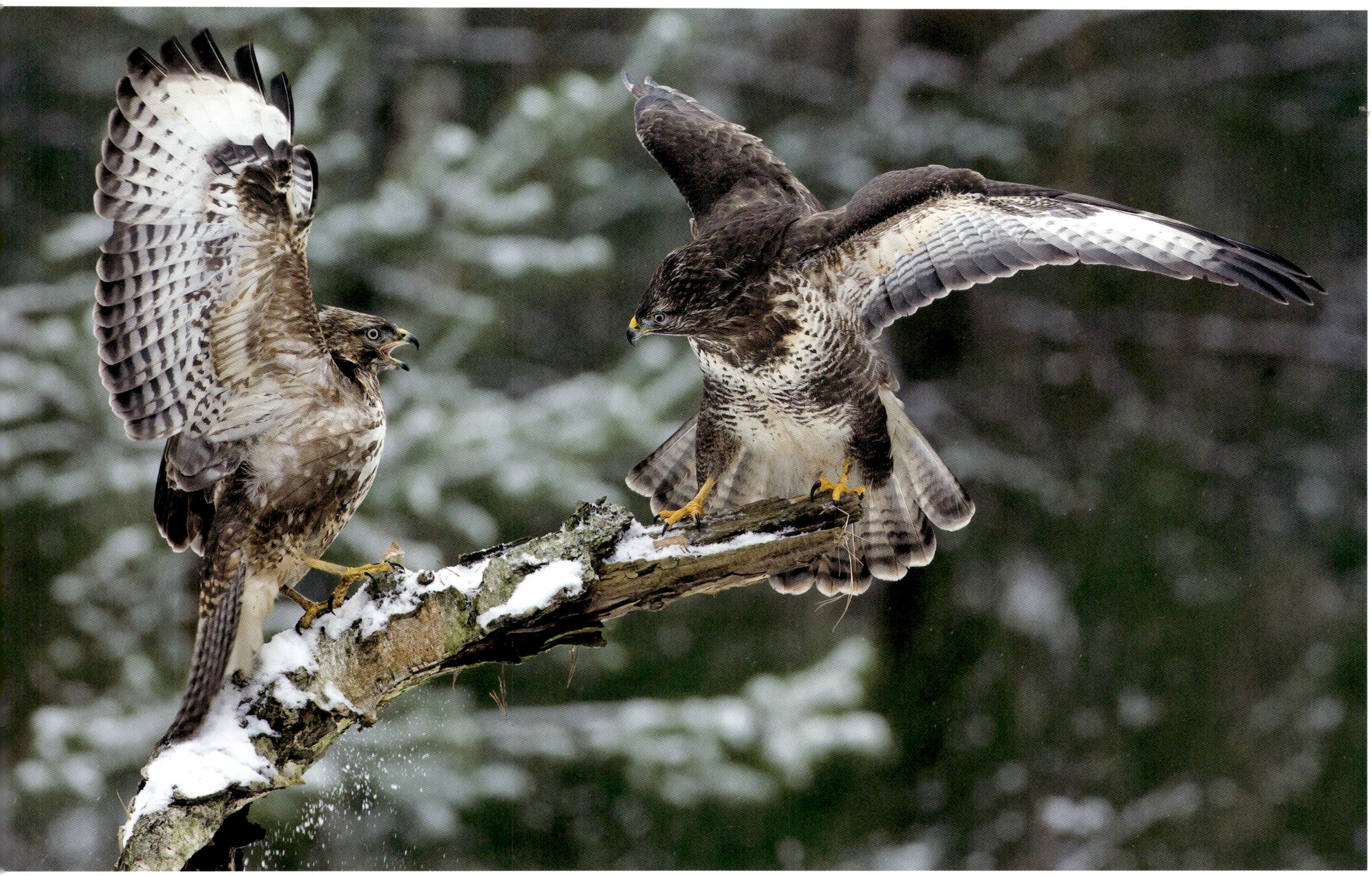

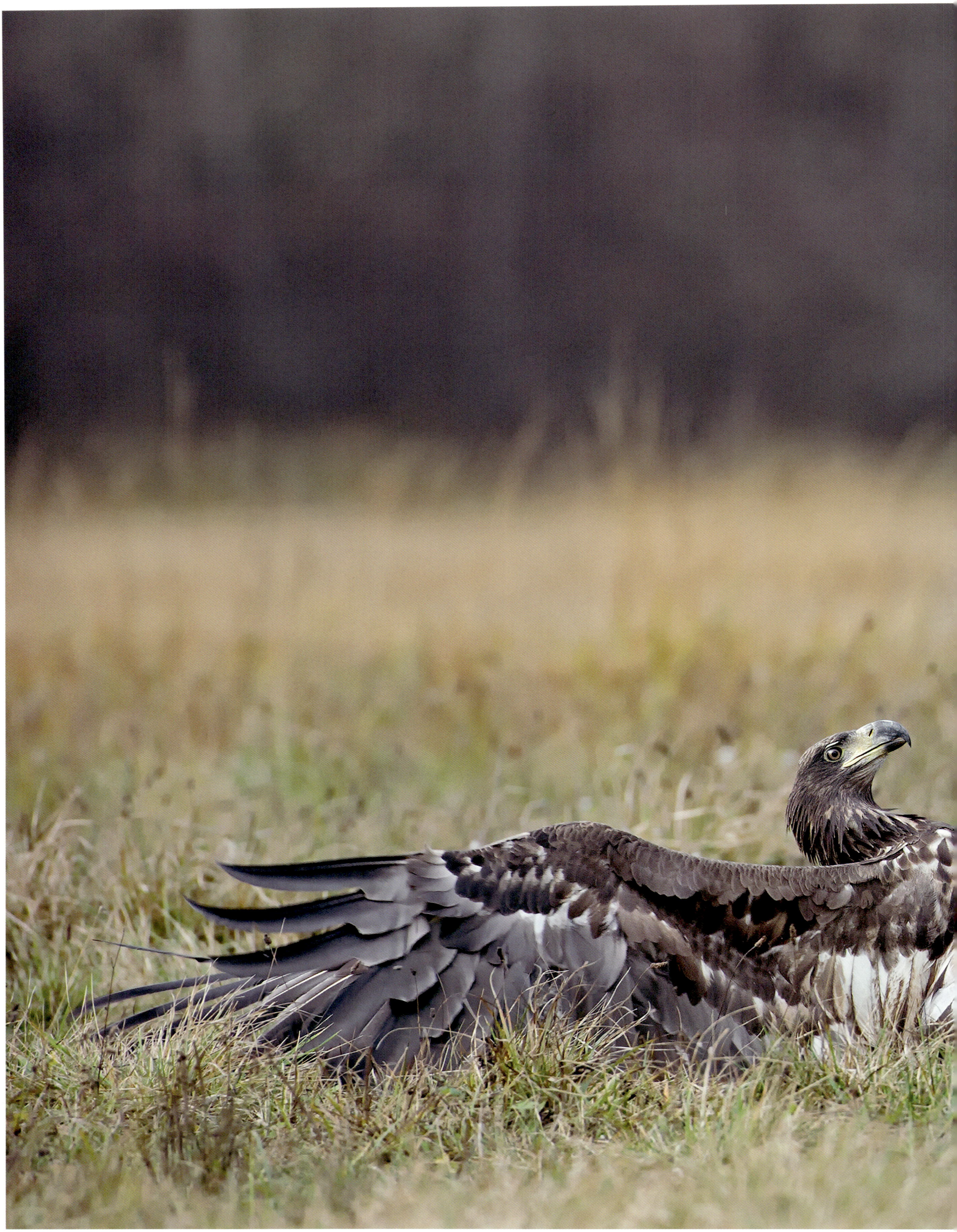

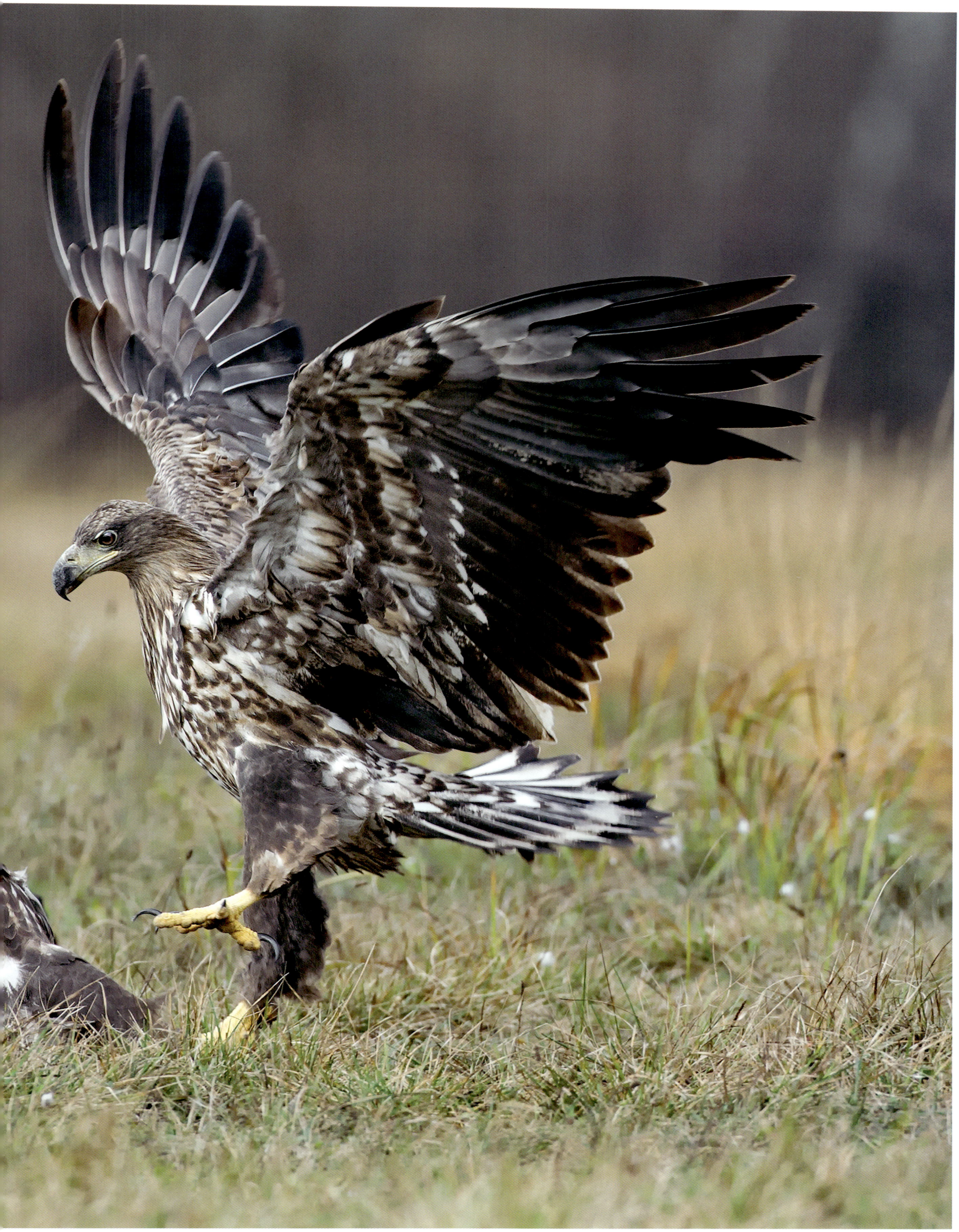

einen freien Anflug weithin sichtbar auf einer Baumkrone oder einem Leitungsmast. Im Gartenreich brüten drei Paare. Nicht wenige durchwandern die Region im August und September auf dem Zug ins Winterquartier. Einen weiteren Höhepunkt bildet der Rotmilan mit seinem Weltverbreitungsschwerpunkt in Sachsen-Anhalt. Als Zugvogel kehrt er ab der zweiten Februarhälfte zurück. Auf seinen Nahrungsflügen ist er dann bis in die Ortschaften hinein zu beobachten und an seinem langen, tief gegabelten Stoß leicht erkennbar. Weitaus unscheinbarer lebt und brütet sein naher Verwandter, der Schwarzmilan. Beide Arten suchen unsere Gewässer nach kranken oder toten Fischen ab und helfen so, auftretende Fischkrankheiten vor ihrer Ausbreitung zu minimieren.

Im wasser- und feuchtgebietsreichen Urstromtal der Elbe, in dem das Dessau-Wörlitzer Gartenreich liegt, waren noch vor wenigen Jahrzehnten zahlreiche Sumpf- und Watvögel heimisch, allen voran auf den Elbwiesen brütende Kiebitze und Große Brachvögel, in den Sumpfwiesen heimische Bekassinen und auf Auengewässern nistende Lachmöwen. All diese Arten haben unsere Region als Brutgebiet aufgegeben. Allein für den Flussregenpfeifer blieben die Kiesflächen entlang von Elbe und Mulde als Brutplätze erhalten. Das im Gartenreich liegende und als Naturschutzgebiet gesicherte Kühnauer Unterbruch bietet in seiner Größe und flachen Überflutung noch ein Refugium für Rallen, seltene Entenarten und andere Sumpfvögel. Eine weitere am Wasser lebende Art ist der Eisvogel. Seine Nahrung besteht fast ausschließlich aus kleinen Fischen, die in den Park- und Altwässern, kleinen Tümpeln, Gräben und in unseren beiden Flüssen reichlich vorhanden sind. Sein Nest befindet sich in selbst gegrabenen Brutröhren an Steilabbrüchen, die besonders an der unregulierten Mulde stets neu entstehen. Hier kann er ungestört seine Brut aufziehen. Der Parkbesucher kann Eisvögel besonders ab August, aber auch bis in den tiefsten Winter hinein beobachten, wenn sie flach über dem Wasser dahinfliegen. Zum Problem werden jedoch strenge Winter. Wenn das Eis sogar die Ufersäume der Fließgewässer bedeckt, werden die Jagdchancen so gering, dass viele Tiere verhungern, vor allem die Jungvögel. Nach solchen Wintern dauert es drei bis fünf Jahre, bis sich der Bestand wieder erholt hat und der dahinsausende Eisvogel erneut zum Bild unserer Parkgewässer gehört.

Eine weitere gut zu beobachtende Vogelgruppe sind zu jeder Jahreszeit die Spechte. Vielerorts anzutreffen ist der Buntspecht, weitaus seltener zeigt sich der nur sperlingsgroße Kleinspecht. Eine Besonderheit ist der in den Eichen- und Auwäldern brütende Mittelspecht. Diese Art hat einen Schwerpunkt ihres Vorkommens im Mittelelbegebiet und brütet in allen Parks des Gartenreiches. Für den Besucher am auffälligsten ist der Grünspecht, ein Brutvogel in parkartigen Lebensräumen. Ab dem zeitigen Frühjahr ist weithin seine laute, an Lachen erinnernde Stimme hörbar. Seine Brutröhre zimmert er gern in dicke Eichen. Nahrung sucht er bevorzugt auf kurzgrasigen Wiesen, denn seine Lieblingsnahrung sind Ameisen und ihre nahrhaften Puppen. Findet er die kleinen Häufchen der

Seeadler sind mit einer Spannweite bis zu 2,40 m die Majestäten unter den Greifvögeln. Sie können bis zu 30 Jahre alt werden.

Der Wachtelkönig wird „heimliche Eminenz" genannt, denn er lebt versteckt am Boden und nur seine lauten Rufe verraten ihn. Obwohl es in Sachsen-Anhalt ca. 300 Paare dieser Wiesenralle geben soll, bekommt sie kaum jemand zu Gesicht.

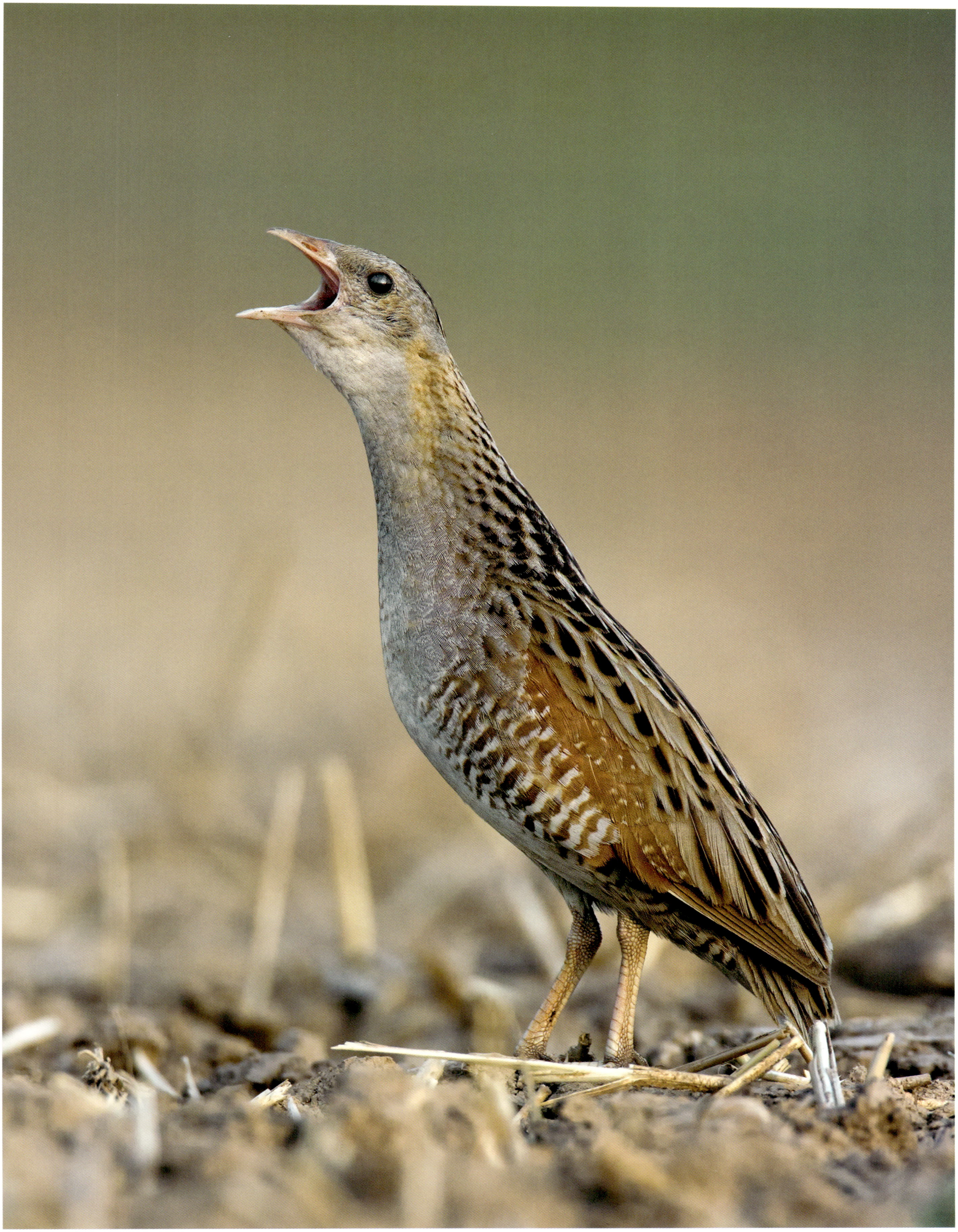

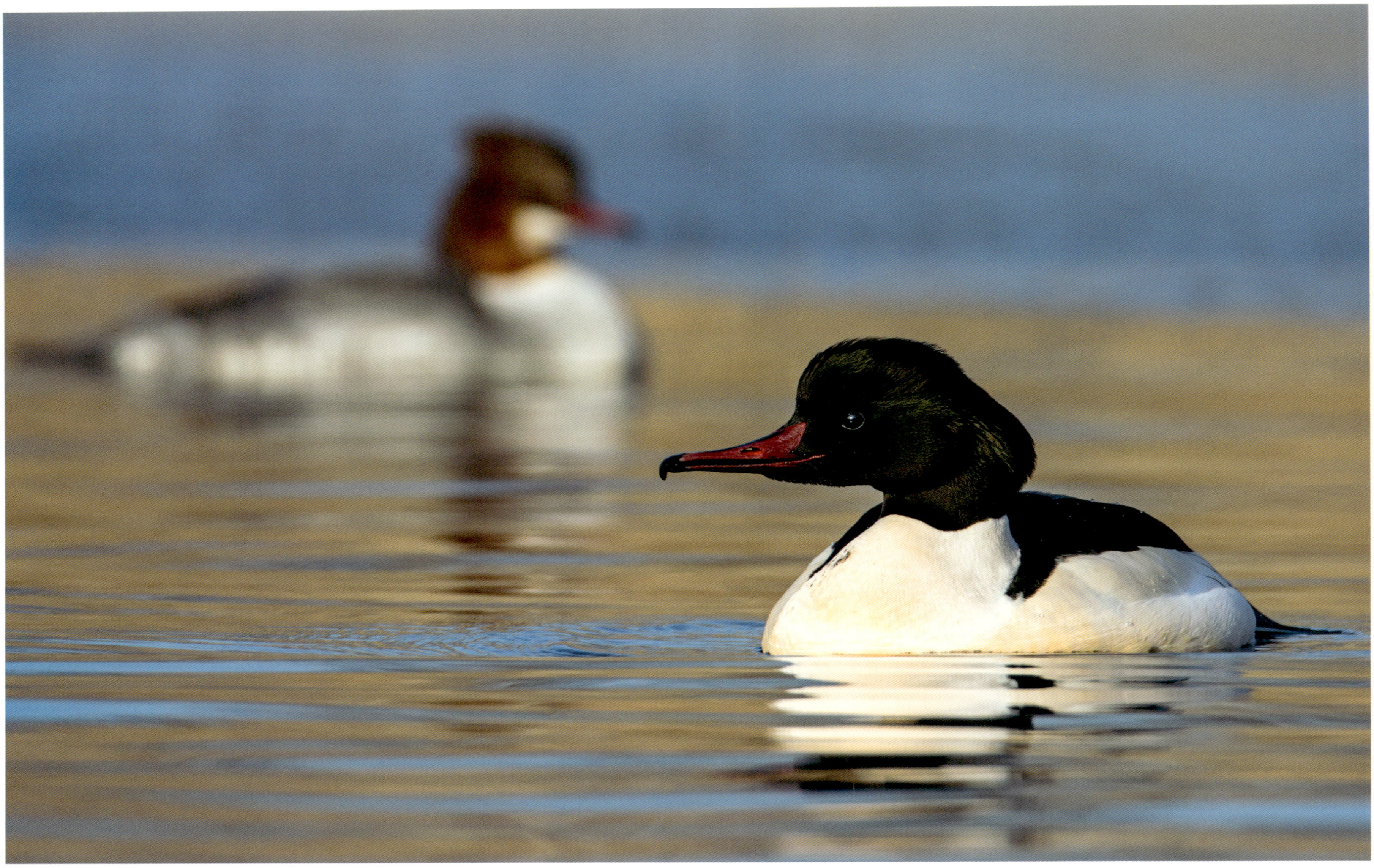

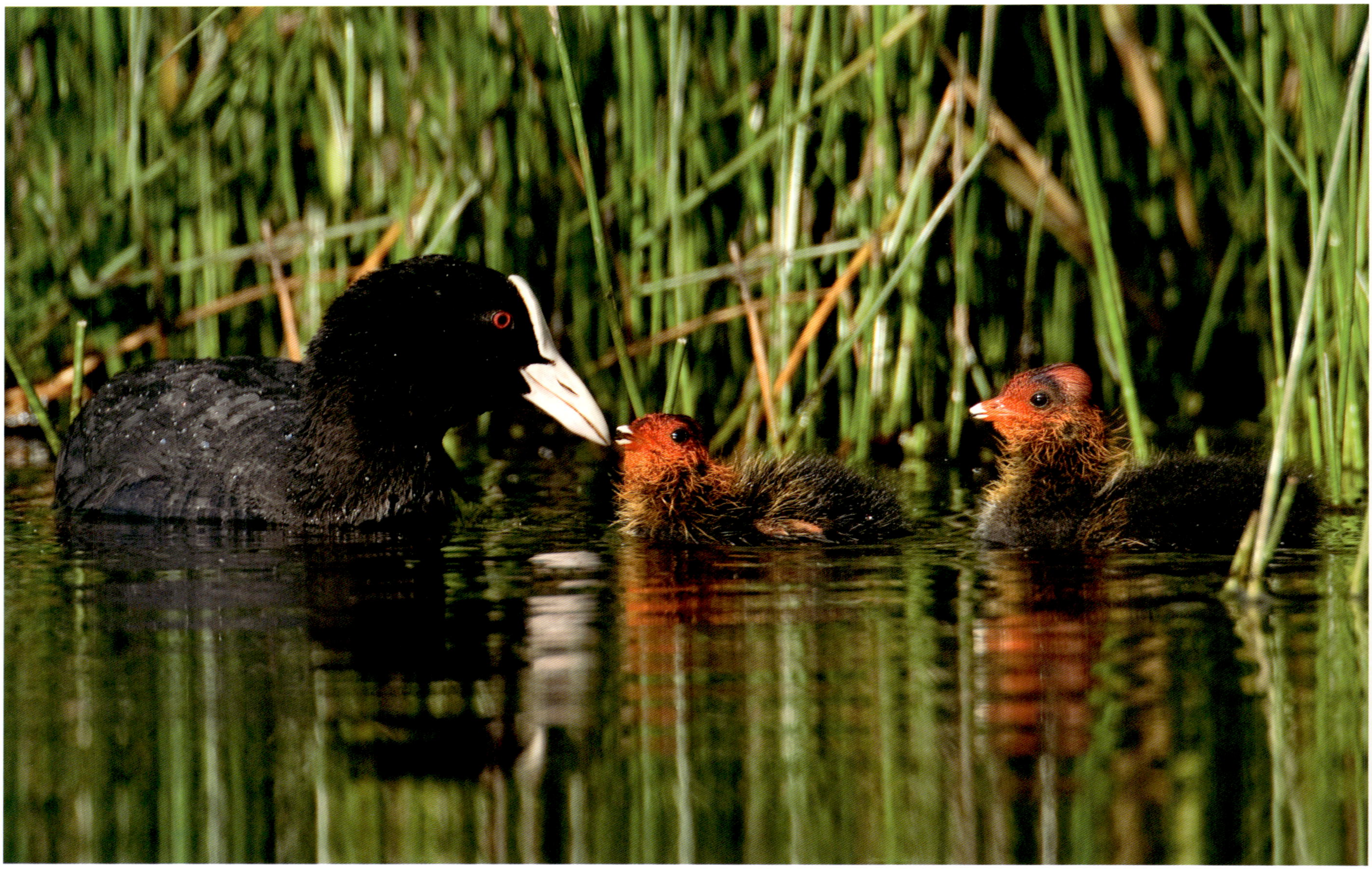

Obwohl eigentlich ein Wintergast, versuchen sich einige Paare der Gänsesäger an der Mittelelbe anzusiedeln. Ihr markantes Zeichen ist der lange, mit zahnartigen Lamellen versehene Schnabel.

Die haushuhngroße Blässralle liebt die Randzonen von Gewässern aller Art. Sie lebt oft in Parks, wo sie im Schilfgürtel brütet und ihre Jungen großzieht.

Die langschnäbelige Bekassine ist ein Schnepfenvogel, der sich gern in den Feuchtwiesen der Mittelelbe aufhält.

Der Kiebitz ist ein typischer Wiesenvogel. Er liebt die Weidelandschaften an der Elbe.

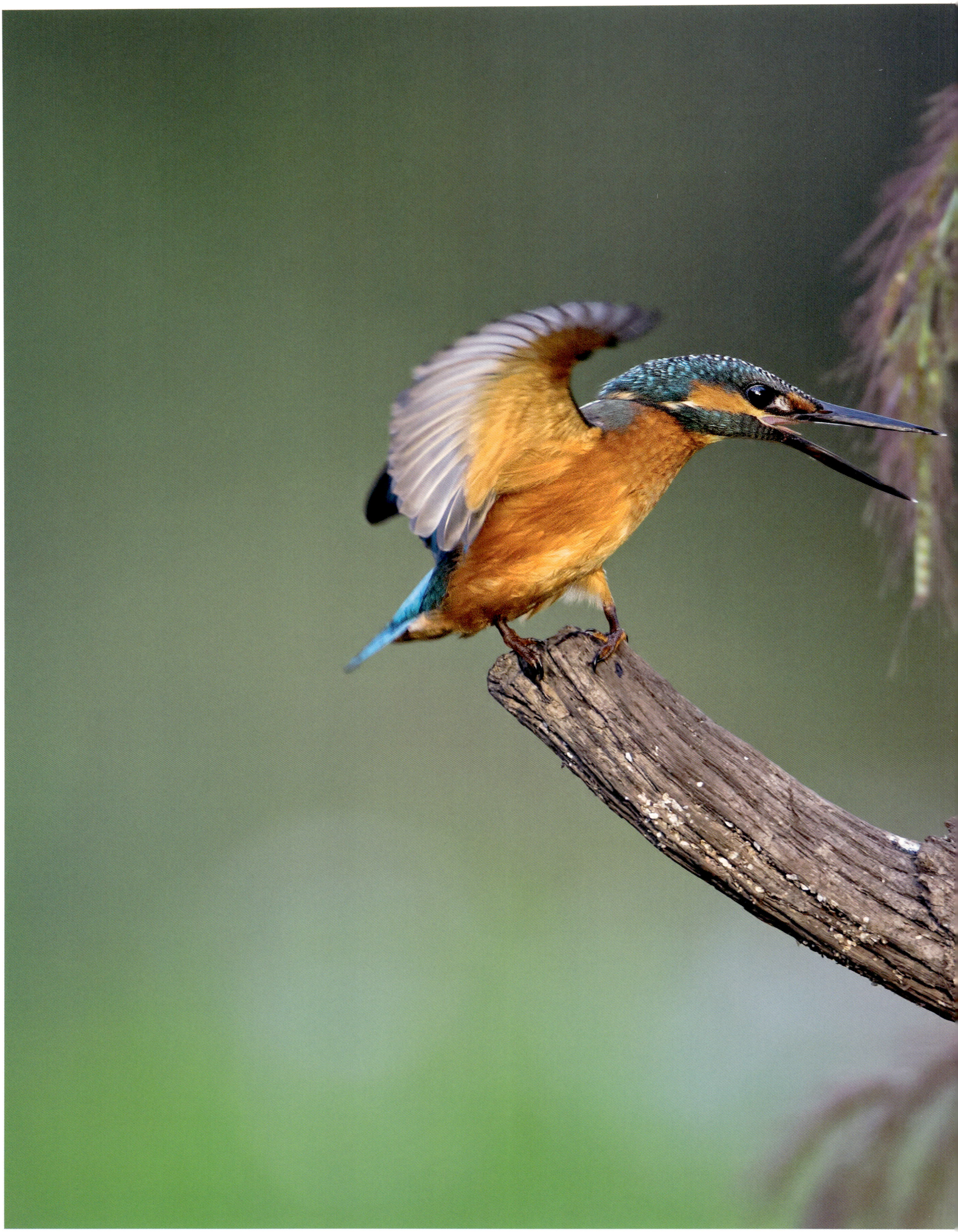

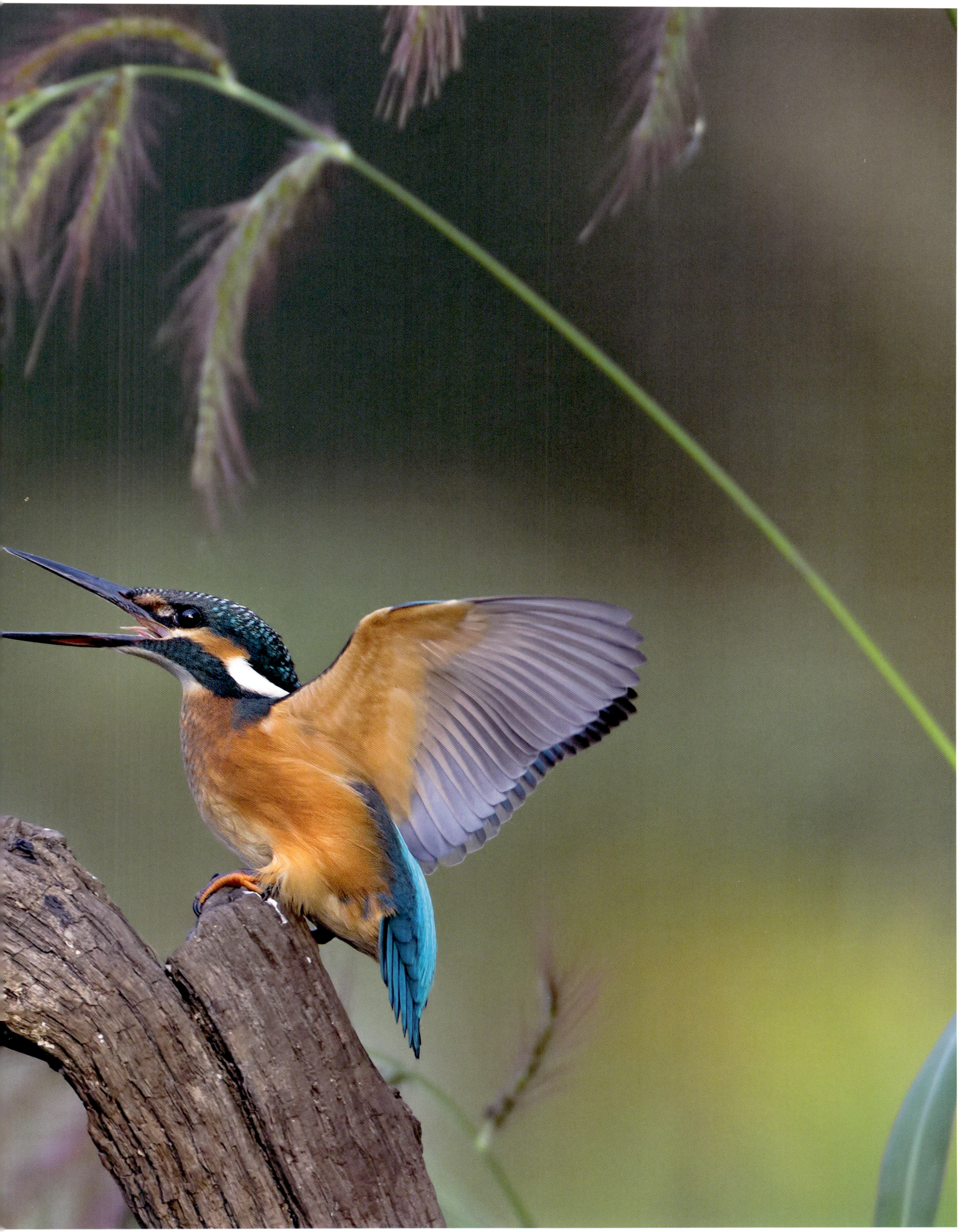

Rasenameise, gräbt er ihren Bau auf, zieht mit seiner langen, klebrigen Zunge Puppen und Ameisen heraus und verschluckt sie. Seltenere Brutvögel im Gartenreich sind der ähnliche Grauspecht, der fast krähengroße Schwarzspecht und der zur Familie der Spechte gehörende Wendehals.

Die größten Vertreter der Singvögel sind die Rabenvögel. Eichelhäher und Elstern gehören ebenso dazu wie der große und scheue Kolkrabe. Interessant ist es, die Krähen näher zu betrachten. Der aufmerksame Beobachter wird hellgraue, schwarz abgesetzte, völlig schwarze und schwarzgraue Krähen zu Gesicht bekommen. Hellgrau, schwarz abgesetzt sind die Nebelkrähen, deren Vorkommen sich vom Osten bis an die Elbe erstreckt. Glänzend schwarz sind die Rabenkrähen, deren Verbreitung von Spanien bis zur Elbe reicht. In unserer Region vermischen sich beide Formen. Ihre Nachkommen sind unterschiedlich schwarzgrau gefärbt. Sie paaren sich mit Raben- oder Nebelkrähen, die in unserer Gegend wohl alle „nicht ganz rein" sind, sondern Mischlinge beider Formen.

Die Meisen gehören zu den häufigen Kleinvögeln in den Parks, Gärten und Auwäldern. Es sind Kohl- und Blaumeisen sowie die nur schwer unterscheidbaren Sumpf- und Weidenmeisen. Kohl- und Blaumeisen sind von den Nistkästen und der Winterfütterung gut bekannt. Sumpf- und Weidenmeisen halten sich zumindest während der Sommermonate mehr in den Auenwäldern auf, denn sie wollen wie die Spechte ihre Bruthöhle selbst zimmern. Dazu benötigen sie abgestorbene, morsche Bäume, also Totholz, das sie in unseren gepflegten Parks nur noch selten vorfinden. Die nah verwandte Schwanzmeise baut ihr Kugelnest im dichten Gesträuch oder in den Ranken des wilden Hopfens. Eine recht ausgefallene Verwandte ist die kleine, fast unscheinbare Beutelmeise.

Erst ab 1960 bei uns eingewandert, brüten bis zu 18 Paare an den Elbaltwässern zwischen Schönitzer und Kühnauer See. Aus Pflanzenwolle von Pappeln und Weiden webt das Männchen an einem dünnen Weidenzweig hängend ein kunstvolles Nestgebilde und singt und singt, bis sich ein Weibchen einfindet. Gemeinsam wird das Beutelnest vollendet und mit einer Einschlupfröhre versehen. Wenn im nächsten Frühjahr ein neues Nest zu bauen ist, recyclt das Männchen gern das alte, versetzt es mit frischer Pflanzenwolle und lässt so eine neue Kinderstube entstehen.

Weitere Kleinvögel in den Parks und Gärten sind vielerorts in den Hecken und Gebüschen anzutreffen: Mönchs-, Garten- und Klappergrasmücken, Rotkehlchen, Amseln und Singdrosseln. Sie vermitteln dem Parkbesucher mit ihrem Gesang ein Stück lebendiger Natur. Der schwarzweiß gefärbte Trauerfliegenschnäpper oder der überwiegend rotbraune Gartenrotschwanz singen vor ihren Nistkästen. Der Vogel mit der individuenstärksten Gesamtpopulation in Deutschland ist der stets etwas reservierte, aber überall anzutreffende Buchfink. Den Naturfreund erfreut er bei schönem Wetter mit seinem markanten „Finkenschlag", verheißt mit seinem einsilbigen „Regenruf" aber wenig Hoffnung auf Wetterbesserung an regnerischen Tagen.

Der Eisvogel wird auch „fliegender Edelstein" genannt. Er liebt saubere und intakte Flüsse. Beides bietet ihm die Mittelelbe, darum kann man hier häufig den blau, grün und rot schillernden Vogel bei seiner Jagd nach Fischen beobachten.

Der Mittelspecht gilt als der „Urwaldspecht" unserer Breiten. Er lebt in ursprünglichen Wäldern mit reichlich alten, dicken Eichen und ist Symbolvogel der Auwälder an der Mittelelbe.

Eichelhäher sind fliegende Wächter und werden auch „Polizei des Waldes" genannt. Unentdeckt bleibt man als Wanderer nicht, wenn ein Eichelhäher in der Nähe ist.

Die Beutelmeise baut aus pflanzlichen Materialien und Wolle ein kunstvolles Nest, das sie mit Haaren und Spinnweben stabilisiert – ein kleines Architekturwunder.

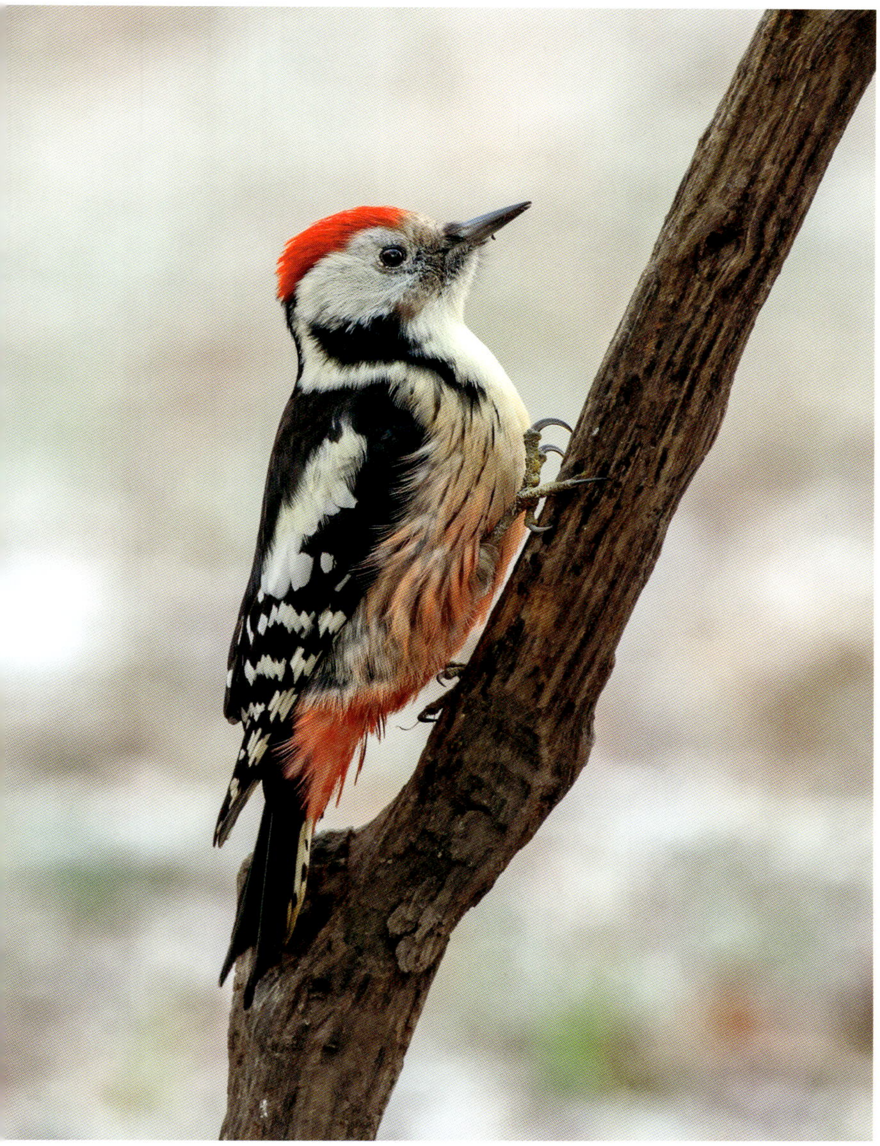
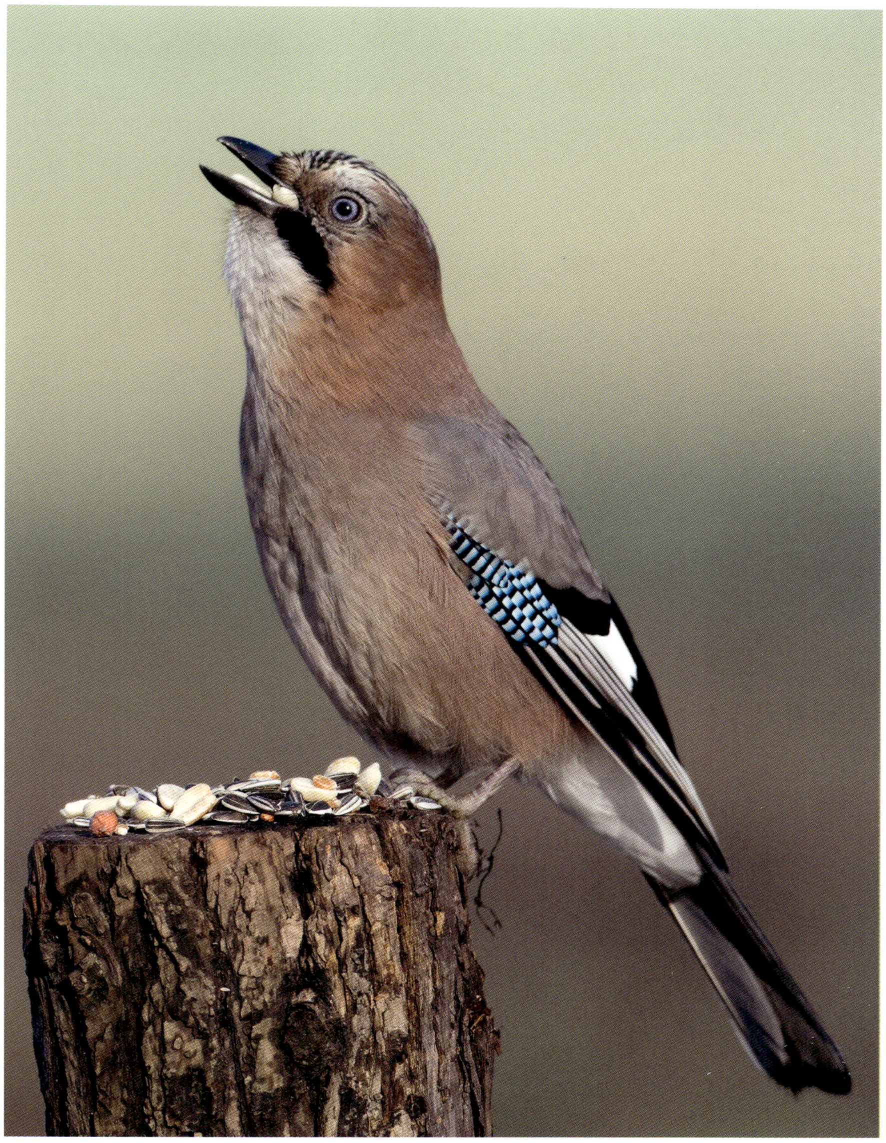
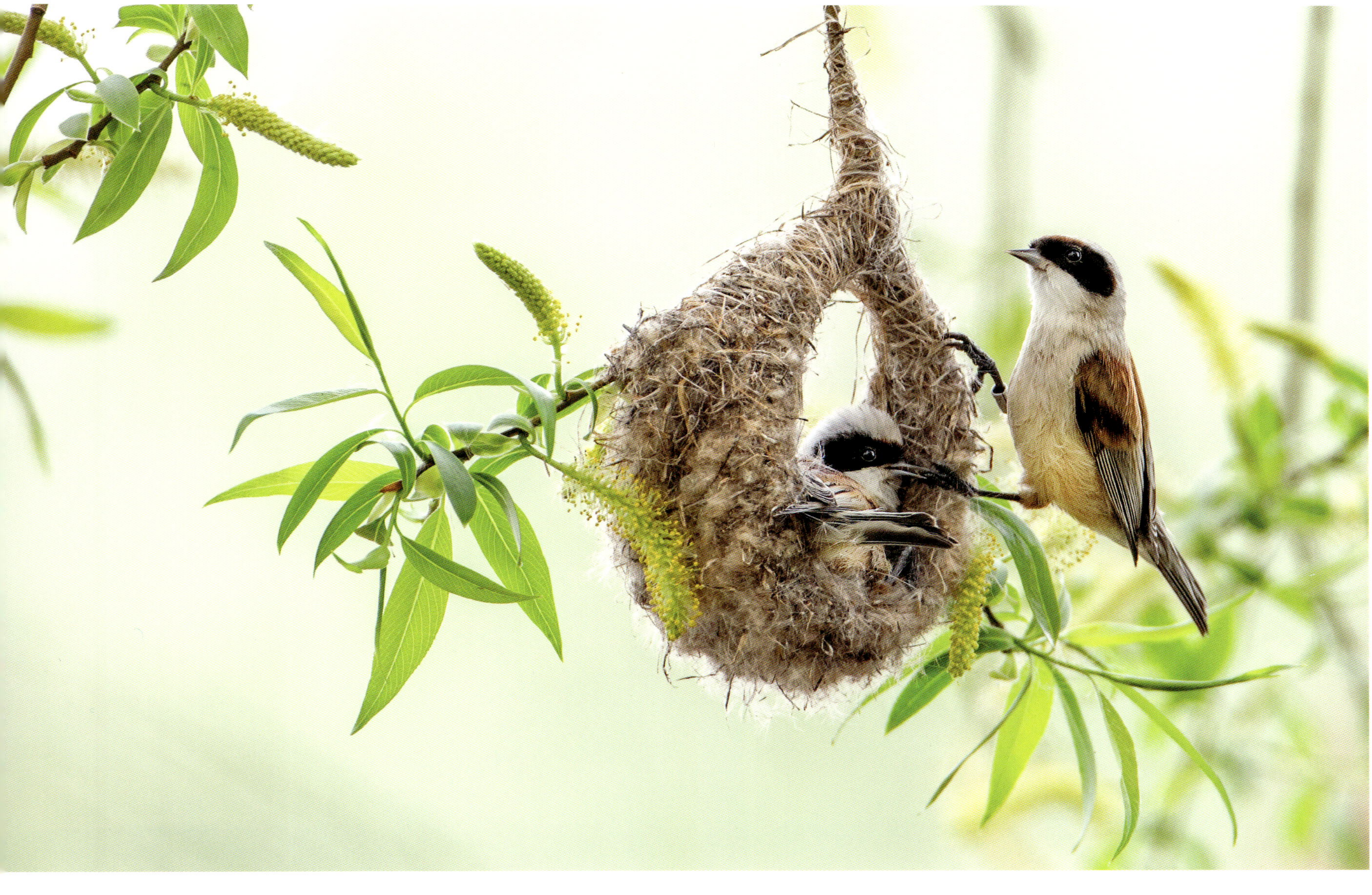

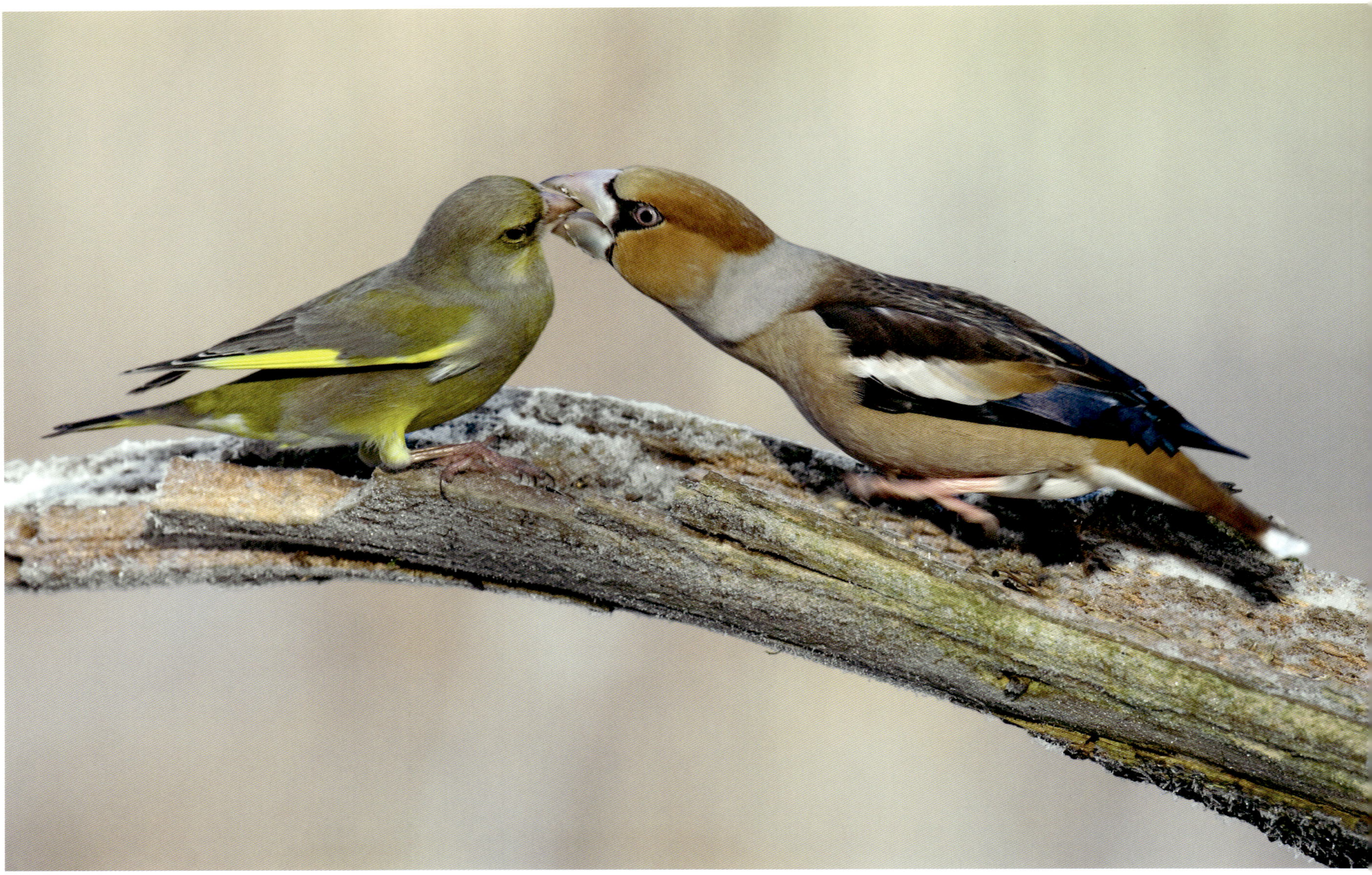

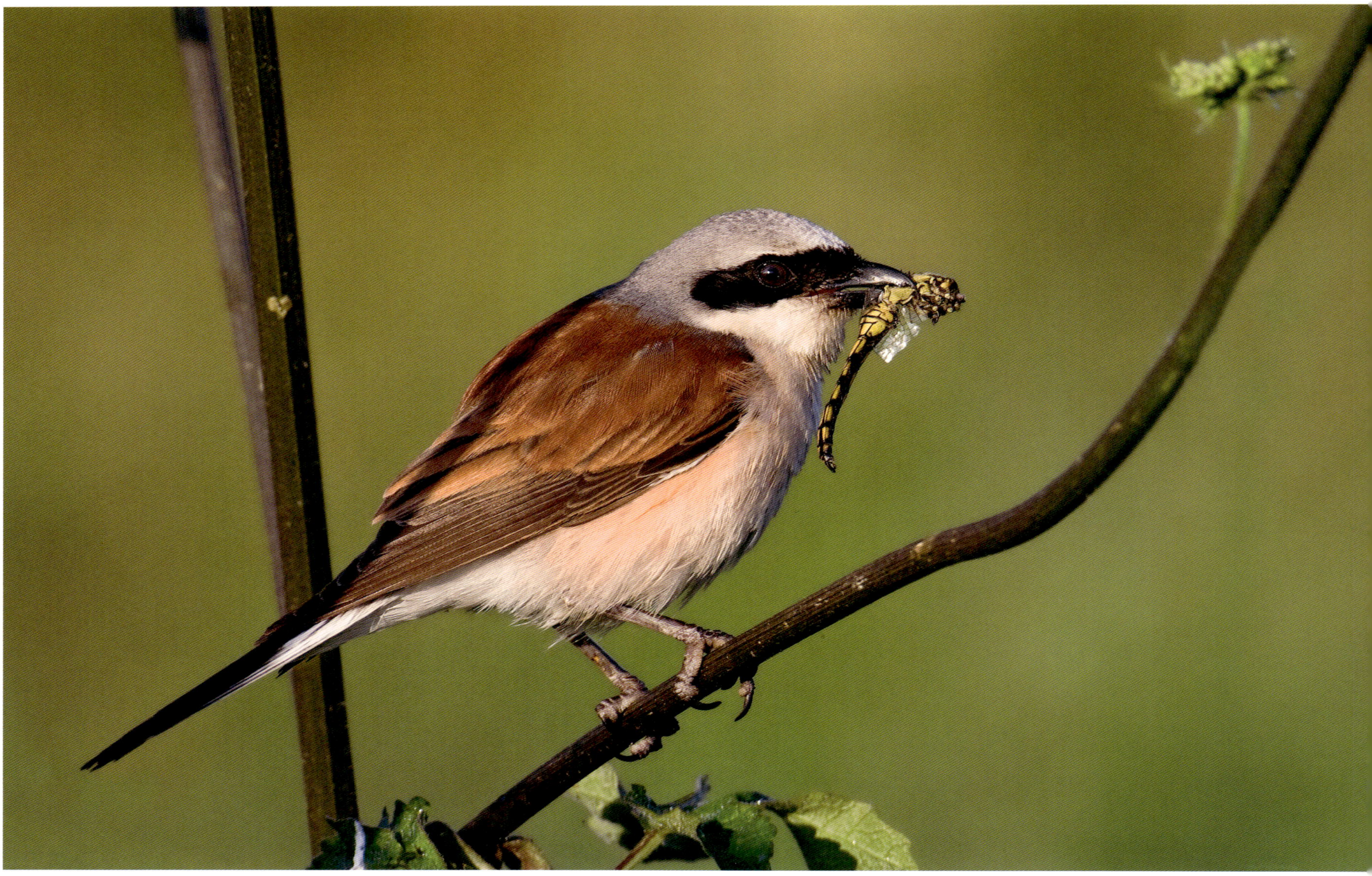

Ein Grünfinkhahn und ein Kernbeißer streiten sich an der Winterfütterung um den besten Platz.

Der Neuntöter ist ein Jäger, der es dornig mag. In Heckenrosen oder anderen Büschen findet er das Domizil für sich und seine Brut.

Wenn im Winter die Nahrung im Norden Europas knapp wird, fallen die Seidenschwänze als Invasionsvögel auch in unsere Städte und Parks ein.

Der Wendehals sieht eher wie ein Singvogel aus, wird jedoch zu den Spechten gezählt. Aufgrund seines hervorragenden Tarngefieders ist er in den alten Obstgärten des Parks sehr schwer zu entdecken. Seine Lieblingsspeisen sind Wiesenameisen und deren Puppen.

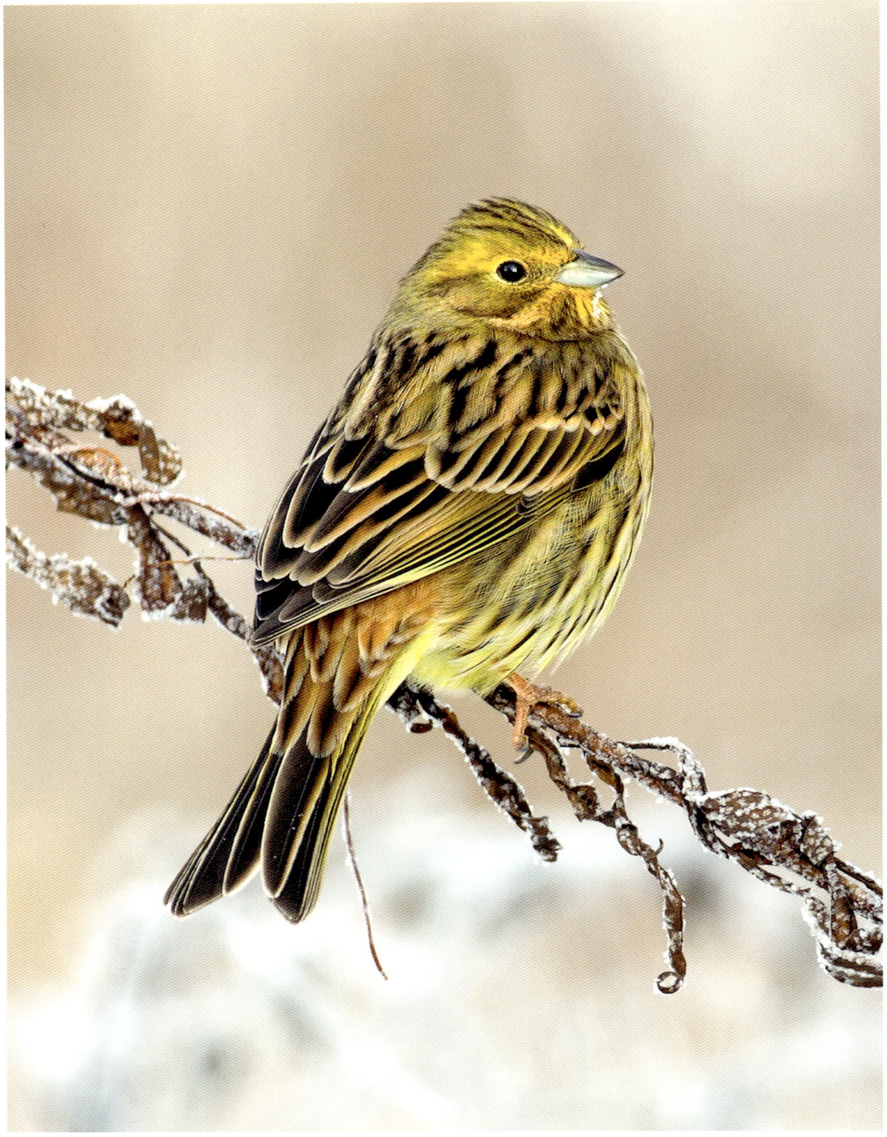
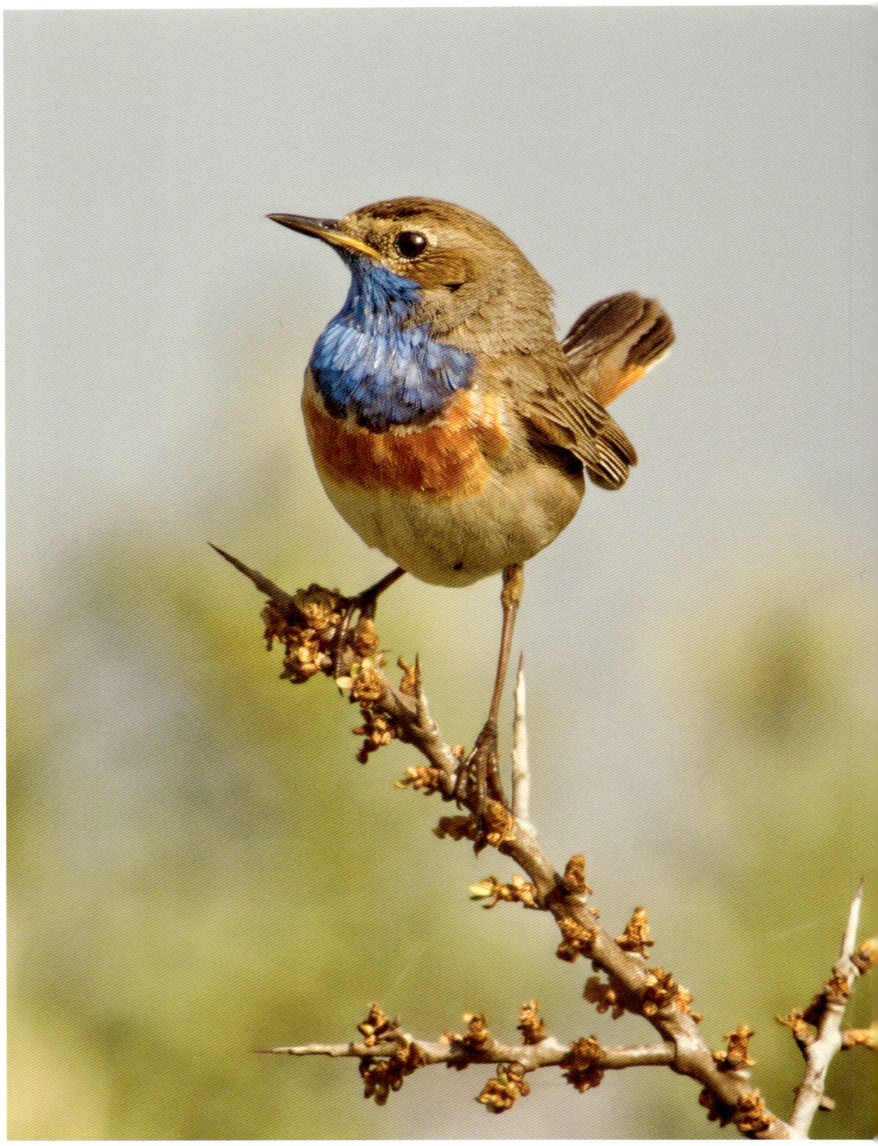
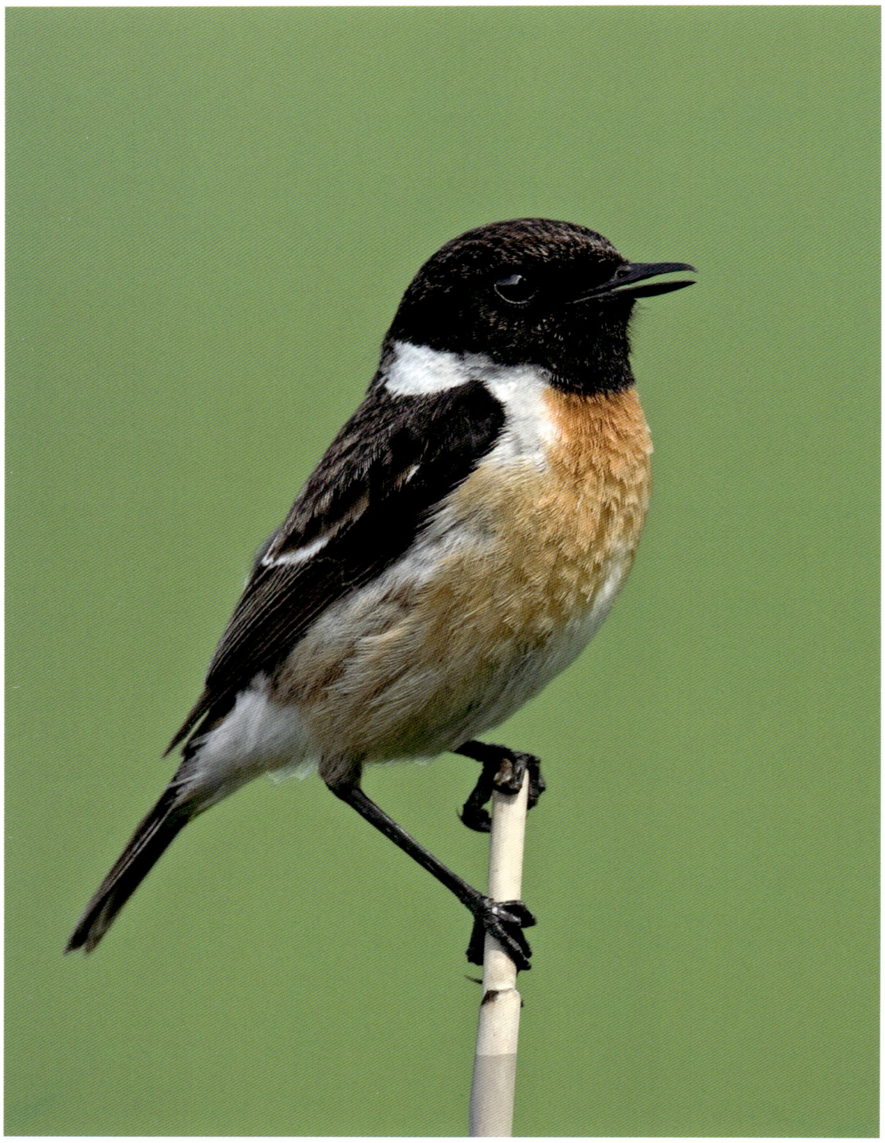
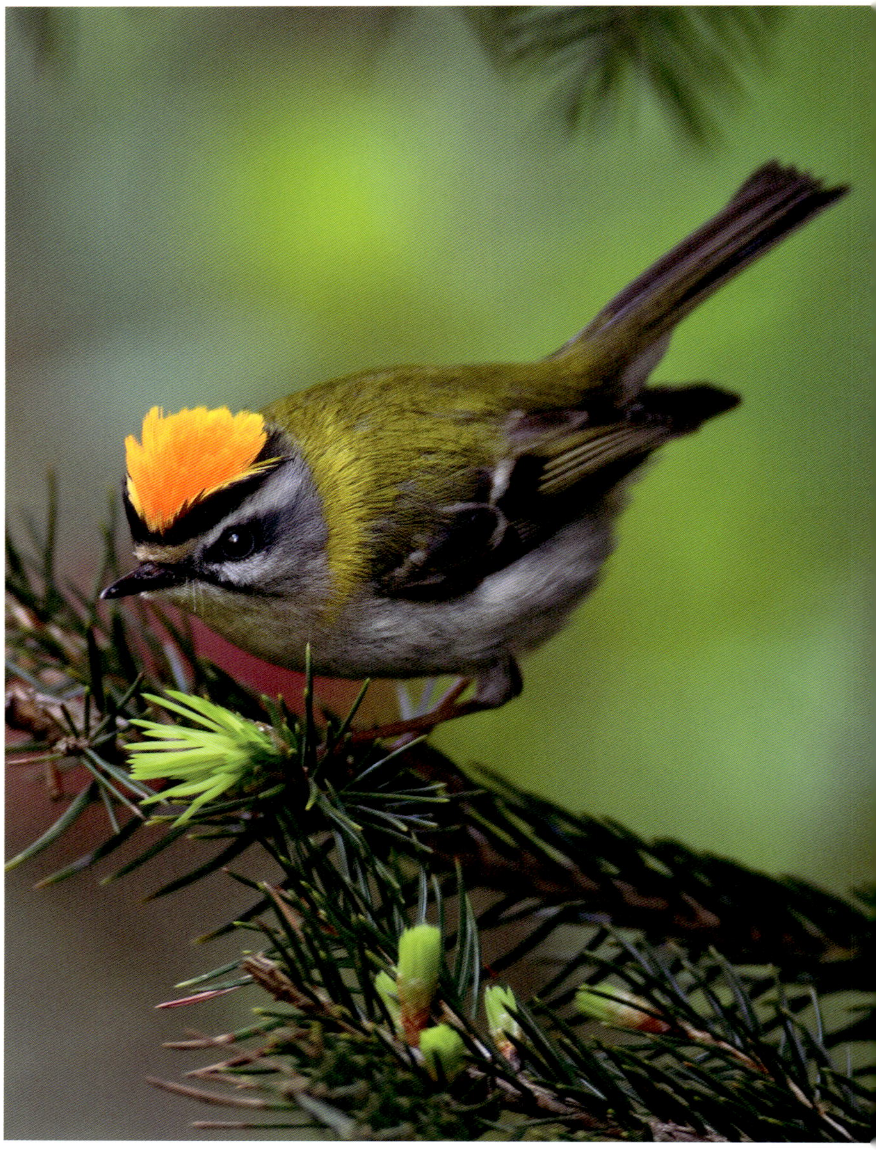

◂▴
Exponiert auf einem Zaunpfahl oder an einem Zweig, lässt das Goldammermännchen seinen unverwechselbaren Gesang ertönen.

◂▴▴
Das Blaukehlchen hält sich vorzugsweise am Boden großer Schilfgebiete auf. Die „dynamische Aue", wo durch Hochwasser immer wieder Schlammflächen entstehen, ist sein bevorzugtes Habitat.

◂▴▾
Ein kleiner Vogel, Kopf und Kehle schwarz, so sieht man das Männchen des Schwarzkehlchens über die Wiesen huschen.

◂▾▾
Sommergoldhähnchen gehören zu den kleinsten Vögeln Europas. Sie sind nur ungefähr 9 cm lang und wiegen zwischen 4 und 6 Gramm.

▾
Amselmännchen gehören wohl in jede Parkanlage. Sie sind die Allrounder unter den Singvögeln.

▾
Der Kolkrabe ist wegen seiner Größe, dem klotzigen Schnabel und der tiefen Stimme leicht von kleineren Rabenvögeln zu unterscheiden. Er is immer zur Stelle, wenn in der Natur aufgeräumt werden muss.

▾▸
Junge Waldkäuze sind schon frühzeitig als Nestflüchter, sogenannte Ästlinge, in den Baumwipfeln der alten Eichenwälder unterwegs.

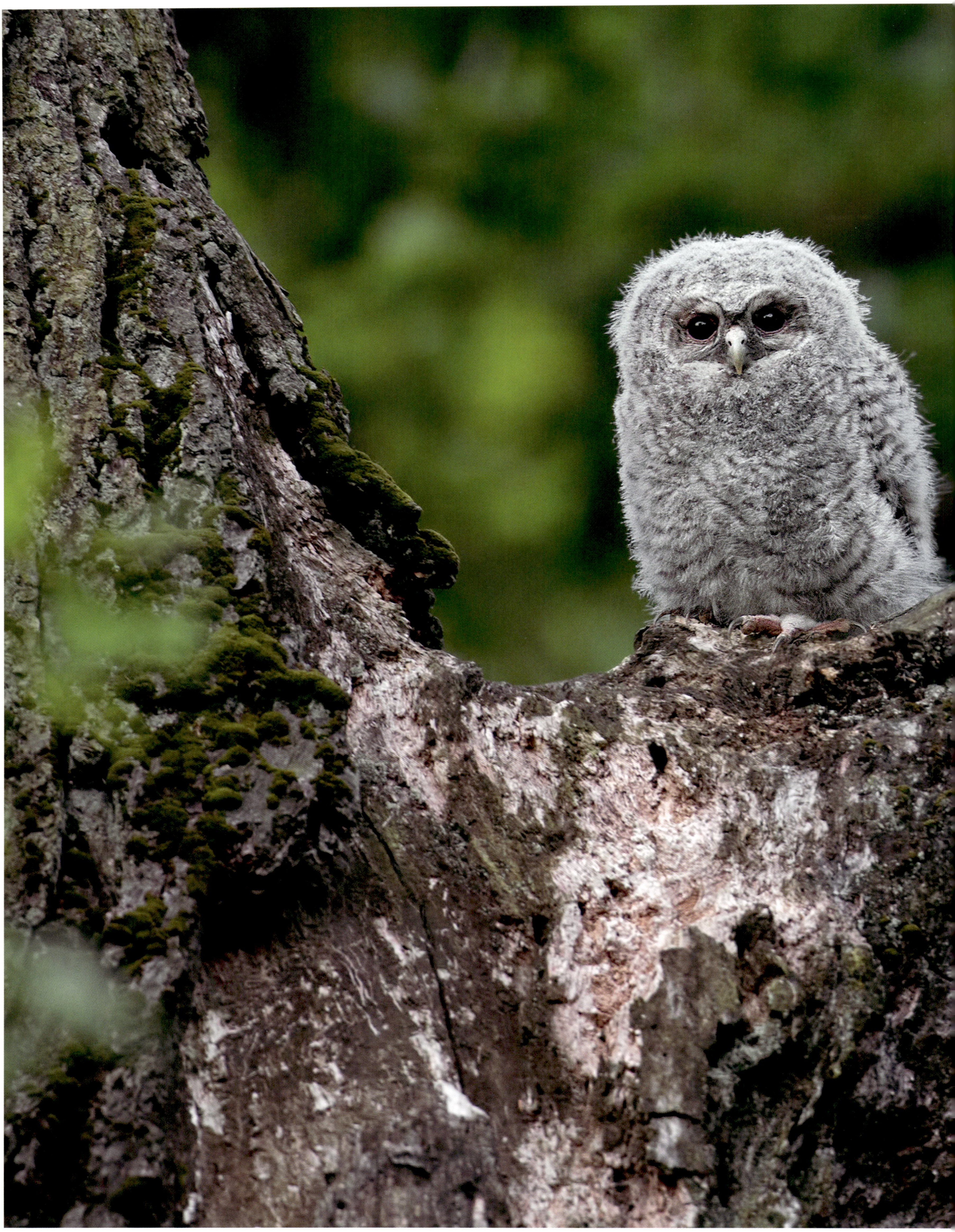

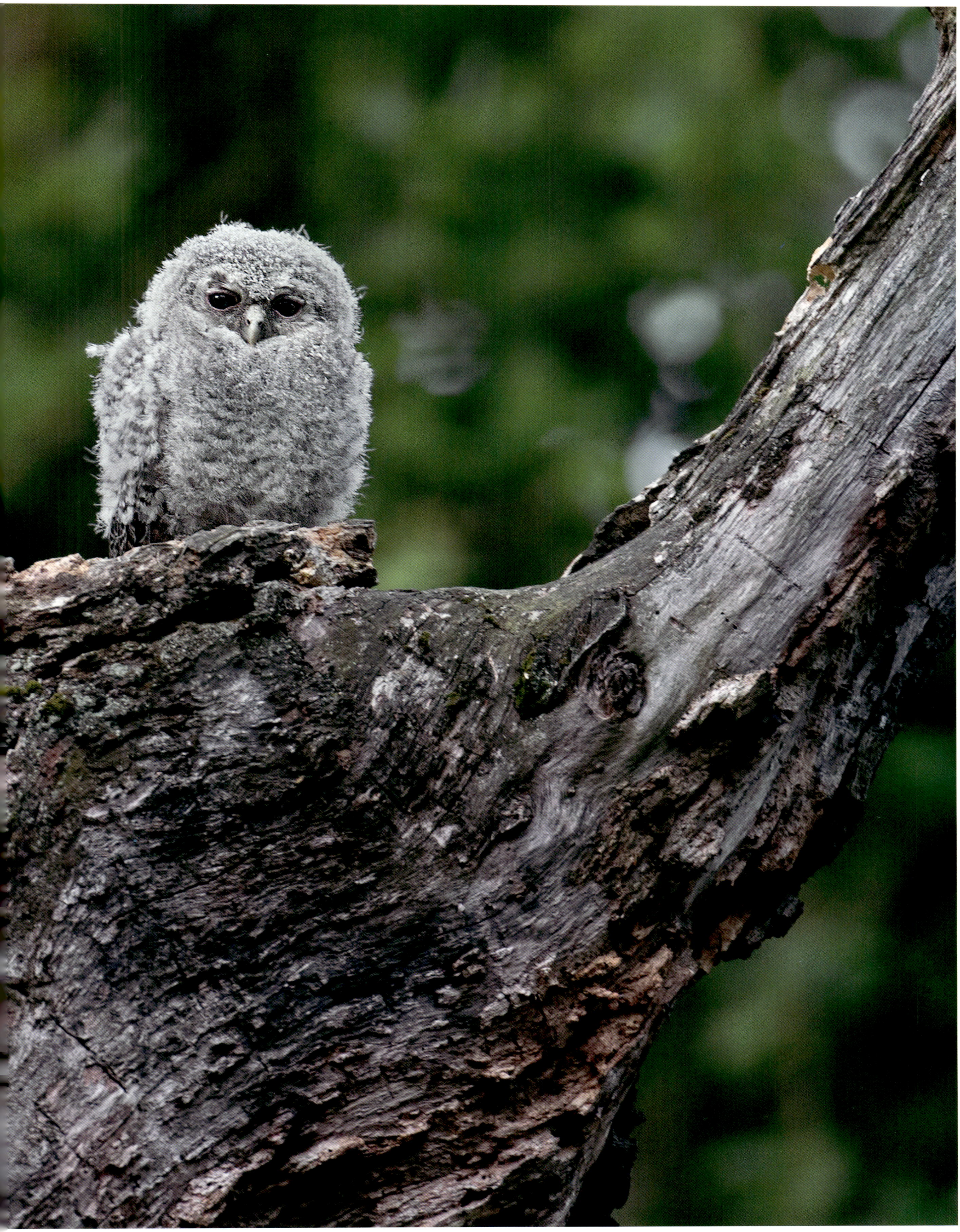

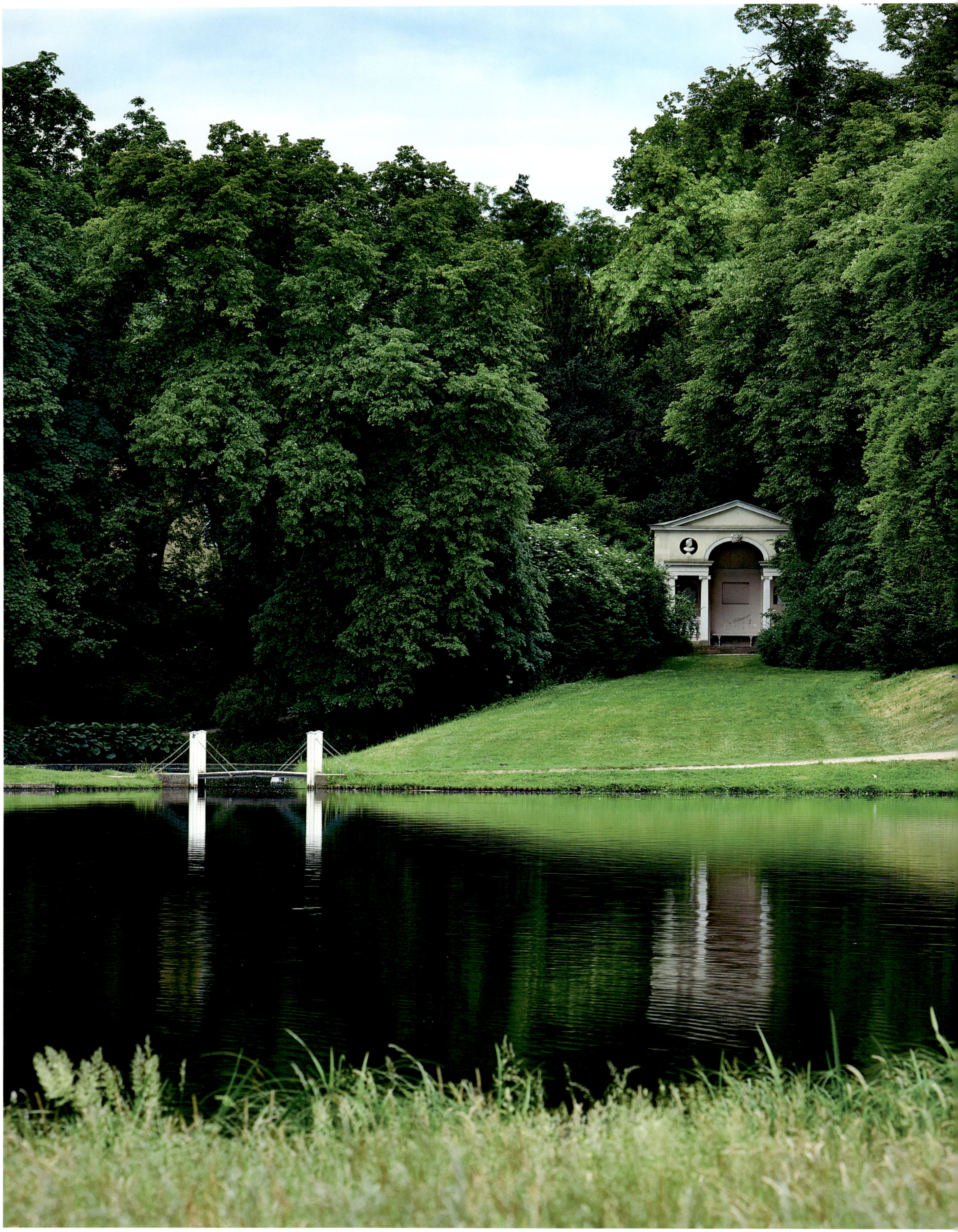

„... allenthalben Selbst zugegen"

FÜRST FRANZ UND SEIN GESTALTERISCHES WIRKEN

LUDWIG TRAUZETTEL

Johann Wolfgang von Goethe urteilte über das Wirken des Dessauer Fürsten Leopold III. Friedrich Franz im 8. Buch von Dichtung und Wahrheit: „Die Anlage eines damals einzigen Parks, der Geschmack der Baukunst, welchen von Erdmannsdorff durch seine Tätigkeit unterstützte, alles sprach zu Gunsten eines Fürsten, der, indem er durch sein Beispiel den übrigen vorleuchtete, Dienern und Untertanen ein goldenes Zeitalter versprach." Wie aber kam es zu den Veränderungen in Anhalt-Dessau?

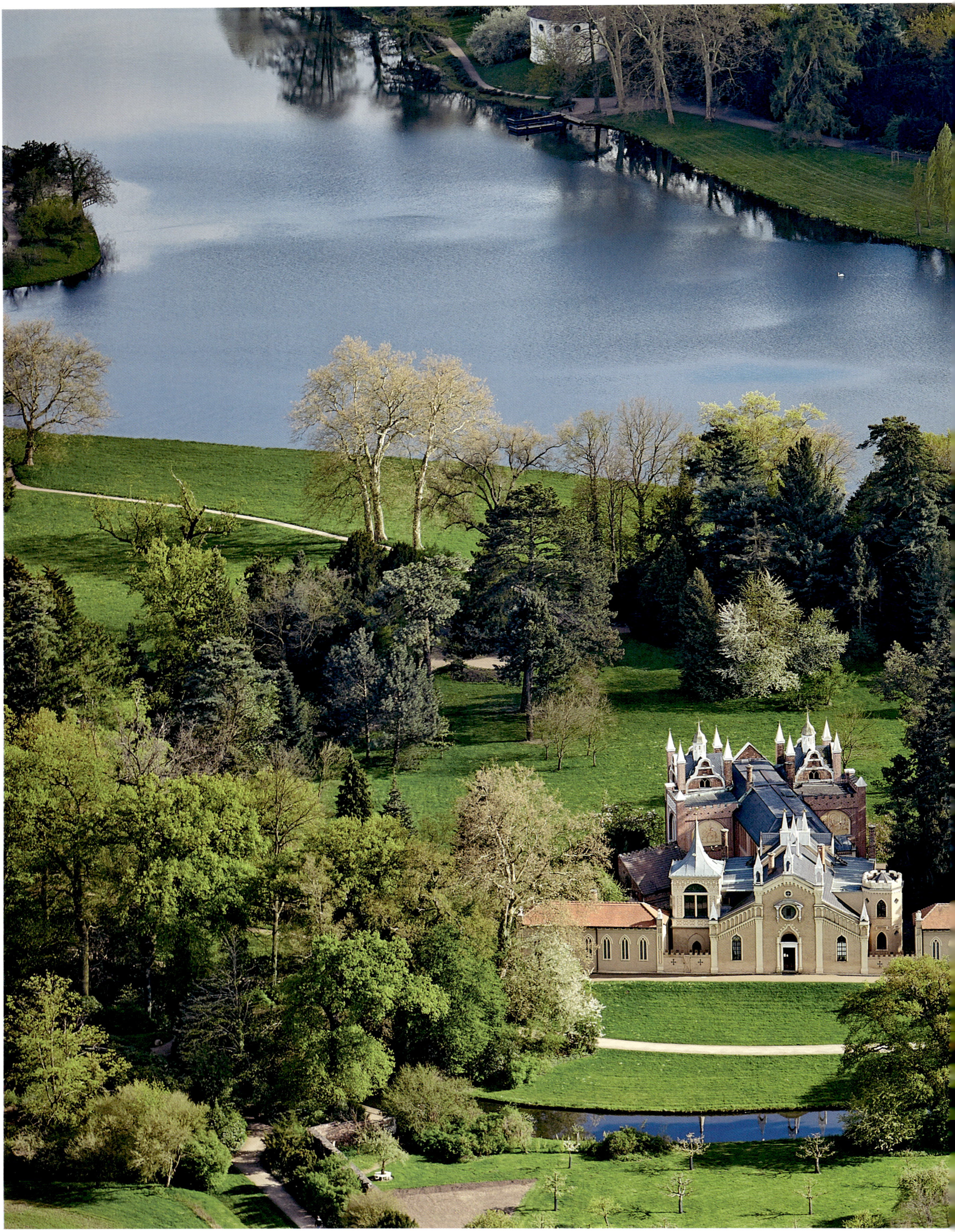

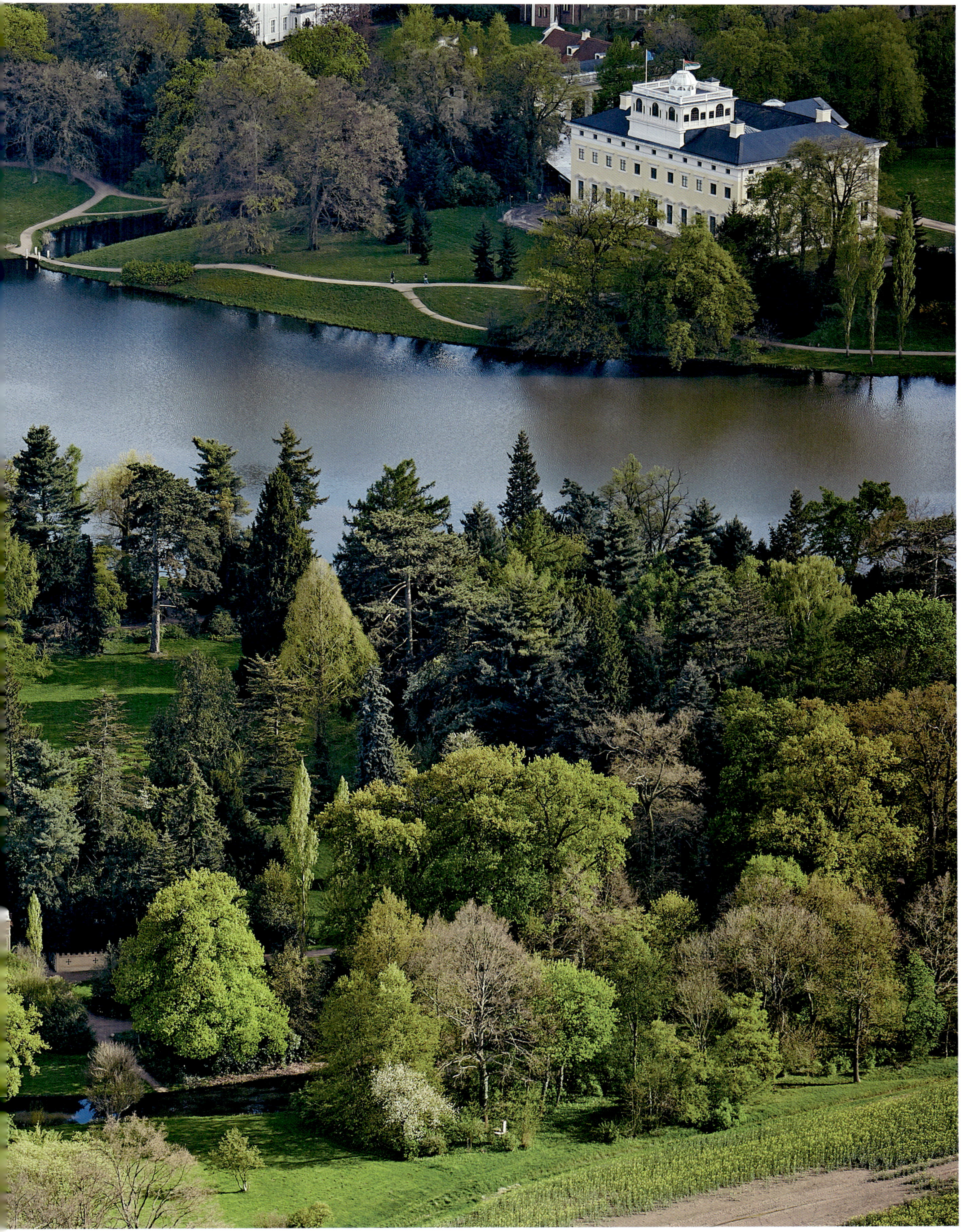

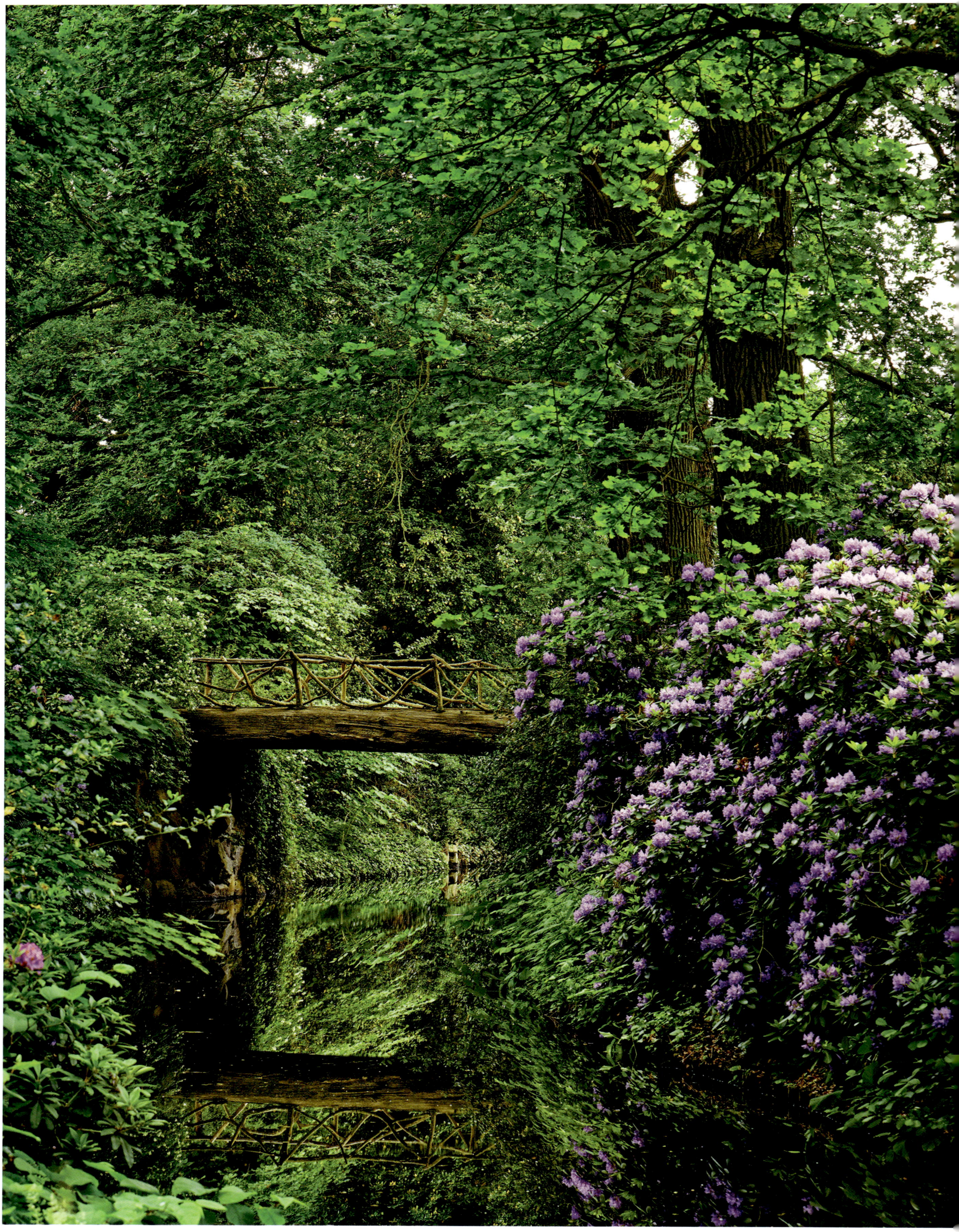

Mit dem Englischen Sitz und der Gartenpartie am Schwanenteich begann 1765 die Gestaltung der Wörlitzer Anlagen.

Der in sich geschlossene Baumgarten um das Gotische Haus wurde vom Fürsten Franz aus Vorsicht vor erneutem Hochwasser mit einem Deich umgeben.

Durch günstigen Zufall bestanden in der zweiten Hälfte des 18. Jahrhunderts in dem Fürstentum an der Elbe die Voraussetzungen, die Ideen und Träume eines jugendlichen und humanistisch gesinnten Außenseiters zu realisieren. Der am 10. August 1740 geborene Prinz Franz von Anhalt-Dessau war seit seinem elften Lebensjahr als Vollwaise unter dem Einfluss der holländischen Bau- und Kunsttraditionen seiner Ahnen in der bürgerlich hugenottischen Geisteshaltung seines Oberhofmeisters von Guericke und seines Lehrers Lestocq im Vogelherd bei Dessau (heute Luisium) aufgewachsen. Neben den Kenntnissen der Geschichte und der französischen Sprache werden die Fertigkeiten des lernbegierigen, willensstarken und aufstrebenden Prinzen in den ritterlichen Übungen Reiten, Fechten, Tanzen und Wagenlenken in besonderer Weise hervorgehoben. Sein Großvater Leopold I., der „Alte Dessauer", der bereits durch umfangreiche landeskulturelle Arbeiten das breite Urstromtal der Elbe mit Deich- und Entwässerungssystemen kultiviert und nutzbar gemacht hatte, hinterließ seinem Enkel Friedrich Franz den Kleinstaat durch den Aufkauf der Flächen als nahezu alleinigem Grundbesitzer.

Als der achtzehnjährige Prinz die Regierungsgeschäfte aus den Händen seines Vormunds und Onkels Dietrich von Anhalt-Dessau übernahm, hatte er gerade der militärischen Familientradition und der preußischen Armee den Rücken gekehrt. Der junge Prinz hatte das Kriegshandwerk im eigenen Regiment in Halle ausgeübt, das ihm nach dem Tod seines Vaters zugefallen war, und dann sechzehnjährig auf preußischer Seite an den Feldzügen nach Sachsen und Böhmen teilgenommen. Krankheit vorschützend, aber wohl eher, um das Wohlwollen des Kaisers Franz I. zu gewinnen, verließ er das Heer während der Belagerung von Prag. Er wurde vorfristig für volljährig erklärt und konnte am 20. Oktober 1758 die Regierung seines Landes übernehmen.

Der junge Dessauer Landesherr hat für die Umsetzung seiner Ideen eine Reihe von Mithelfern gefunden, wobei er die Arbeiten vorwiegend von heimischen Handwerkern verrichten ließ und damit für Arbeit und Brot in seinem Lande sorgte.

Zur Aufgabenverteilung ist bei des Fürsten erstem Biografen Friedrich Reil zu lesen: „Wenn man ihn [Franz] den Geist nennen kann, in dem alles gärte und aus dem Alles geboren wurde, so war Erdmannsdorff der Vertraute und Eingeweihte, die Seele aller Bewegungen im gesammten Bauwesen, in den inneren und äußeren Verschönerungen und Verzierungen. Unter ihm und dem Fürsten stand Hesekiel, als Baudirektor. Die Bodenkultur und was damit zusammenhängt, besorgte der Herr von Raumer; die Damm- und Uferbauten besorgte der Förster Wöpke; die Garten- und Parkanlagen leiteten Schoch, dem der Fürst ein Denkmal im Park zu Wörlitz errichtete, sowie Eyserbeck, Obereit, Neumark und Klewitz, der Vater, jeder an seiner Stelle. Die meisten von ihnen waren mit Ihm in Holland, England und Frankreich gewesen, und hatten gelernt, was jeder für sein Fach gebrauchen konnte."

Neunzehn unterschiedliche Brückenbauwerke stellen in den Wörlitzer Anlagen die Geschichte der Brückenbaukunst vor. Die Hornzackenbrücke über dem Kanal wirkt wie ein zufällig umgestürzter Baumstamm.

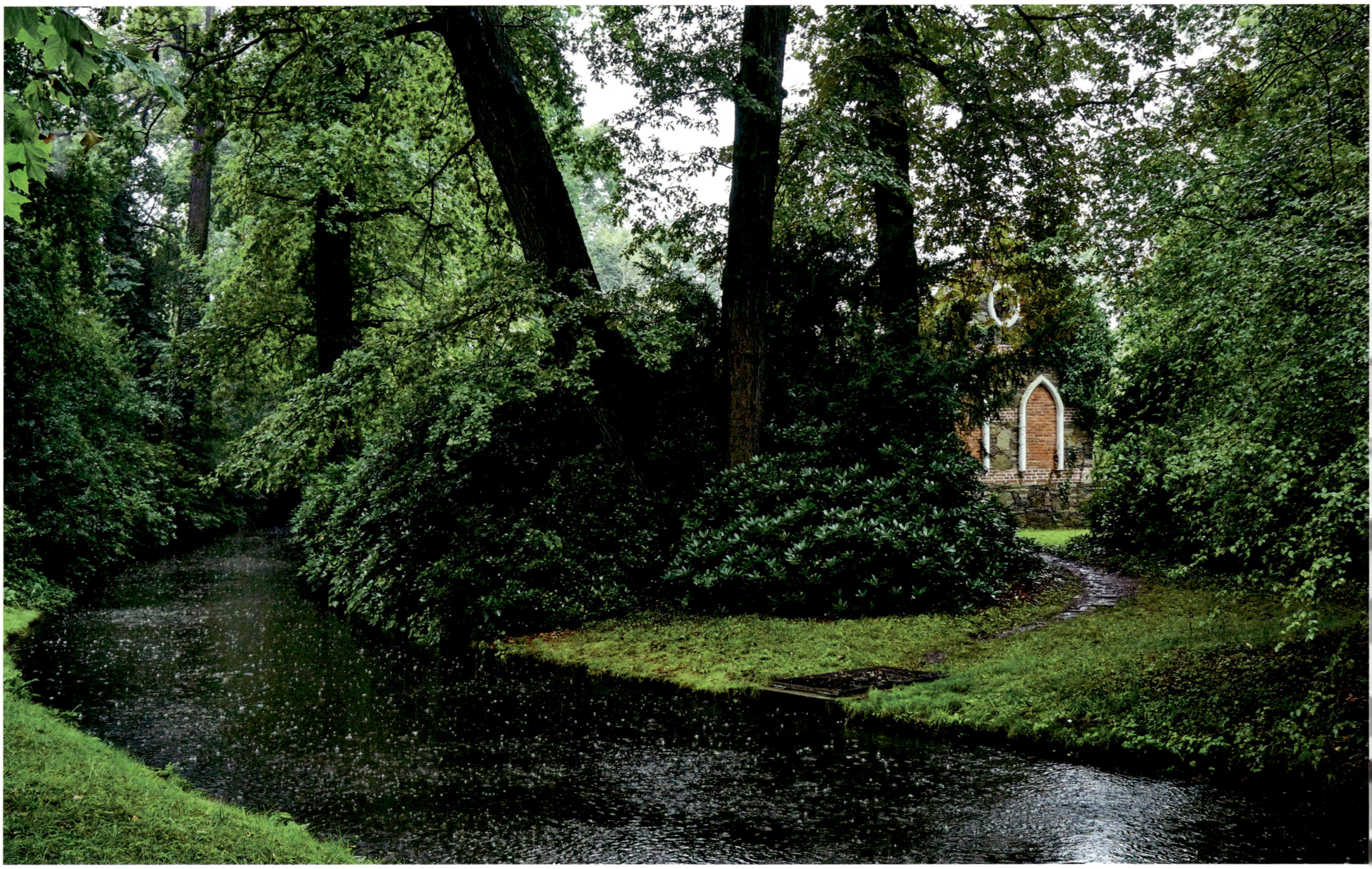
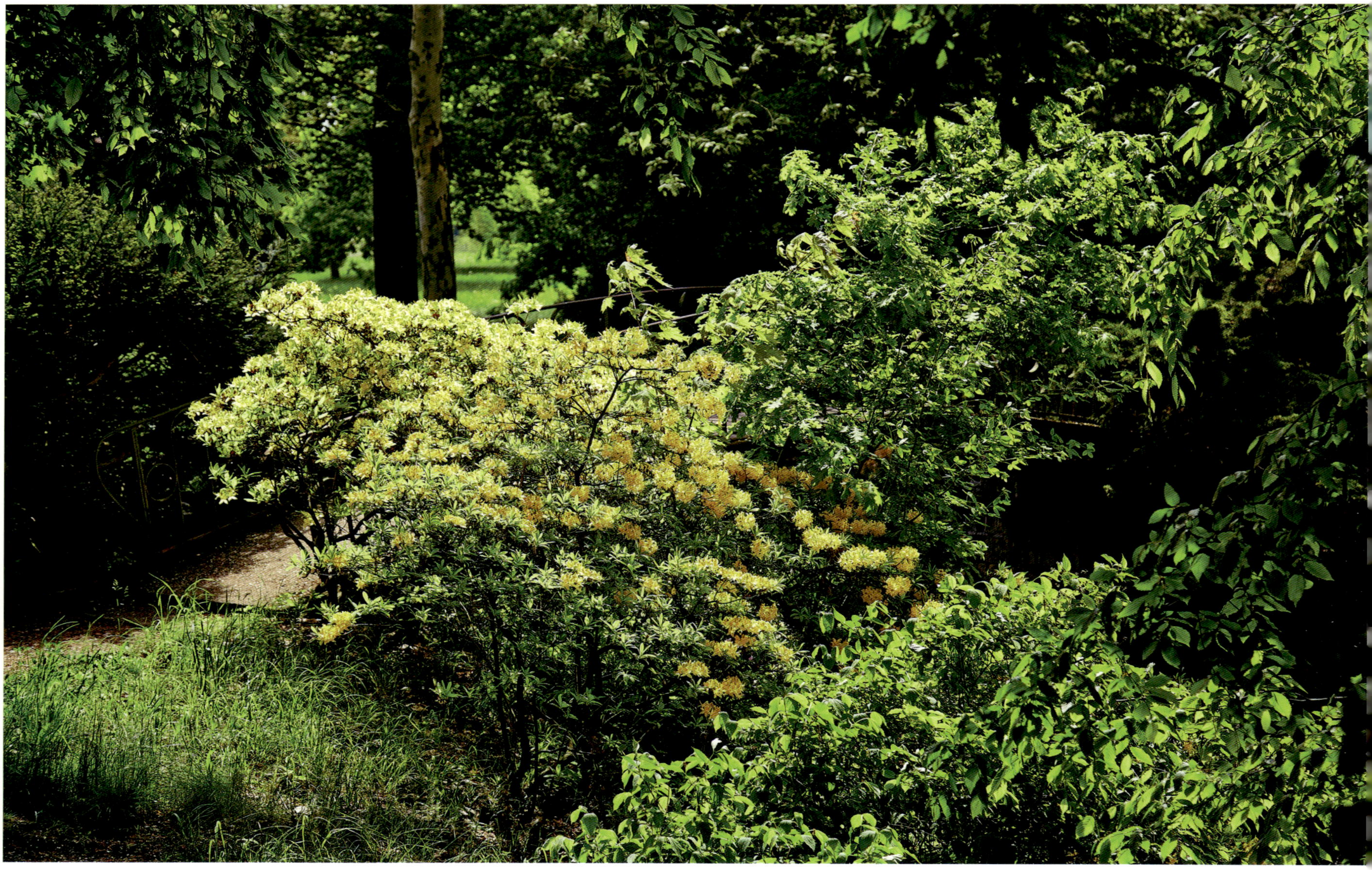

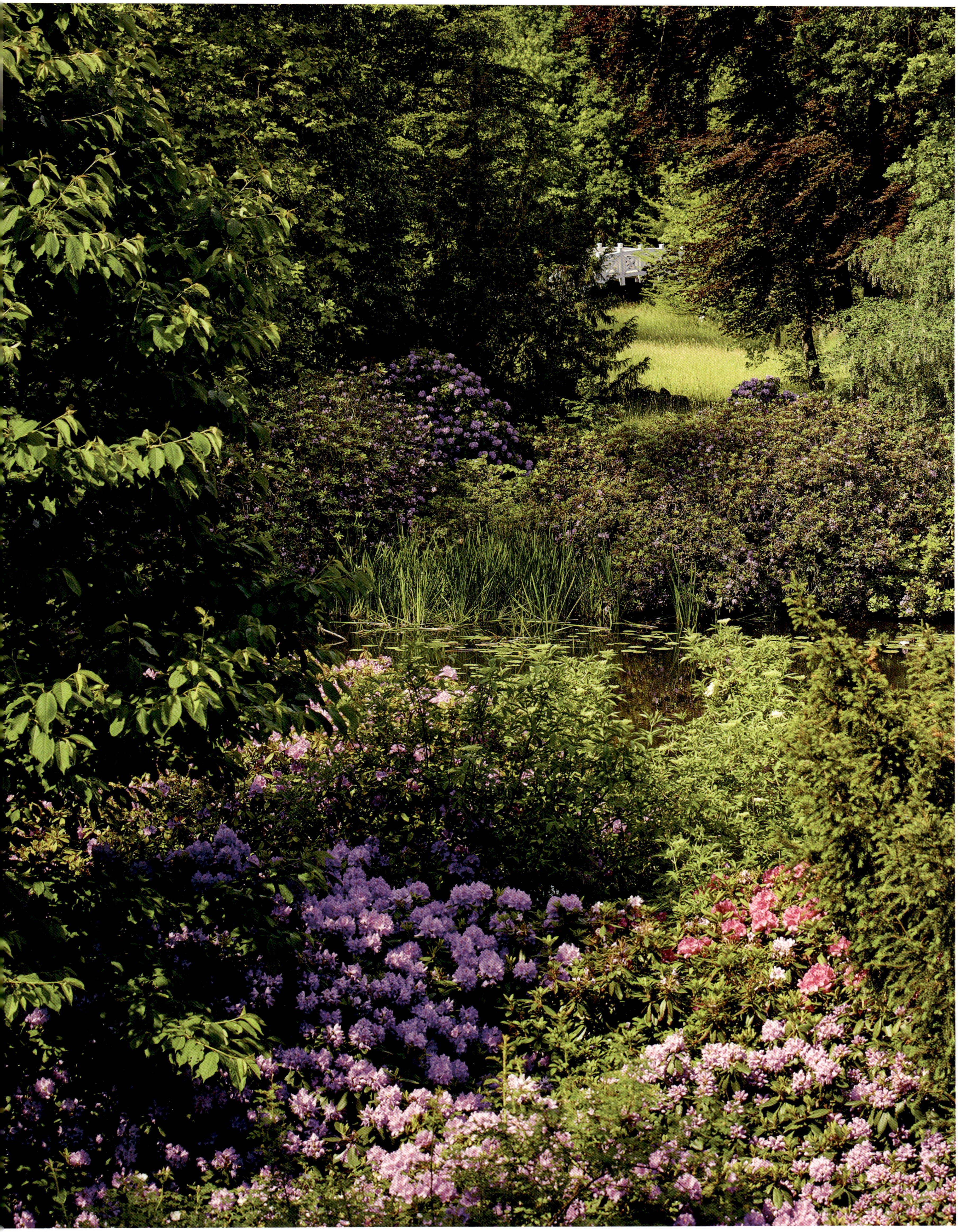

Fürst Franz selbst ist gemeinsam mit seinem Jugendfreund, Berater und Architekten Friedrich Wilhelm von Erdmannsdorff als Gestalter in Dessau-Wörlitz wirksam gewesen. Die Umsetzung der ästhetischen und der umfassenden humanistisch-pädagogischen Reformen wurde erst durch das eher zufällige Zusammentreffen der beiden noch sehr jungen Männer anlässlich des 16. Geburtstages des Fürsten möglich, die voller Tatendrang ihr persönliches Lebensumfeld zu verbessern trachteten und damit in aufgeklärter Intention die Lebensqualität eines ganzen Landes optimierten.

Klassizismus, Neugotik und Landschaftsgartenkunst fanden damit zwei Generationen vor Schinkel eine neue Heimat in Deutschland. Franz kann dabei als Schlüsselfigur und Motor betrachtet werden. Ohne ihn hätte sich Anhalt-Dessau kaum von den übrigen deutschen Kleinstaaten abheben können. Wesentlichste Quelle über das Leben und Wirken des Fürsten Franz ist bis heute die Einschätzung und Beschreibung durch den Propst Friedrich Reil, der die oft zitierten Details und die authentischen Gespräche 27 Jahre nach dem Tod des Fürsten aus der Erinnerung in einem Buch veröffentlicht hat.

Für die unterschiedlichen im ehemaligen Fürstentum Anhalt-Dessau geschaffenen Gartenanlagen des 18. Jahrhunderts gibt es nicht die übliche Aufgabenteilung zwischen Bauherrn, Baumeister und Gartenkünstler, wie sie in der Geschichte des sich nach Wörlitz ausbreitenden Landschaftsgartens meist überliefert ist. Welche Personen waren also maßgeblich an der gartenkünstlerischen Ausgestaltung von Dessau-Wörlitz in der zweiten Hälfte des 18. Jahrhunderts beteiligt? In der älteren Sekundärliteratur wird diese Frage zu schnell beantwortet: Den Gärtnern Johann Friedrich Eyserbeck, Johann Christian Neumark, Vater und Sohn Johann Leopold Ludwig und Johann George Schoch sowie Dietrich Wilhelm Albert Klewitz wird die Autorenschaft jeweils für die ihrer pflegenden Hand anvertrauten Gärten zugesprochen. Diese als Gärtner tätigen Mithelfer haben eine Reihe der überlieferten Pläne gezeichnet, sie aber keinesfalls entworfen. Die verschiedenen, zum Teil später datierten und betitelten Gartendarstellungen zeigen entweder die ausgeführten Zustände und können daher nicht als Entwurfspläne interpretiert werden, oder sie sind gestalterisch so unbeholfen und dem alten Gartenideal verhaftet, dass sie nicht in das neue Programm des Fürsten und Erdmannsdorffs gepasst hätten. Die Zeichner der Pläne waren nicht gleichzeitig auch die Gestalter oder geistigen Urheber.

In jener Zeit war es kaum üblich, auf dem Papier vorgedachte Ideen in die Landschaft umzusetzen. Vielmehr übertrug man die auf den Reisen kennengelernten Landschaftsräume einschließlich der modernen Bauwerke direkt in die heimatliche Landschaft. In der Zeit des frühesten deutschen Landschaftsgartens waren die Gärtner Planteure wie in den noch andernorts entstehenden barocken Anlagen. Sie setzten vorgegebene Ideen und Programme, die Architekten und Bauherren für den Außenraum ersonnen hatten, mit pflanzlichen Mitteln um. Sie schufen Achsen,

◀◀
Die heute mitunter mehrere Meter hohen Rhododendronpflanzungen sind Ausdruck der dendrologischen Sammelleidenschaft der Gartenpfleger vorwiegend der 30er und 60er Jahre des vergangenen Jahrhunderts.

Die Wolfsbrücke führt in den inneren Schochschen Garten, in dem der Fürst mit dem Gotischen Haus sein privates Refugium geschaffen hatte.

Stimmungsbilder wie das der Muschelnymphe sind durch Pyramidenpappeln markiert, die an die Zypressen des Mittelmeerraums erinnern sollen.

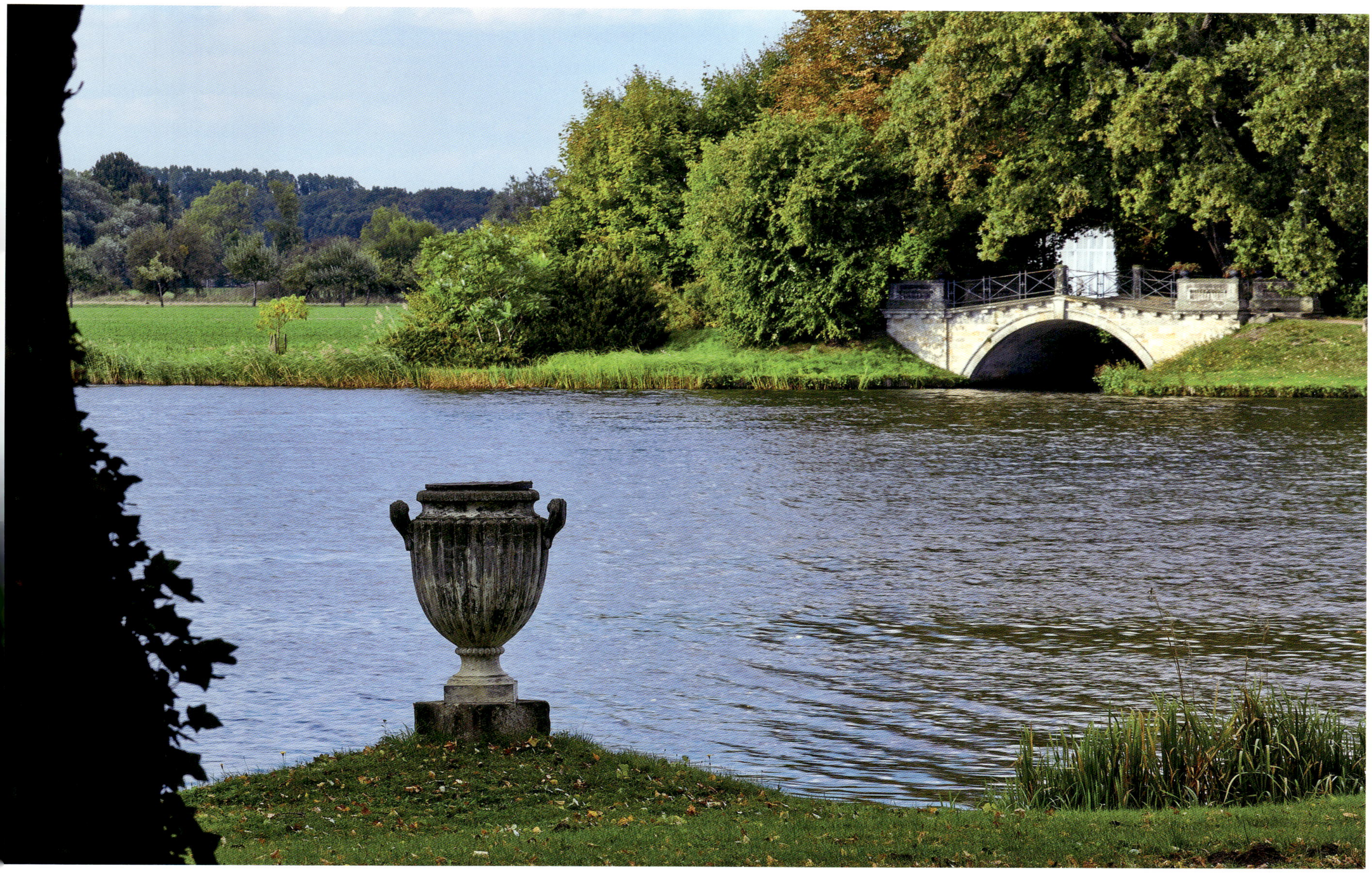

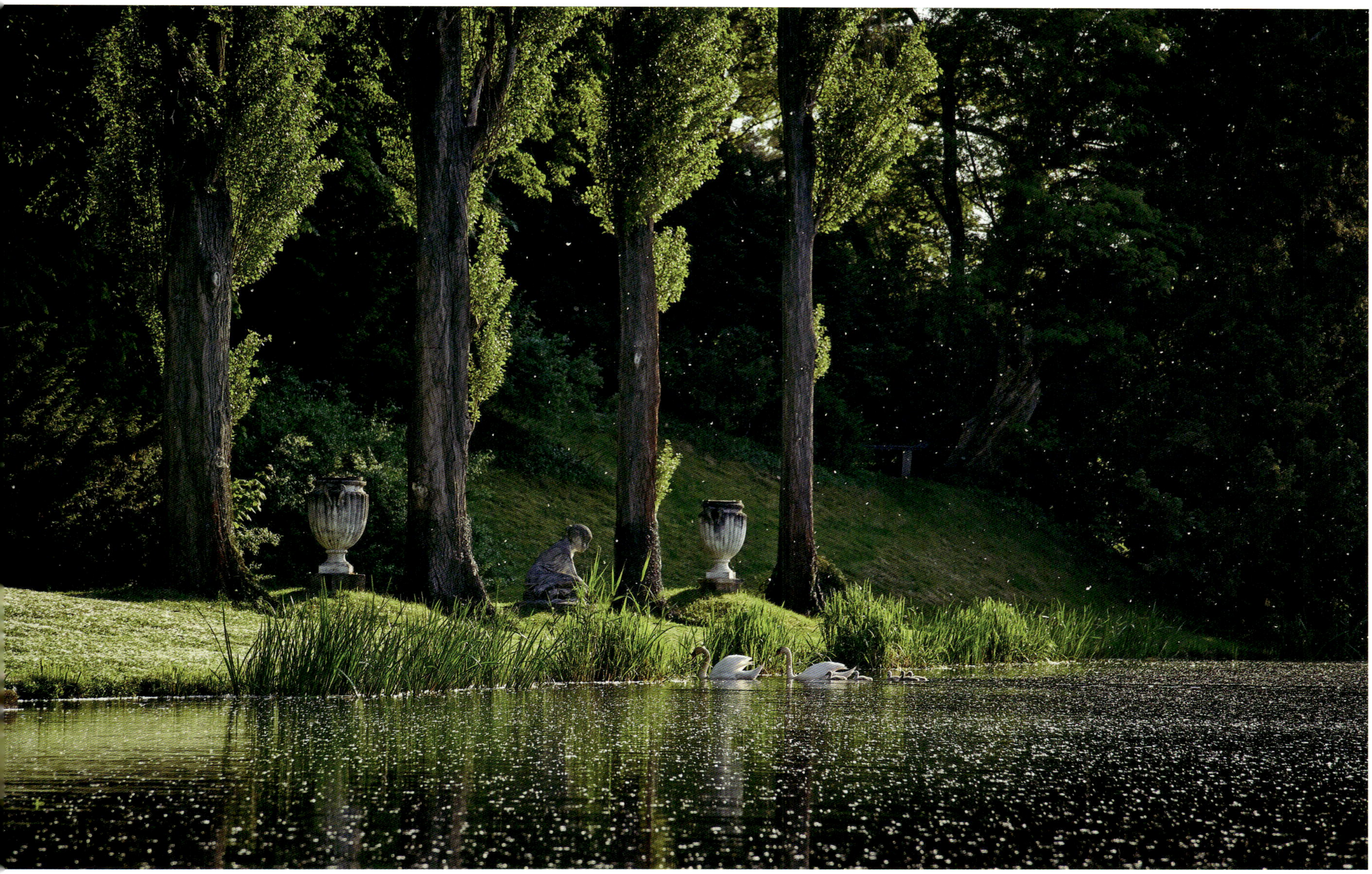

Ebenso einfach, geschmackvoll, und angenehm sind auch die Englischen Gartenanlagen ... Nichts ist überladen ... Man glaubt beynahe allein die simple Natur zu sehen und nur schwach schimmert hie und da die Kunst durch ...

Johann Heinrich Landolt (1763–1850)

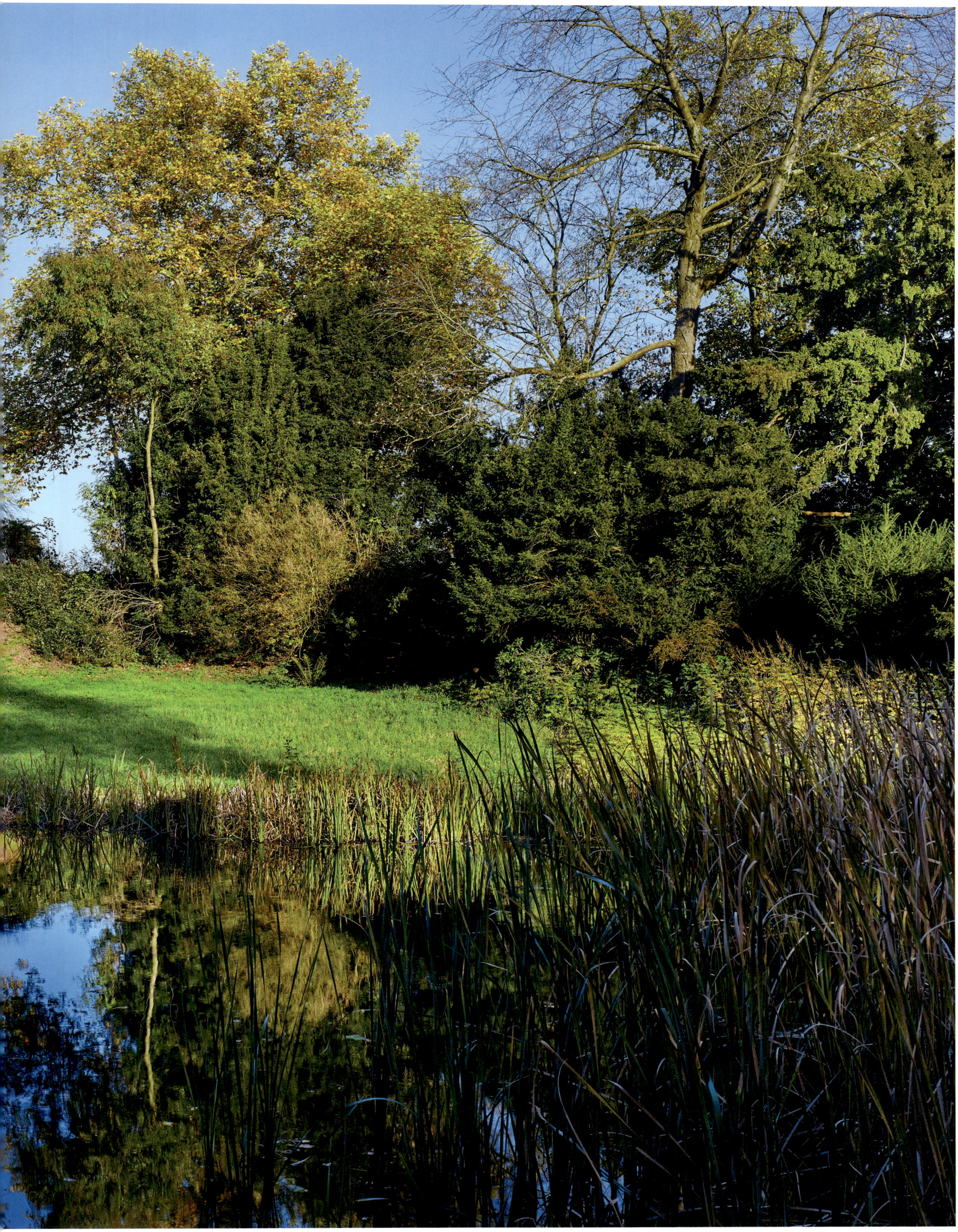

grüne Wände, Blickpunkte und gestalteten Gartenräume und Sichtbeziehungen mit dem lebenden „Baustein Vegetation", so wie Maurer oder Zimmermänner Ziegel, Naturstein, Bretter und Balken für ihre Arbeit nutzten.

Sofern man den Schilderungen Reils glauben kann, hat Fürst Franz die wesentlichen Arbeiten im Garten persönlich überwacht, korrigiert und angeleitet. Im Beisein des Landesherrn wurden die Sichtachsen und Raumgefüge der Anlagen mit landschaftsgestalterischen und pflanzlichen Mitteln zu räumlichen Bildern komponiert, wobei Franz „die Pflanzung wichtigerer Bäume und Gruppen mit besonderer Sorgfalt selbst leitete und die jungen Stämme nur leise einsetzen ließ, um in den nächsten Tagen Stand und Richtung von neuem zu prüfen." (Hosäus)

Er war, wie Reil berichtet, „allenthalben Selbst zugegen, leitete die Arbeiten, ordnete an, lobte und tadelte, änderte ab, wie es die Umstände mit sich brachten und die Sache erforderte". Auch der Dichter Friedrich von Matthisson beschreibt das: „Stundenlang, in Sonnenglut und Schlackerwetter, sehen wir ihn unter seinen Werkleuten nicht nur das Kommando führen, sondern auch selber kräftig mit angreifen, wo es gilt [...] daß er beinahe jeden Stein legen hilft und alles mit nie ermangelnder Unfehlbarkeit berechnet."

Böttiger lobt das gärtnerische Gestaltungsvermögen des Fürsten in seinem Wörlitzer Reisetagebuch: „Vielleicht versteht jetzt in England selbst kein Landschaftsgärtner so meisterhaft die Kunst, durch Mischung von hundertfachem Grün zu schattieren und grün in grün zu malen als Franz. Dies und die damit verbundene Geschicklichkeit, die clusters und clumps von Gebüschen und Bäumen angenehm zu gruppieren und die Grasmatte damit zu bestreuen ist ein Höhepunkt, worauf man bei den so hundertfältig verschiedenen Ansichten [Blickachsen] im Wörlitzer Garten zu sehn hat."

Der Fürst ließ von den Pflegern der einzelnen Gärten auch Nutzflächen in die entstandene künstlerisch gestaltete Natur einordnen. Der Garteneindruck sollte belebt, das Schöne mit dem Nützlichen verbunden sein. Sein besonderer Stolz waren die Baumschulen, wo ihm für seine Verschönerungsarbeiten ständig ein breites Pflanzenangebot zur Verfügung stand. Die Pflanzenliste seines Gärtners Johann George Schoch erfasste 1798 bereits 462 Gehölzarten sowie 644 Stauden und exotische Gewächse, die in den Anlagen kultiviert oder in diesen Baumschulen angezogen worden waren.

Die Hofgärtner der neu entstandenen Parkanlagen tauschten die seltenen und neu eingeführten Pflanzenarten untereinander. Franz selbst bemühte sich um die Einführung neuer Obstsorten und dendrologischer Besonderheiten. Von ihren Reisen schickten Franz und Erdmannsdorff auch Sämereien in die heimatlichen Baumschulen. Zwei der von Erdmannsdorff aus Italien importierten Schwarzkiefern gegenüber der Rousseauinsel sind noch heute erhalten.

◄◄
Das Monument, von Fürst Franz seinen Vorfahren gewidmet, liegt auf der Deichkrone in der Sichtachse zwischen Schloss Wörlitz und der Coswiger Kirche.

Die östlichen Neuen Anlagen in Wörlitz entstanden im letzten Jahrzehnt des 18. Jahrhunderts vorwiegend durch die Hand des Gärtnersohnes Johann George Schoch.

Höhepunkt der Erinnerungen an italienische Reiseeindrücke ist im Osten der Wörlitzer Anlagen die künstliche Insel Stein mit Villa Hamilton, Vesuv und römischem Theater.

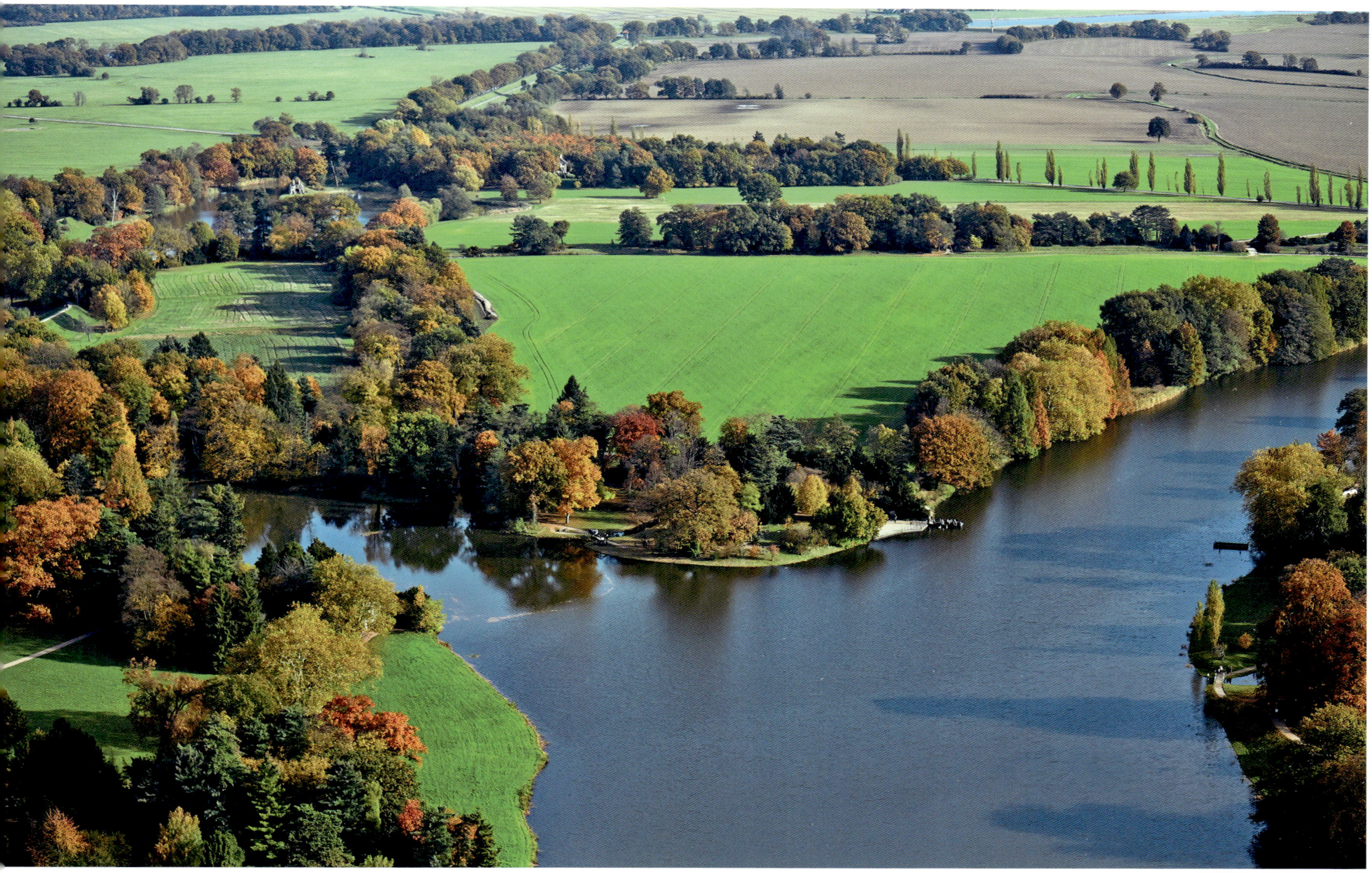

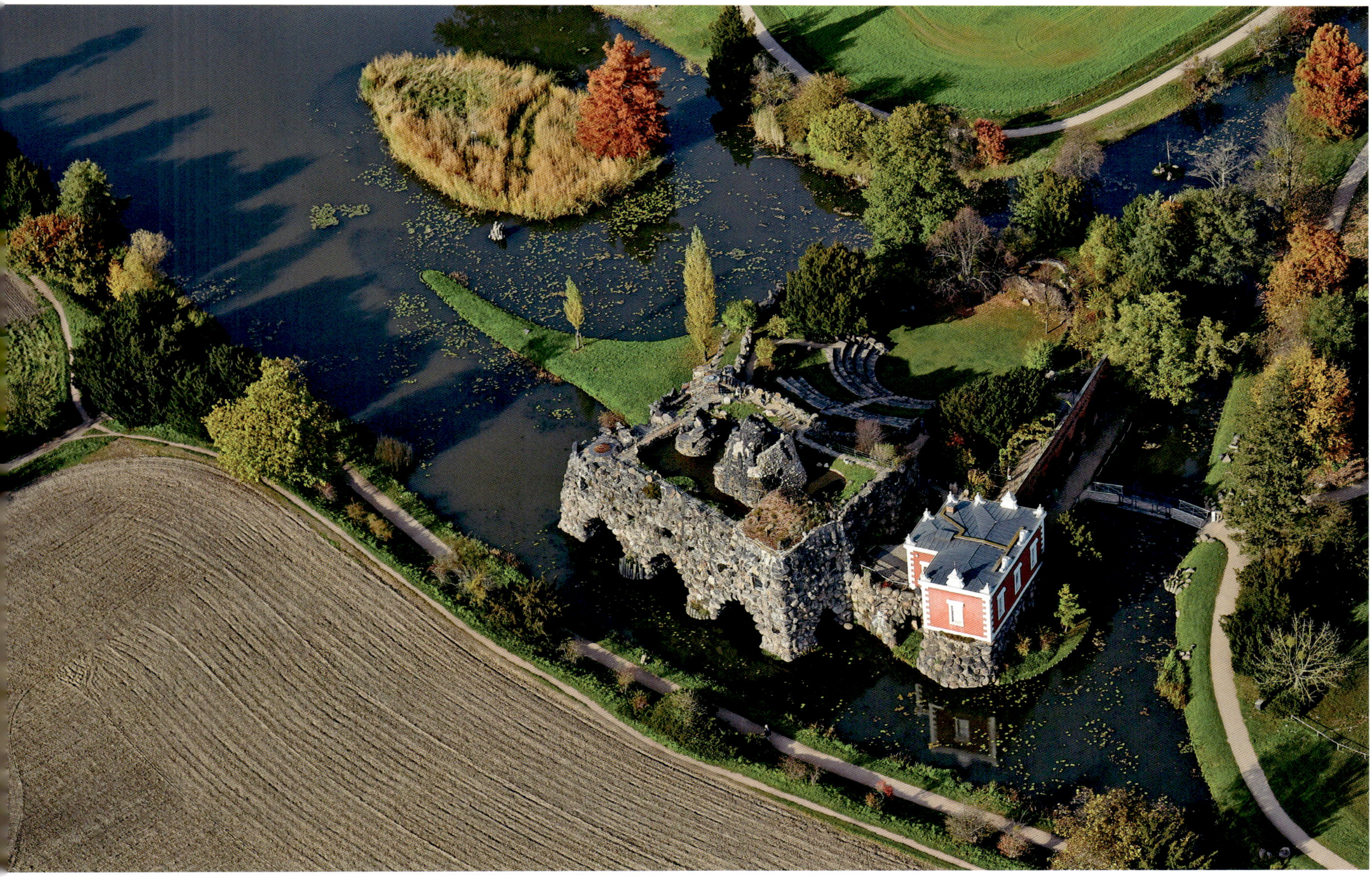

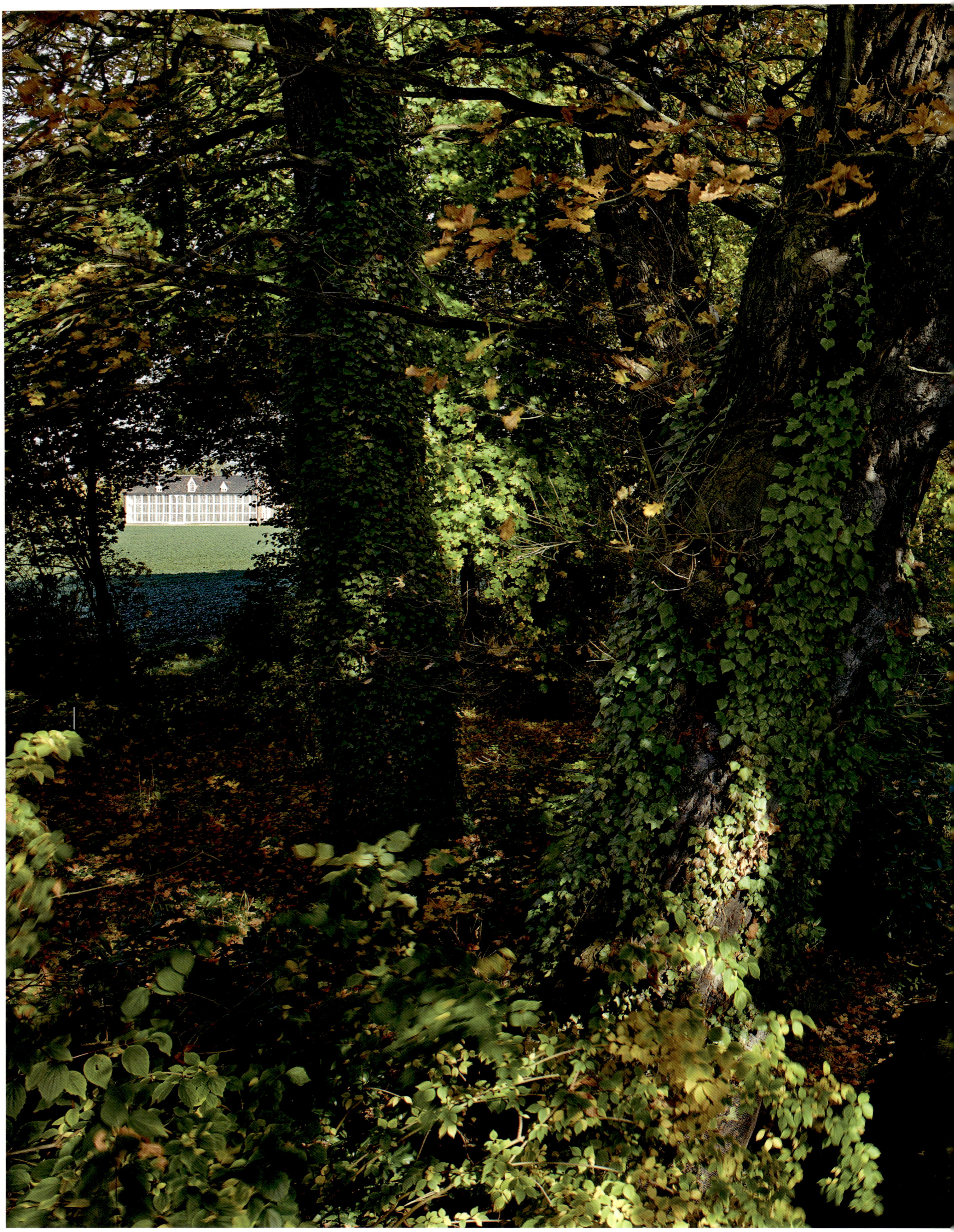

Nie verliess ich den Garten zu Wörlitz ... ohne die beglückende Stille des Geistes, welche, nach Horazens Ausdrucke, Bitterkeiten durch sanftes Lächeln mildert, und die Mutter der ächten Lebensweisheit ist.

Friedrich Matthisson (1761–1831)

Karl August Böttiger berichtet 1797 von der ummauerten Pflanzschule am Floratempel: „wer nur etwas von Gartenbotanik versteht oder lernen will, muß sie zu sehn suchen. In diesem kleinen Raum [Baumgarten] [...] hat der Fürst seine Schatzkammer, auf deren Wartung und Bewahrung [...] die Stärke seines Gartenreichs ankömmt. Hier muß man sich vom Fürsten selbst herumführen und seine Erfahrungen und Beobachtungen über die Kultur und landschaftsmalerische Anwendung jeder Staude und Holzart mitteilen lassen".

Die Baumschulen im Gartenreich entwickelten sich schließlich zum Wirtschaftsfaktor und verkauften im 19. Jahrhundert bereits in ganz Deutschland. Die Verbreitung der damals noch seltenen nordamerikanischen Gehölze (Quercus, Liriodendron, Liquidambar, Taxodium u. a.) erfolgte in starkem Maße über Wörlitz. Neben den wesentlichen Einflüssen aus England wirkten sich auf die Gestaltungsauffassung des Fürsten und Erdmannsdorffs auch die übrigen durch Europa unternommenen Reisen aus (Italien, Holland, Frankreich und Schweiz). Dazu gehörte auch die wohl eher flüchtige Bekanntschaft mit Rousseau 1775 in Paris, dessen Schriften in des Fürsten Wörlitzer Schlossbibliothek zu finden waren und dem der Fürst durch die Nachgestaltung seiner Grabesinsel am Wörlitzer Gartenzugang symbolhaft ein Denkmal setzte.

Für die Kunst- und Architekturauffassung prägend war vor allem auch das halbjährige Antikestudium bei Johann Joachim Winckelmann in Rom, mit dem den Fürsten eine auf dem Romaufenthalt 1766 gründende Freundschaft verband. Der Altertumsforscher schildert, Franz sei am 29. Dezember 1765 „unvermutet in mein Zimmer getreten, von niemand, auch sogar von keinem Bedienten begleitet, um nicht erkannt zu seyn. Ich bin von Dessau, sagte er, mein lieber Winckelmann; ich komme nach Rom, zu lernen, und ich habe Sie nöthig." Winckelmann hat auch wirklich den Anfang der Wörlitzer Veränderungen aus der Ferne interessiert verfolgt und hatte Franz im Sommer 1768 gemeinsam mit Cavaceppi besuchen und beim gerade begonnenen Wörlitzer Schlossbau beraten wollen. Er brach die angetretene Reise jedoch auf halbem Wege ab. Ein letzter Brief erreichte den Fürsten aus Wien, bevor Winckelmann in Triest ermordet worden ist.

Obwohl die Regierungszeit des Fürsten zugleich als die Entwicklungszeit des Gartenreichs von Dessau-Wörlitz zu betrachten ist, beschränkt sich die wesentliche Schaffensperiode auf die 35 letzten Jahre des 18. Jahrhunderts. Für Wörlitz sind drei Entwicklungsphasen erkennbar, in die sich auch die übrigen Anlagen des Gartenreichs je nach ihrer Entstehungszeit einordnen lassen. Eine nach der Rückkehr von der ersten Englandreise beginnende Frühphase mit kleinteiligen, noch suchenden Gestaltungsweisen ist noch heute im Schlossgarten und in Neumarks Garten ablesbar.

Wirklich Eigenes, nämlich programmatisches Zusammenfügen unterschiedlichster englischer Gartenauffassungen in gewachsener Qualität

Lange schmale Sichtachsen und Bildfenster charakterisieren vor allem die zweite Wörlitzer Gestaltungsphase der 70er und 80er Jahre des 18. Jahrhunderts in Schochs Garten.

Die Rousseauinsel am westlichen Zugang – ihr Vorbild findet man im Park von Ermenonville bei Paris – ist ein Symbol für die in den Wörlitzer Anlagen Gestalt gewordenen Aufklärungsgedanken.

Die Alteichen der Entstehungszeit, wie hier am Wolfskanal, prägen noch immer das Erscheinungsbild in den künstlerisch gestalteten Gartenbildern und Sichtachsen von Wörlitz.

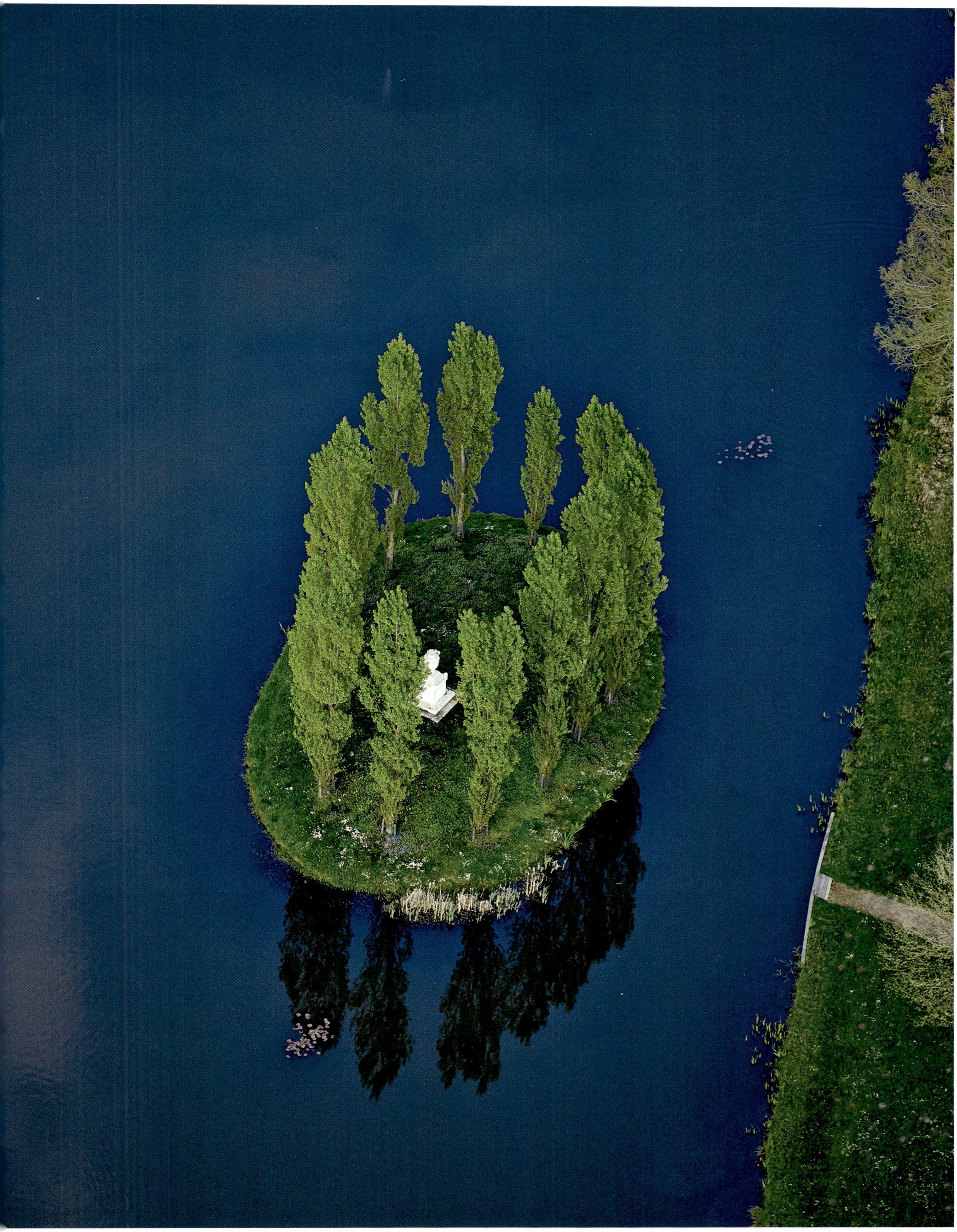

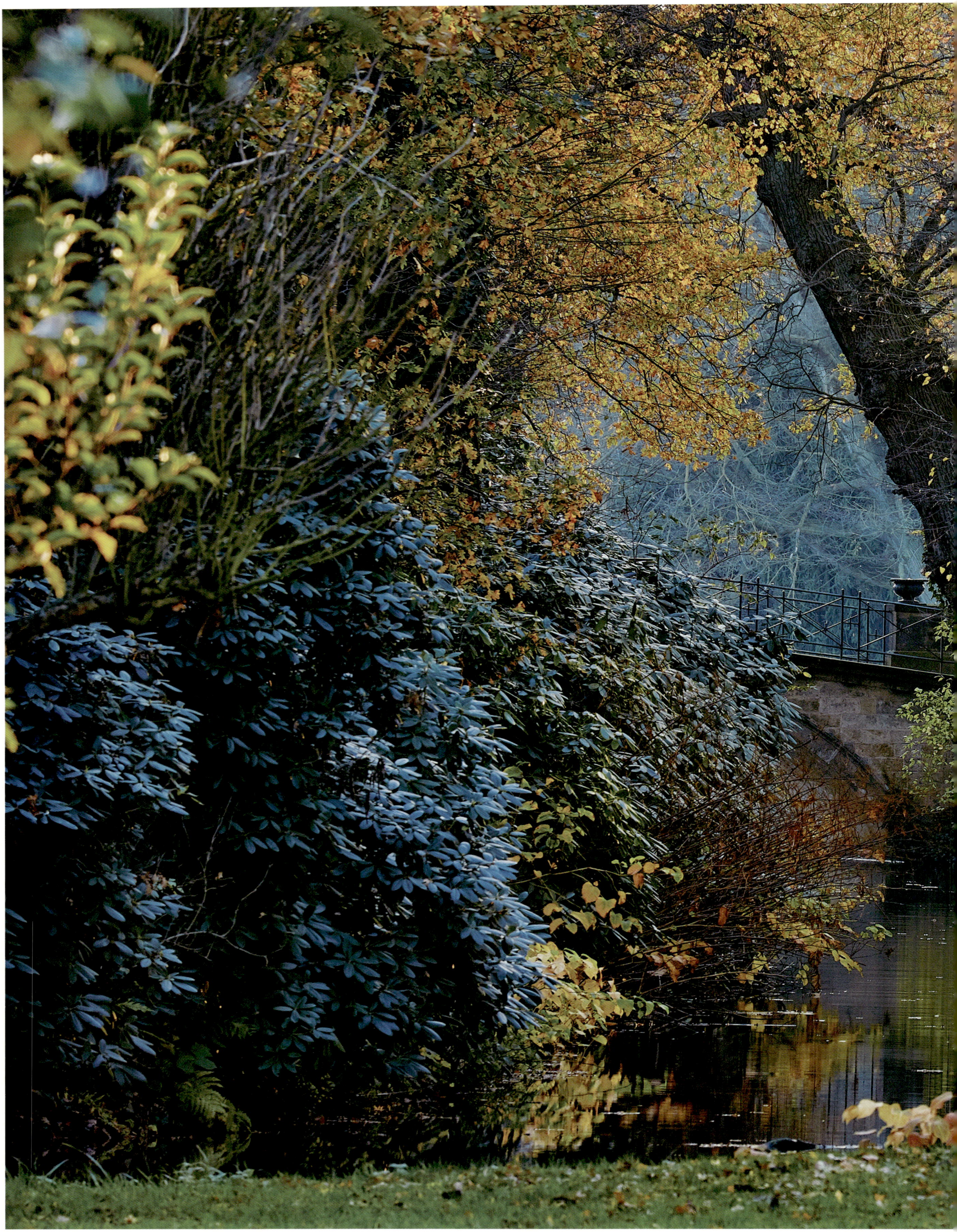

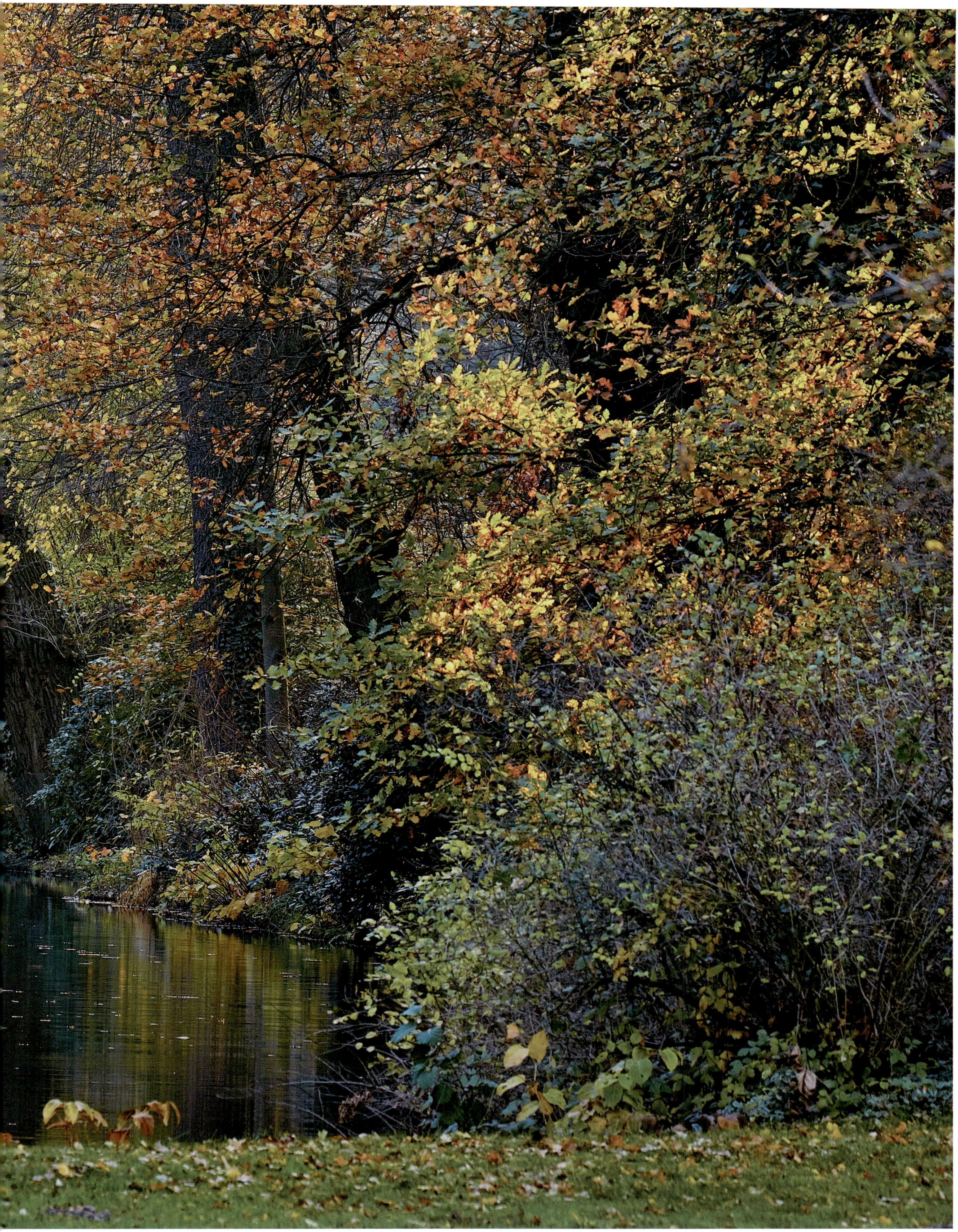

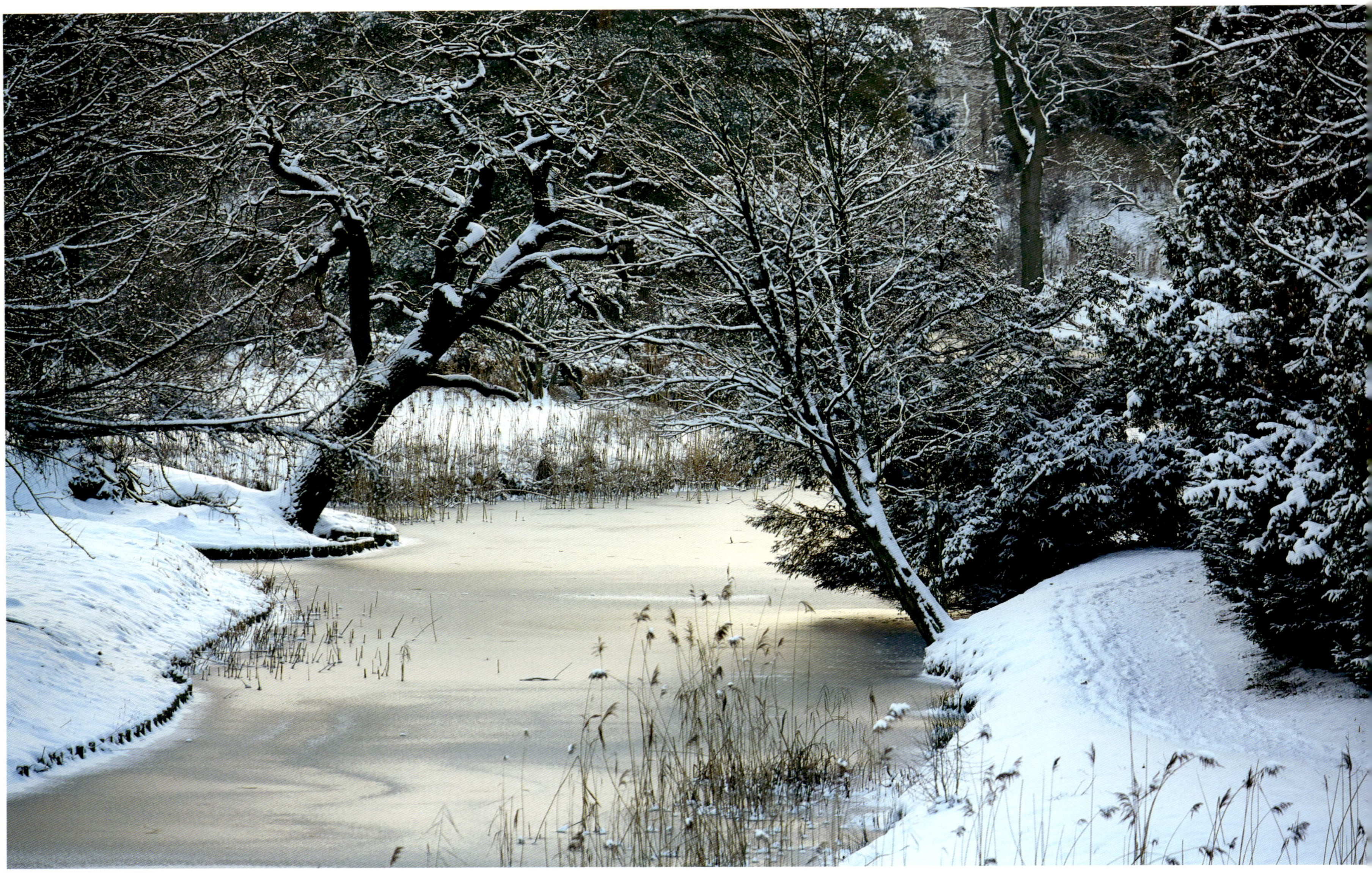

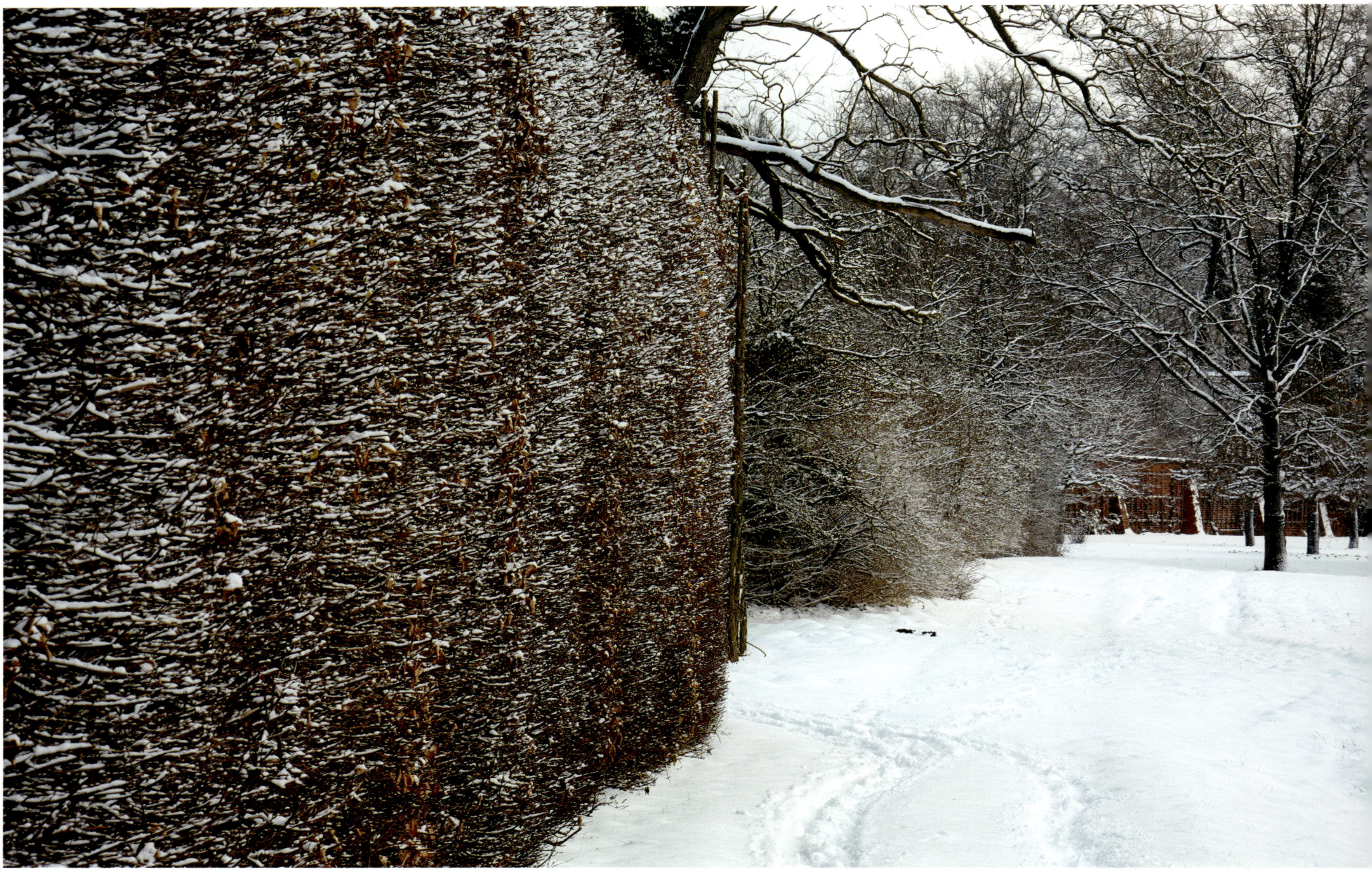

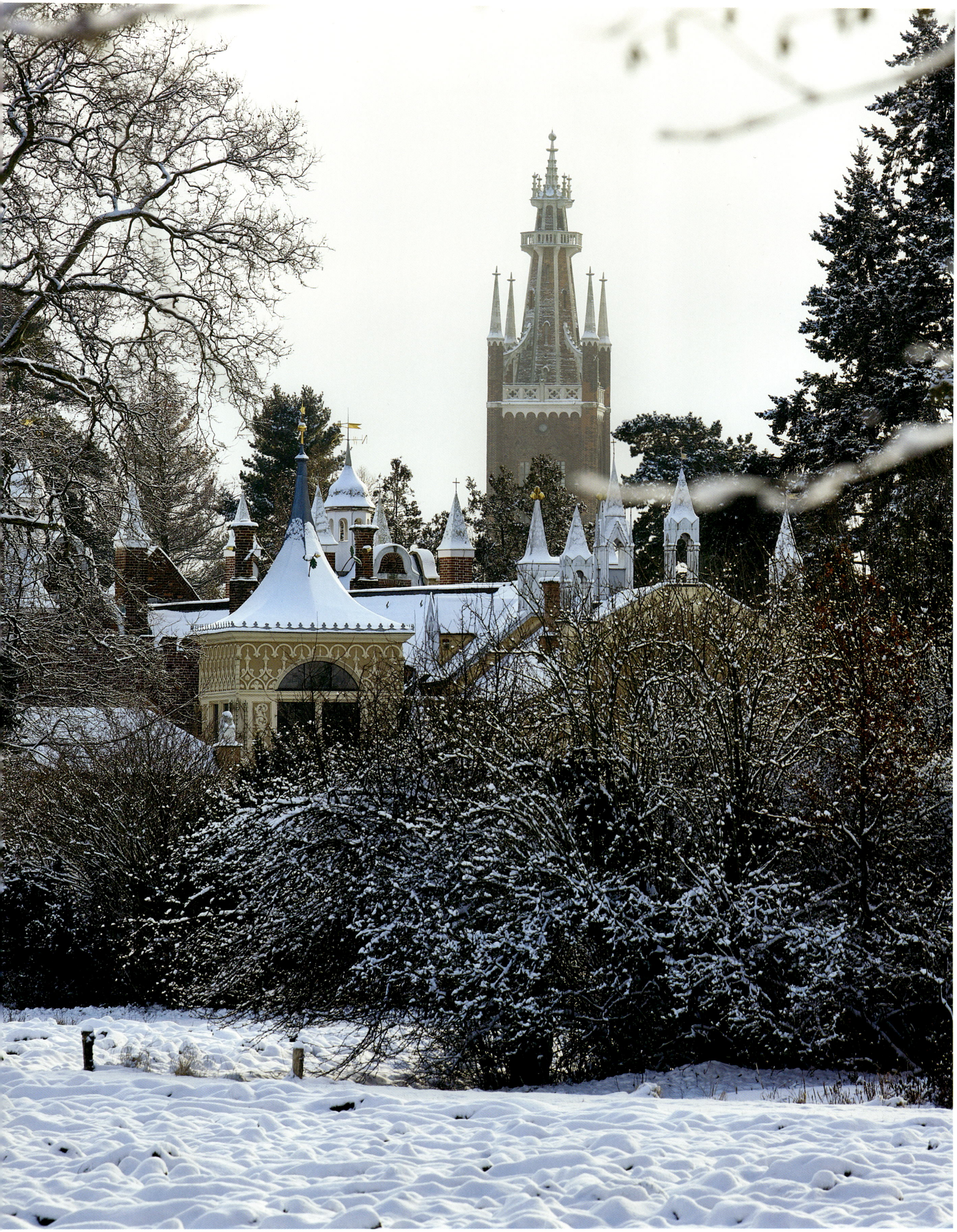

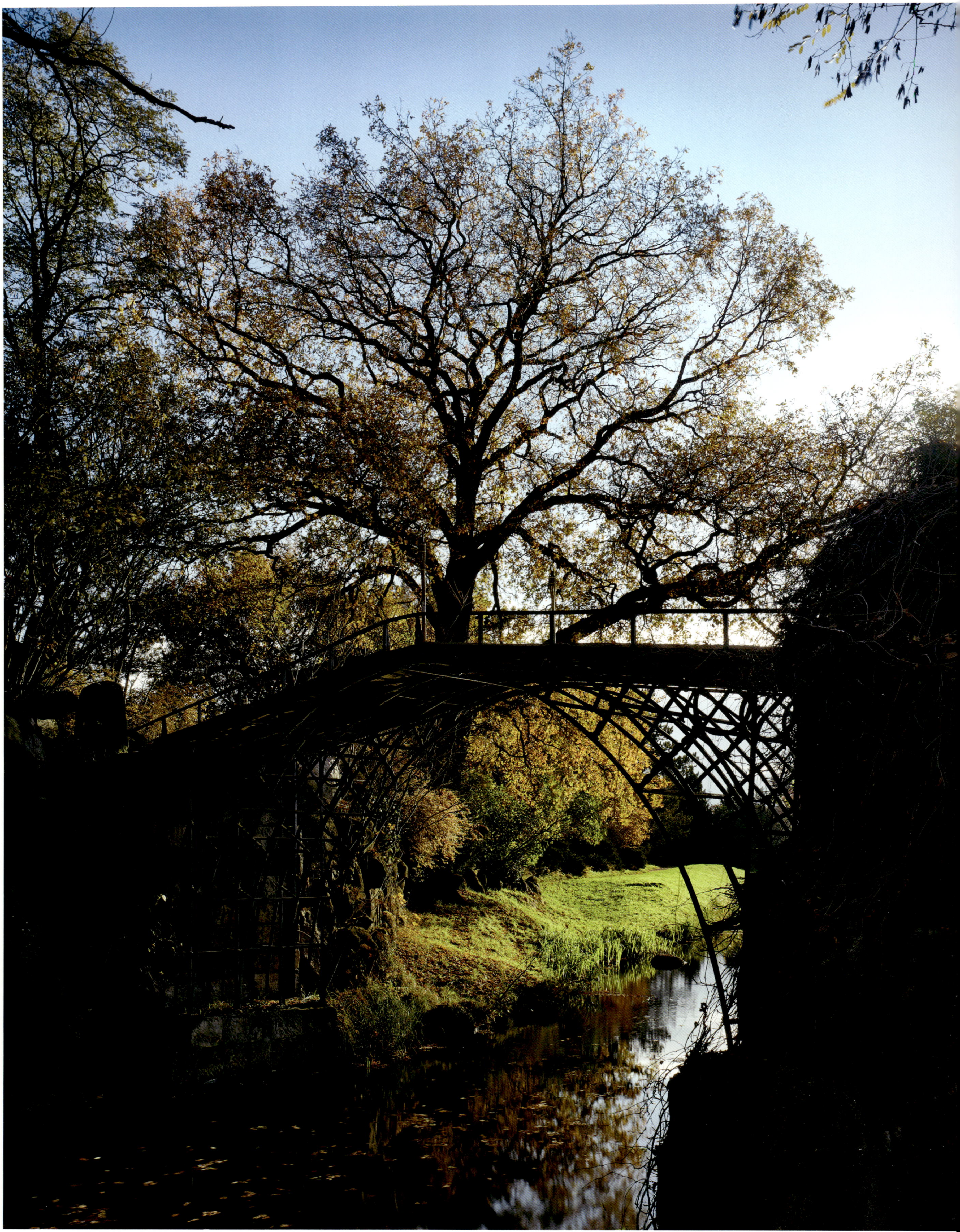

Als wilde Natur soll die gestaltete Landschaft der östlichen Neuen Anlagen in Erscheinung treten.

Des Fürsten ursprüngliche Baumschule ist dem Auge des Besuchers bis heute durch Heckenpflanzungen verborgen.

Die zahlreichen Türme und Fialen auf dem Dach des Gotischen Hauses in Schochs Garten und der neugotische Turm der Petri-Kirche in der Stadt Wörlitz werden in dieser Sichtachse zu einem Bild zusammengezogen.

Das Vorbild der im verkleinerten Maßstab nachgebauten Eisernen Brücke von Coalbrookdale (Shropshire/England) galt während der Entstehungszeit als technische Meisterleistung.

Das heute als Feriendomizil genutzte Rote Wallwachhaus im Osten der Wörlitzer Anlagen war Bestandteil des Hochwasser-Überwachungssystems des Fürsten Franz.

wird während der zweiten Phase in Schochs Garten und auf dem Weidenheger zwischen 1770 und 1790 praktiziert. Der Garten wird jetzt zu einem auf dem „Zwangsweg" erlebbaren Bildprogramm, wobei der Besucher durch die Biegungen des Weges von Gartenbild zu Gartenbild geleitet wird.

Während der letzten zehn Jahre werden die Anlagen im „Stil der Reiseeindrücke" (Erhard Hirsch) komplettiert und verfeinert. In den Neuen Anlagen wirkt die Gestaltungsart nun wesentlich landschaftlicher, was auf den wachsenden Einfluss des Gärtnerssohnes Johann George Schoch zurückzuführen ist. Was im „Programm" noch fehlt, etwa die englisch-chinesischen Einflüsse nach den Vorstellungen des englischen Gartentheoretikers und Architekten William Chambers, nimmt auf der Insel Stein oder am Rande des Oranienbaumer Gartens Gestalt an.

Nach dem Tod Erdmannsdorffs am Jahresanfang 1800 zieht sich auch Franz mehr und mehr von den aktiven Arbeiten zurück. Die wesentlichen Gestaltungen sind abgeschlossen, es wird lediglich ergänzt und ausgetauscht (u. a. Steinbrücken anstelle von Holzbauwerken). Der Umbau der Kirchen und die Errichtung der Orangerie in Oranienbaum zählen zu den letzten großen Bauvorhaben des Fürsten im Gartenreich Dessau-Wörlitz.

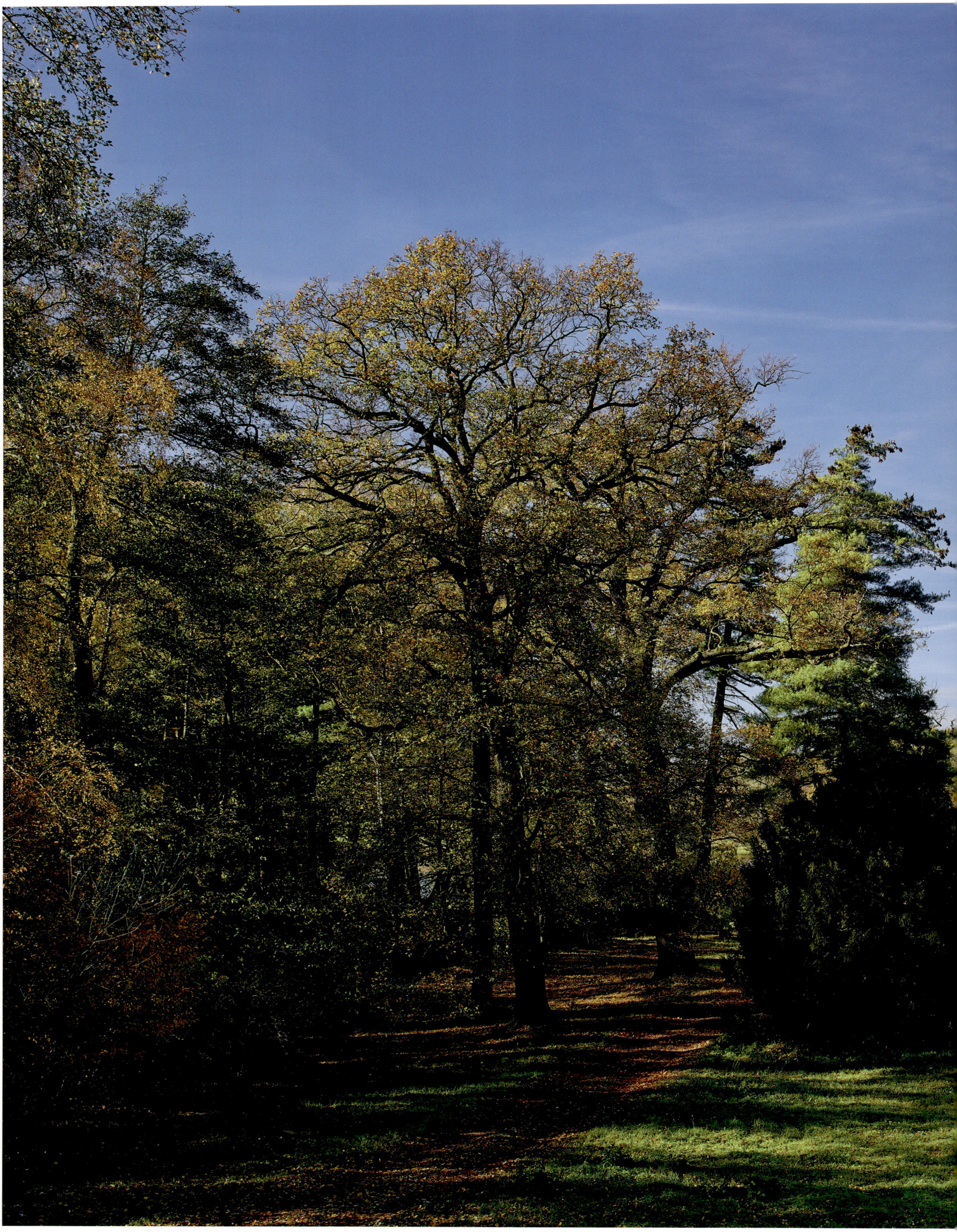

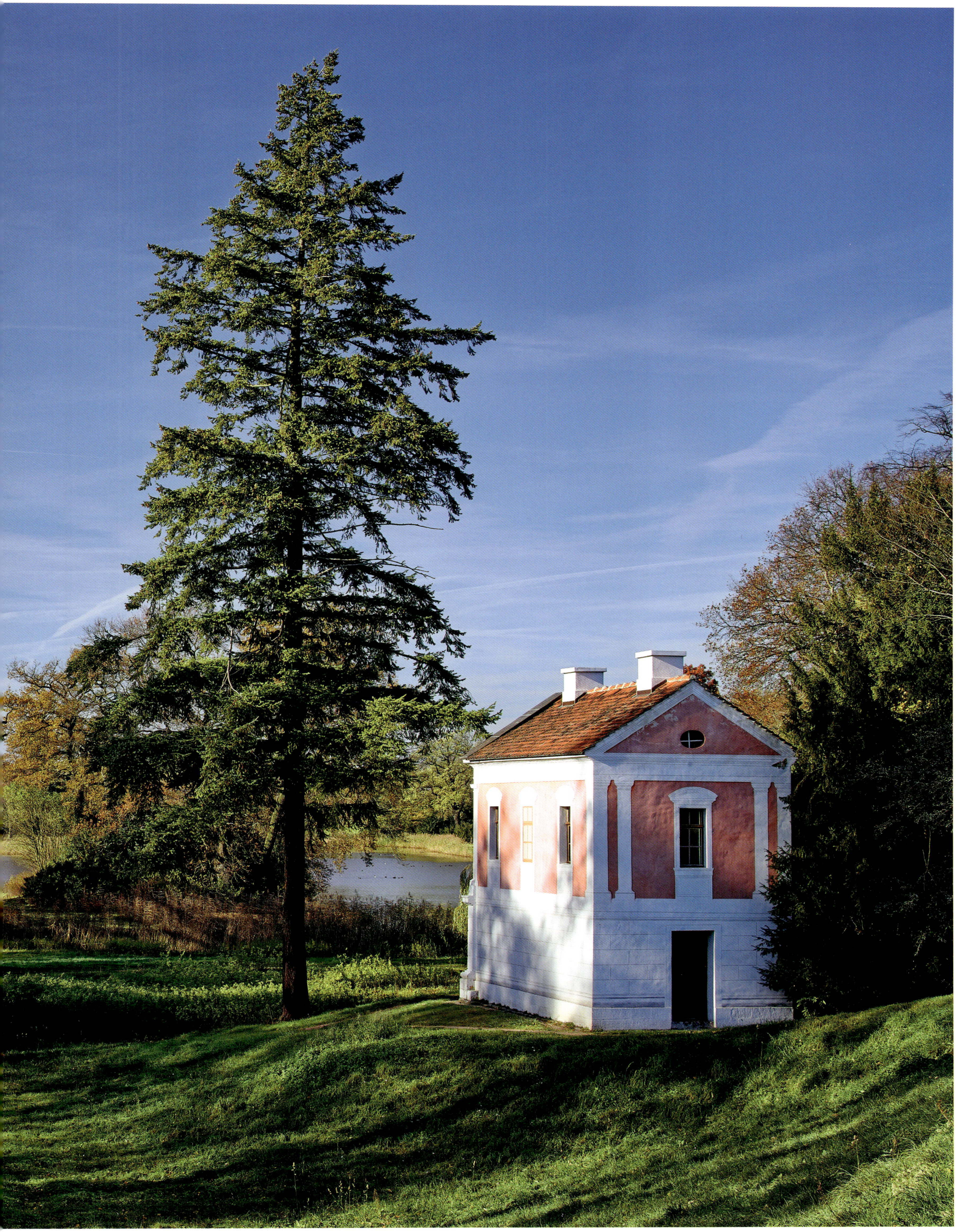

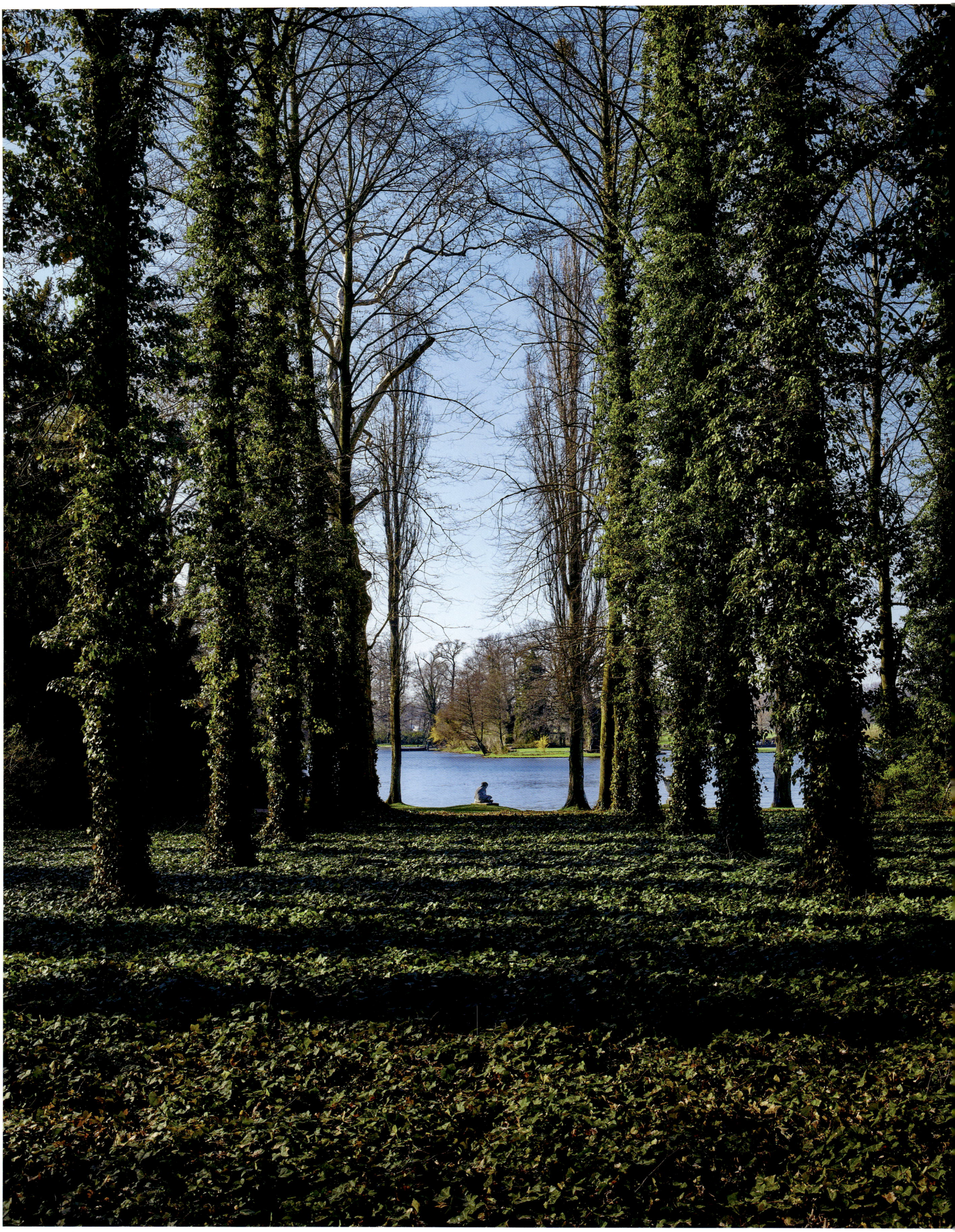

Kunstvoll und zugleich nützlich

DIE PFLANZENVERWENDUNG DES FÜRSTEN FRANZ

SEBASTIAN DOIL

Das Gartenreich Dessau-Wörlitz ist eine der schönsten und bedeutendsten Kulturlandschaften in Europa. Es wird geprägt von verschiedenen Gartenanlagen aus unterschiedlichen Zeitepochen. Von Beginn der Gestaltung der europäischen Gärten und Parks an stehen deren Strukturen und Ausstattungen mit bestimmten Werten in Verbindung, die die jeweilige Gesellschaft und ihre Weltanschauung reflektieren. Unter dem Einfluss zahlreicher Philosophen, Schriftsteller, Publizisten und Dichter wurde gegen Ende des 17. Jahrhunderts ausgehend von England damit begonnen, landschaftliche Gärten anzulegen, mit denen die Natur als Zeichen für Freiheit und Unabhängigkeit interpretiert wurde.

Angeregt von der Landschaftsmalerei, stellten die Ersten von ihnen Ideal- bzw. Wunschbilder der Schöpfung und der Harmonie dar, deren Übertragung in die Landschaft von den Gartenarchitekten anfangs als sehr schwierig empfunden wurde. Gestaltungselemente dieser modernen Gärten waren fortan naturnahe Pflanzungen verschiedenster Baum-, Strauch- und niederer Pflanzenarten, die man kunstvoll mit der klassizistischen Architektur kombinierte.

Zunächst mussten im Wörlitzer „Garten diesseits des Sees" typisch barocke Elemente der Vorgängeranlage überformt werden. Die neuen Ausgestaltungen bedienten sich geschwungener Wege und einer organischen Linienführung der Pflanzungen und nutzten Gehölzgruppen und Einzelgehölze, deren Wachstum Ungezwungenheit und Freiheit verkörperte. Diesen strukturbildenden Gehölzen wurden vielerlei blühende Sträucher zugeordnet. Durch die zusätzliche Unterpflanzung mit blütenreichen Stauden und verschiedengrünen Bodendeckern wurde eine natürliche Staffelung farbenfroher Pflanzenarten in vorerst kleinen Gartenräumen und später in großem Maßstab künstlerisch geformt.

Ein weiteres Merkmal der typisch englischen Gartengestaltung in den Wörlitzer Anlagen sind weitläufige Rasen- und Wasserflächen natürlichen oder künstlichen Ursprungs. In verschiedenen Bereichen des Schlossgartens ließ Fürst Franz prächtige Blumenrabatten anlegen. Östlich im Schlossgarten befanden sich in einem abgegrenzten Gartenraum der ehemalige Blumengarten der Fürstin und das dazugehörige Gewächshaus. Blumenbeete schmückten diesen Bereich, die floralen Abgrenzungen wurden ebenso farbenfroh unterpflanzt.

In Schochs Garten erlebte der Besucher jener Zeit eine malerische Überarbeitung der Natur nach englischem Geschmack. Besonders intensiv wurde das Areal im Umfeld des Floratempels nach natürlichen Vorgaben gestaltet und unter Verwendung schönster Schmuckpflanzen mit prachtvollen Beetgestaltungen versehen.

Karl August Böttiger beschrieb diesen Bereich in seiner Reise nach Wörlitz im Jahr 1797: „[...] auch geradeaus neben dem Schochischen Blumengarten und Blumenhause vorbei durch einen langen engen Gang, von Hecken aus mannigfaltigen in- und ausländischen Staudengewächsen und Gesträuchen zusammengeflochten, neben dem mit einer Mauer umschlossenen Baumgarten gerade auf den erst in diesem Jahre vollendeten Floratempel [...] Hier muss man sich vom Fürsten selbst herumführen und seine Erfahrungen und Beobachtungen über die Kultur und landschaftsmalerische Anwendung jeder Staude und Holzart mitteilen lassen. [...] selbst der widerspenstigen nordischen Natur weiß der Fürst durch kleine Kunstgriffe mehr Geschmeidigkeit zu geben [...] Aus unseren englischen Anlagen sind die Blumenparterre mit allzu großer Intoleranz verbannt worden".

Fürst Franz nutzte die üppig blühenden Blumenbeete, ließ sie gekonnt in Beziehung zu den raumbildenden Gestaltungen setzen und

Vorbei an symmetrisch gepflanzten Lindenbäumen, Resten der barocken Gartenanlage „diesseits des Sees", schweift der Blick über die Muschelnymphe zur Roseninsel, die nur mit einer Fähre erreichbar ist.

Sandsteinpfeiler aus Pirna, bekrönt von bepflanzten Terrakotta-Töpfen, rahmen das „Weiße Tor" im Küchengarten, dessen halbkreisförmiger Holzbogen die Form der Kuppel des Venustempels spielerisch zu wiederholen scheint.

Neben der Magnolie befinden sich seit einigen Jahren an der Obsttreibmauer im Küchengarten des Wörlitzer Parks wieder Spalierbäume alter Apfel- und Birnensorten, z. B. Schöner aus Boskoop, Gellerts Butterbirne, Goldparmäne.

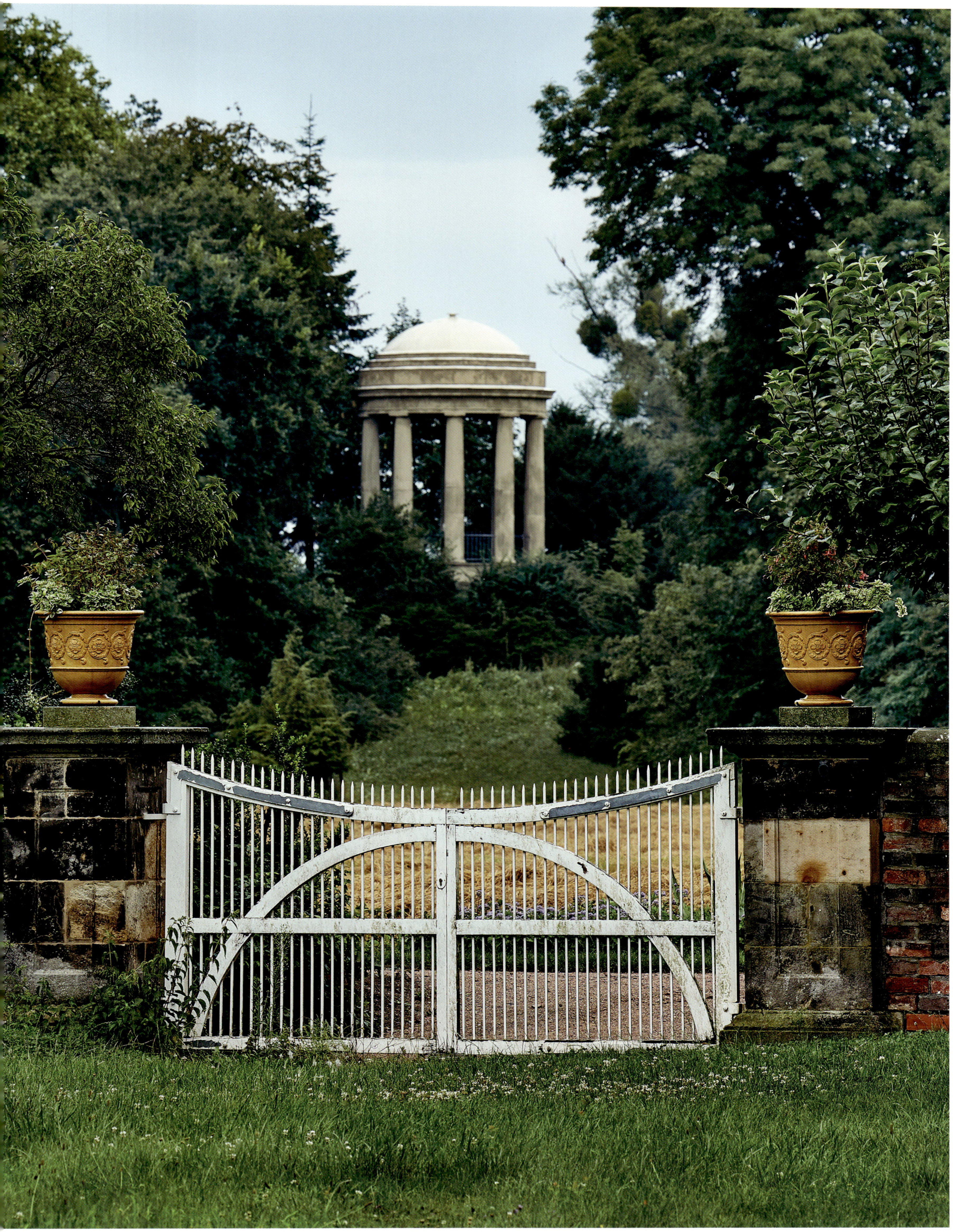

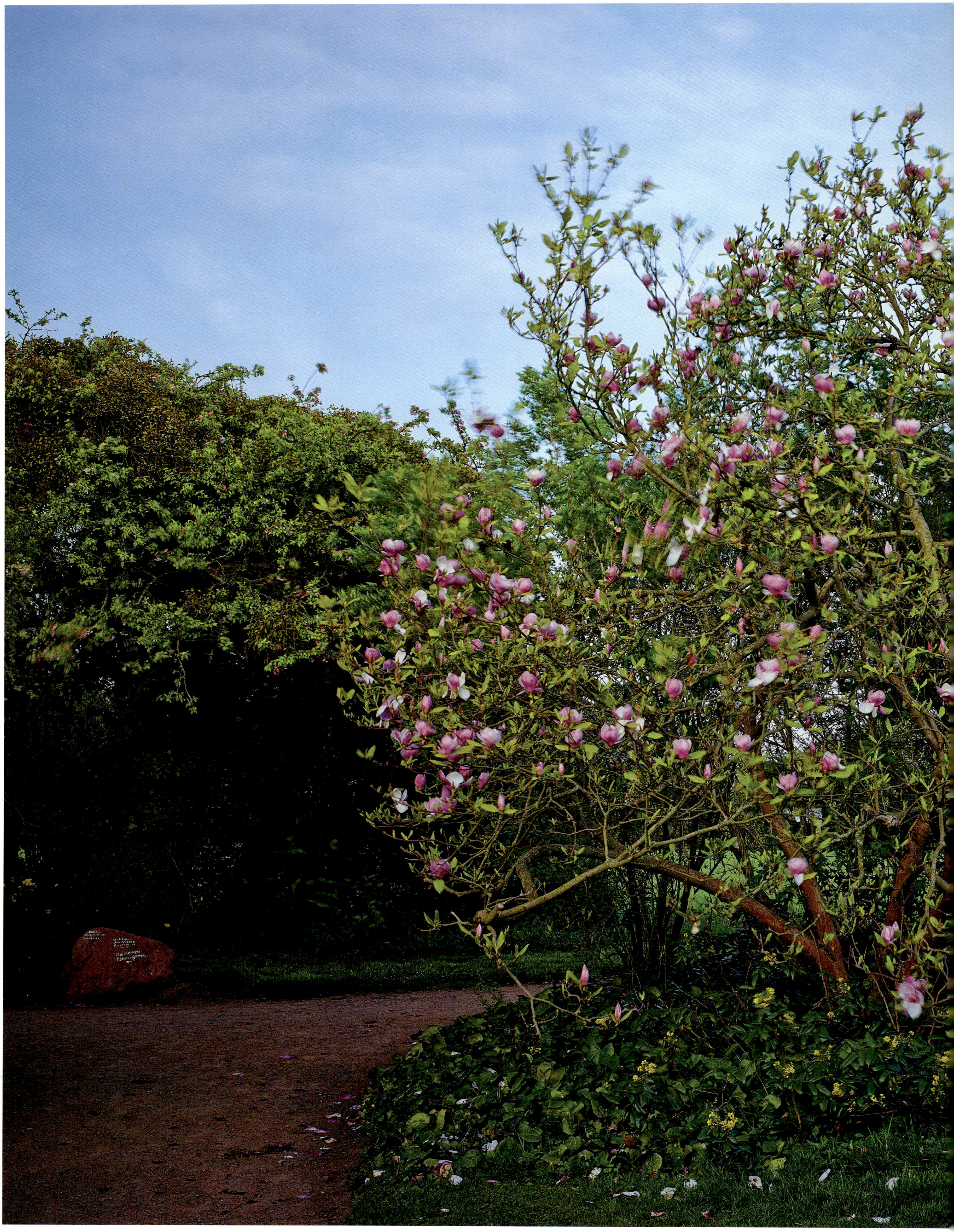

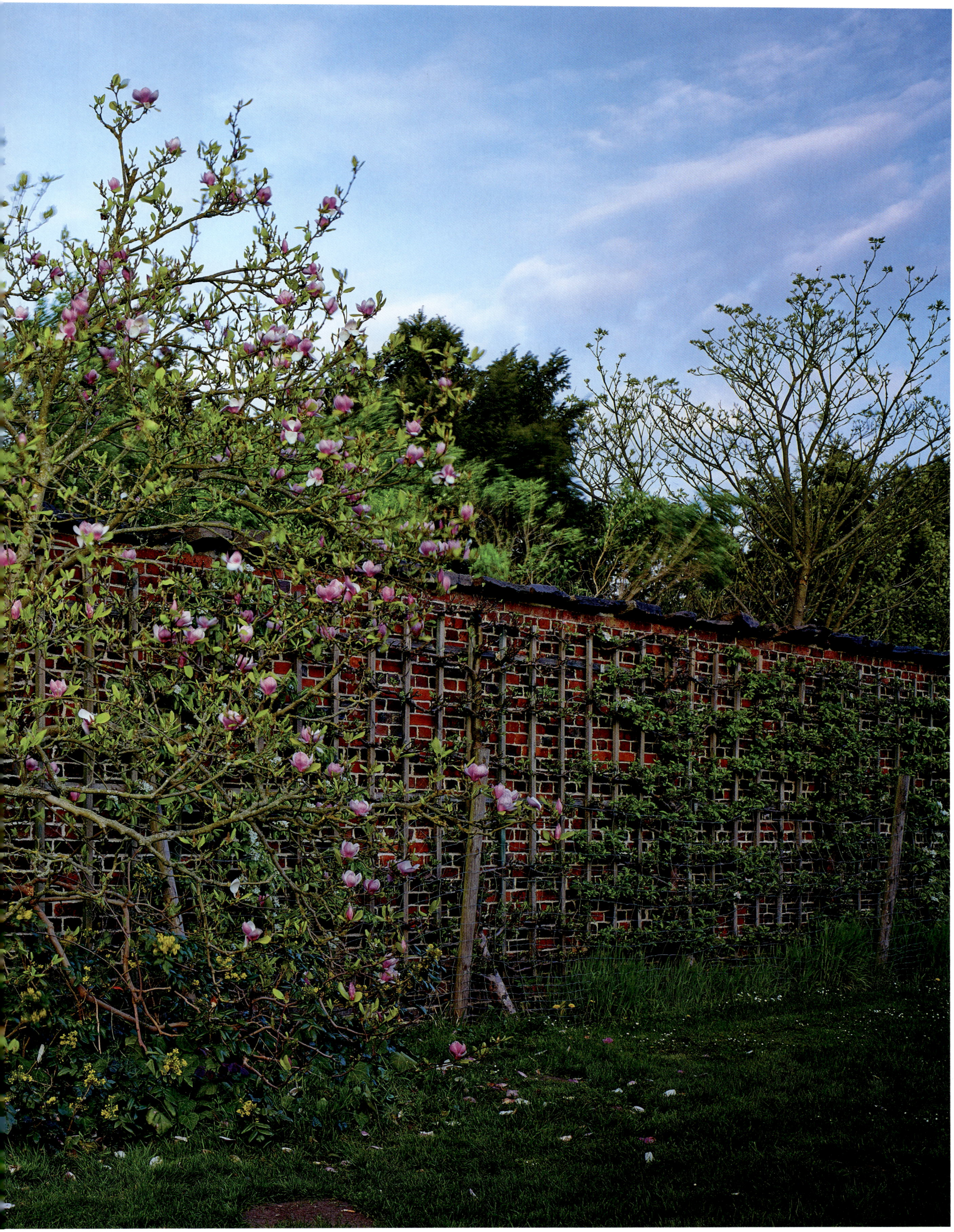

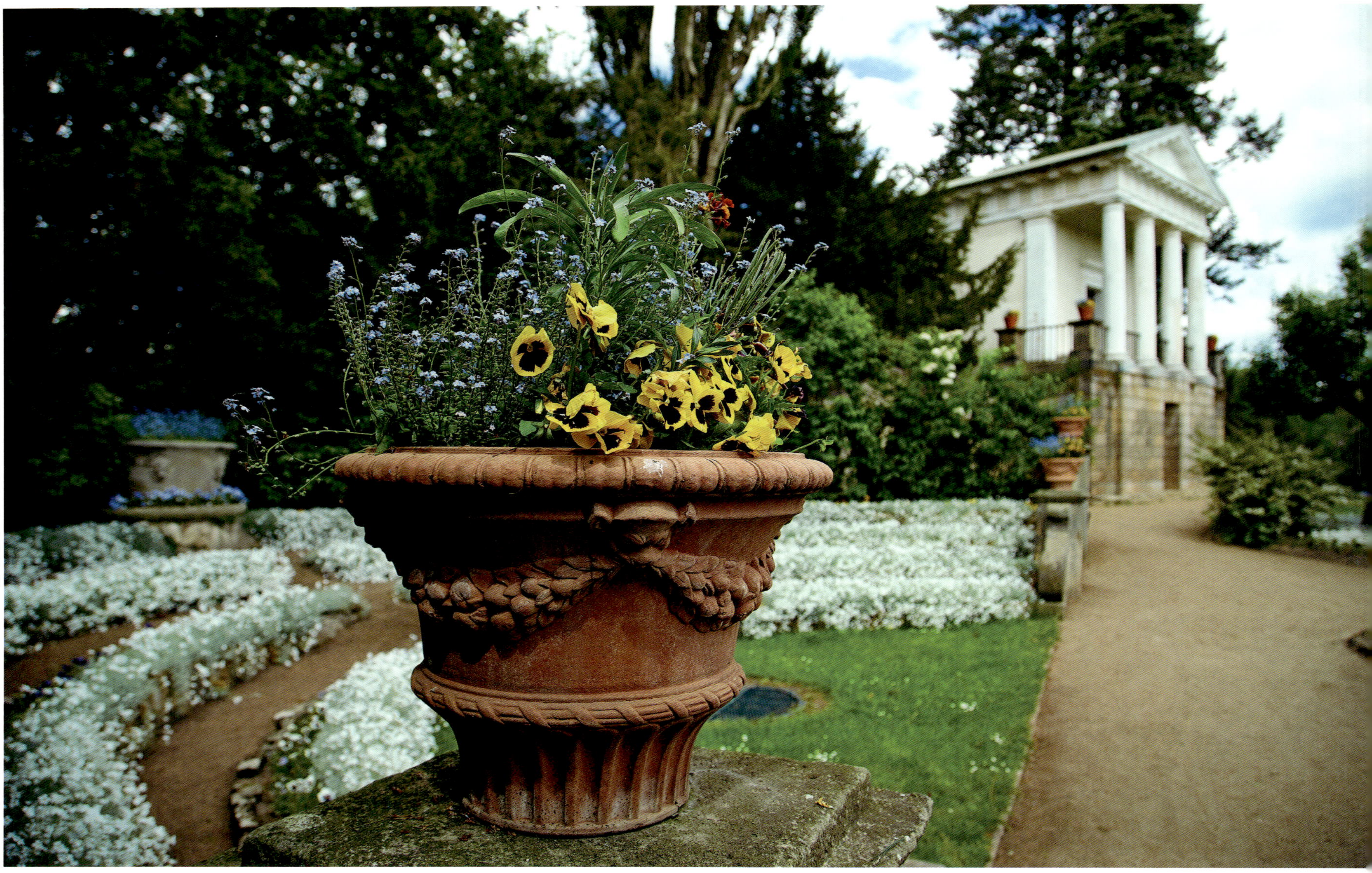

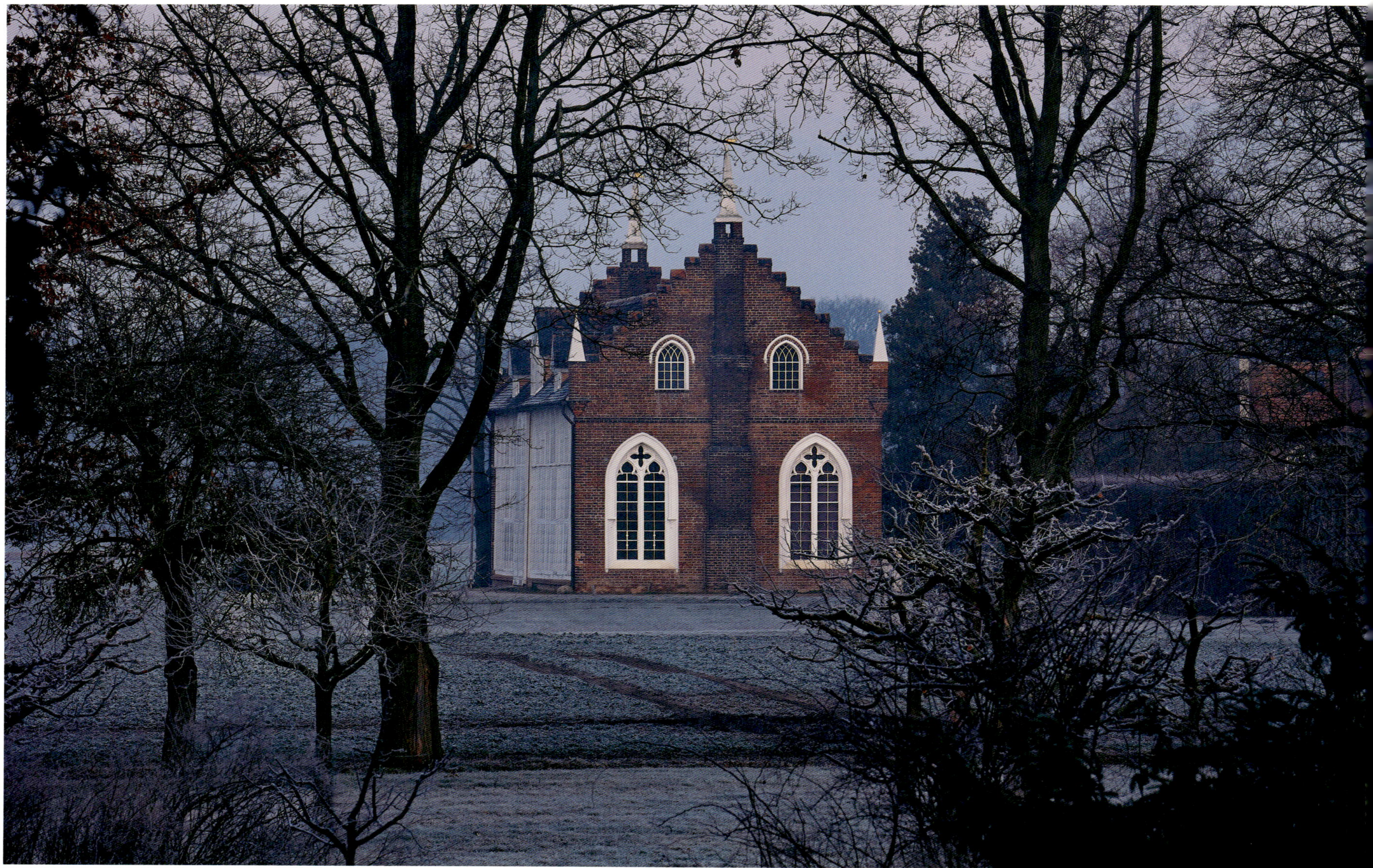

entlang der Wegeführungen und Rasenflächen herrliche Rabatten anlegen. Die Hofgärtner ordneten die schönsten Schmuckpflanzen im Umfeld der schützenden Flora an. Ein Höhepunkt des Blumenflors befand sich direkt neben dem Tempel. Hier präsentierte das getreppt gemauerte Blumentheater eine nahezu monatlich wechselnde Ausstellung der neuesten Schmuckpflanzenarten der jeweiligen Saison. Diese wurden den staunenden Besuchern, die großes Interesse an den Neuigkeiten der nahen und fernen Pflanzenwelt zeigten und deren Schmuckwert hier wertschätzen konnten, in Töpfen präsentiert.

In der Beschreibung Böttigers ist zu lesen, dass der vor dem Tempel gelegene Rasenstreifen mit Blumenrabatten versehen war und in üppiger Vegetation erstrahlte. Er schreibt: „Allein hier entdeckte auch, mirabile dictu, mein Auge ein sonderbares Kunstspiel in der Anordnung der Blumenbeete."

In der vom Blumentheater ausgehenden Achse entlang des Neuen Weges wurden diese Schmuckbeete samt der „Blumen des Gartens", vereint mit den „Blumen der Ährenfelder", bewusst in Szene gesetzt. Speziell hier haben die Schmuckpflanzungen einen gleichberechtigten Stellenwert. Sie bilden ungemein „heiter und blumicht" Seite an Seite mit den Strukturbildnern eine von vielen Galeriepflanzungen und gelten als die schönsten landschaftlichen Kulissen im englischen Stil jener Zeit.

Aus der Perspektive des Kenners umschrieb Georg Steiner in „Wörlitz und Umgebung mit den Augen eines Gärtners" im Jahr 1812 den Wörlitzer Garten: „Wie wäre es mir möglich, mit Worten auszudrükken, was ich beim Anblik des schönen Wörlitzer Gartens empfand! Alles was ich mir je lieblicher, romantischer gedacht habe, ist Nichts gegen diese schöne Wirklichkeit. Bei der üppigsten Vegetation, die nur im Norden Deutschlands möglich ist, eine so aeußerst verständige, geschmackvolle Vertheilung und Gegeneinanderstellung der Bäume und Sträucher. Nichts verräth Kleinlichkeit, alles ist Nachahmung der schönsten Natur. Und so übersieht der Gärtner um so williger manche architectonische Spielereien, manches zu sehr wiederholte bei den Gängen von Eisenschlaken und Feldsteinen. Diese ewige Frische, welche hier der Hauptcaracter aller Pflanzungen ist, diese Zierlichkeit, können nur bezaubern."

In der Fortführung seiner Sicht auf die Anlagen beschrieb Steiner die hervorragende Pflege des Bestandes und die gekonnte Bepflanzung dieser Partien. Die pflanzlichen Strukturen und die Staffelung der Gewächse wirkten in modernster Art und Weise. Selbst hölzerne Kübel mit empfindlichen ausländischen Gewächsen würden durch mannigfaltige Umpflanzungen aus Stauden und Schmuckbeetpflanzen aufgewertet. Der Schoch'sche Blumengarten, der einem kleinen Wirtschaftshof am heutigen Standort des Kuhstalles vorgelagert war, wäre in vortrefflicher Art mit blühendem Pflanzenschmuck versehen gewesen. In der gesamten Anlage würden die Schmuckbeete mit den architektonischen Höhepunkten meisterlich vom Fürsten selbst und seinen Gärtnern kombiniert. Diese gestal-

Das Blumentheater unter dem Schutz der Blumengöttin Flora im gleichnamigen Tempel. Die im Halbkreis stufenförmig arrangierte und begehbare Topfstellage diente dazu, die Pflanzen in Töpfen und Vasen zu präsentieren und leichter auszutauschen. Dabei kam es auch auf den Zierwert der Gefäße an, wobei Fürst Franz die Originale der im Sommer hier aufgestellten Terrakotta-Vasen in Impruneta bei Florenz besorgte.

Die vorhandenen Palmen und die nicht winterharten Gewächse fanden in der kalten Jahreszeit ihren Platz im 1798/99 errichteten Palmenhaus, das nach einem Feuer 1923 in ursprünglicher Form wieder aufgebaut wurde. Die Tradition, in den Wörlitzer Baumschulen und Gärtnereien seltene Pflanzenarten heranzuziehen und zu pflegen, ließ im 20. Jahrhundert den Bestand sprunghaft anwachsen.

terischen Höhepunkte erlebte man unter anderem im Schlossgarten, im Umfeld der St.-Petri-Kirche, auf Neumarks Garten sowie am Monument und in der mystischen Partie.

Letztere wurde laut Georg Steiner durch Schoch wie folgt gestaltet: „Die sogenannte mystische Partie ist ein verworrenes Gewebe von Steinklippen in welchen es an unterirdischen Gängen, Höhlen, Sizzen nicht fehlt. Diese sind alle mit Blumen und vorzüglich viel Hortensien decoriert, wie auch Tropaeolum majus, Tagetes und Balsamien [...] Die höchste Reinlichkeit herrscht überall."

Im gesamten Fürstentum Anhalt-Dessau des 18. Jahrhunderts wurden die Ortschaften und Landschaftsräume gestalterisch aufgewertet. Als landesverschönernde Maßnahme und zur Verbesserung der Ökonomie legte man zwischen den Gartenanlagen eine Vielzahl von Obstpflanzungen an. Straßen wurden mit Obstbäumen zu blühenden Alleen. Einschließlich der Streuobstwiesen sah der Besucher ein wohladministriertes Land. Dies entsprach „der Dessauer Intention, Schönes nicht zum bloßen Selbstzweck entstehen zu lassen. Die Obstbäume wurden ihrer Aufgabe gerecht, ökonomisch nutzbar zu sein". Ein Zeitgenosse empfand „das ganze Land [als] ein Gemälde von Schönheit und Bequemlichkeit".

Nach geringen anfänglichen Schwierigkeiten wurde der Obstbau in die landwirtschaftliche Nutzung eingegliedert. Fortan haben die Bauern durch die Pflanzung und Pflege der Obstbäume, durch die Schönheit der Obstbaumblüte, mit dem Fruchten der Bäume, ihrem einzigartigen Wuchs und ihrer Gliederung einen wesentlichen Teil zur Landesverschönerung beigetragen. Innerhalb der Ortschaften und in deren näherem Umfeld wurden die Obstkulturen besonders intensiv gepflegt. Auch die Arten- bzw. Sortenauswahl war den örtlichen Gegebenheiten angepasst. Besonders wertvolle Gewächse, die hohe Ansprüche an die Pflege stellten und schnell verderblich waren, mussten in der Nähe der Dörfer und Städte gepflanzt werden.

Die zahlreichen Obstalleen und Wallobstpflanzungen in der weitläufigen Landschaft wurden mit robuster Pflanzware mit transport- und lagerfähigen Früchten bestückt. Schönheit und Funktionalität der Obstpflanzungen im Gartenreich beschrieben Reisende wie folgt: „Wo es nur ohne Nachtheil für den Acker geschehen kann, sind die Straßen mit Lust- und Obstalleen bepflanzt, verschönt und beschattet [...] Welch einen herrlichen Anblick von Wohlstand und Fülle gibt nicht die ganze Provinz, deren Felder und Gegenden mit Obstbäumen besetzt sind: Man reise durch das Dessauische [...] und überzeuge sich davon".

Einen weiteren Höhepunkt beim Anbau besonderer Früchte stellten im Gartenreich Dessau-Wörlitz die Zitruspflanzen dar. Bereits seit Henriette Katharina spielte in Oranienbaum die Pflege dieser seltenen und wertvollen Gehölze eine besondere Rolle, war doch der Orangenbaum Bestandteil des Wappens und ein Hinweis auf die noble niederländische Herkunft der Fürstin. Der Bau des Orangeriegebäudes im Oranienbaumer

Vermutlich ist der Kuhstall (später Schwanenhäuschen) neben dem Blumengarten am Standort eines Kleediemens erst nach 1827 entstanden. Durch verschiedene Umbauten an der Nord- und Westseite wurde er nach 1918 als Wohnhaus des Obergärtners umgebaut. Heute steht er leer.

Aus der Grotte unterhalb der Luisen Klippe gelangt der Spaziergänger durch das romantische Tal bis zum Venustempel. Dieser steht auf einer künstlichen Felsformation und ist eine Reiseerinnerung an die Grand Tour des Fürsten, der während der Reise in Italien auch den Sibyllen-Tempel bei Tivoli besuchte.

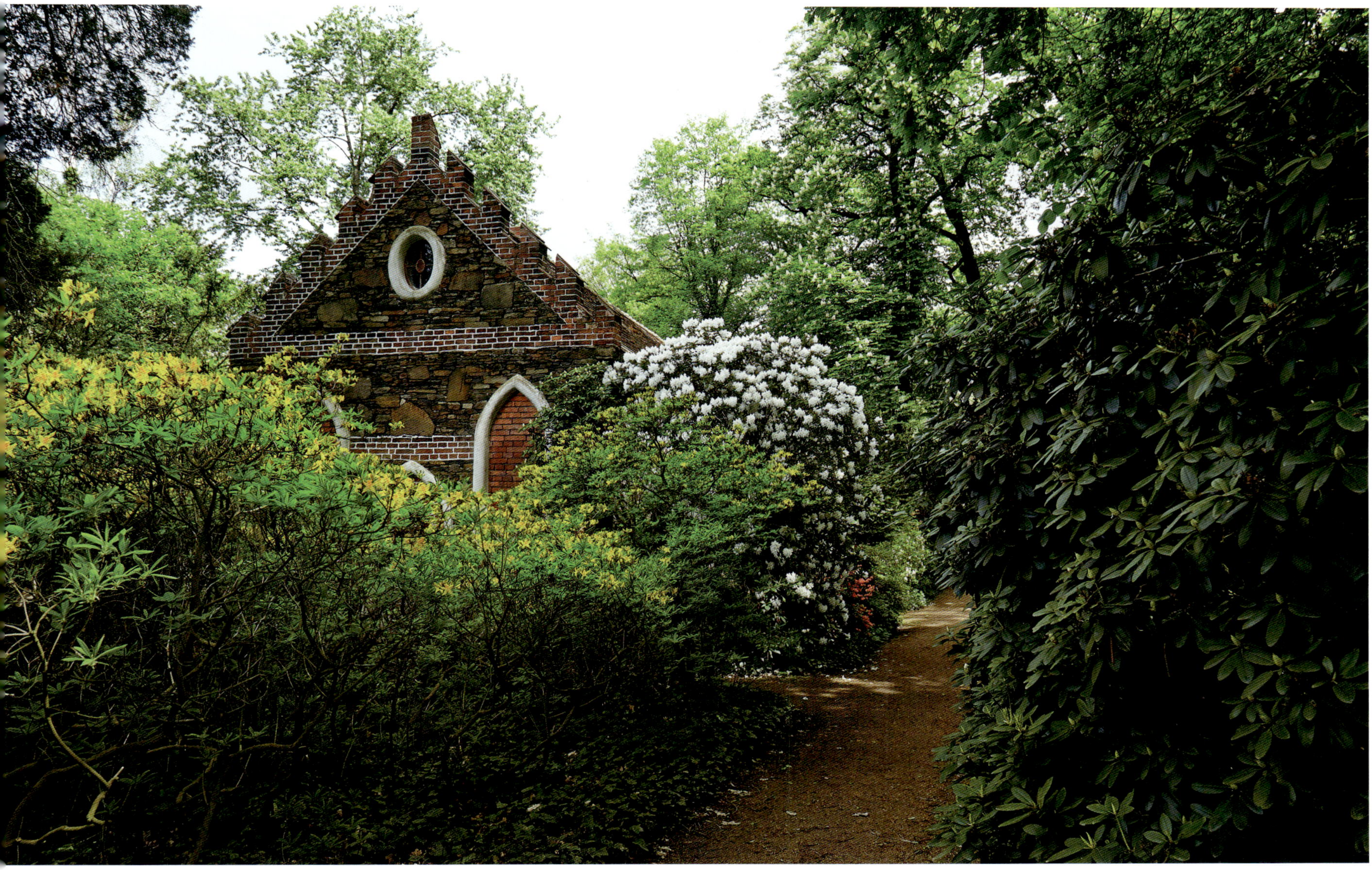

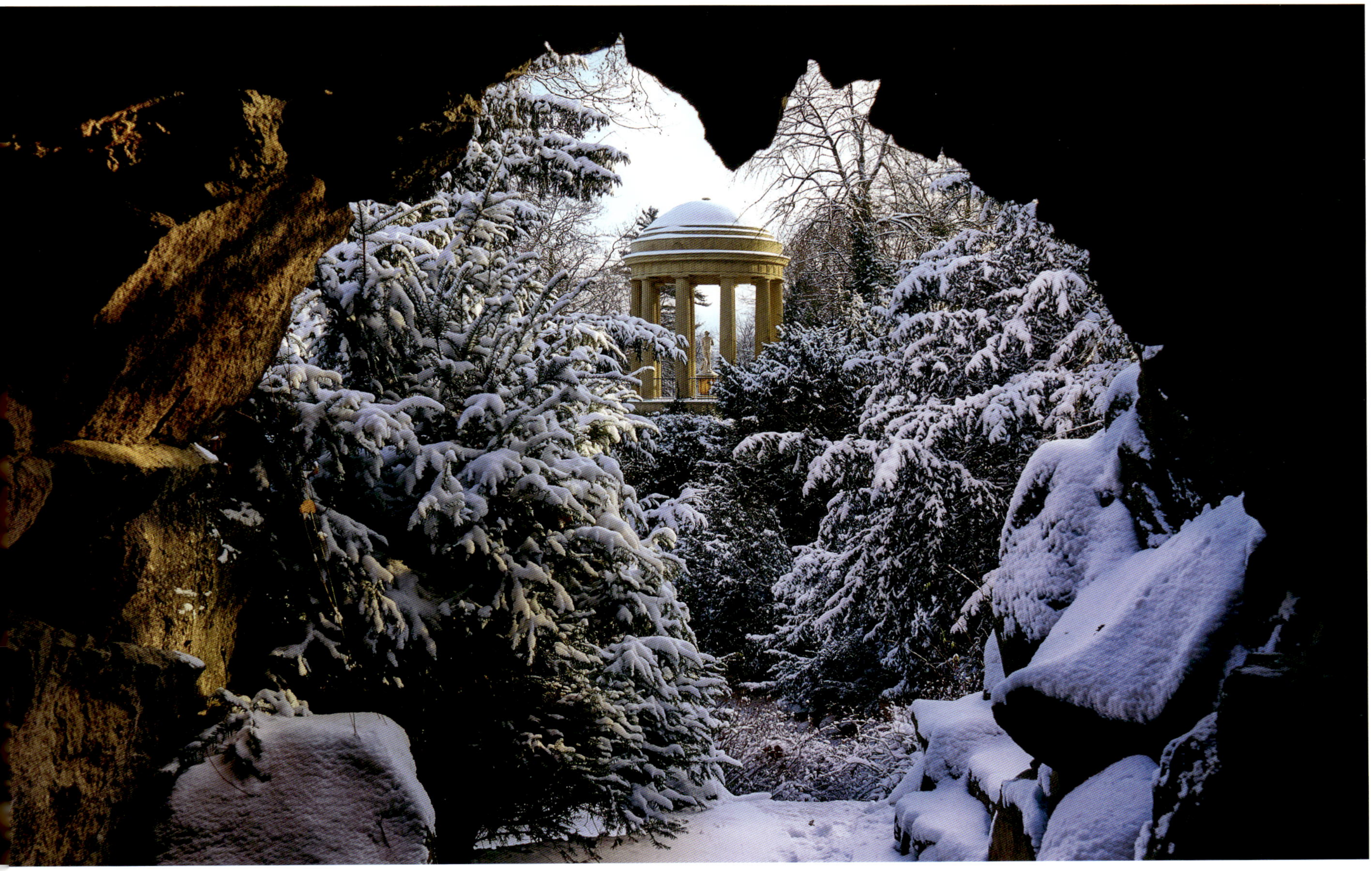

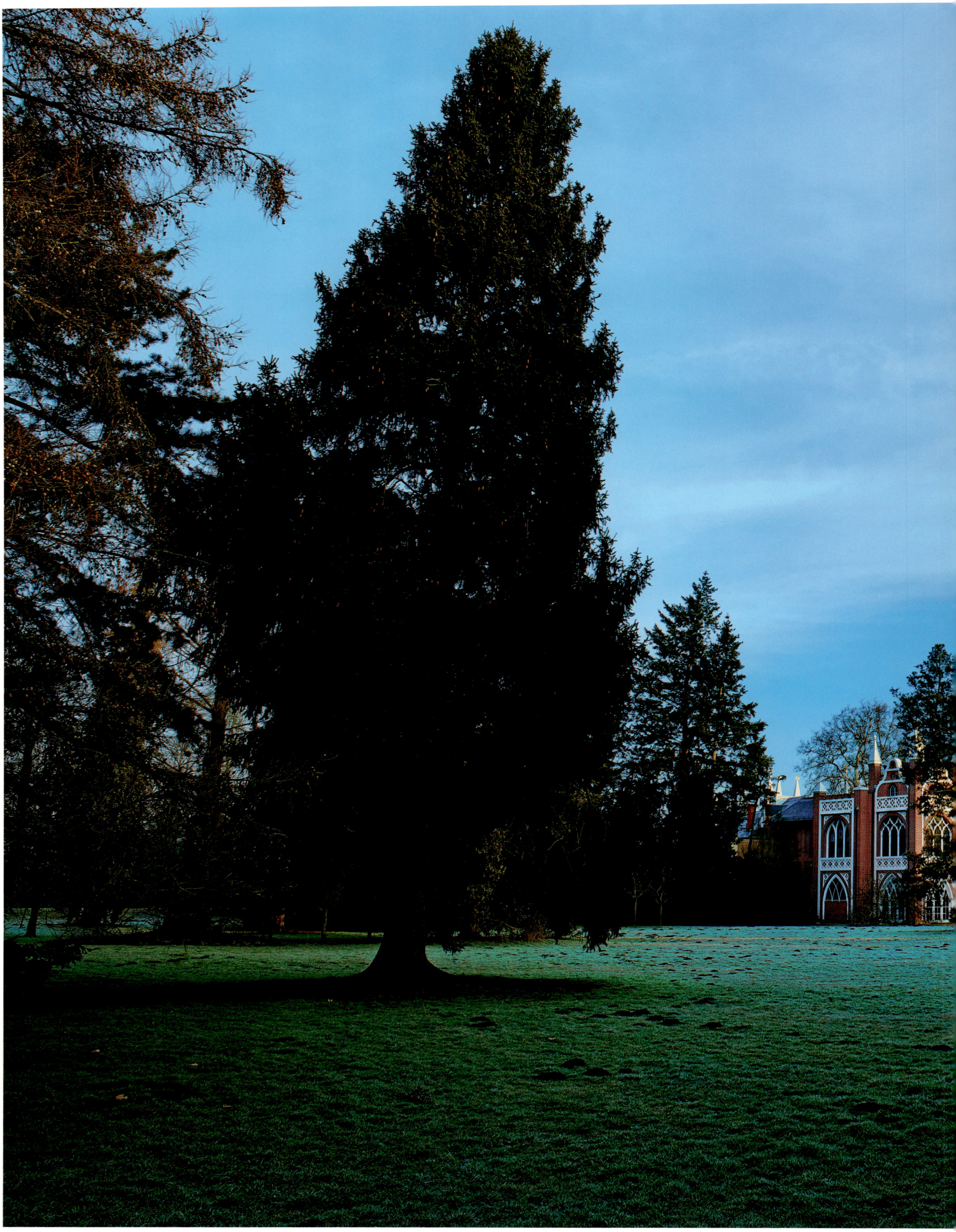

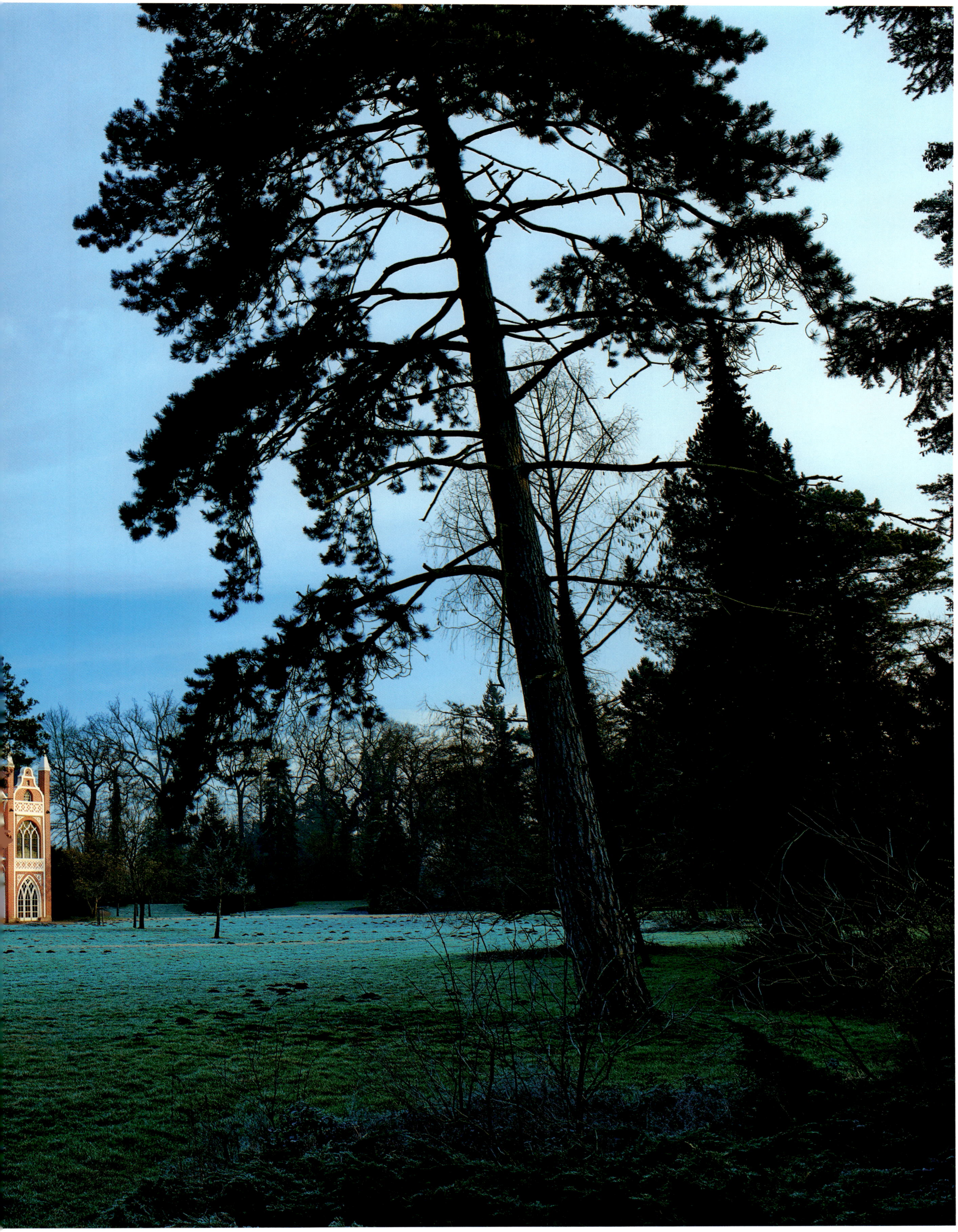

Schlossgarten brachte eine bedeutende Bereicherung. Die frisch geernteten Früchte durften als schmückendes und ästhetisches Beiwerk auf keiner fürstlichen Tafel als Statussymbol fehlen.

Der Pflanzenbestand in der Orangerie setzte sich aus Pomeranzen, Apfelsinen und Zitronen zusammen, wobei die Pomeranze sich durchsetzte, weil ihre Pflege im ungünstigen deutschen Klima etwas leichter von der Hand ging. Besonders geschätzt waren ihre Würzkraft und ihr Reichtum an ätherischen Ölen. Nicht zuletzt auch wegen der Schönheit ihrer strahlend weißen Blüten und der leuchtend orangefarbenen Früchte hatte sie große Popularität. Die Sammelleidenschaft des Fürsten und seiner Gärtner erbrachte im Lauf der Jahrzehnte ein umfangreiches Sortenrepertoire.

Weil der Bestand der übrigen Orangerien Anhalts in Oranienbaum zusammengeführt wurde, musste dort nach 1812 die alte durch eine neue, weit größere Orangerie ersetzt werden. Nachdem die als eine der längsten in Europa geltende 1818 fertiggestellt worden war, bestückte man sie mit allen Zitrusbäumen, die in Reih und Glied aufgestellt wurden. 1822 zählte der empfindliche Pflanzenbestand insgesamt 344 hochstämmige Exemplare.

In jenem Jahr erzielte der Hofgärtner Dietrich Klewitz d. J. einen bedeutenden Erfolg in der Zucht der Zitrusbäume. Er meldete eine Ernte von insgesamt 2425 feinen Früchten innerhalb eines Jahres. Das Ansehen der Oranienbaumer Orangerie stand bei Kennern hoch im Kurs. Die dortigen Zitrusbäume galten wegen ihrer Form, ihres gesunden Aussehens und ihres Blütenreichtums fortan als die schönsten in Nordeuropa.

◂◂
Wo heute hohe Koniferen das Gartenbild bestimmen, standen einst Kleediemen „nach des Fürsten Erfindung". Um das Gotische Haus weideten weiße Rinder, weißes Damwild und Schafe, die dem ganzen Gelände eine pastorale Stimmung verliehen, was bei sinkender Sonne besonders stimmungsvoll gewirkt haben muss.

Bis zu acht Monate stehen die diversen Gehölze geschützt in Pflanzenhäusern, um dann von Mitte Juni bis Mitte September die Gartenpartien mit ihren farbenfrohen Früchten zu schmücken.

▸▸
Über zweihundert hochstämmige Pomeranzen (Citrus aurantium) zieren in anhaltischen Pflanzkübeln die Wege der barocken Parkanlage. Diese Art gilt als besonders robust und wurde in Oranienbaum umfangreich kultiviert.

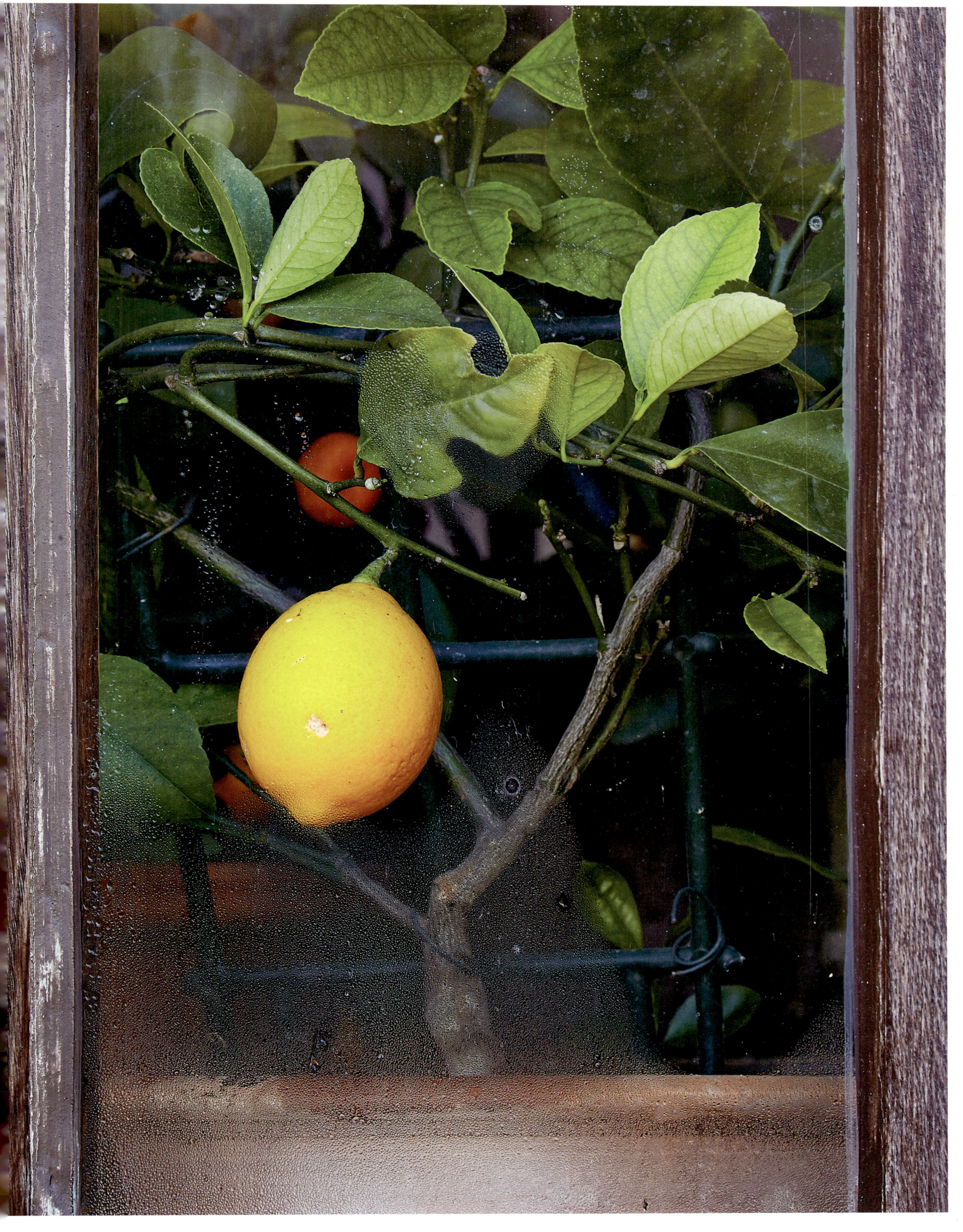

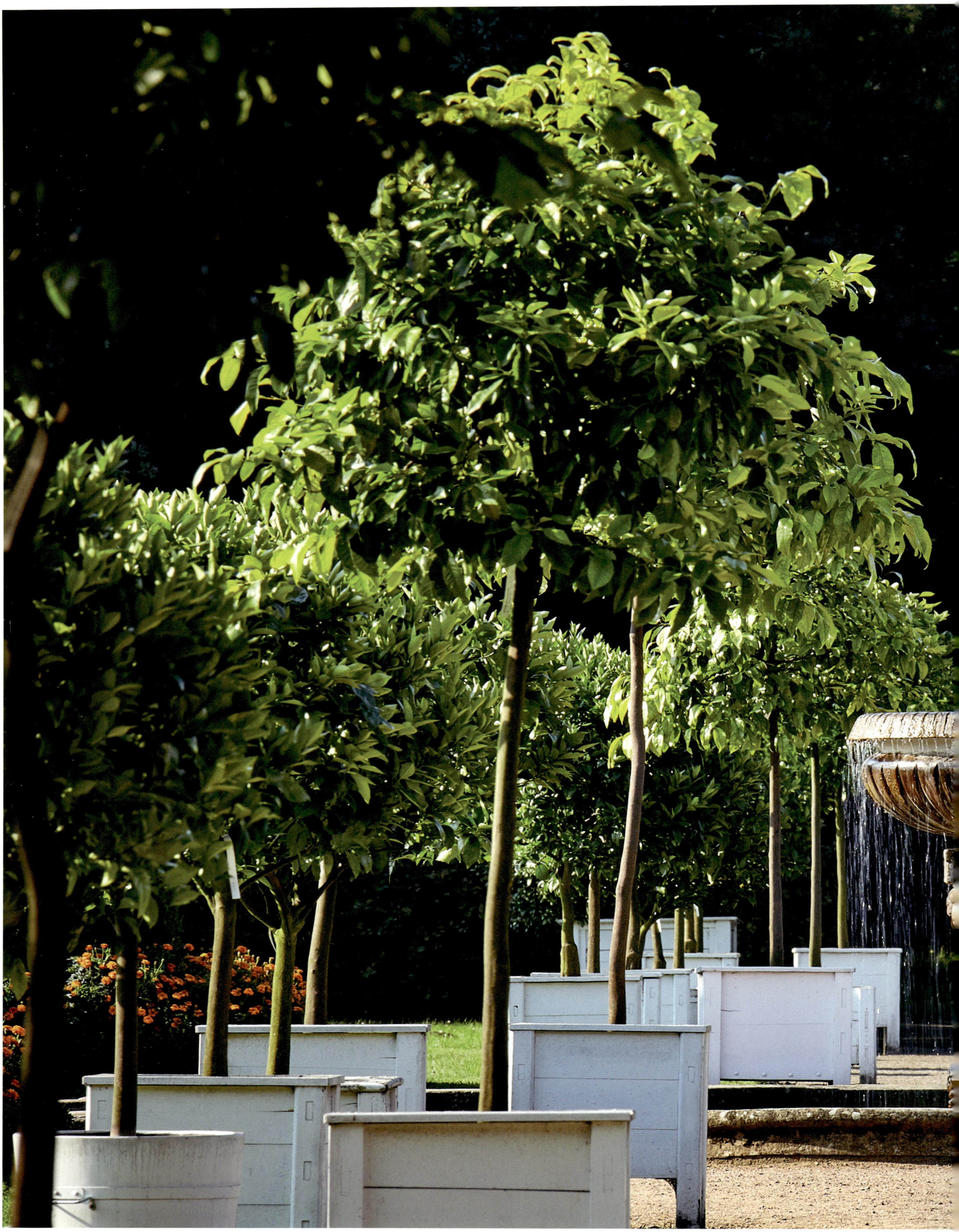

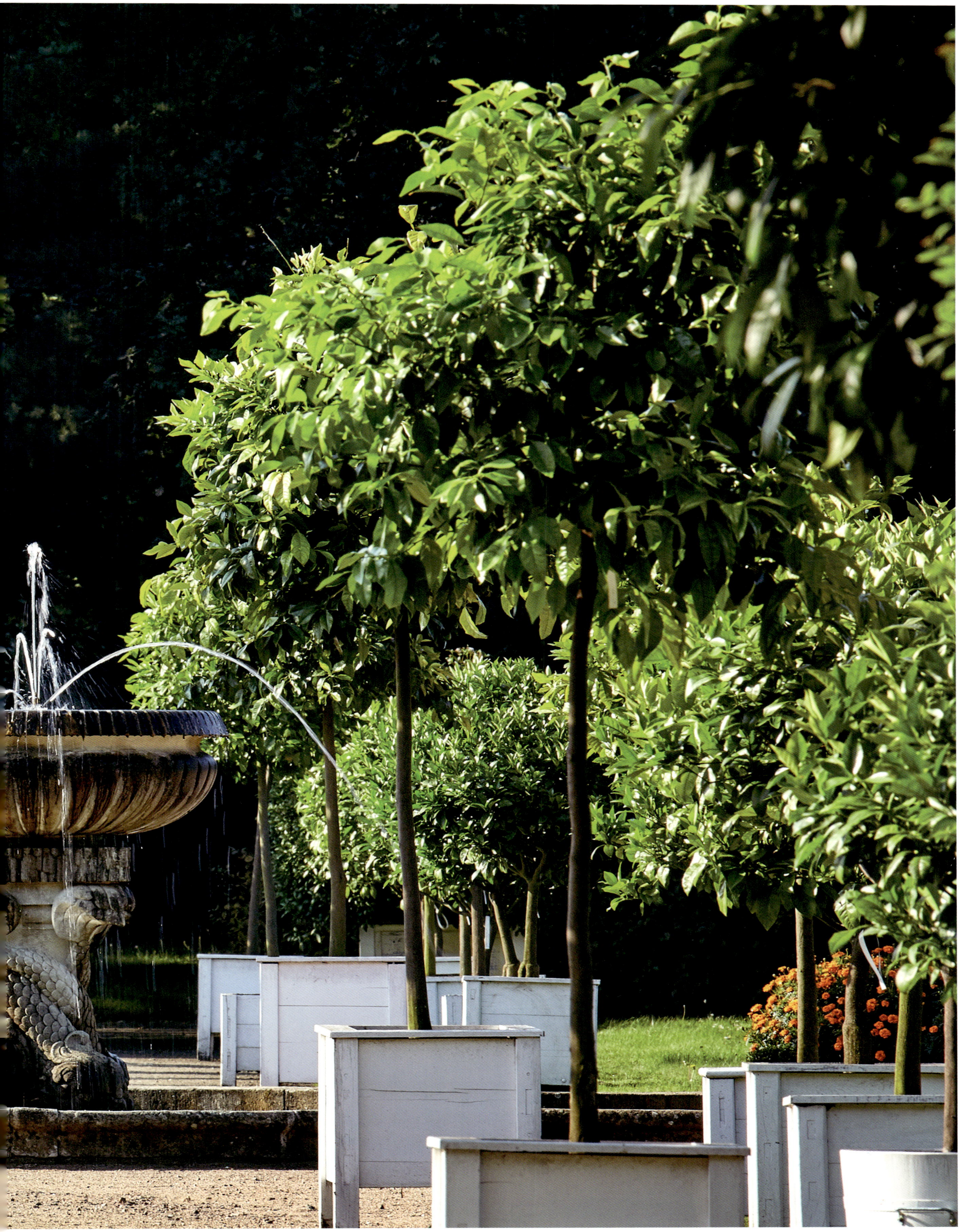

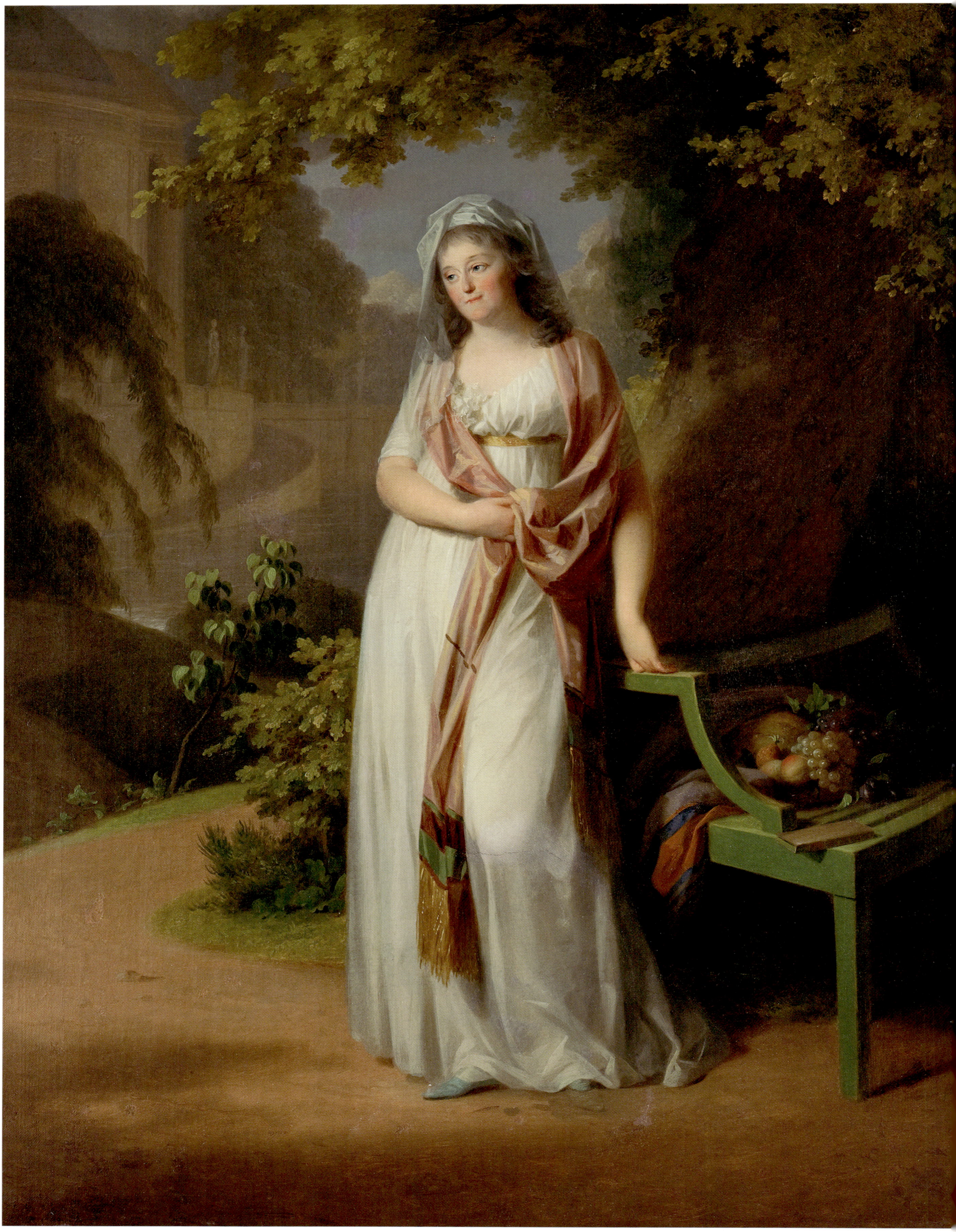

Louises Blumenwelten

CHRISTA HASSELHORST

„Die Pflanze gleicht den eigensinnigen Menschen, von denen man alles erhalten kann, wenn man sie nach ihrer Art behandelt."
(Goethe, Die Wahlverwandtschaften)

„Ein seltener Tag! Denn ich war viele Stunden unter freiem Himmel einsam, genoss der schönen Morgenluft, der Stille und fühlte mich einfach wohl!" So lautet ein Tagebucheintrag der Fürstin Louise im Mai 1781. Wie viel verbirgt sich in diesen zwei Sätzen: die Sehnsucht nach Einsamkeit, Ruhe, nach Freiheit – und die große Liebe zur Natur. Sie ist es, die der ebenso geist- wie gefühlvollen Fürstin zuverlässig ihr ganzes Leben lang Trost spendet. Und in ihrem wahrlich nicht glücklichen Leben geschieht ihr das Glück, von einem Garten Eden umgeben zu sein. Ihr Sommersitz Luisium und das Schloss Wörlitz sind in ein Gartenreich eingebettet, so schön, dass nicht nur Goethe, der öfter zu Besuch kommt, schwärmt: „Hier ists jetzt unendlich schön."

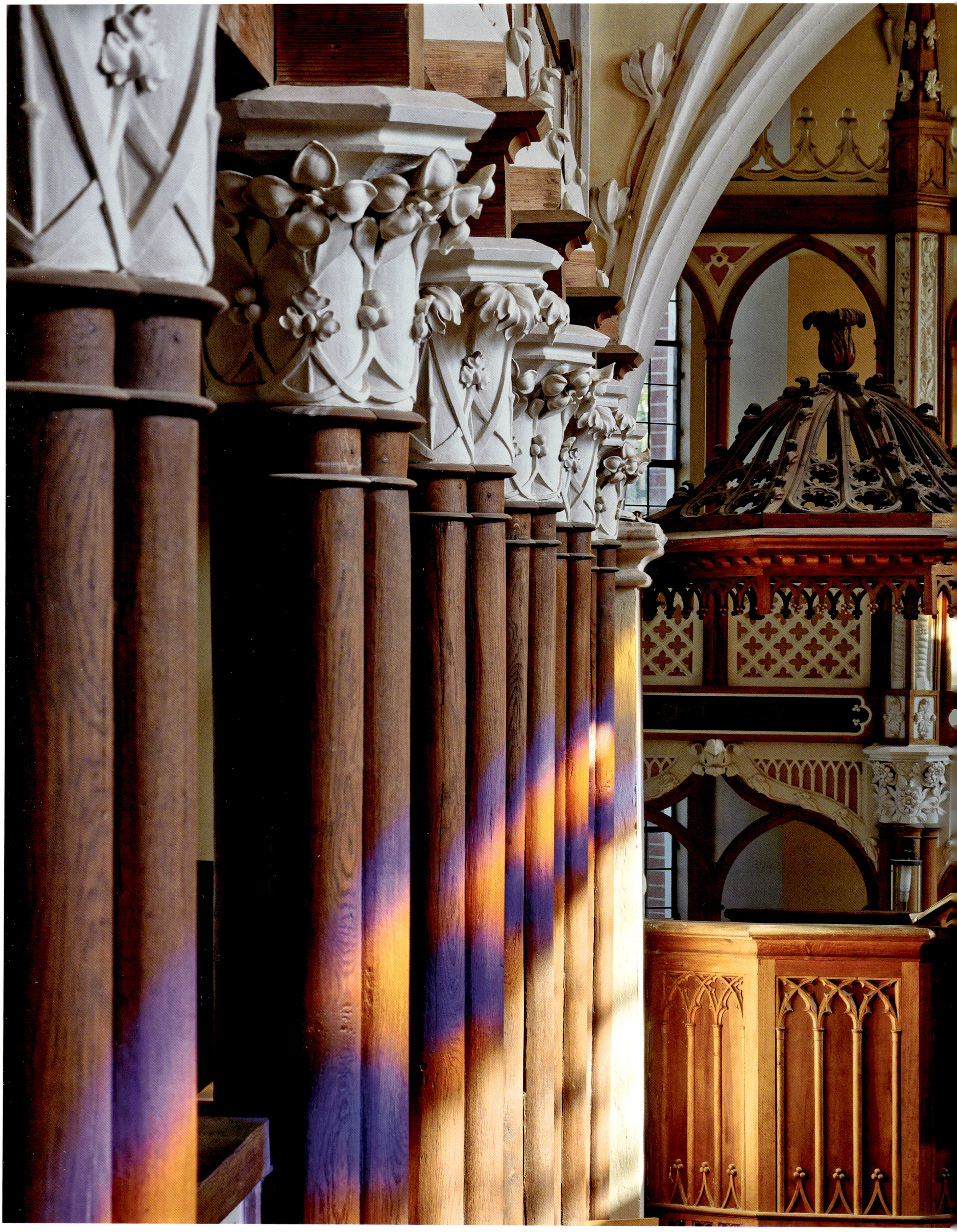

Johann Friedrich August Tischbein
(1750–1812):
Porträt der Fürstin Louise von
Anhalt-Dessau
1797
Öl auf Leinwand
84 x 72 cm
Schloss Luisium

Zum Bildnis erfolgte am 2. Dezember 1797 in Louises Tagebuch der aufschlussreiche Eintrag: „Ich stand nach 7 auf, frisiert, gekleidet und um 9 zur Stadt, vor dem Schloss die Lattdorf [Hofdame der Fürstin] geholt, zu Tischbein, dort gesessen, mich malen lassen bis halb eins." Drei Tage später hielt sie sich etwa drei Stunden beim Maler auf. Es war wohl noch diese weitere Sitzung vonnöten, um das Porträt zu vollenden.

In der Petri-Kirche, der größten Kirche im Gartenreich, sind die Kapitelle der Säulenbündel, die Wandflächen und der Kanzelhimmel mit floralen Motiven üppig dekoriert.

Es ist die Epoche der Empfindsamkeit. Jean-Jacques Rousseaus Schlachtruf „Zurück zur Natur" erobert Europa, seine Schriften sind Pflicht-Lektüre in den aufgeklärten Salons. Natürlich hat auch Fürstin Louise sie auf ihrem Schreibtisch. Rousseaus Roman „Heloise" feiert eine „unberührte" Natur als Gegenentwurf zu Absolutismus und höfischem Protokoll, als Symbol für Aufklärung, Natürlichkeit und Ungezwungenheit. Das passt geradezu perfekt auf das Wörlitzer Gartenreich, ist es doch nach dem Vorbild der neuen Englischen Landschaftsparks gestaltet. Statt des bisherigen, streng symmetrischen Barock-Parks, wo Natur mit Lineal, Zirkel und Formschnitt gezähmt wurde, wirkt die Natur nun, obwohl von Menschenhand geformt, natürlich. Wege schlängeln sich sanft durch das Grün, Bäche sind gekurvt, Uferkanten an Teichen gebuchtet, weite Wiesenlandschaften, lockere Baumgruppen.

Die verfeinertsten, geheimnisvollsten und anrührendsten Erzeugnisse der Natur in einem Park sind Blumen. Sie stehen jedoch nicht nur für Schönheit an sich, sondern sind seit Jahrhunderten auch sublime Allegorien auf Tugenden, sind verbunden mit Mythen, sind anspielungsreiche Botschafter. Für die gefühlvollen Frauen (und Männer) des empfindsamen Zeitalters besitzen Blumen daher einen ganz besonderen Stellenwert. Für die Fürstin, voller Tiefe und Gemüt, erst recht. Im Wörlitzer Gartenreich hat Göttin Flora ihr Füllhorn reichlich ausgestreut. Wir verdanken dieses Wissen einer umfangreichen Pflanzenliste des Fürstlichen Hofgärtners Gottlieb Schoch, veröffentlicht von August Rode 1798 in „Gartenbeschreibung". Darin sind rund 650 „ein- und ausländische Pflanzen und Stauden" aufgeführt.

Wagen wir also einen Zeitsprung und lustwandeln mit der Fürstin durch ihr Paradies voller anmutiger Blumen und betörender Düfte. Die Winter in Wörlitz sind oft lang und hart, da erfreuen die weißen Blüten der ersten Christrosen, die sich tapfer durch Schnee und Eis kämpfen, umso mehr. Auch weil die Christrose seit Langem als Gleichnis für Erlösung von der Angst gilt – eine Blume als Medizin für die geplagte Seele der zartbesaiteten Fürstin. Die ist an den ersten Frühlingstagen entzückt von hauchzarten Schneeglöckchen und Primeln. Das goldgelbe Adonisröschen lugt in dicken Büscheln zwischen zartem Grün hervor, ein bezaubernder Anblick. In feuchten Wiesenbereichen entdeckt die Fürstin die grazile Schachbrettblume, ein Kleinod, das bereits der berühmte Maler Georg Flegel im 17. Jahrhundert verewigt hat. In Himmelblau leuchten die klitzekleinen Perlenkegel der Traubenhyazinthen. Schöner Kontrast dazu sind unzählige Arten von Narzissen. Ganze Teppiche von Krokussen, Wildtulpen und Blausternchen erheitern sie beim Morgenspaziergang. Später im Frühling ergötzt sich die Ästhetin mit dem erlesenen Geschmack an farbenprächtigen Tulpen mit ihren bizarren Blütenkelchen wie der gelben Weinberg-Tulpe.

Eine symbolträchtige Blume ist das Maiglöckchen. Unwiderstehlich liebreizend mit den hauchzarten porzellanweißen Glöckchen und seinem charakteristisch starken Odeur. Sicher zieren kleine Buketts die Zimmer im Luisium und lassen den Duft durch alle Räume wehen. Das Maiglöckchen steht für Liebesglück und ist Zeichen einer endgültig getroffenen Entscheidung. An manchem Maienmorgen streift Louise an Hängen im Halbschatten entlang und pflückt das schöne, aber auch giftige Gewächs in der Hoffnung, das Liebesglück möge ihr doch noch hold sein, und gleich dazu noch eine Handvoll Maßliebchen, denn auch das Gänseblümchen ist ein beliebtes Orakel in Liebesfragen: „Er liebt mich, er liebt mich nicht …" Wetten, dass selbst die ernste Fürstin das neckische Blumenspiel betreibt, wenn sie das Blümlein, das schon seit dem 13. Jahrhundert als „Liebesblume" bezeichnet wird, aus dem Gras zupft?

Den Aufklärer Rousseau hat die Fürstin sogar persönlich kennengelernt. Gemeinsam mit ihrem Mann besuchte sie ihn 1775 in Paris. Aus dem tiefen Eindruck heraus, den jene Begegnung bei beiden hinterlassen hat, ließ der Fürst nach Rousseaus Tod in Wörlitz eine von Pappeln gesäumte Insel anlegen. Diese Hommage ist eine Szenerie voll hochromantischer Melancholie. Louise gefällt der Anblick, ist Schwermut doch ein Gemütszustand, in dem sie sich häufig befindet und der als Grundton ihr Leben begleitet.

Dazu passt, dass Fürstin Louise, die der Welt in ihrem kleinen Reich bewusst abhanden kommen will – dafür unternimmt sie als kleine Fluchten zahlreiche Reisen –, in ihrem Garten Eden möglichst wenig Publikum sehen will. Daher lässt sie 1780 im „Dessauer Stadtanzeiger" verkünden: „Da ich es der bessern Aufnahme meines Gartens, des sogenannten Vogelherds nicht zuträglich finde, denselben täglich zu öffnen zu lassen, so wird [...] jedermann belehrt, dass dieser Garten nur des Montags und Freitags Nachmittags [...] den Spazierenden offen stehen".

Splendid Isolation in paradiesischer Natur: ein Luxus, den die schwärmerische, naturbegeisterte Fürstin tief auskostet. Sie wandelt bei Sonnenaufgang, Sonnenuntergang und im Mondenschein oft mutterseelenallein durch ihren Garten, inhaliert die Düfte von Gehölzen und Blüten. Selbst bei schlechtem Wetter – „Ich ging vormittags viel in den Gärten umher, doch die Witterung war unfreundlich" (25. April 1786) – spendet die Natur ihrem wunden Herzen Linderung.

Wer jedoch glaubt, eine feine Adelsdame wandle nur ätherisch umher, der irrt gewaltig. Diese Fürstin kann auch handfest zupacken: „Um Bewegung zu haben, sägte ich am Vormittage Holz", vermerkt sie am 16. September 1786. Und wer weiß, vielleicht wirft sich die elegante, aber meist elegische Person, wenn keiner es sieht, einfach übermütig mitten in eine blühende Wiese. Soll das kostbare Seidenkleid doch Grasflecken bekommen! Nur so kann sie Floras kleine Kostbarkeiten, die da zu ihren Füßen sprießen, sehen, fühlen und riechen.

In zahlreichen sich ähnelnden Tagebucheintragungen steht: „Wir hatten glückliche stille Stunden, wanden Blumenkränze und schmückten damit die Urne auf dem Grabe meiner Tochter" (August 1778). Welche

Das Schlösschen Luisium, auf einem hochwasserfreien Hügel im ehemaligen Vogelherd in Dessau-Waldersee gelegen, wurde 1774–1778 nach dem Entwurf des Architekten Friedrich Wilhelm von Erdmannsdorff als Refugium für die Fürstin von Anhalt-Dessau errichtet.

▶▶
Faun, der lüsterne Gott der freien Natur, galt als der Beschützer der Hirten und Bauern, der Herden und der Äcker. Eine Sandsteinherme mit seinem Abbild schmückt eine künstliche Quelleinfassung im Luisium.

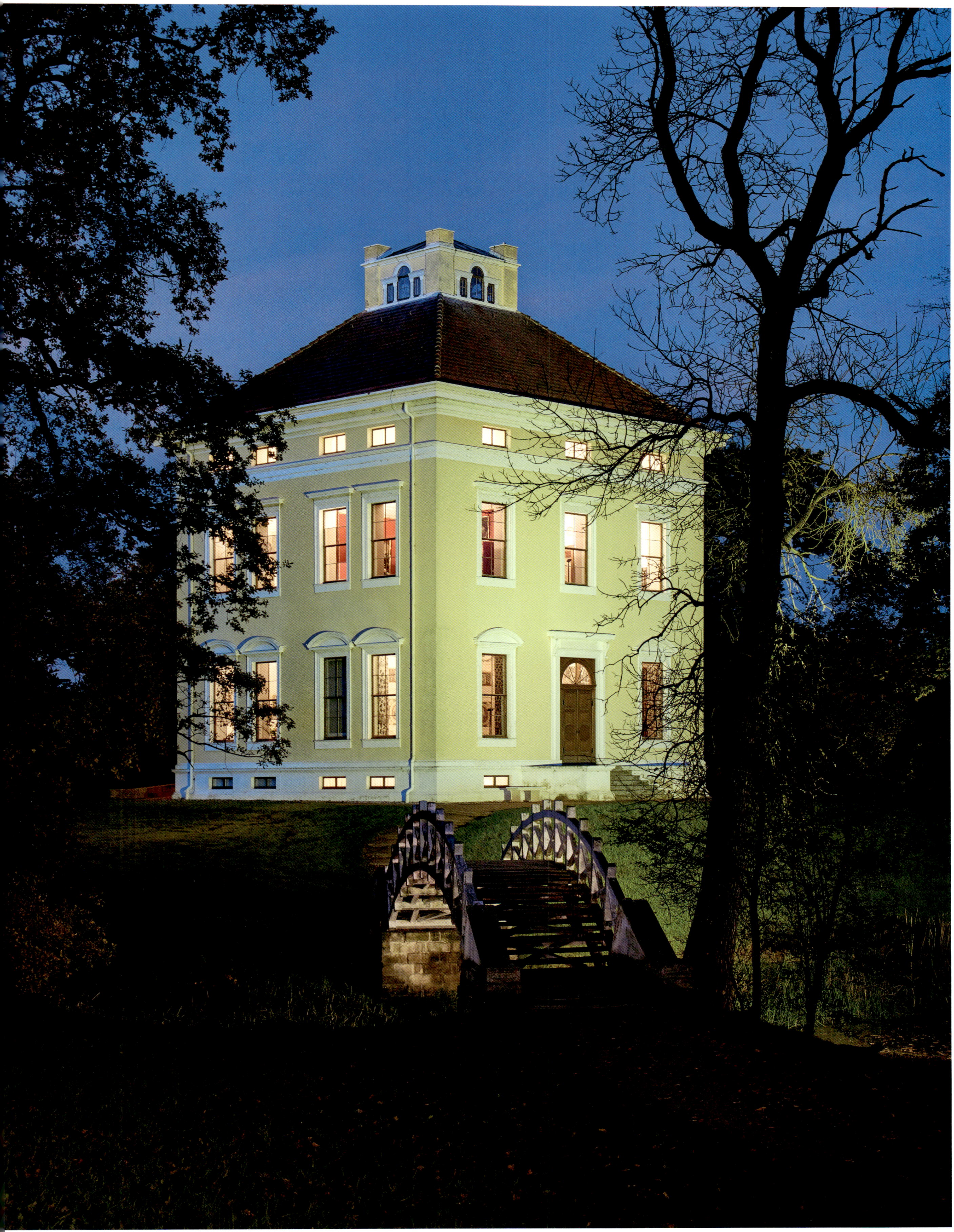

Hinten im Winkel des Gartens, da stand ich der letzte der Götter,
    Roh gebildet, und schlimm hatte die Zeit mich verletzt.
Kürbisranken schmiegten sich auf am veralteten Stamme,
    Und schon krachte das Glied unter den Lasten der Frucht.
Dürres Gereisig neben mir an, dem Winter gewidmet,
    Den ich hasse, denn er schickt mir die Raben aufs Haupt,
Schändlich mich zu besudeln; der Sommer sendet die Knechte,
    Die, sich entladende, frech zeigen das rohe Gesäß.
Unflat oben und unten! Ich mußte fürchten, ein Unflat
    Selber zu werden, ein Schwamm, faules, verlorenes Holz.
Nun, durch deine Bemühungen, o! redlicher Künstler gewinn ich
    Unter Göttern den Platz, der mir und andern gebührt.
Wer hat Jupiters Thron, den schlechterworbnen, befestigt?
    Farb und Elfenbein, Marmor und Erz und Gedicht.
Gern erblicken mich nun verständige Männer und denken
    Mag sich jeder so gern, wie es der Künstler gedacht.
Nicht das Mädchen entsetzt sich vor mir und nicht die Matrone,
    Häßlich bin ich nicht mehr, bin ungeheuer nur stark.
Dafür soll ich dir denn auch halbfußlang die prächtige Rute
    Strotzen vom Mittel herauf, wenn es die Liebste gebeut,
Soll das Glied nicht ermüden, als bis ihr die Dutzend Figuren
    Durchgenossen, wie sie künstlich Philänis erfand.

Johann Wolfgang Goethe

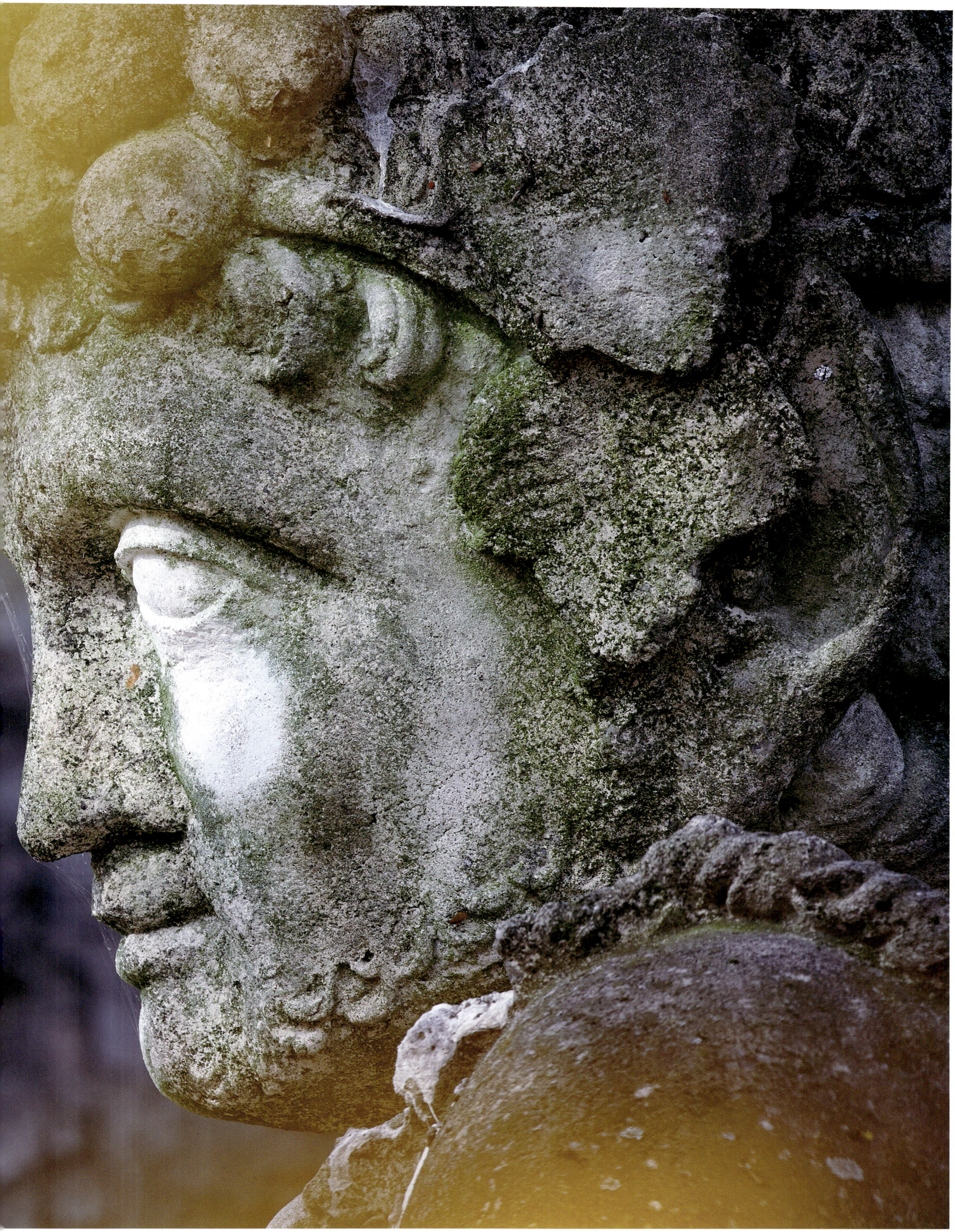

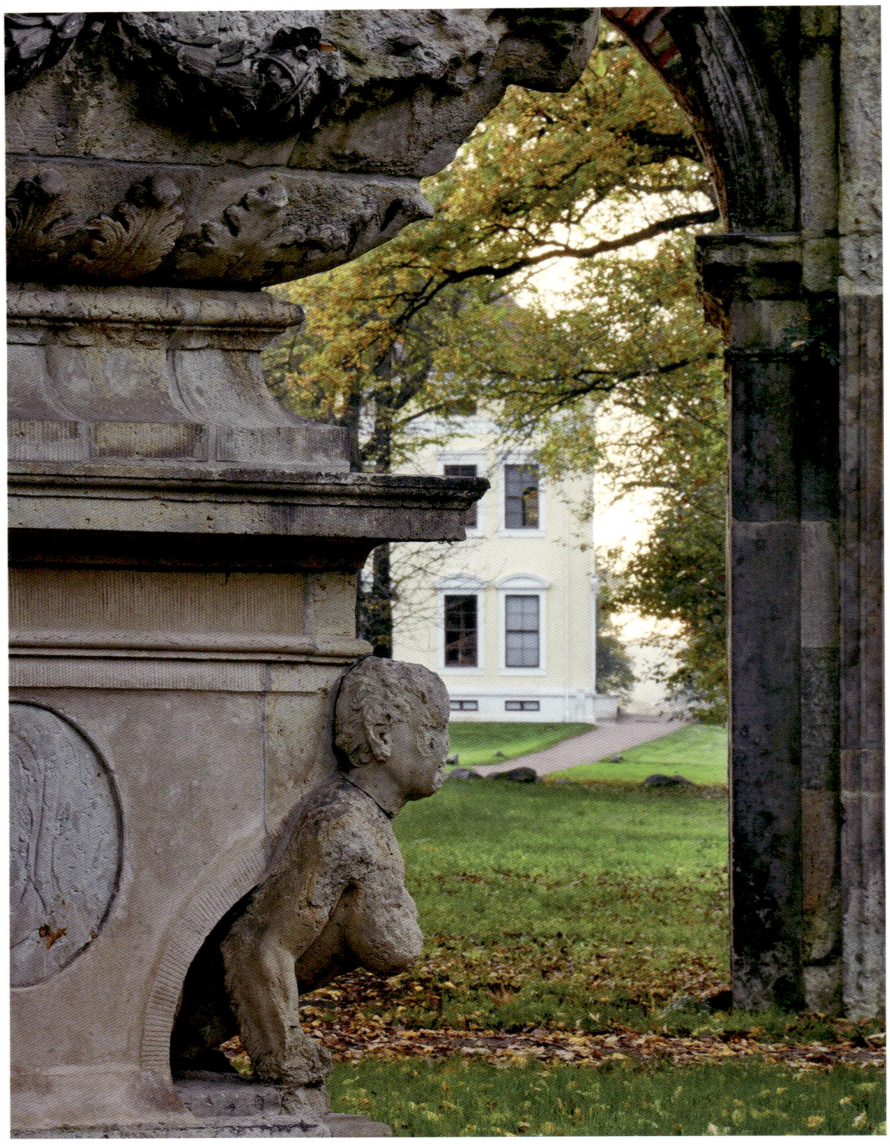
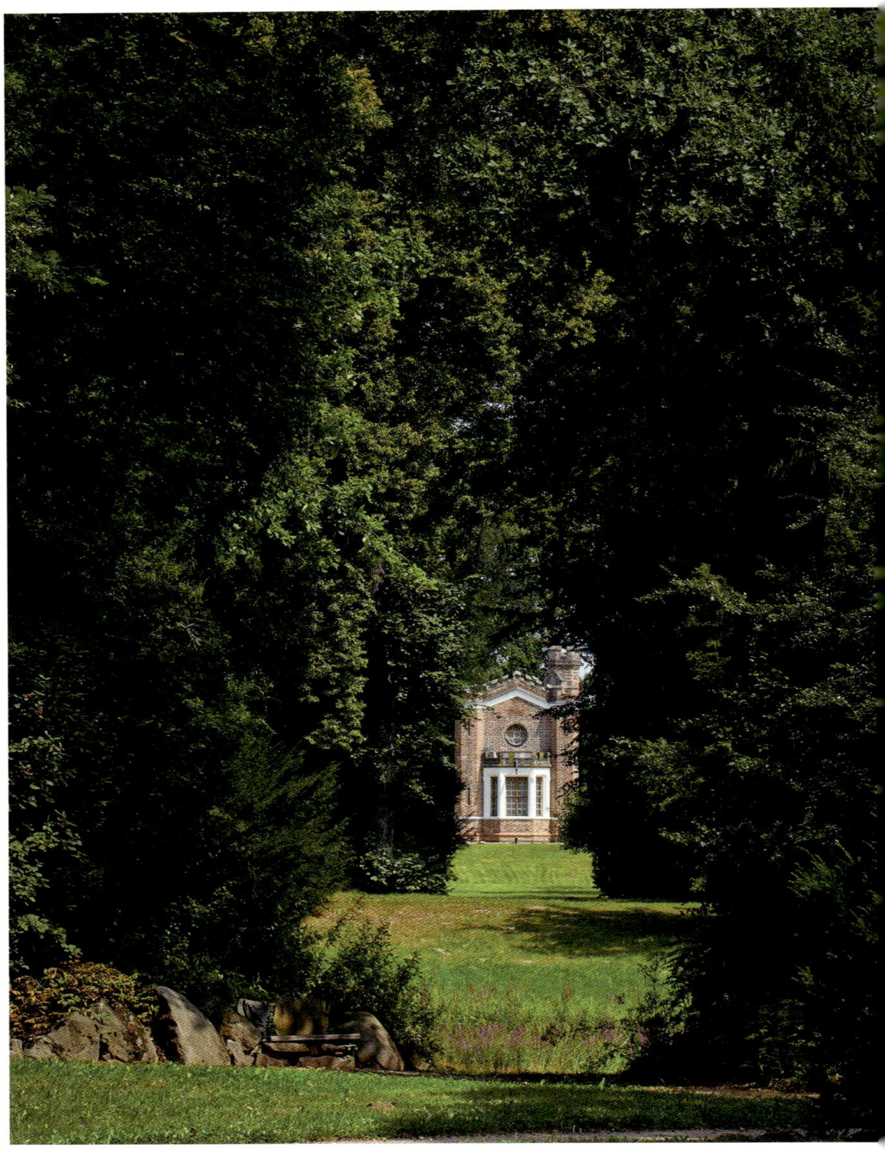
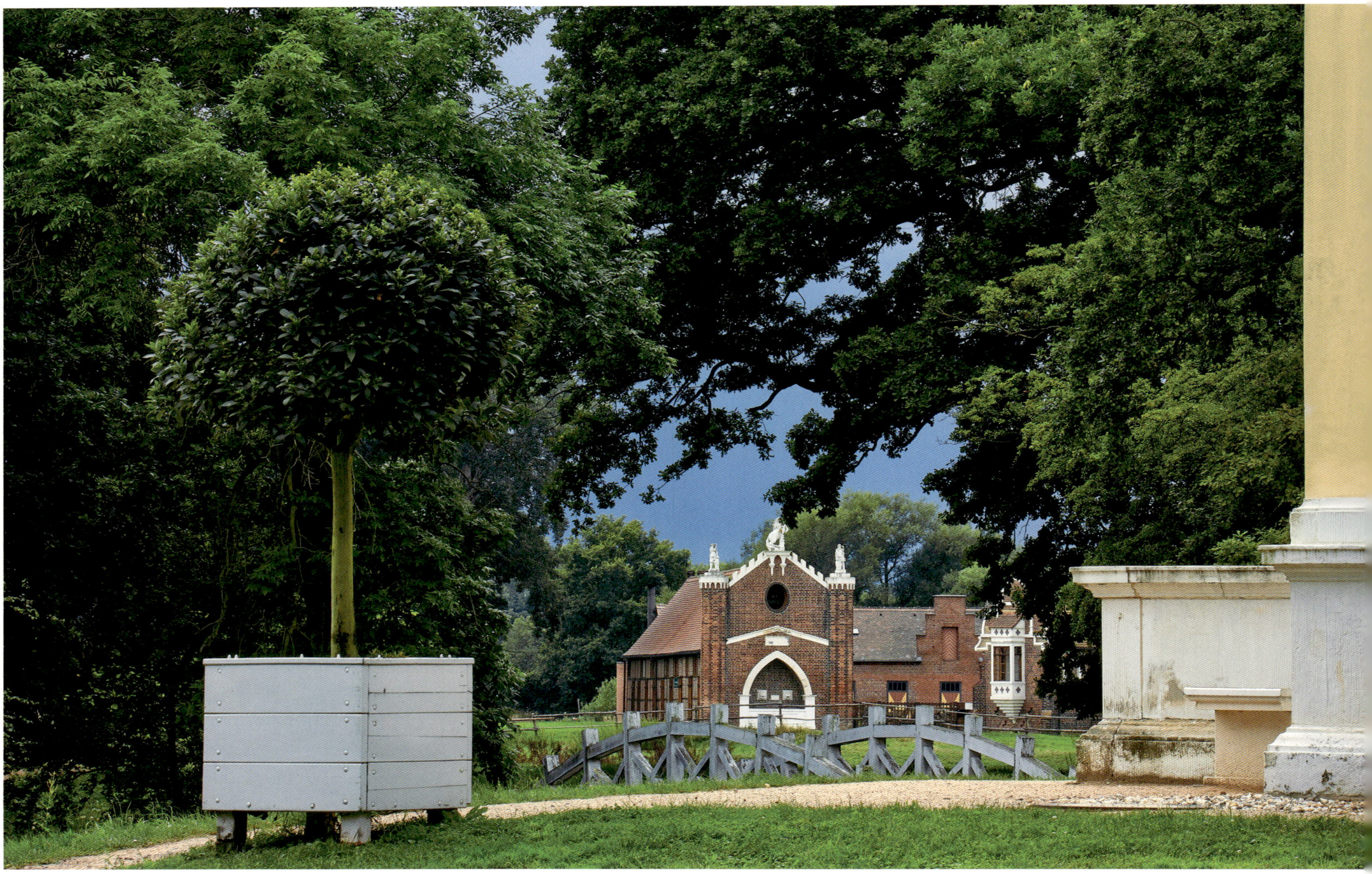

Blumen pflückt sie für diese Blumenkränze? Die Auswahl ist groß: Glockenblumen, Flockenblumen, fein ziselierte Bartnelken, Karthäuser- und Federnelken, Storchschnabel gleich in zahlreichen Sorten, himmelblaue Kornblumen, Symbol der Himmelskönigin Maria wie auch Sinnbild der Treue.

Im Frühsommer prangen üppige Pfingstrosen und ziehen die Aufmerksamkeit auf sich. Dazu gesellt sich die Bleiwurz mit ihren fragilen Blüten in hauchfeinem Blau, begleitet von der Flammenblume. Zu Louises Favoritinnen gehört die Türkenbundlilie mit ihren bizarr gebauschten Blütenkelchen in flammendem Orange. Schwertlilien mit ihren sinnlichen Blüten betören in vielfältigen Formen, Farben und Arten, darunter die Bleichgelbe Schwertlilie mit weiß gestreiften Blättern, die „Dame in Trauer" mit feinen schwärzlich-dunkelroten Linien, die Bunte Schwertlilie und die purpurblaue Pflaumen-Schwertlilie. Wachsen so viele Iris im Gartenreich nur wegen ihrer Grazie oder weil sie Symbol verschmähter Liebe sind? Poetischer ist, dass sie nach Iris, der Göttin, die über den Regenbogen geht, benannt wurden. Dies gefällt der Naturschwärmerin Louise.

Der stolze Rittersporn dient vielleicht als Zierde in opulenten Sträußen, ebenso die Madonnenlilie. Wie arrangiert Louise Sträuße in ihren Zimmern, in denen sie zahlreiche Besucher empfängt? In großen Buketts wirken weiße Lilien am prächtigsten und ihr schwerer, betörender Duft füllt im Nu ein ganzes Zimmer. Diese uralte Blume zählt zu Goethes Lieblingen in seinem Ilm-Garten in Weimar. Louise schätzt sie sicher, weil diese Lilie als Sinnbild für die Reinheit des Herzens gilt. Ihr strahlendes Weiß wird als Überwindung alles Irdischen aufgefasst, im Christentum ist sie Symbol der unbefleckten Empfängnis. Auch als Totenblume hat sie wegen ihres intensiven Duftes Bedeutung. Viele tiefgründige Lesarten, mit denen sich ein poetisch veranlagtes Frauenherz befassen kann.

Apropos Goethe: Der weilt des Öfteren als Gast im Gartenreich, man genießt träge Nachmittage voller Muße im anhaltischen Arkadien. „Goethe zeichnete, ich stickte, der Herzog faulenzte – als ein Bienenschwarm sich über uns in einen Baum setzte", notiert Louise. Möglich, dass man auch über Pflanzenzucht, Gartenbau und Gestaltung philosophiert – alles Themen, die Louise nicht nur theoretisch interessieren.

Viele ihrer Blumen wachsen im eigens so genannten Blumengarten (heute nicht mehr bepflanzt), dessen Herz das Blumengartenhaus ist, ein anmutiger klassizistischer Pavillon im Luisium. Dieser Bereich ist zwischen Grotte und Schloss so platziert, dass Louise schnell und jederzeit zu ihren Lieblingsblumen eilen kann, um ihren braunen Lockenkopf über die Kelche zu beugen und die Düfte einzuatmen. Ob es Blumenbeete mit Stauden und einjährigen Sommerblumen gab, ist nicht sicher nachweisbar. Gesichert indes ist, dass in gemauerten Beeten eine große Menge von Hyazinthen wuchs. Zu Louises Zeit ist dieser Frühlingsbote, ein Exot aus den Serails von Konstantinopel, nicht nur Sinnbild für das Wiedererwachen der Natur, sondern als Hochzeitsblume auch Zeichen der Treue, also für

Sichtachsen leiten auch im Luisium den Blick auf Ziele, die der Spaziergänger nicht auf direktem Wege erreicht: das Schloss Luisium, das Schlangenhaus oder das neugotische Gestüt zur Fohlenzucht im 18. Jahrhundert.

Wie auch in Wörlitz überspannt eine weiße Holzbrücke nach einer Idee Andrea Palladios einen Wasserlauf in der Nähe des Schlosses Luisium. Von diesem führt eine lange, von Esskastanien gesäumte Blickachse zum Ruinenbogen und der geheimnisvollen, verschleierten Skulptur einer Isis.

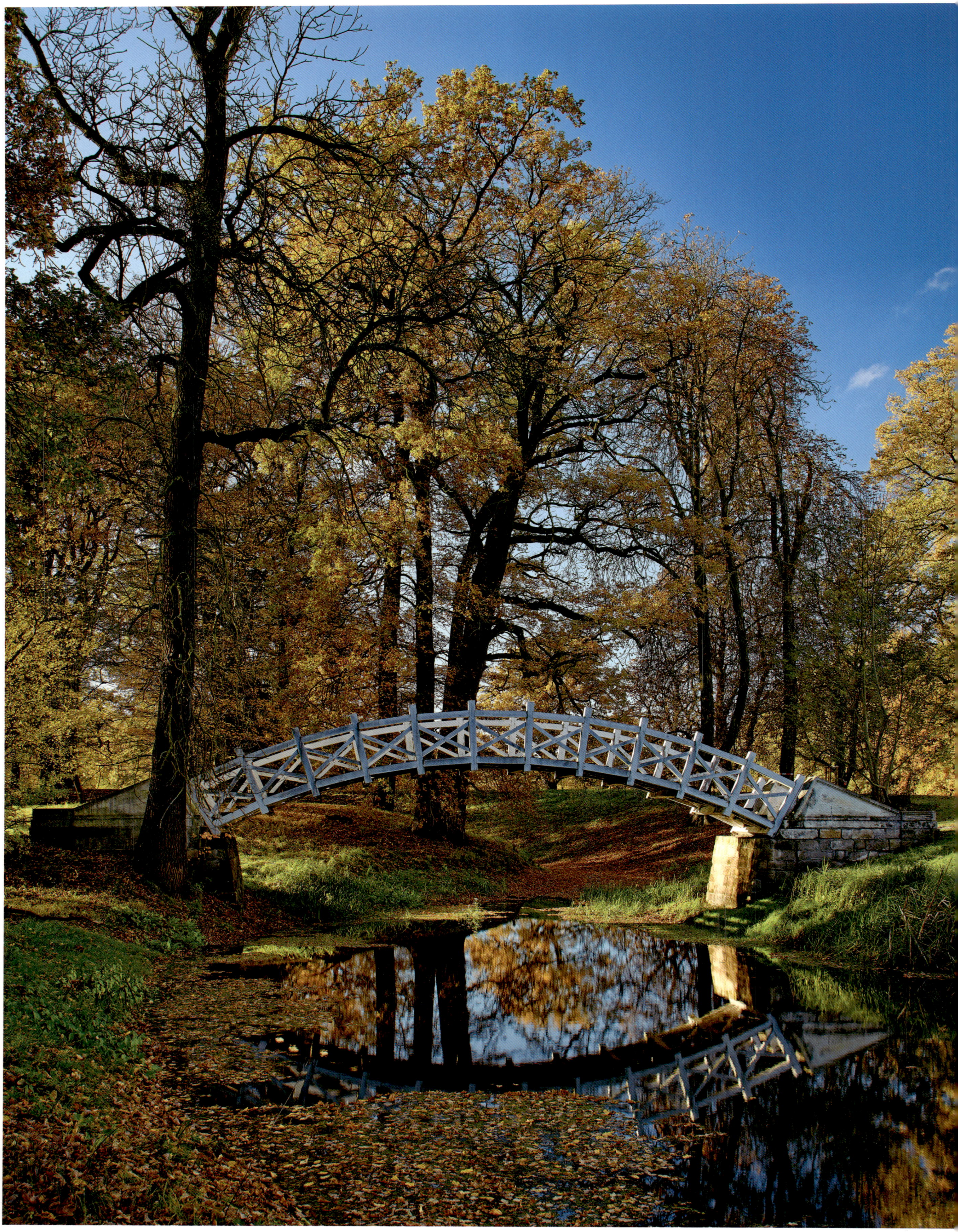

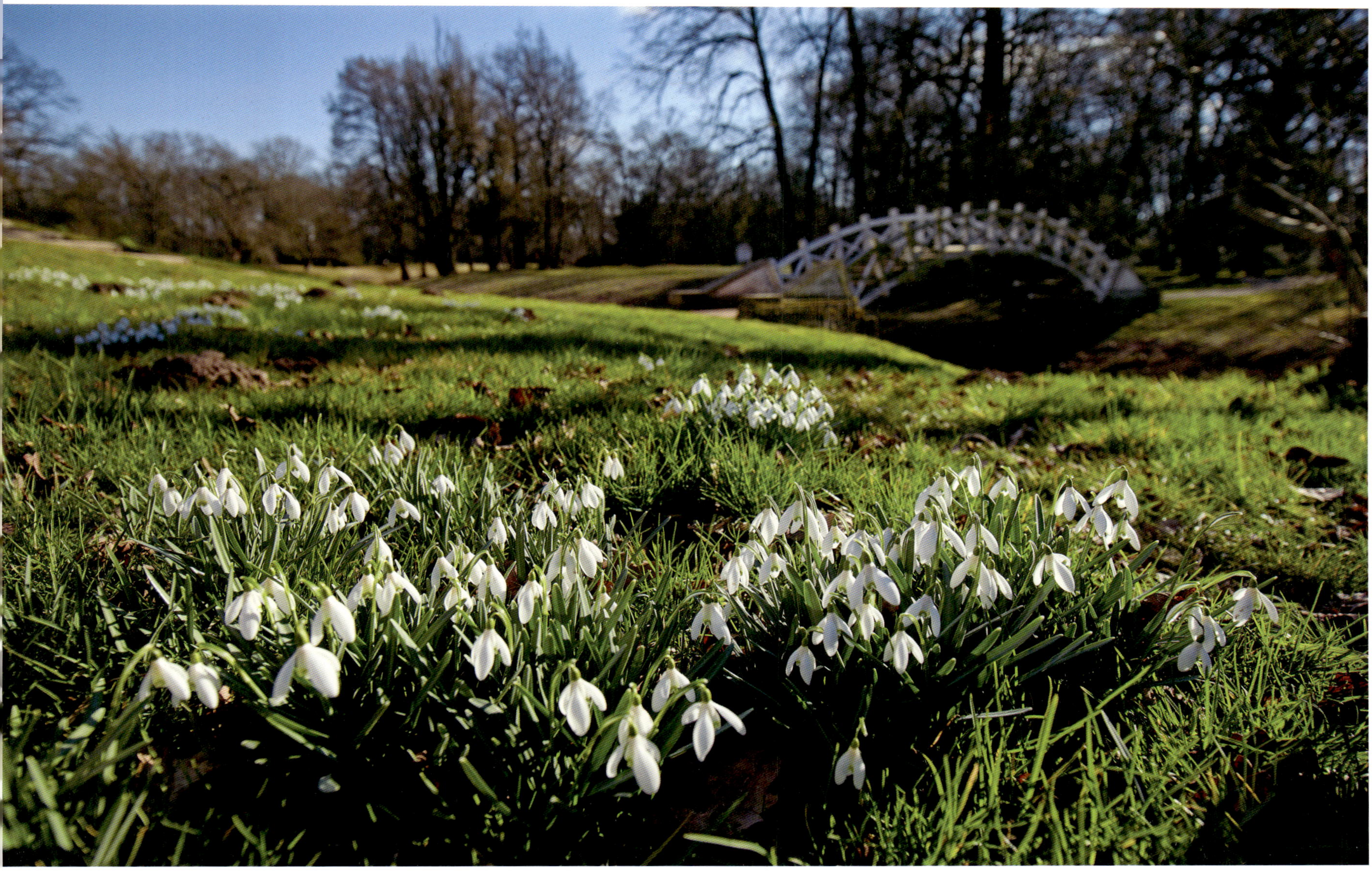

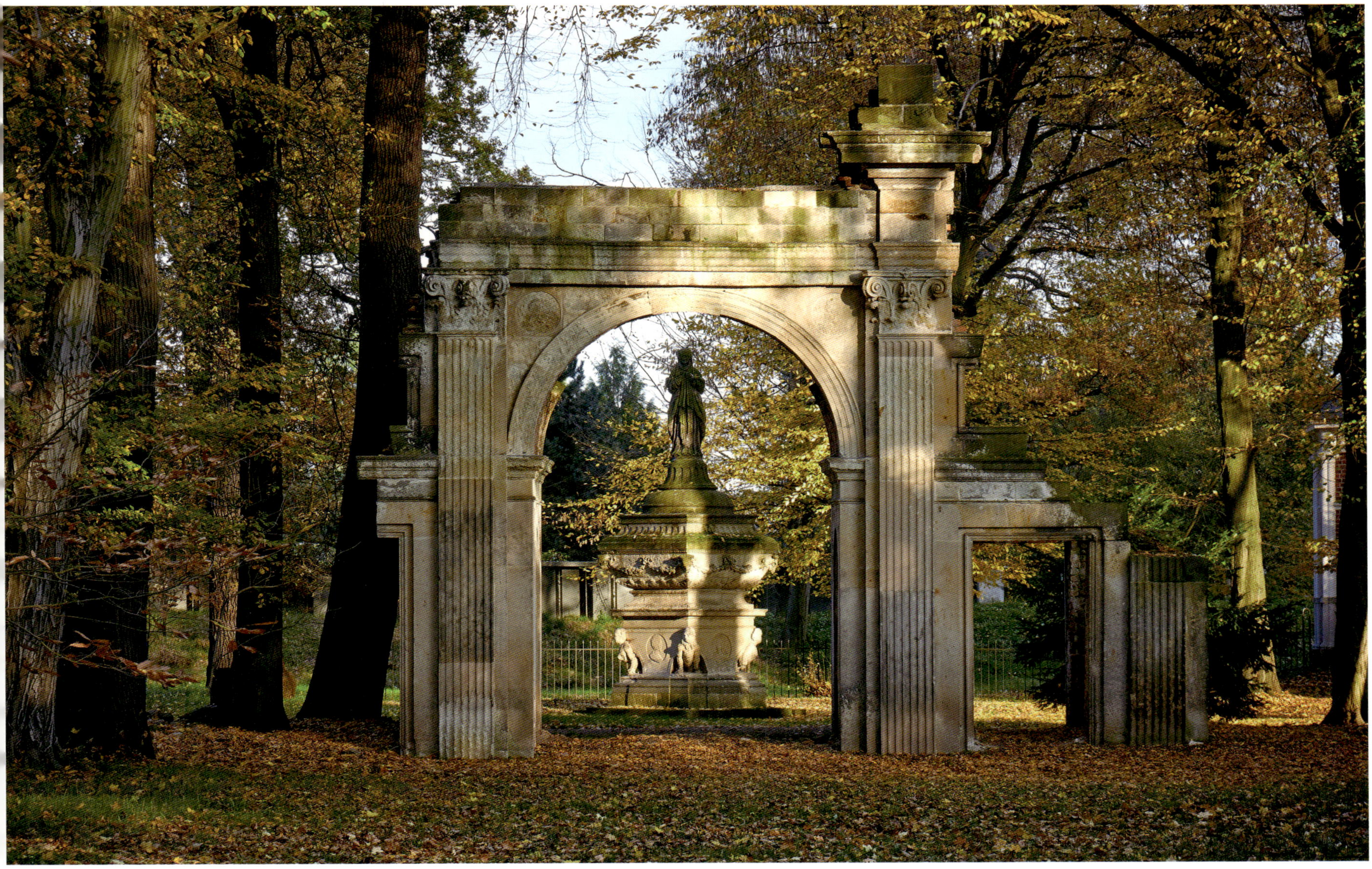

Geruchlose Kamille
(Tripleurospermum)

Punktierter Gilbweiderich
(Lysimachia punctata)

Sumpfdotterblume
(Caltha palustris)

Mohn (Papaver)

Kaiserkrone
(Fritillaria imperialis)

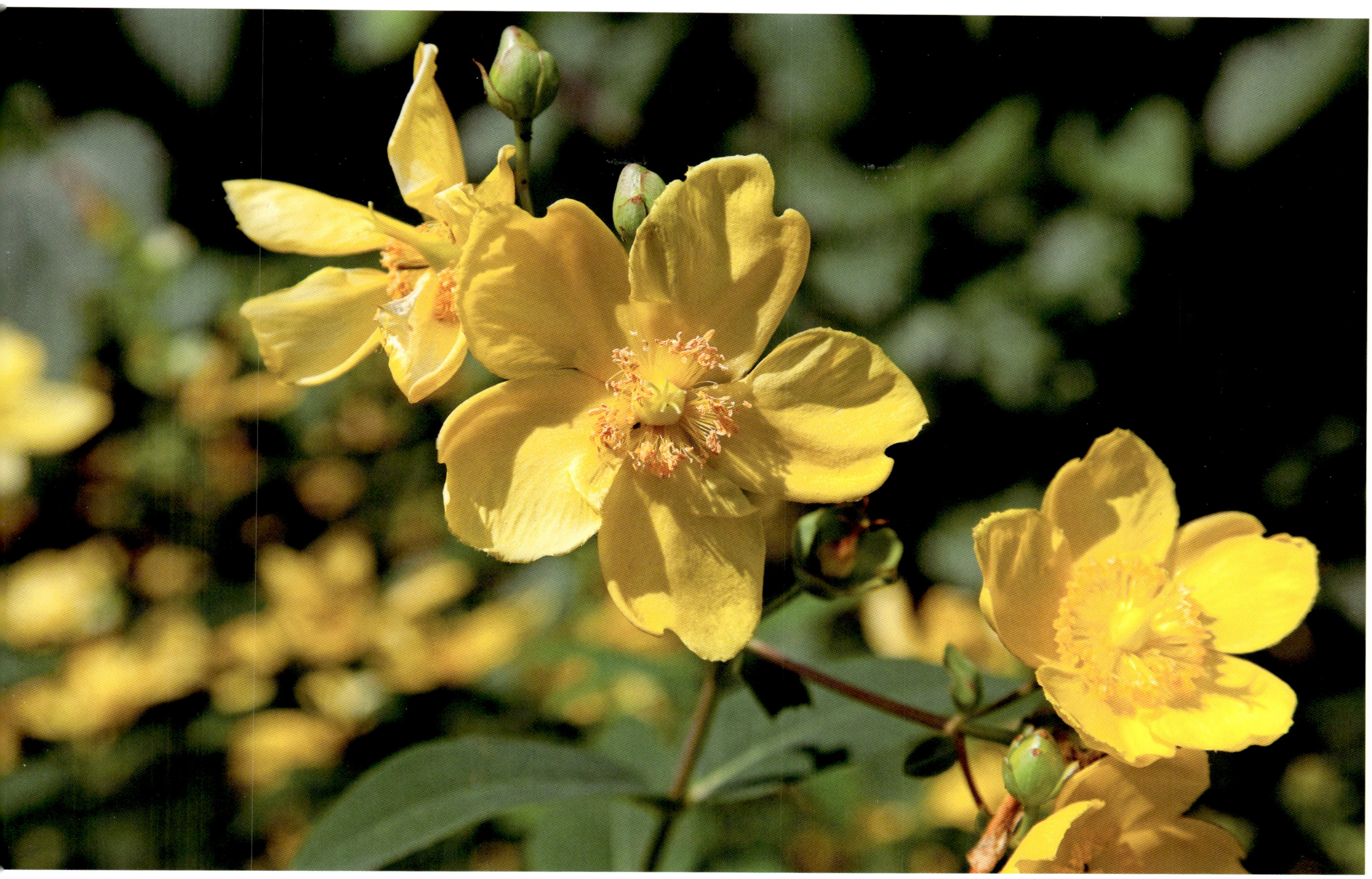

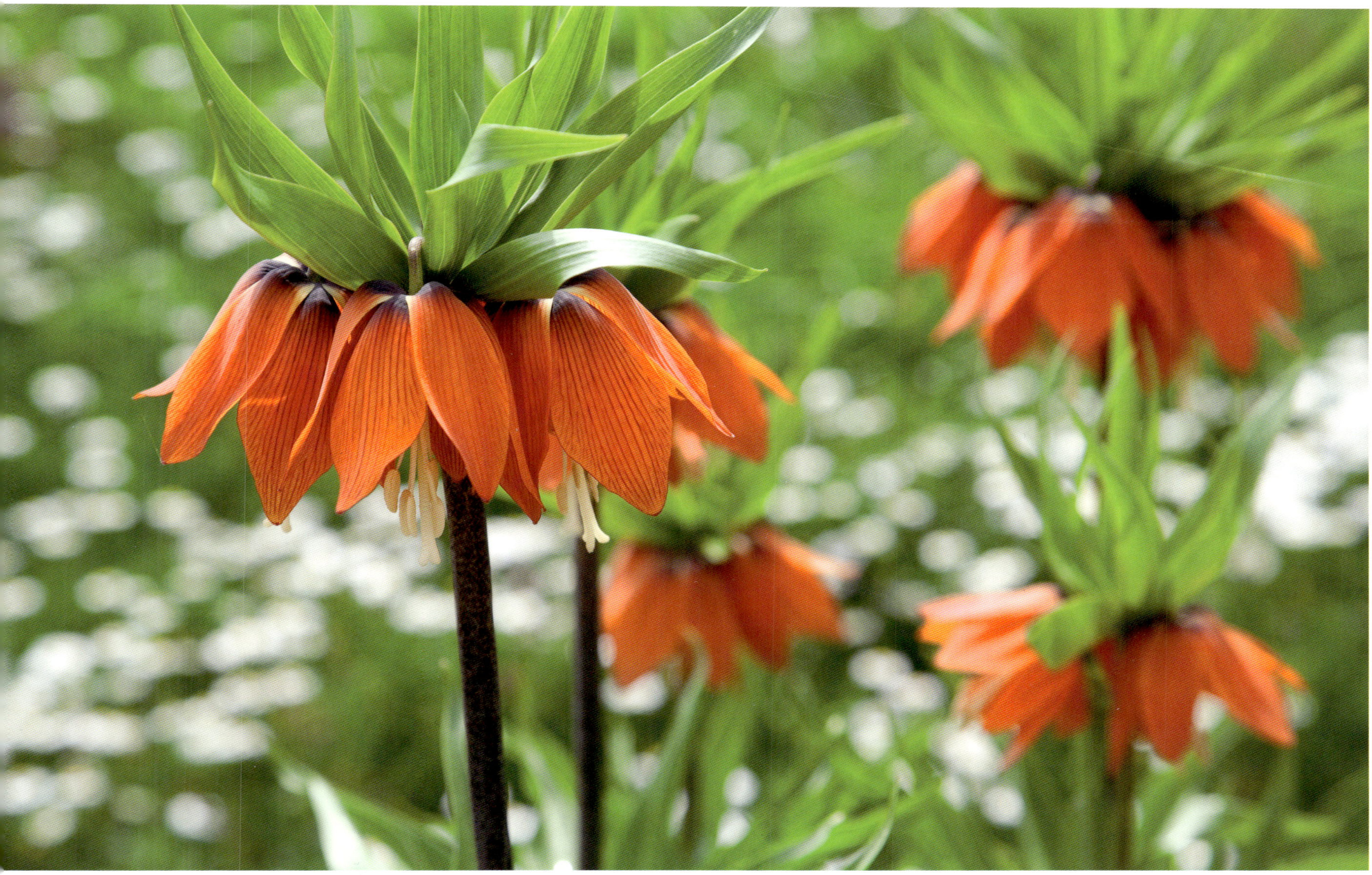

Distelfalter (Vanessa cardui)

Gartenhibiskus
(Hibiscus syriacus)

Skabiose Alba
(Scabiosa caucasica alba)

Frühlings-Krokus
(Crocus vernus)

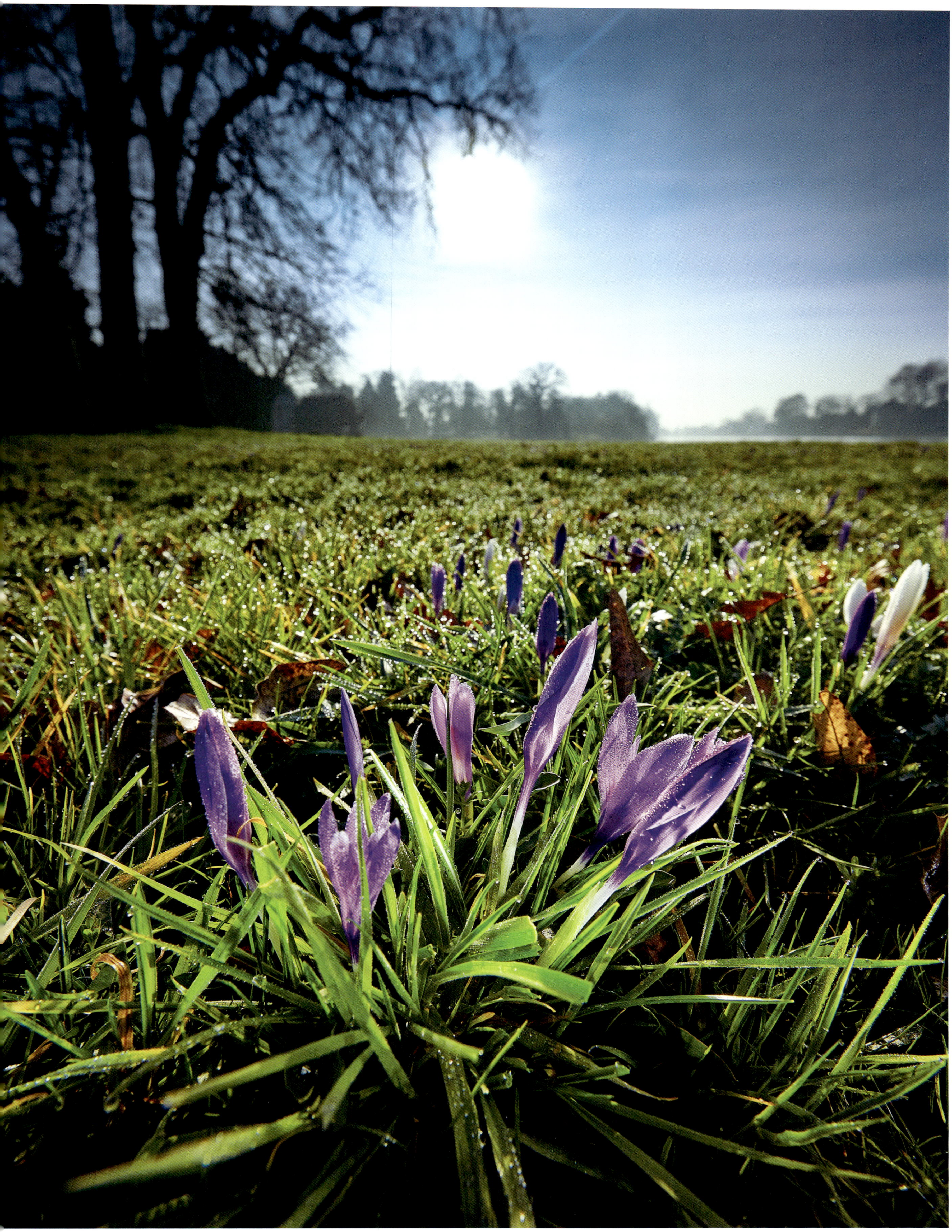

sie eine vergiftete Schönheit, ist Treue doch exakt jene Tugend, die ihr der Ehemann nicht gewährt. Dennoch liebt die Fürstin diese Blume und vor allem ihren narkotisierenden Duft. Um das Schloss herum wuchern auch ganze Schwälle von Reseda, vermutlich ebenfalls die duftende Variante.

Vielleicht spendet die Natur der Fürstin in ihrer unglücklichen Ehe auch so viel Trost und Seelenfrieden, weil sie im Wechsel der Jahreszeiten, im Kreislauf von Werden und Vergehen, das Gleichnis für das Leben erkennt: Stets funkelt in der Ferne die Gewissheit auf einen neuen Frühling. Der sinnliche Überschwang der Natur zu dieser Jahreszeit überträgt sich auch auf die verträumte Louise: „Ich fuhr nach Oranienbaum, um die schön blühende Kirschenallee zu bewundern", steht im Mai 1793 in ihrem Tagebuch. Etliche Male fährt sie deswegen dorthin. Immer wieder zieht sie aus dem Reichtum und der Schönheit der Schöpfung Kraft für ihr Leben.

Eine Person der Weltliteratur dürfte der Fürstin zwar nicht seelenverwandt, aber doch nahe gewesen sein. 1759 erschien Voltaires „Candide oder der Optimismus". Sie hat die Novelle sicher gelesen. Darin zieht sich der mit allen menschlichen Greueltaten konfrontierte Protagonist am Ende seiner Tour de Force auf sein Landgut zurück und bleibt doch Optimist: „Wir müssen unseren Garten bestellen".

Der Garten als Gleichnis für das Leben. Und der stille Glanz einer anmutigen Blume darin kann eine Seele aufheitern und beglücken, wenn sie dafür empfänglich ist. „Ich pflückte in meinem Alten Garten in Wörlitz die erste diesjährige weiße Rose", schreibt am 2. Juli 1805 die 55-jährige Louise. Wenn fast nichts mehr Trost spenden kann, eine einzige Rose vermag es.

Die beiden Reigentänzerinnen nach antikem Vorbild im Festsaal des Luisiums werden umsäumt von sorgfältig gemalten Früchten, darunter Ananas, Melone, Mais, Granatapfel und Orangen.

▶▶
Die Privatgemächer der Fürstin Louise zeugen vom erlesenen Geschmack der Besitzerin und ihrer empfindsamen Gefühlswelt: die Decke des Raumes neben dem Festsaal, die Allegorie der Musik dort, die Bibliothek und Louises lichtdurchflutetes Spiegelkabinett im ersten Obergeschoss.

▶▶▶
Die ehemalige Fohlenweide zwischen Gestüt (ferme ornée) und Schloss Luisium verbindet als landwirtschaftlich genutzter Bereich der dekorativen Garten mit Rousseaus Vorstellung eines Lebens näher an der Natur zu einer pastoralen Idylle.

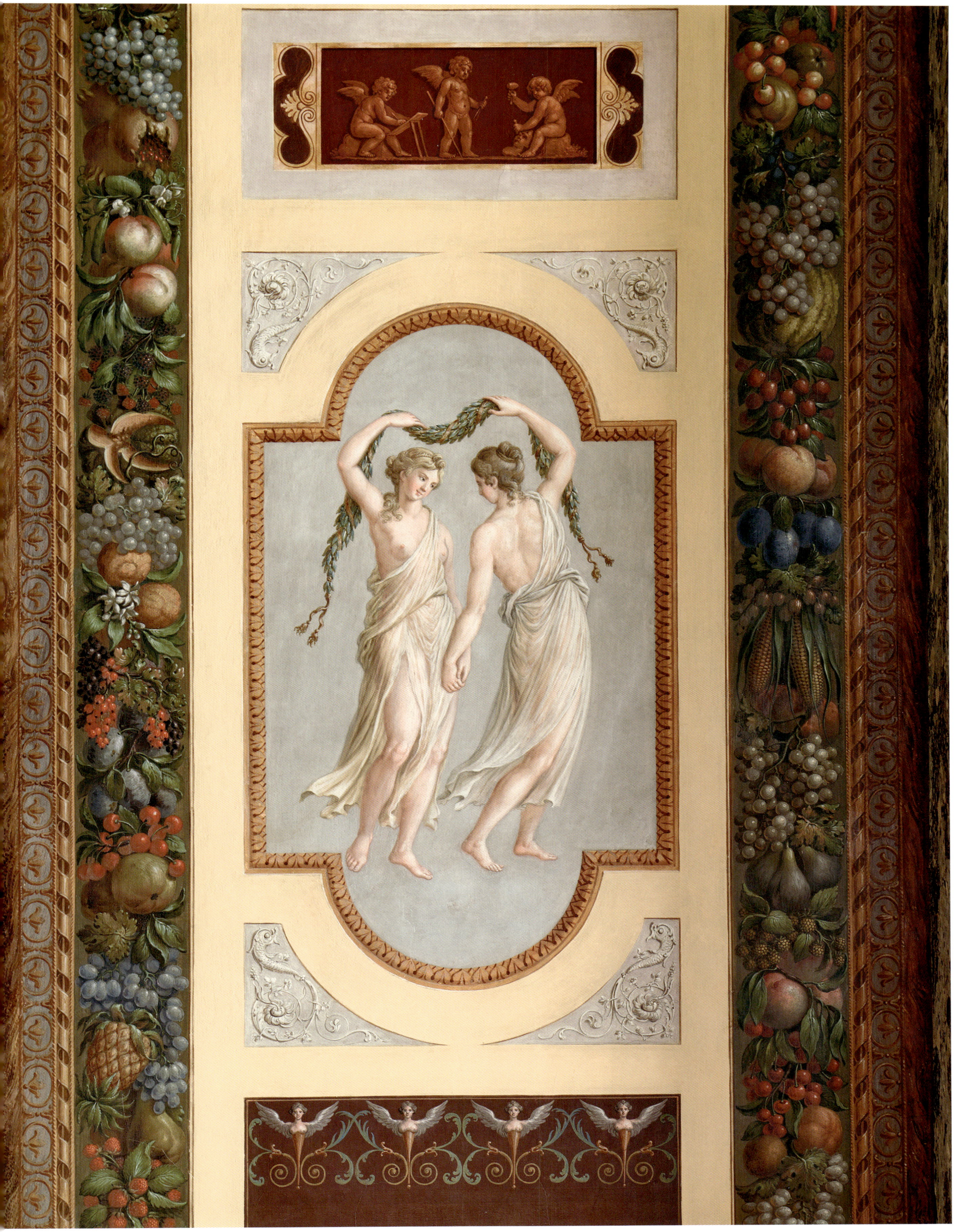

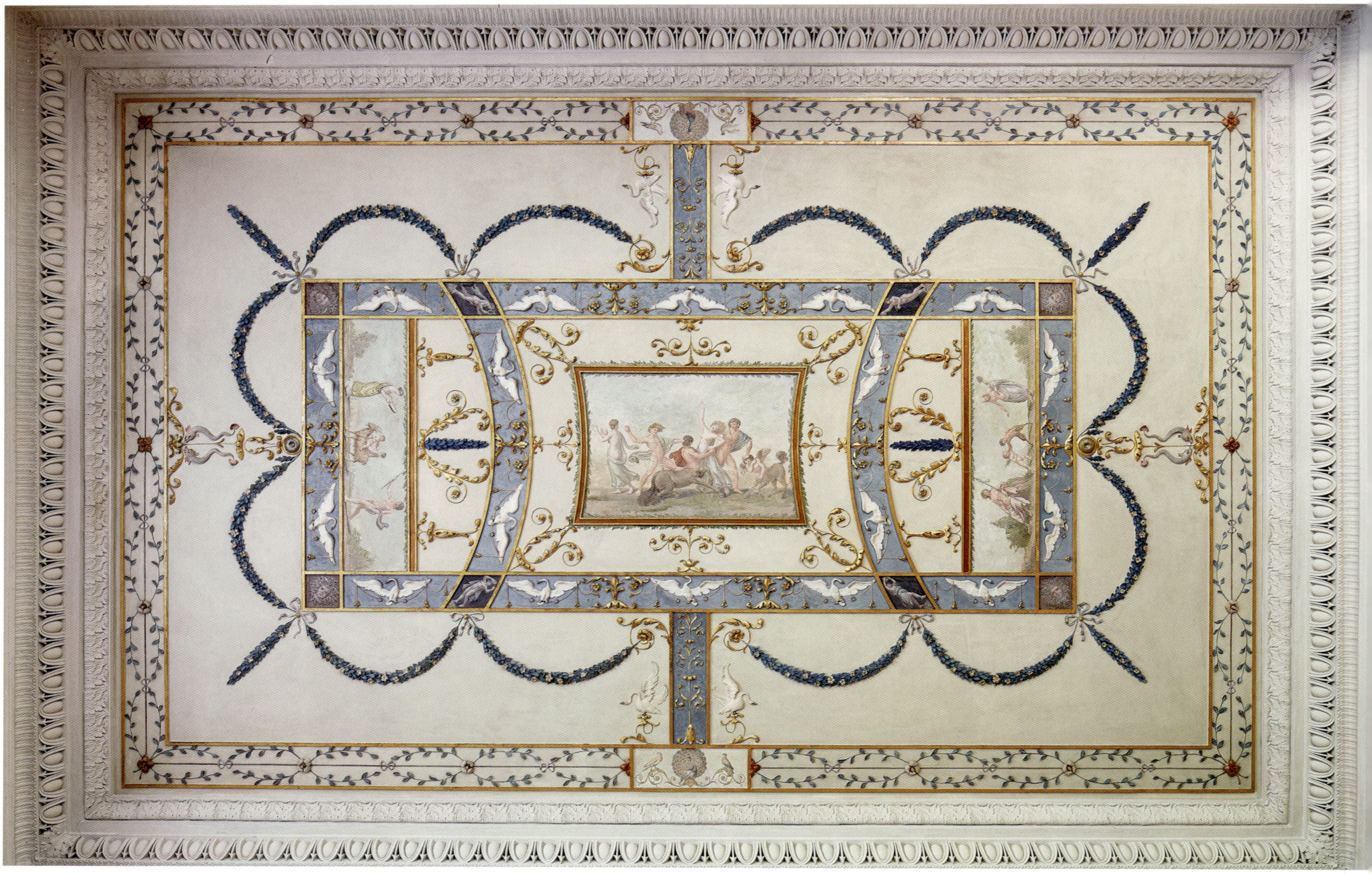

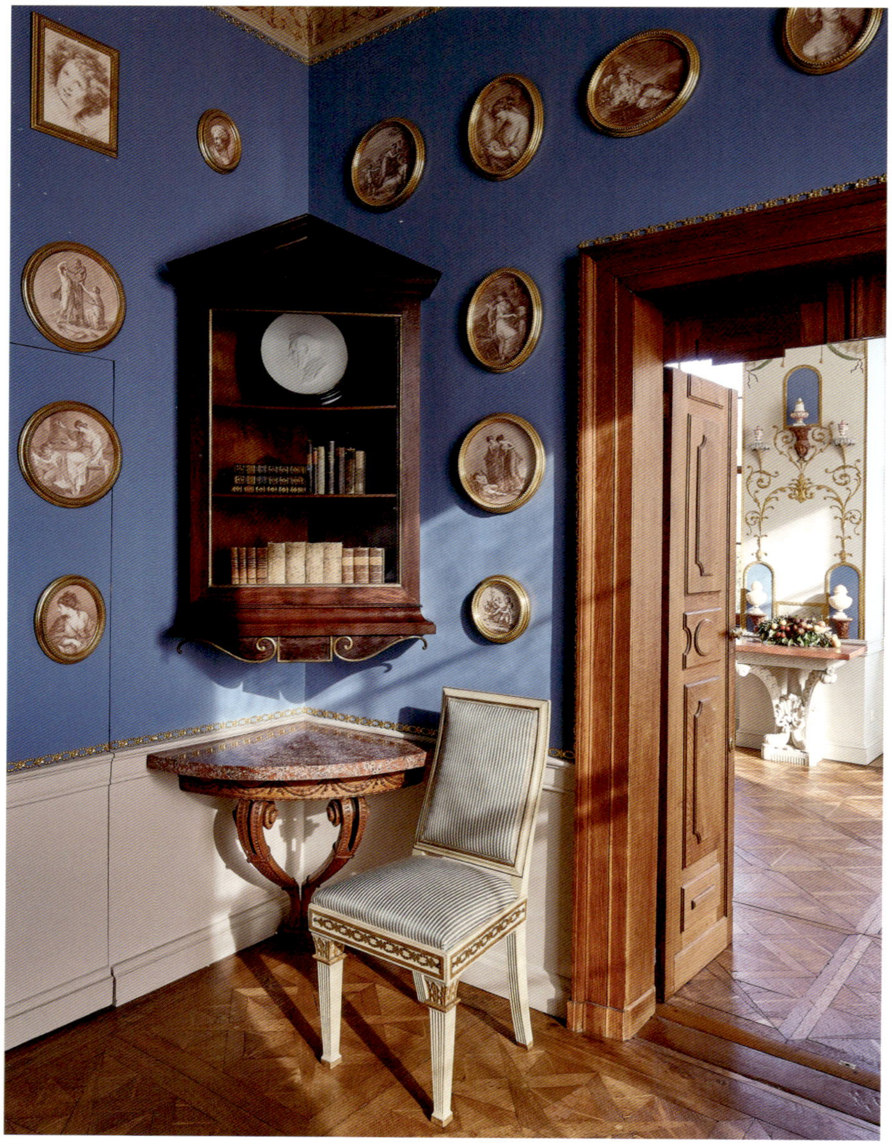

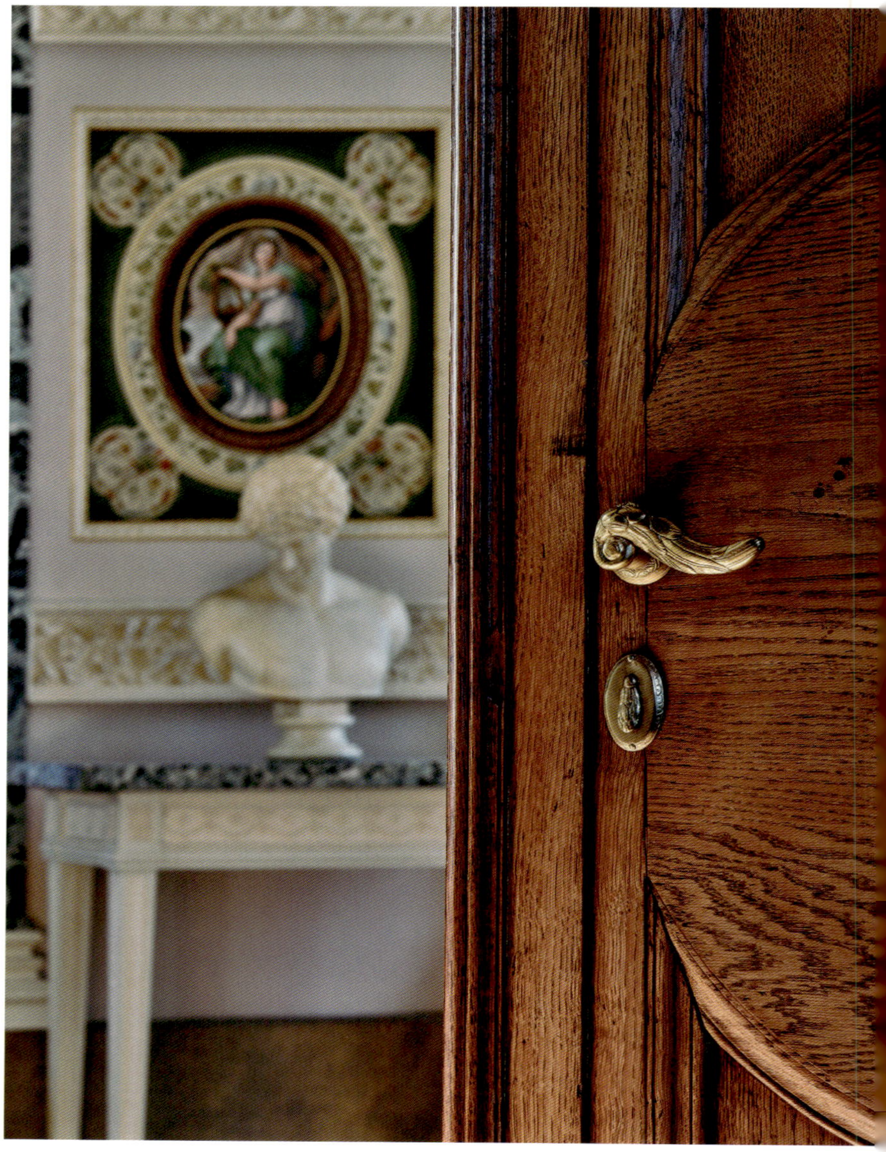

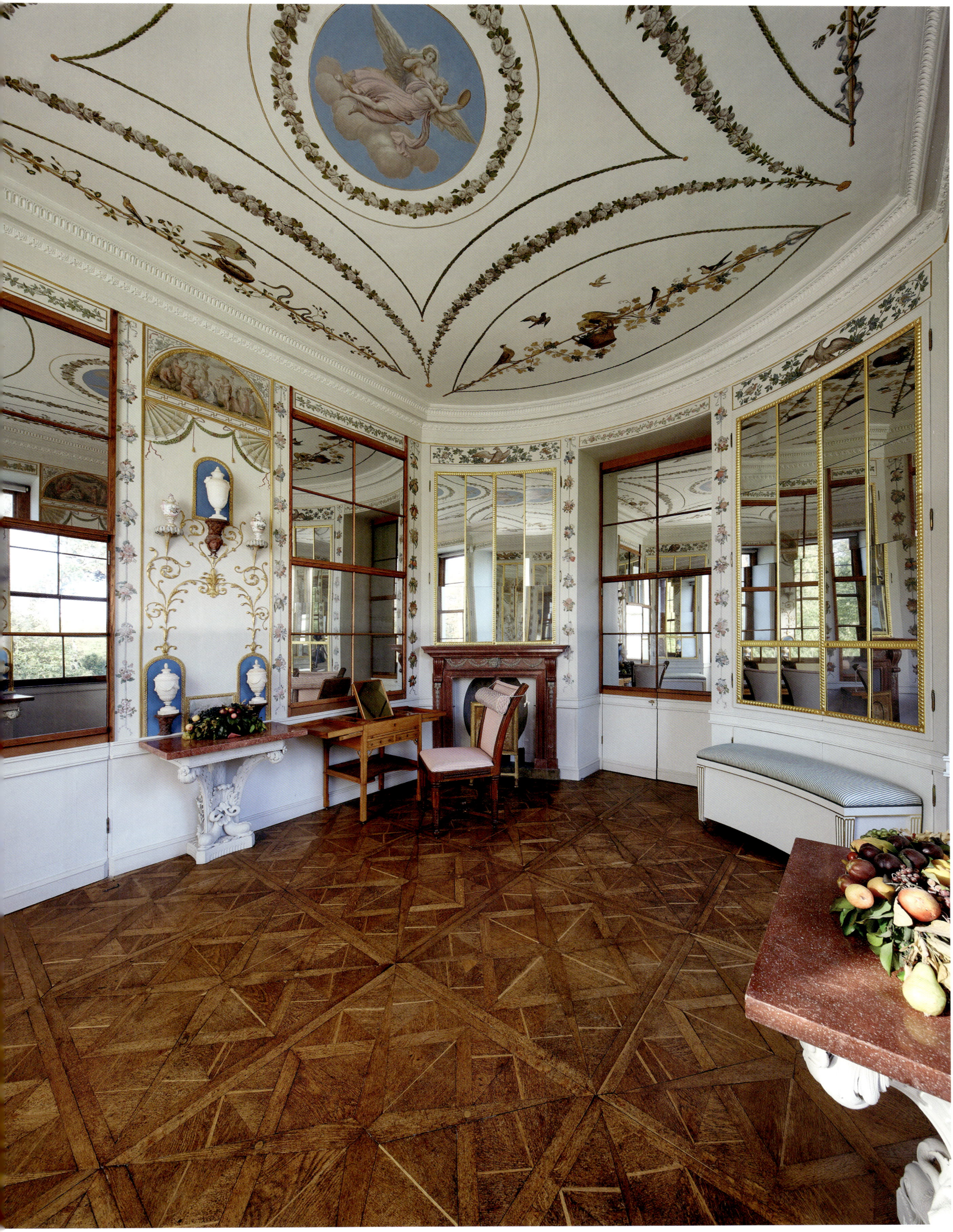

...So kommst du aus Luisiums Hainen auch,
Aus heilger Schwelle dort, wo geräuschlos rings
Die Lüfte sind und friedlich um dein
Dach die geselligen Bäume spielen...
Denn wo die Reinen wandeln, vernehmlicher
Ist da der Geist...

Friedrich Hölderlin (1770–1843), 1795, „An die Fürstin von Dessau"

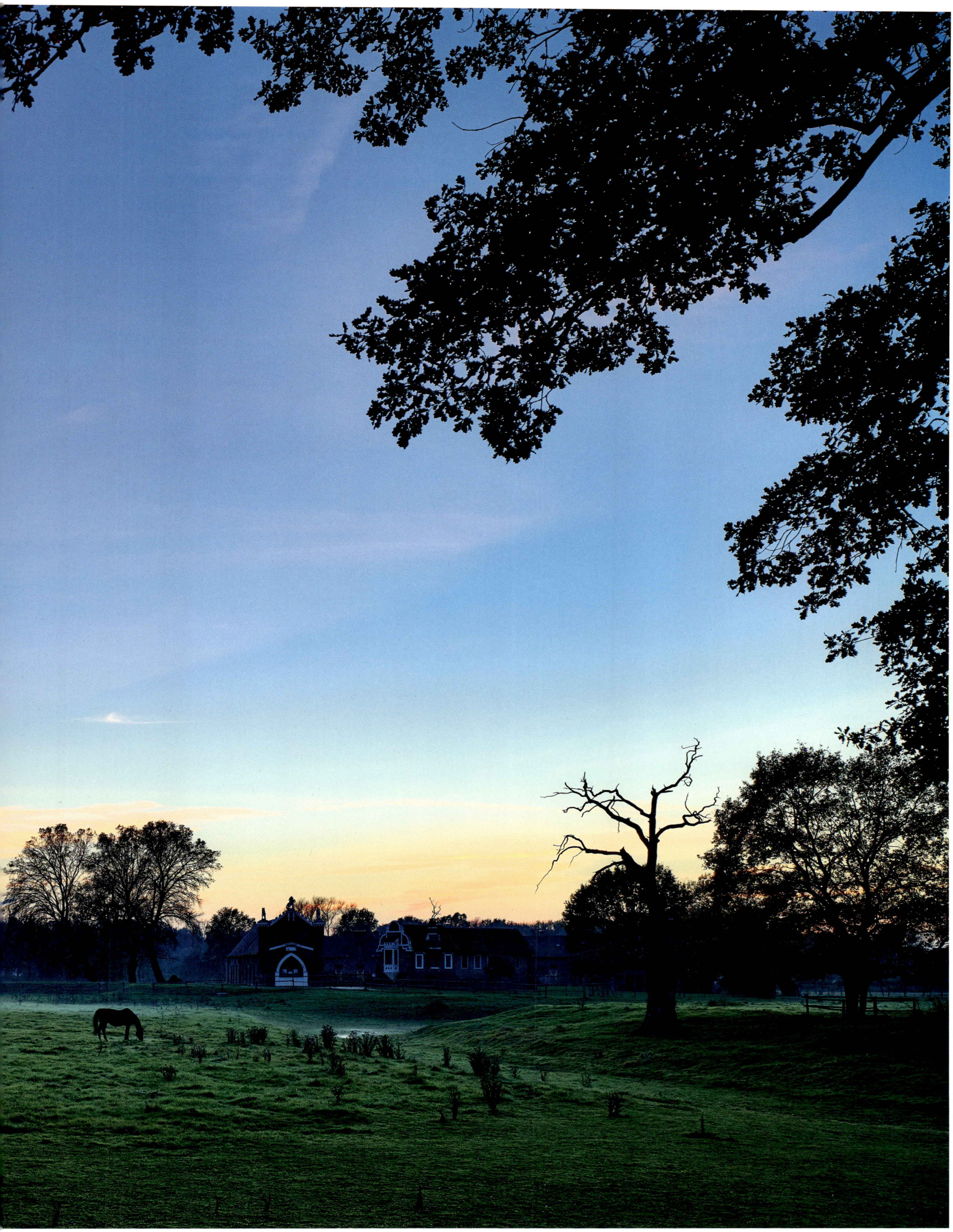

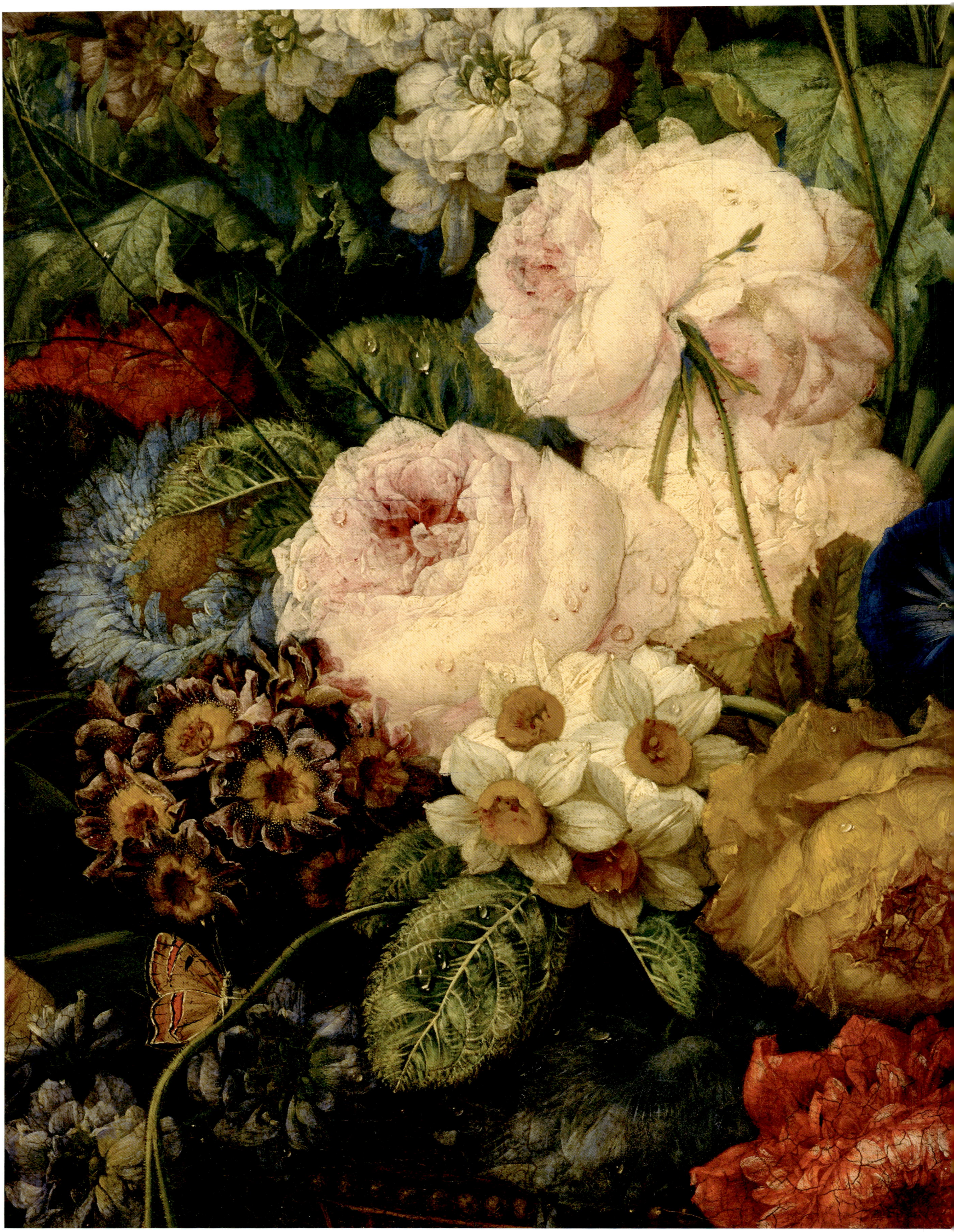

Bildgewordene Natur

WOLFGANG SAVELSBERG

Frühling
Im Reich der Flora

In den Mythen der Menschheit kommen oft Idealvorstellungen zum Ausdruck. Was zum Beispiel kann man sich Schöneres vorstellen, als in einem Land zu leben, in dem ewiger Frühling herrscht?

Ovid zeichnete im fünften Band seiner „Fasti", einem Kalender der römischen Feste, das umfassendste und farbenreichste Bild der im alten Rom hoch verehrten Flora. Zuvor hatte Flora als „Nymphe der glücklichen Felder" den Namen Chloris getragen. Erst nachdem sie von Zephyr, dem warmen Westwind, geraubt und zur Frau genommen worden war, wurde sie zur Flora. Nach den „Fasti" erhielt sie als Morgengabe einen blühenden Garten, in dem ewiger Frühling herrscht.

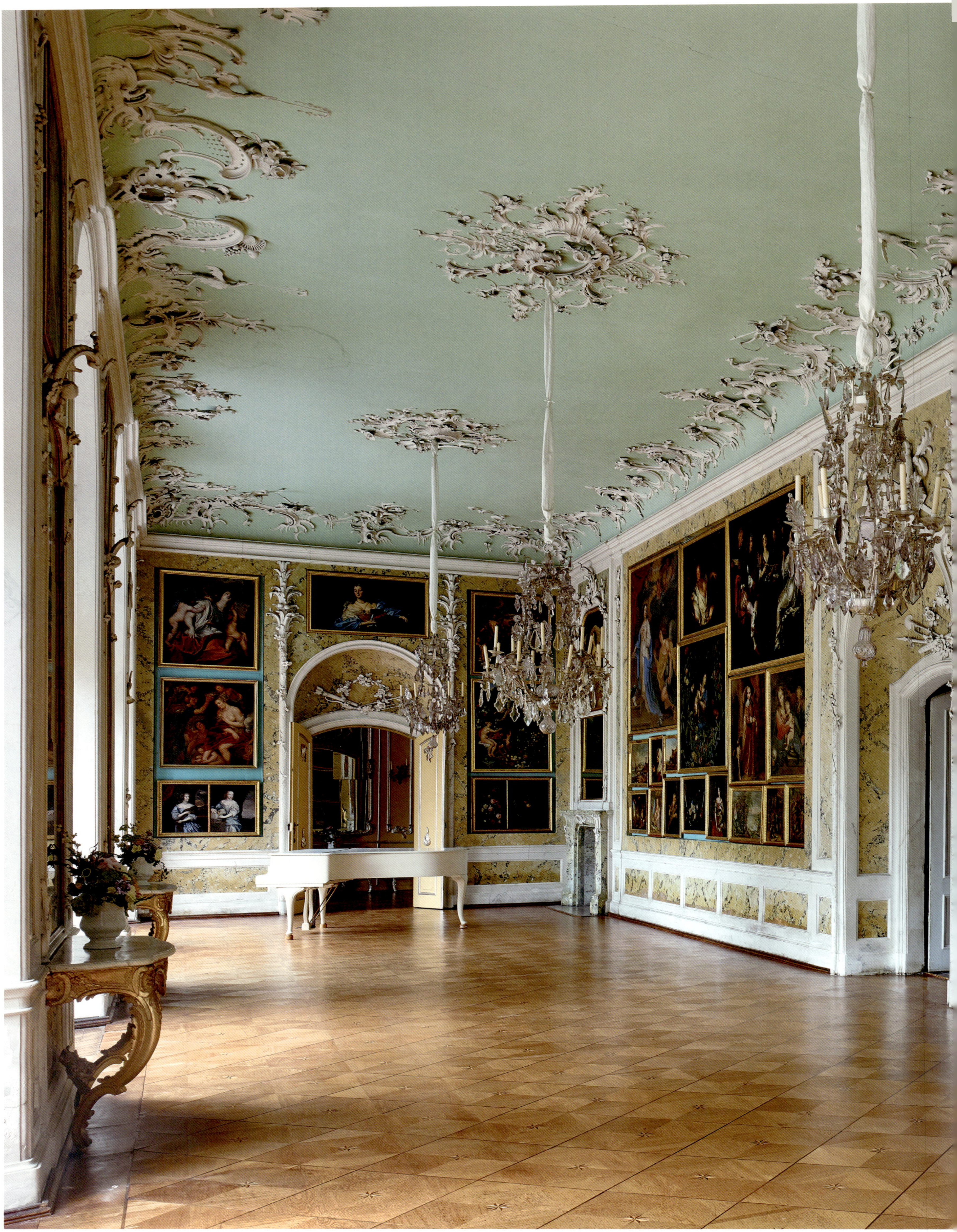

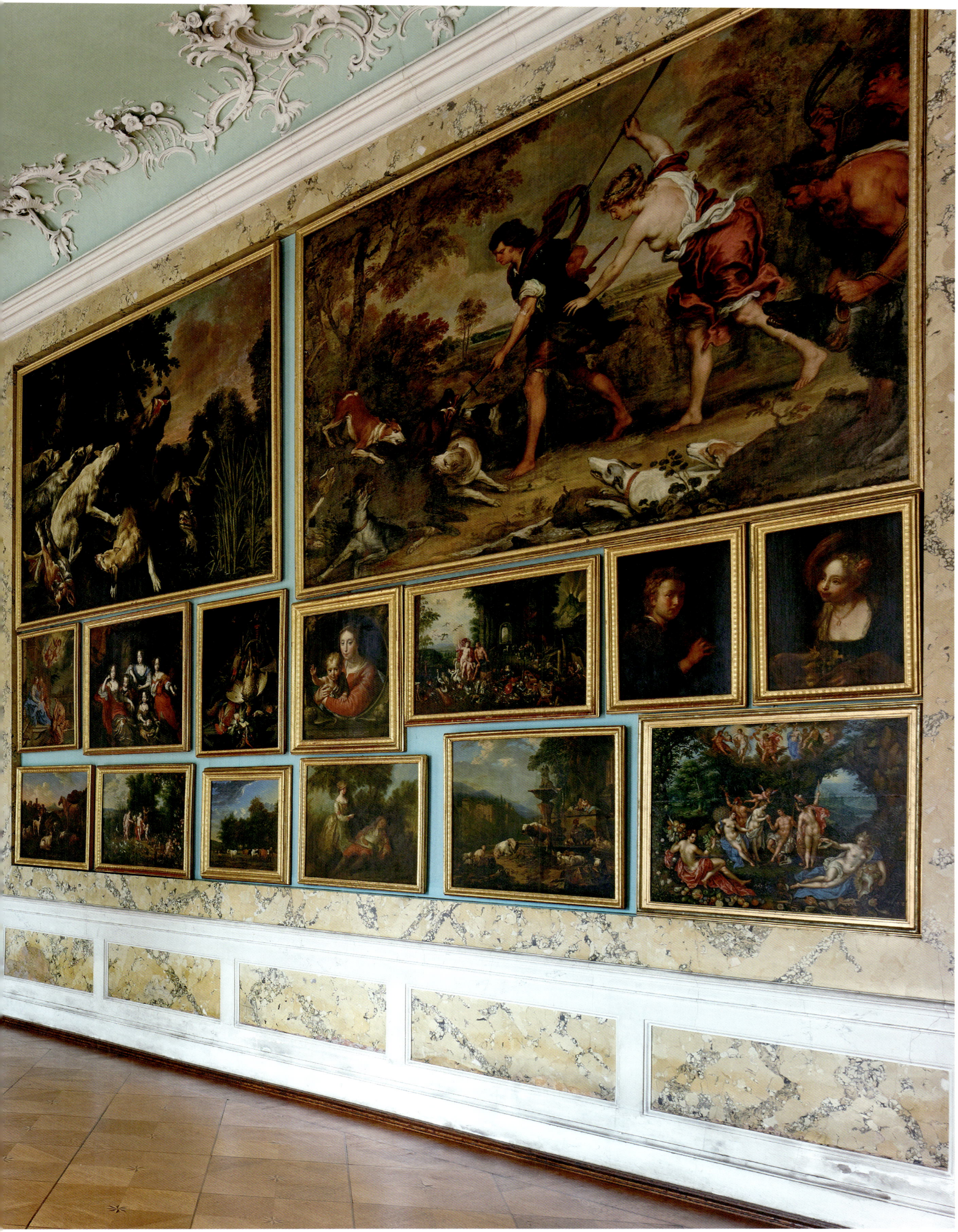

Als Vegetationsgöttin gehört sie seit jeher zu den beliebtesten unter den antiken Gottheiten. Mit ihren Charakterzügen Schönheit, Jugend und Fruchtbarkeit und der sich aus dem Mythos speisenden Nacktheit war sie seit der Antike ein bevorzugtes Motiv der darstellenden Künste.

Eine der vorzüglichen barocken Darstellungen dieses Sujets entstand in Kooperation der beiden miteinander befreundeten Antwerpener Maler Jan Brueghel d. Ä. (1568–1625) und Peter Paul Rubens (1577–1640): „Flora und Zephyr". Das Gemälde hat seinen festen Platz in der lückenlosen, „barocken" Hängung des Bildersaals im Rokokoschloss Mosigkau und zählt zu den bedeutendsten und wertvollsten Gemälden in den Sammlungen der Kulturstiftung DessauWörlitz.

Das Mosigkauer Bild zeigt Flora als Besitzerin ihres Landes. Im Bildvordergrund sitzt sie unbekleidet in Begleitung von zwei Putten auf einer Steinbank in einem prachtvollen Garten, der in eine Naturlandschaft eingebettet ist. In ein durch Flora ausgebreitetes rotes Tuch schüttet Zephyr Blüten aus einem Korb. Zahllose Blumen sind in dem reich geschmückten Garten erblüht. Viele Pflanzenarten lassen sich identifizieren, die in den Niederlanden des 17. Jahrhunderts zu botanischen Kostbarkeiten zählten: Lilien, Iris, Tulpen, Narzissen, Nelken, Kaiserkronen, Rosen, Pfingstrosen, Hyazinthen und Anemonen, doch auch geläufige Garten- und Naturblumen wie die Sumpfdotterblume, das Schneeglöckchen, das Buschwindröschen, die Primel und das Leberblümchen. Die aufgeblühten Blumen erscheinen in Rabatten gepflanzt, kultiviert in irdenen Töpfen oder liegen abgeschnitten in schön geflochtenen Körben. Der Garten ist belebt von exotischen Tieren, einer Straußenvogelart, Pfauen und Meerschweinchen. In der Landschaft im Hintergrund äsen friedlich Hirsche. Früchte in kunstvollen Keramikschüsseln wie Trauben und Pflaumen sowie die vor Reife aufgeplatzten Melonen vervollständigen die üppige florale Szenerie.

Jan Brueghel d. Ä., der auch als Blumenbrueghel bekannt ist, hat in den Gemeinschaftsarbeiten der beiden Künstler, von denen etwa zwanzig Beispiele bekannt sind, die landschaftlichen Motive mit Pflanzen und Tieren gemalt, Rubens hat die Figuren in die gemeinsam festgelegte Komposition eingefügt. Die Datierung der Bildtafel um 1617 basiert nicht allein auf stilistischen Vergleichen, sondern auch auf dem auf der Rückseite des Eichenpaneels in roter Kreide angebrachten Monogramm eines bekannten Antwerpener Paneel- und Rahmenherstellers. Das Gemälde ist durch die ab 1659 mit dem anhalt-dessauischen Fürsten Johann Georg II. verheiratete oranisch-nassauische Prinzessin Henriette Catharina (1637–1708) nach Dessau gelangt. Sie erbte nach dem Tod ihrer Mutter Amalia von Solms-Braunfels (1602–1675), der Gemahlin des Statthalters der nördlichen Niederlande Friedrich Heinrich von Oranien-Nassau, im Jahre 1675 eine reiche Kunstsammlung, zu der auch dieses Gemälde zählte.

Ein anderes, unauffällig angebrachtes Gemälde, ebenfalls im Mosigkauer Bildersaal, zeigt Flora in ganz anderer Weise. An der zum Lustgarten durch fünf türhohe Fenster geöffneten Wand fallen zwei Gemälde mit

Johann Baptist Drechsler (1756–1811):
Blumenstück (Detail)
1804
Öl auf Leinwand
69 x 54 cm
ehemals Floratempel, heute Gotisches Haus, Wörlitz

Der Galeriesaal im Rokokoschloss Mosigkau ist nicht allein aufgrund der vorzüglichen flämischen und holländischen Gemälde des 17. Jahrhunderts bemerkenswert. In ihm ist auch eine der letzten „barocken", lückenlosen Bilderhängungen ihrer Art erhalten.

Jan Brueghel d. Ä. (1568–1625) und Peter Paul Rubens (1577–1640):
Flora und Zephyr
um 1617
Öl auf Eichenholz
136 x 109 cm
Schloss Mosigkau

Das Gemälde gehört zu den Spitzenstücken, die aus dem Nachlass der Henriette Catharina Fürstin von Anhalt-Dessau stammen und ursprünglich die Residenzschlösser ihrer Eltern, des nordniederländischen Statthalters Friedrich Heinrich von Oranien-Nassau und seiner Frau Amalia von Solms, schmückten.

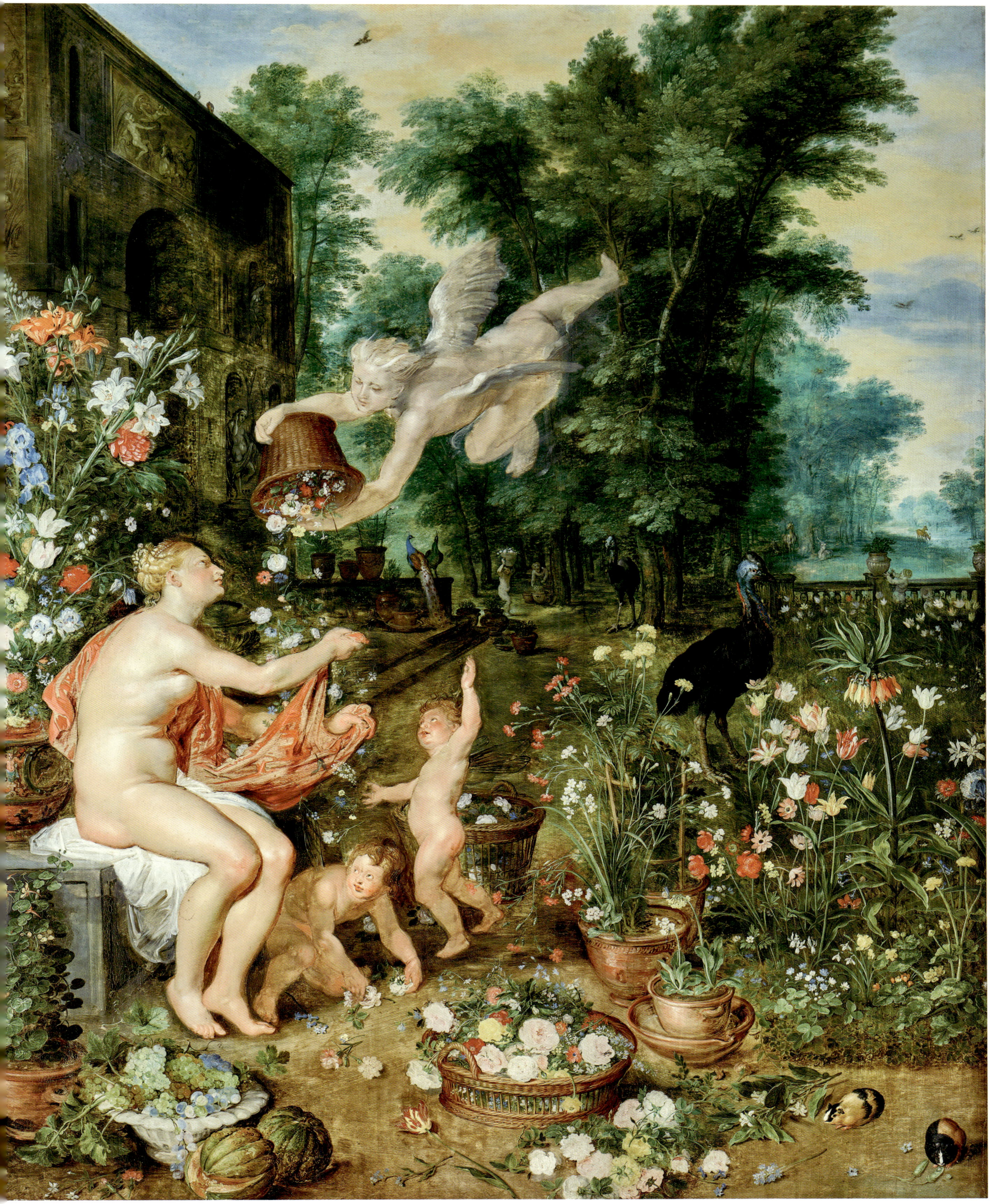

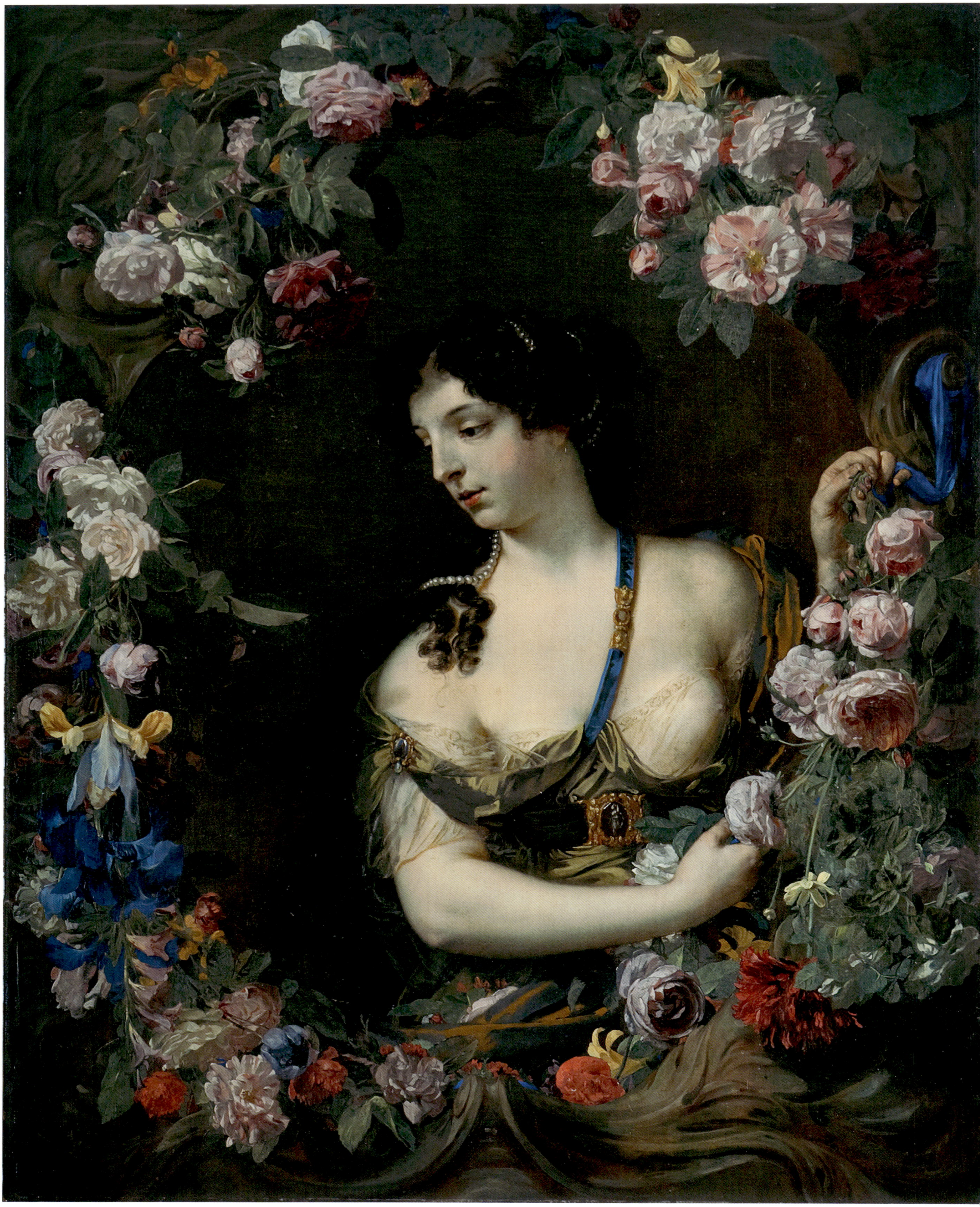

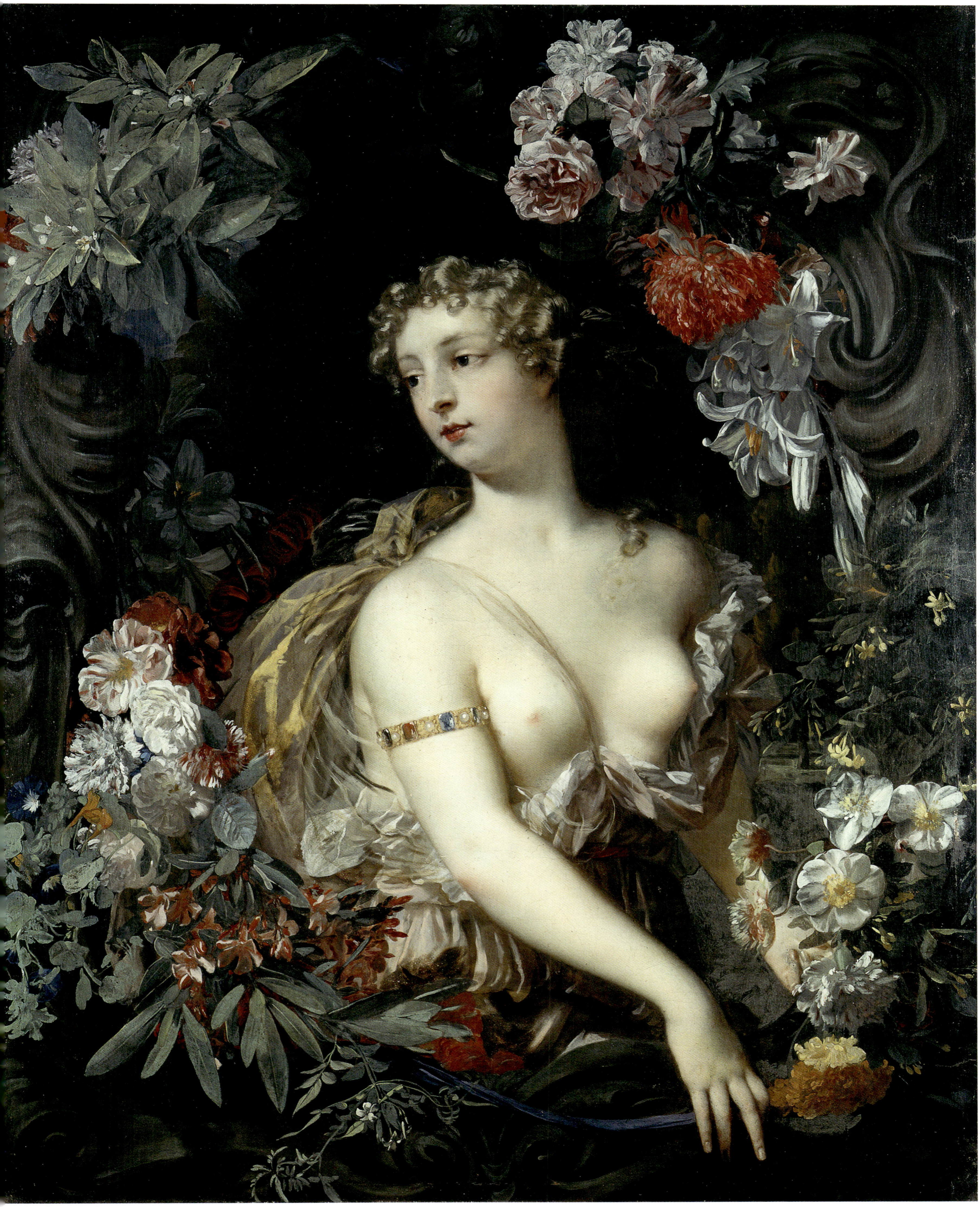

spärlich bekleideten weiblichen Dargestellten auf, die von üppigen Blumenkränzen umgeben sind. Auch diese Bilder stammen ursprünglich aus dem Besitz der Henriette Catharina und werden in der Nachlassliste als „Flora" und „Venus" bezeichnet. Vermutlich ist die Dunkelhaarige mit der nur einseitig bekleideten Brust als Flora zu identifizieren, während die barbusige Blondgelockte Venus zu sein scheint. Die Dargestellte trägt in der ikonografischen Tradition der „Flora meretrix", der Flora als Kurtisane, mit der Rose das Symbol der triumphierenden Liebe in ihrer Rechten.

Daniel Mijtens d. J. (1644–1688), der erfolgreiche Sohn und zu seiner Zeit hoch geschätzte Nachfolger des oranischen Hofmalers Jan Mijtens, hat sich mit seiner Signatur als Urheber der prachtvollen Bilder zu erkennen gegeben. Anders als sein Vater, der für die einige seiner Bildnisse umgebenden Blütenkränze Stilllebenspezialisten heranzog, war der talentierte Maler offenbar selbst in der Lage, seine Frauenschönheiten mit duftigem Blumenschmuck zu umfangen. Nicht umsonst sind das Florabild und sein Pendant an der Gartenseite des fantastischen spätbarocken Raumes angebracht worden, leiten sie doch, gemeinsam mit dem blütenreichen Rokokostuck in das ehemals prachtvoll ausgestattete Broderie-Parterre des Lustgartens über.

Eine weitere gemalte Flora besetzt im Wörlitzer Park eine wichtige Funktion. Am Ende der vom Floratempel auf das Gotische Haus führenden Achse auf der hinteren Wand des vorderen Eingangsraumes ist ein bedeutendes Gemälde angebracht, das ebenfalls die Blumengöttin zeigt. Das Gemälde erweist sich jedoch als Porträt, in dem die Dargestellte die Rolle der Flora angenommen hat. Abgebildet ist Amalia von Solms. Die Prinzessin sitzt mit ihren beiden ältesten Kindern Wilhelm II. und Louise Henriette auf einer mit Blumen geschmückten Terrasse, während das früh gestorbene Töchterchen als Engel über ihr schwebt. Die Rose in der Hand einer Porträtierten steht in der Tradition der holländischen Malerei für das Eheversprechen.

Das Gemälde ist schon allein deswegen von hoher Bedeutung, weil es das erste Bildnis ist, das der nach Michiel Jansz van Mierevelt engagierte Hofmaler Gerard van Honthorst (1592–1656) für die oranisch-nassauische Statthalterfamilie schuf. Es ist das erste Bildnis, das Honthorst als sogenanntes Rollenporträt malte, womit er eine neue Gattung in die Porträtmalerei einführte.

Fürst Franz von Anhalt-Dessau (1740–1817) platzierte das Bildnis seiner Ur-Urgroßmutter ganz bewusst an dieser Stelle in seinem ab dem Jahr 1773 in mehreren Etappen gebauten Gotischen Haus. Hier lebte der Fürst später mit der ihm morganatisch angetrauten Luise Schoch, der Gärtnerstochter, und zeugte drei Kinder. Dem Floratempel gegenüber verweist er so nicht allein auf diese Tatsache, sondern mit dem Bild seiner bedeutenden Verwandten auch – wie noch weitere Male mehr im Gotischen Haus – stolz auf die vornehme Herkunft seiner Familie und die dynastische Bedeutung des Hauses Askanien.

◄◄◄
Daniel Mijtens d. J. (1644–1688):
Flora
1680
Öl auf Leinwand
121 x 96 cm
Schloss Mosigkau

◄◄
Venus
1680
Öl auf Leinwand
121 x 96 cm
Schloss Mosigkau

Die üppig inszenierten Bilder mit ihrer Blumenfülle sind ganz bewusst an der auf den Lustgarten gerichteten Wand des Galeriesaales im Schloss Mosigkau angebracht worden.

Gerard van Honthorst (1592–1656):
Amalia von Solms-Braunfels
(1602–1675)
1629
Öl auf Leinwand
204 x 154 cm
Gotisches Haus

Das repräsentative Porträt der Amalia von Solms, der Ur-Urgroßmutter Leopolds III. Friedrich Franz von Anhalt-Dessau, mit ihren jüngsten Kindern im ersten Eingangsraum des Gotischen Hauses ist insofern bemerkenswert, als der Fürst damit auf die Bedeutung seiner Herkunft aus dem berühmten Hause Oranien-Nassau verweist.

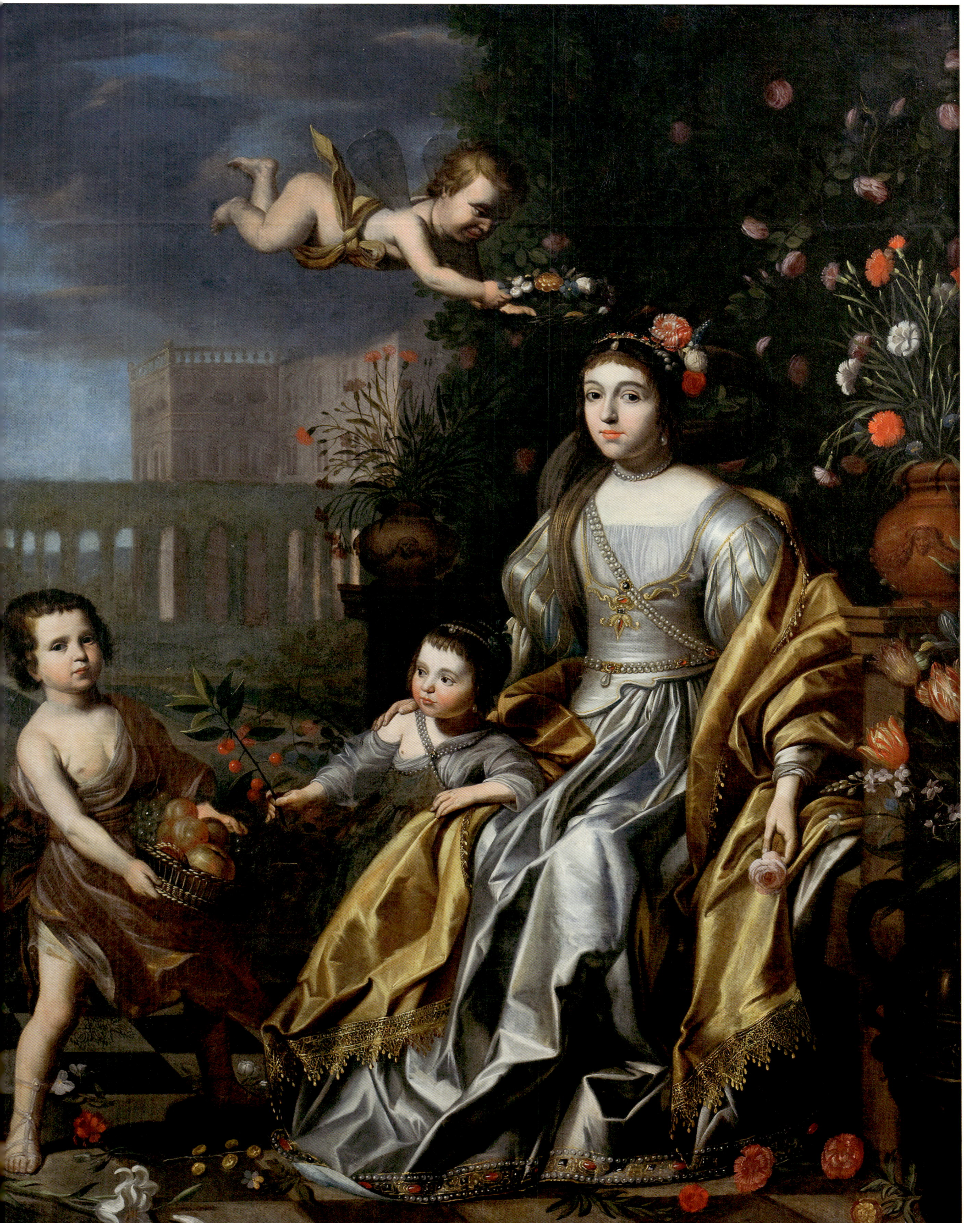

Somit verbinden sich von der Antike bis in das Zeitalter des Fürsten Franz mit Flora nur positive Eigenschaften. Der Tempel der Flora war das im Jahr 1798 zuletzt errichtete Bauwerk Erdmannsdorffs in den Wörlitzer Anlagen. Er sollte den Park und im übertragenen Sinne das Fürstentum als Ort fruchtbaren Wachstums in vielerlei Hinsicht zum Ausdruck bringen.

Sommer
Blumen, vollendete Naturwahrheit – schöner als die Wirklichkeit

Flora und Fauna in ihrer schönsten Form trifft man nicht nur zu jeder Zeit in den Gärten und Parks des Gartenreichs Dessau-Wörlitz an, sondern auch gemalt und stuckiert in den Schlössern und übrigen Häusern. Die künstlerisch hochwertigsten Naturansichten, manchmal gar in der Absicht der Künstler, die Natur in ihrer Schönheit zu übertreffen, können wir in den vorzüglichen Stillleben-Gemälden der Sammlungen der Kulturstiftung entdecken. Insbesondere die Gemäldekollektion des Mosigkauer Schlosses, die sich aus der reichen Erbschaft der gebürtigen oranisch-nassauischen Prinzessin und späteren Fürstin von Anhalt-Dessau Henriette Catharina speist, enthält einige hervorragende Exemplare dieses zu jeder Zeit beliebten Sujets. Nicht allein Werke bedeutender Meister wie Abraham Mignon, Jan Davidszoon de Heem, Jan Brueghel d. J., Peter Boel und Jan Fyt sind anzutreffen, sondern auch solche von Künstlern, die nur ausgesprochen selten in der Riege der holländischen Maler in Erscheinung getreten sind wie Abraham de Lust und Daniel Mijtens.

Ein außergewöhnlich schönes Beispiel unter den Blumenstillleben ist in besonderer Weise geeignet, die Vorzüge dieser in den Niederlanden des 17. Jahrhunderts begründeten Gattung vorzuführen und die symbolische Bedeutung, besonders die Verweise auf die Vergänglichkeit alles Irdischen, zu erläutern: das Stillleben „Vase mit Blumen" von Jan (Johannes) Fyt (1611–1661) aus dem Jahr 1660 in der Englischen Damenkammer des Schlosses Mosigkau.

Erst in seinen letzten Lebensjahren begann der Flame Jan Fyt, Schüler des berühmten Stillleben-Malers Frans Snyders, seine Werke um Blumenstücke zu bereichern. Obwohl der Künstler seit 1640 bereits Blumen mit in seine Stillleben aufgenommen hatte, lag der Fokus seiner Werke zuvorderst auf Tierbildern, wobei er die Darstellung von Tierfellen und Vogelfedern zu höchster Meisterschaft entwickelte. Immer aber waren auch Blumen-Buketts und Fruchtkörbe als bereichernde Elemente in seinen monumentalen Naturstücken zu sehen.

Im Mosigkauer Stillleben, das Jan Fyt in seinem vorletzten Lebensjahr schuf, ist ein an Blumen reicher Strauß in einer Vase auf einen Steinblock gestellt. Die bronzene Vase selbst ist mit floralen Girlanden geschmückt. Die Blumen – Pfingstrosen, Rosen, Glockenblumen, Lilien, Flachs und Jasmin – sind mit großer Freiheit und Dynamik dargestellt. Einige hängen schwer rechts herab, während andere hoch über sie hinausragen. Deutlich wird die Absicht Jan Fyts, kein ordentlich arrangiertes Bukett darzustellen, sondern einen natürlichen Zusammenklang an Sommerblumen zu komponieren. Zusätzlich hat er im Mosigkauer Bild wie in manchen seiner späten Blumenstillleben ein verziertes Architekturfragment aufgenommen, das hier als Sockel dient. Vor Jahren ist im Kunsthandel ein Stillleben aufgetaucht, das wohl als Pendant des Dessauer Bildes gedient hat. Es hat gleiches Format und zeigt neben einer Vase mit Blumen einen Totenschädel, der wie die Blumen selbst auf die Vergänglichkeit alles Irdischen verweist, den Betrachter an die Begrenztheit des eigenen Lebens erinnern und folglich eine gute Lebensführung anmahnen soll. Während in der altniederländischen Malerei Blumen und Pflanzen in Gemälden zumeist eine symbolische, auf das Bildthema bezogene Bedeutung unterlegt war, wurden im 17. Jahrhundert die meisten Blumenarten zunächst hauptsächlich aufgrund ihrer Schönheit und Exklusivität in die Komposition aufgenommen. Im späten 17. Jahrhundert wandte sich das Interesse der Maler wie auch der Betrachter mehr und mehr auf die künstlerische Finesse der gemalten Blumen und Bildkompositionen, auch im Stillleben von Jan Fyt.

Das großartige Mosigkauer Gemälde wurde in der Sammlung der Henriette Catharina erstmals in dem nach ihrem Tod 1708 angelegten Inventar aufgeführt als „Ein schön Blumenstück von Flut". Die Bilder sind an ihre Töchter vererbt und von deren Töchtern der Prinzessin Anna Wilhelmine von Anhalt-Dessau verkauft worden. Auch die Prinzessin muss das Bild hoch geschätzt haben, da sie es an prominenter Stelle als Kaminbild in die Englische Damenkammer hängte, einen ihrer wichtigsten Repräsentations- und Empfangsräume. Allein wegen dieses zauberhaften Bildes lohnt sich ein Besuch im „Kleinen Sanssouci", wie das Schloss Mosigkau von seinen Verehrern liebevoll genannt wird.

Doch es gibt noch ein weiteres Stillleben, das den Besuch der Sammlung noch attraktiver sein lässt, ein Blumenstück, das von einem besonders prominenten niederländischen Maler stammt: Jan Davidszoon de Heem (1606–1684). De Heem gilt als der bedeutendste Blumen- und Früchtemaler der holländischen Schule, der auch im Mosigkauer Bild seine hohe Malkultur vorführt. In unnachahmlicher Feinheit, mit größter koloristischer Bravour und feinstem Geschmack im Arrangement der Blumen stellt der Künstler einen dichten Strauß aus Rosen, Lilien, Pfingstrosen, Mohn, Kapuzinerkresse, Winden, Gräsern und Ähren in eine runde, bauchige Glasvase. In ihr spiegelt sich ein gesprosstes Butzenscheibenfenster, wodurch ein holländischer Wohnraum als Standort des Blumengefäßes bezeichnet wird. Zahlreiche große Galerien der Welt besitzen Bilder des Vielmalers de Heem, die mit Üppigkeit und Fülle prangen. Das Mosigkauer Bild gehört dagegen zu den kleineren Kompositionen, die durch ihren dunklen Hintergrund auffallen, der dazu dient, den davor gestellten Blütenfarben eine größere Leuchtkraft zu verleihen. Obwohl

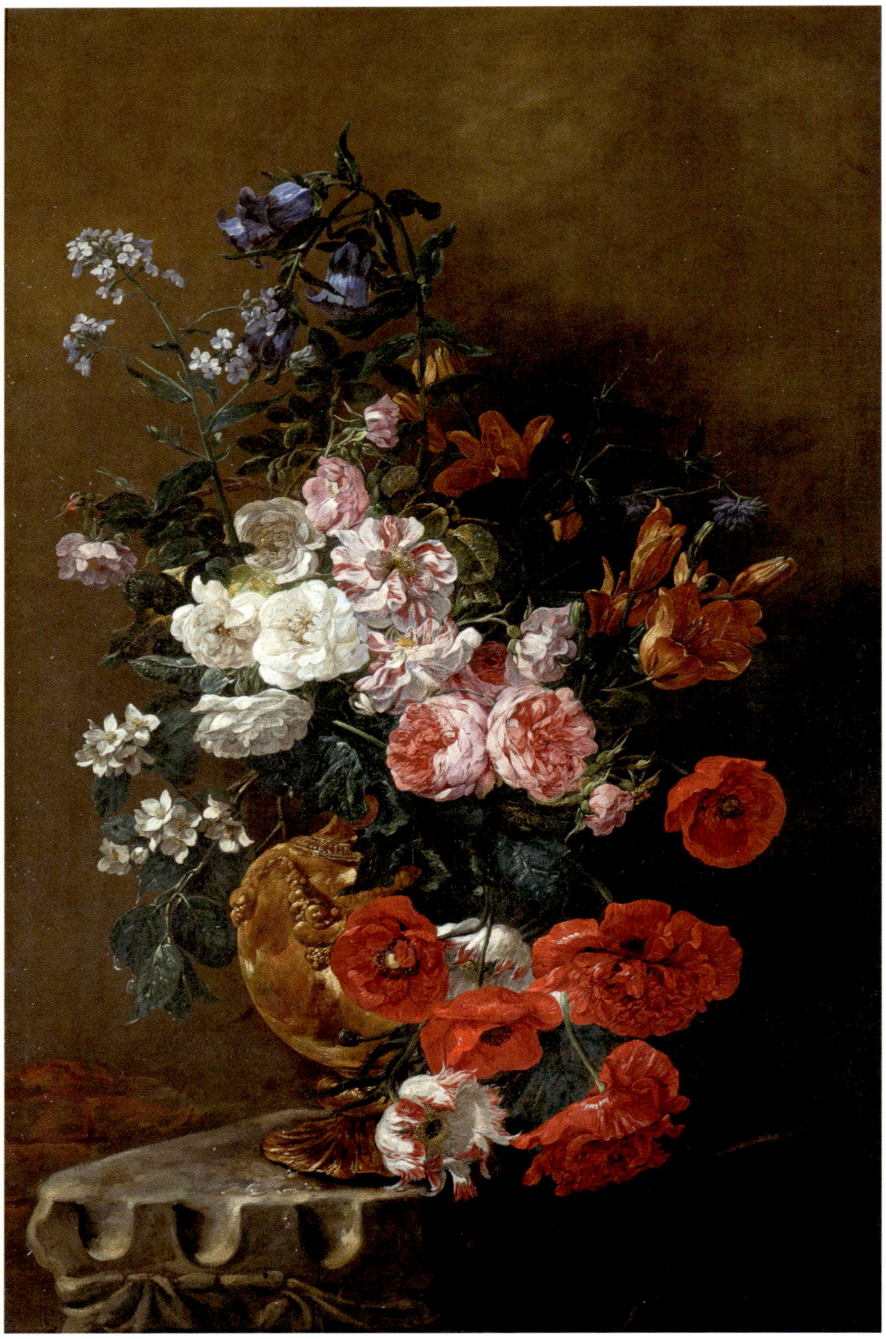
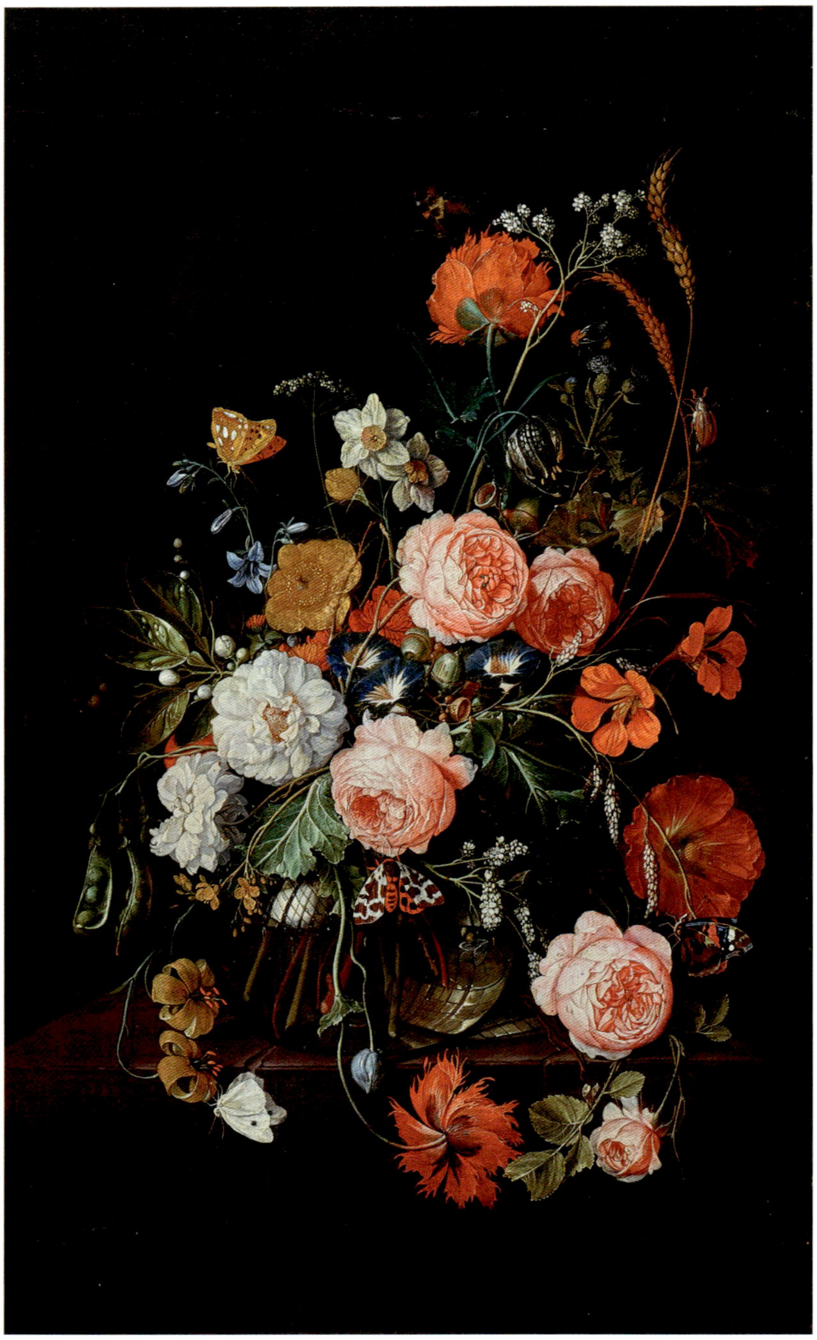
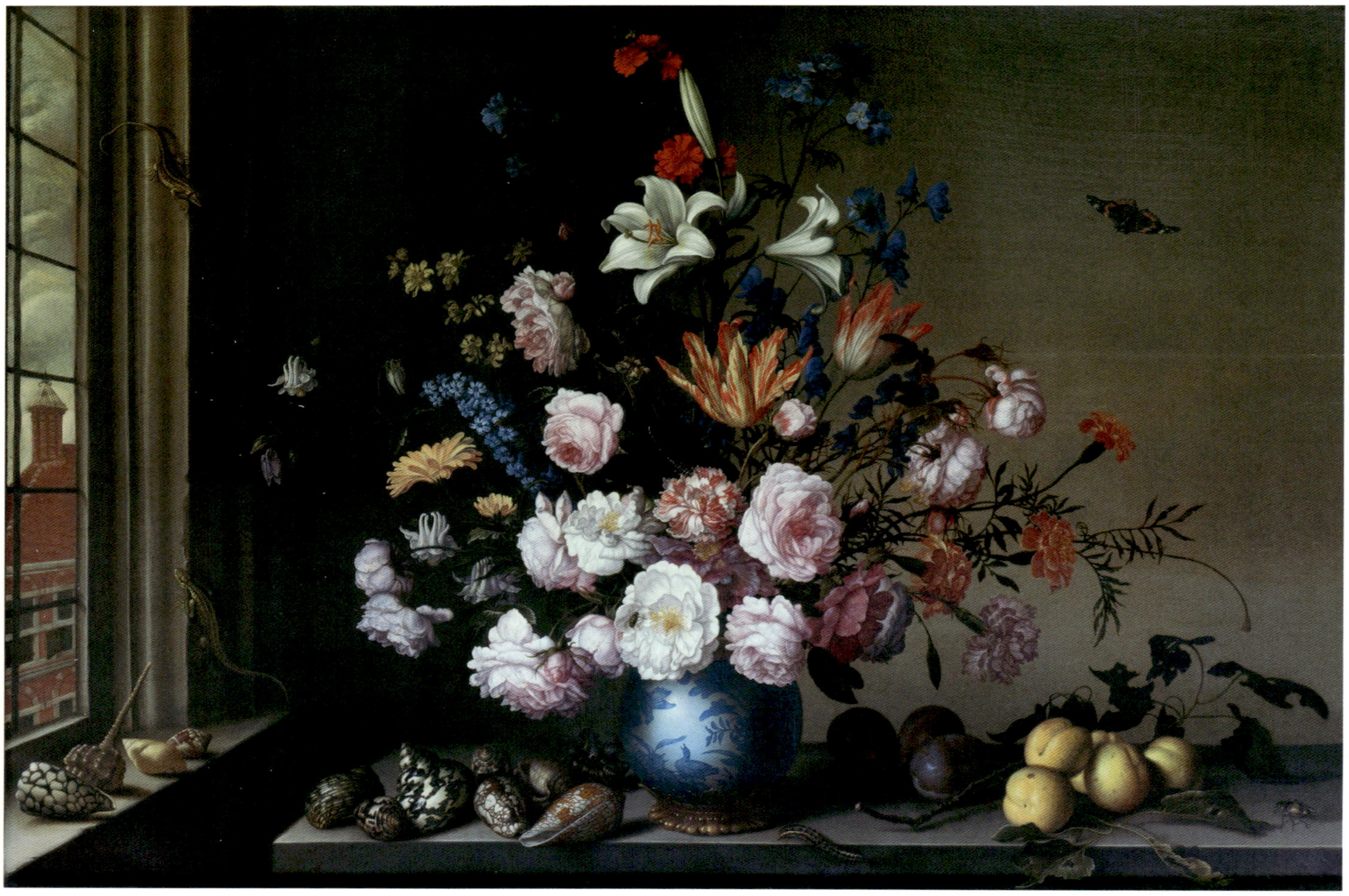

das Blumenbild von Jan Fyt etwa zur gleichen Zeit entstanden sein dürfte, zeigt es jedoch bereits das aufgehellte Kolorit der Stillleben des folgenden Jahrhunderts.

Ein holländisches Stillleben, weswegen es sich wiederum allein lohnte, einen weiten Weg nach Dessau auf sich zu nehmen, hat seine Heimat in der Anhaltischen Gemäldegalerie im Schloss Georgium. Es ist von der Hand des Malers Balthasar van der Ast (1593/94–1657), der die ersten Schaffensjahre in Utrecht verbrachte, bevor er ab 1632 bis an sein Lebensende in Delft lebte. Es wird vermutet, dass Jan Davidszoon de Heem (1606–1683/84) zu seinen Schülern zählte. Anhand des bleiverglasten Fensters links, durch das der Blick auf die rote Ziegelfassade eines Patrizierhauses gegeben ist, wird deutlich, dass das Bild in Delft entstanden sein muss. Wer fühlt sich nicht an die berühmten Bilder des bedeutenden Delfter Zeitgenossen Vermeer van Delft erinnert, in denen – wie etwa bei der „Briefleserin" in Dresden – die Fenster und das durch sie einfallende Tageslicht eine wesentliche Rolle spielen. Das Fenster im Stillleben van der Asts lässt nicht nur den Blick nach außen zu, sondern auch Tageslicht auf das wohlkomponierte Blumenarrangement fallen. Hierdurch wird jede Einzelheit bei den Blumen, Früchten, den Eidechsen und den dargestellten kostbaren Objekten herausgeleuchtet und deutlich sichtbar. Nachvollziehbare Schlagschatten entstehen, was zu einer Verstärkung der Räumlichkeit und der Körperlichkeit führt und das Dargestellte noch greifbarer und wirklichkeitstreuer erscheinen lässt.

In kaum nachvollziehbarer Feinheit und Gewissenhaftigkeit hat van der Ast die einzelnen Blumen porträtiert. In der Mehrzahl Rosen sowie Tulpen, Lilien, Akelei, Rittersporn, Nelken, Ringelblume und Vergissmeinnicht sind in einer Weise arrangiert, dass sich die einzelnen Blumen kaum überschneiden. Das erlesene Arrangement wird durch die seltene goldgefasste chinesische Vase unterstrichen, außerdem durch die kostbaren, aus Ost- und Westindien stammenden Gehäuse von Meeresschnecken, für die sich in den Niederlanden aufgrund der porzellanartigen, schön gezeichneten Oberflächen eine Liebhaberei entwickelte.

Selbstverständlich steht die Darstellung der Schönheit der durch die Natur entstandenen und von Menschenhand entwickelten Dinge bei einem solchen Bild im Vordergrund. In den Hintergrund rückt dabei im Laufe des 17. Jahrhunderts mehr und mehr die Warnung an den Betrachter, dass alles auf der Welt endlich sei. Der Liebhaber solcher Bilder interessiert sich über die schönen Dinge und den damit verbundenen moralisierenden Fingerzeig hinaus insbesondere für die für einen Laien kaum nachvollziehbare darstellerische Qualität. Nur hierfür war er im 17. Jahrhundert – wie auch heute – bereit, einen hohen Preis zu bezahlen.

---

n (Johannes) Fyt (1611–1661):
ase mit Blumen
m 1660
l auf Leinwand
7,5 x 75 cm
chloss Mosigkau

n Davidszoon de Heem
606–1684):
umenstück
m 1640
l auf Leinwand
9 x 46 cm
chloss Mosigkau

althasar van der Ast
593/1594–1657):
illleben mit Blumen, Früchten
nd exotischen Schnecken an
nem Fenster
m 1650–1657
chenholz
7,5 x 97,5 cm
nhaltische Gemäldegalerie Dessau

ewiss verstanden die Niederländer
ei Blumenstillleben den ihnen
newohnenden Verweis auf die
ndlichkeit allen Lebens, jedoch
erwog bei der Betrachtung von
umenbildern die Freude an
ualitätsvoll gemalten exotischen
lanzen und überbordender
ütenpracht.

Herbst

Die Jagd in Bildern

Im Herbst finden heute wie früher Land auf, Land ab – so auch in den Forsten des Gartenreichs Dessau-Wörlitz – die großen Drückjagden statt, bei denen das Schwarzwild in der Regel den größten Teil der Strecke ausmacht. Davon, dass der „Schwarzkittel" schon immer eine gefürchtete, aber gleichwohl interessante Jagdbeute war, zeugt bereits die griechische Mythologie mit der Geschichte von der Jagd des Kalydonischen Ebers, eines Wildschweins ungeheuren Ausmaßes, das am Ende von dem tapferen, in die jungfräuliche Jägerin Atalante verliebten Meleager erlegt wurde. In einem großen Gemälde im Bildersaal des Mosigkauer Schlosses wurde die dramatische Jagd Meleagers und Atalantes von dem flämischen Rubensnachfolger Theodoor van Thulden (1606–1669) in Szene gesetzt.

In einem weiteren großformatigen Gemälde des 17. Jahrhunderts im Schloss Mosigkau wird ebenfalls das große Interesse an der Wildschweinjagd gegenwärtig. Das Gemälde, das zur Gattung der Tierstücke gehört, erscheint im Kontext der herbstlichen und winterlichen Jahreszeit insofern passend, als in diesen Monaten die Wildschweine allgegenwärtig sind. Auf der Suche nach schmackhaften Wurzeln, Insektenlarven und auch Mäusenestern wühlen sie mit ihrem starken Rüssel, dem sogenannten Gebrech, den Boden auf und hinterlassen in einigen Schlossparks des Gartenreichs wahre Kraterlandschaften.

Der Maler des Bildes, Pieter Boel, ist ein klassischer Stillleben- und Tiermaler. In einer zeitgenössischen Porträtgrafik, die den Künstler mit einem Hund an seiner Seite zeigt, liest man in der Unterschrift: „Petrus Boel Paintre tres estimé en animau, fleurs etc. nasquit Anvers" (P. B., Maler sehr geschätzt für seine Tiere, Blumen etc. geboren in Antwerpen). Der Hinweis auf seine Geburtsstadt weist ihn in die Reihe der angesehenen Maler, die dort in der berühmten Werkstatt des Peter Paul Rubens ihr Handwerk gelernt und später als Gehilfen – oft in den die großen Historien und Allegorien von Rubens bereichernden Spezialfächern wie dem Stillleben – gearbeitet haben. Seine Malweise und die monumentale Anlage seiner Bildfindungen gibt zur Vermutung Anlass, er habe bei den berühmten Antwerpener Stilllebenmalern Frans Snyders (1579–1657) und Jan Fyt (1611–1661) sein Spezialhandwerk gelernt. Genauere Kenntnisse zum Leben des Malers besitzen wir allerdings nicht.

Im Gegensatz zu den holländischen Stilllebenmalern waren die flämischen Zeitgenossen in der Lage, Kundenwünschen nach Darstellungen lebensgroßen Wildbrets und – wie in dem Mosigkauer Gemälde – auch in Aktion befindlicher Tiere in Lebensgröße zu erfüllen. Die hohe Qualität der Bilder zeigt sich in der kaum nachvollziehbaren plastischen Realität der dargestellten Szene. Das Bild zeigt den dramatischsten Augenblick des aussichtslosen Kampfes eines Ebers gegen die wütende Hundemeute. In einem letzten Aufbäumen scheint das gejagte Tier noch einmal alle Kraft-

Pieter Boel (1622–1674):
Eberhatz
um 1650
Öl auf Leinwand
184 x 255 cm
Schloss Mosigkau

Theodoor van Thulden (1606–1669)
Meleager und Atalante
um 1700
Öl auf Leinwand
198,5 x 294 cm
Schloss Mosigkau

Auch diese monumentalen flämischen Jagdbilder im Galeriesaal des Schlosses Mosigkau stammen aus den oranisch-nassauischen Residenzen der Eltern der Henriette Catharina Fürstin von Anhalt-Dessau.

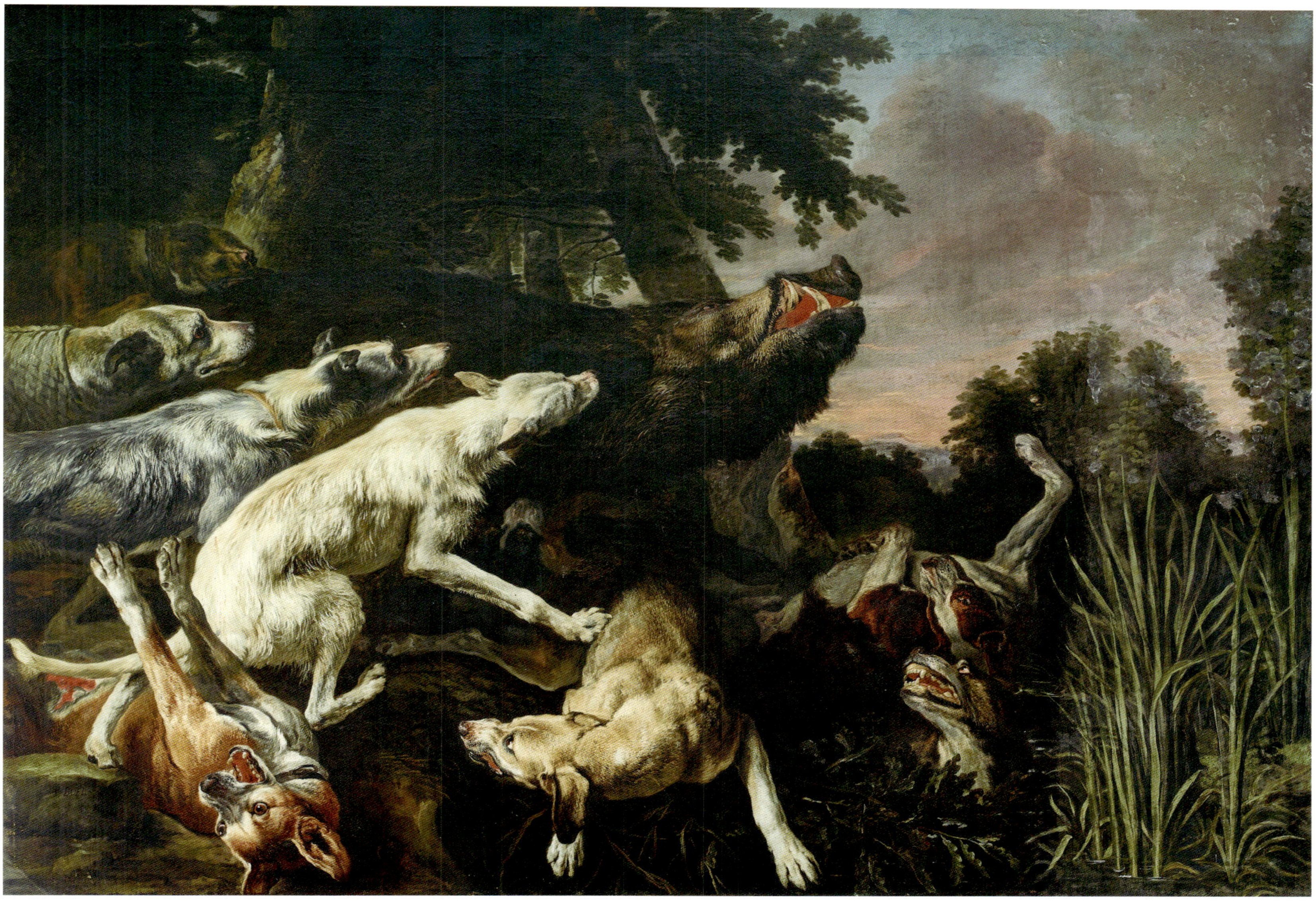

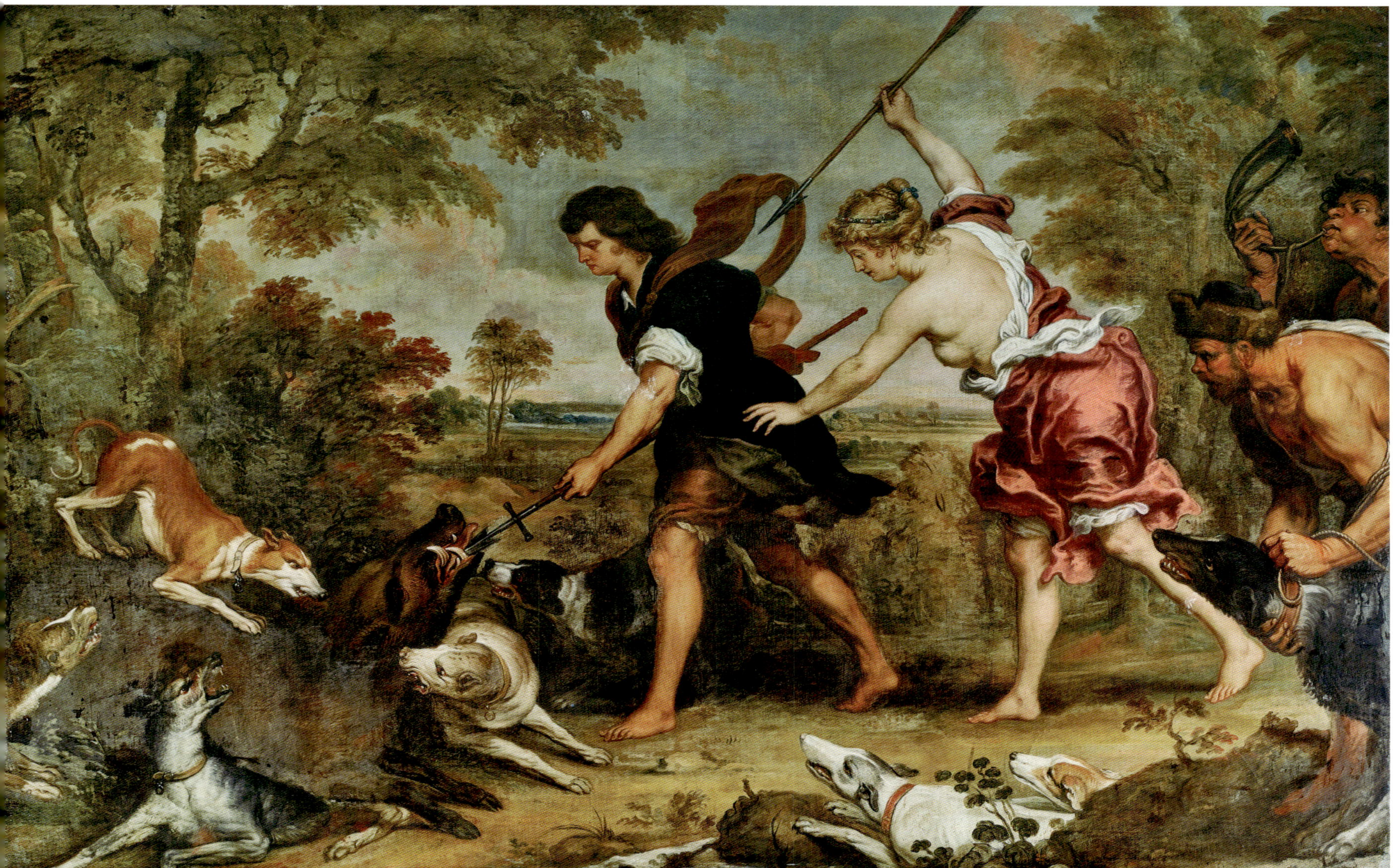

reserven zu mobilisieren, weswegen zwei der Hunde durch die Gegenangriffe des verwundeten Tieres zu Boden gehen. Zu der überzeugenden Wirklichkeitsnähe trägt auch die malerische Delikatesse einer fast greifbaren Stofflichkeit der Tierfelle bei. Man meint fast, in die drahtige Struktur des Fells hineingreifen zu können. Eine solch starke Wirklichkeitsaneignung in Bildern ist nur durch tausendfache Studien vor der Natur zu erlernen, von denen sich in Pieter Boels Œuvre zahlreiche erhalten haben.

Um das Bild in die barocke Hängung des Gemäldesaals in Mosigkau einzupassen, wurde rechts ein unzulänglich gemalter, etwa 40 cm breiter Streifen angestückelt, der sich inzwischen deutlich abzeichnet. Wie die meisten hochkarätigen Bilder der Sammlung ist auch dieses über die von der oranisch-nassauischen Statthalterfamilie abstammende Henriette Catharina Fürstin von Anhalt-Dessau ins Gartenreich gelangt. Von deren Enkeln konnte die anhalt-dessauische Prinzessin Anna Wilhelmine unter anderem dieses Bild für ihren bedeutenden lückenlos gehängten Galeriesaal erwerben.

Zu den Erwerbungen, die in den Bildersaal des Schlosses Mosigkau gelangten, zählt auch ein weiteres bemerkenswertes Jagdbild, ein Stillleben, das in der Feinheit der Ausführung unübertrefflich scheint. Der in Frankfurt am Main geborene, ab dem 20. Lebensjahr in den Niederlanden als Maler wirkende Abraham Mignon (1640–1697) war bei Jan Davidszoon de Heem, dem talentiertesten holländischen Stillleben-Maler seiner Zeit, in die Lehre gegangen.

Dekorativ ist verschiedenes Federvieh vor dem Betrachter ausgebreitet. Neben einer Rebhuhn-Henne, die an den Füßen hängend mit ausgebreiteten Flügeln und mit der Unterseite nach vorn dem Betrachter präsentiert ist, erkennt man zahlreiche Vögel, die heute, zumindest in Deutschland, aus Naturschutzgründen schon lange nicht mehr gejagt werden: der Grün- und der Buntspecht, der Eichelhäher, das Rotkehlchen, die Blaumeise, der Neuntöter, der Stieglitz, der Eisvogel, das Seidenschwänzchen und seltsamerweise auch ein Hahn, dem zäh fließend Blut aus dem Schnabel tropft. Kostbare jagdliche Utensilien wie eine Flinte, ein Jagdhorn, Pulverbeutel, ein von Edelsteinen besetzter Hirschfänger, eine dunkelgrüne Samttasche und eine Pulverkapsel sind an einer Mauernische aufgehängt und auf einem graugrünen Konsoltisch ausgebreitet.

Weniger die Trophäen, als die delikate malerische Virtuosität und die kaum nachvollziehbare getreue Naturnähe werden beim Kunden das Interesse an einem solchen Bild geweckt haben. Man kann sich kaum einen Pinsel oder die Hand eines Künstlers vorstellen, die in der Lage sind, die Zartheit des Gefieders oder den Faden, an dem die Tiere aufgehängt sind, auf die Leinwand zu zaubern. Jedoch war das weidmännische Interesse der Fürsten von Anhalt nicht auf die Vogeljagd, sondern in der Hauptsache auf die von Rot- und Schwarzwild gerichtet.

Das Thema Meleager und Atalante taucht in einer gänzlich anderen Darstellung noch einmal am Kamin im Schlafzimmer des ebenfalls pas-

Abraham Mignon (1640–1697):
Stillleben mit Vögeln und Jagdzeug
um 1665
Öl auf Leinwand
87,5 x 67,5 cm
Schloss Mosigkau

Feiner kann man kaum malen. Teilweise wurden Einhaarpinsel verwendet, um etwa Vogelfedern in Stillleben darzustellen.

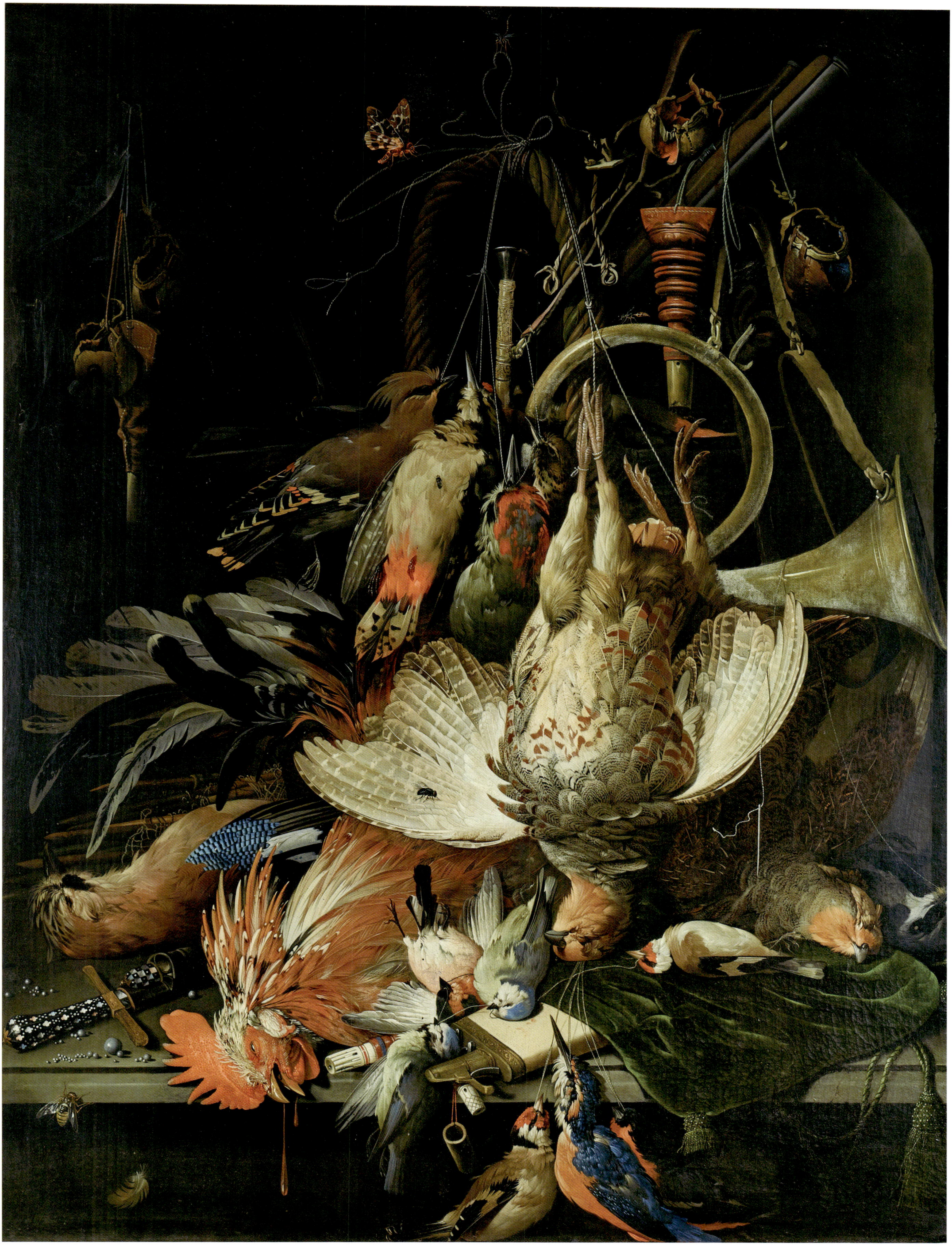

sionierten Jägers Fürst Franz im Wörlitzer Schloss auf, einem zarten, elliptischen, hell-kobaltblauen Relief, einem Unikat der berühmten Manufaktur des Josiah Wedgwood (1730–1795). Wenn auch nicht in gemalter Form, so ist hier einmal mehr ein Motiv aus dem im 18. Jahrhundert noch immer nur dem Adel vorbehaltenen Privileg, der Jagd, präsent.

Der Winter
Die Blumenserie des Johann Baptist Drechsler im Floratempel zu Wörlitz

Auch der Winter lockt mit seinem Zauber in das Gartenreich. Besonders wenn der klirrende Frost das Land fest im Griff hat, wenn frischer, pudriger Schnee seine Kristalle in der Sonne funkeln lässt, lockt es Jung und Alt ins Freie, und an den früh einsetzenden Abenden gibt es nichts Schöneres, als sich in sein gemütlich warmes Heim zurückzuziehen. In keiner anderen Jahreszeit jedoch als im Spätwinter, vor allem in den Monaten von Januar bis März, sind die Farben in den Gärten und der Naturlandschaft sehr reduziert. Es herrschen graue, blassgelbe und braune Farbtöne vor. Die Natur ist im Herbst in Vorahnung des Winters mit seinen unbarmherzigen Temperaturen in den Sparmodus übergegangen, hat das für die Photosynthese verantwortliche Chlorophyll, das Blattgrün, den Pflanzen entzogen und spart auf diese Weise Energie. Aus demselben Grund sind auch die vielfältigen Blütenfarben, deren wichtigste biologische Aufgabe das Anlocken der Blumen besuchenden Tiere zur Bestäubung ist, vollständig von der Bildfläche verschwunden. Zwar zeigen sich erste Frühlingsboten in Schneeglöckchen, gelben Winterlingen sowie etwas später auch in Krokussen, die mit ihrem Lila die Wiesen des Wörlitzer Parks überschwemmen, dennoch sehnen sich nun viele Menschen nach frischem Grün und Blütenfarben.

Neben der Möglichkeit, sich Blühendes in Blumengeschäften und Gärtnereien zu kaufen, oder der Flucht in bevorzugte Länder mit gleichbleibend sommerlichem Klima, gibt es seit dem 17. Jahrhundert die Möglichkeit, sich an Abbildungen von Blumen zu erfreuen. Gemalte Blumenbilder sind eine Erfindung der holländischen Malerei. Durch den Seehandel waren exotische Blumen unter anderem aus den arabischen Ländern in die Niederlande gelangt. Besonders Tulpen erfreuten sich wachsenden Interesses und führten bei einigen zu einer wahren Obsession. Tulpenzwiebeln seltener Sorten wurden für Unsummen ersteigert. Zahlreiche Liebhaber trieb die „Tulpomanie" gar in den Ruin. So nimmt es nicht wunder, dass die schönen, jedoch vergänglichen Blüten auch Aufnahme in Stillleben fanden, zunächst sorgsam komponiert, später in größter Natürlichkeit dargestellt und arrangiert.

Auch der 1756 im heute als Ortsteil zu Wien gehörigen Lichtental geborene Stilllebenmaler Johann Baptist Drechsler (gestorben 1811 in Wien) hat sich mit seinen Blumenbildern auf die berühmten holländi-

---

Johann Baptist Drechsler (1756–1811):
Blumenstück mit Korb
1804
Öl auf Leinwand
82,6 x 67,5 cm
ehemals Floratempel, heute Gotisches Haus, Wörlitz

Kostbare Möbel aus der Werkstatt des Leipziger Tischlers und Unternehmers Friedrich Gottlob Hoffmann und Stillleben von Johann Baptist Drechsler für den 1796/98 erbauten Floratempel zeigen an, wie viel Wert Fürst Franz und sein künstlerischer Berater Erdmannsdorff bei der Einrichtung der Wörlitzer Gartenbauwerke auf höchste Qualität legten.

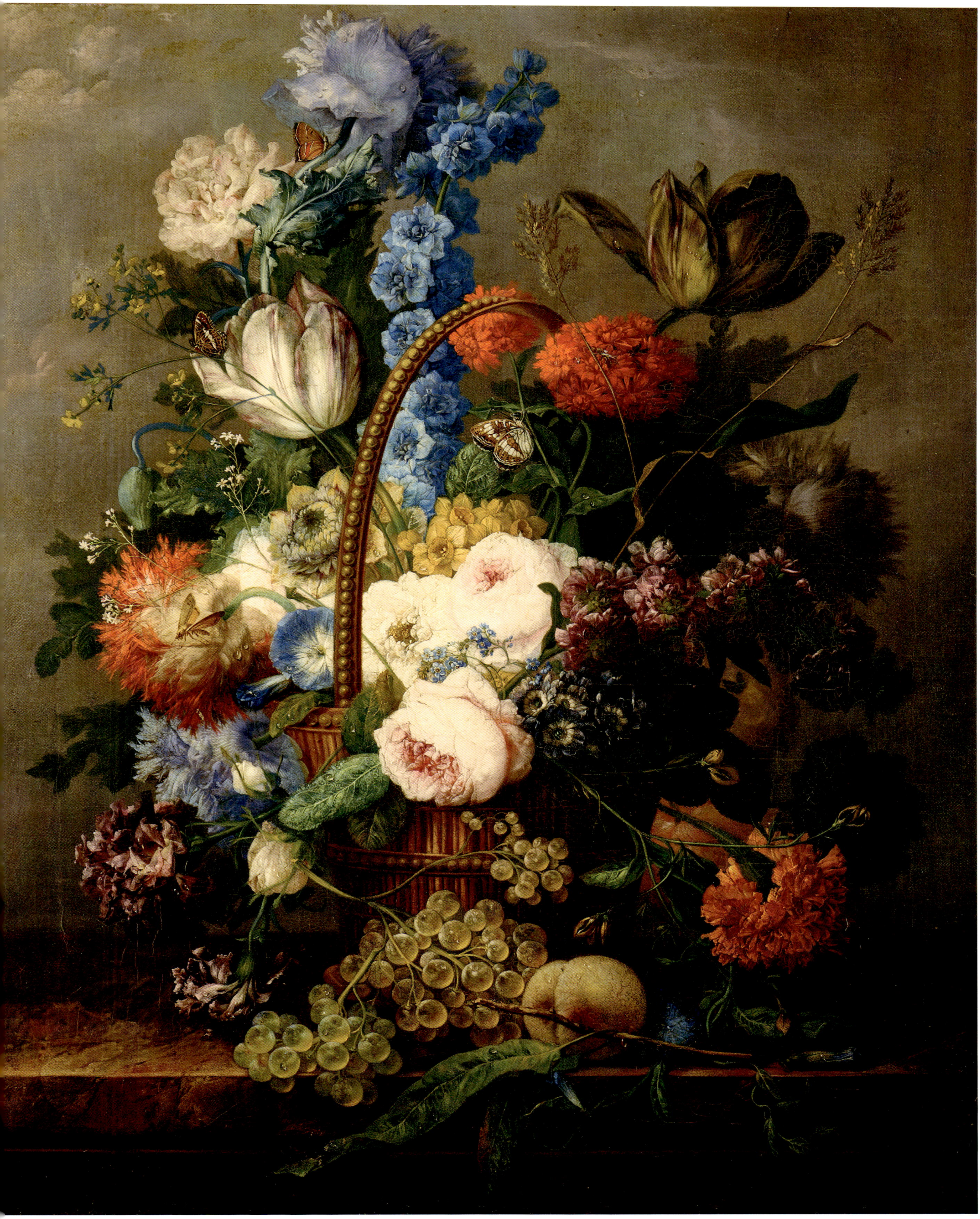

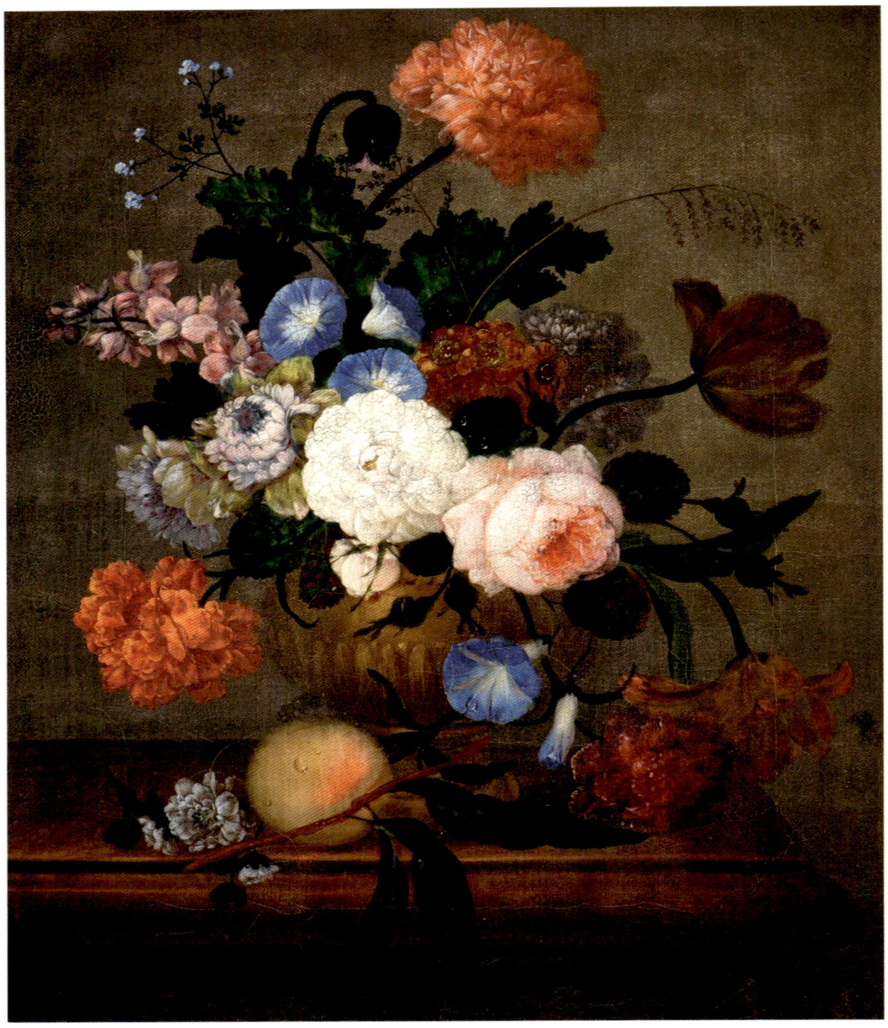
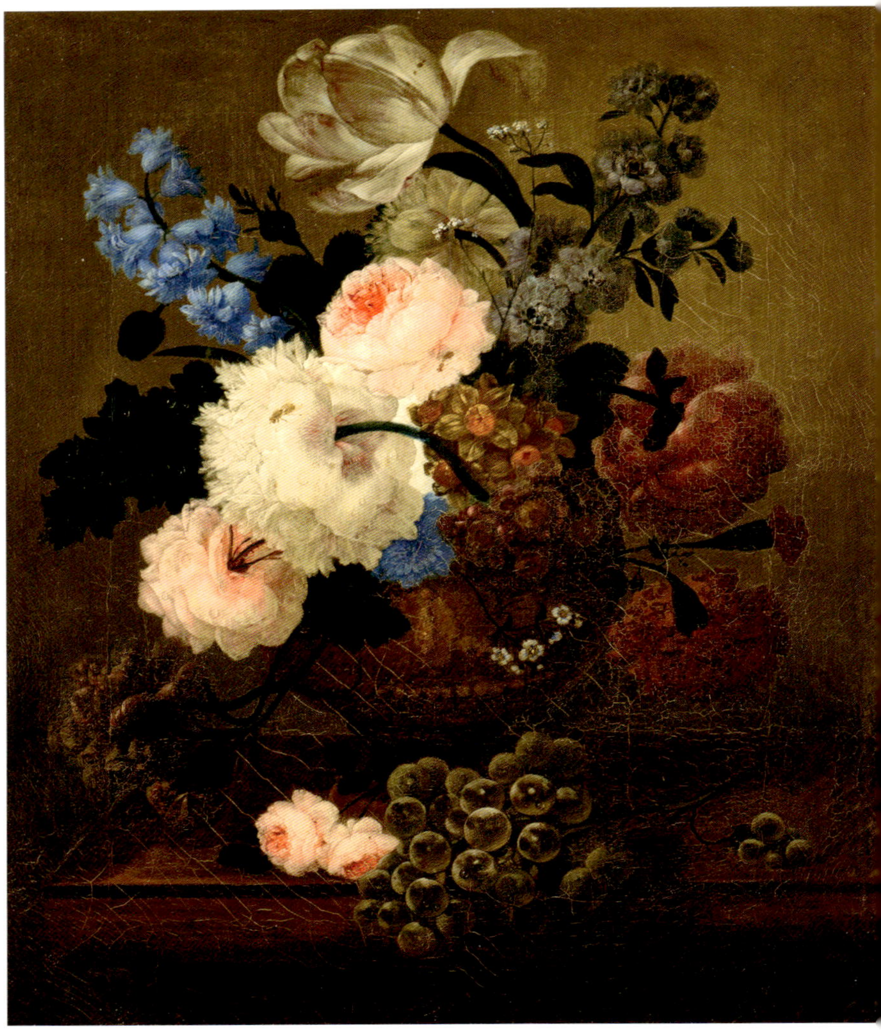
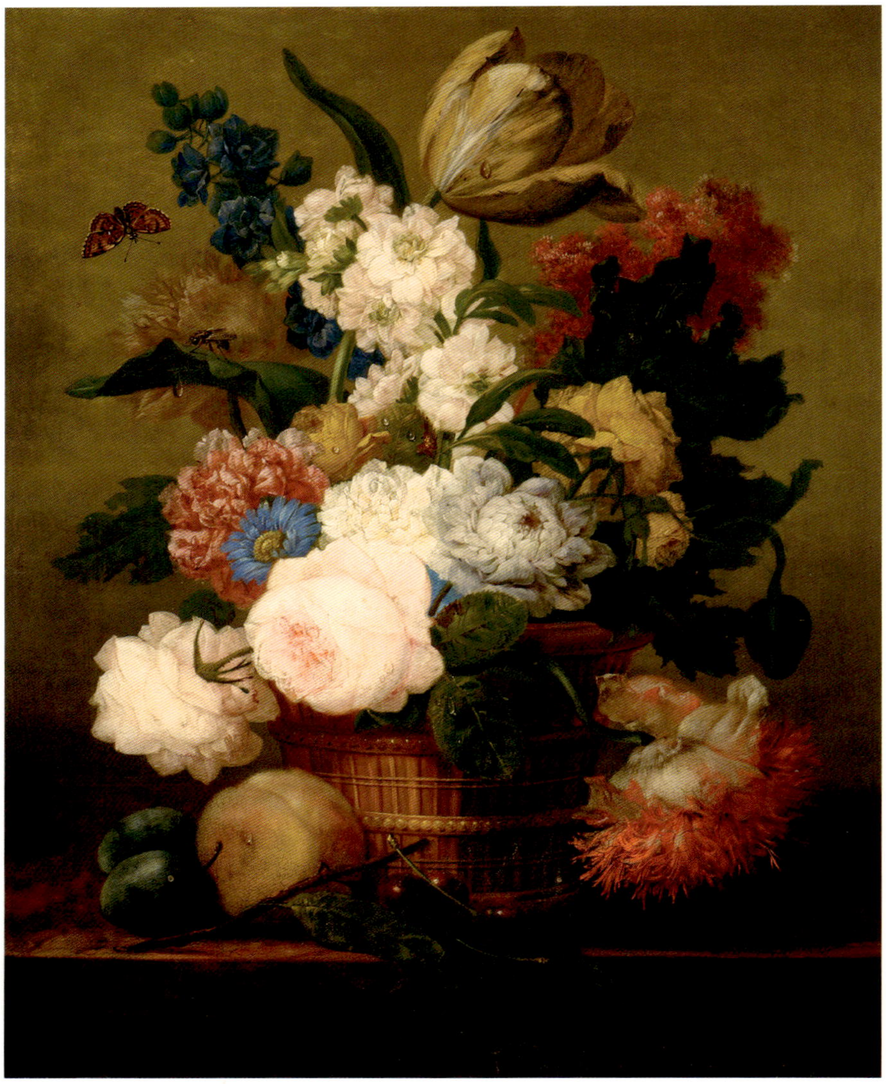
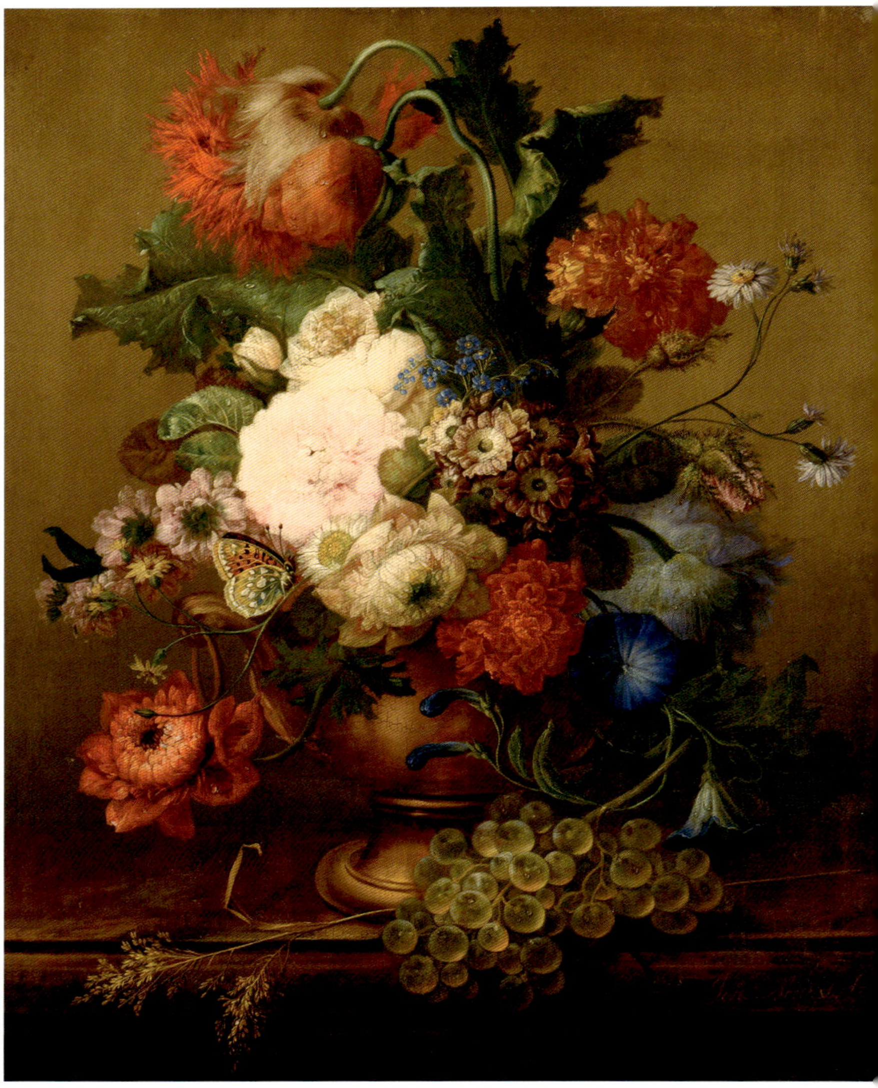

Johann Baptist Drechsler
(1756–1811):

◂
Blumenstück mit Pfirsich
1808
Öl auf Leinwand
64 x 56 cm

◂
Blumenstück mit Weintrauben
1804
Öl auf Leinwand
64,1 x 56 cm

◂
Blumenstück mit Pfirsich, Pflaumen
und Kirschen
1804
Öl auf Leinwand
60 x 50,2 cm

◂
Blumenstück mit Weintrauben
1804
Öl auf Leinwand
46,7 x 36,7 cm

▸
Blumenstück
1804
Öl auf Leinwand
69 x 54 cm

▸▸
Blumenstück mit Korb (Detail)
1804
Öl auf Leinwand
70,7 x 55,6 cm

Alle Gemälde ehemals Floratempel,
heute Gotisches Haus, Wörlitz

Erst in der Nahsicht gewahrt man all
die Feinheiten in der Ausführung
der Blumenstillleben des hervorragenden Wiener Malers Johann
Baptist Drechsler, der als Porzellan-
Maler sein Handwerk erlernt hat.

▸▸▸
Die überbordend mit floralen
Rocaillen und Relief-Medaillons
verzierte monumentale Sandsteinvase schmückt heute ein
kreisrundes Beet, an dessen Stelle
sich im 18. Jahrhundert das
Karussell des Mosigkauer
Lustgartens befand.

schen Maler bezogen. Besonders die in unvergleichlicher Feinheit und mit einem unerreichten Schmelz gemalten Bilder des außerordentlich gefragten niederländische Blumenmalers Jan van Huysum (1682–1749) dienten ihm als Vorbild. Drechsler war als Sohn des Porzellanmalers Josef Drechsler an die Malerei herangeführt worden und ist zwischen 1772 und 1782 in der Wiener Porzellanmanufaktur nachweisbar. An der Manufakturzeichenschule der Wiener Akademie der bildenden Künste wurde er 1787 erster Professor der neu gegründeten Klasse für Blumenmalerei. 1807 wurde er Direktor der Akademie. Drechsler führte die Blumenmalerei in Wien weg von der dekorativen Art des Barock und hin zu einem detailreichen Naturalismus. Damit nahm er auch großen Einfluss auf die naturwissenschaftlichen Pflanzendarstellungen im 18. Jahrhundert. Drechsler gilt auch als Begründer der Wiener Schule der biedermeierlichen Blumenmalerei.

Die Kulturstiftung DessauWörlitz besitzt als herausragende Kostbarkeit eine Serie von sechs seiner Bilder, die vermutlich Erdmannsdorff im Auftrag des Fürsten Franz für den zwischen 1796 und 1798 erbauten Floratempel erworben hat. Erst in August von Rodes Beschreibung des Wörlitzer Parks und seiner Bauwerke von 1818 werden sie im Floratempel aufgeführt. Auch beim Ankauf dieser Bilder des ausgangs des 18. Jahrhunderts besonders gefragten zeitgenössischen Blumenmalers zeigt sich einmal mehr der hohe Anspruch des Fürsten und seines Architekten auf größtmögliche künstlerische Qualität. Auch bei diesen Bildern stellt Drechsler, noch ganz der barocken Tradition der holländischen Blumenmalerei verpflichtet, seine Blumensträuße in Steinvasen oder Körben dar und gruppiert vielfältige Blumen zu einem bunten, opulenten Bukett. Eine Vielzahl zu unterschiedlichen Jahreszeiten blühende Blumen lassen sich ausmachen: Iris, Levkojen, Flieder, Primeln, Rosen, Pfingstrosen, Mohn, Tulpen, Skabiosen, Narzissen, Trichterwinde, Nelken, Kornblumen, Hyazinthen, Rittersporn, Eisenhut, Berufskraut, Schleierkraut, Margerite, Anemonen, Vergissmeinnicht und weitere Pflanzen werden in voller Blüte präsentiert. Bevölkert werden die Blumen von Insekten, einer Vielzahl an Schmetterlingen, auf der Tischplatte werden die Blumenarrangements bereichert um Früchte wie Pflaumen, Pfirsiche und Trauben sowie Vogelnester mit Eiern.

In der an kräftigen Farben und natürlich wachsenden Blumen armen Jahreszeit des ausgehenden Winters helfen solche Blumenbilder, die Erinnerung an die Schönheiten der blühenden Natur wachzuhalten und die Menschen auf die Sommerzeit einzustimmen.

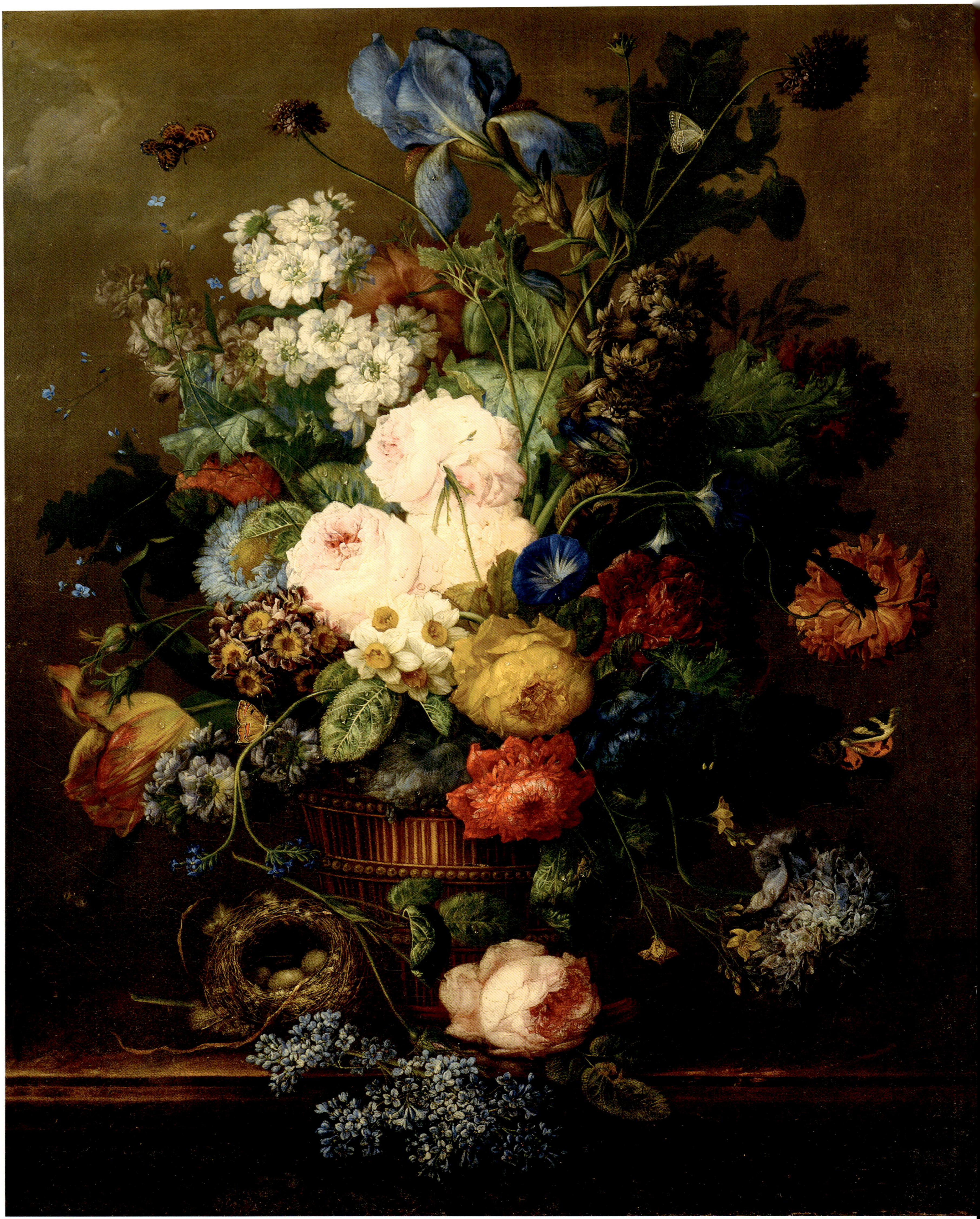

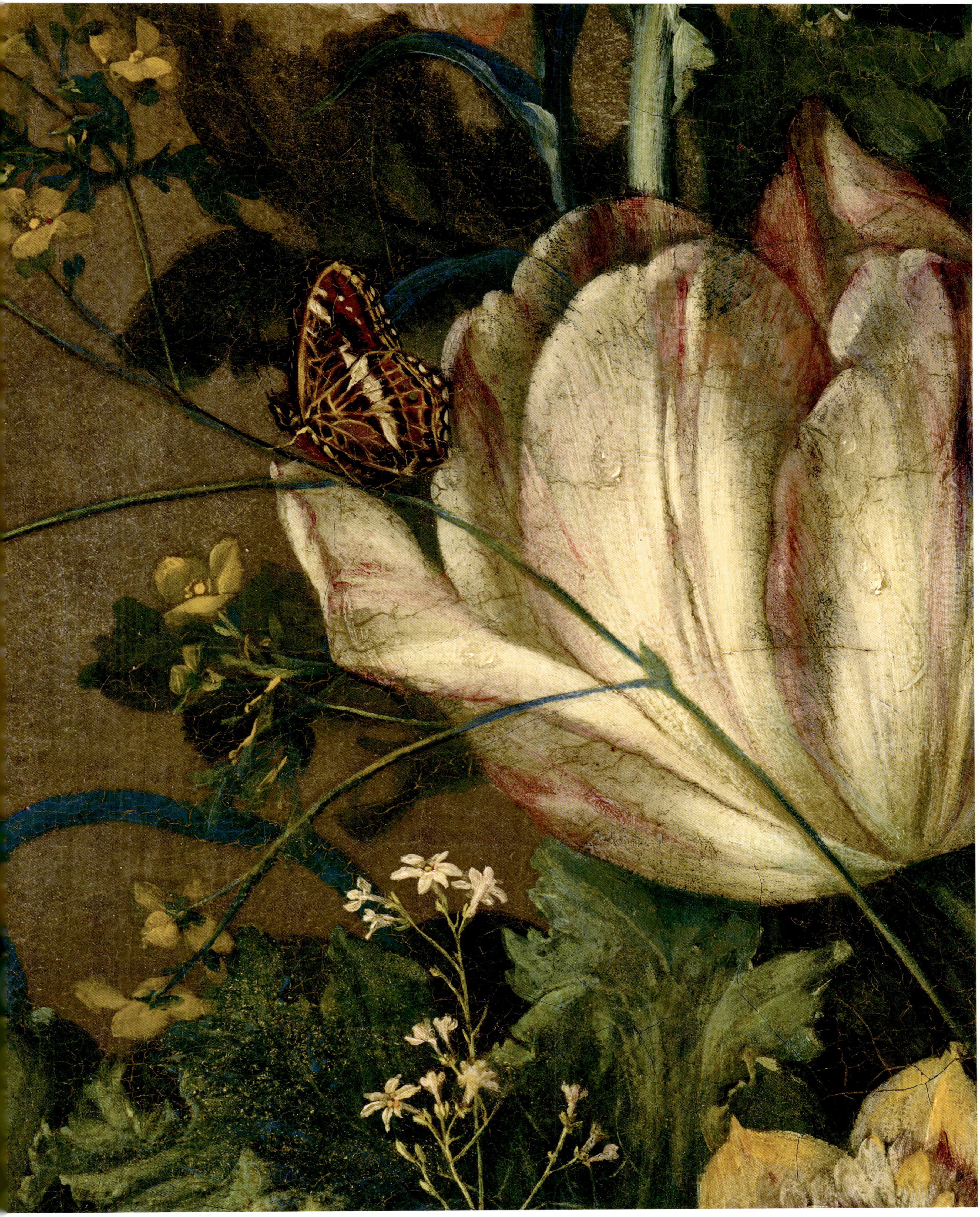

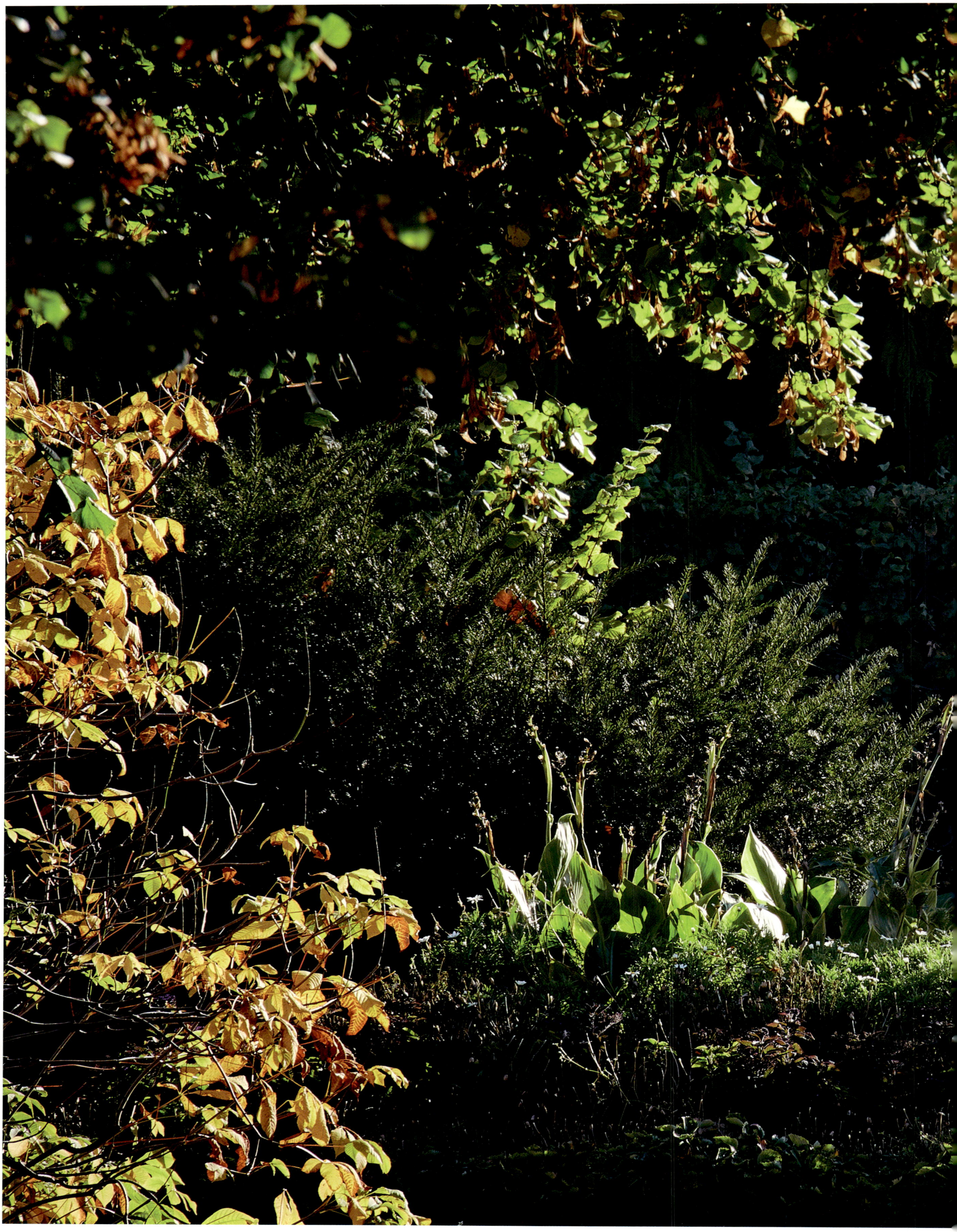

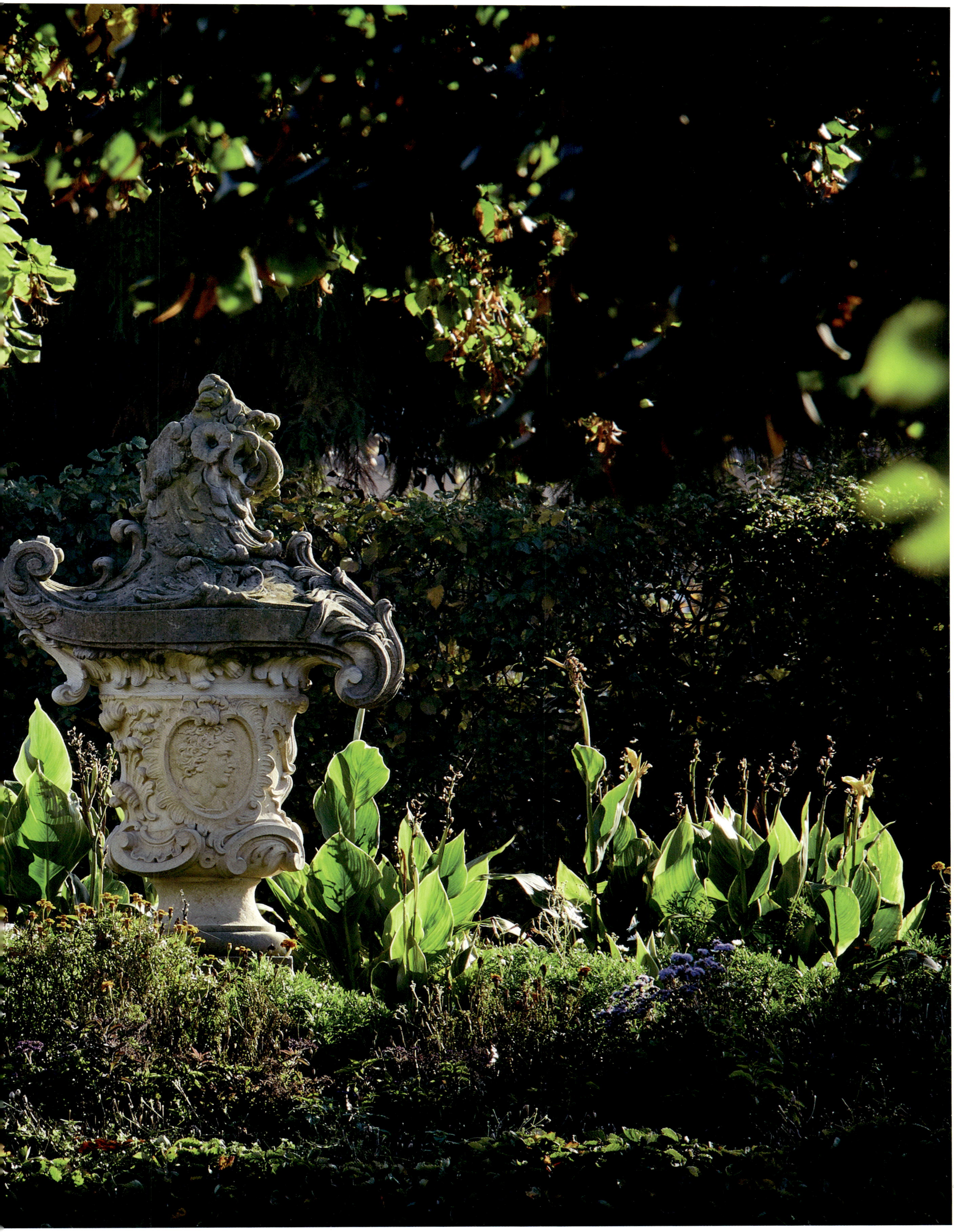

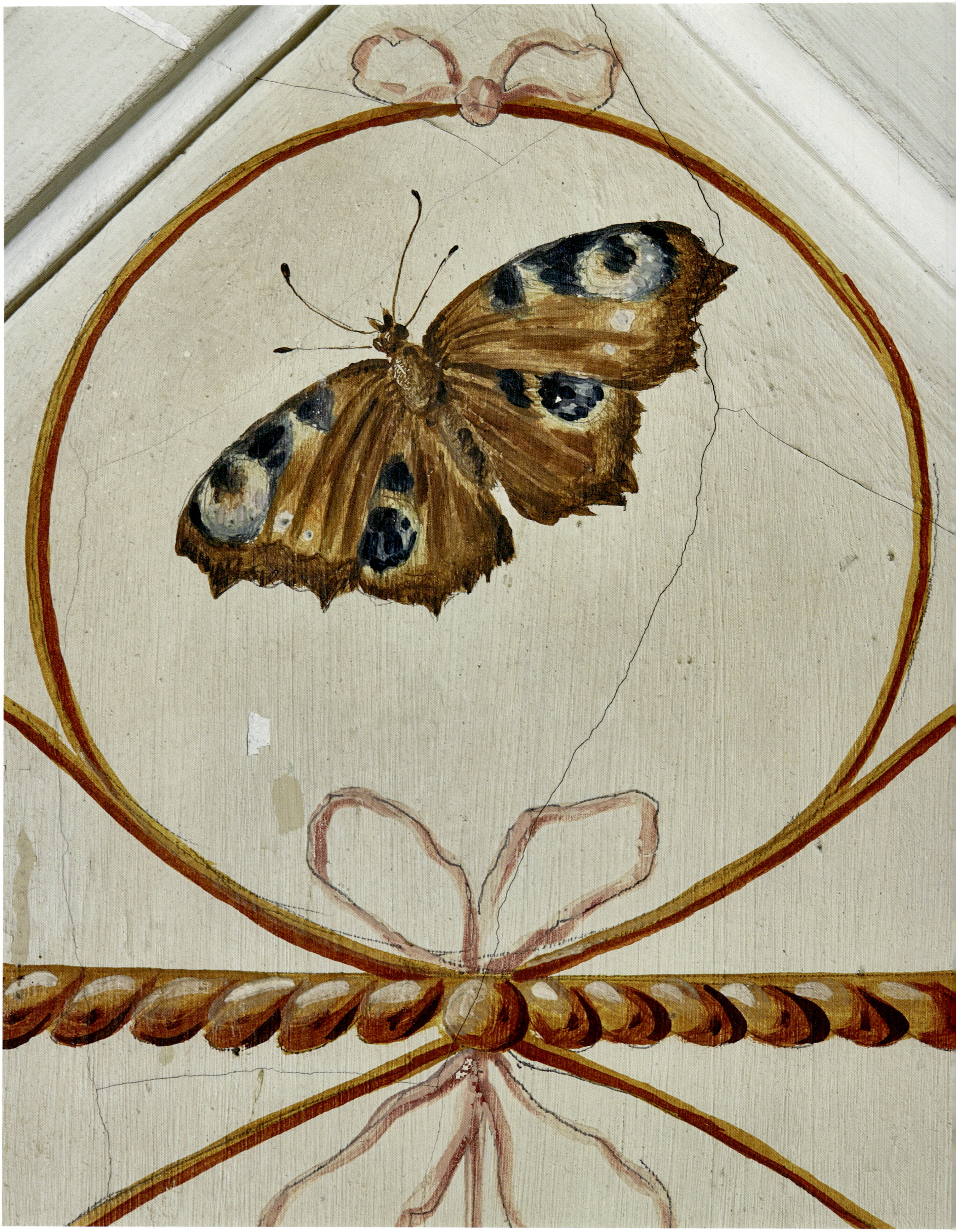

Lorbeerbaum und Pfauenauge

PFLANZEN- UND TIERDEKORATIONEN IM SCHLOSS WÖRLITZ

ANNETTE SCHOLTKA

Eichenkränze und Lorbeerbäume, Weinranken und Efeu, Akanthuslaub und Aronstabgewächse, Hecken von Rosen und Granatäpfeln, Schilfrohr und Kapuzinerkresse, Winden und Hanf, Lilien und Stockrosen zieren die Wände in den Bauten des Gartenreiches. Gemalt oder plastisch in Stuck wiedergegeben, gesellen sich zu ihnen Tierdarstellungen – heimische Vögel und Schmetterlinge, aber auch exotische Kreaturen aus der antiken Mythologie. Eingeschrieben in streng getrennte Felderungen, fügen sich den der Antike verpflichteten Motiven, Pflanzenkandelabern, Akanthusranken und Rosetten in allen Varianten gelegentlich naturnah gemalte Tiere und Blumen ein. Hofrat August Rode, Verfasser der zeitgenössischen Führer durch das Gartenreich, schrieb 1801: „Die Verzierungen überraschen durch ihre Neuheit, durch ihre feine Auswahl, durch ihre Schönheit. Pracht schimmert nirgends. Ein zauberischer Reiz ist über das Ganze verbreitet."

„Ich habe mich bemühet, so viel als möglich, dabey im reinen Anticken Geschmack zu bleiben", teilt der Architekt Friedrich Wilhelm von Erdmannsdorff 1771 seinem fürstlichen Bauherrn und Freund Leopold Friedrich Franz von Anhalt-Dessau mit, während er über den Entwürfen für die Innenausstattung des Wörlitzer Landhauses sitzt. Johann Joachim Winckelmanns Vorstellung, dass „der einzige Weg für uns, groß, ja, wenn es möglich ist, unnachahmlich zu werden, die Nachahmung der Alten" sei, blieb ein halbes Jahrhundert lang bestimmend für die Schöpfungen des Gartenreichs.

Wie Erdmannsdorff bei allen Raumdekorationen im Gartenreich Wert darauf legte, dass jedem Motiv über die dekorative Wirkung hinaus die passende inhaltliche Bedeutung zukommt, so traf dies auch bei den floralen Motiven zu. Befindet sich im Floratempel an zentraler Stelle in einer Bambuslaube Geißblatt (Lonicera), ein Rankgehölz, das der Volksmund auch Jelängerjelieber nennt, dann deshalb, weil das Geißblatt ein Sinnbild für eine dauerhafte Liebesbeziehung ist. Der Stuckmarmor-Fußboden des Pantheons in den Wörlitzer Anlagen ist mit Lorbeerintarsien geschmückt. Lorbeer war Apollon heilig, dem Gott der Künste, der hier, in dem geplanten Museion, seine Musengruppe anführt. Im Altgriechischen heißt der Lorbeer daphne und erinnert daran, dass sich die Nymphe Daphne – um den Nachstellungen Apolls zu entgehen – in einen Lorbeerstrauch verwandelte. Aus Kummer über seine verschmähte Liebe trug Apoll Lorbeerzweige im Haar oder an seiner Leier.

Auch im Schlafzimmer der Hofdamen des Schlosses Wörlitz zieren große Lorbeerbäume die in zarten Pastelltönen gehaltenen Wände. Hier kann Apoll, der Führer der Musen, nicht fern sein. Im Mittelmedaillon schlägt er – lorbeerbekränzt – die Leier. Weibliche Genien, die Erdmannsdorff nach eigenem Bekunden „aus einem alten basrelief der Villa Negroni genommen" hat, tragen Blumengewinde herbei.

Um durch direkte Anschauung aus den Quellen der Antike schöpfen zu können und für jeden Raum die angemessenen allegorischen Motive zu finden, hielt sich Erdmannsdorff während der Bauzeit des Wörlitzer Schlosses ein ganzes Jahr lang – von Oktober 1770 bis Oktober 1771 – in Rom auf, finanziert vom fürstlichen Bauherrn, der jedoch nicht durchgängig glücklich über die lange Abwesenheit seines Architekten vom Baugeschehen in Wörlitz war. Erdmannsdorff fertigte in Rom nicht nur die architektonischen Entwürfe, sondern vervollkommnete auch seine Fähigkeiten im Zeichnen und in der Bildhauerkunst, nachdem er gemeinsam mit dem Fürsten Franz bereits im Winter 1765/66 ein halbjähriges Studium bei Johann Joachim Winckelmann, dem Begründer der wissenschaftlichen Archäologie und der Kunstgeschichte, genossen hatte.

Zu den antiken Vorbildern, die Erdmannsdorff am Original studieren oder einer der zahlreichen Publikationen mit guten Kupferstichen entnehmen konnte, kamen Motive aus der Antike-Rezeption der

---

Mit der Dekoration des Kabinetts der Fürstin im Schloss Wörlitz beschäftigte sich Erdmannsdorff besonders intensiv. An die Entwürfe, die bis heute erhalten sind, hatte sich der Dekorationsmaler in allen Einzelheiten zu halten. Der Gestaltung der Schmetterlinge, hier des Pfauenauges, widmete sich der Maler mit besonderer Hingabe.

Stilisierte Lorbeerzweige und Lorbeerbäumchen schmücken den Stuckmarmorboden des Pantheons In diesem Bauwerk ist Apoll, der Gott des Lichts, des Frühlings und der Künste, mit seinen Musen zugegen. Lorbeer und Lyra sind Motive, die auf Apoll anspielen. Der Lorbeer wird noch heute als Gewürz feiner Speisen geschätzt.

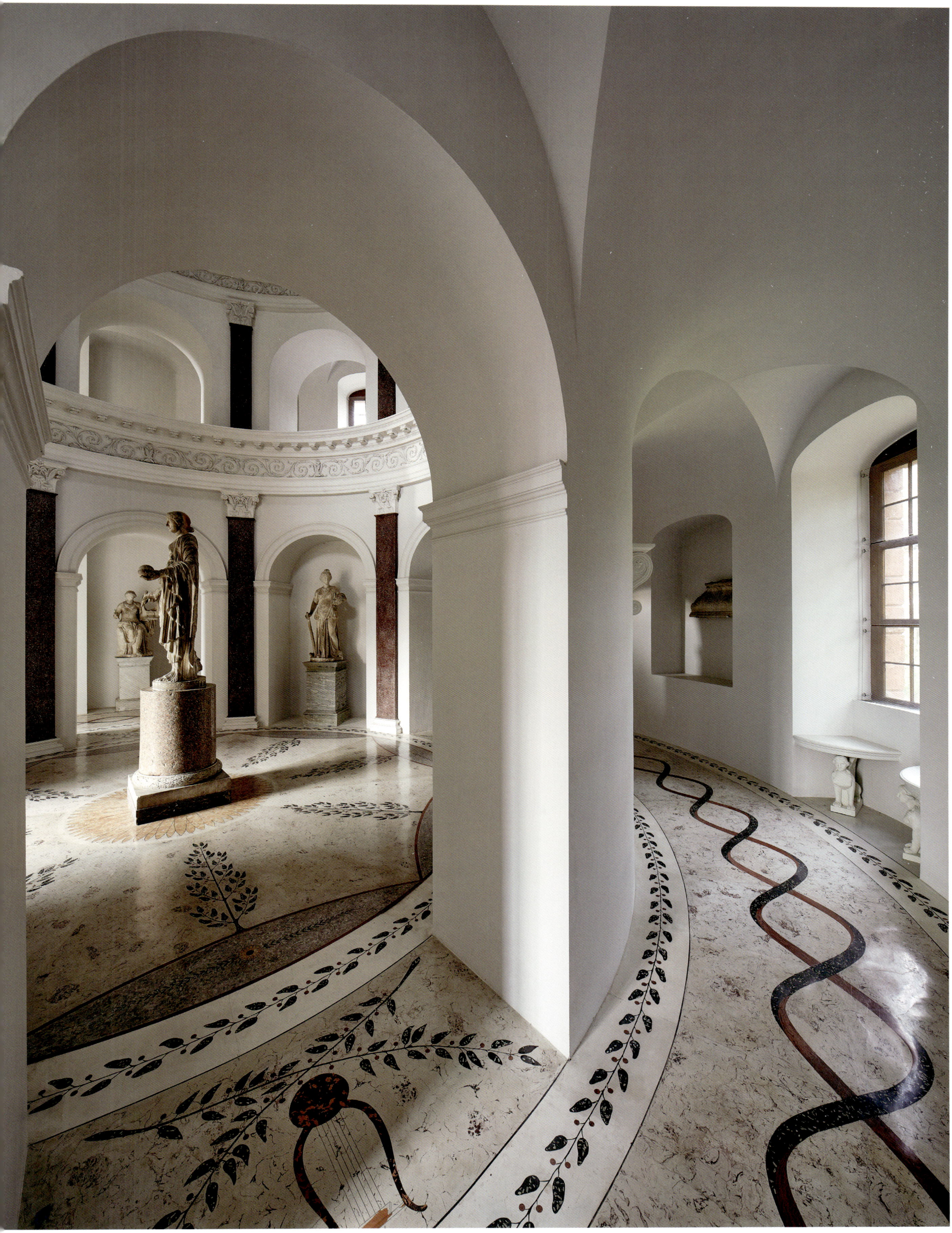

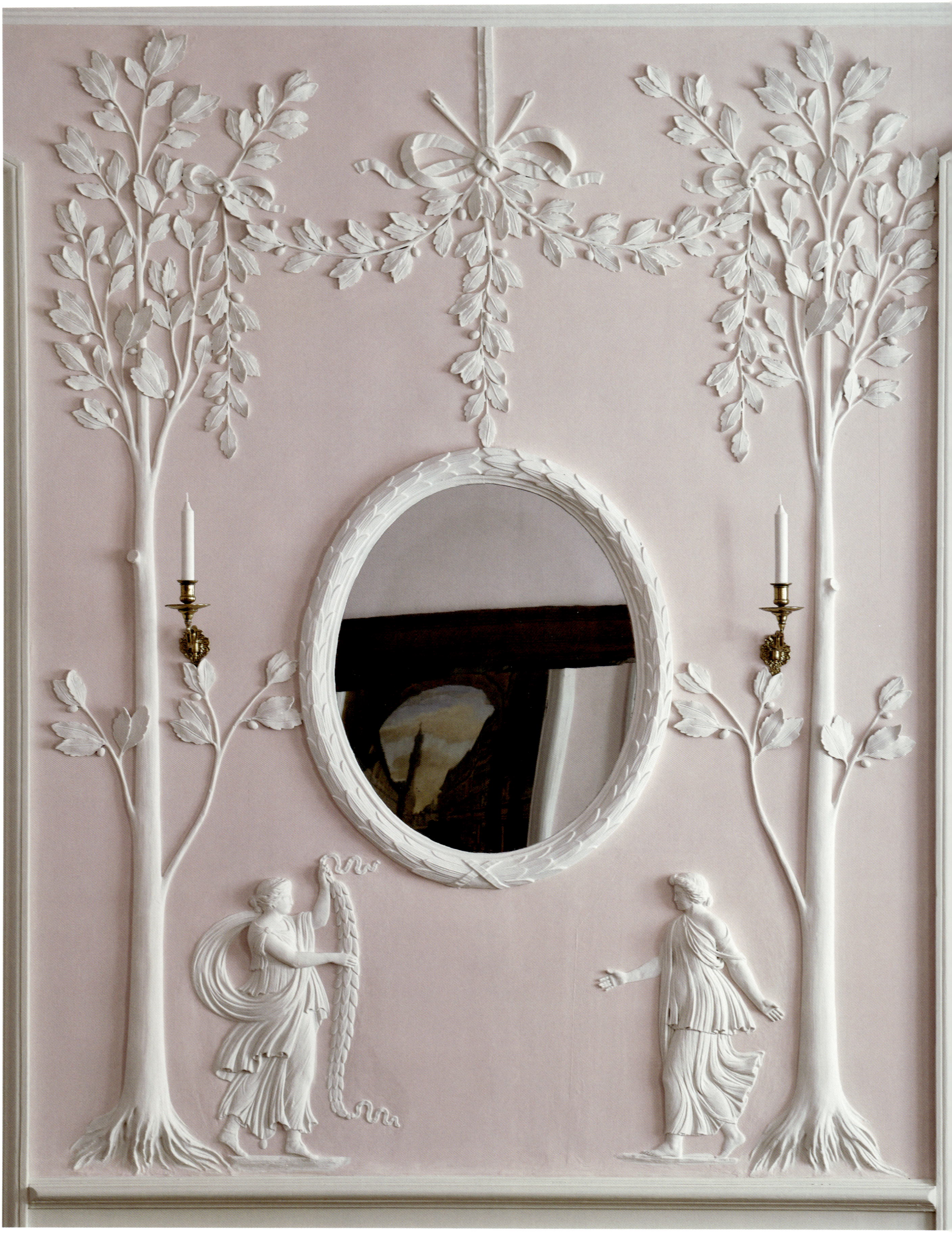

Renaissance-Künstler, vornehmlich Raffaels in den Loggien des Vatikan. Aus Rom schickte Erdmannsdorff die Entwürfe und Erläuterungen der geistreichen Anspielungen für die Innenausstattung des Schlosses in zwanzig Briefen an seinen Fürsten, der ihm ein kenntnisreicher Partner war.

Wie sehr es Erdmannsdorff am Herzen lag, dass die „Verzierungen […] Gedanken erregen, die der Bestimmung des Ortes gemäß sind", zeigt die Ausführlichkeit, mit der er sich in diesen Briefen aus Rom der Ausgestaltung eines jeden Raumes annimmt. Allein sechs Briefe, die er vom Winter 1770 bis zum Frühjahr 1771 sendet, beschäftigen sich mit der Dekoration im Schlafzimmer der Fürstin, von der Rankenmalerei und dem Stuck bis hin zum Mobiliar.

„Das Zweyte Stück auf dieser Zeichnung ist mein Vorschlag zu der Verzierung der Frise in der Schlaff Cammer, wovon [ich] die gantze übrige Auszierung mit Ehestem übersenden werde. Blumen Kräntze und Festonen von Frucht Sträußern und zwischen selbigen die Fackeln des Hymens haben mir hier zu schicklich zu seyn geschienen, und es harmonirt mit den andern Ideen so ich in Auszierung dieses Gemaches habe. Die Blumen Kräntze müßen kräfftig und locker, die Frucht Sträußen etwas voller, die Bänder aber gantz leicht gehalten werden. Zwey Kräntze auf den schmalen Seiten und Fünfe auf den Breiten glaube ich werden den Raum gut und ohne Verwirrung ausfüllen. In den Winkeln wird es Beßer seyn eine gerade Blumen Festone herabhangen zu laßen, als den Krantz zu brechen und ihm dadurch eine niedrige Form zu geben."

Lieblingsmotive Erdmannsdorffs, die er den römischen Ruinen, z. B. den Bädern der Livia, entlehnt, Stichewerken wie den „Pitture antiche d' Ercolano" oder Publikationen der Loggien des Vatikan, sind Akanthusranken, Pflanzenkandelaber und Rosetten. Hier findet Erdmannsdorff auch seine Vorbilder für Tierdarstellungen, die in allegorischer Bedeutung vorkommen, so beispielsweise für Schmetterlinge. Mit seinem Verpuppen und Erwachen aus dem anscheinend leblosen Kokon war der Schmetterling das Sinnbild der Unsterblichkeit und der Wiedergeburt, überdies die Personifikation der Seele (Schmetterling ist im Griechischen Psyche).

Mit diesem Sinngehalt sieht Erdmannsdorff Schmetterlinge sowohl an der Decke der Bibliothek des Schlosses Luisium als auch im Schlafzimmer seiner eigenen Suite im Schloss Wörlitz vor, ebenso an den Wänden im dortigen Kabinett der Fürstin. In dieser allegorischen Bedeutung ist es unerheblich, ja beinahe hinderlich, in der Darstellung eine bestimmte Schmetterlingsart erkennbar wiederzugeben. Daher sind in Erdmannsdorffs Entwurfszeichnung für das Kabinett der Fürstin die Falter lediglich Flügelwesen, die gerade eben als Schmetterlinge erkennbar sind und eher Nachtfaltern oder Spinnerarten ähneln. In der Umsetzung des Entwurfes ist nun erstaunlicherweise die einzige Abweichung von der sonst exakt übernommenen Vorlage zu finden.

In den runden Medaillons tummeln sich nicht nur Schwalbenschwanz und Pfauenauge, sondern auch Heufalter, kleiner Fuchs, Schach-

Im Schlafzimmer der Hofdamen im Obergeschoss des Schlosses Wörlitz schmücken große stuckierte Lorbeerbäume die Wandstreifen zwischen den Fenstern. Im Stuckmedaillon des Deckenspiegels thront Apoll, dem der Lorbeer heilig war.

Wie eng Natur und Kunst im Wörlitzer Schloss eine ästhetische Einheit bilden, ist in den floralen Wanddekorationen allgegenwärtig, darüber hinaus am Konsoltisch, der mit geschnitzten Trauben und Weinblattranken fantasievoll geschmückt ist.

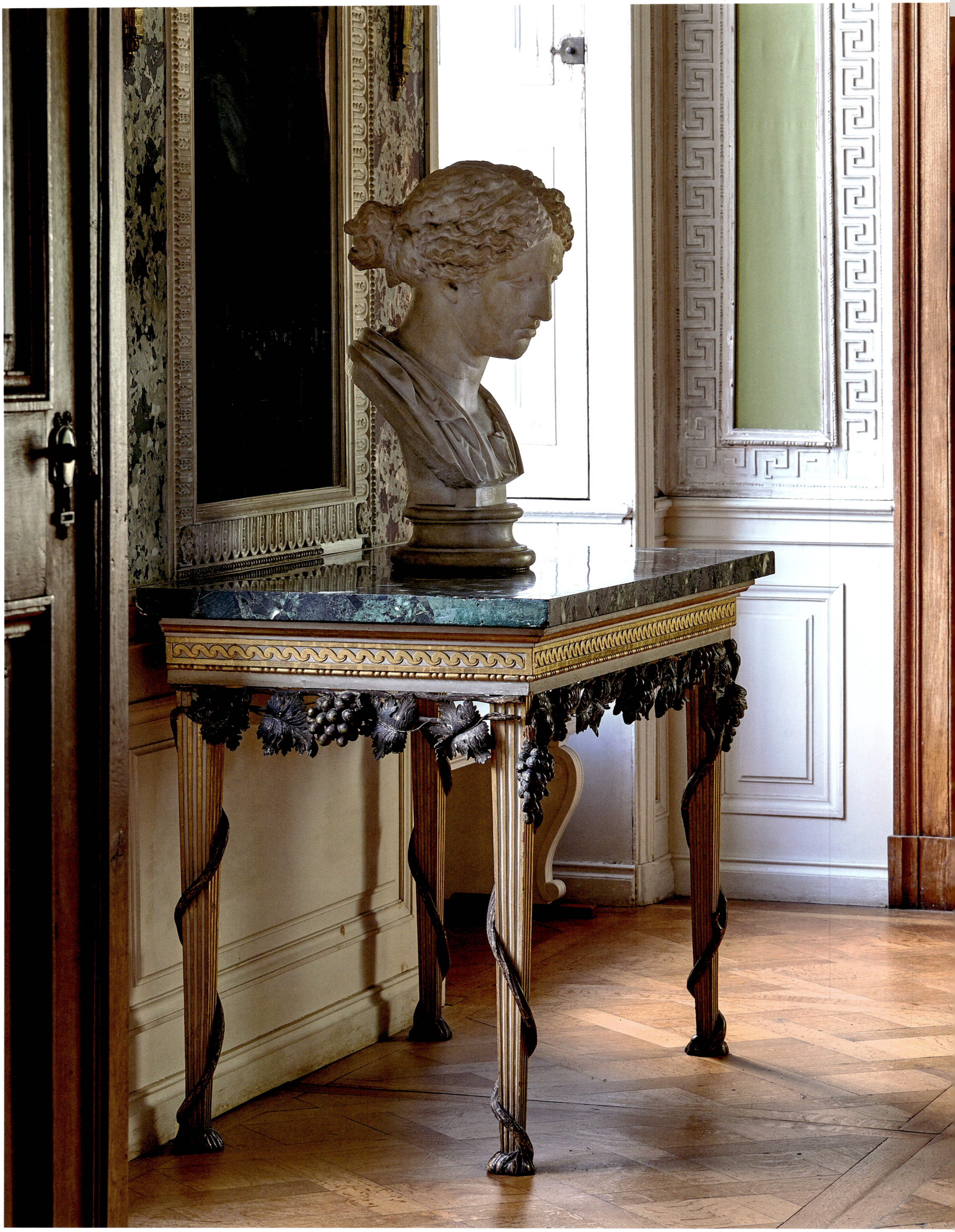

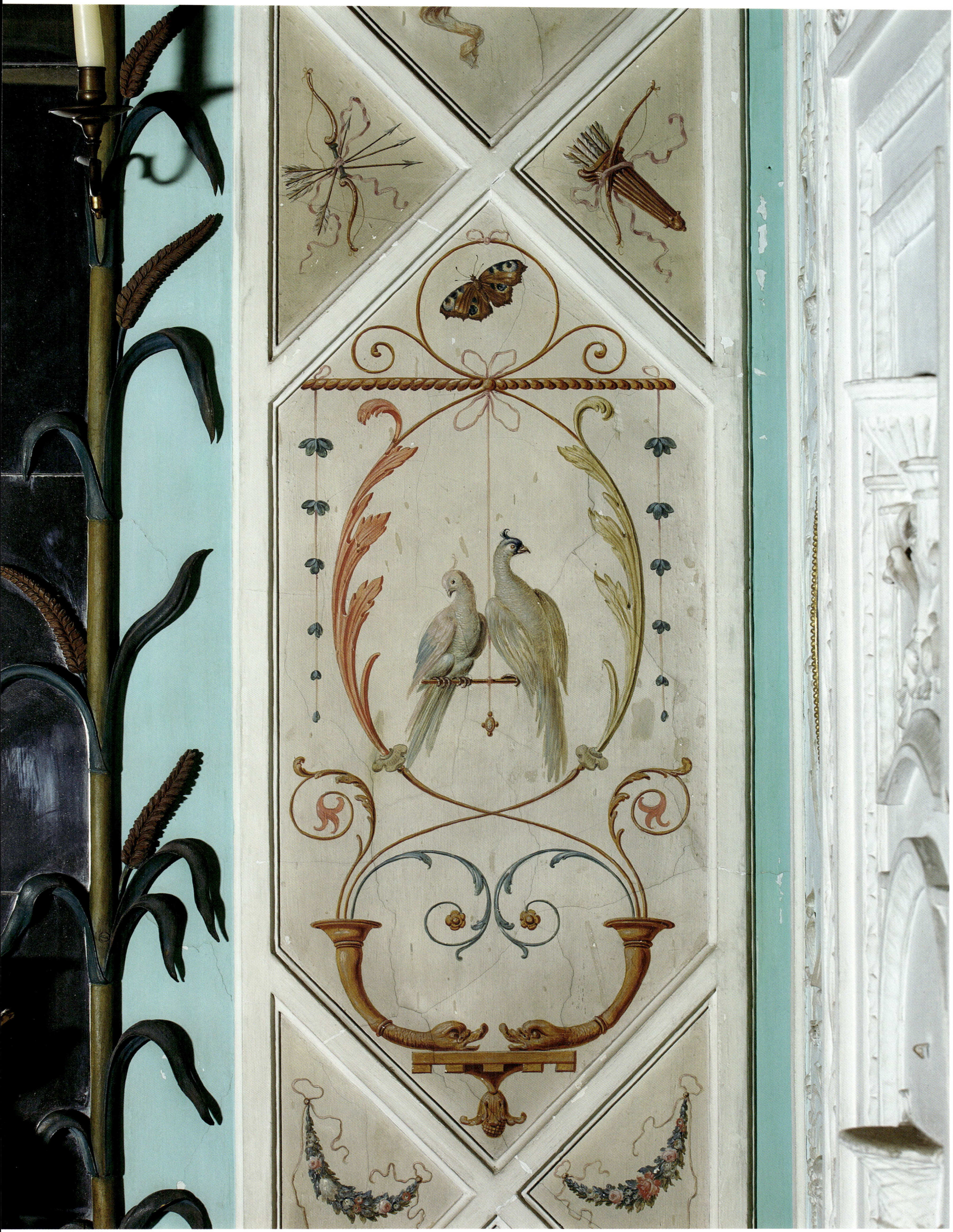

brett und Admiral, der selten gewordene Kaisermantel und der Trauermantel, auch der heute fast vollständig verschwundene Segelfalter. Heimische Schmetterlinge, die so detailgetreu wiedergegeben sind, dass den Maler ein ganz besonderes Interesse an den Objekten der Natur beflügelt und ihn die Wiedererkennbarkeit der Schmetterlingsart gereizt haben muss.

Wer regte diese auffällige Änderung an? War es die Fürstin? Oder durfte einer der ausführenden Künstler hier einer Passion frönen? Offensichtlich hat den Malern – namentlich bekannt sind bei den Gestaltungen in Wörlitz Johann Fischer, Heintze, Buch und Fielitz – eine Schmetterlingssammlung zur Verfügung gestanden, wie sie im 18. Jahrhundert sehr beliebt waren.

In den Lorbeer-Kandelabern der Bibliothek sitzen sprungbereit kleine Grillen, für deren Darstellung man allerdings nicht solch gesteigertes Interesse an naturalistischer Darstellung aufbrachte wie bei den Schmetterlingen. Was suchen Grillen überhaupt in einer Bibliothek? Für den aufklärungsbegeisterten Fürsten Franz befreit Unterricht von Unmündigkeit, macht Bildung glücklich, vertreibt Lektüre die „Grillen". Ein Gedicht des von Fürst Franz geschätzten Ludwig Heinrich Christoph Hölty mag die Anspielung verdeutlichen:

Aufmunterung zur Freude

Wer wollte sich mit Grillen plagen,
solang uns Lenz und Jugend blühn?
Wer wollt in seinen Blütentagen
die Stirn in düstere Falten ziehn?

Die Freude wirkt auf allen Wegen
die durch das Pilgerleben gehn;
sie bringt uns selbst den Kranz entgegen,
wenn wir am Scheidewege stehn.

O wunderschön in Gottes Erde
und wert, darauf vergnügt zu sein!
Drum will ich, bis ich Asche werde,
mich dieser schönen Erde freun!

Nicht erst seit dem 18. Jahrhundert, in dem Kenntnisse in der Gartenkunst zur Bildung der begüterten Schichten zählten, war ein gesteigertes Interesse an der naturnahen Blumenmalerei zu verzeichnen. Veröffentlichungen Rousseaus, Bertuchs und Goethes hierzu erscheinen einige Jahrzehnte später. Erdmannsdorff dagegen ist die Nachahmung floraler Motive aus der Antike oder aus der Renaissance so vordringlich, dass er seine dort entlehnten Blumendarstellungen in strenge gliedernde Felder

Schloss Wörlitz, Kaminwand im Kabinett der Fürstin. Im Rankenwerk ein Taubenpärchen, das Symbol der friedfertigen Liebe, bekrönt vom Schmetterling, dem Sinnbild der Seele. Ein Köcher mit Pfeilen und ein Bogen sind als Attribute des Liebesgottes Amor ebenso passend für das Boudoir der Fürstin wie das den Spiegel einfassende plastisch geformte Schilfrohr, das von der Liebe zwischen dem Hirtengott Pan und der Nymphe Syrinx erzählt und so die Illusion perfektioniert.

Schloss Wörlitz. Von den Loggien des Vatikans beeinflusste Ranken und Fruchtgehänge im Schlafzimmer der Fürstin

In der Bibliothek verstecken sich, kontrastierend zum strengen Raster der Wandgestaltung, in das 92 Bildnisse von Künstlern, Gelehrten, Dichtern, Philosophen und Theologen eingepasst sind, in den vegetabilen Dekorationselementen kleine Grillen.

Über eine steile Wendeltreppe gelangt der Schlossbesucher vom Palmensaal in einen kleinen, überkuppelten Raum, der mit umlaufenden segmentbogenförmigen Fenstern versehen ist: die Laterne. Der Gast konnte hier in einer gemalten Rosenlaube sitzen oder hinaus ins Freie treten: auf die Dachterrasse.

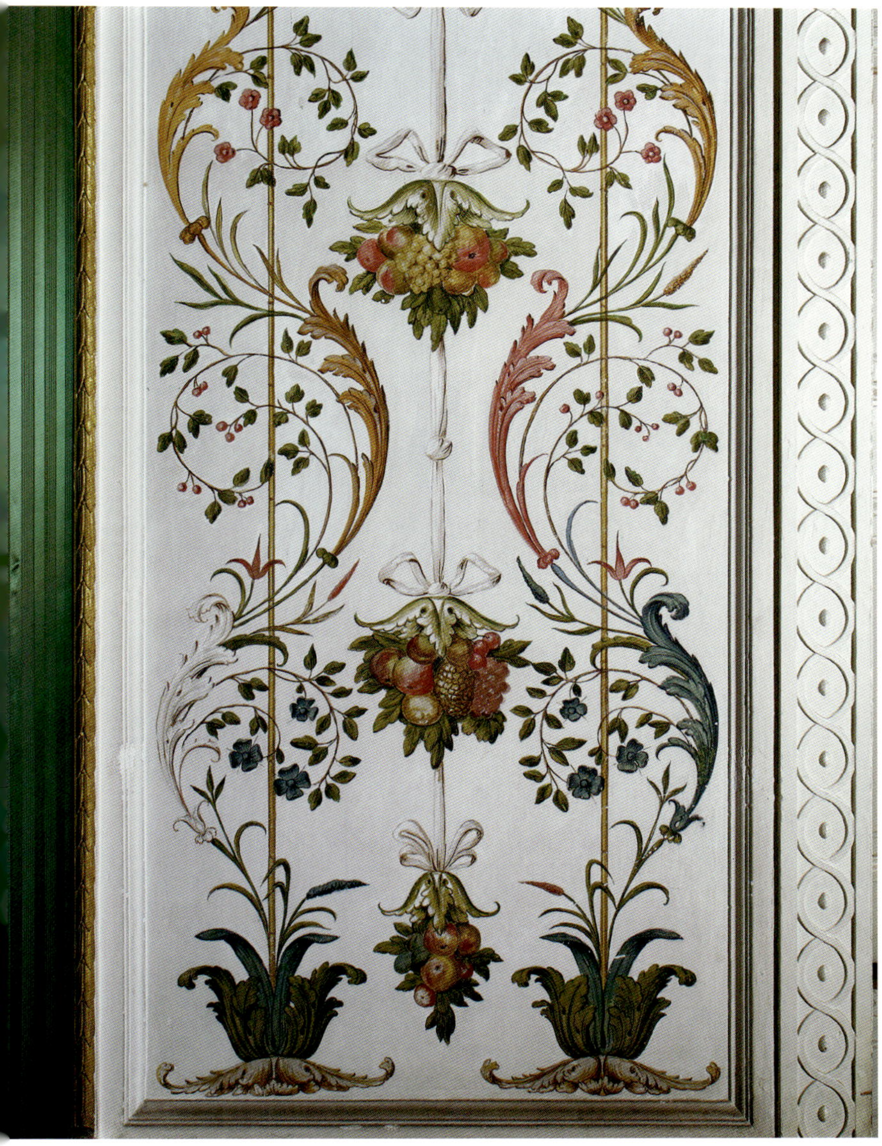
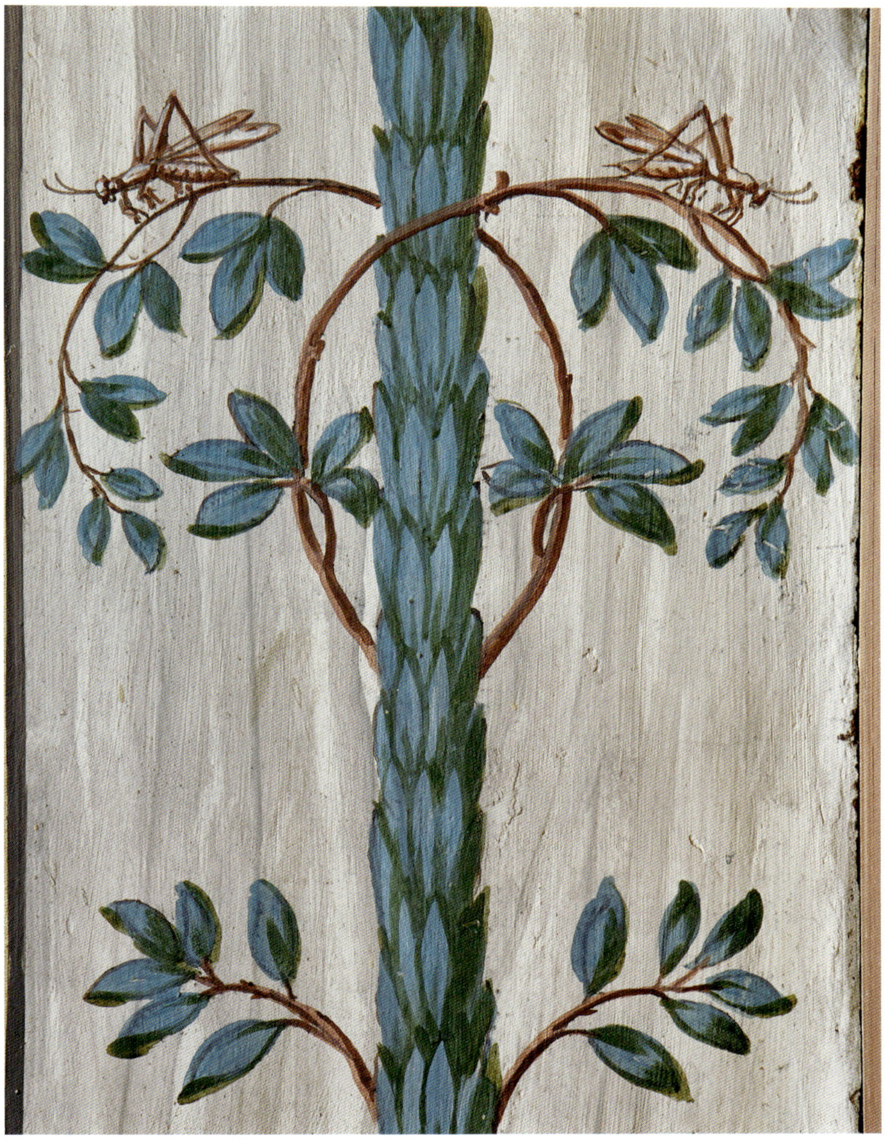
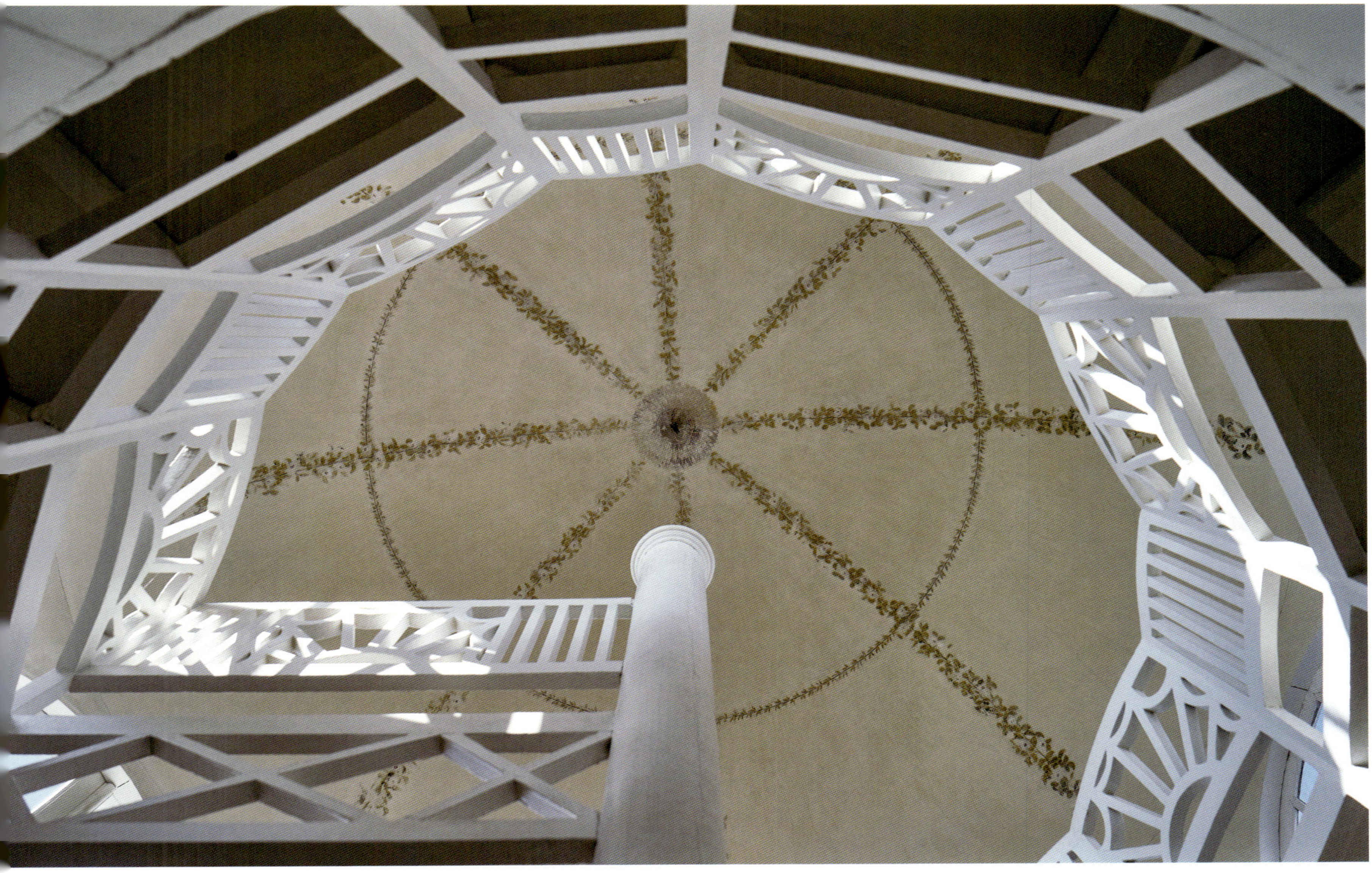

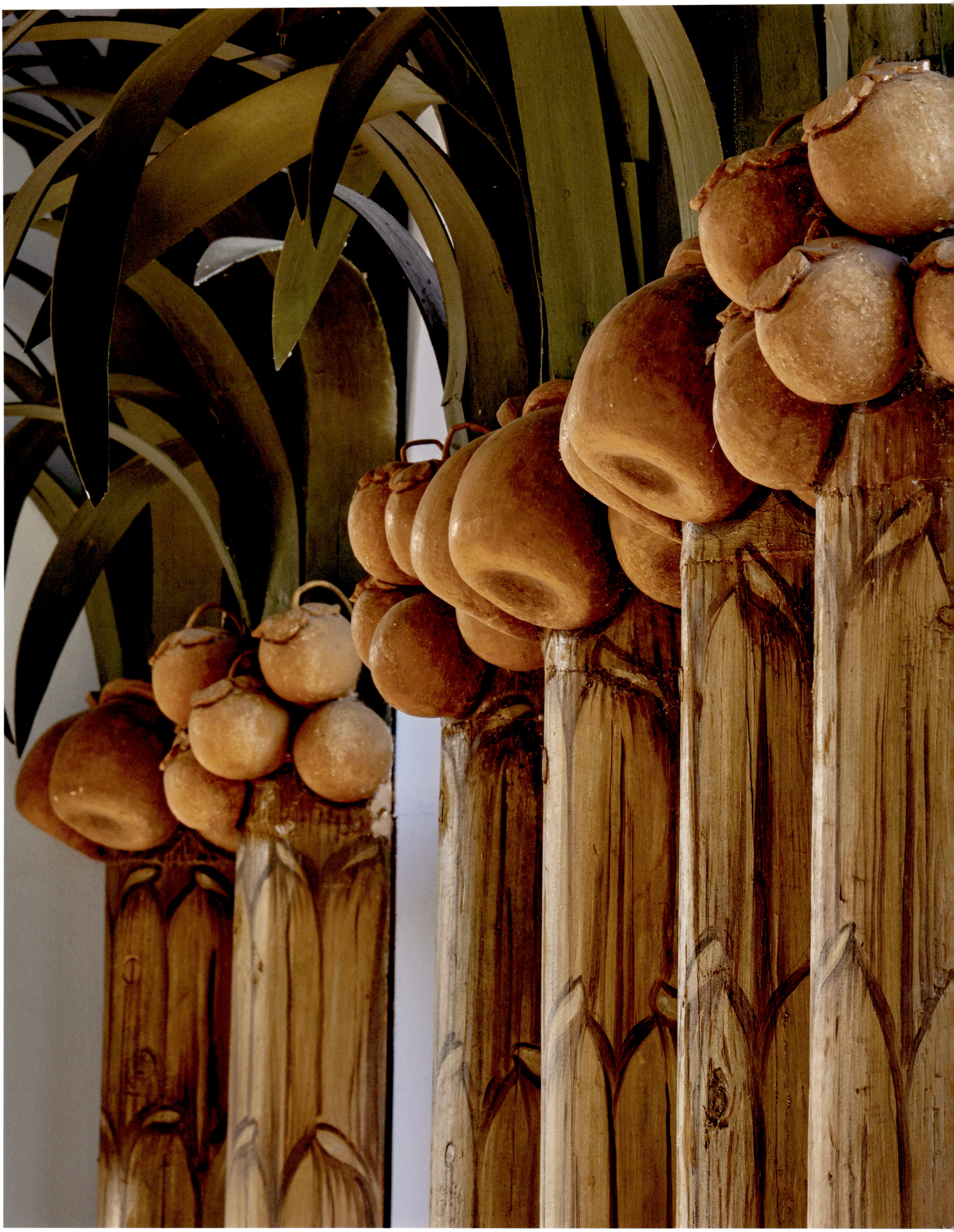

einschreibt, ihnen damit ein zusammenfassendes Gliederungsprinzip verleihend.

Noch die Dekorationen der späteren Zeit sind dem Vorbild der Loggien des Vatikans verpflichtet, so die Gestaltungen im Floratempel. Der reisende Weimarer Schriftsteller Karl August Böttiger kommt 1797 gerade dazu, als der Tempel ausgemalt wird, und meint lokalpatriotisch, hier habe der gerade „in Weimar herauskommende neu geöffnete Blumengarten" von August Johann Batsch als Vorlage dienen müssen. Doch zeigt der Vergleich der wenigen Pflanzen, die überhaupt sowohl bei Batsch als auch im Floratempel auftauchen, dass die in diesem Werk abgebildeten Pflanzen gerade nicht zum Vorbild genommen wurden. Offenbar war es Ambition des Malers Johann Fischer, zusätzlich zu den von Erdmannsdorff geliebten Spiralrankenmotiven Blumen aus den umliegenden Gartenpartien nach eigenem Arrangement und so naturgetreu wie möglich wiederzugeben.

In den dreißig Jahre älteren Dekorationen des Schlosses Wörlitz sind Darstellungen, die aus der unmittelbaren Naturbeobachtung stammen, nur in Ausnahmefällen zu entdecken, so bei den schon erwähnten Schmetterlingen oder auch bei den Rohrkolben. Das bei Ausgrabungen in Herculaneum freigelegte antike Schilfmotiv hat Erdmannsdorff in zahlreichen Räumen des Wörlitzer Schlosses verwendet, nicht nur im Kabinett der Fürstin und im Schlafzimmer des Prinzen Georg, sondern auch im Wohnzimmer des Hofmarschalls Berenhorst. Erdmannsdorffs Arrangement des Antike-Zitats bildet das Grundgerüst der Gestaltung, doch scheint es der Ehrgeiz des Stuckateurs gewesen zu sein, die Rohrkolben so wirklichkeitsgetreu auszuformen, dass man das Weiche und Flauschige der Kolben fühlen zu können glaubt. Erst die kürzlich erfolgte Restaurierung, die den originalen Stuck von zahlreichen Leimfarbenschichten befreite, erlaubt es, die ursprüngliche künstlerische Absicht nachzuvollziehen.

Den Restaurierungsarbeiten ist es auch zu verdanken, dass im Mezzanin-Geschoss unter alten Farbschichten und Leinwandüberspannungen florale Gestaltungen wiedergefunden wurden. Erdmannsdorff hat auch hierfür die Vorbilder in den „Pitture antiche d' Ercolano" gefunden, jener seit 1757 herausgegebenen monumentalen Bestandsaufnahme der römischen Altertümer, von der bis zu Erdmannsdorffs Entwurfsarbeit am Schloss Wörlitz bereits fünf Bände erschienen waren.

Ausnahmsweise nicht auf den Winckelmann'schen Nachahmungsgedanken geht die Dekoration im Saal mit der Schiffstreppe zurück, sondern auf chinoise Motive, damit Toleranz und Wertschätzung für andere Kulturen und Völker demonstrierend. Die Pflanzen- und Vogelmotive, inspiriert durch chinesische Papiertapeten, wie sie sich auch in der Hauptetage des Schlosses befinden, sind heute leider weitestgehend verloren. Spätere Generationen haben die Farben von den Wänden gewaschen und die Flächen übertüncht. Allerdings sind die Bindemittel der ursprüngli-

---

Der 1784 errichtete Palmensaal des Schlosses Wörlitz erhielt seinen Namen nach den Palmen, die fast naturgetreu den lichtdurchfluteten Raum schmücken. Neben den kugelrunden Früchten hängen Gefäße an den Bäumen zum Auffangen des Sirups, denn es handelt sich um Nachbildungen von Zuckerpalmen.

chen Farben in den Putz eingedrungen und dort bis heute erhalten geblieben. Trifft ultraviolettes Licht auf die Wände, regt es diese verbliebenen Bindemittel zum Fluoreszieren an und macht so die Gestaltung für den Moment der Anregung wieder sichtbar.

Über eine an Seilen hängende Treppe, die dem Gast bedeuten soll, sich auf eine Schiffsreise zu begeben, gelangt der Besucher noch in vollkommen neue Welten und zu einer einzigartigen Pflanzendekoration, dem Palmensaal. Von Jean-Jacques Rousseau rührt die Vorstellung einer als Idealzustand der Gesellschaft gedachten „Urzeit der Menschheit". „Zurück zur Natur!" meint einen paradiesischen Zustand vor der Überfremdung durch die moderne Gesellschaft. Die „glücklichen Wilden" glaubten Entdecker im 18. Jahrhundert auf den Inseln der Südsee noch unverbildet anzutreffen. Fürst Franz begeisterte sich für die Weltumsegelungen James Cooks und deren wissenschaftliche Begleitung durch die Naturforscher Reinhold und Georg Forster, denen der Fürst sehr zugetan war.

Rode schrieb 1788: Der Palmensaal „hat den Namen von der Verzierung. Sechs und dreißig Palmenbäume mit ihren Blättern und Früchten, von Holz ganz der Wahrheit gemäß (die Größe ausgenommen) gebildet und mit den natürlichen Farben angestrichen, stehen rings umher zur Hälfte aus den Wänden hervor. Sieben dergleichen zieren den Verschlag der Wendeltreppe, die sich mitten im Saale befindet. Der untere Raum zwischen diesen Palmenbäumen ist gleich einer Granatenhecke, die Decke aber himmelblau gemalt; so daß man leicht sich täuschen und einbilden kann, in einem Walde oder Garten zu sein."

Die ursprüngliche gemalte Granatapfelhecke im Palmensaal ist verloren. Sie war auf eine Leinwandbespannung gemalt, von der nur winzige Fadenreste erhalten sind. Eine Rekonstruktion mithilfe von Analogiebeispielen verbot sich. Im Jahr 2010 wurde ein zeitgenössischer Künstler, Hans-Christoph Rackwitz, gebeten, seine Interpretation von einer Granatapfelhecke auf einem Teil der Wandbespannung zu gestalten. Ohne über den Verlust des Originals getäuscht zu werden, kann der Besucher so eine Vorstellung vom ursprünglichen Zauber des Saales bekommen.

Eine entzückende Blumendekoration ist ganz oben in der Laterne des Schlosses zu finden. Restauratoren legten hier unter mehrfachen Übertünchungen die ursprüngliche Rosenlaube frei. Die Malerei ist an dieser exponierten Stelle nur noch fragmentarisch erhalten, doch ist unser Auge in der Lage, die zahlreichen Fehlstellen auszublenden, sodass sich ihr ursprünglicher Reiz noch heute erleben lässt.

Das Belvedere mit dem Palmensaal wurde zehn Jahre nach der Fertigstellung dem Schloss Wörlitz aufgesetzt. Zunächst war die herrliche Aussicht nur von einer Dachterrasse aus zu bewundern. Der nach allen Himmelsrichtungen durchfensterte Saal bot nun zur Aussicht noch die Behaglichkeit.

▶▶
Fast verloren: Die direkt auf die Wand gemalten chinoisen Motive im Saal mit der Schiffstreppe, die auf chinesische Papiertapeten zurückgehen. Unversehrt erhalten sind solche Dekorationen aus der Fürst-Franz-Zeit noch im Schloss Oranienbaum.

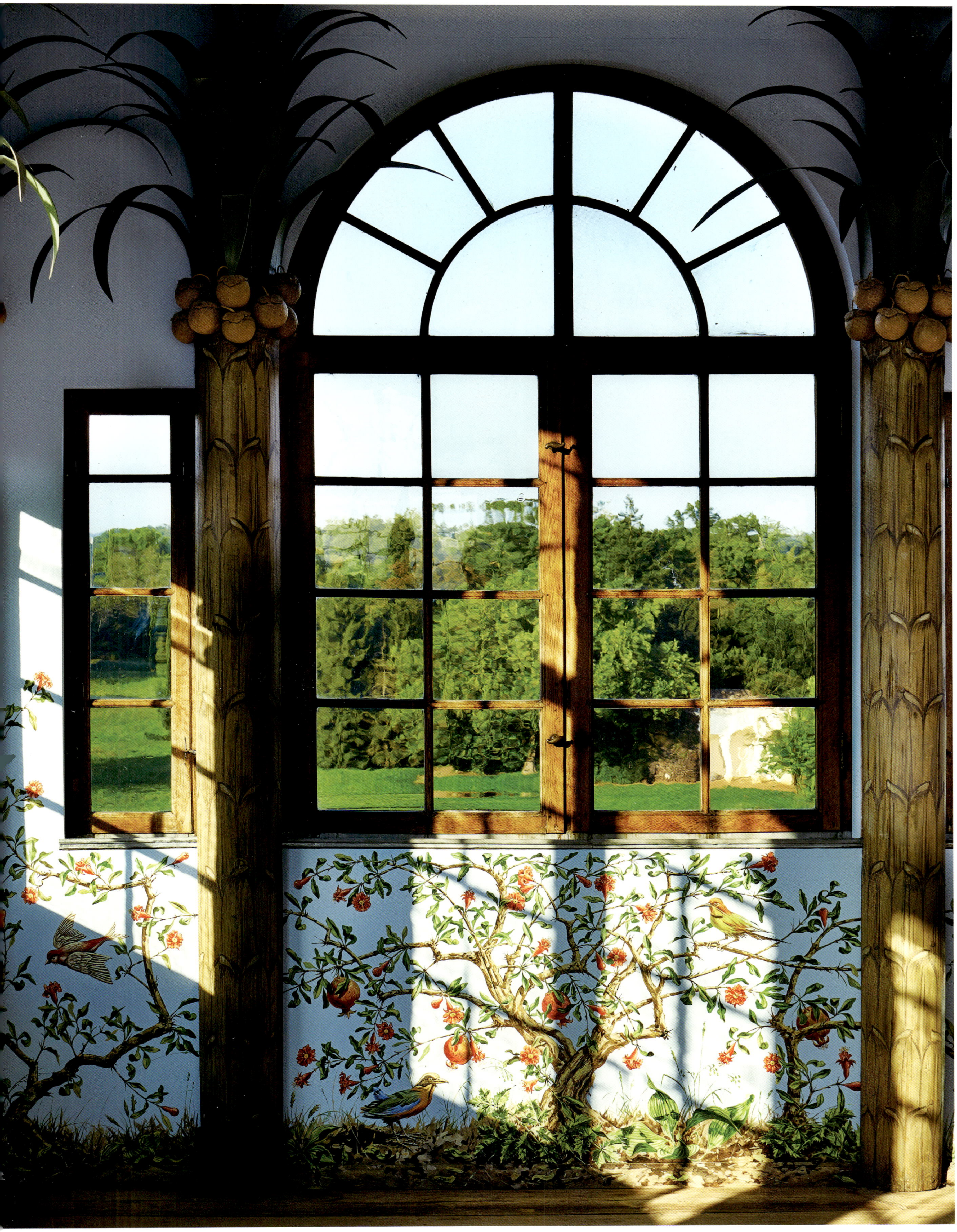

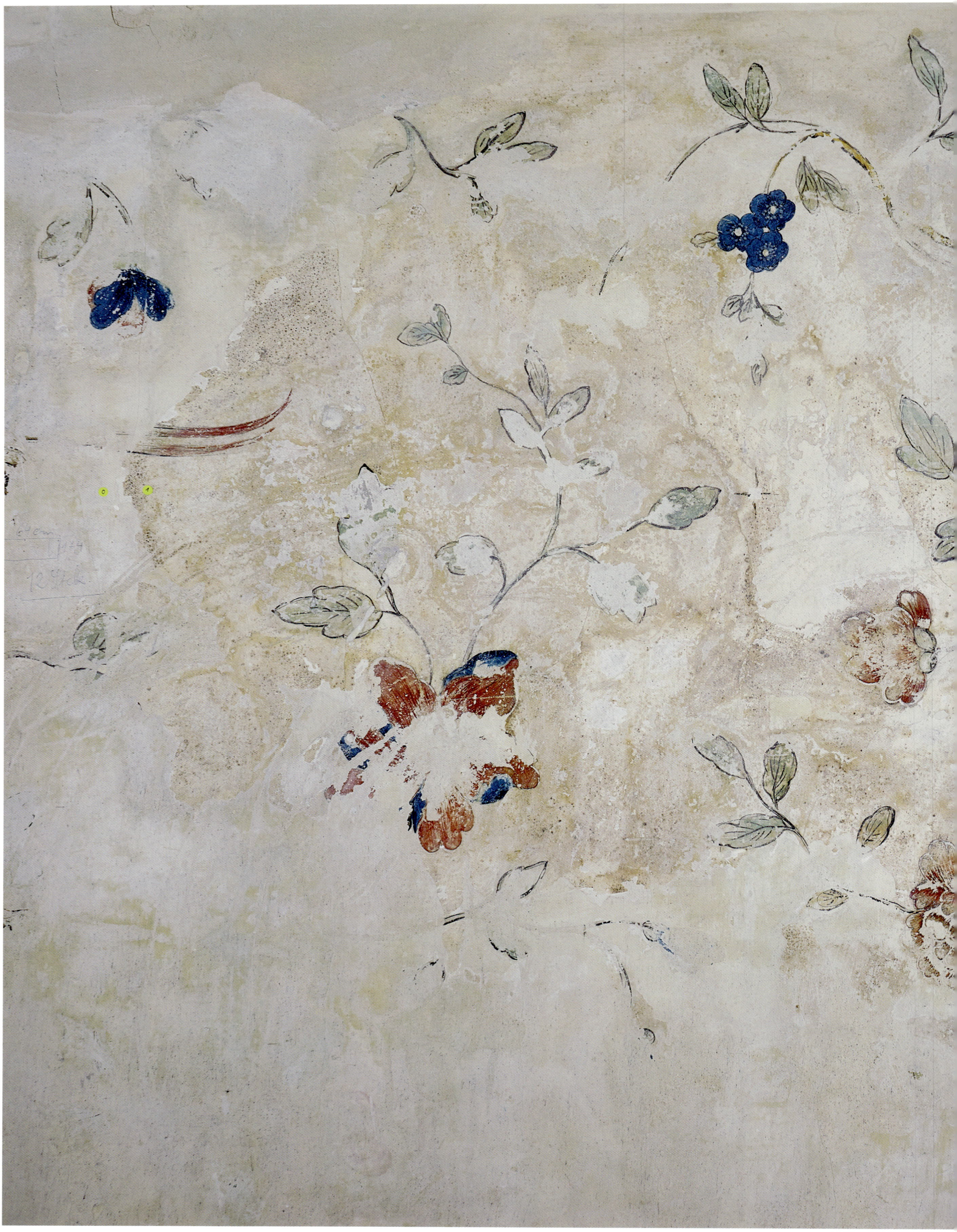

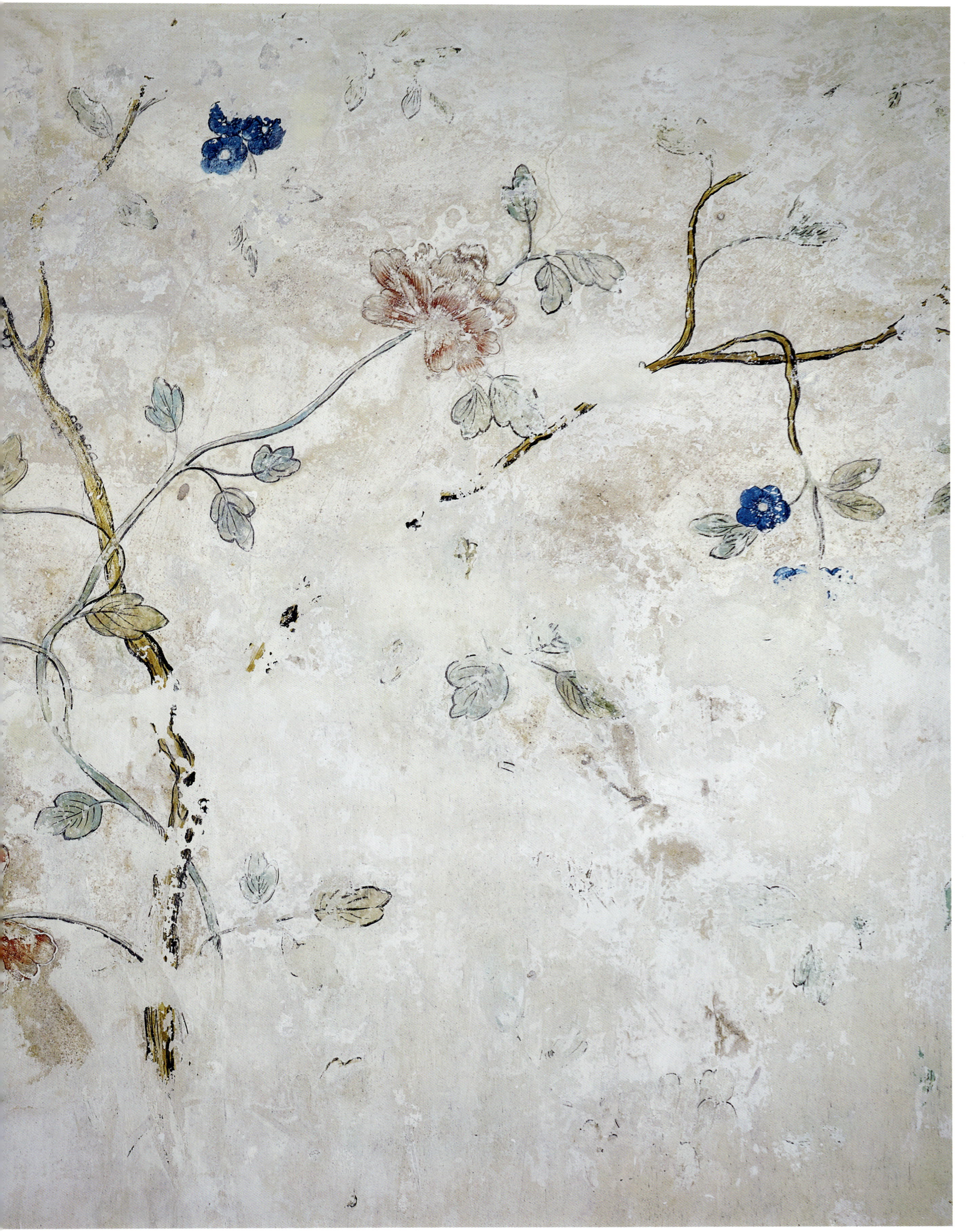

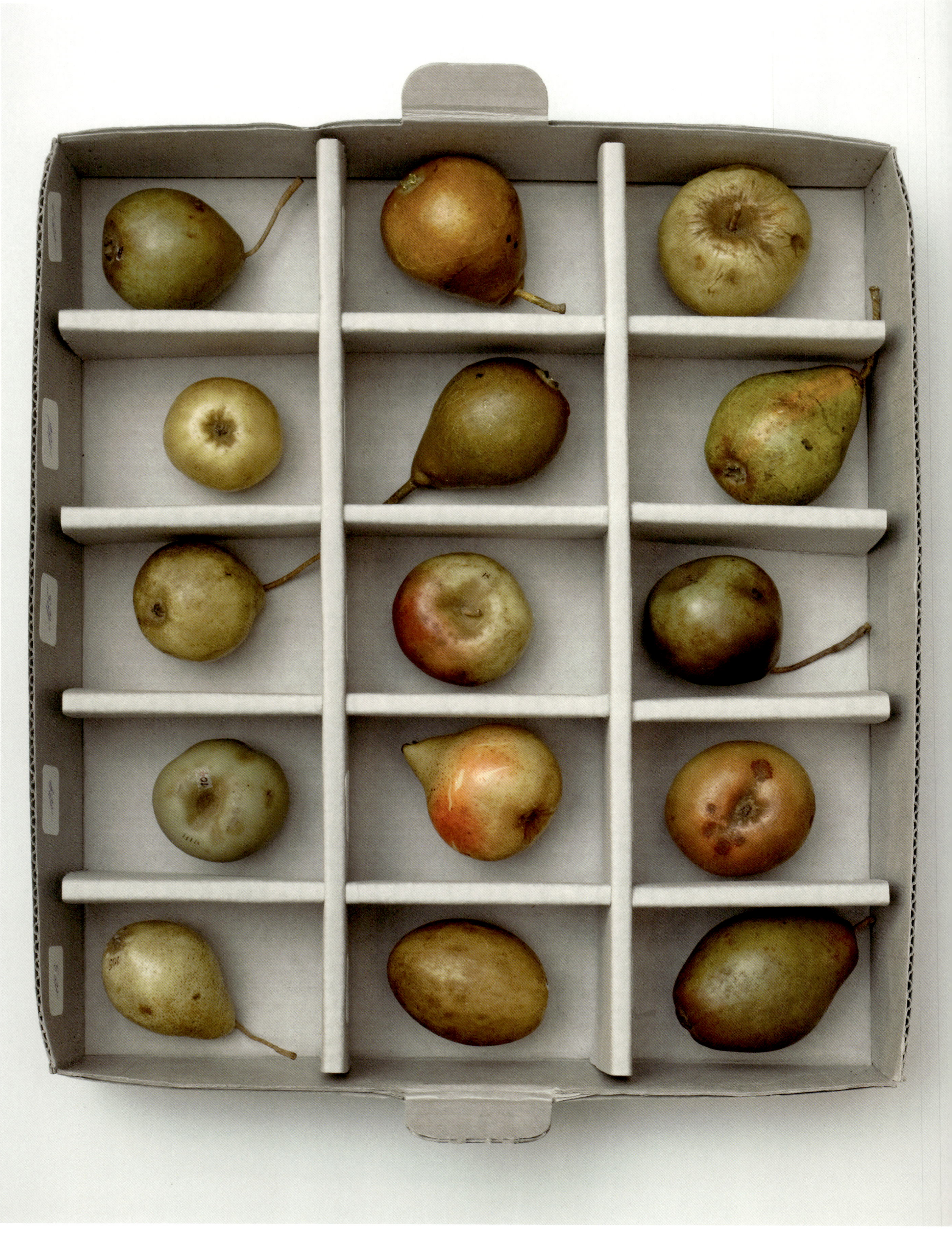

Süße Früchte

UWE QUILITZSCH

„Dabei ist jede Abdachung dieses Dammes aufs sorgfältigste mit zwei-, dreifachen Reihen von Obstbäumen bepflanzt, die zu verschiedenen Zeiten blühen und reifen und dadurch eine neue Mannigfaltigkeit aus Pomonas Füllhorn über diese Gegend streuen." Der kritische und oft spöttelnde Weimarer Gymnasialdirektor Karl August Böttiger bewunderte auf seiner Reise nach Wörlitz 1797 die Obstplantagen in der Umgebung von Wörlitz. Wie auch anderen Zeitgenossen fiel ihm die enge Verbindung des Nützlichen mit dem Angenehmen auf. Im Übrigen wurden für Baumfrevel oder gar Diebstahl strenge Strafen angedroht.

Mit „süßen Früchten" sind nicht die außerehelichen Kinder Sidonie, Adelheid und Franz Adolf gemeint, die der Dessauer Fürst gemeinsam mit Leopoldine Luise Schoch, der späteren Frau von Beringer, gezeugt hatte. Alle gemeinsam konnten sie zeitweise ein privates Familienglück im Gotischen Haus finden. Hier im mittelalterlichen Flair fand der Regent sein Refugium und konnte „sich selbst leben" (August Rode). Es entwickelte sich zum „Mittelpunkt all seiner Vergnügungen" (K. A. Böttiger).

In der „Steinkammer" des Gotischen Hauses in Wörlitz betrieb Fürst Franz seine Studien zur Obstkultur. Der Ort der Aufbewahrung war gut gewählt. Bei der „Steinkammer" handelt es sich um die ehemalige Bibliothek, von der aus man einen schönen Blick durch das Rundfenster auf den „Schochischen Obst-, Gemüse- und Blumengarten" vor dem Floratempel hat. Hier lagerten 20 Lieferungen des „Pomologischen Cabinets", das von Johann Volkmar Sickler (1742–1820), einem Pfarrer aus dem thüringischen Kleinfahnern, gemeinsam mit seiner ersten deutschen Obstbauzeitschrift – „Der teutsche Obstgärtner" – ausgereicht wurden. Das ab 1795 erschienene „Pomologische Cabinet" ist eine Sammlung von hohlen Wachsfrüchten in natürlicher Größe und Farbe. Das flüssige, gefärbte Wachs wurde in eine Form gegossen, durch Schwenken entstand der Hohlkörper. Ausgekühlt konnte er der Form entnommen und nun zusätzlich bemalt werden. Diese kleinen Kunstwerke entstanden unter den Augen Sicklers in den geschickten Händen eines Konditors.

Der Jahrgang 1799 der Zeitschrift zeigt als Frontispiz das Porträt des Fürsten Franz mit der Würdigung „Kenner und Beförderer der teutschen Obst-Pflege". Die Zeitschrift und die Wachsfrüchte wurden herausgegeben im Verlag des außerordentlich erfolgreichen Weimarer Unternehmers Friedrich Justin Bertuch, der auf vielfältige Weise eng mit dem Gartenreich Dessau-Wörlitz verbunden war. Der von 1795 bis 1804 erscheinende „Obstgärtner" wurde durch das umfangreichere „Allgemeine Teutsche Garten-Magazin …" abgelöst, zu dem begleitend weiterhin die Wachsfrüchte geliefert wurden.

Sickler unternahm im Jahr 1801 eine Obst-Studienreise nach Sachsen und stattete auch Wörlitz einen Besuch ab. Später berichtete er davon im „Obstgärtner": „Wer von der Schönheit in der Gartenkunst spricht, wo das Nützliche mit dem Vergnügen gepaart ist, und hat den Wörlitzer Garten noch nicht gesehen, der wird unmöglich deutliche Vorstellungen davon haben können […] Es scheint, als wäre man auf einmal in einen Obstgarten versetzt […] Überhaupt ist das ganze Anhalt-Dessauischen Land einem einzigen großen Garten ähnlich. Die Chausseen sind überall mit Bäumen besetzt. Bald beschatten sie hohe Pappel; bald Apfel, bald Birn, bald Kirschen und andere Bäume."

Mit Sicherheit hat der Obstexperte hier auch Neumarks Garten besucht, der vom Fürsten nach dem bedeutenden Wörlitzer Gärtner benannt wurde. „Der Fürst verstand es recht das Verdienst zu ehren. Er gab den Gärten die Namen der unter ihm mit Geist und Herz in seinem Sinne

Apfel, Birne, Pflaume …
Nur an wenigen Orten, wie im Gotischen Haus in Wörlitz, sind historische Obstmustersammlungen erhalten und zugänglich geblieben. Fürst Franz pflegte und förderte den Obstbau in seinem Land, wodurch er einen Großteil seiner Einnahmen erzielte.

Der Blick aus dem Rundfenster der Steinkammer des Gotischen Hauses führt durch den Küchengarten auf den Floratempel. In der Obstplantage wurden alte Sorten nachgepflanzt, die seinerzeit schon Fürst Franz schätzte. Vielleicht kann man den heiligen Georg der mittelalterlichen Glasscheibe auch als Schutzpatron der Feldarbeiter betrachten.

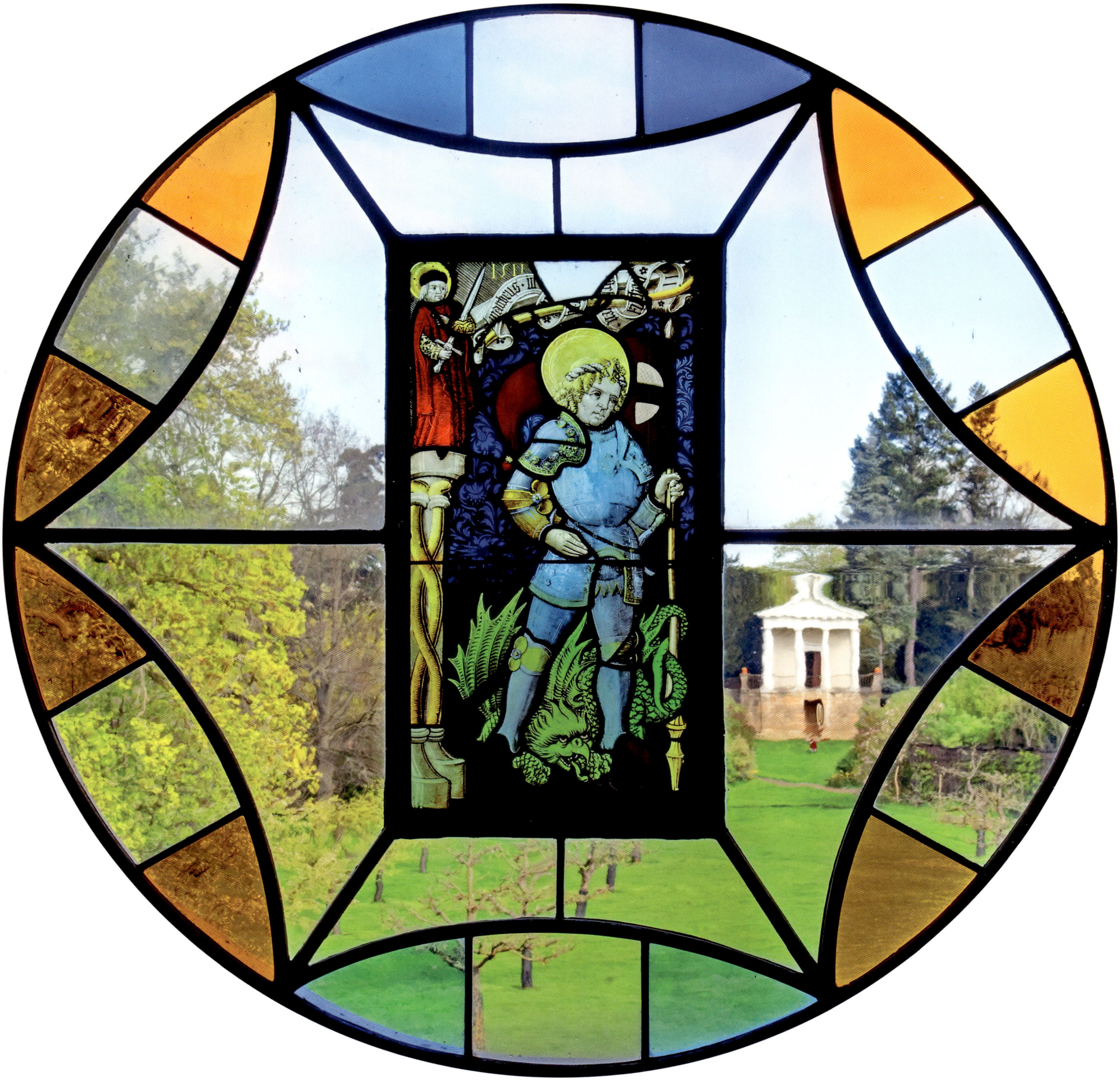

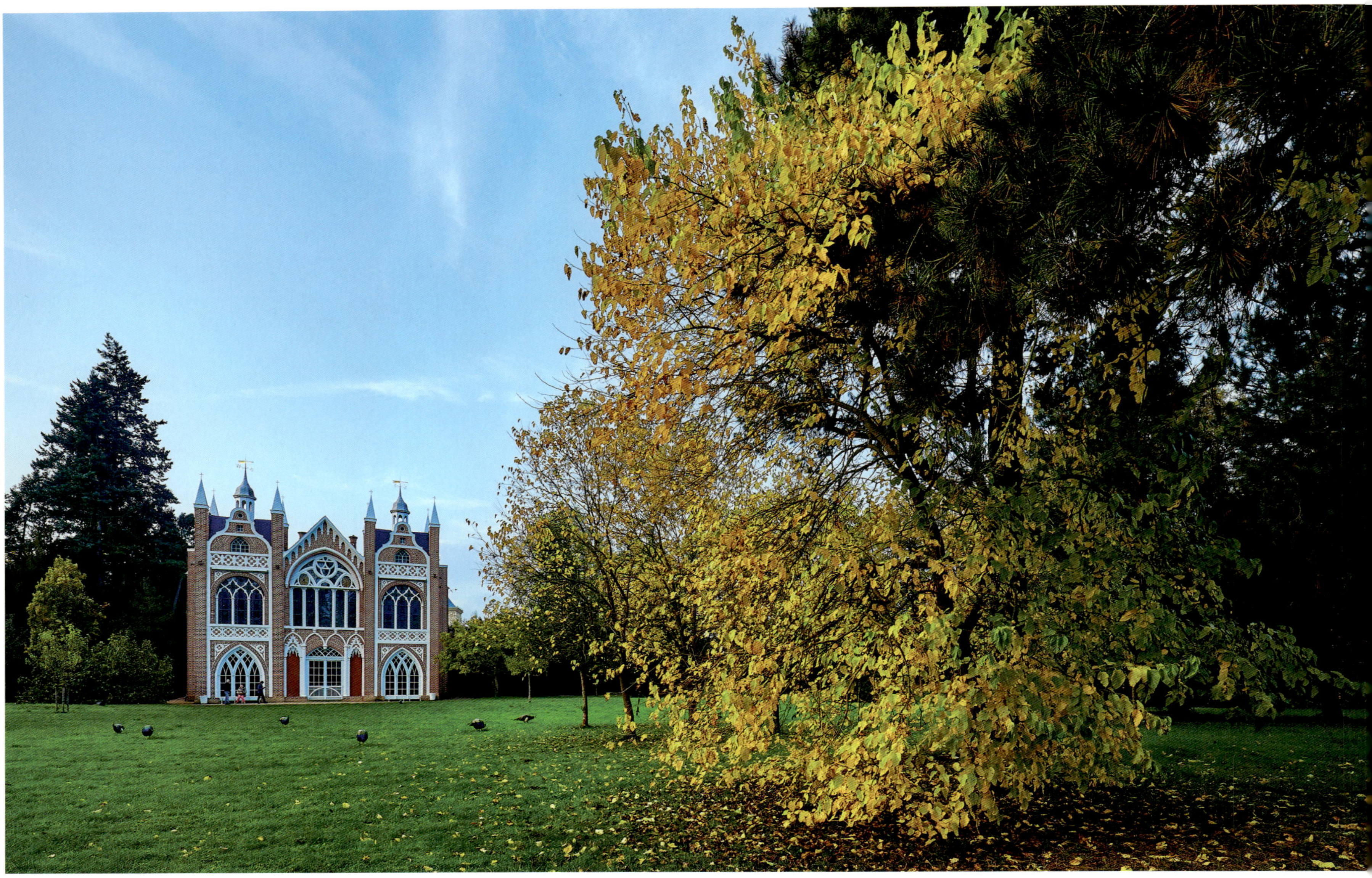

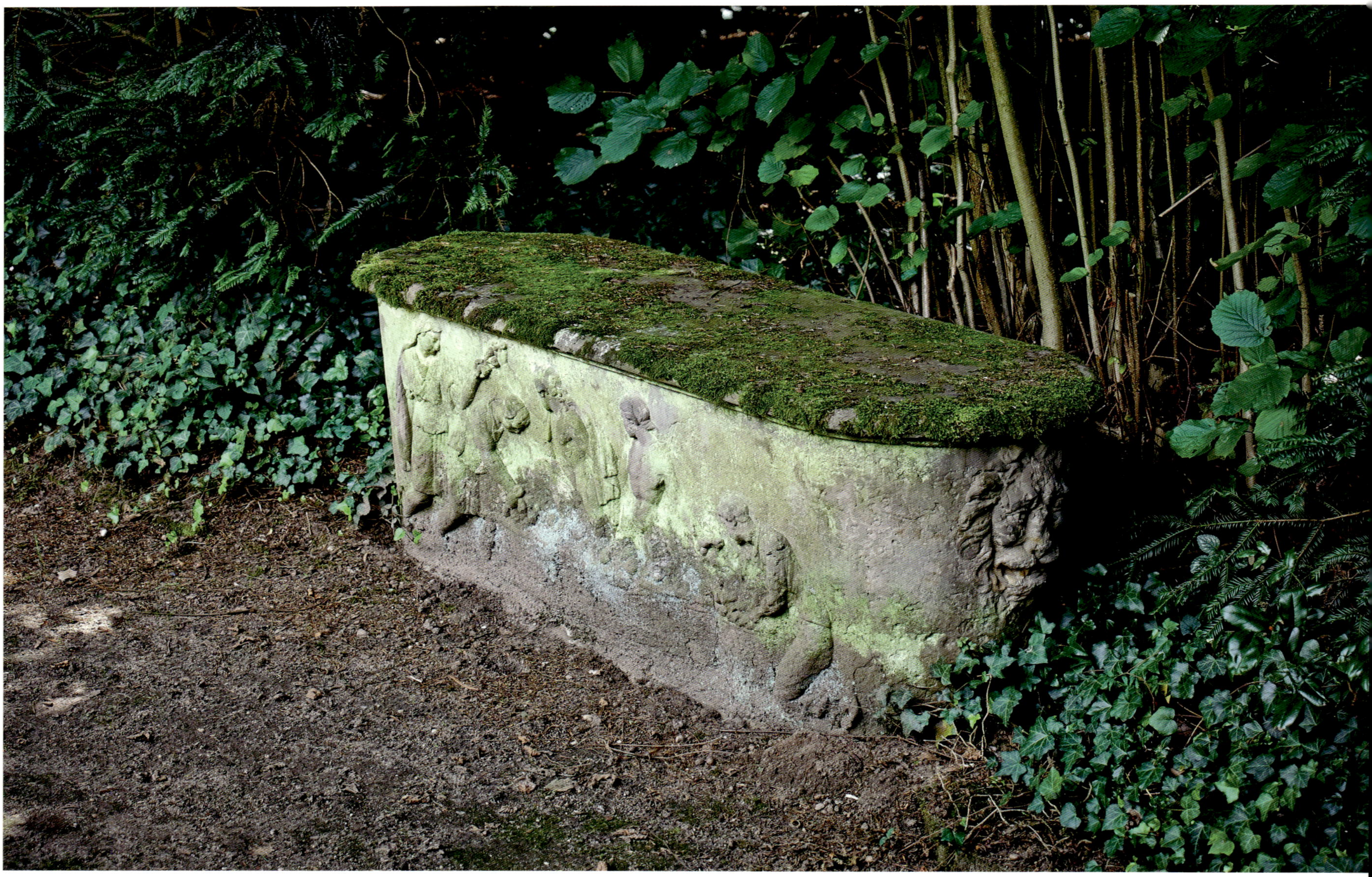

arbeitenden Gärtner und erhielt ihre Namen durch sich in jedem Lenze erneuernde Monumente." So vermerkt es 1841 ein anonymer Verfasser.

August Rode, der Wörlitz-Kenner, charakterisierte Neumarks Garten wie folgt: „Obstalleen, Baumschulen, herrliche einzelne Bäume, mannigfaltige Gruppen einheimischer und ausländischer Gewächse, auf einem Rasenplatze von dem frischesten Grün, dessen Reiz durch wechselnde Höhen noch mehr erhoben wird, sind sein Schmuck [...]. Bald, so zieht ein mit erhabener Arbeit gezierter, steinerner Sitz am Fuße einer Tanne unsere Aufmerksamkeit an sich. Er hat das Ansehen eines vormaligen Wassertrogs, dessen Bestimmung durch die zerstörende Zeit also umgeändert worden ist. Das Bildwerk – von Doell nach der Idee eines antiken Sarcophags zu Messina, der itzt zu einem Wassertrog dienet, gearbeitet – stellt eine Obserndte vor; so daß Bild und Ort uns gleichsam einstimmig entgegenrufen: Hier herrscht Pomona!"

Der Pfarrer Sickler war seinerzeit ein sehr angesehener Pomologe. Ihm und seinen obsterfahrenen Amtskollegen ist es zu verdanken, dass sich die entwickelnde Obstkultur am Ende des 18. Jahrhunderts in Deutschland etablierte. Von der schier unglaublichen Sortenvielfalt künden die zerbrechlichen Kunstwerke noch heute.

Die Tradition des Obstbaus setzte der Thronfolger des 1817 verstorbenen Herzogs Franz fort, sein Enkel Herzog Leopold Friedrich, der vom Volk ehrenhaft „Buschpolde" genannt wurde. Auch er hatte Interesse am Sammeln von Obstmodellen. Davon künden Früchte, die Heinrich Arnoldi (1813–1882) ab 1856 in Gotha in seinem „Obstkabinett" veröffentlichte. Zunächst verfertigte er seine Kunstfrüchte aus hauchdünnem Porzellan. Sie waren äußerst zerbrechlich, daher wurde das Material schon 1859 durch Papiermaché ersetzt. Die Qualität der Nachbildungen ließ sich der findige Kaufmann durch renommierte Experten wie Johann Georg Conrad Oberdieck und Eduard Lucas bestätigen – kluges Marketing à la 19. Jahrhundert! An dieser Stelle sei das berühmte illustrierte Familienblatt „Die Gartenlaube" (Heft 18, 1867) mit dem Beitrag „Immerfrisches Obst" zitiert.

Es war ein wunderschöner Frühlingstag, als ich mit einem meiner Freunde die frisch aufathmende Schöpfung begrüßte. In vollen Zügen schlürften wir den Nektar der würzigen warmen Luft und freuten uns nicht blos der Blüthen, die uns rings umdufteten, wir freuten uns in Hoffnung schon der Früchte, die aus diesen Blüthen wachsen würden. Denn wir waren beide eifrige Obstzüchter und hatten es im vorigen Jahre schmerzlich beklagt, daß ein harter Spätfrost jene Hoffnung getödtet [...] „Und doch" – schien mein Begleiter im Laufe unseres Gespräches zu scherzen – „habe ich auch im vorigen Jahre, trotz des Frostes und des Schlachtendonners, eine reiche Obsternte gehalten. Ja, was noch wunderbarer, dieses Obst ist in den herrlichsten Exemplaren bis zu dieser Stunde so gesund und frisch geblieben, als sei es eben erst vom Baum genommen." „Nein, nein, ich scherze nicht!" fuhr er mit

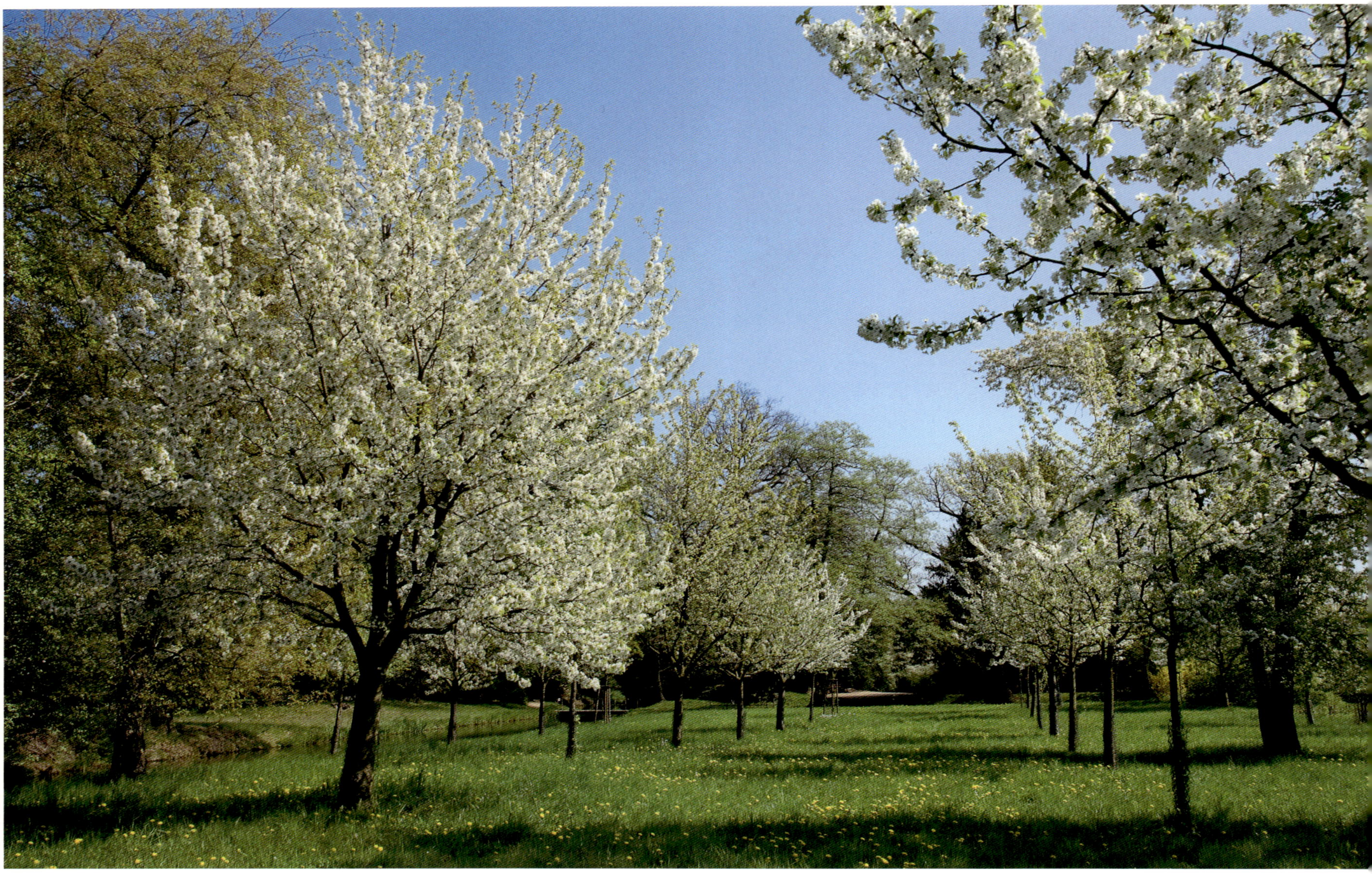

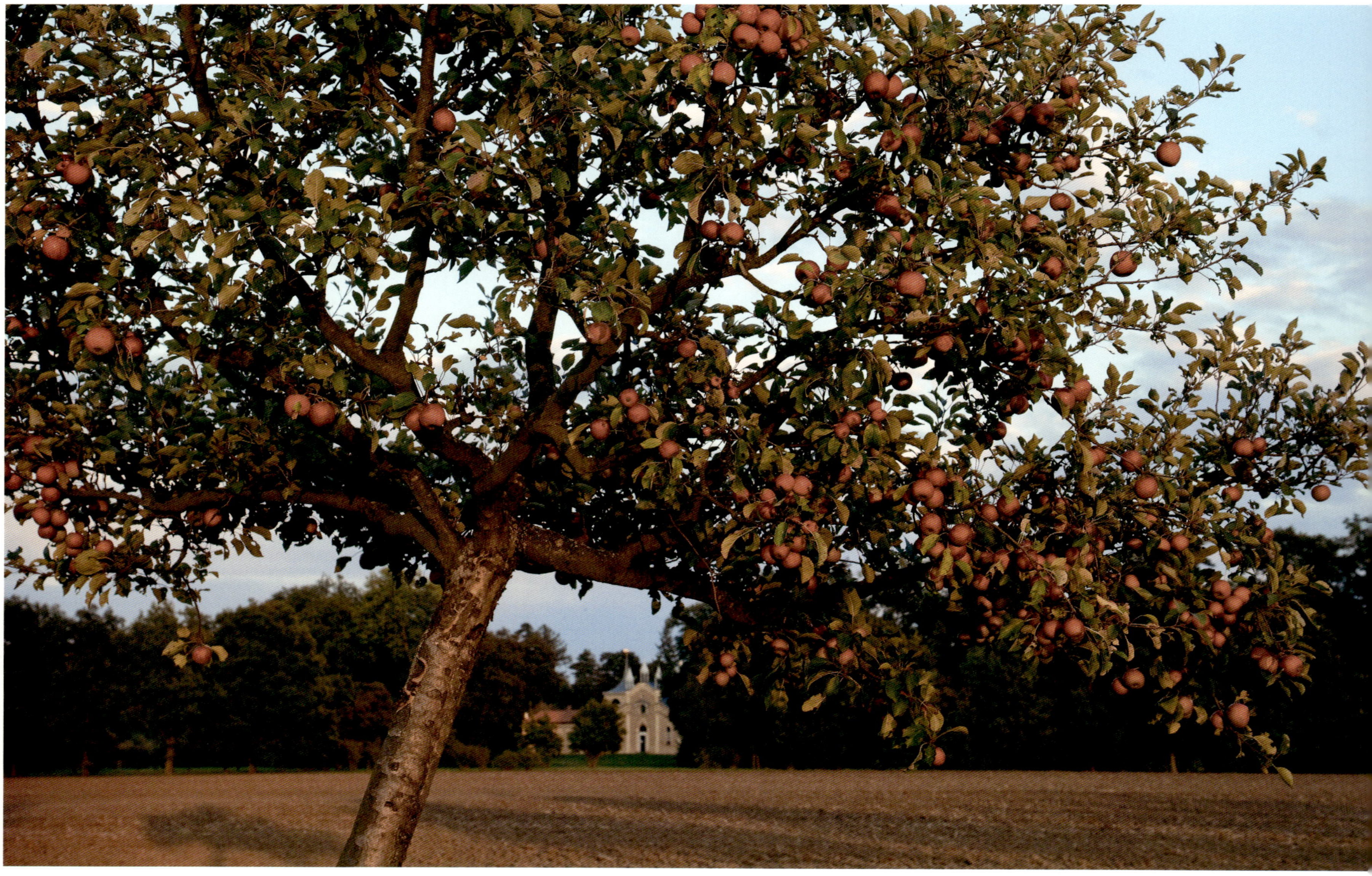

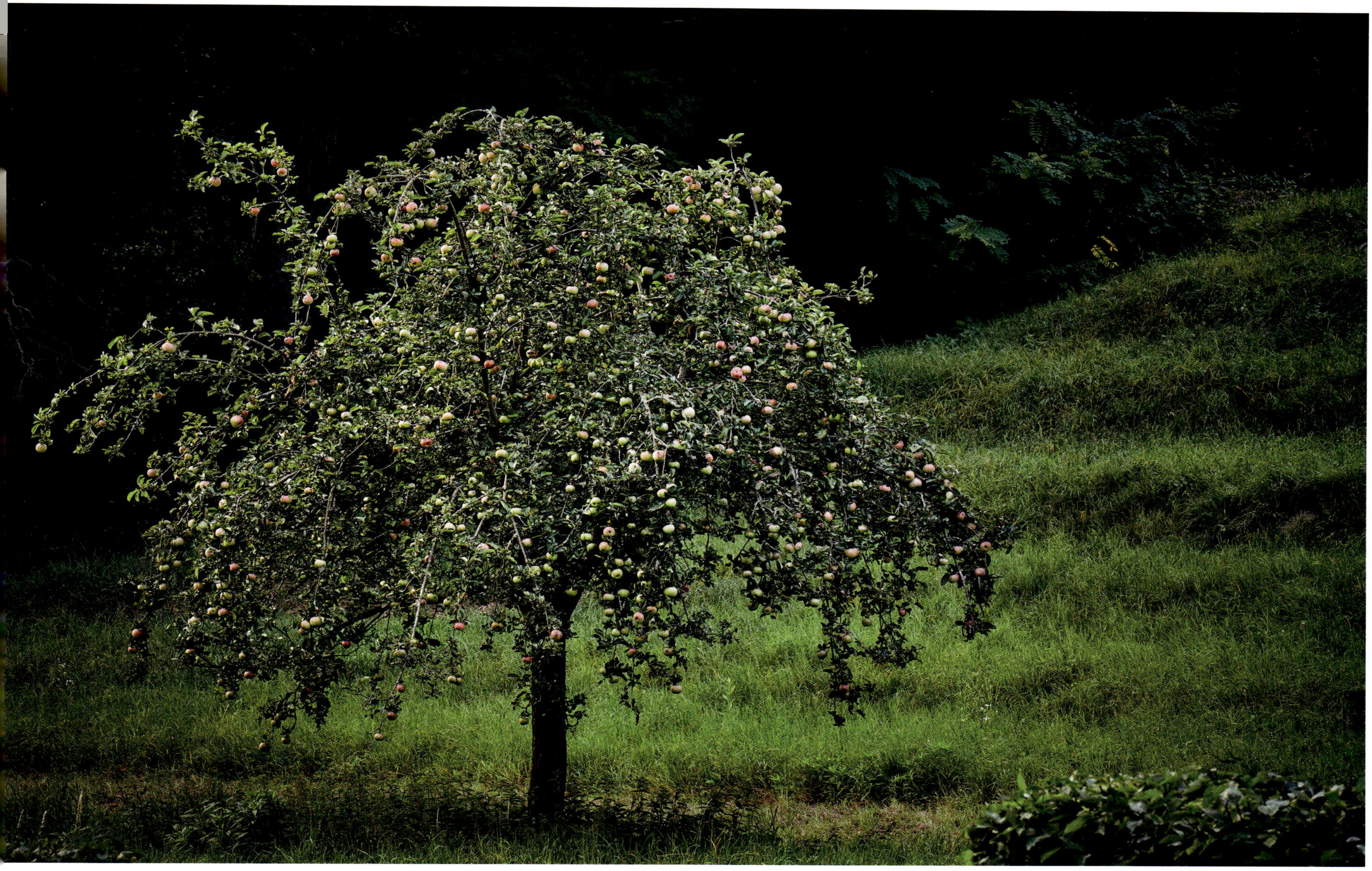

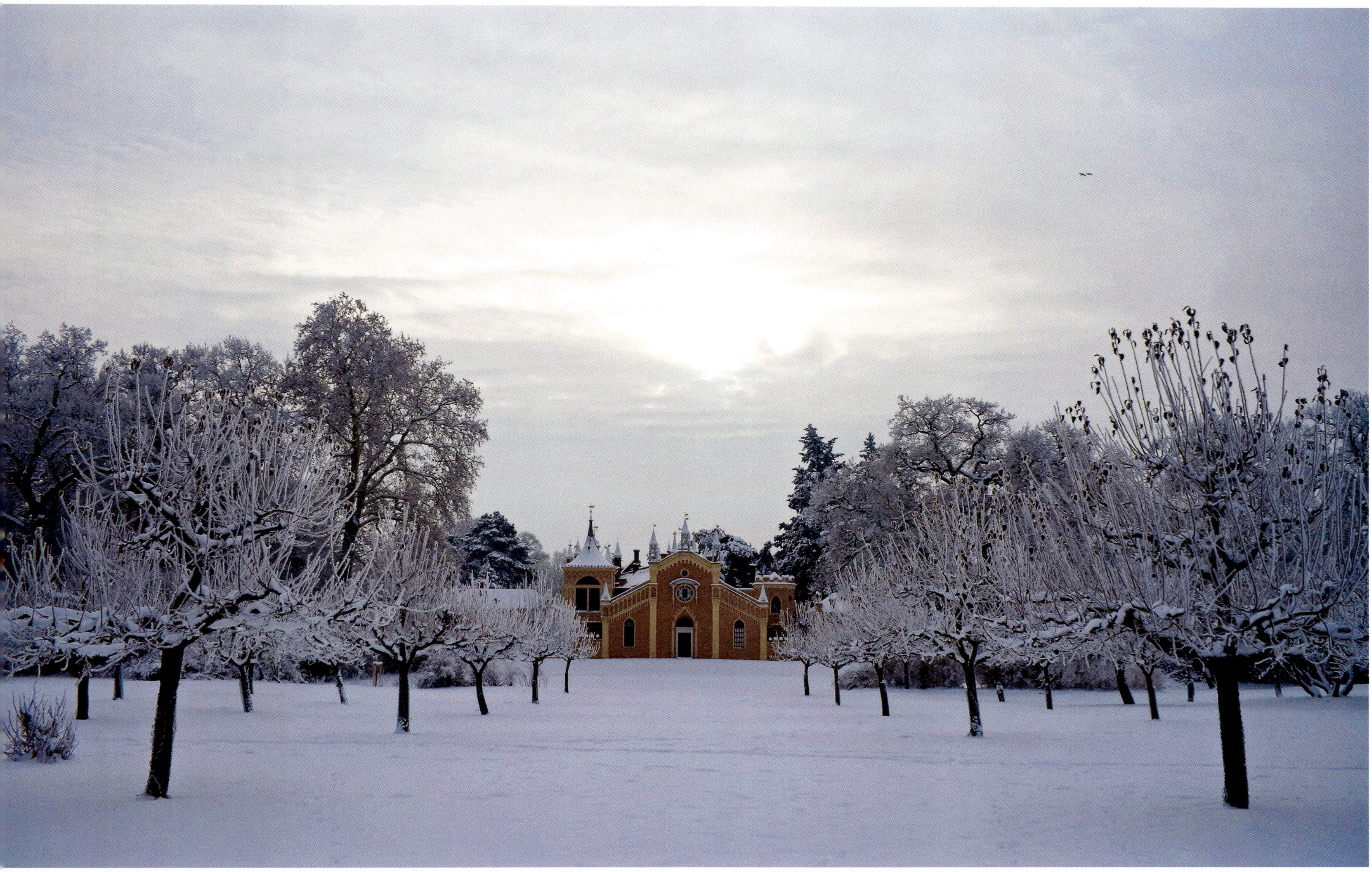

der ernsthaftesten Miene fort, als ich ihn mit lächelnden Kopfschütteln ungläubig ansah. – „Schenken Sie mir diesen Abend das Vergnügen Ihres Besuches und nehmen Sie mit einem kleinen Imbiß vorlieb, damit ich Sie durch den Augenschein von der Wahrheit meiner Worte überzeugen kann." Ich acceptirte, schon aus Neugierde, die freundliche Einladung. – Als ich kam, ward ich von der liebenswürdigen Gemahlin meines Freundes als willkommener Gast empfangen. „Der Abend ist so mild", sagte sie, „daß wir den Tisch in der Gartenlaube gedeckt haben. Dort werden Sie von meinem Manne erwartet." […] Bald aber rief die Hausfrau „zu Tische". Wir setzten uns und aßen und tranken so vortrefflich, wie ich es stets bei meinem Freunde gewohnt war. Von dem gerühmten Obst jedoch war keine Spur zu sehen.

Endlich hieß es: „Nun, liebe Frau, den Nachtisch, damit ich bei meinem Freunde nicht zum Lügner werde." Da nahm sie von einem Seitentischchen ein Tuch, das zwei Krystallschalen bedeckt hatte, und aus diesen Schalen – durfte ich meinen Augen trauen? – lachte mir das schönste, frischeste Obst entgegen, das ich je gesehen. Ich erkannte sogleich die einzelnen Sorten, ohne jedoch zu begreifen, wie sie bis zu dieser Jahreszeit erhalten werden konnten, als seien sie, noch mit dem Morgendufte, der auf ihnen thaute, heute erst gepflückt worden.

Lächelnd beobachtete der Freund meine staunende Ueberraschung. Dann reichte mir seine Gemahlin eine der Schalen, damit ich die seltenen Früchte nun auch versuchen möge.

„Nein!" wies ich sie höflich zurück. „Es wäre Sünde, solche ausgezeichnete Exemplare mit dem Messer zu zerlegen. Ob aber dieser herrliche Grafensteiner auch noch duftet, wie er sonst mit seinem melonenartigen Geruch ein ganzes Zimmer parfümirt?"

Damit nahm ich den schönen Apfel, um daran zu riechen. Fast aber wäre er meiner Hand entfallen, so überrascht war ich von dem leichten Gewicht der großen Frucht. In demselben Momente merkte ich die Täuschung. Es war künstliches Obst, aber so meisterhaft nachgeahmt, und von einer so plastisch vollendeten Treue, daß ich mich nicht gewundert haben würde, wenn die Vögel, wie nach den von Zeuxis gemalten Weintrauben, nach diesen Früchten geflogen wären, um sie zu benaschen.

Die im Gotischen Haus bislang wenig beachteten Obstmodelle sind mindestens ebenso selten und kostbar wie die Wachsfrüchte Sicklers. Allein die Namen der Obstsorten sind ein fantasievoller Ausflug in das Reich der Sinne: Gestreifter Winter Erdbeerapfel, Champagner Reinette, Veilchenapfel, Venusbrust, Rotes seidenes Hemdchen, Runde Mundnetzbirne, Roter Herbstsüßapfel, Violette Dattelzwetsche, Weiße Jungfernpflaume, Schweizerhose, Trockener Martin, Maulbeerkirsche …

Kürzlich wurde mit großem Aufwand und Stolz eine 300 Exemplare umfassende Sammlung des Obstkabinetts von Arnoldi durch das Museum of Economic Botany in Adelaide/Australien publiziert.

Über 200 fragile Obstmodelle sind über die letzten Jahrhunderte erhalten geblieben. Selbst die Bruchstücke werden sorgsam bewahrt, um eines Tages wieder restauriert zu werden.

▶▶
Die Tradition des Obstanbaus im Gartenreich wird bis in die jüngste Zeit erforscht und gepflegt. Sofern noch vorhanden, werden ausschließlich historische Sorten gepflanzt. Die Sortenvielfalt des 18. Jahrhunderts ist beeindruckend und durch zahlreiche Beschreibungen und Mustersammlungen überliefert.

▶▶▶▶
Vor der Kanalfassade des Gotischen Hauses, die der venezianischen Kirche Madonna dell'Orto nachgebildet wurde, liegt der Wirtschafts- oder Küchengarten – italienisch „Orto". Dieser Bezug ist mit Sicherheit kein Zufall.

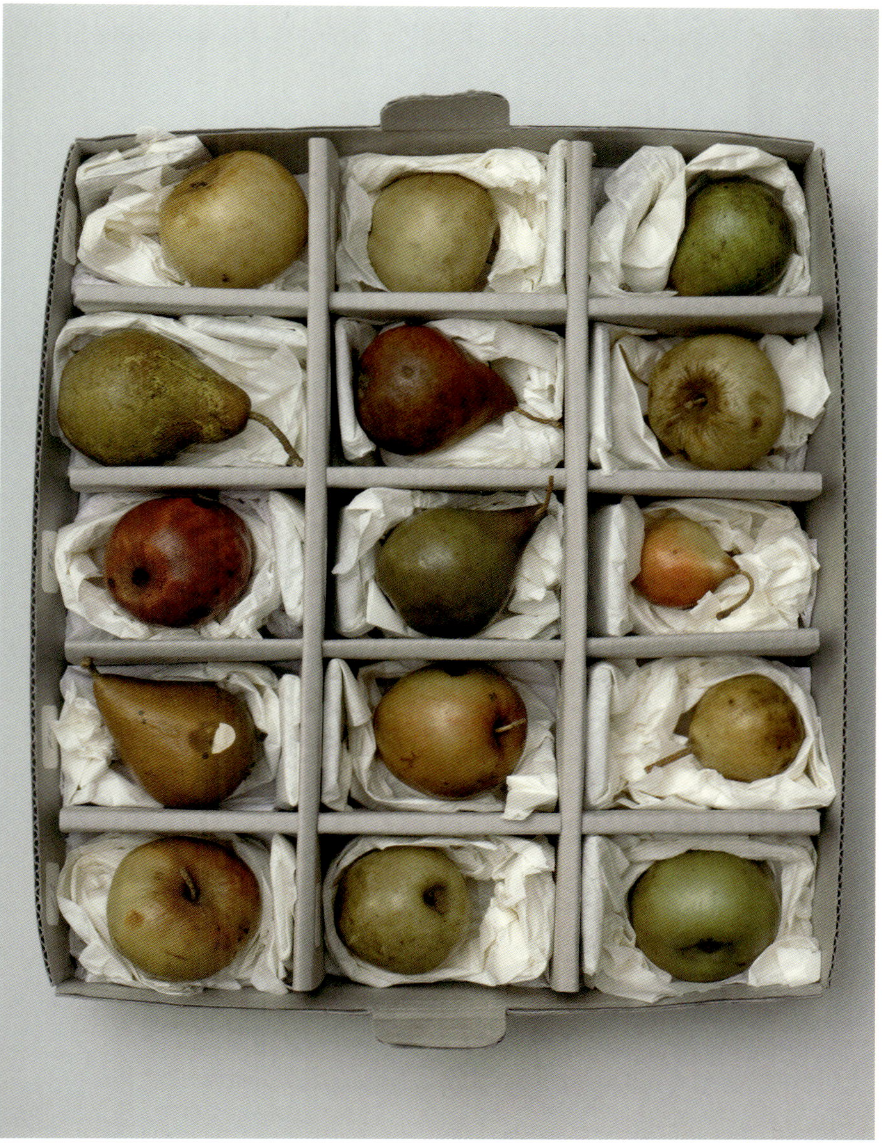
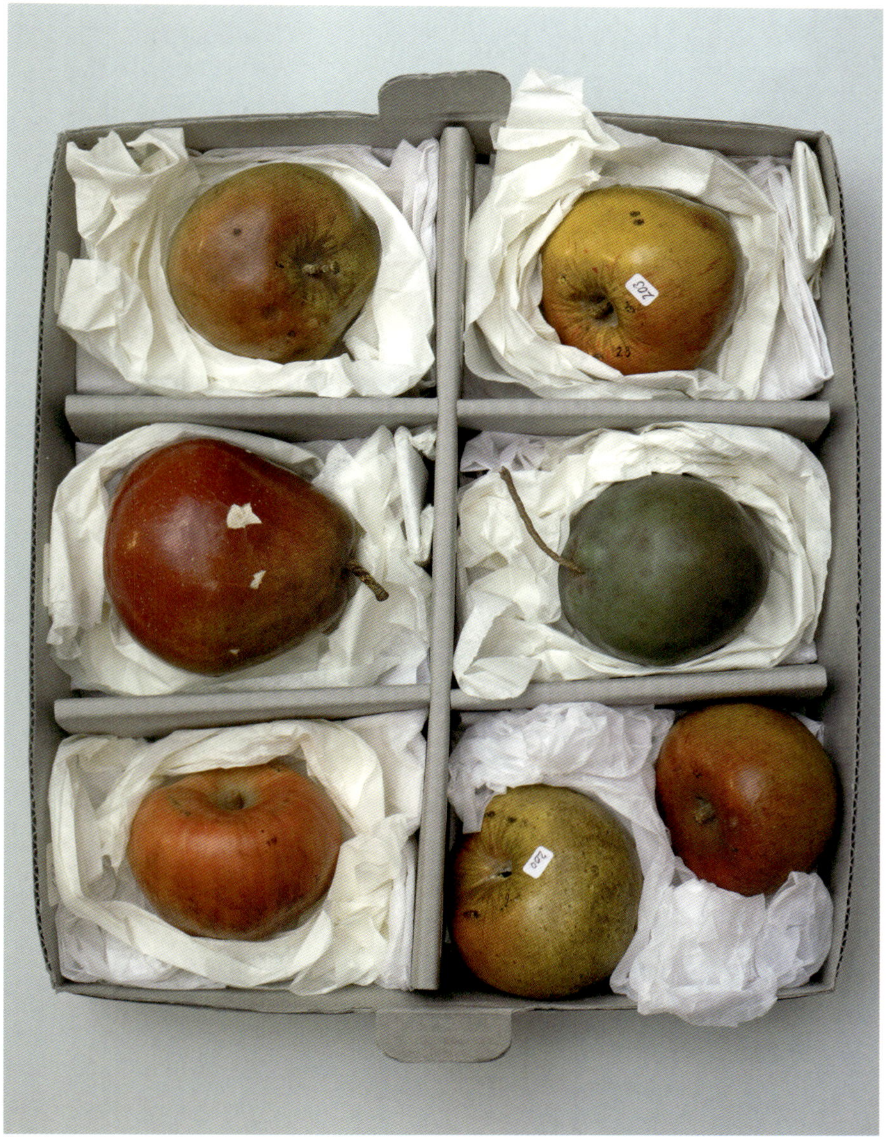
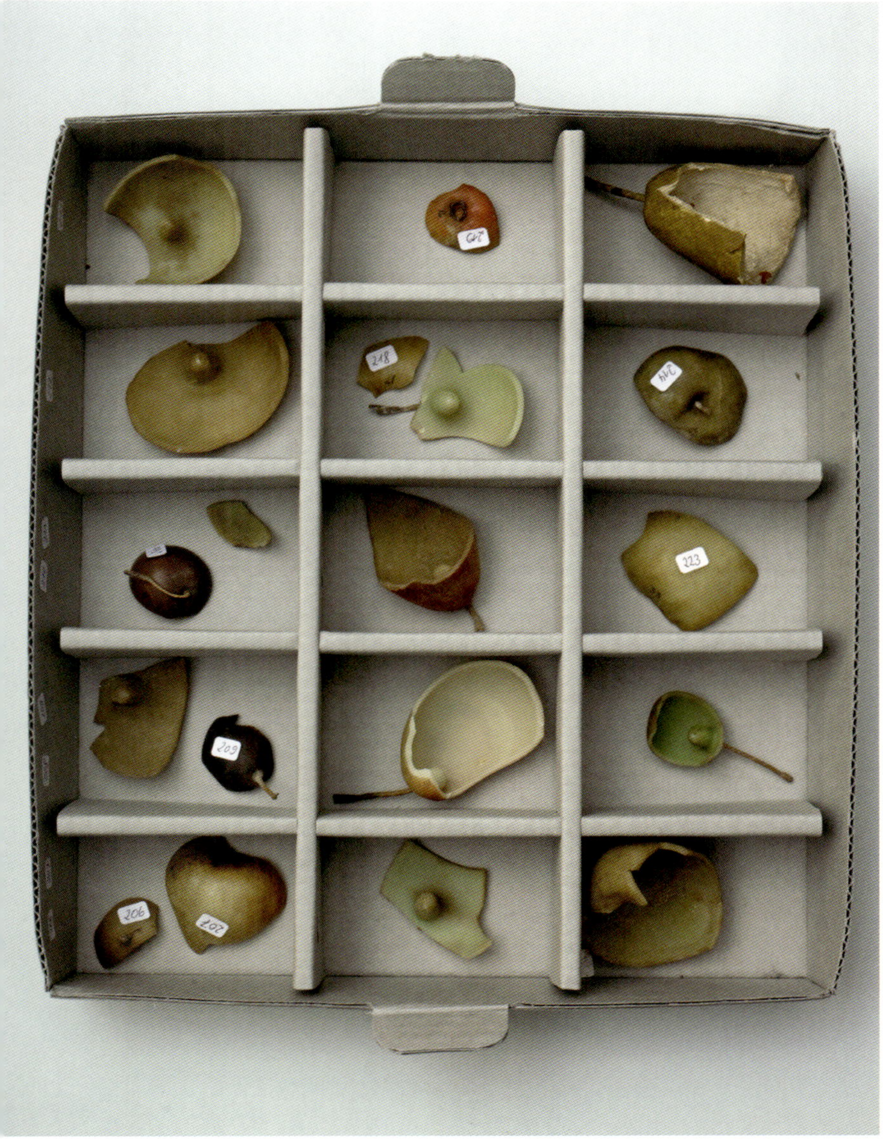
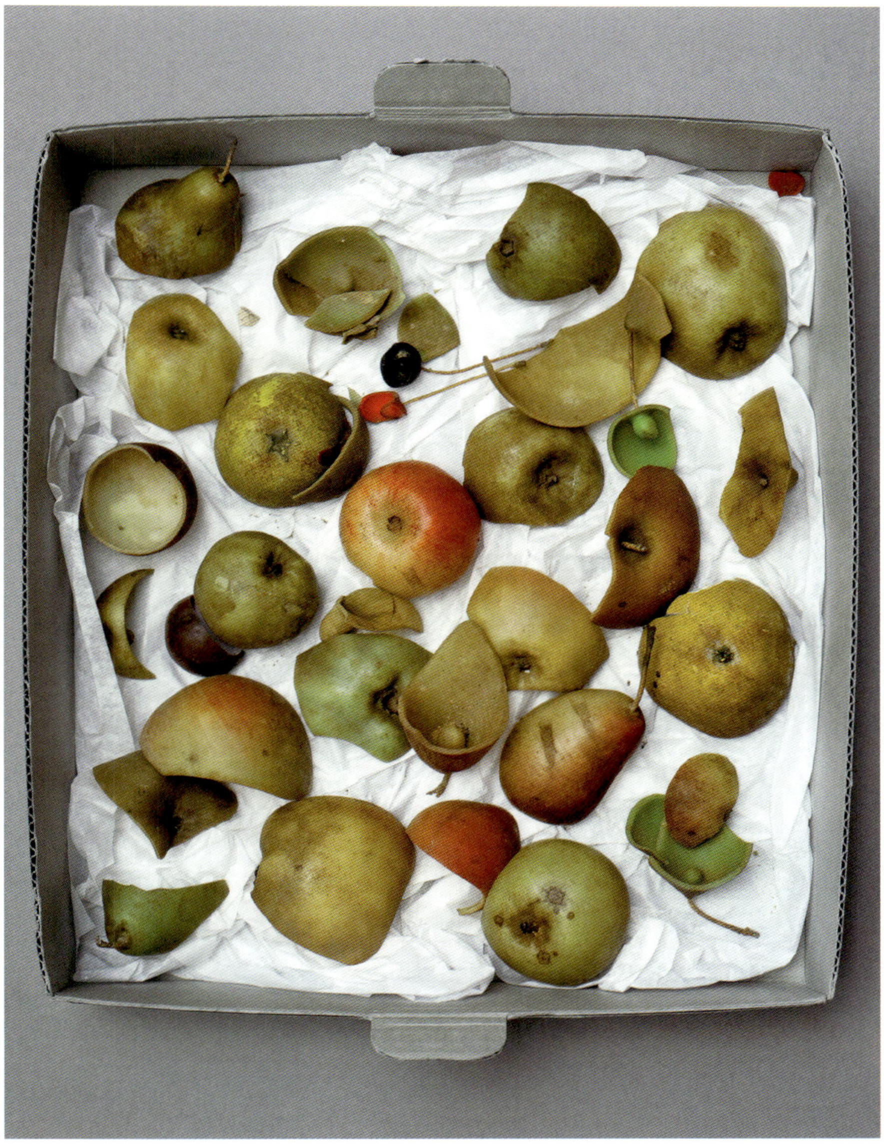

Wenn man erwägt, daß wir dadurch, wenn wir einige wenige Zweige in die Erde stecken, demjenigen Gutes erzeigen, der 50 Jahre nach uns in die Welt kommen wird, oder, daß wir vielleicht dadurch einem von unseren Angehörigen mit so wenig Kosten reich und vergnügt machen können: so müsste man, wenn man es dennoch nicht thäte, ein böses und verstocktes Herz, und keinen Funken Menschenliebe besitzen.

Samuel David Ludwig Henne: Anweisung wie man eine Baumschule von Obstbäumen im Großen anlegen und gehörig unterhalten solle, Halle 1791

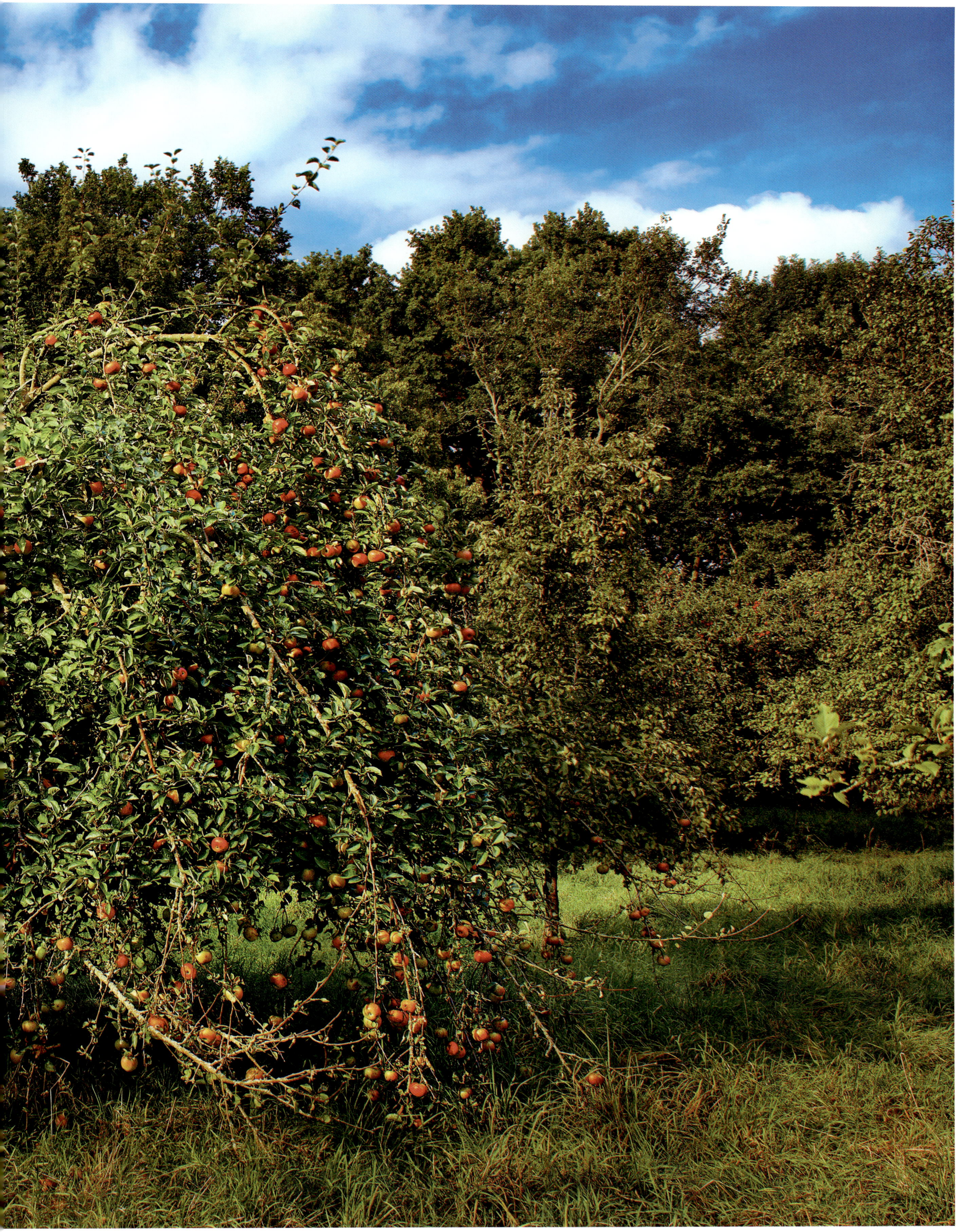

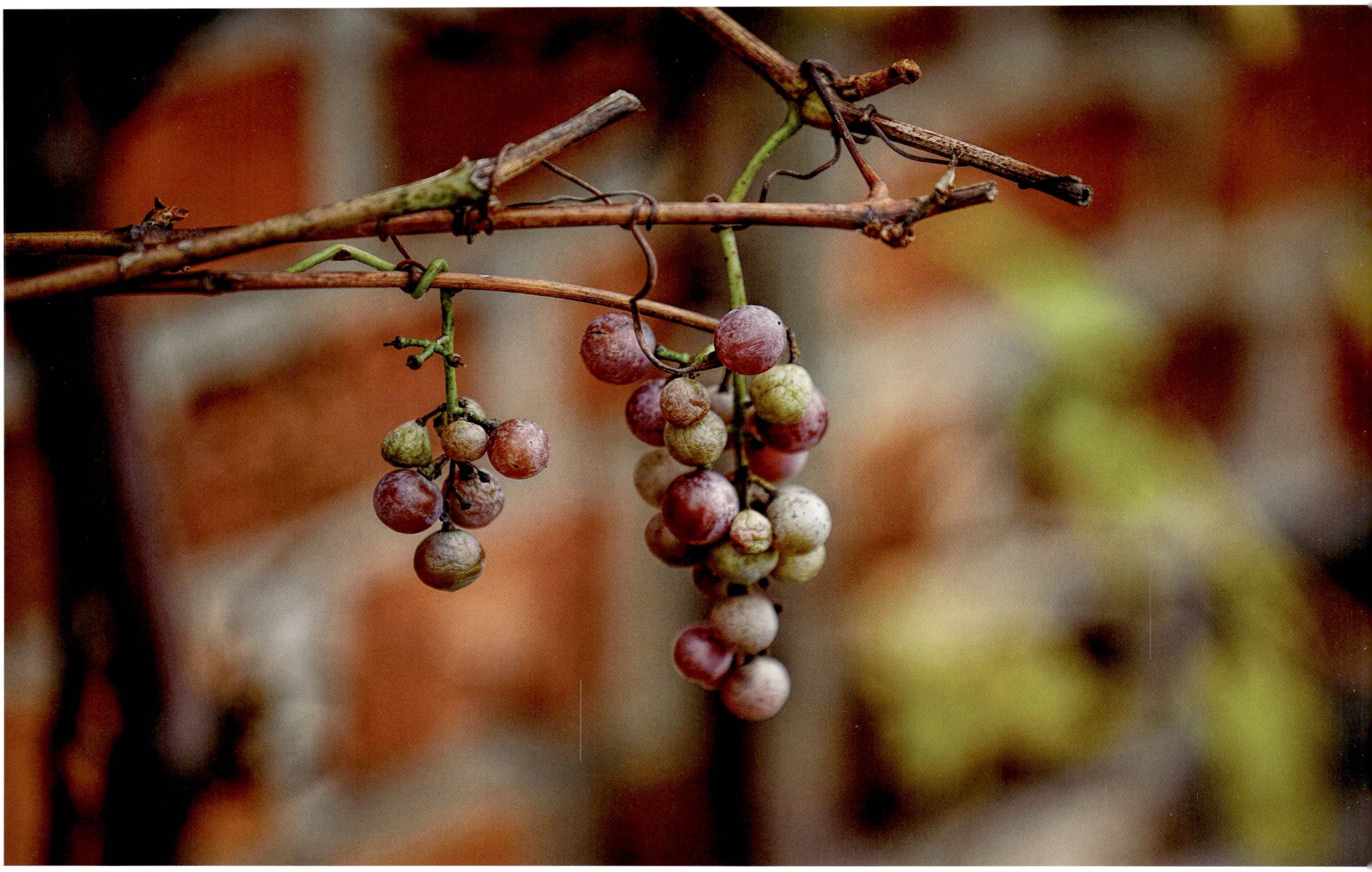

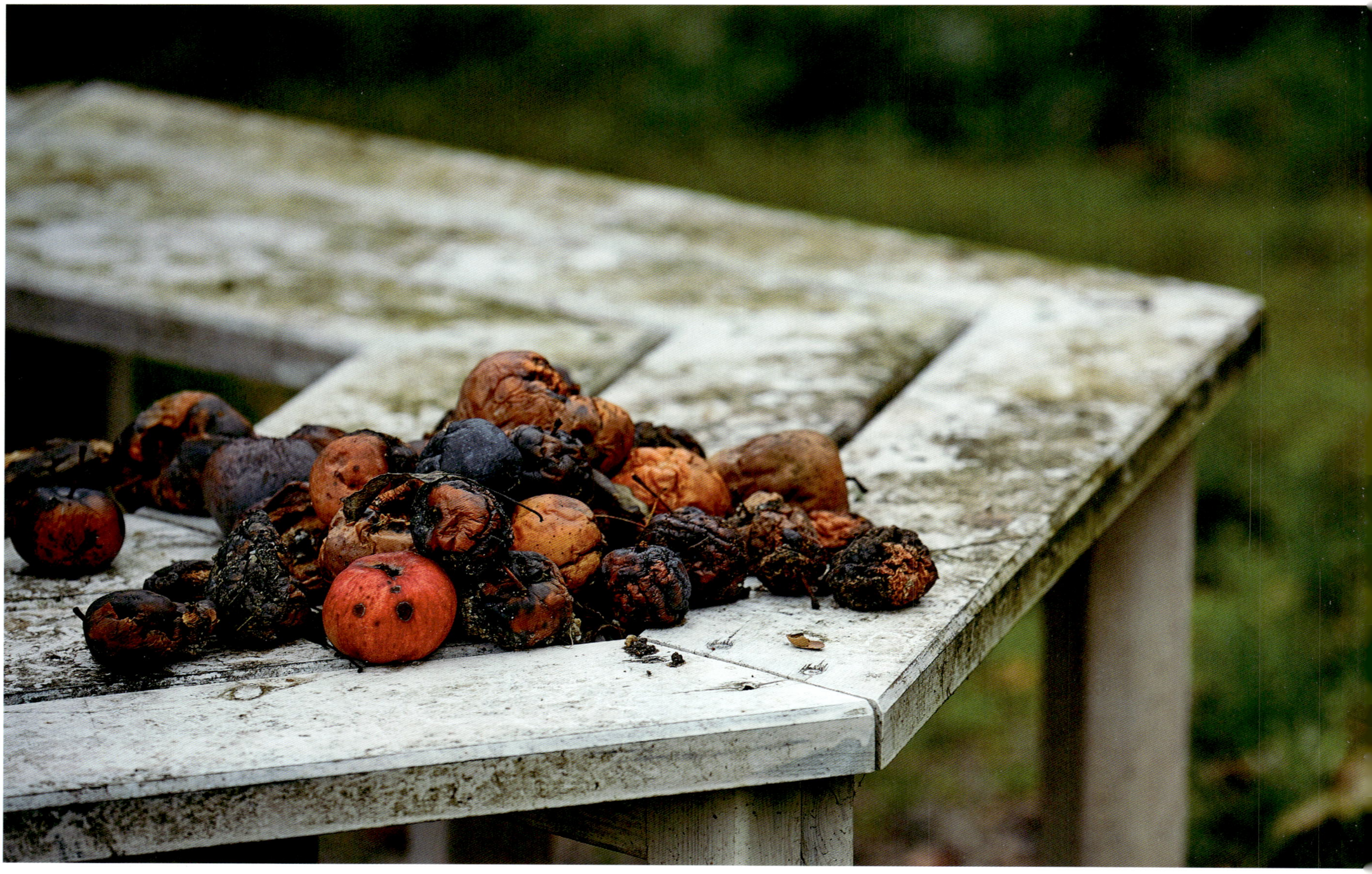

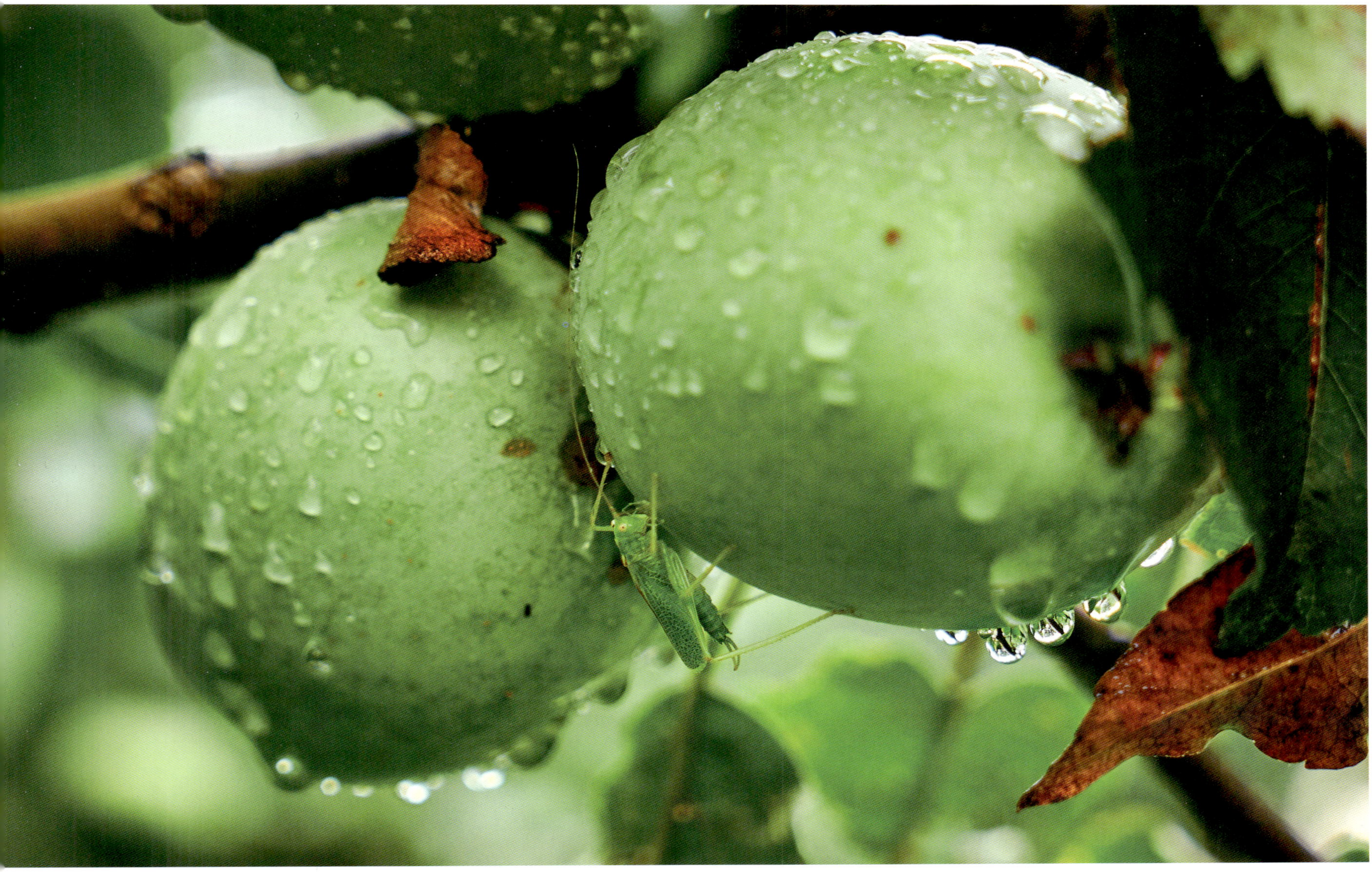

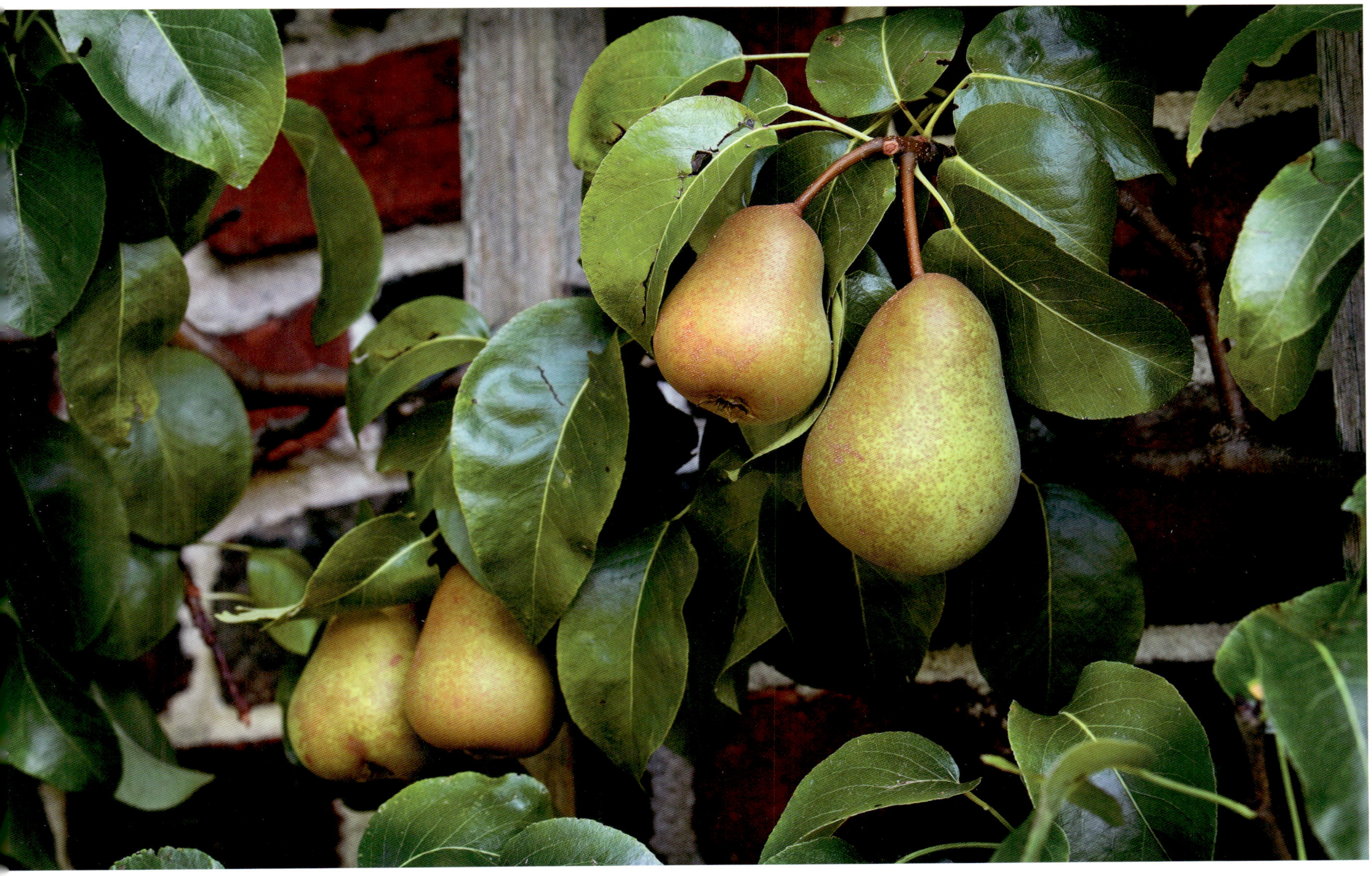

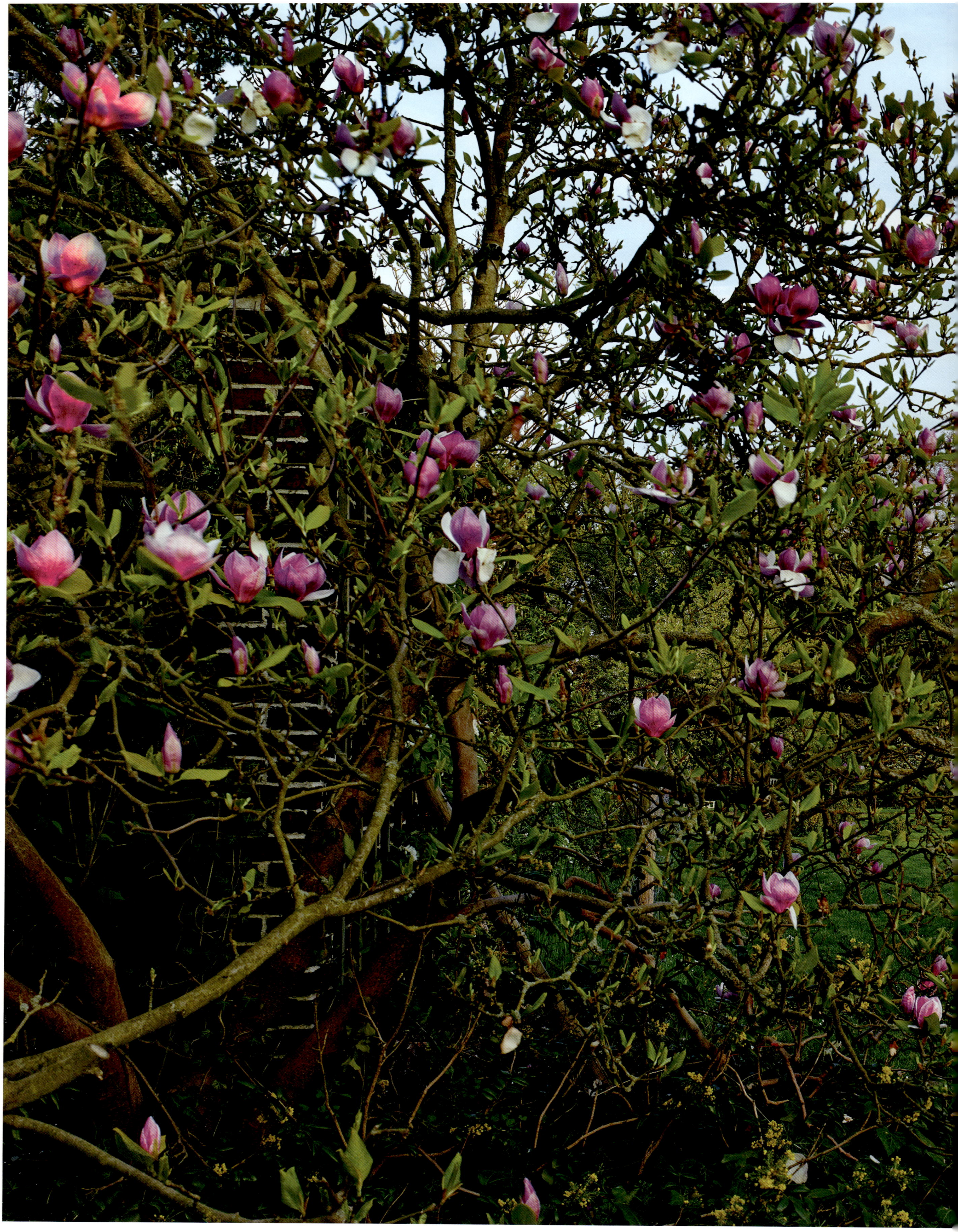

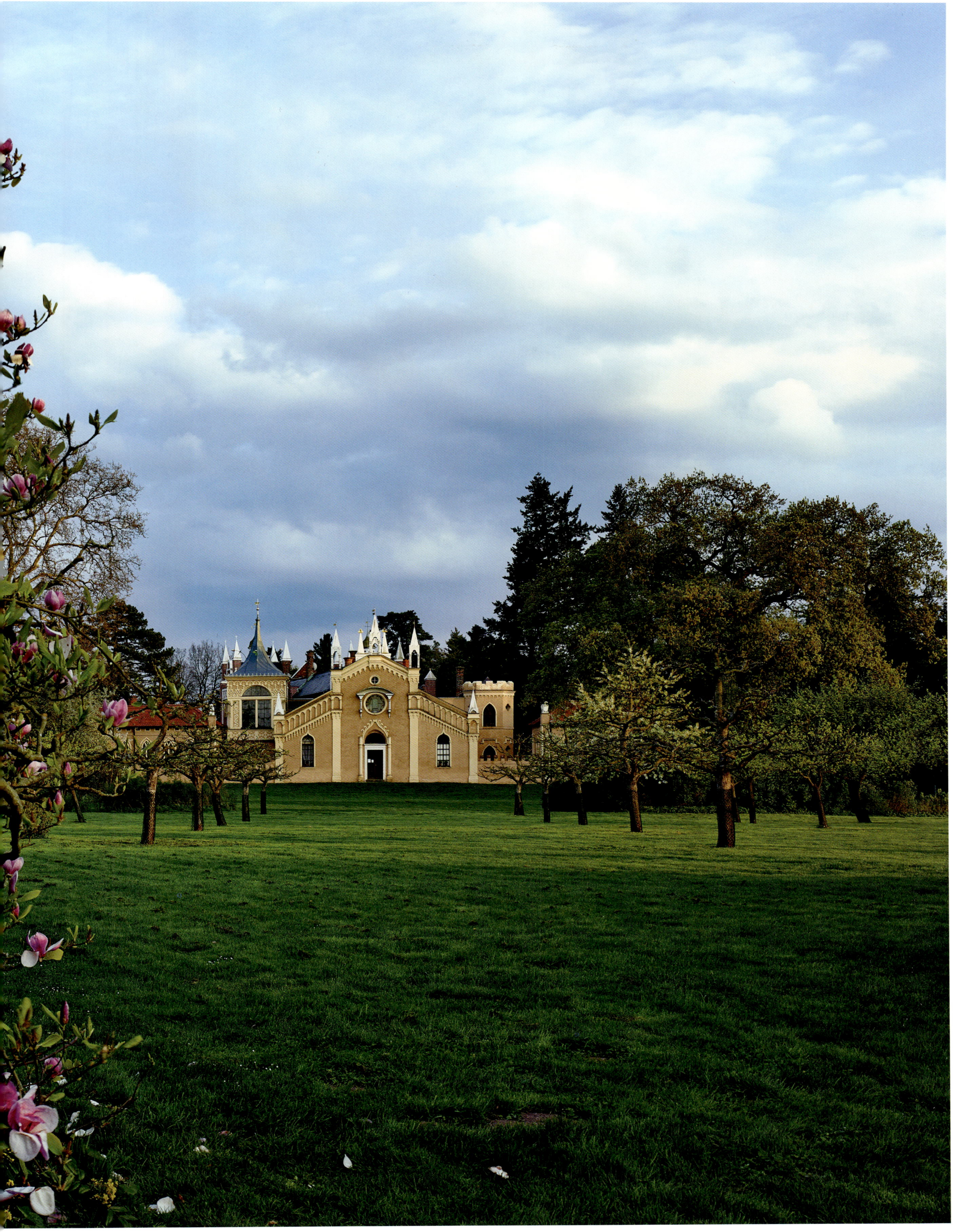

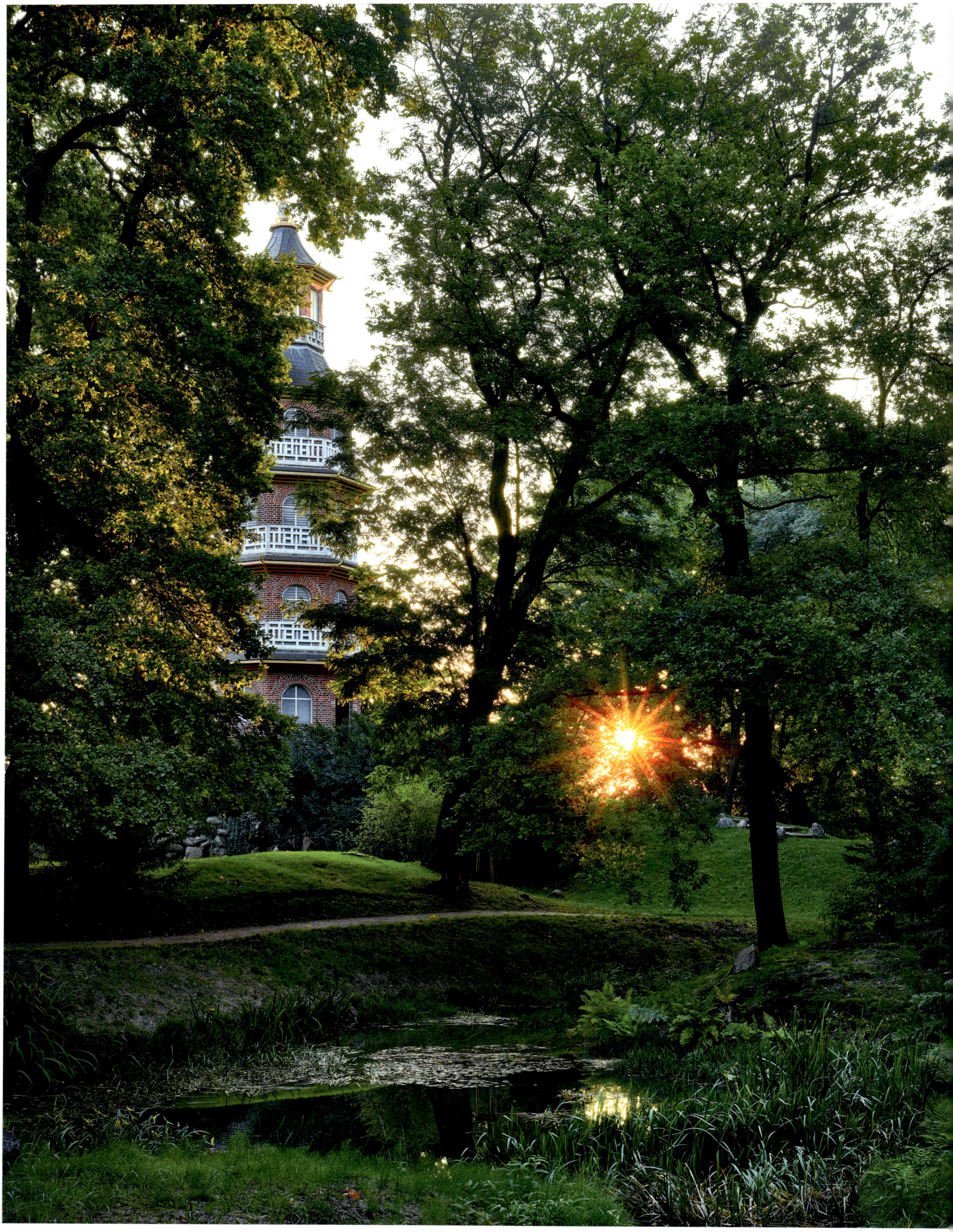

Zwei faszinierende „Ideenmagazine"

FÜR LIEBHABER VON GÄRTEN

UWE QUILITZSCH

Musterbücher für Gartenkunst erfreuen sich seit über 250 Jahren großer Beliebtheit. Zwei der schönsten Werke ihrer Art, denen eine erstaunliche Langlebigkeit beschieden war, werden im Folgenden vorgestellt. Der Kulturstiftung gelang im Jahre 1994 der Ankauf des „Grohmann'schen Ideenmagazins" aus fürstlich Fugger'scher Provenienz auf dem Antiquariatsmarkt. Es handelt sich hierbei um ein einzigartiges, weil vollständiges Exemplar. Im Heft 26 des Jahres 1796 gar wurde die inzwischen verlorene Doppelbrücke im englisch-chinesischen Park von Oranienbaum entdeckt und ließ sich danach rekonstruieren. Schon im darauf folgenden Jahr konnte die Kulturstiftung DessauWörlitz fast die gesamte Serie der Hefte des berühmten „Le Rouge" im antiquarischen Handel mit Unterstützung des Landes Sachsen-Anhalt erwerben. Die letzten zwei „Fehlstellen" ließen sich durch generöse Schenkungen aus einer privaten Sammlung schließen.

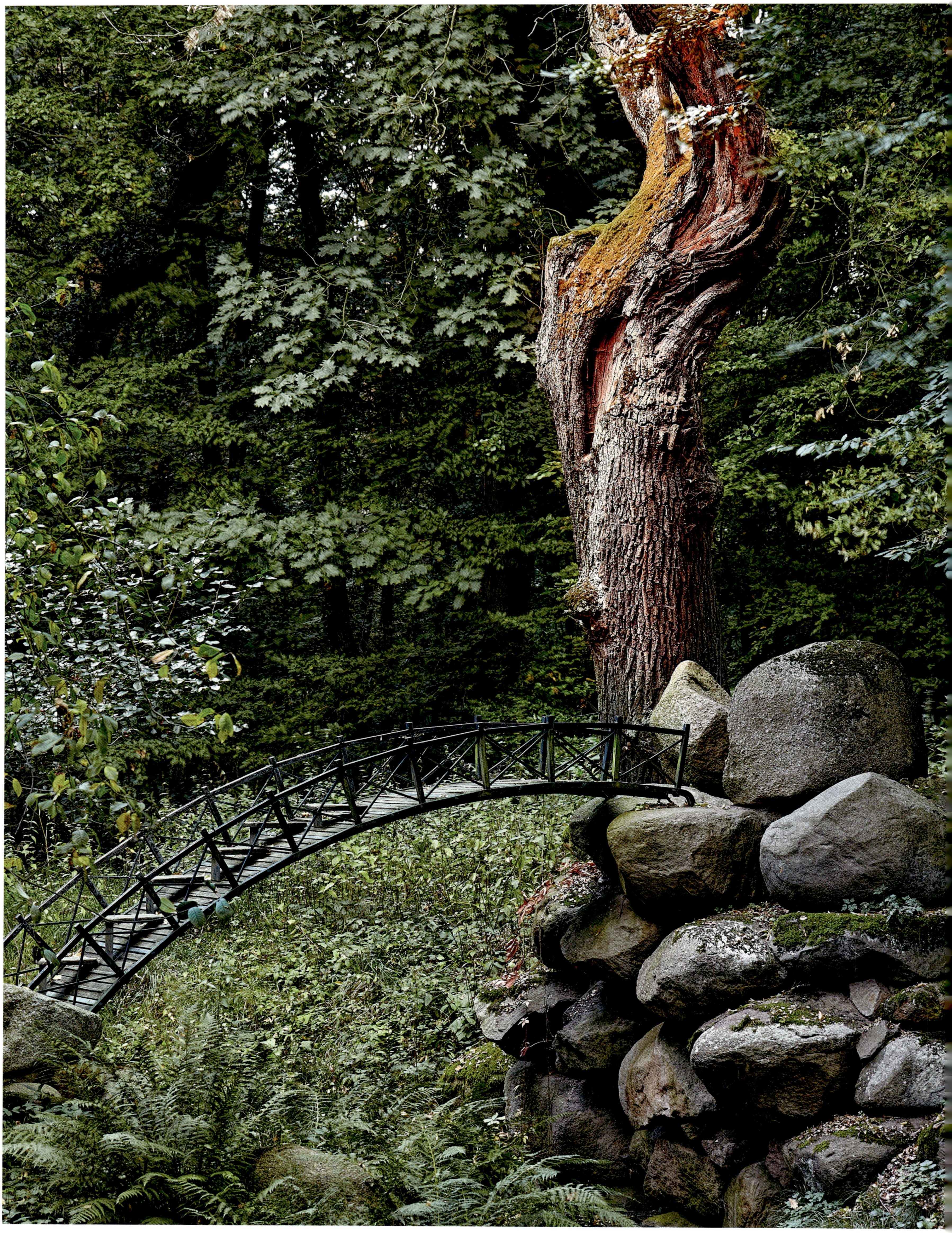

Sonnenaufgang im Abendland: Das Vorbild für die Oranienbaumer Pagode sahen Fürst und Architekt im Königlichen Garten von Kew bei London. 1793 bis 1797 wurde im barocken Park Oranienbaum der englisch-chinesische Garten angelegt. Er ist der einzige erhalten gebliebene seiner Art in Europa.

IDEENMAGAZIN für Liebhaber von Gärten, Englischen Anlagen und für Besitzer von Landgütern um Gärten und ländliche Gegenden, sowohl mit geringem als auch grossem Geldaufwand nach den originellsten englischen, Gotischen, Chinesischen Geschmacksmanieren zu verschönern und zu veredeln (Recueil d'idées nouvelles pour la decoration des jardins et des parcs). Unter der Aufsicht von Johann Gottfried Grohmann Professor der Philosophie zu Leipzig herausgegeben. Leipzig bei Friedrich Gotthelf Baumgärtner (1796-1811).

Die um 1900 verlorene Doppelbrücke im Englisch-Chinesischen Garten konnte nach einem historischen Kupferstich von 1796 originalgetreu im Jahr 1994 nachgestaltet werden.

IDEENMAGAZIN für Liebhaber von Gärten, Englischen Anlagen und für Besitzer von Landgütern um Gärten und ländliche Gegenden ...*

In der englischen Zeitschrift „Common Sense" hieß es 1739: „Man trifft kaum jemand, der einem nicht sofort nach der Begrüßung erzählt, er stecke tief im Mörtel und in Erdarbeiten, bescheidene Umschreibungen für Bauen und Landschaftsgärtnerei." Es gab zahlreiche Musterbücher, die praktisch jedermann Anregungen für die eigenen Gestaltungen lieferten. Der Landschaftsgarten in Europa eroberte von England aus den Kontinent. In der zweiten Hälfte des 18. Jahrhunderts gab es eine große Nachfrage nach spezieller Literatur auch auf dem Festland.

Johann Gottfried Grohmann (1763-1805), geboren in einem kleinen Ort in der Oberlausitz, studierte an der Leipziger Akademie unter Adam Friedrich Oeser (1717-1799) und widmete sich der Kunst des Kupferstichs. Er habilitierte 1791 an der philosophischen Fakultät der Universität Leipzig und lehrte hier hauptsächlich Theorie der Ästhetik. Neben seiner akademischen Arbeit widmete er sich der Gartenkunst im besonderen Maße.

Er hatte erkannt, dass es neben Christian Cay Laurenz Hirschfelds (1742-1792) reich illustrierter, fünfbändiger „Theorie der Gartenkunst" (1779-1785) kein eigentliches Musterbuch für Gartenausstattungen in Deutschland gab. So entwickelte er nach den großen englischen bzw. französischen Vorbildern wie William Halfpenny (gest. 1755) oder George Louis Le Rouge (tätig zwischen 1741 und 1789) ein eigenständiges Nachschlagewerk, das er „Ideenmagazin" nannte, und brachte davon 1796 das erste Heft auf den Markt. Er konnte mit gutem Absatz rechnen, denn der Landschaftsgarten hatte sich, ausgehend von Wörlitz, nun am Ende des Jahrhunderts auf dem europäischen Festland etabliert.

Mit dem Leipziger Verlagsbuchhändler Friedrich Gotthelf Baumgärtner (1758-1843), der ein breites Angebot an gewerblicher Literatur vorhielt, gab Grohmann bis zu seinem frühen Tod insgesamt 48 Hefte seines „Ideenmagazins" heraus. Später setzte sein Partner Baumgärtner die Reihe unter dem Namen „Neues grosses Ideenmagazin" noch bis zum 60. Heft im Jahre 1811 fort.

Interessant ist, dass vermutlich Grohmann selbst das Wort „Ideenmagazin" erfand. Es ist sein großes Verdienst, wie er das Wort mit Leben, sprich mit Ideen erfüllte. Neben eigenen Entwürfen veröffentlichte er auch Zeichnungen von Christian Heinrich Schuricht (1753-1832), Carl Ferdinand Langhans (1782-1869), Johann Gottfried Klinsky (1765-1828) u. a. Das Werk beinhaltet eine Vielzahl bereits bestehender Anlagen, die Grohmann als nachahmenswert empfand. So verwundert es nicht, dass sich darunter auch einige Kleinarchitekturen aus dem Gartenreich Dessau-Wörlitz befinden. Manche Idee wiederum hat als Inspirationsquelle im Gartenreich gedient, wie etwa die im Heft 1, Tafel X veröffentlichte „Villa in ländlichen Styl", nach der 1799 das Garteninspektorhaus in Wörlitz errichtet wurde.

255

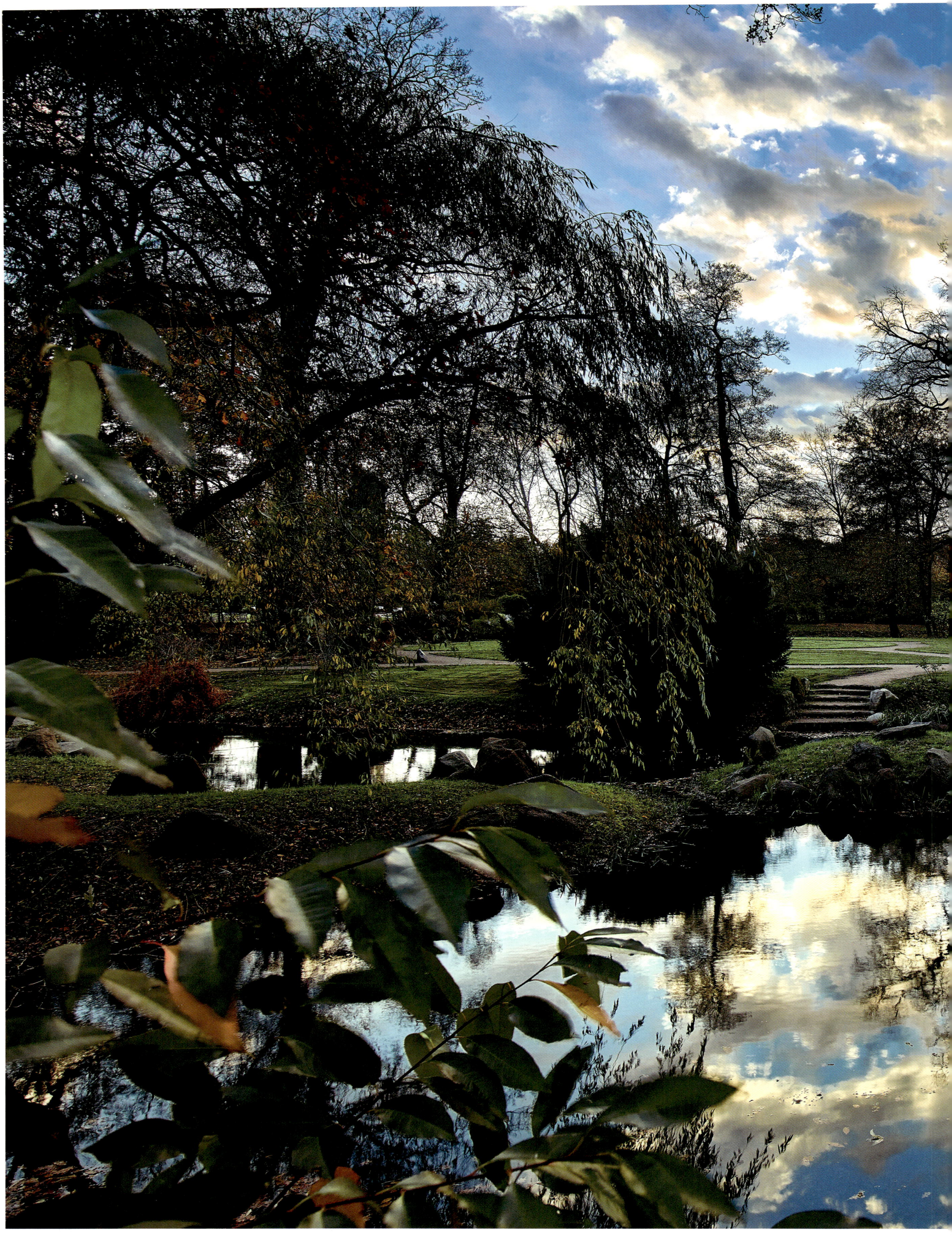

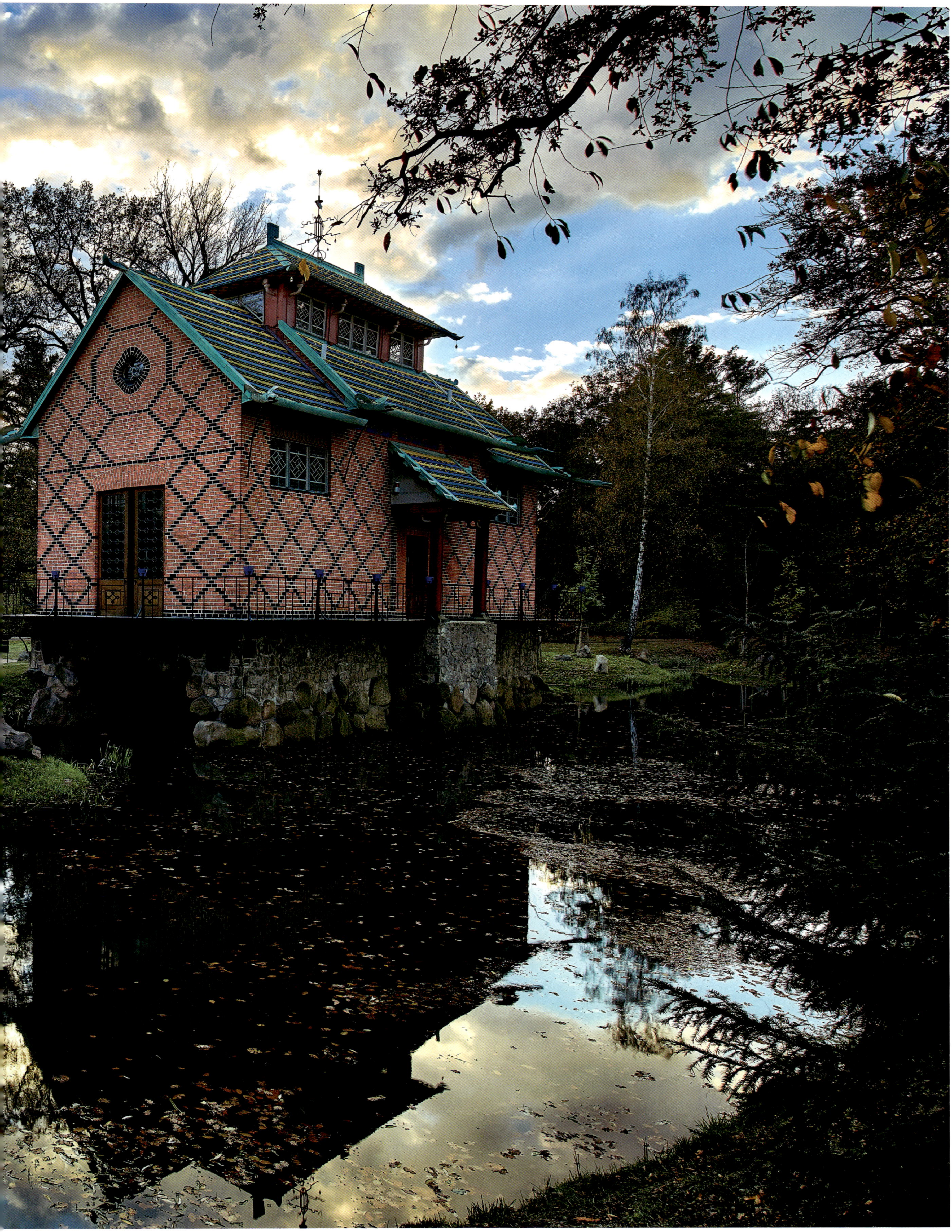

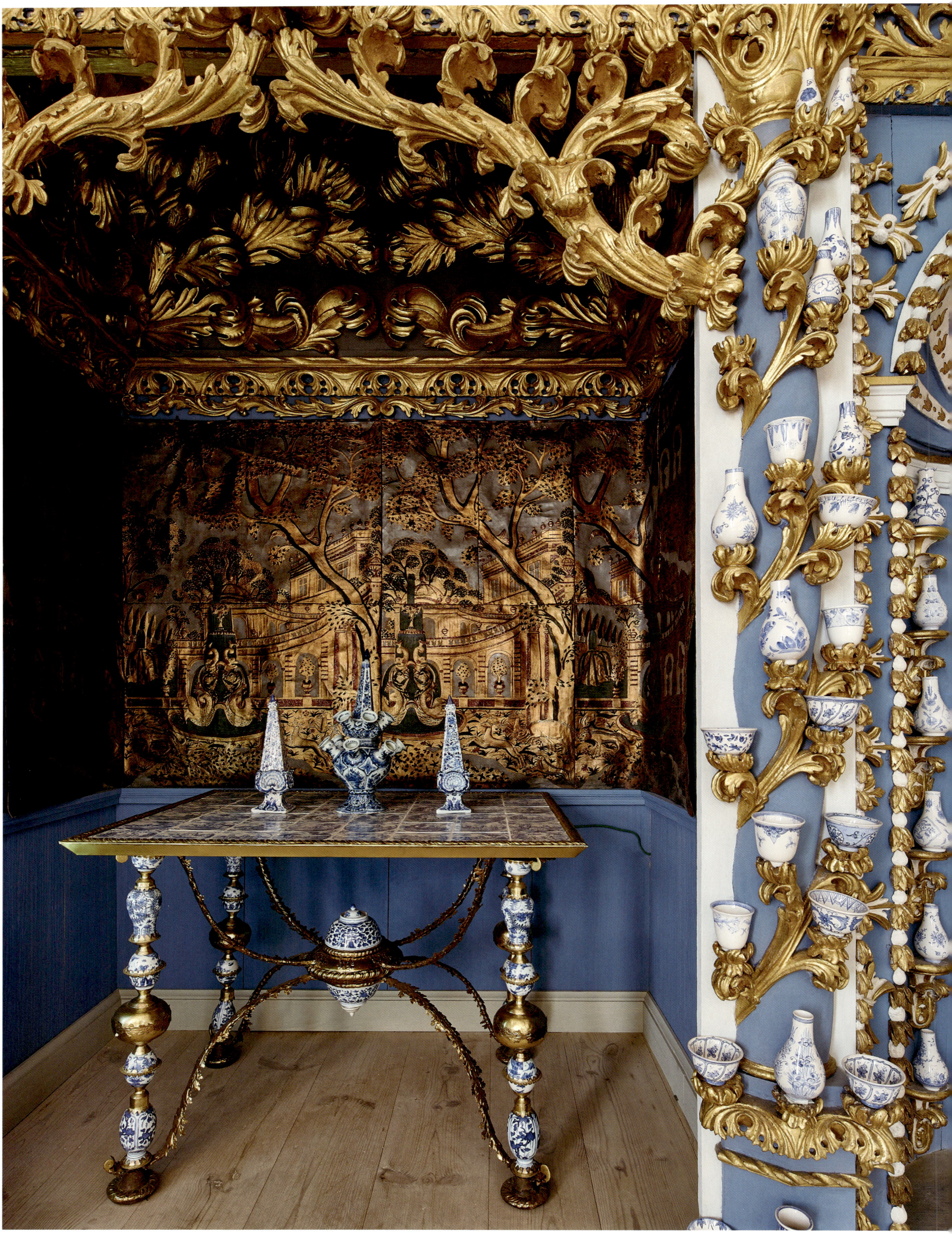

Das inzwischen vollständig restaurierte Chinesische Haus in Oranienbaum strahlt eine faszinierende Exotik aus. Angeregt von Abbildungen aus dem Buch „Designs of Chinese Buildings" des königlich-britischen Architekten Sir William Chambers wurde das Haus aus Backsteinen errichtet – eine in China gar nicht gebräuchliche Bauweise.

* George Louis Le Rouge: Détail des nouveaux jardins à la mode. Jardins anglo-chinois, Paris, Rue des Grands Augustins 1775–1789.

Henriette Catharina wollte in Oranienbaum auf die aus ihrer Heimat gewohnten Annehmlichkeiten nicht verzichten und ließ im Schlosspark ein heute nicht mehr vorhandenes Badehaus aus weißem Marmor errichten. Die schmuckreiche Kammer enthielt ursprünglich einen Alkoven, in dem die Fürstin nach dem Bade ruhte. Fürst Franz hatte diesen in den 1780er Jahren in die ehemalige Porzellangalerie des Schlosses umgesetzt. Heute ist in den Alkoven ein kostbarer Fliesentisch mit einer Tulpenvase und Obelisken aus Delfter Fayence gestellt.

Insgesamt beinhaltet das im Folio-Format angelegte Magazin 616 Kupfertafeln, jeweils acht bis zehn pro Heft, einige davon prachtvoll koloriert. Um den Absatz in ganz Europa zu sichern, erschienen die kurzen Erläuterungen der Tafeln in deutscher und französischer Sprache.

Das „Ideenmagazin" richtete sich an Besitzer „von Grundstücken, die ihren Antheil an der Erde auf irgend eine Weise verschönern wollen". Um die Umsetzung der Vorschläge erschwinglich zu gestalten, sollten oftmals leicht vergängliche Materialien wie Holz oder Textil zur Anwendung kommen. Vieles wurde vermutlich nie realisiert. So bietet der Musterkatalog heute einen großartigen Einblick in die schier unerschöpfliche Fantasie der Gartengestalter um 1800.

George Louis Le Rouge: Détail des nouveaux jardins à la mode.*

Skizzenhaft nur sind die Lebensumstände des Ingénieur géographe du Roi, George Louis Le Rouge, bekannt. Sein Geburtsjahr und auch sein Todesjahr liegen im Dunkeln. Es wird vermutet, dass er um 1707 in Hannover geboren wurde, mit größter Wahrscheinlichkeit als Sohn des hannoverschen Hof- und Premierarchitekten Louis Remy de la Fosse (um 1659–1726). Recht früh beschäftigte sich der Knabe unter der Aufsicht seines Vaters mit der Geografie. 1721 wurde George Louis unter dem Namen Le Rouge zur Ausbildung nach Frankreich geschickt. Er erwarb sich schon bald den Ruf eines hervorragenden Kartenzeichners. Sein Lebenswerk wuchs auf mehr als 1600 Kupferstichvorlagen an. 1792 gibt es ein letztes Lebenszeichen von ihm, vermutlich ist er hoch betagt 1793 oder 1794 in Paris verstorben.

Ab 1775 gab der inzwischen mit dem englischen Architekten William Chambers bekannte Geograf in Paris mit großem Erfolg die „Jardins anglo-chinois" heraus. Bis 1789 erschienen 21 Hefte im Quer-Folioformat. Mit ihren insgesamt 492 gestochenen Tafeln gelten sie als das bedeutendste Kupferstichwerk zur europäischen Gartengeschichte des 18. Jahrhunderts, im Ganzen findet der Interessent etwa 1500 „Details der modischen neuen Gärten". Sie enthalten die vollständigste Zusammenstellung gestochener Gartenansichten sowohl der damals aktuellen anglo-chinoisen Gartenmode als auch anderer, altmodischer Gartentypen.

Die Darstellungen dokumentieren Gartengeschichte über einen ungewöhnlich langen Zeitraum: von George Loudons Entwürfen von Wanstead bis zu den Gärten von Monceau und Ermenonville. Die Tafeln enthalten sowohl eine Fülle von – teilweise nur bei Le Rouge überlieferten – Gesamt-Gartenplänen und Detailplänen von Parterres, Baumpflanzungen oder Labyrinthen als auch Ansichten von Pavillons, Tempeln, Kiosken, Meiereien und anderen Staffagen in klassizistischen, neugotischen oder chinoisen Stilformen. Darüber hinaus zeigen sie ungewöhnlich zahlreiche Einzeldarstellungen von Treillagen, Brücken, Menagerien, Volieren, Theatern und Amphitheatern, Grotten, Eremitagen, Treibhäusern, Kaskaden, Brunnen, Gartenskulpturen und dergleichen mehr. Geboten wird eine breite Übersicht über wichtige, aber auch weniger bedeutende Gartenanlagen Englands, Frankreichs und Deutschlands.

Bei den englischen Anlagen dominieren Pläne und Ansichten von Stowe und Kew, vertreten sind aber auch ansonsten weniger gut dokumentierte Gärten wie Blair Atholl, Painshill oder Buckingham. Die Kupferstiche zeigen diese Gärten in einem Zustand, den Fürst Franz von Anhalt-Dessau und Friedrich Wilhelm von Erdmannsdorff auf ihren Englandreisen kennengelernt haben. Nicht nur für die Gartengeschichte Anhalt-Dessaus, sondern generell für die deutsche Gartengeschichte des 18. Jahrhunderts ist das Werk von Le Rouge von kaum zu überschätzender Bedeutung.

Es sei exemplarisch auf das Heft 4 (1776) verwiesen, in dem nahezu alle Ansichten aus den für die englischen Gartenstaffagen wichtigen Vorlagenbüchern von Thomas Collins Overton (Temple builder's most useful companion, 1766) und William Wrighte (Grotesque architecture, or rural amusement, 1767) wiedergegeben werden. Erst durch Le Rouge gelangten diese Abbildungen englischer Musterarchitekturen auf den Kontinent, wo sie insbesondere in deutschen Gärten realisiert wurden.

Eine breite Auswahl aus den Gärten Frankreichs informiert über den Stand der dortigen Gartenkunst in Form detaillierter Darstellungen von Roissy, Saint-James in Neuilly, Marly, Trianon, Désert de Retz sowie zahlreicher Gartenanlagen in Paris und seiner Umgebung. Von den deutschen Gärten sind Ansichten von Schwetzingen, Würzburg, Potsdam oder dem Steinfurter Bagno bemerkenswert.

Für die chinoise Gartenmode in Deutschland – nicht nur für die englisch-chinesische Partie in Oranienbaum – dürften die Hefte 14–17 von größter Bedeutung sein, die nach in China entstandenen Zeichnungen auf 97 Tafeln die Gärten und Paläste der chinesischen Kaiser darstellen. Weit zuverlässiger als William Chambers bietet Le Rouge als Erster ein geschlossenes Bild chinesischer Landschaftsgärten mit ihren charakteristischen Pavillons, künstlichen Hügeln, Stufenwegen, Wasserfällen, Brücken, Pflanzengruppen und Felsenarrangements.

Die einzelnen Hefte des Kupferstichwerks erschienen als lose, ungeheftete Blätter, die im Laufe der Zeit zerstreut oder als Mustervorlagen verbraucht wurden, sodass komplett erhaltene Ausgaben außerordentlich selten sind.

Englisch-chinesisches Interieur findet man im Schloss Oranienbaum. Ab 1767 wurden mehrere Räume derart modisch umgestaltet. Das Mobiliar und die figürlichen Wandmalereien entstanden nach Vorlagen von Sir William Chambers. Als Vorbild für die Landschafts- und Architekturansichten diente das Werk „Das Leben des Konfuzius" (Abrégé historique des principaux traits de la vie de Confucius ..., Paris 1784) des französischen Jesuitenpaters Joseph-Marie Amiot.

▶▶
Ausgangspunkt des Englisch-chinesischen Gartens war ein vorhandener barocker Inselgarten, der allerdings verwildert war. Diese ideale Grundstruktur nutzten die Gartengestalter in Oranienbaum Ende des 18. Jahrhunderts im Sinne von William Chambers, der in China beobachtet hatte: „... man bringt viel Wasser in die Gärten ...".

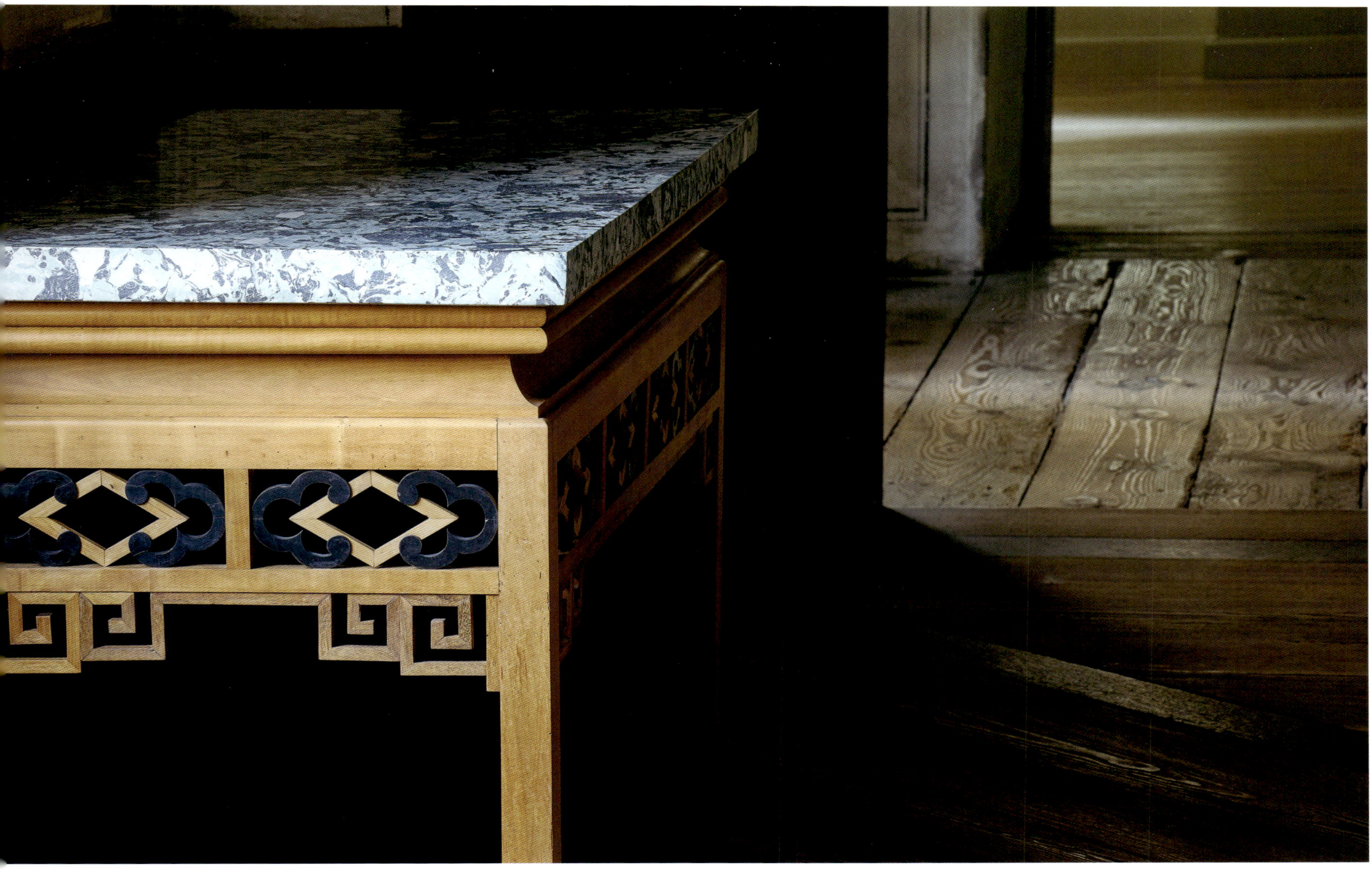

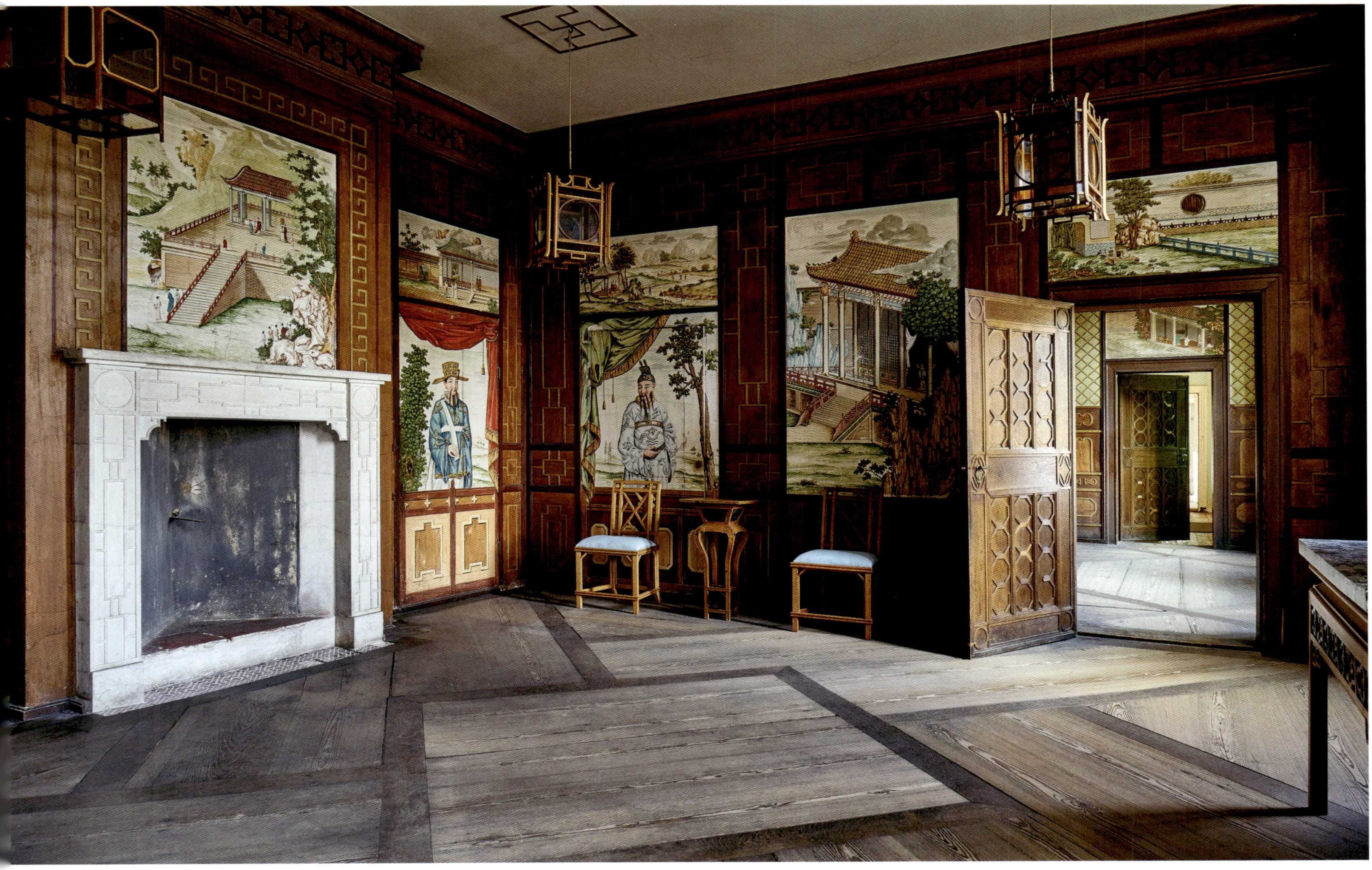

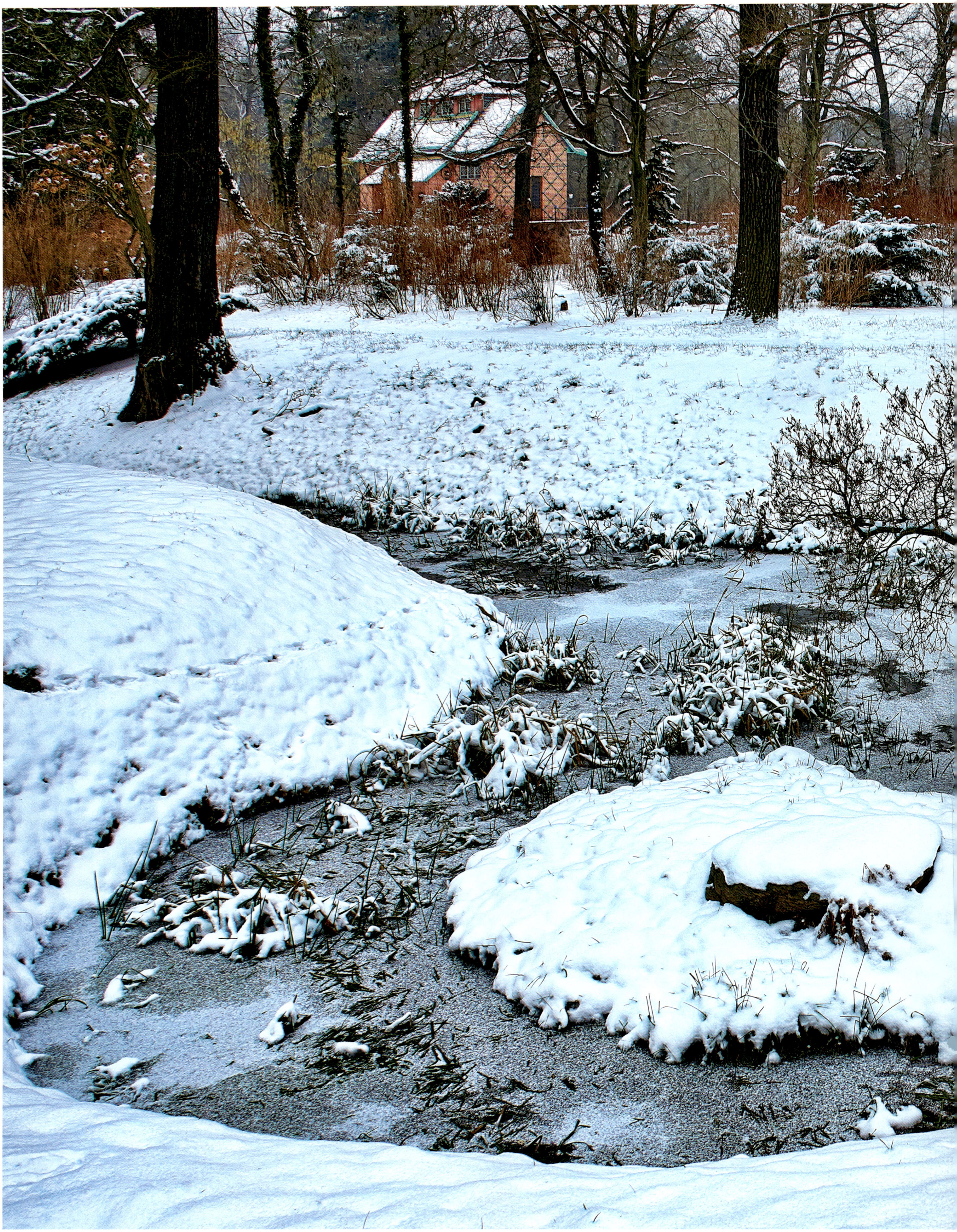

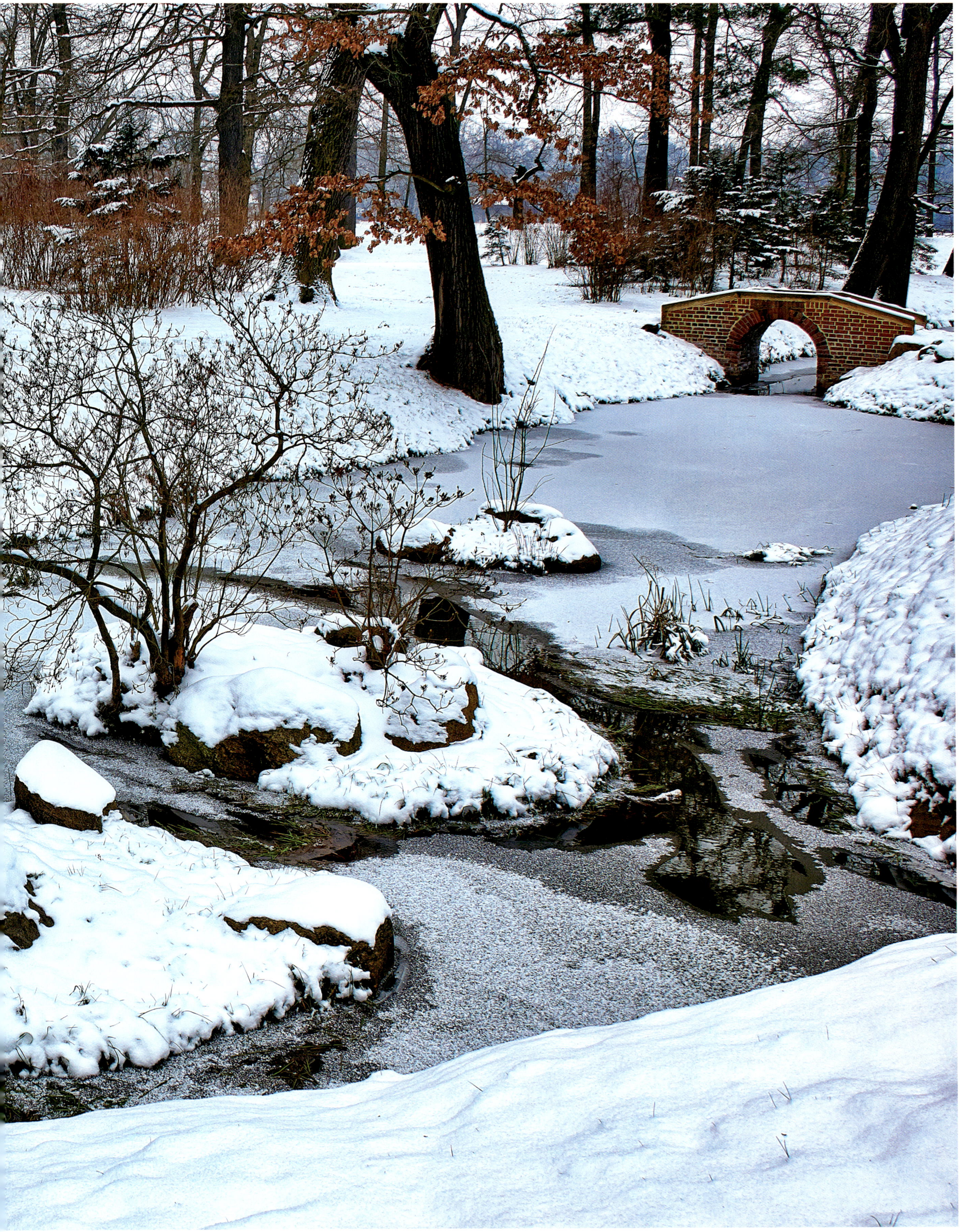

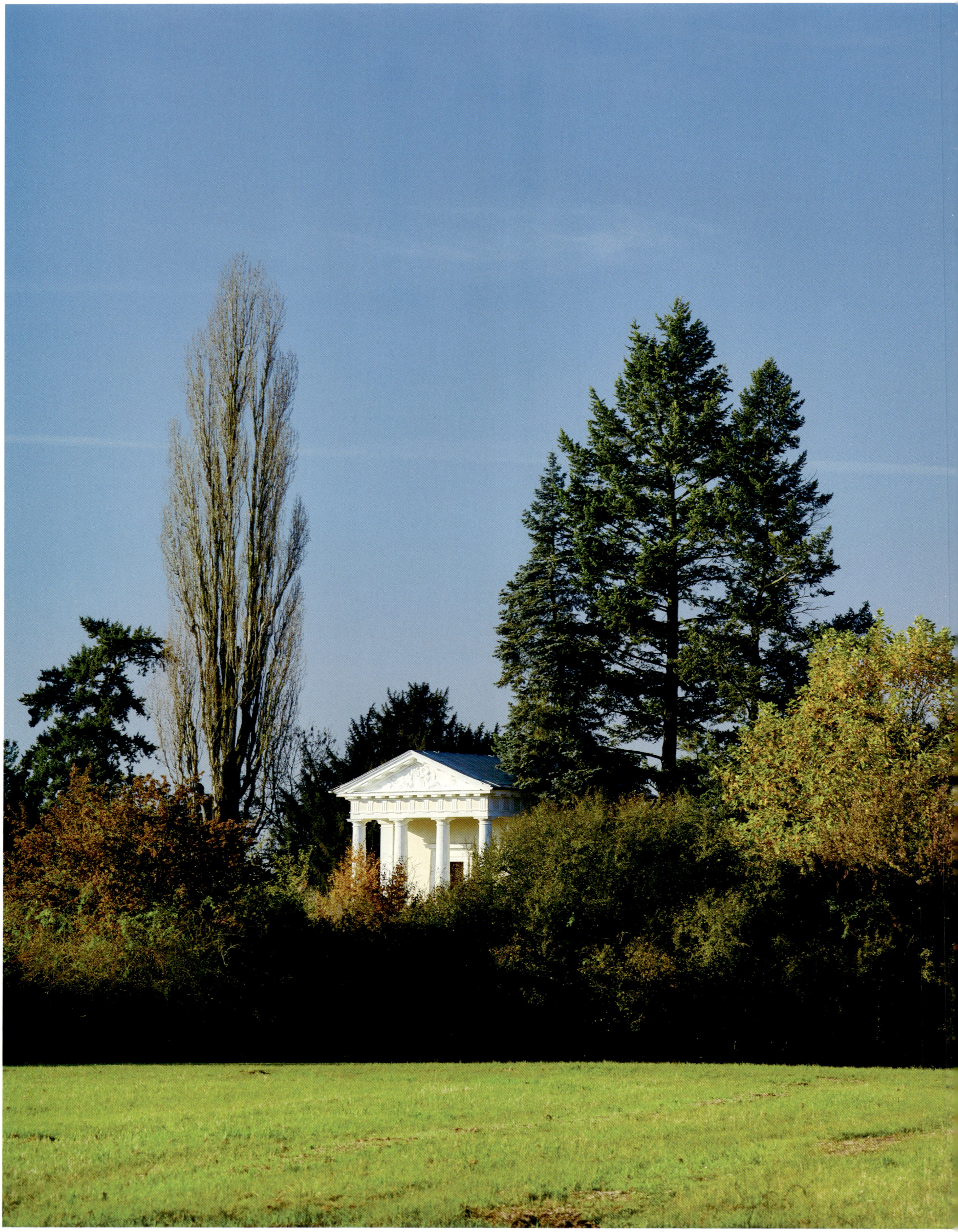

Ein Tempel für die Flora

INGO PFEIFER

„Blumenschöpferin, komm! Es feiern dich scherzende Spiele!" (Ovid)

Braucht ein Garten einen Floratempel und wenn ja, wo? Ob sich der Fürst je diese Frage gestellt hat, wissen wir nicht. Er hat sich für einen Tempel entschieden, dessen Vorbild ein Casino im Park von Wilton (Wiltshire) ist. Und er hat diesen auch an die richtige Stelle gesetzt, nämlich in den Westen des Gartens, denn der Westwind Zephyrus ist der mythische Gemahl der Flora. Sanft kann er hier ihren Tempel umfließen, in dessen Schatten die Blumen das ganze Jahr über blühen.

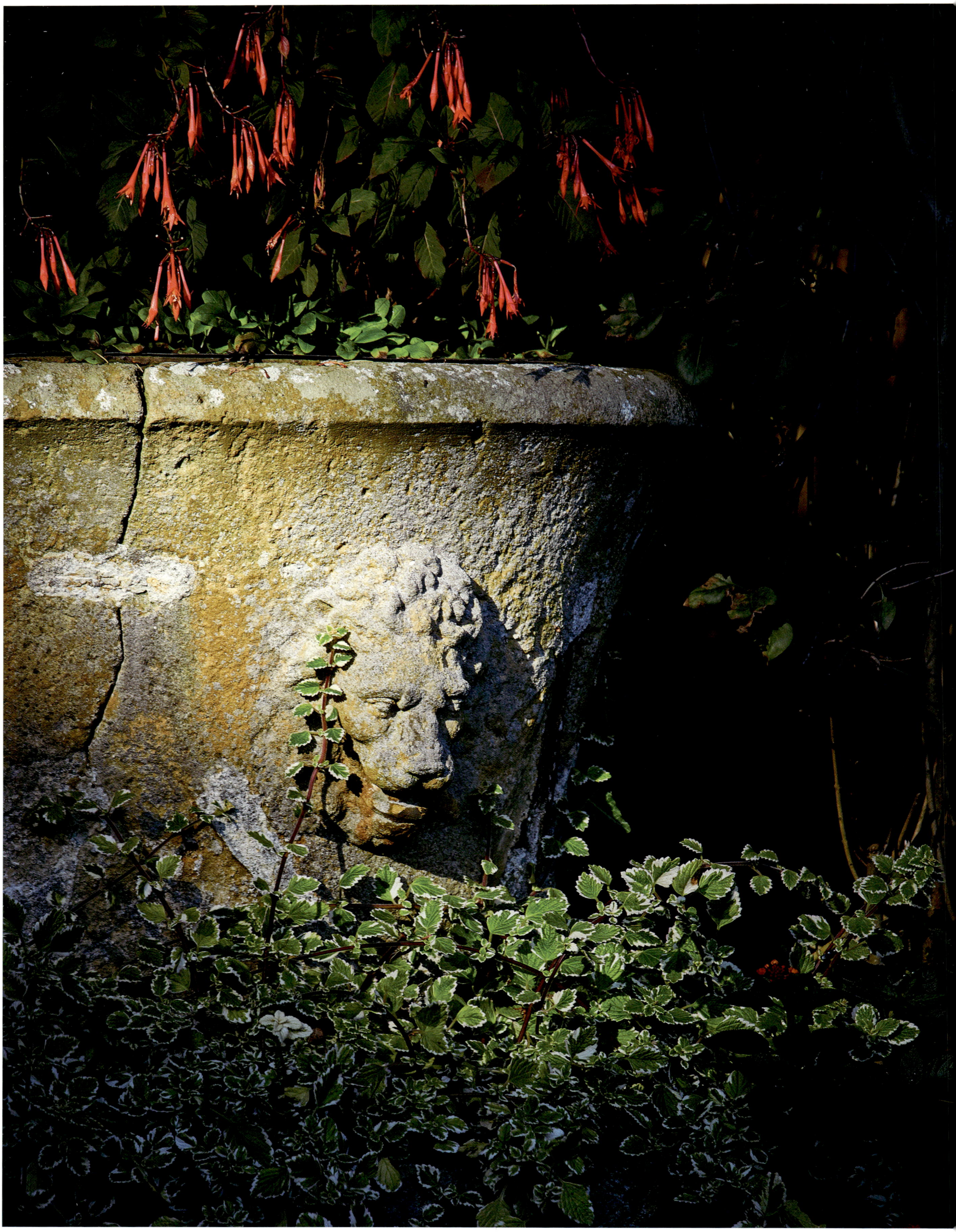

Im 18. Jahrhundert verlief der Aufgang zum Floratempel über den rückwärtigen Baumgarten. Erst mit der Umwandlung des Areals in eine Gärtnerei mit Treibhäusern im 9. Jahrhundert musste der öffentliche Zugang eingeschränkt werden.

Die Nachbildung zweier antiker Wannensarkophage im Blumentheater erinnert an verlorene römische Gärten.

Geißblatt und Jasmin ranken am Gitter der Laube empor. Der imaginäre Garten dahinter ist ein Ort des Friedens und des ausgelassenen Vergnügens.

Flora ist eine grüne Göttin – nicht nur der Bedeutung, sondern auch dem Namen nach. Chloris hieß sie bei den Griechen, wie uns Ovid überliefert, Chloris, die Grüne (man denke an Chlorophyll), aber auch die Farbenreiche. Wenn man in Rom von den letzten Tagen des April bis Anfang Mai die Floralien feierte, dann durften Frauen auch bunte Kleider tragen, während sie sonst in züchtigem Weiß zu gehen hatten. Und der Landschaftsgarten, verhält er sich nicht ebenso? Grün in grün zu malen, nur mit den Farben des Laubes der Bäume und Sträucher, das ist die Kunst des Gärtners; doch zu Füßen von Floras Tempel erblühen bunt die Blumen.

Wer vor dem Tempel steht, sieht sich suchend nach einem Eingang um. Dieser führte einst über den Baumgarten, die heutige Gärtnerei. Steigt man die versteckten Stufen hinauf, die ein Parkbesucher nur noch zu besonderen Anlässen erklimmen darf, so hat man von der Säulenhalle aus einen wunderbaren Blick hinüber zum Gotischen Haus. Und es ist kein Zufall, dass ein Blumenbeet im Rasen vor dem Tempel einen Phallus in Richtung Gotisches Haus weisen lässt, dorthin, wo die Geliebte des Fürsten, die Gärtnerstochter Luise Schoch, wohnte. Flora ist schließlich auch eine Fruchtbarkeitsgöttin, deren Fest das letzte in der Reihe der römischen Frühlingsfeste ist. Wie die Cerealien, das Fest der Ackerbaugöttin Ceres, ist es ebenfalls mit eindeutigen Symbolen verbunden. Nicht umsonst wurden die Floralien vor allem von den römischen Prostituierten gefeiert. Sehr drastische Darstellungen auf antiken Gemmen zeigen, wie Frauen ihre Hymen auf dem Fascinum einer Priapusherme opfern – ein Vorgang, den man heute mit Deflorieren beschreibt.

Plinius nannte Zephyr den „genitalis spiritus mundi" – den lebensspendenden Geist der Welt. Ihn sieht man mit Flora vereint auf dem Giebelrelief des Tempels. Aus der Verbindung von Flora und Zephyr entspringt nach antiker Vorstellung also die sich jährlich erneuernde Flur.

Nichts von alledem sieht man beim Eintritt ins Innere des Tempels. An den mit gemalten Blumenranken und Girlanden geschmückten Wänden hängen ringsum zwischen 1804 und 1808 entstandene Stillleben des Wiener Blumenmalers Johann Baptist Drechsler, eines Meisters seines Faches. Blumenranken umspielen auch die Decke mit einem Plafond. Dank August Rodes Beschreibung von 1798 wissen wir genau, wann sie gemalt wurden: „Die innere Auszierung ist zwar noch nicht vollendet; jedoch erhebt sich bereits im Hintergrund auf einem runden eisernen Piedestal, das eigentlich ein Ofen ist, die Statue der Capitolinischen Flora aus gebrannter Erde. Die Wände sind mit Gemälden verziert, die Decke hat Herr Fischer gemalt a tempera. Im Mittel, in einer von einem Kranze blühender Rosen umgebenen Rundung, ist die Göttin Flora, von Horen und Amoren begleitet, mit einem reichen Schatze mancherlei Blumen vom Olymp hernieder schwebend dargestellt."

Auf dem Wandgesims sieht man auf allen Seiten Vasen, die von Putten mit Blumen geschmückt wurden. Es sind jedoch keine gewöhnlichen Vasen, sondern antike Gefäße. Josiah Wedgwood, Großbritanniens wohl

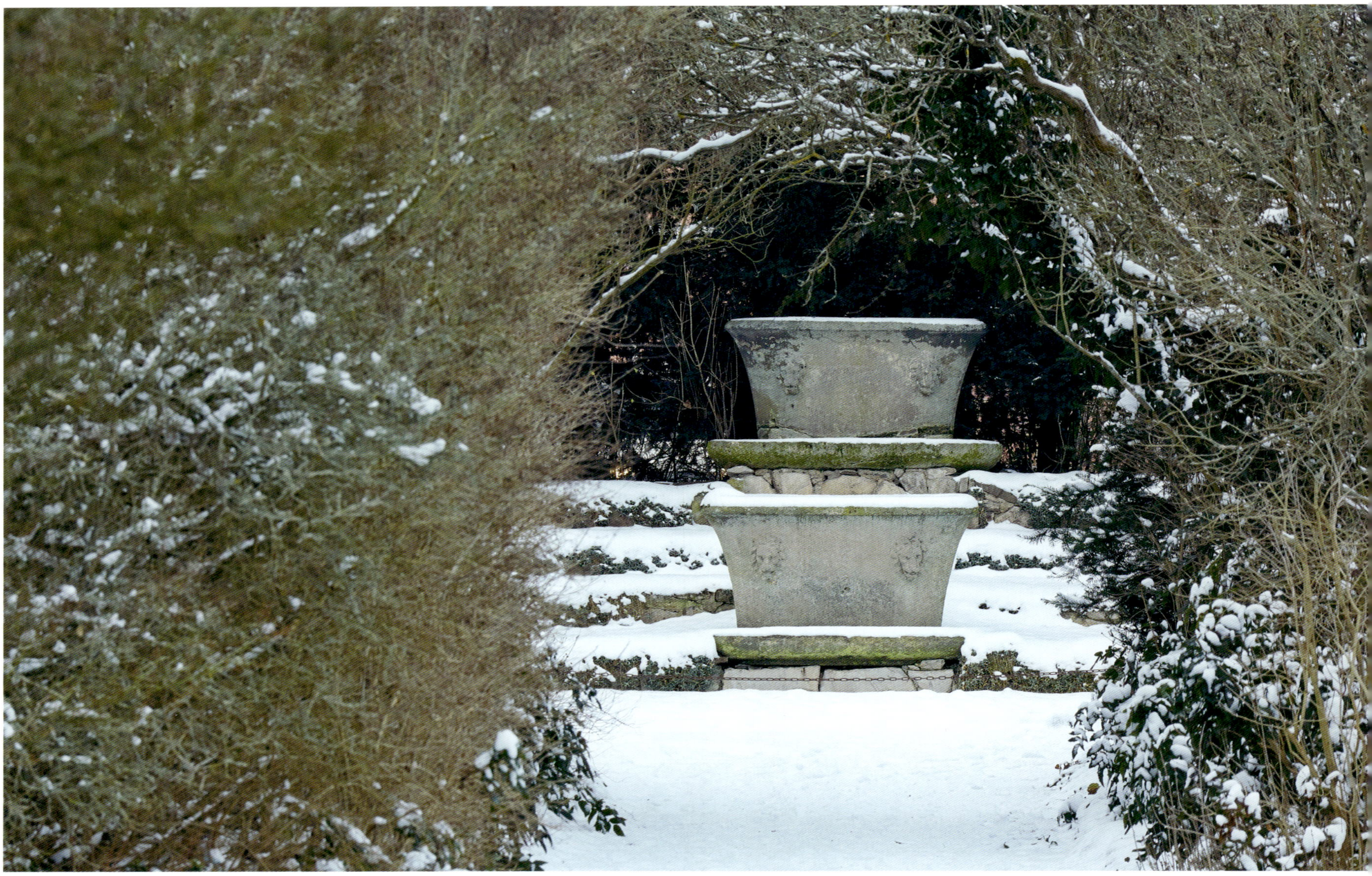

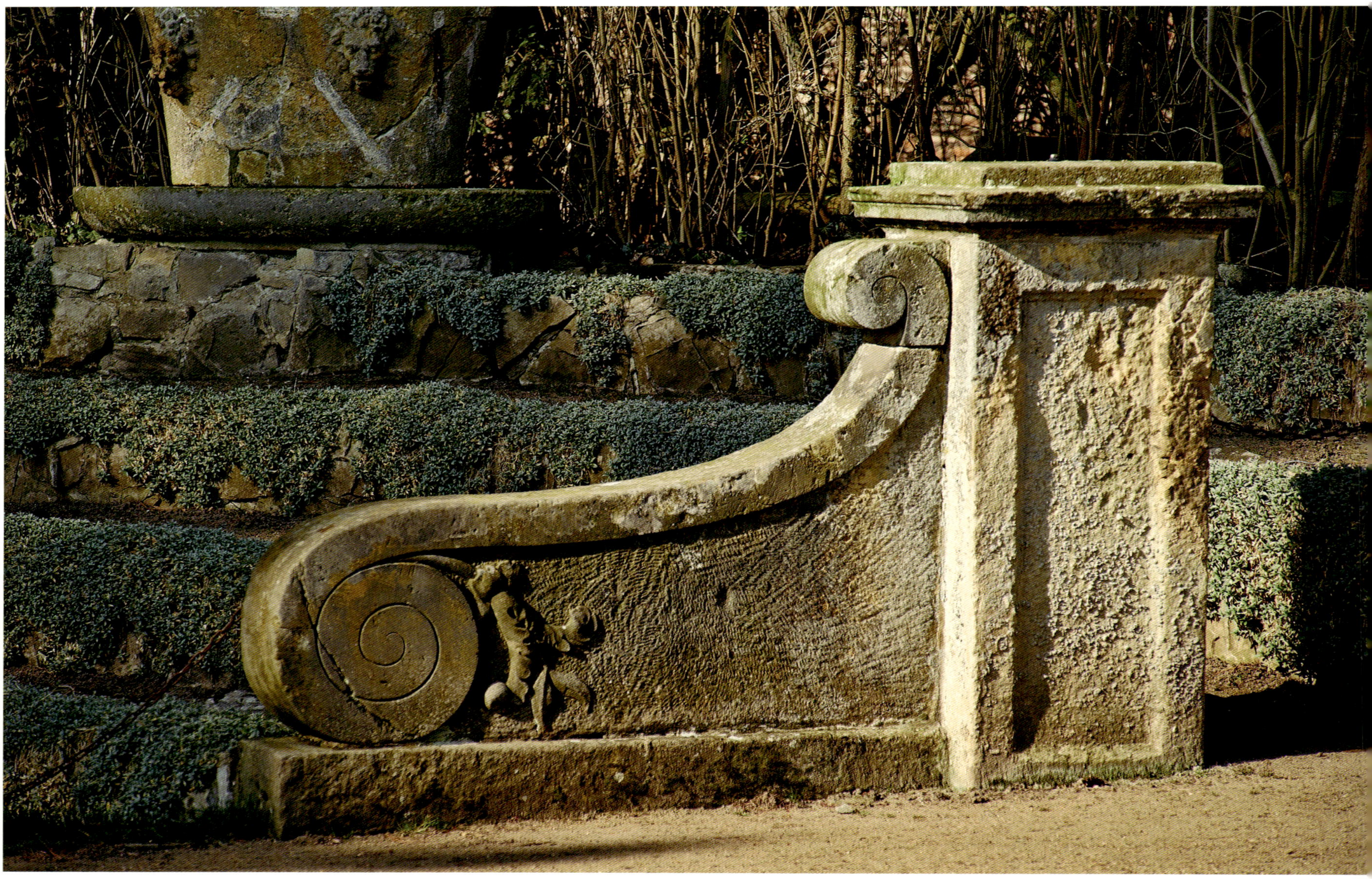

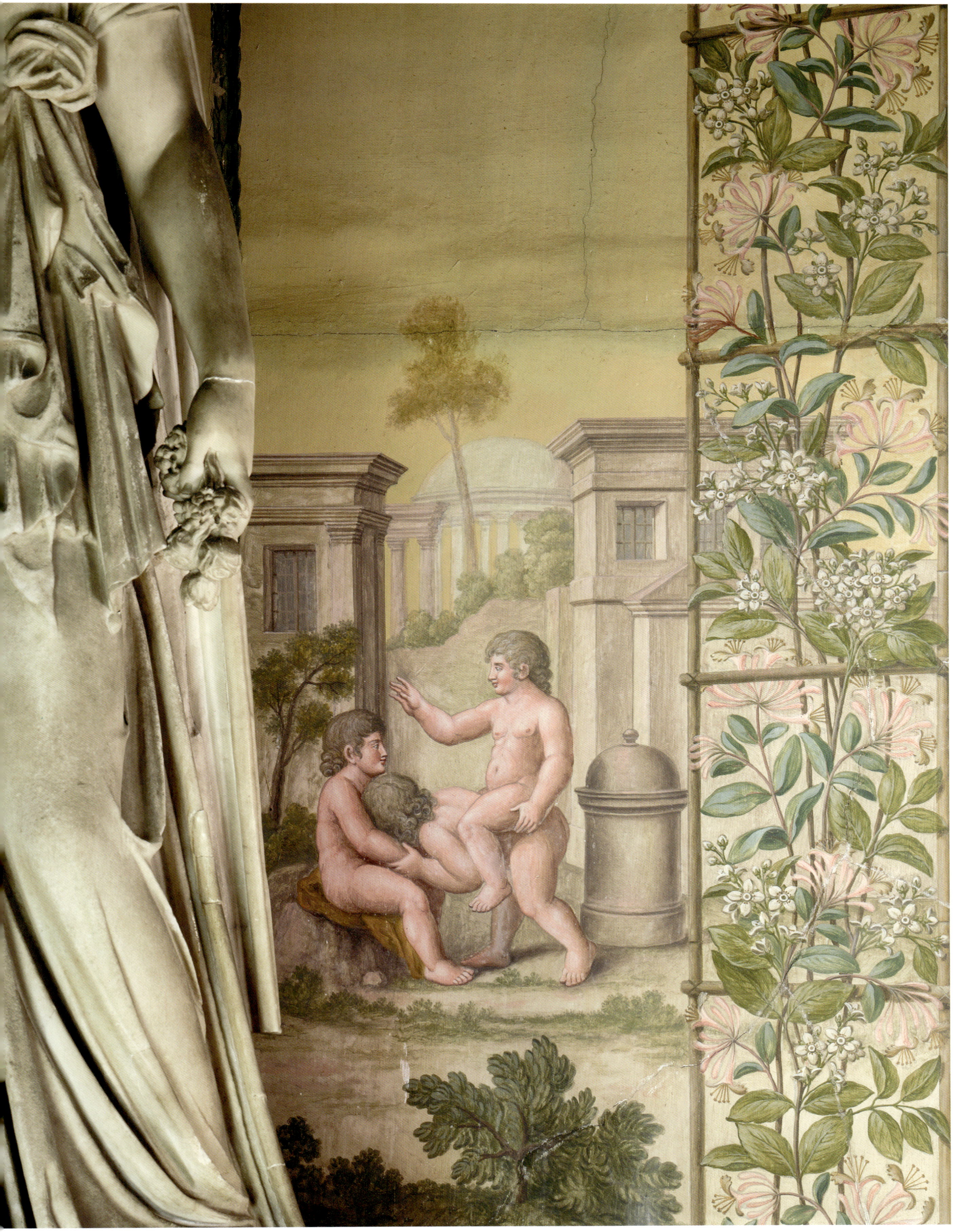

berühmtester Töpfer, hatte sie ab 1765 nachgestaltet. Man kann solche im Speisesaal des Wörlitzer Schlosses im Original bewundern und hier im Floratempel als Malerei. Jede Vase steht für eine Jahreszeit mit den ihr zugeordneten Blumen.

Der Ofen mit der Nachbildung der antiken kapitolinischen Flora ist inzwischen verschwunden. Noch der Fürst selbst hatte 1802 die Veränderung vorgenommen. Gemeinsam mit den Musen für das Pantheon erwarb er in Rom auch eine antike Marmorfigur für den Tempel. Majestätisch tritt uns Flora, in griechischem Marmor gehauen, auf hohem Sockel entgegen. Wie bei ihrer Vorgängerin ziert ein Blumenkranz das Haupt. In der rechten Hand hält sie einen kleinen Strauß, doch nicht nur Blumen, auch Mohnkapseln finden sich darunter. Dies hat wieder einen mythologischen Hintergrund. Der Mohn ist nicht nur dem Schlaf zugeordnet, sondern auch ein Attribut der Fruchtbarkeitsgöttinnen wie Demeter und Venus. Hinter ihr schmückt die Wand eine gemalte Laube, an deren Gitter sich Geißblatt hinaufrankt und Putten spielen.

In dem mit einem wunderbar gestalteten Fußboden ausgestatteten Innenraum ließ Fürst Franz ein sehr feines Ensemble von Möbeln aus der Werkstatt des Leipziger Kunsttischlers Friedrich Gottlob Hoffmann aufstellen. Als Möbel „zum speisen, zeichnen, schreiben und zur Musik" hatte Hoffmann diese annonciert. Zu letzterem Zweck sind sie im Floratempel wohl zumeist benutzt worden. Aus dem Tisch lassen sich vier Notenpulte für Musiker aufklappen, die je nach Höheneinstellung im Sitzen oder Stehen daran spielen können. Die Lehnen der dazugehörigen Stühle zieren Lyra-Ornamente. Somit wird auch ein Zweck des Tempels sichtbar – das Lauschen von verträumter Musik in elegisch-paradiesischer Umgebung.

Wendet sich der Blick zurück zur Tür, so sieht man darüber zwei jugendliche Liebende liegen, die uns erneut an die großen Themen von Liebe, Vergänglichkeit und Wiederkehr erinnern, eben an Frühlingsgefühle. Die Floralien beginnen noch im April, dem Monat der Venus, der Göttin der Schönheit und Liebe, aber auch der mythischen Urgeburt. Darin kommt sie Demeter nahe, auch einer sehr alten Fruchtbarkeitsgöttin, die regelmäßig immer wieder das Getreide aus der Erde wachsen lässt. Die Ackerfläche vor dem Floraempel in Wörlitz ist also ebenfalls kein Zufall, sondern Teil des antiken mythologischen Programms des Gartens.

Friedrich Wilhelm von Erdmannsdorffs letzter Bau in Wörlitz, 1796 begonnen und zwei Jahre später vollendet, birgt viele kleine Geheimnisse. Wie heißt es doch in den Versen, die die Eingangshalle des Wörlitzer Schlosses zieren: „Umsonst schmückt sich mit Himmeln die Natur / den Augen, die nicht sehen."

Die dunkelblau-weiße Portlandvase ist das berühmteste antike Glasgefäß. Josiah Wedgwood hatte sie meisterhaft in Keramik kopiert und zu seinem Markenzeichen gemacht.

Hyazinthen, Tulpen, Primeln und Schlüsselblumen als Bepflanzung eines antiken Kraters stehen sinnbildhaft für das Frühjahr.

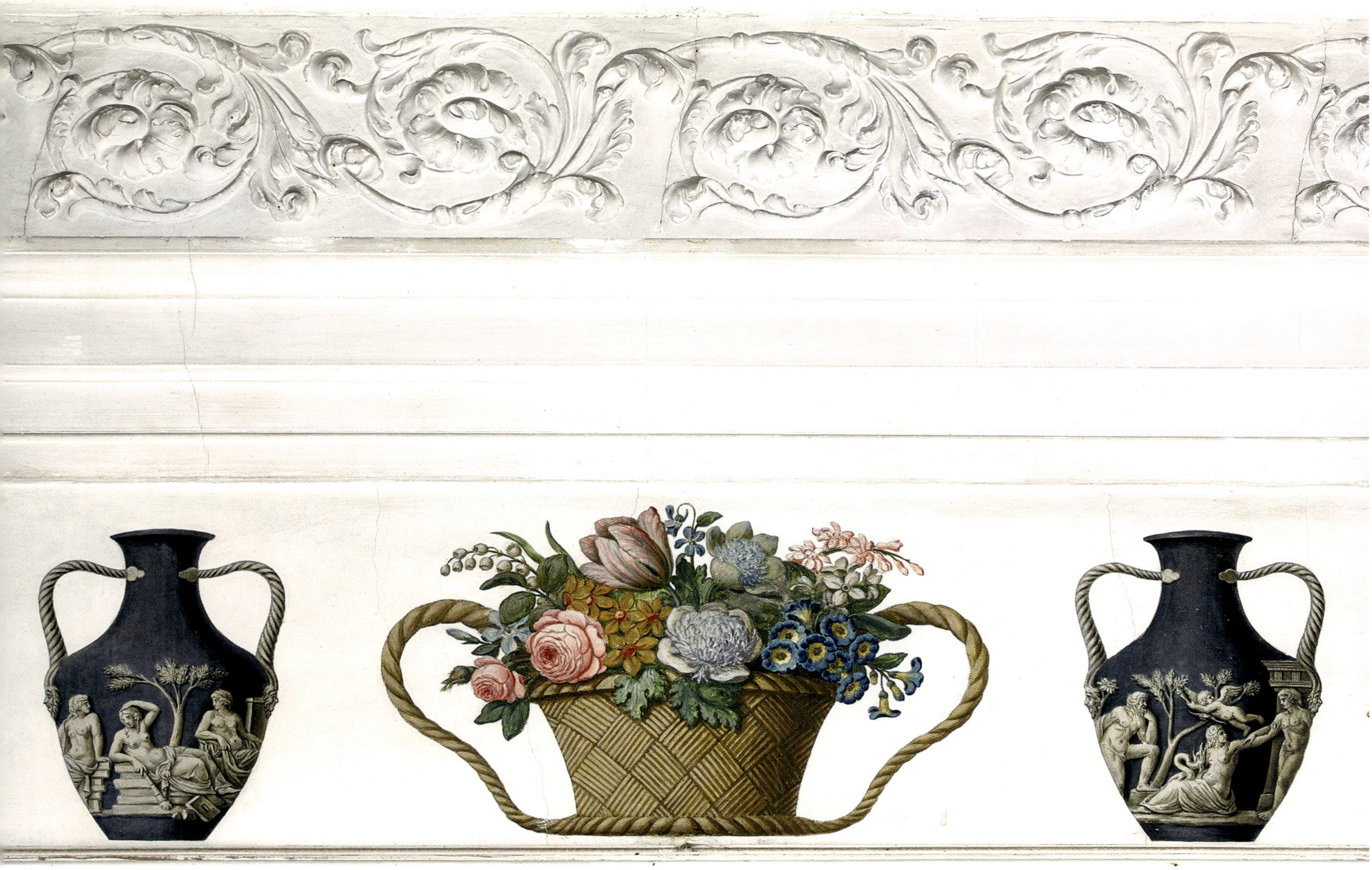

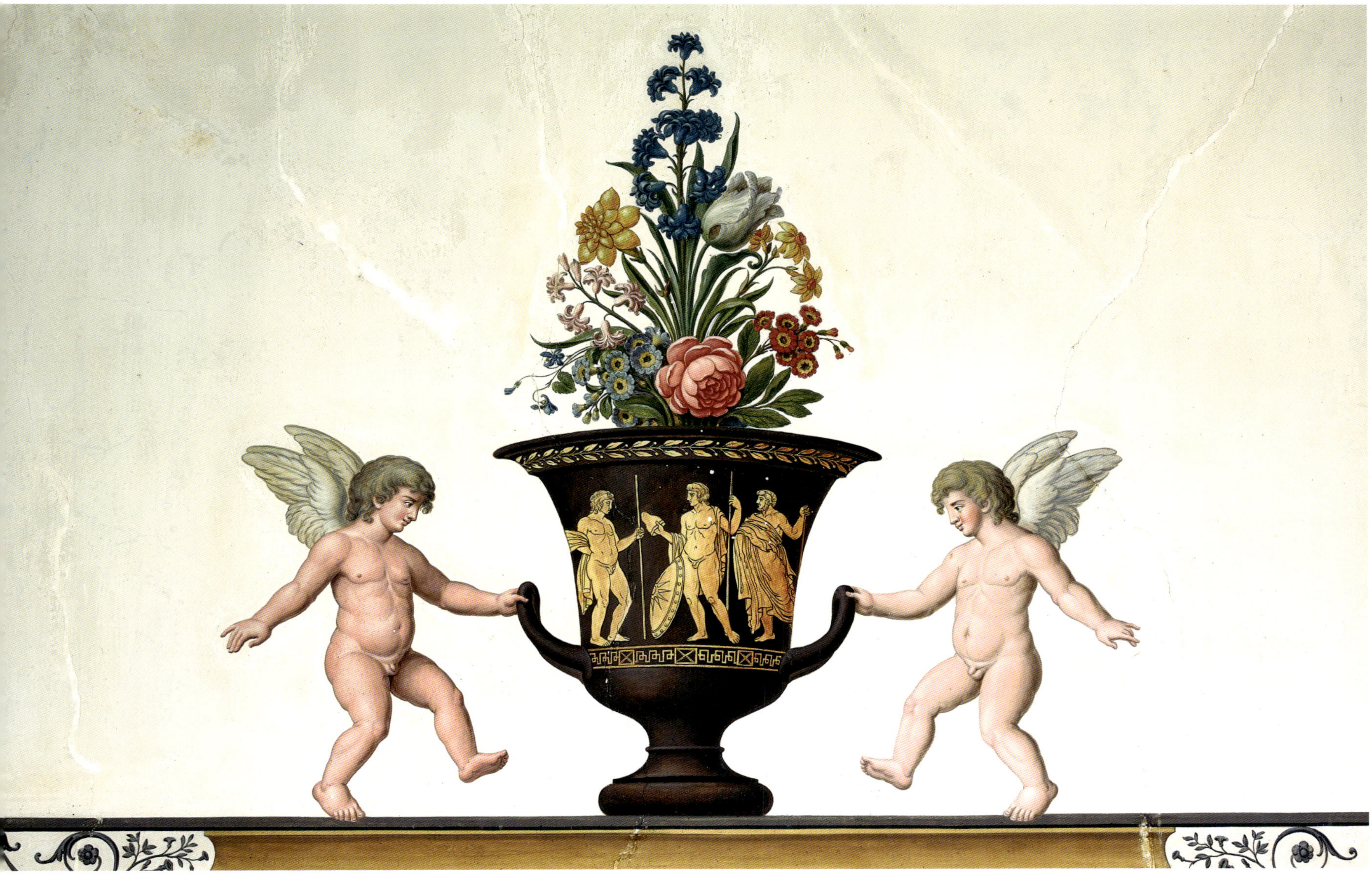

Ewigen Frühling genieß ich, nie endet die Lichtflut des Jahres,
immer belaubt steht der Baum, fett wächst Futter fürs Vieh.
Unter den Äckern, den Hochzeitsgaben, da fruchtet mein Garten:
lind weht der Wind; ein Quell netzt ihn mit sprudelndem Naß.
Diesen erfüllte mit köstlichen Blumen mein Gatte und sagte:
„Du sollst die Göttin hier sein! Du triffst die Wahl, was hier wächst!"

(Ovid Fasti V, 185)

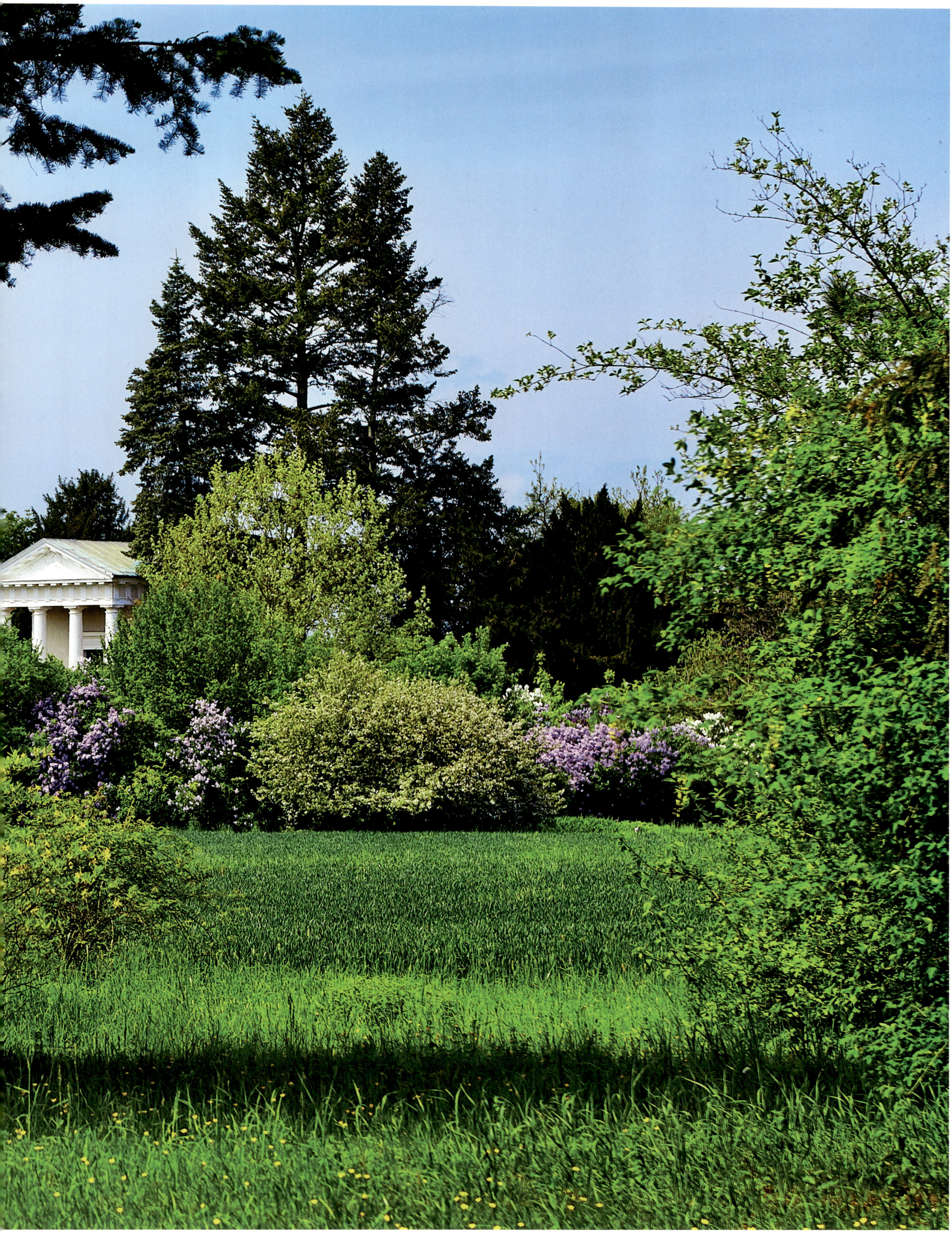

Die Statue der Göttin, ein Rostischer Abguß der Capitolinischen, jetzt, ach, Parisischen Flora, stand, bis der Tempel ganz ausgemalt und zum Empfang der Göttin geschmückt wäre, unterdessen unten im Erdgeschoß.

Hr. F i s c h e r, ein Maler, der in dem Dienste des Fürsten alt geworden ist und mit einer gewissen Allgemeinheit eine wohlfeile und darum sehr willkommene Fertigkeit verbindet, war eben damit beschäftigt, das Gewölbe des Tempels mit Genien und Blumengewinden, wozu der in Weimar herauskommende neugeöffnete Blumengarten, wie ich sah, Muster liefern mußte, kunstreich anzumalen. Die Aussicht von dem Pronaos, der zugleich als Balkon dient, wird, so viel sich von der diesjährigen ersten Anlage schließen ließ, ungemein heiter und blumicht sein. Schon war das Blumentheater aufgemauert und zum Teil mit Blumentöpfen garniert, was dem Tempel zur rechten alle edeln Geschlechter aus Floras zahlreichem Volke in monatlicher Abwechslung aufstellen wird. Schon waren gerade vor dem Tempel grüne Rasenstreifen mit Blumenrabatten durchschnitten, die eine üppige Vegetation verkündigten. Allein hier entdeckte auch, mirabile dictu, mein Auge ein sonderbares Kunstspiel in der Anordnung dieser Blumenbeete. Flora war ja bekanntlich – wenigstens versichern uns dies die Kirchenväter mit großer Ernsthaftigkeit – eine Dame von so viel gutem Willen (omnivola würde sie Catull nennen), daß sie auf Unkosten ihres schönen Leibes große Güter erwarb und damit zwar nicht, wie in spätern Zeiten, ein Kloster erbauete, aber doch heilige Spiele, die Floralia genannt, stiftete, wo Mädchen von bestem Willen den ehrbaren Römern durch ihre nackenden Tänze auf dem Theater keine geringe Gemütsergötzlichkeit gewährten.

Man darf noch lange kein Court de Guebelin oder Düpüis sein, um in dieser Flora das Symbol der allerzeugenden Natur zu finden, und da gehörten denn auch jene hochverehrten Werkzeuge der Fruchtbarkeit hin, die im Phallus die alten Mysterien verehrten und im Lingam die friedlichen Hindus noch anbeten. Freilich verhüllte man sie in jenen Mysterien doch wenigstens mit einem mystischen Körbchen. Allein der wohlbegabte Gott der Gärten trug sie doch auch sehr öffentlich zur Schau. Und sehr öffentlich und deutlich sind sie auch hier vor Floras Tempel mit Blumen in dem grünen Rasen gemalt. Es ist nicht etwa bloß zufälliges Spiel der Fantasie, es ist absichtlich angeordnete unverkennbare Ähnlichkeit. Eine neue Manier, die Priapen der Alten in den Gärten zu ersetzen!

Carl August Böttigers Reise nach Wörlitz, 1797

◀◀ Dicht stehen die Nadel- und Laubgehölze sowie die blühenden Sträucher um den Floratempel und geben der Florabreite, die seit Bestehen dieser Gartenpartie als Ackerfläche genutzt wird, einen beeindruckenden Rahmen. Für die gleichbleibende Fruchtbarkeit des Bodens und damit seine Ertragsfähigkeit sorgen pro Hektar etwa fünfzehn Tonnen Bodenlebewesen: Bakterien, Pilze, Würmer, Larven, Spinnen und Asseln.

Geschickte Restauratoren aus dem 18. Jahrhundert haben aus dem Torso einer römischen Muse eine Flora gemacht. Kopf und Arme mit den typischen Symbolen der Göttin wurden vielleicht auch auf Wunsch des Auftraggebers ergänzt.

▶▶ Auch wenn rundherum tiefer Schnee liegt, wärmt die Sonne die Front des Floratempels und lässt bereits wieder an das erwachende Frühjahr denken.

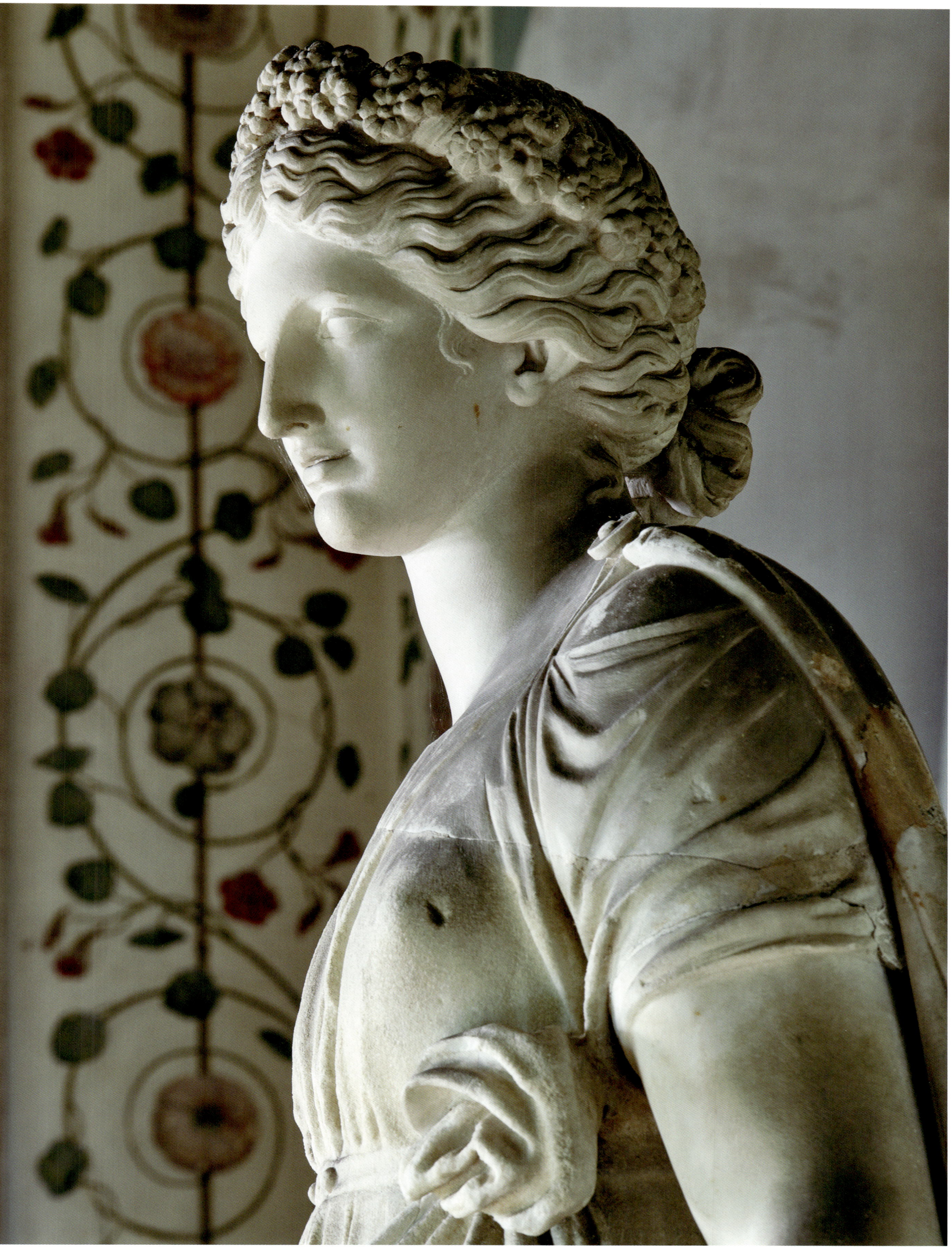

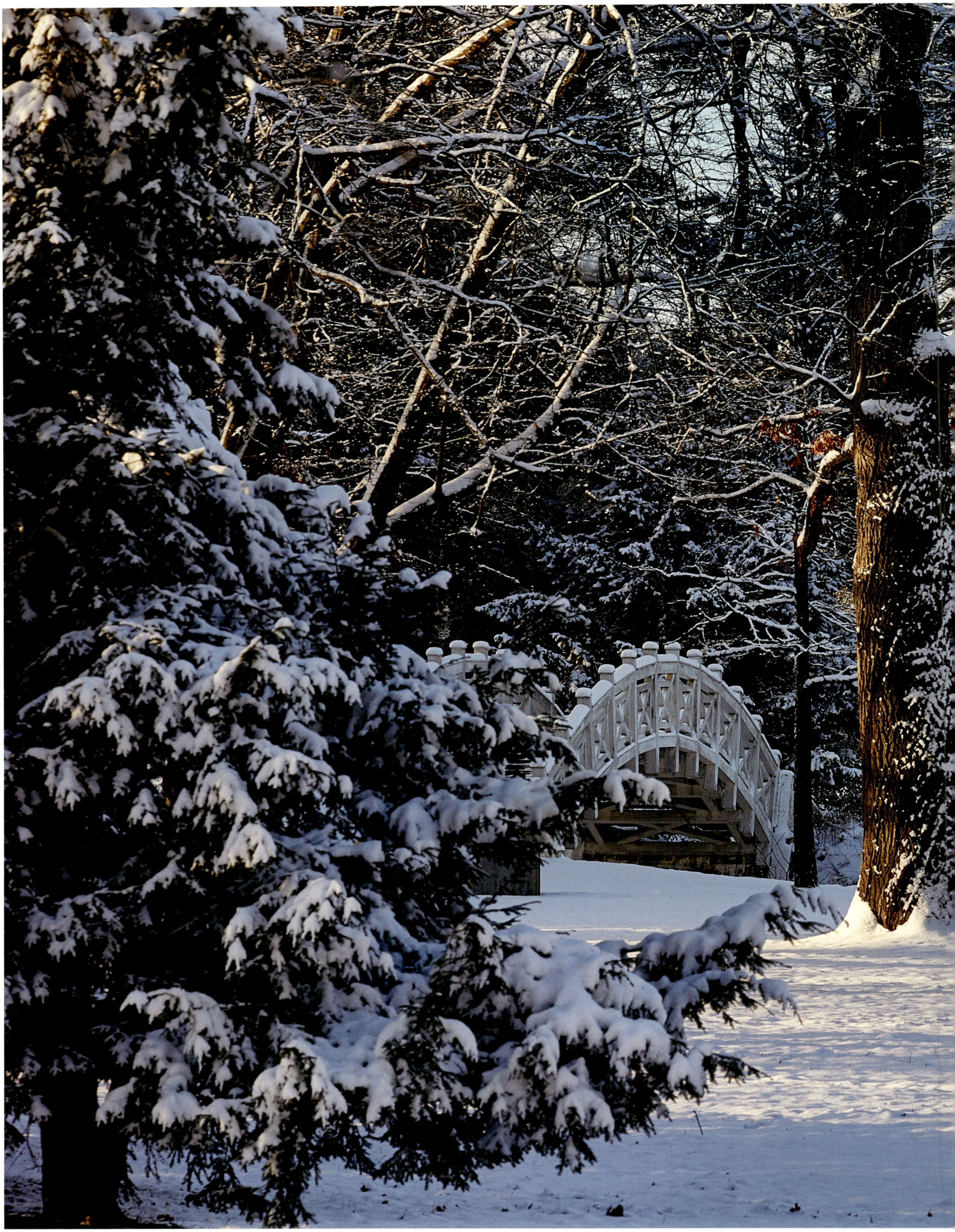

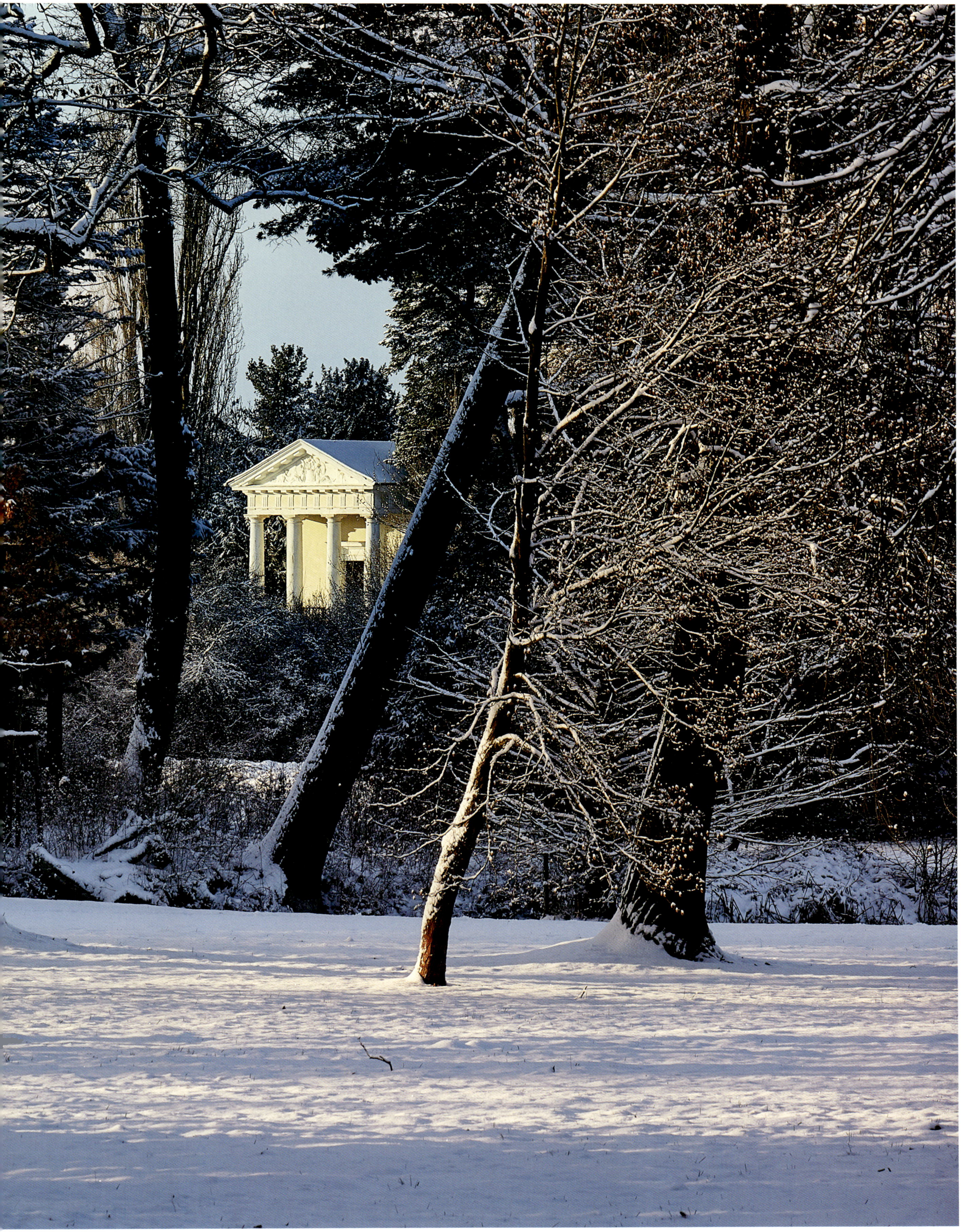

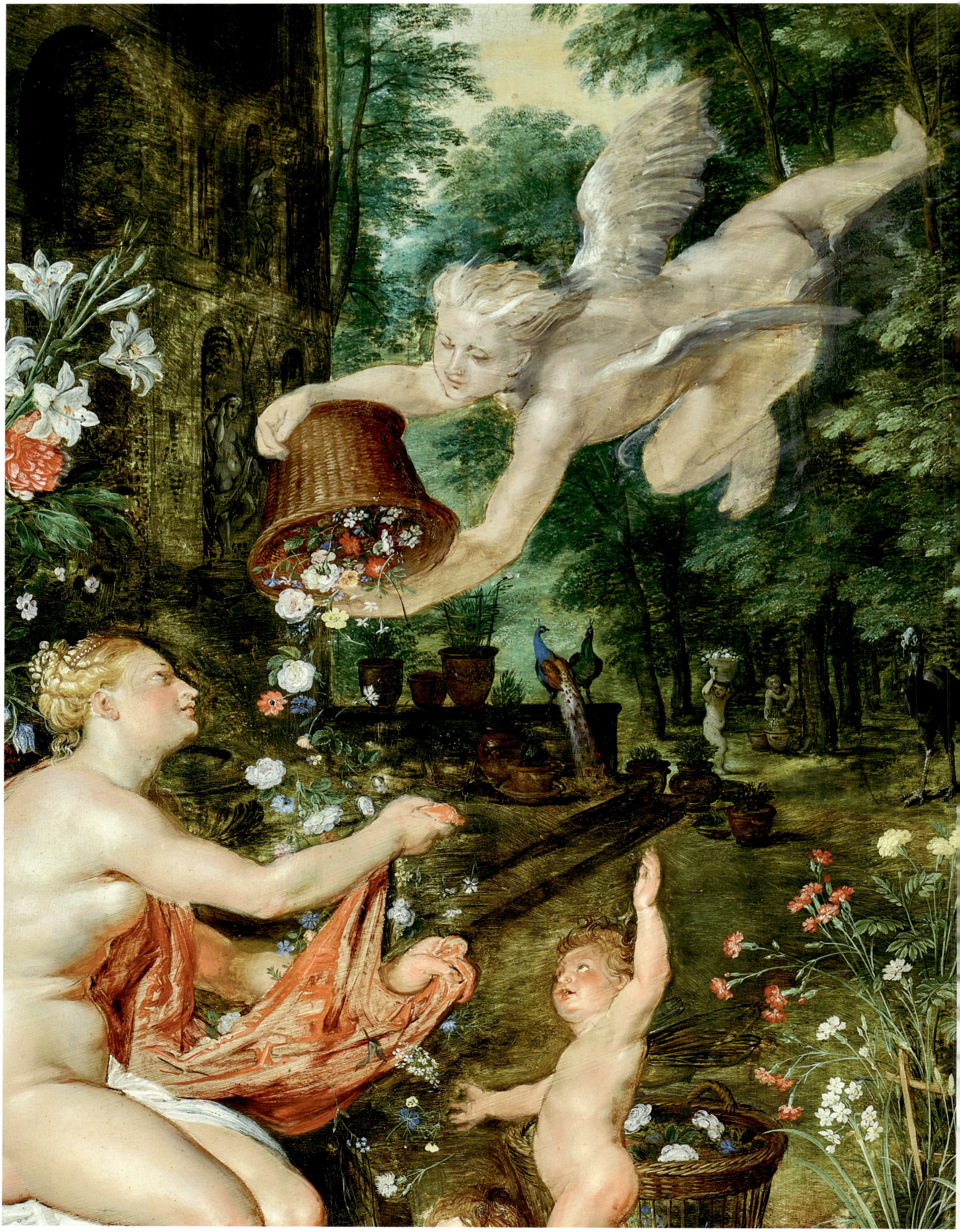

Zephyr und die anderen

THOMAS RAFF

Auf dem Gemälde von Peter Paul Rubens und Jan Brueghel d. Ä. in Mosigkau ist zu sehen, wie der jugendliche Windgott Zephyr, aus der Tiefe nach vorne fliegend, seiner Gattin Flora Blumen in ein ausgebreitetes Tuch schüttet. Zephyr, der milde Westwind, ist uns noch heute ein Begriff, nicht zuletzt weil seine Liebe zu der Nymphe Chlóris/Flora von so vielen Künstlern behandelt wurde: von Botticelli in dem berühmten Bild „Primavera", von Tiepolo in einem Deckengemälde der Ca' Rezzonico, von Monteverdi in dem Madrigal „Zefiro torna" und von Goethe in einem frühen Gedicht, wo es heißt: „Zephyr, nimm's auf deine Flügel ..."

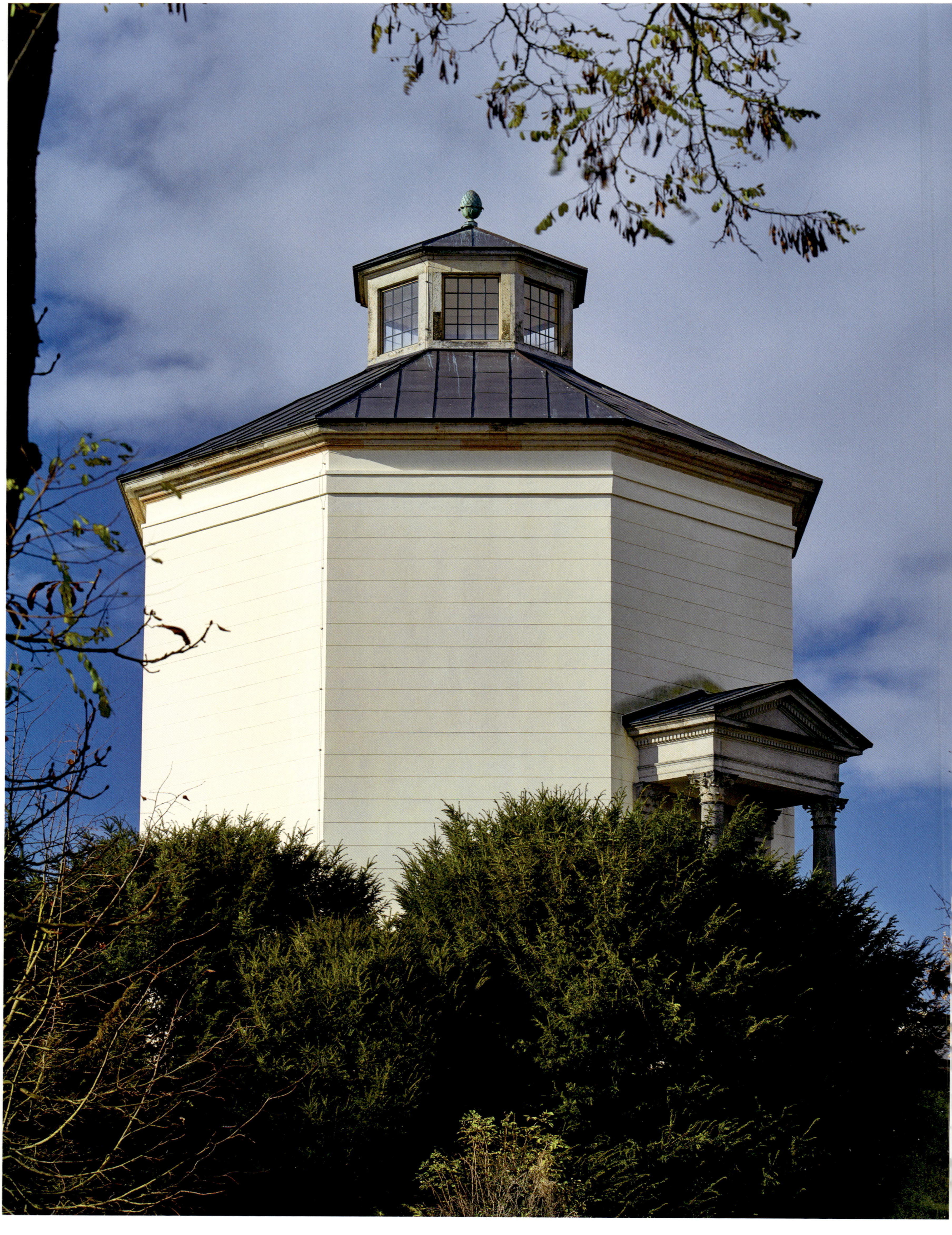

Der geflügelte Zephyr schüttet die Blütenpracht über Flora aus. Ausschnitt des Gemäldes von Jan Breughel d. Ä. (1568–1625) und Peter Paul Rubens (1577–1640), um 1617
Öl auf Eichenholz
36 x 109 cm
Schloss Mosigkau
(siehe Seite 199).

Kurzum: Zephyr ist auch heute noch ein bekannter Windgott. Aber dieser geflügelte Jüngling hatte ja noch mindestens sieben „Kollegen". Jedenfalls wenn man dem sogenannten Turm der Winde (eigentlich: „Horologion des Andrónikos") in Athen glaubt. Auf jeder seiner acht Seiten ist das Relief eines waagerecht fliegenden, geflügelten Mannes dargestellt. Dabei handelt es sich um Windpersonifikationen, deren Namen beigeschrieben und deren Eigenschaften durch Attribute angedeutet sind. Die regenreichen Winde NOTOS (S) und SKIRON (NW) entleeren Gefäße, der kalte KAIKIAS (NO) schüttet Hagelstücke aus einer Schale, der für die Seefahrt gefährliche LIPS (SW) hält einen Schiffssteven, ZEPHYROS (W) und APHELIOTES (O) tragen Blumen und Früchte im Gewandbausch, BOREAS (N) und EUROS (SO) werden als alte Männer dargestellt, die sich in warme Kleidung hüllen.

Der „Turm der Winde", das am besten erhaltene antike Gebäude Athens, wurde im späten 18. und frühen 19. Jahrhundert mehrfach in Nordeuropa, vor allem in England, kopiert, nachdem sein Aussehen durch diverse Antikenpublikationen allgemein bekannt geworden war. Auch Fürst Franz ließ von 1809 bis 1812 durch seinen Baumeister Carlo Ignazio Pozzi eine solche Kopie errichten, und zwar in Pötnitz, dem heutigen Dessau-Mildensee. Allerdings wurde hier auf die Abbildungen der acht Windpersonifikationen an den Fassaden verzichtet. Ursprünglich wollte der Fürst in dem achteckigen Gebäude, das heute „Napoleonsturm" genannt wird, begraben werden, aber dieser Plan wurde fallen gelassen.

Zurück zu den Windgöttern. In Hesiods „Theogonie" (378–380) heißt es, Eós, die Morgenröte, habe dem Titanen Astraios drei unbändige Winde geboren: den Klarsicht fegenden Zéphyros, den stürmisch enteilenden Boréas und den Nótos – alle gezeugt in des Gottes Umarmung. Nur zwei der acht Gestalten vom „Turm der Winde" haben eigene Mythen entwickelt, sind also sozusagen über den Status einer reinen Personifikation hinausgewachsen: Von Zephyr hörten wir bereits seine bekannteste Geschichte, die Verbindung mit Chlóris/Flora.

Er liebte aber auch den schönen Knaben Hyákinthos, der schließlich sterben musste, weil Apollo ebenfalls ein Auge auf ihn geworfen hatte. In Pferdegestalt wurde Zephyr der Vater der unsterblichen Rosse des Achill, und er hatte einen prunkvollen Palast, von dem wir gleich noch mehr hören werden.

Der grimmige Nordwind Boréas raubte die athenische Nymphe Oreíthyia, und dieser Raub wurde ebenfalls ein beliebtes Thema der Künstler, schon in der Antike und bis in den Klassizismus um 1800 hinein. Boréas ist von allen Windgöttern derjenige mit der ausführlichsten Mythologie. Er hat vier namentlich bekannte Kinder und zwei Riesen gezeugt. Auch er nahm gelegentlich Pferdegestalt an und zeugte mit einer Stute zwölf Fohlen, die über Kornfelder galoppieren konnten, ohne einen Halm zu knicken. Obwohl im kalten nordgriechischen Thrakien zuhause, fand er seinen wichtigsten Kultort in Athen. Das hängt damit zusammen, dass die

Der Turm der Acht Winde in Dessau-Mildensee. Das nach seinem antiken Vorbild in Athen (Horologion des Andronikos) benannte Bauwerk krönt den die Landschaft überragenden Hügel am See, den Fürst Franz 1810 hatte aufführen lassen. Das im Volksmund auch Napoleonsturm genannte weithin sichtbare klassizistische Backsteinbauwerk wurde im 18. Jahrhundert als Eichhaus genutzt und liegt mit einer parkartigen Landschaft an einem Altwasser der Mulde.

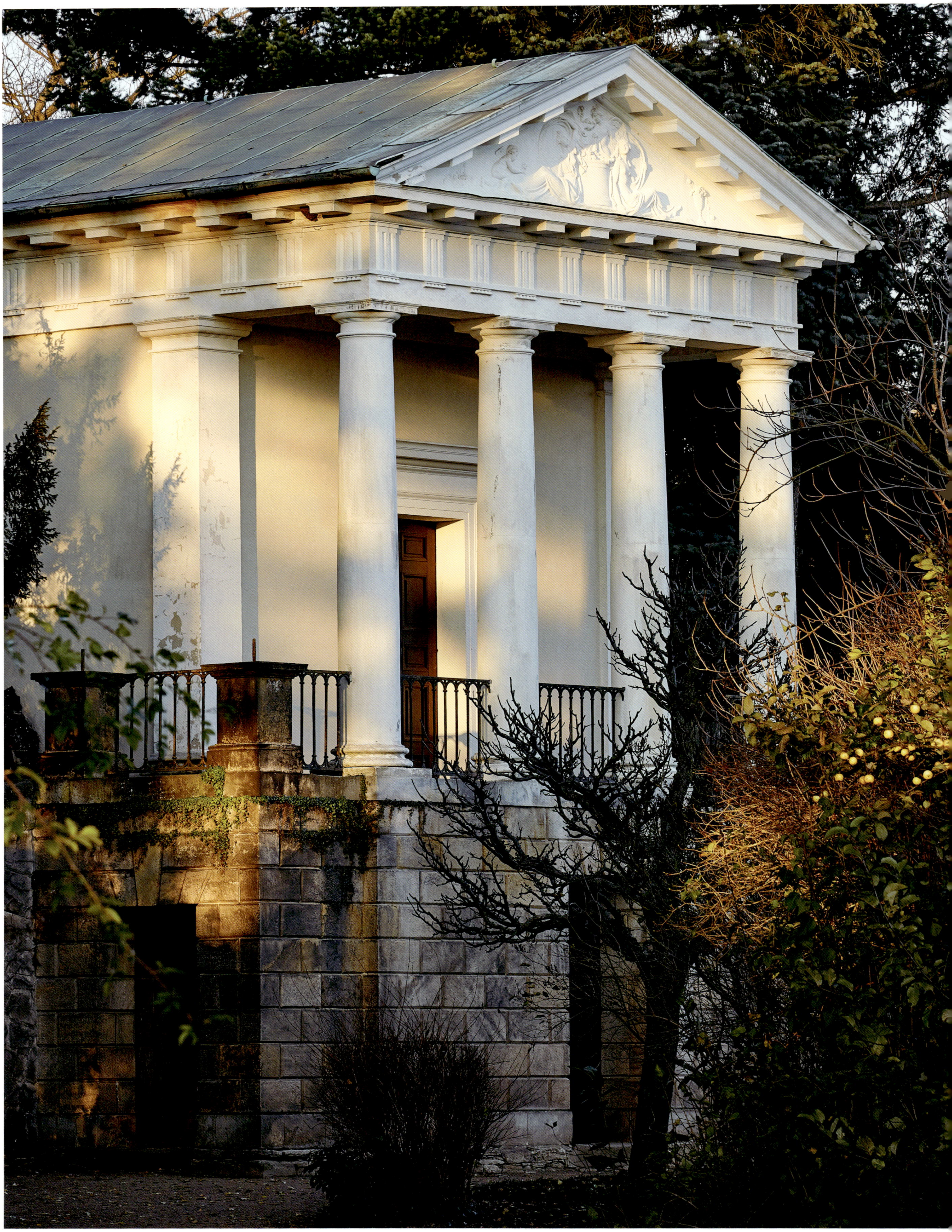

Nymphe Oreíthyia eine Tochter des dortigen Königs Eréchtheus war, wodurch Boréas sozusagen dessen Schwiegersohn wurde. Seine Verehrung nahm besonders während der Perserkriege zu: Als die Stadt Athen 480 v. Chr. von der Flotte des Persers Xerxes angegriffen wurde, riet ein Orakelspruch, die Athener sollten ihren „Schwiegersohn" zu Hilfe rufen. Sie beteten also zu Boréas. Und tatsächlich versenkten bald danach starke Nordwinde Teile der persischen Flotte und trieben andere in die Bucht von Salamis, wo sie von den Griechen zerstört werden konnten. Die dankbaren Athener errichteten Boréas und Oreíthyia ein Heiligtum am Ufer des Flusses Ilissós, eben an der Stelle, wo der Windgott einst die Königstochter entführt hatte.

Grundsätzlich hat die bildende Kunst zwei Möglichkeiten, den Wind oder die Winde darzustellen: entweder durch deren Wirkung, also durch aufgewühlte See, wehende Bäume, Gewänder, Fahnen usw., oder aber durch Personifikationen, also menschliche Gestalten, welche die unsichtbaren Winde sichtbar machen und handeln lassen können. Die Idee, Winde durch Personifikationen darzustellen, geht auf die Antike zurück. Etwas pauschal kann man sagen, dass bei den Griechen tendenziell ganze Figuren, bei den Römern überwiegend nur blasende Köpfe dargestellt wurden.

Im Wörlitzer Gartenreich befindet sich außer dem Gemälde von Rubens und Brueghel im Galeriesaal des Schlosses Mosigkau noch eine weitere Darstellung des jungen Liebespaares Flora/Zephyr: im Tympanon des von Erdmannsdorff 1796–1798 erbauten Floratempels. Laut August Rodes „Beschreibung des Fürstlichen Anhalt-Dessauischen Landhauses und Englischen Gartens zu Wörlitz" von 1798 ist in diesem kleinen Gartentempel „ein Opfer der Flora in halberhabener Arbeit in Gips vorgestellt". Flora, merkwürdigerweise geflügelt dargestellt, beugt sich über einen Rundaltar, auf dem Blumen liegen. Der geflügelte Jüngling, der mit seiner Rechten Blumen über ihren Kopf hält, ist vermutlich wieder Zephyr. Der Altar wird flankiert von zwei Nymphen, deren Gewänder (durch die Wirkung des Windes?) gebauscht werden.

Links erfreut sich ein kleines nacktes Mädchen mit Schmetterlingsflügeln an einer Blume. Es ist die Königstochter Psyche, die sich hier noch mit dem Reich der Flora zufriedengibt. Später wird sie, wie wir aus den „Metamorphosen" des Apuleius wissen, im prunkvollen Palast des Zephyr ihr Liebesabenteuer mit Amor haben. Der Windgott stellte nicht nur seinen Palast als Liebesnest zur Verfügung, er und seine unsichtbaren Geister verwöhnten die Geliebte und erfüllten ihr jeden Wunsch. Auf ihren Wunsch trug Zephyr aber auch ihre neidischen Schwestern zu ihr, die das Liebesglück mit dem Gott zerstören wollten, aber dann auch durch Zephyr getötet wurden.

Das alles kann man sehr ausführlich im fünften Buch des „Goldenen Esels" nachlesen, wie die „Metamorphosen" des Apuleius oft auch genannt werden. Der gerade erwähnte August Rode kannte das Buch übrigens sehr gut, denn er fertigte eine Übersetzung ins Deutsche, die er erstmals 1783 im Selbstverlag herausgab und die bis heute immer wieder aufgelegt wurde. Umso erstaunlicher ist es, dass er die kleine Psyche in seiner Beschreibung des Floratempels gar nicht erwähnt.

Außer den „Windgöttern" gab es nach der antiken Mythologie auch noch einen „Gott der Winde": Aiolos. Er war von Zeus als „Beherrscher der Winde" eingesetzt worden und lebte in einer Höhle der sagenhaften Aiolosinsel. Viele Menschen glaubten und glauben, das sei eine der deswegen so genannten Äolischen (Liparischen) Inseln nördlich von Sizilien. Wir kennen Aiolos vor allem aus Homers Odyssee: Er gab Odysseus einen Schlauch, in den er alle widrigen Winde eingesperrt hatte, um die Heimfahrt nach Ithaka zu erleichtern. Wie man weiß, öffneten die neugierigen Gefährten des göttlichen Dulders den Schlauch, sodass die Heimfahrt sehr erschwert, ja fast verhindert wurde.

In den künstlichen Hügel unter Erdmannsdorffs Venustempel wurden verschiedene Grotten oder Höhlen konstruiert: eine des Vulkans (Gatte der Venus), eine des Neptuns (Venus ist aus dem Meer geboren) und eine des Aeolus. Nach Rodes „Beschreibung" sollte man in der zuletzt genannten Höhle „die Zaubermusik einer seitwärts in einer runden Oefnung angebrachten Aeols Harfe hören, deren Saiten, nur von den flügelschnellen, luftigen Fingern des Gottes der Winde berührt, in feierlich göttlichen Melodieen die Wirkung des Elements der Luft verkündigen werden."

Aber nicht nur allegorisch, durch bildliche Darstellungen oder die Aeolus-Höhle, sondern auch tatsächlich bildeten die Winde, seien es milde Brisen oder gewaltige Stürme, ein wesentliches Element für die Dramatik des Gartenreichs. Wenn sie in die Bäume oder Büsche fuhren oder die Wasseroberflächen und Schilfzonen peitschten, veränderte sich nicht nur der optische Eindruck, sondern auch die Geräuschkulisse.

Allerdings konnte man das Wehen und Wirken der Winde im Park nicht so genau vorausplanen wie die Wasserflächen, Hügel, Brücken oder Wege. Vielmehr musste man die Winde nehmen, wie sie kamen. Aber wenn sie kamen, wurden sie von den Besuchern durchaus wahrgenommen.

So schrieb Rode 1798: „Bei dem beständigen, selbst beim stillsten Wetter hörbaren, Laute des Windes oben in den wankenden Wipfeln fühlt sich die Seele wie von einer sanften Schwermuth angehaucht". Später ist von Pappeln die Rede, die sich „an jedem Hauche des Windes wiegen", oder von einer „Windmühle, deren Bewegung der Scene Leben giebt". Erwähnt werden Platanen, „die mit sanftem Wohllaute ihre Zweige wiegen", und „lispelnde Aespen". Dabei ist Rodes „Beschreibung" ja sehr auf das Sachliche und Antiquarische ausgerichtet.

Wesentlich poetischer besingt Sophie Mereau, die Freundin Schillers und Gemahlin Clemens Brentanos, die Wirkungen des Windes auf den Wörlitzer Park:

Der Venustempel, ein von Erdmannsdorff auf felsiger Anhöhe errichteter Bau aus dem Jahre 1794 ist von Zeitgenossen als das „schönste und regelmäßigste Gebäude des ganzen Parks in der Form einer offenen Rotunde" (Boettiger, 1797) charakterisiert worden. Er wurde an der Stelle ein hölzernen Vorgängerbaus errichtet in seiner Mitte steht auf einem Glaszylinder ein Gipsabguss der Venus Medici. Durch den Zylinder wird die darunter befindliche „Grotte des Vulkans" beleuchtet.

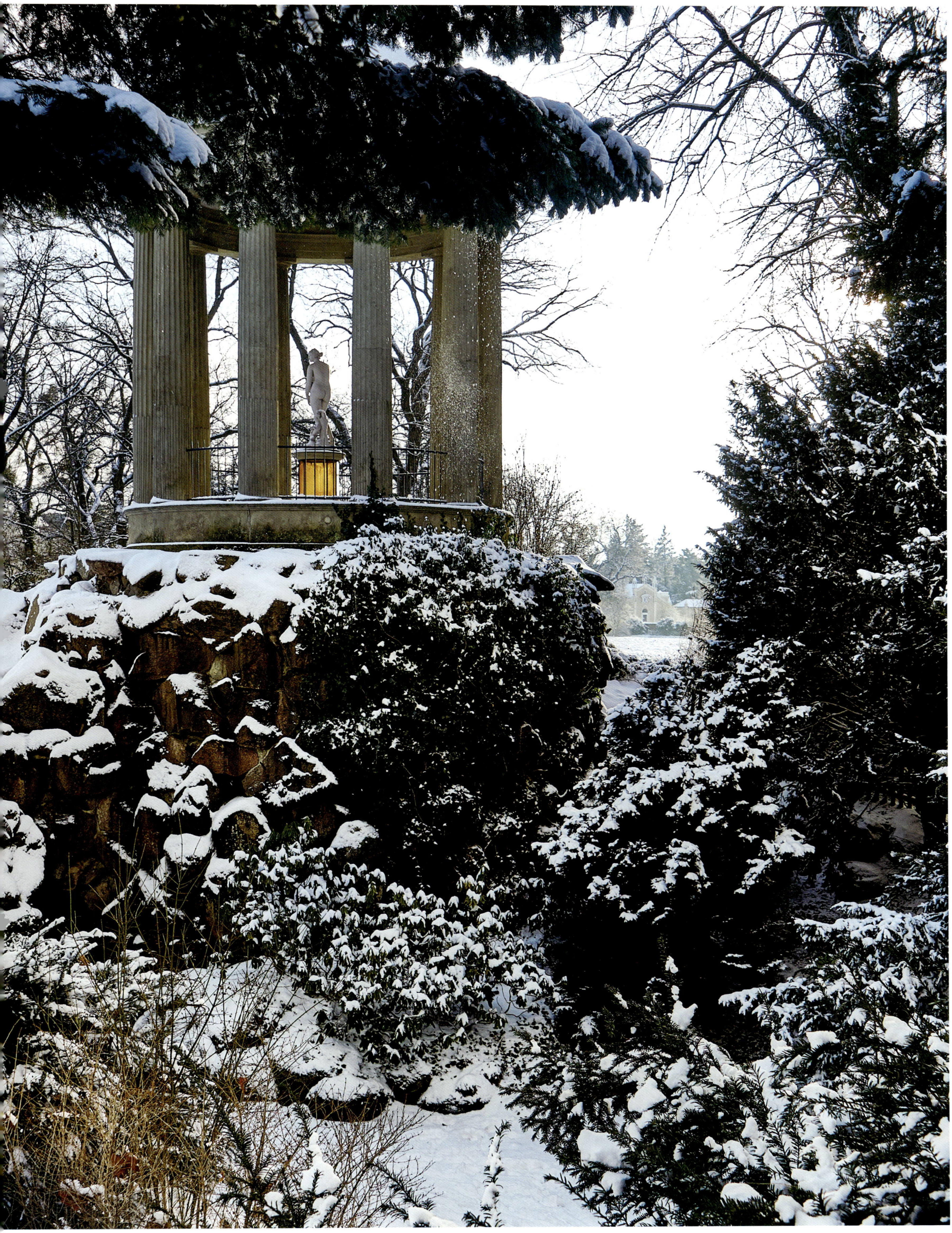

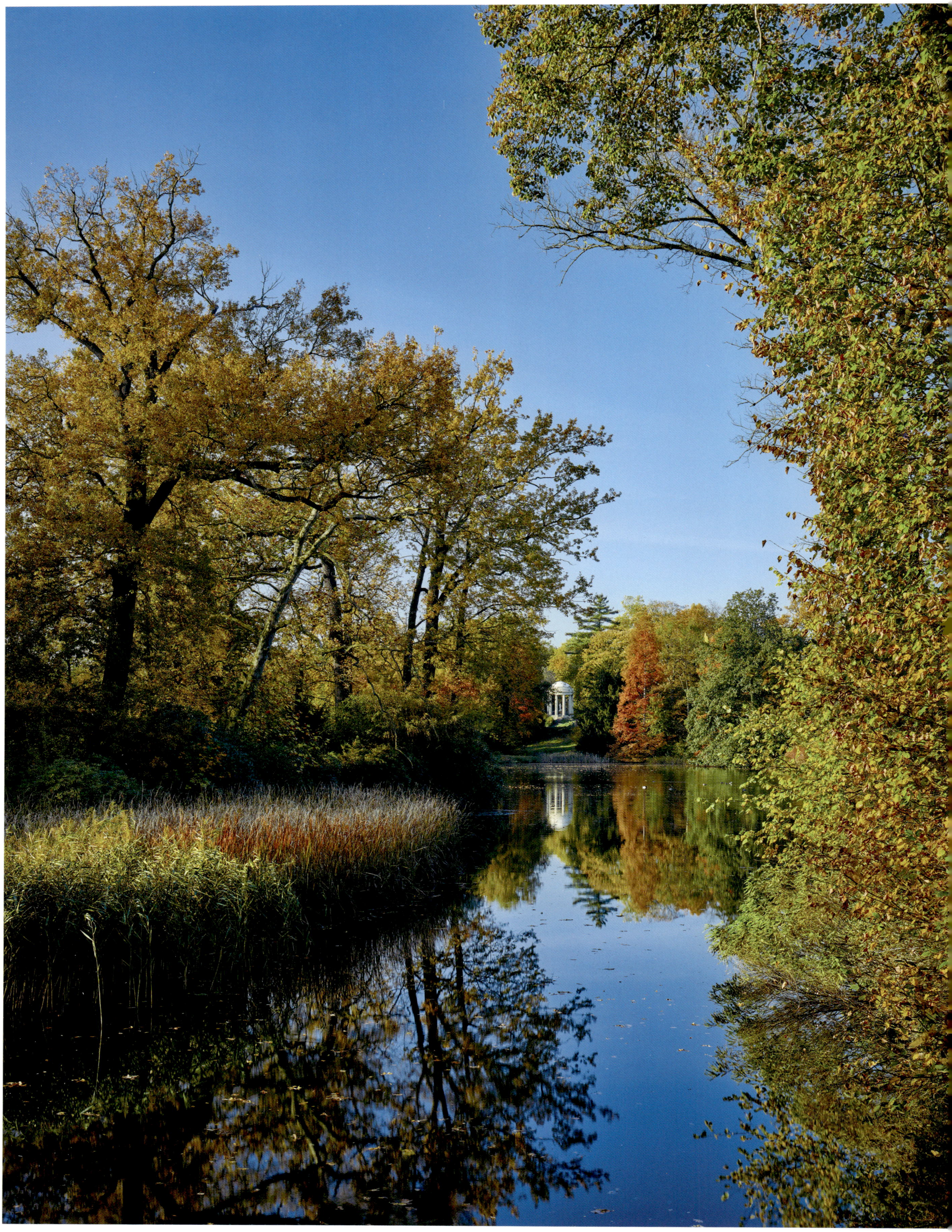

„Was für ein Zauber weilt auf dieser Stelle?
Welch hoher Wahn schleicht in die Brust sich ein?
Sanft weht das Laub, harmonisch rauscht die Welle,
und süße Bilder wanken durch den Hain.
[...]
Am fernen Hügel, wo der See sich kräuselt,
glüht mancher Busch, von Purpur übermahlt,
indess in blauer Luft die Pappel säuselt,
das schöne Haupt von Silberglanz umstrahlt."

Der misanthropische Luftschiffer Giannozzo, eine Romanfigur Jean Pauls aus dem Jahre 1801, reiste sogar mit Hilfe des Windes in einer steuerbaren Montgolfiere nach Wörlitz: „Fort, fort, der Südost fliegt gerade über Wörlitz. Mit der Sonne sank ich da in den wechselnden Garten, dessen Aussichten wieder Gärten sind."

Aber auch die zerstörerische Kraft der Winde bekommt das Gartenreich Dessau-Wörlitz in der jüngsten Zeit immer stärker zu spüren. Schrittweise führt das zum Verlust der markanten und uralten Baumgiganten. Im Januar 2007 fällte der Orkan Kyrill 193 Altbäume in Wörlitz und im Luisium und richtete erhebliche Verwüstungen im Waldteil des Oranienbaumer Gartens an. Im September 2011 verursachte ein Hagelsturm Zerstörungen in Mosigkau, Oranienbaum und Wörlitz. Bei dieser Gelegenheit erfasste eine Windhose auch die uralten Lindenpflanzungen am Wörlitzer Schloss, die seit dem Ende des 17. Jahrhunderts bereits das Erscheinungsbild der barocken Vorgängeranlage geprägt hatten. Im August 2013 führten zwei weitere Stürme zum Verlust von etwa 40 großen Bäumen, unter anderem von entstehungszeitlichem Eichenbestand im eben restaurierten englisch-chinesischen Garten Oranienbaum.

So steht das Dessauer Gartenreich seit über 200 Jahren zwischen dem milden Zéphyros, der die Blumen bringt, und dem grimmigen Boréas, der die Schiffe der Perser versenkte – und all den anderen.

Von der Agnesbrücke aus öffnet sich der Blick über das Kleine Walloch auf den von unterschiedlichen Gehölzen gesäumten Uferbogen bis hin zum Venustempel als Teil einer arkadischen Gartenpartie.

So gefährlich für die Besucher der Aufenthalt in den Wörlitzer Anlagen bei Gewitter und Sturm sein kann, um nicht von umstürzenden Bäumen verletzt zu werden, so bemerkenswert verändern sich bei Unwettern ständig die Gartenbilder zu stimmungsvollen Sequenzen.

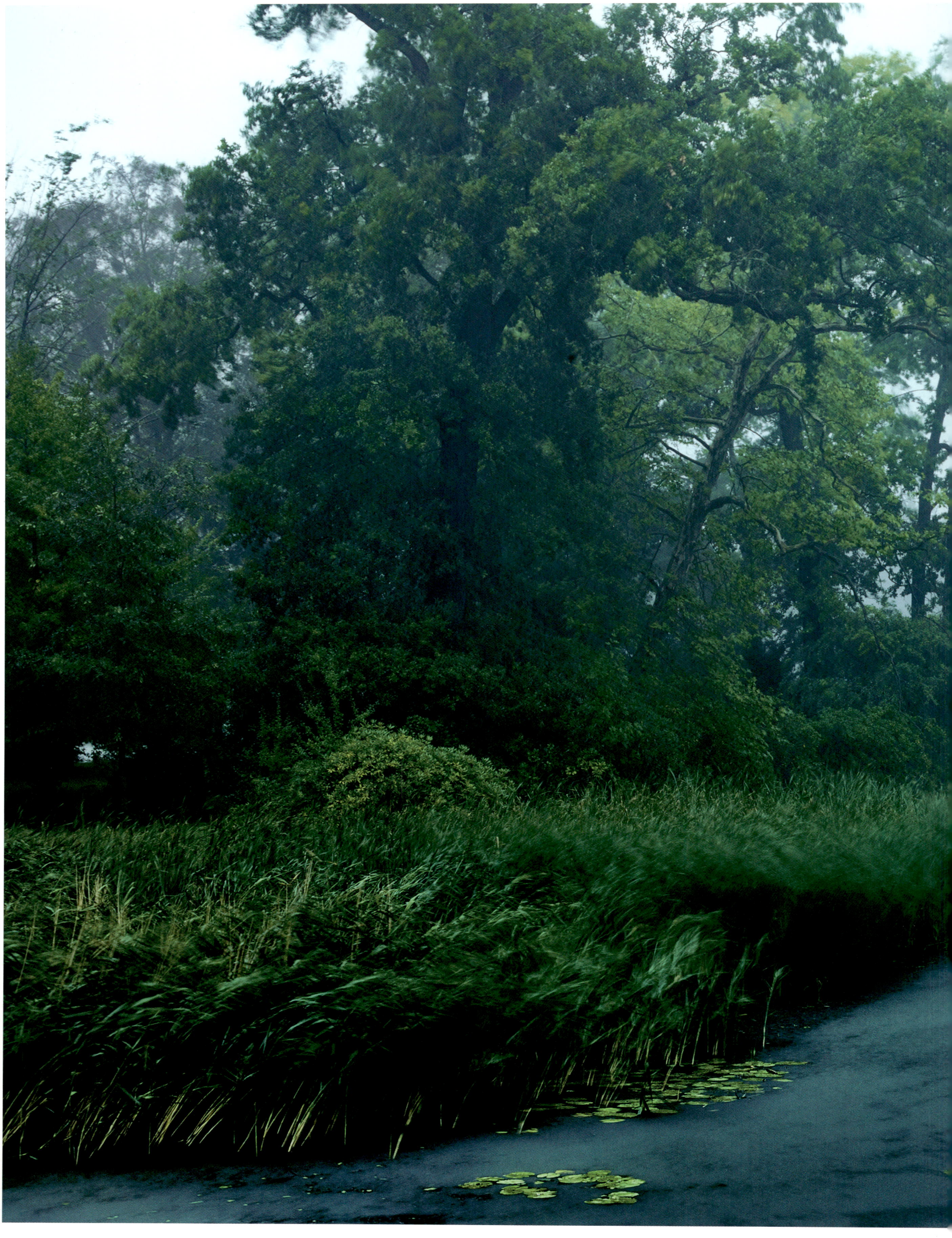

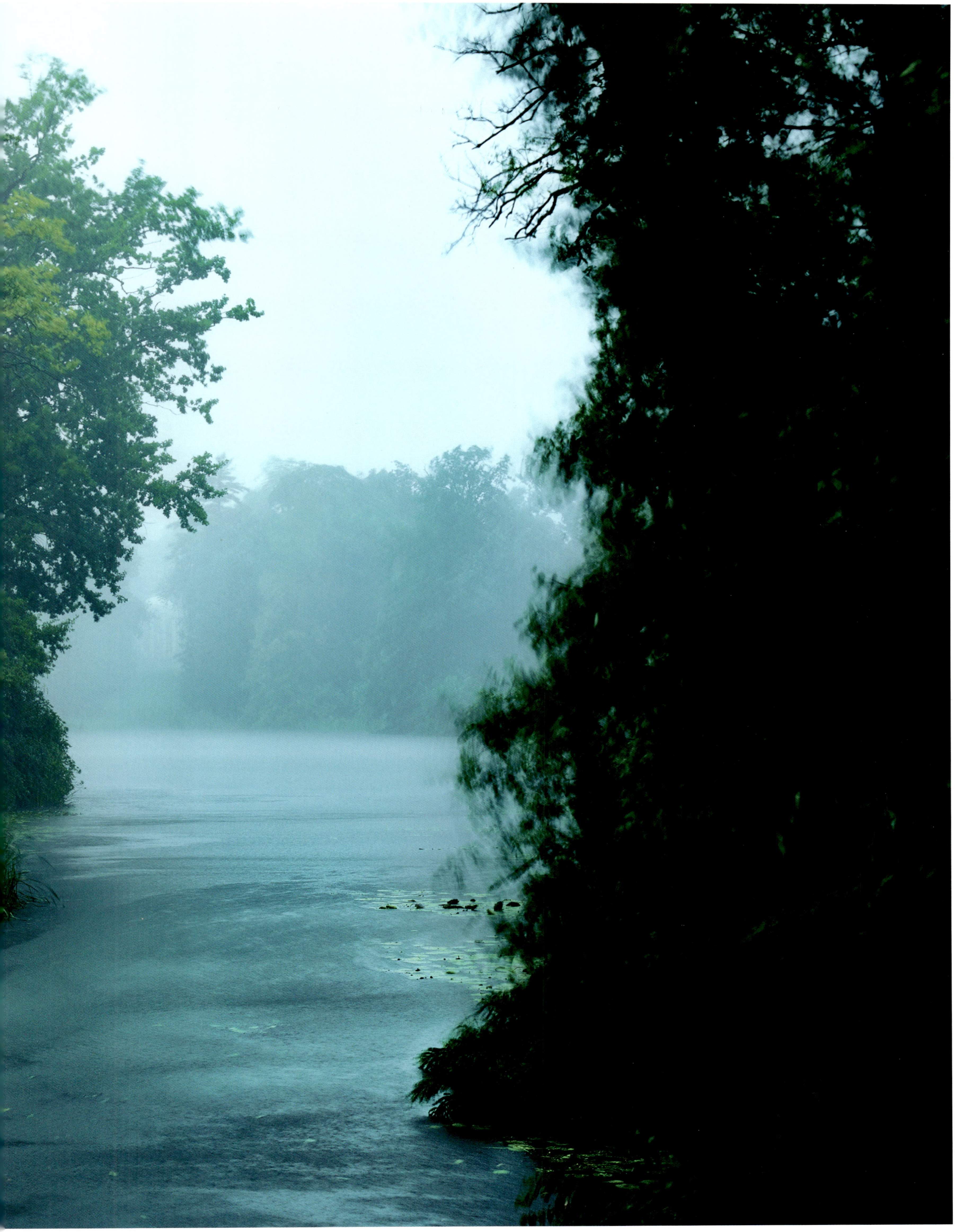

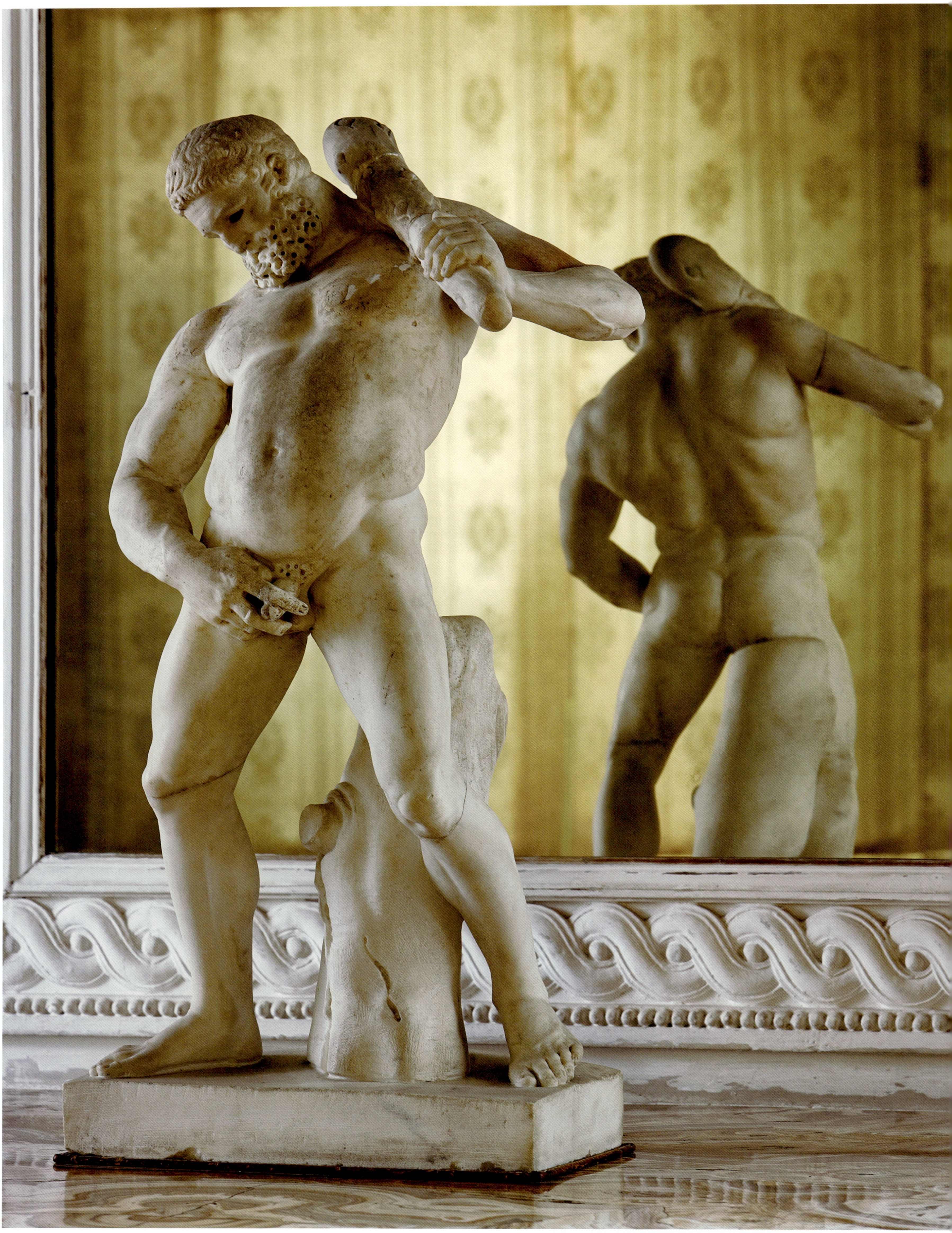

Der römische Hercules mingens

SYMBOL HEDONISTISCHEN LEBENSGEFÜHLS

HANS-ULRICH CAIN

Im Wörlitzer Landhaus hat sich Fürst Leopold III. Friedrich Franz einen kleinen, separaten Raum für sein spezielles sinnliches Wohlbefinden reservieren lassen, sein ganz privates Schlafzimmer. Der Architekt des klassizistischen Gebäudes, der langjährige Freund und Vertraute des Fürsten Friedrich Wilhelm von Erdmannsdorff, richtete diesen Raum zwar unmittelbar neben dem Haupteingang ein, nahm ihn aber doch aus den großzügigen Raumfluchten des repräsentativen Erdgeschosses heraus.

Vom Lichthof ist das Schlafzimmer durch eine schlichte, schmucklose Zwischenkammer abgetrennt, und von der benachbarten Bibliothek ist der verborgene Zutritt hinter einer rundum ausgeführten, kunstvollen Holzverkleidung aller Wände gar nicht erkennbar. Im Innern des Schlafzimmers treten die geschlossenen Türen kaum in Erscheinung, weil sie wie die Wände mit dunkelgrünem Seidendamast ausgekleidet sind. So ist die intime Raumsphäre des fürstlichen Schlafzimmers von innen und außen wirkungsvoll hergestellt. Auf solche Privatheit ausgerichtet, unterscheidet sich das Konzept dieses Zimmers deutlich vom traditionellen Repräsentationsschema der üblichen europäischen Schlossarchitektur.

Die opulente Ausstattung des Innenraums evoziert Vorstellungen von festlichen Tafelfreuden in direkter Verbindung mit einem freiheitlichen Liebesleben. Beide Vorzüge sind hier als fürstliche Privilegien und vor allem naturgewollte herrscherliche Notwendigkeiten vorgetragen. Im kulturellen Kontext des aufgeklärten 18. und frühen 19. Jahrhunderts war diese Idee am besten durch eine gezielte Auswahl von Themen und Motiven der antiken griechisch-römischen Mythologie zu vermitteln. In der eigenwilligen Art ihrer Bearbeitung und Kombination ging es nicht etwa darum, bestimmte Vorstellungen und Gedanken argumentativ zu begründen. Im Vordergrund stand vielmehr der Anspruch auf die gezielte Demonstration eines selbstverständlichen fürstlichen Lebensgefühls, die in der aufwendigen Präsentation einer außergewöhnlichen antiken Marmorfigur des Hercules mingens gipfelt.

Die römische Marmorstatuette dieses schamlos und kraftvoll wasserlassenden Herkules war der erste antike Gegenstand im Besitz des Fürsten Franz und blieb wohl immer sein Lieblingsstück. Deshalb ließ er die 60 cm hohe Figur auf einem kostspieligen Tisch und vor einem hohen Spiegel aufstellen, wo sie von beinahe jedem Standpunkt aus rundum wahrgenommen werden konnte. Nur während der Anwesenheit des Fürsten im Landhaus blieb dieser Hercules mingens fremden Personen verborgen, im Übrigen scheint er frei zugänglich gewesen zu sein, sofern sich die Besucher und Gäste zur Besichtigung des Gebäudes vorangemeldet hatten.

Auf seiner Grand Tour, die ihn 1765/66 nach Italien, Frankreich und England führte, hatte der Fürst die Statuette in Rom anlässlich eines Festmahls als Abschiedsgeschenk von Kardinal Alessandro Albani erhalten. Einen anekdotenhaft ausgeschmückten Bericht dieser Episode, deren Einzelheiten durch andere authentische Nachrichten nicht verbürgt sind, gibt der damalige Leiter des Weimarer Gymnasiums und nachmalige Direktor des Dresdner Albertinums in seiner „Reise nach Wörlitz 1797": „Aber das schönste Stück von allem ist eine kleine 3 Fuß hohe Statue, einen trunkenen Hercules vorstellend. Im Muskelspiel ist wechselseitige Anspannung und Erschlaffung, so wie die Körpermasse dort aufliegt und hier gehoben ist, auf eine bewundernswürdige Weise sichtbar. In den Adern strotzt der Wein. Der Auftritt ist wankend und ungewiß, und das Ganze ist ein

Natürlichkeit des Menschenwesens ist eines der Schlagworte, die dem Gartenreich zugrunde liegen. Keine gekünstelten Emotionen, dafür aber wahre Freude am Leben, sollten die Bewohner dieses Hauses kennzeichnen. Der Anblick des Herkules mingens mag heute irritieren, seinen Betrachtern im 18. Jahrhundert galt er als Zeugnis freier, ungezwungener Lebensweise.

Die Wörlitzer Schlossbibliothek beherbergte einst mehr als 1000 Bücher, darunter zahlreiche Werke antiker Autoren, aber auch die Schriften zeitgenössischer Aufklärer und Pädagogen befanden sich in den Schränken. Mit seinen fast 100 Porträts der für die Ideen des Gartenreiches wichtigen Personen an den Wänden ist dieses Zimmer eines der geistigen Zentren des Gartenreiches.

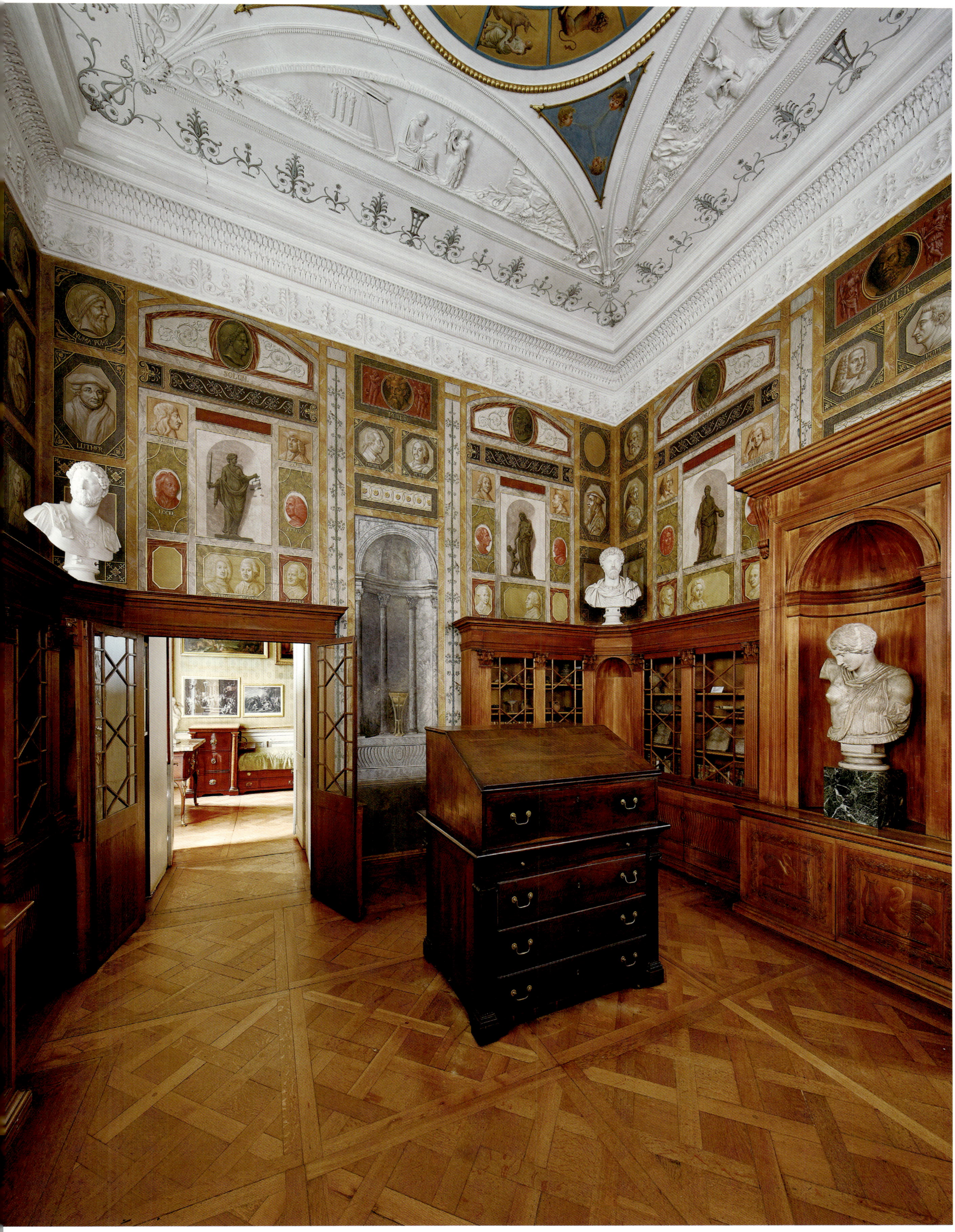

greifbarer Kommentar zum Horazischen: vis consili expers mole ruit sua [Horaz, Oden III 4, 65: Kraft ohne Klugheit stürzt unter der eigenen Last.] Ich wünschte sehr, daß hiervon ein treuer Umriß in Kupferstich vorhanden wäre! Die kleine Statue war ein Liebling des großen Musenfreundes, des Kardinals Albani, der sie in seinem Wohnzimmer stehen hatte. Als der Fürst von Dessau im Jahre 1765 mit Herrn von Erdmannsdorff in Rom war und durch Winkelmann auch viel mit Kardinal Albani umging, gewann er dies Bild vor andern lieb und bezeigte seine Freude daran durch allerlei Liebkosungen. Vor seiner Abreise war Albani so artig, ihm durch Winkelmann mit einem sehr verbindlichen Compliment die Statue zum Geschenk zu schicken."

Böttiger, der selbst nicht zu jener Reisegruppe gehört hat, lobpreist die Herkules-Statuette zu Recht aufgrund ihrer detaillierten Bildhauerqualität. Zudem begeistert er sich für die Formgebung der Skulptur, die den Heros überzeugend in seiner Trunkenheit charakterisiert. Dass die Statuette bereits ein Lieblingsstück im Wohnzimmer des Kardinals Albani gewesen sei, wo Fürst Franz die Gelegenheit hatte, sie einfühlsam mit den Händen zu ertasten, könnte Böttigers Fantasie entsprungen sein. Auffällig bleibt in jedem Fall, dass auch Böttiger über das eigentliche Thema dieses Herkules, der doch völlig hemmungslos sein Wasser abschlägt, stillschweigend hinweggeht. Vermutlich hat es ihm sein Taktgefühl verboten, so wie das Motiv bis auf den heutigen Tag als kurioses Genrebild nicht ernst genommen wird oder als bildhafter Affront gegenüber den Regeln einer allgemein gültigen Sittlichkeit irritiert.

Gerade wegen dieses Motivs aber scheint Fürst Franz von der Statuette des Herkules fasziniert gewesen zu sein. Mit seinem Attribut, der geschulterten Keule, steht der nackte, bärtige Heros breitbeinig und kräftig wankend auf dem Boden. Obwohl die Standfläche mitsamt den Unterschenkeln und der Baumstütze wie auch Teile des linken Oberarms und der Keule im 18. Jahrhundert ergänzt wurden, ist die labile Körperhaltung des torkelnden, lustvoll miktionierenden Herkules sehr gut erfasst. Vor allem in der linken Seitenansicht kommt klar zum Ausdruck, wie stark der auf dem rechten Bein stehende und vom zurückgesetzten linken nur gestützte voluminöse Körper durchschwingt. Wie üblich, trägt der Heros kurz geschnittenes Haupthaar und einen gelockten Vollbart. Die gebrochene Nase und zerbeulte Ohren erweisen ihn als den Schwerathleten par excellence, der zu den bekannten übermenschlichen Taten fähig war. Sämtliche Details sind sorgfältig und präzise skulptiert, zudem so gut erhalten, dass über stilistische Vergleichsmöglichkeiten eine Datierung der Statuette in die zweite Hälfte des 1. Jahrhunderts n. Chr. überzeugt.

Innerhalb der antiken Überlieferung des Hercules mingens ist das statuarische Schema bislang nur durch drei Marmorstatuetten vertreten. Zahlreich sind die Darstellungen dagegen in der kleinformatigen Bronzeplastik, in der Öllampenproduktion und Glyptik. Danach muss das Thema des wankenden, kraftvoll wasserlassenden Herkules spätestens im 2. oder frühen 1. Jahrhundert v. Chr. en vogue gewesen sein, als der Heros besonders häufig auch im Umfeld seines göttlichen Halbbruders Dionysos/Bacchus auftaucht, das heißt kräftig zechend mit dessen Trabanten, den Satyrn, Mänaden und Eroten. Auch in dieser Hinsicht vermag der schwerathletische Herkules viel mehr zu leisten als jede andere Gestalt des antiken Mythos. Kein Heros sollte ihn beim Feiern ausgelassener Feste übertreffen, weder beim Verzehr aller nur denkbaren Speisen noch beim Genuss großer Mengen süßen Weins. Die Statuette des Hercules mingens enthält daher den Hinweis auf einen wesentlichen Aspekt des festlichen Lebens: schier unerschöpfliche Tafelfreuden beim ausgiebigen, auch maßlosen Weingenuss mit seinen natürlichen Folgen.

Den festlichen Hintergrund umschreiben die dekorativ angeordneten Stuckreliefs und Grisaillemalereien zuseiten und über dem großen Spiegel. Acht Einzelfiguren spielen auf Musik, Tanz und Weingenuss wie auch erotische Reize an. Bekrönt wird das Ensemble von einem Stuckmedaillon, das den sitzenden Ganymed als Mundschenk des Zeusadlers zeigt. Der festliche Aspekt ist damit auf eine weitere, erhabene Ebene gehoben – den von Zeus beherrschten Olymp.

Sämtliche Motive wurden aus der älteren Dekorationskunst übernommen. Dabei sind das Ornamentsystem der Spiegelumrahmung und die aus antiker Ikonografie exzerpierten Figuren links vom Spiegel komplett nach einer Pilasterdekoration in den berühmten vatikanischen Loggie des Raphael gemalt. Die Figuren auf der rechten Seite sind dagegen direkt nach einzelnen römischen Gemmenbildern bzw. nach damals vorhandenen Stichwerken gemalt. Das Ganymed-Relief dürfte ein überarbeiteter, weiß getünchter Gipsabguss eines originalen römischen Reliefmedaillons in der Villa Albani sein. Fast ausnahmslos stammen auch die Motive der klassizistischen Stuckdecke von kaiserzeitlichen römischen Vorlagen, die Fürst Franz und sein Architekt von Erdmannsdorff in Rom selbst gesehen hatten oder die bereits in geläufigen Stichwerken veröffentlicht waren.

Das Ganymed-Thema erscheint an der Decke erneut in einem prächtigen, polychromen Gemälde, das alle anderen Bildmotive einschließlich der komplementären, kleineren Eckgrisaillen dominiert. Die verschiedenen Szenen und Bildzeichen beschreiben hier den Macht- und Wirkungsbereich des Zeus/Jupiter, seine Geburt und Aufziehung wie auch das dionysisch-festliche Ambiente. Nach einem hoch gepriesenen Fresko des Annibale Carracci in der Galleria Farnese hat der in Rom lebende und wirkende Maler Anton von Maron das Deckengemälde kopiert.

Anders als in zahlreichen Varianten des Bildthemas ist keine dramatische Raubszene dargestellt, die einen überraschten Ganymed völlig verängstigt in den Fängen des Adlers zeigen würde. Hier fliegt Ganymed vielmehr aus freien Stücken und einvernehmlich mit dem Adler, um dessen Hals er den Arm legt und dessen Blick er vertrauensvoll erwidert, empor in celestische Sphären. Vor blauem Himmel und einem diffusen, nimbus-

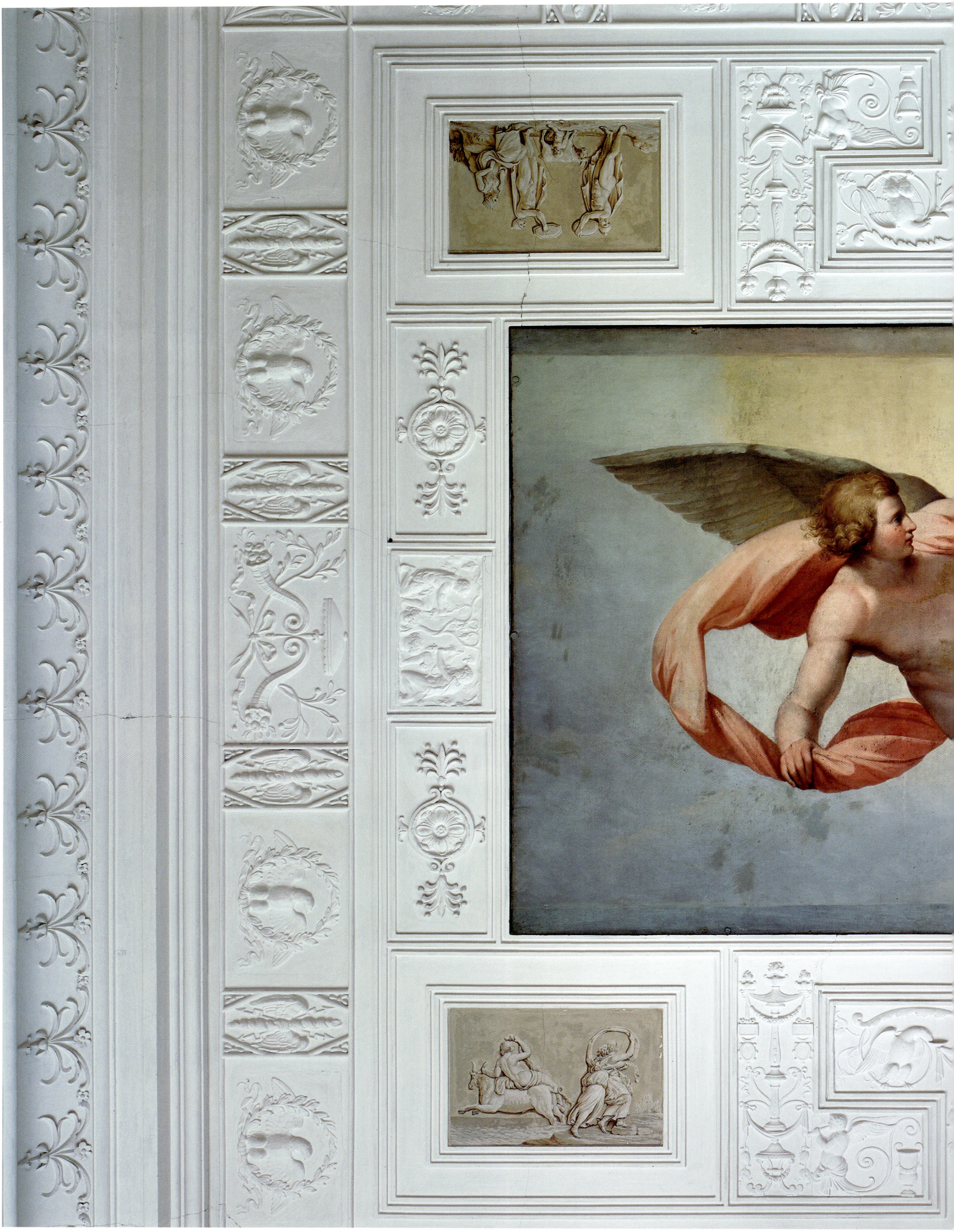

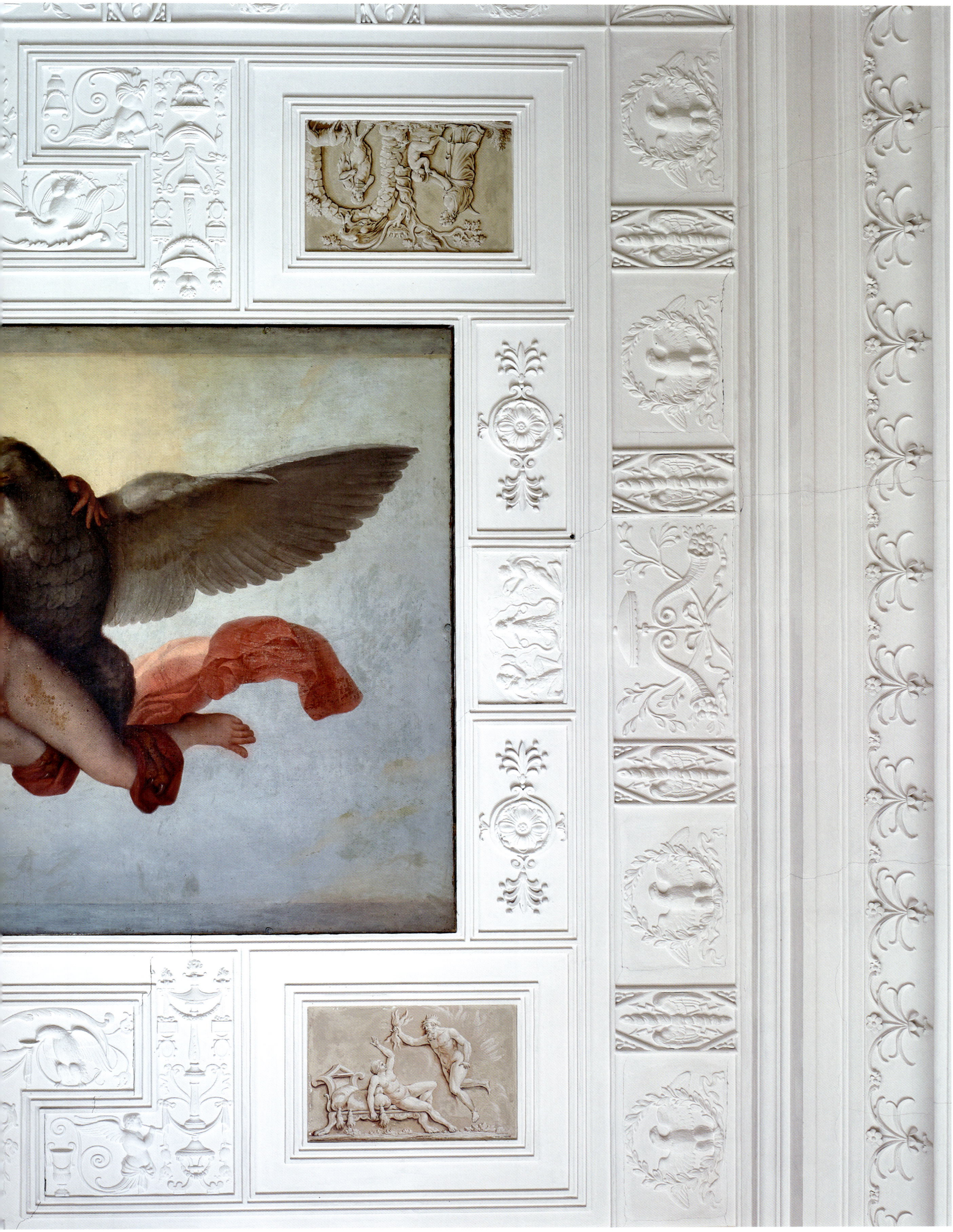

artigen Licht unter dem oberen Bildrand ist die Handlung von jeglichem Zwang und jeder Gewaltanwendung befreit. Antiker Bildersprache folgend, ist makellose hellhäutige Nacktheit die einzig adäquate Formel, die schöne Gestalt des ehemaligen Hirtenknaben überzeugend abzubilden. Im Kontrast zu diesem Ganymed eignet sich der dunkel gefiederte Adler mit seinen ausgebreiteten Schwingen am besten, die Macht des Göttervaters Zeus zu vergegenwärtigen.

Ist der Ganymed im Tondorelief über dem Spiegel als der unsterblich gewordene Hirte zu begreifen, der nun auf dem Olymp als Mundschenk handelt und den Adler des Zeus oder Zeus selbst in Gestalt des Adlers tränkt, enthält das Deckengemälde keinerlei konkrete Ortsangabe. Stattdessen vermittelt das Bild eine generelle Aussage über die Herrschaft des Zeus, die hier allumfassend und makellos, harmonisch und glückselig, vor allem vollkommen friedlich gedacht ist. Relief und Gemälde im Wörlitzer Schlafzimmer zeigen Zeus, der in Ganymed den unübertroffen schöngestaltigen Mundschenk besitzt, und Ganymed, dem der Griff nach dem glückseligen Leben mit allen seinen Annehmlichkeiten und Freuden gelungen ist. Ohne Zweifel hebt die Kompositionsweise des Gemäldes die selbstverständliche Zuneigung der beiden höchst gegensätzlichen Akteure hervor. Aber den vordergründigen Gedanken an einen homoerotischen Zugriff durch den Zeusadler dürfte das Bild im Kontext des Wörlitzer Landhauses wohl kaum intendiert haben. Der aufgeklärten Sicht auf diesen antiken Mythos ist die Idee inhärent, irdische Zwänge aus eigenem Antrieb hinter sich zu lassen, ihre Fesseln abzustreifen und ein sorgenfreies Dasein, angefüllt mit den Genüssen irdischer Herkunft zu führen.

Genau diese Perspektive ist während der zweiten Hälfte des 18. und der ersten des 19. Jahrhunderts en vogue gewesen. Lea Ritter Santini hat in ihrem Essay über das Deutungspotenzial des Ganymed-Mythos überzeugend nachvollzogen, wie dieser Aspekt in der damaligen zeitgenössischen Literatur und bildenden Kunst thematisiert und interpretiert wurde, natürlich auch von Johann Wolfgang Goethe in der Ganymed-Hymne von 1774. Die Verse »Umfangend umfangen! Aufwärts an deinen Busen, Alliebender Vater!« klingen wie eine lyrische Parallele des klassizistischen Deckengemäldes im Schlafzimmer des Fürsten. In Wörlitz ist der Dichter mehrmals ein willkommener Gast gewesen, der den Fürsten Franz gerade wegen seiner aufgeklärten, progressiven Haltung in hohen Tönen gepriesen hat. Das Ganymed-Thema ist im Wörlitzer Landhaus nicht nur im Schlafzimmer des Fürsten, sondern auch im ersten Langzimmer und im daran anschließenden Bankettsaal präsent. Benvenuto Cellinis Ganymed-Statue ist in diesen Räumen zweimal durch eine verkleinerte Kopie in Black Basalt Ware und weißem Gips zitiert. Der mit dem Zeus-Adler spielerisch umgehende Mundschenk fordert hier dazu auf, sich beim Genuss der irdischen Tafelfreuden genau so zu vergnügen, wie es dem unsterblichen Ganymed unter dem Schutz des allmächtigen olympischen Zeus gefällt.

Den als natürlich angesehenen Machtanspruch des Zeus bestärken alle anderen Bildmotive der Stuckdecke. Das äußere Schmuckband zieren alternierend zwanzig geflügelte Doppelblitze und sechzehn repräsentative, in einem Lorbeerzweig stehende Adlerfiguren. In solcher Vielzahl wirken die Attribute des Zeus wie affirmative Symbole der Macht. Markante Zeichen setzen vor allem die narrativen Themen der vier Eckgrisaillen, die von der Kindheit und den Liebschaften des Zeus mit Europa und Semele, der Mutter des Dionysos, erzählen. Lässt sich Europa genüsslich auf dem Rücken des prachtvollen Stiers entführen, erwartet Semele in einer lasziven, Wollust offenbarenden Haltung den heranstürmenden Zeus mit seinem Feuerblitz in der erhobenen Linken.

Gemeinsam evozieren diese Bildthemen die Vorstellung, dass Zeus auf natürliche Weise, nämlich von Geburt an, zu seinem Machtanspruch bestimmt ist und dass ihm darum auch die Freiheiten des Liebeslebens zustehen, insbesondere die freie Wahl seiner Liebschaften. Die Konzentration auf diese Aspekte seiner Machtkompetenzen fügt sich unmittelbar zur Funktion des räumlich isolierten Interieurs. Dabei spielen die Bilder direkt auf das spezifische, intime Innenraumleben im fürstlichen Schlafzimmer an, dessen Atmosphäre sie in thematischer Hinsicht unkompliziert präzisieren.

Eine Reihe wertvoller kleinformatiger antiker und neuzeitlicher Gegenstände am Kaminsims und auf einer niedrigen Holzkommode paraphrasiert zusätzlich die beiden Themen des freien Liebeslebens und der fröhlichen, festlichen Tafelfreuden. Ihren Widerhall finden diese Aspekte der reichen Raumausstattung genauso wie die unzweifelhafte Machtentfaltung des Zeus auch in der Auswahl der an die Wände gehängten Ölgemälde. Alle Szenen und Bildzeichen dienen allein der Absicht, das herrscherliche Recht als eine gegebene Konstante zu dokumentieren. Der gezielt ausgewählte und transformierte mythische Stoff hat nicht die Aufgabe, den Fürsten selbst mit der Figur des Zeus zu identifizieren. Die verschwenderische Fülle signifikanter Motive erzeugt vielmehr ein bestimmtes Flair der unmittelbaren Umgebung, das den direkten Vergleich des Fürsten als Herrscher über ein Fürstentum mit dem Göttervater Zeus als dem Herrscher des Olymp ermöglicht.

Nur in einer einzigen Figur, nämlich dem Hercules mingens, kulminieren tatsächlich alle Aspekte des gesamten Interieurs. Wie keiner anderen Gottheit wurde diesem außerehelichen Zeussohn ein exzessives Liebesleben nachgesagt, und wie kaum eine andere Figur des antiken Mythos habe er die Feste so maßlos zu feiern gewusst, dass er zügellos den damit verbundenen Bedürfnissen freien Lauf gelassen hat. Die qualitätsvolle römische Marmorstatuette verkörpert darum für sich allein genommen das gesamte hedonistische, herrscherliche Selbstverständnis und Lebensgefühl. Diese Symbolkraft muss der Grund gewesen sein, warum sich Fürst Franz im Haus des Kardinals Albani gerade für die Herkules-Statuette begeistert hat.

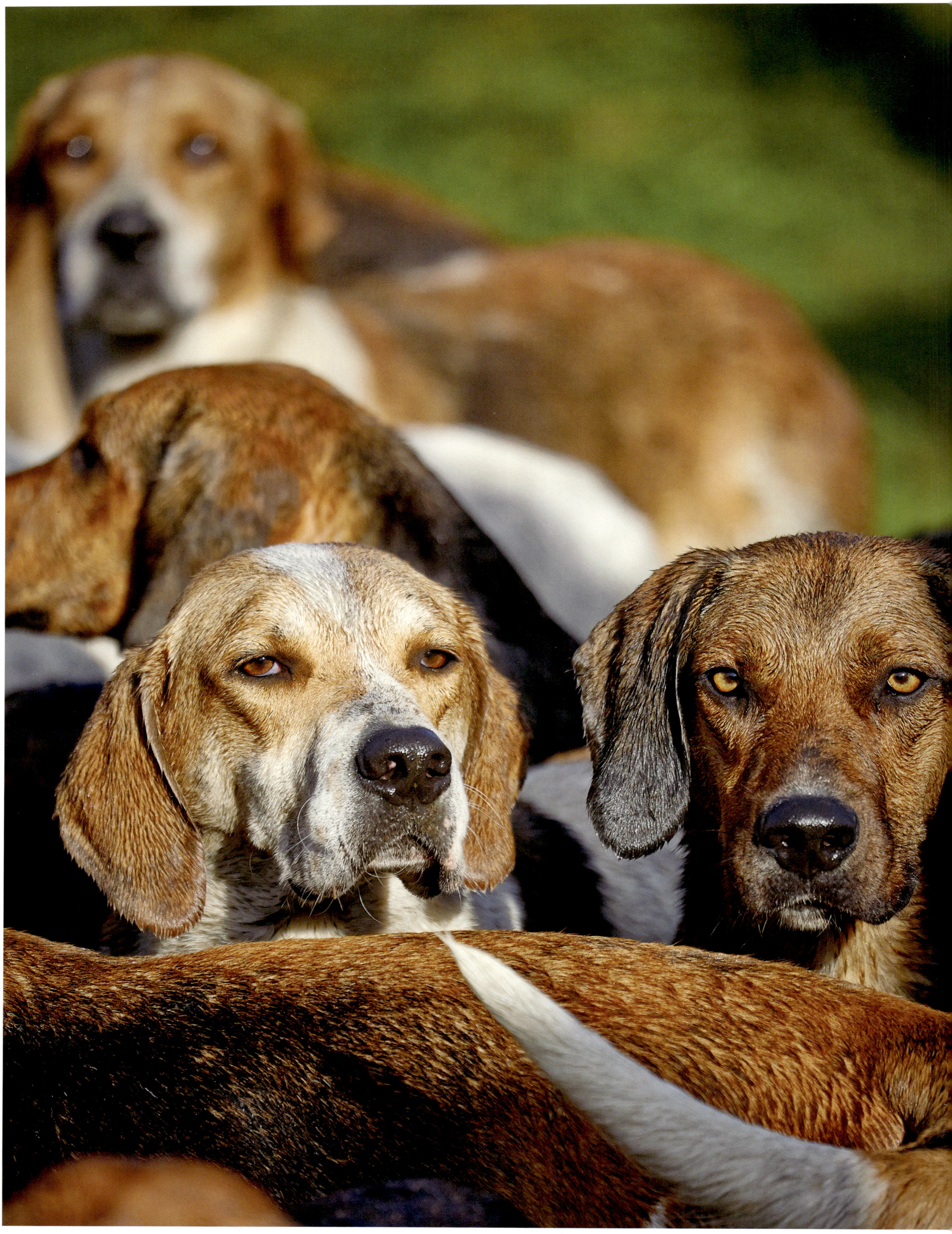

Lob der Jagd

ECKHARD FUHR

In seinem 1794 erschienenen Bericht über seine „Empfindsame Reise durch Anhalt" erzählt Friedrich von Hardenberg, der unter seinem Dichternamen Novalis zum Inbegriff des romantischen Poeten wurde, von den Hunden des Fürsten: „Als wir in die Stadt Dessau kamen, besahen wir in der Kavalierstraße die Parforce-Hunde; der Wärter ließ einige siebzig aus einem der Ställe in den Hof, wo sie uns mit grässlichem Hungergeheul begrüßten. Es sind lauter Hatzhunde, stark, aber doch schlank gebaut. Ein jeder hat seinen eigenen Namen".

Ohne solche Hundemeuten, wie sie Hardenberg hier bewundert, war die Parforce-Jagd nicht möglich, die sich seit dem frühen 18. Jahrhundert an den deutschen Höfen verbreitete. Allerdings waren nicht alle Meuten so stark an Köpfen wie die Dessauer, die offenbar einen weit über das Fürstentum hinausgehenden Ruf genoss. Die Parforce-Jagd, also die berittene Jagd hinter der Hundemeute vor allem auf den Rothirsch, war in Anhalt-Dessau von Fürst Leopold I., dem Alten Dessauer, Anfang des 18. Jahrhunderts eingeführt worden. Das nötige Personal und die vielfältige Infrastruktur zu unterhalten belastete gerade in den deutschen Kleinstaaten die fürstlichen Kassen oft bis weit über die Grenzen des Vertretbaren. Aber gerade in der Jagd konnten sich die fürstliche Pflicht zur Herrschaftsrepräsentation und persönliche Leidenschaft miteinander verbinden. „Was mir behagt, ist nur die muntre Jagd", heißt es in Johann Sebastian Bachs berühmter „Jagdkantate", die er 1713 für den Fürsten Christian von Sachsen-Weißenfels komponierte.

Den Ablauf einer Parforce-Jagd muss man sich etwa so vorstellen: Frühmorgens begaben sich der Jagdleiter und ein Gehilfe zur „Vorsuche", um die Fährte eines jagdbaren Hirsches zu bestätigen. In Anhalt-Dessau dürfte das nicht mit allzu großen Schwierigkeiten verbunden gewesen sein, denn die Hirsche wurden, wie die Quellen berichten, in weitläufigen Gehegen gehalten, behütet und gefüttert und erst zur Jagd in die „Freiheit" entlassen. Unterdessen versammelte sich die Jagdgesellschaft um den Fürsten zum Parforce-Rendezvous. Die Vorsucher fanden sich zum Bericht ein. Der zu jagende Hirsch musste dann aus seinem Einstand in offenes Gelände, zum Beispiel eine Allee, getrieben werden, wofür „Lancierhunde" verwendet wurden. An der Stelle, an der der Hirsch die Dickung verließ, wurde die Meute angesetzt, die der Fährte lauthals folgte, ihr hinterher die berittene Corona. Die Damen begleiteten das Geschehen von Jagdwagen aus. Stellten die Hunde den Hirsch, wurde er „gehesst", das heißt, ein Jäger durchtrennte ihm die Sehnen der Hinterläufe. Der mit dem Hornsignal „Fürstenruf" herbeigerufene Herrscher erlöste das arme Tier durch einen Fangstoß mit dem Hirschfänger selbst, oder er übertrug diesen Akt an ein anderes hohes Mitglied der Jagdgesellschaft.

Als mit der Französischen Revolution 1789 das bürgerliche Zeitalter begann, ging die Zeit solcher höfischen Jagdkultur zu Ende, einer Kultur, die bedeutende Denkmäler und bis heute Spuren in vielen Waldgebieten hinterlassen hat, die aber wegen ihrer Grausamkeit gegen die Tiere und ihrer Rücksichtslosigkeit gegen die Untertanen, insbesondere die Bauern, auch lange Schatten wirft. 1848 war es in Deutschland mit den feudalen Jagdprivilegien vorbei. Die Nationalversammlung in der Frankfurter Paulskirche beschloss die entschädigungslose Aufhebung dieser Privilegien. Sie hielt diesen Akt für so dringlich, dass sie damit nicht bis zum Erlass einer Reichsverfassung wartete, wozu es, wie man weiß, nicht mehr kam. Die parlamentarische Jagdresolution aber gehört zu den wenigen revolutionären Errungenschaften von 1848, die Bestand hatten und bis heute haben.

Aufmerksam beobachten die Irish Foxhounds, eine zur Fuchsjagd besonders gezüchtete Brackenart, der Mecklenburger Meute das Geschehen anlässlich der 12. Fürst-Franz-Gedächtnisschleppjagd 2014 in den Wörlitzer Elbauen.

Die Parforcehörner erklingen und blasen zum Rendezvous.

Angeführt vom Master of Hounds, unterstützt von Pikeuren, reitet die Jagdgesellschaft, begleitet von 30 bis 40 Jagdhunden, entlang der Coswiger Allee in die Wörlitzer Elbauen.

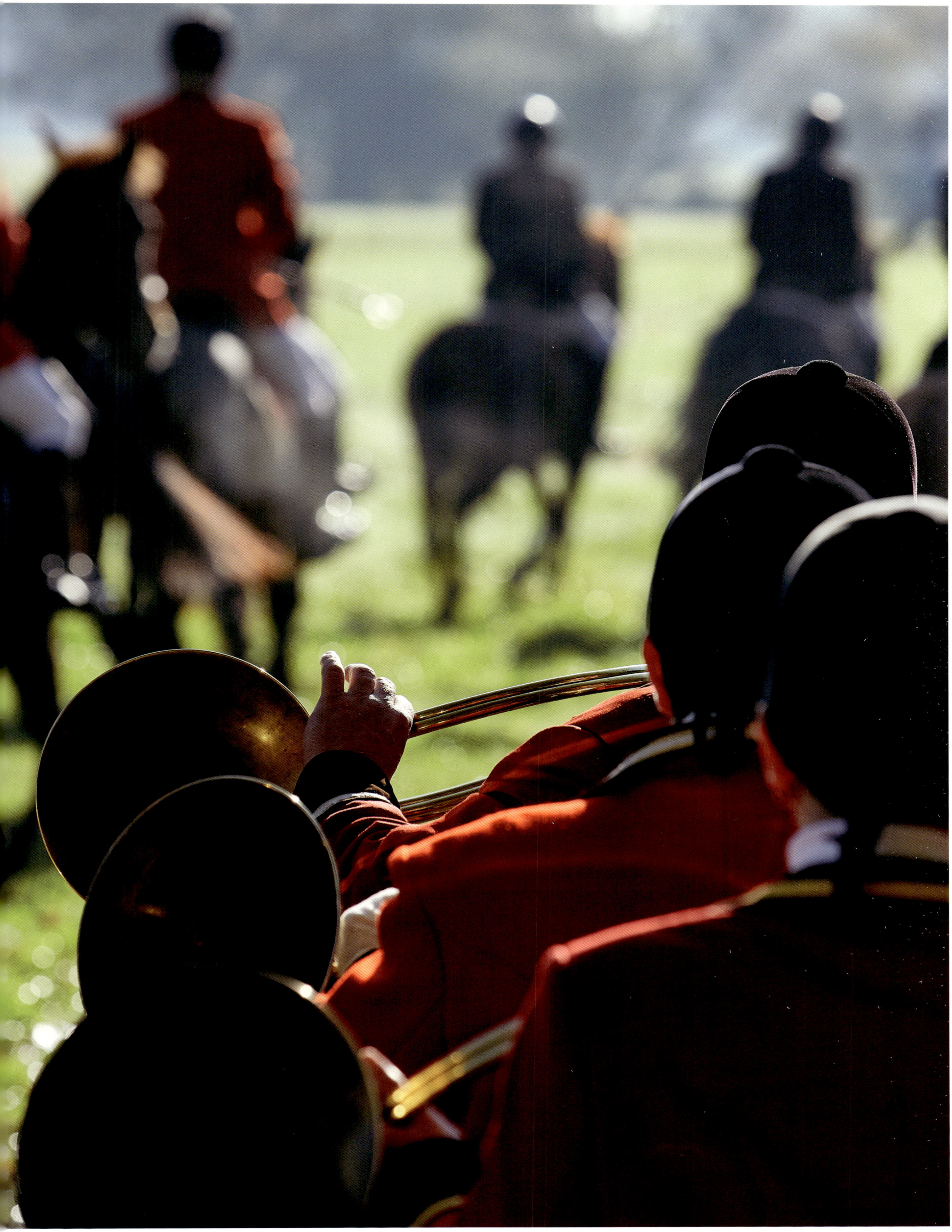

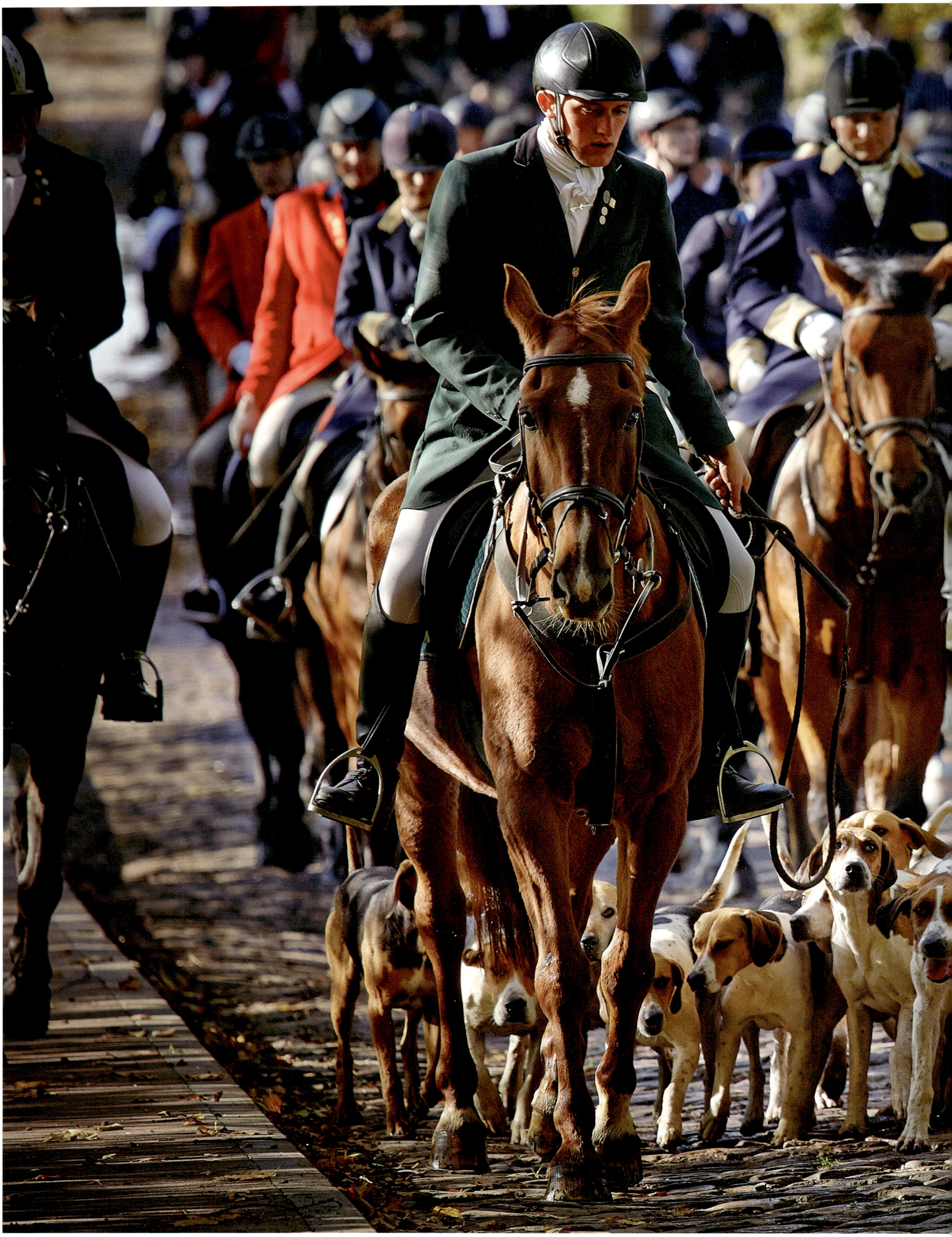

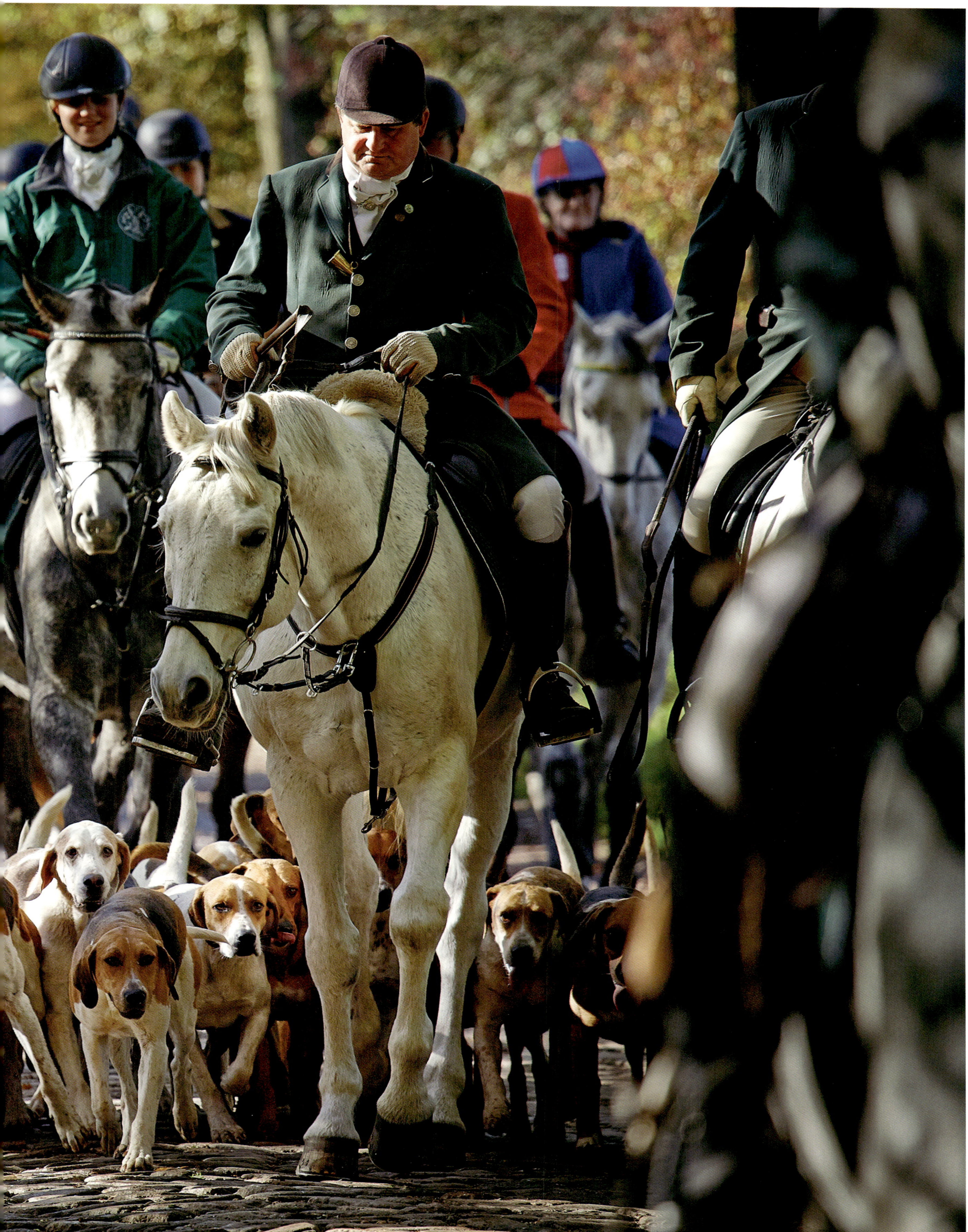

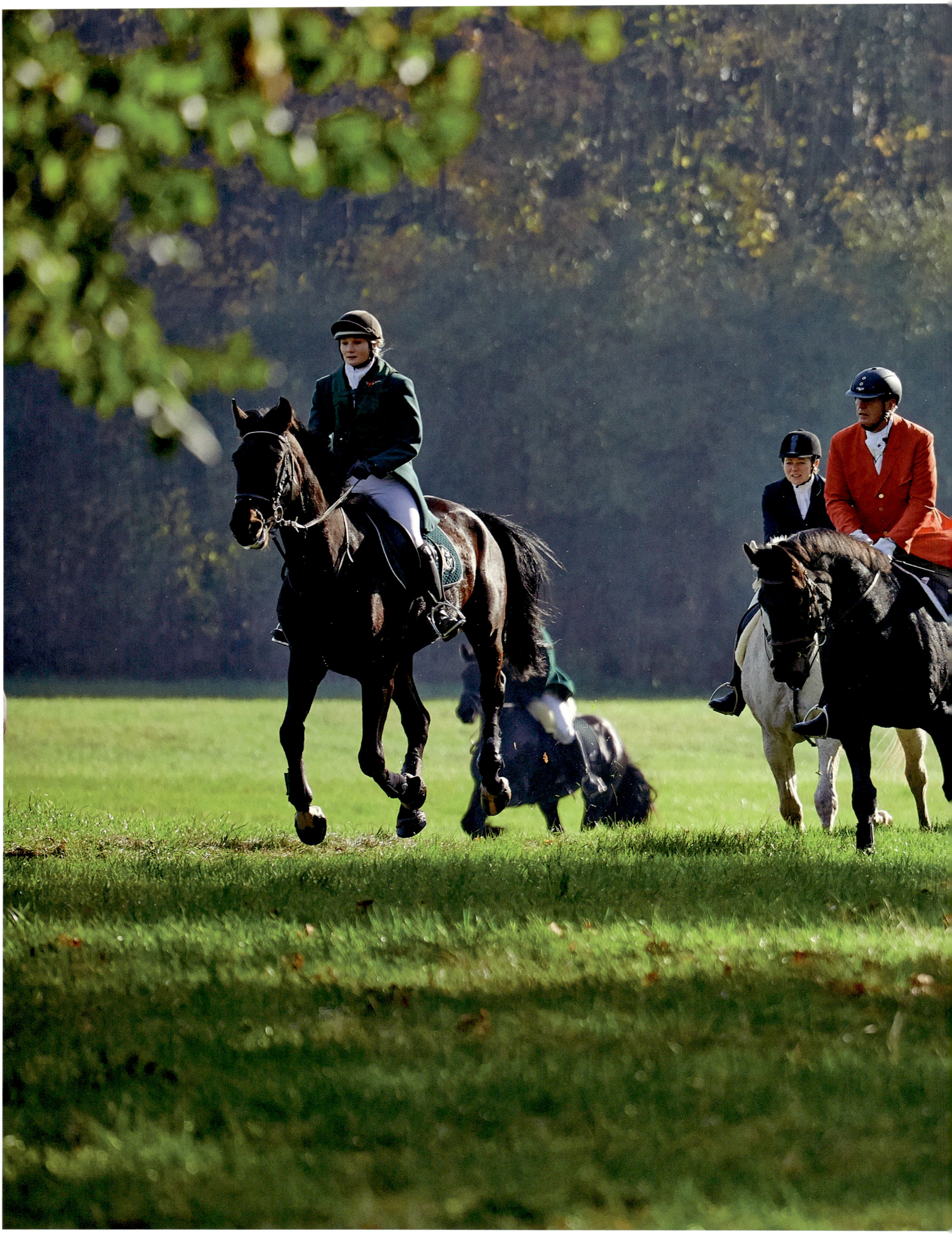

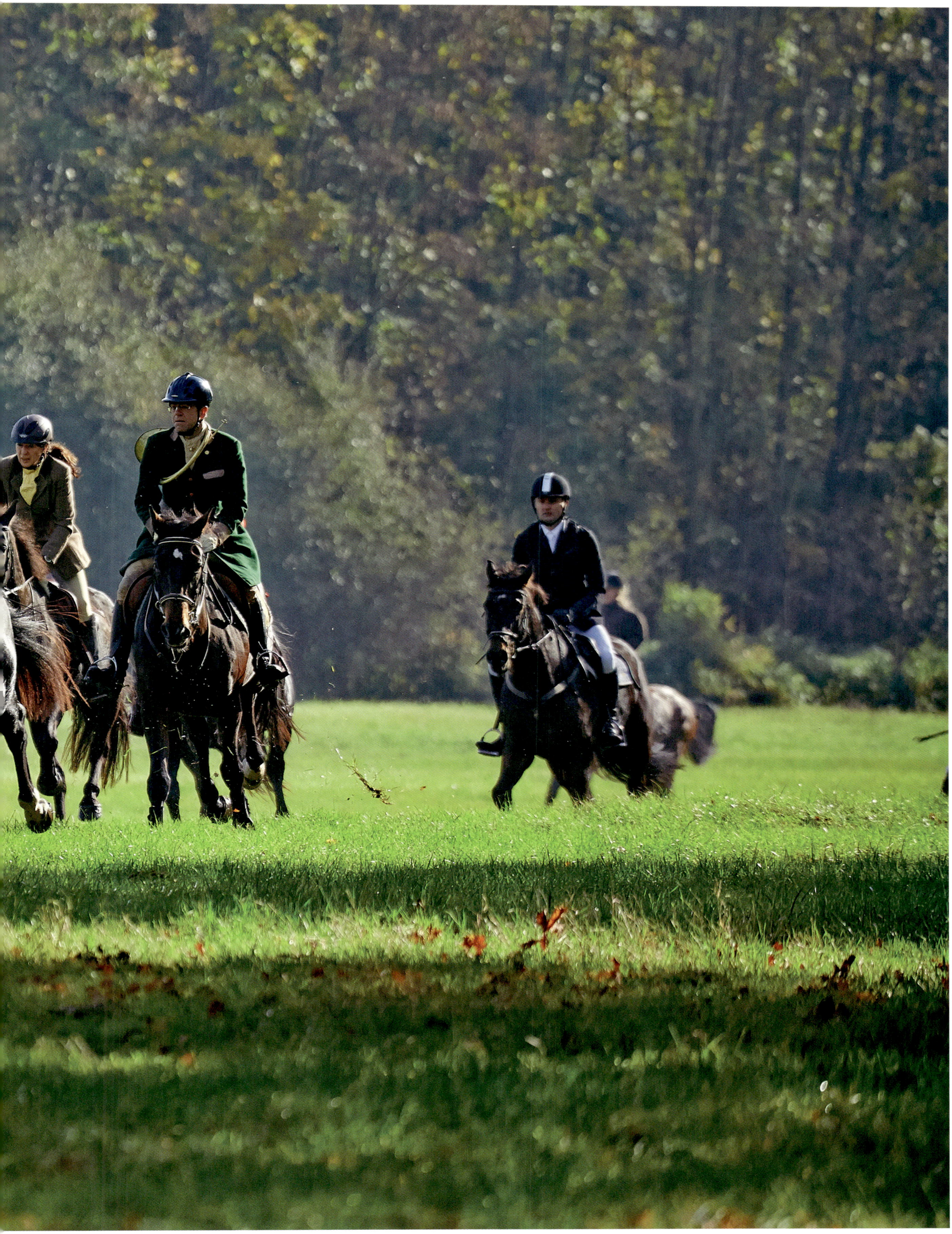

Seit 1848 gehört das Jagdrecht dem Grundeigentümer. Das heißt, kein Grundherr oder Fürst kann das Jagdrecht mehr auf Grundstücken beanspruchen, die ihm nicht persönlich gehören. Die wilde Jagd darf nicht mehr über den Boden der Bürger und Bauern führen. Und Letztere müssen nicht mehr dulden, dass fürstliches Wild ihre Ernte zerstört.

Das war eine wichtige Grundsatzentscheidung. Doch der ewige Jagdfrieden ist damit natürlich nicht eingekehrt. Es würde zu weit führen, hier die politischen und gesellschaftlichen Auseinandersetzungen um die Jagd in den letzten 150 Jahren nachzuzeichnen. Wir machen einen großen Sprung in die Gegenwart und finden die Jagd in ähnlich vehementer Weise in Frage gestellt wie zu Zeiten der bürgerlichen Revolution. Nur geht es heute nicht mehr darum, aus einem ständischen Privileg ein Bürgerrecht zu machen, sondern um Sinn und Berechtigung der Jagd überhaupt.

Ist die Jagd noch zeitgemäß? Wäre es nicht langsam an der Zeit, sie als archaisches Relikt unserer biologischen und kulturellen Evolution zu begraben? Sind die Jäger als Regulatoren in der Natur nicht völlig überflüssig, da die Natur doch alles von selbst regelt? Und überhaupt: Wie kann es erlaubt sein, Tiere, also Mitgeschöpfe, als Freizeitvergnügen zu töten? So lauten die Fragen, denen sich Jäger heute stellen müssen. Jagd passe nicht mehr in unsere modernen, aufgeklärten Zeiten, sie sei sinnlos, ein verachtenswerter „Blutsport", sagen die Jagdgegner und fordern eine „Natur ohne Jagd". Manche denken dabei auch an eine Gesellschaft ohne Jäger und nehmen es zumindest in Kauf, dass sie jagende Mitmenschen in Lebensgefahr bringen, wenn sie Hochsitze ansägen. Die Jagd polarisiert und emotionalisiert. Aber manchmal kann man sich des Eindrucks nicht erwehren, dass gerade in den Medien vom Lärm, den die radikalen Jagdkritiker veranstalteten, auf die Relevanz und Akzeptanz dieser Position geschlossen wird. Repräsentative Umfragen jedenfalls haben bisher noch nie eine breite, gar mehrheitliche Jagdgegnerschaft in der Bevölkerung zutage gebracht.

Persönliche Erfahrungen des Autors bestätigen das. Deshalb erlaube ich es mir, in die erste Person zu wechseln, um eine Jagdszenerie zu zeichnen, die denkbar weit vom höfischen Jagdprunk entfernt ist. Ich wohne im Berliner Stadtteil Prenzlauer Berg und habe eine Jagdmöglichkeit bei den Berliner Forsten in den ehemaligen Rieselfeldern von Pankow, fast vor der Haustür. Auf den Straßen meines Viertels sind am frühen Morgen die letzten Nachtschwärmer unterwegs. Selten ernte ich verdutzte Blicke, wenn ich mit Hund, Fernglas und Gewehr zu meinem Auto gehe. Noch nie bin ich angepöbelt worden. Berlin ist so voll schräger Gestalten, dass ich offenbar nicht weiter auffalle. Oder könnte es gar sein, dass selbst die hauptstädtischen Szenegänger, denen Wald, Wild und Jagd doch wahrscheinlich eher fremd sind, es als ganz normal empfinden, wenn da einer im Morgengrauen zum Jagen geht?

Wenn ich Glück habe, verläuft solch ein Morgen im Frühherbst so: Noch bei Dunkelheit erklimme ich einen der Hochsitze und muss nicht

Damals wie heute eignen sich die weiten Elbwiesen besonders, um in vollem Galopp den Hunden zu folgen.

„Einfach, ungekünstelt ist die ganze Anlage dieses Berges. Nur die Natur hat geordnet, was die Natur ungeordneter liegen ließ", bemerkte Johann Christian Grohmann nach einem Besuch des Sieglitzer Parks. Am Ende einer von insgesamt drei langen Sichtschneisen zieht die Skulptur einer Diana, Schutzherrin der wilden Tiere, in Begleitung eines Hundes den Blick des Betrachters auf sich.

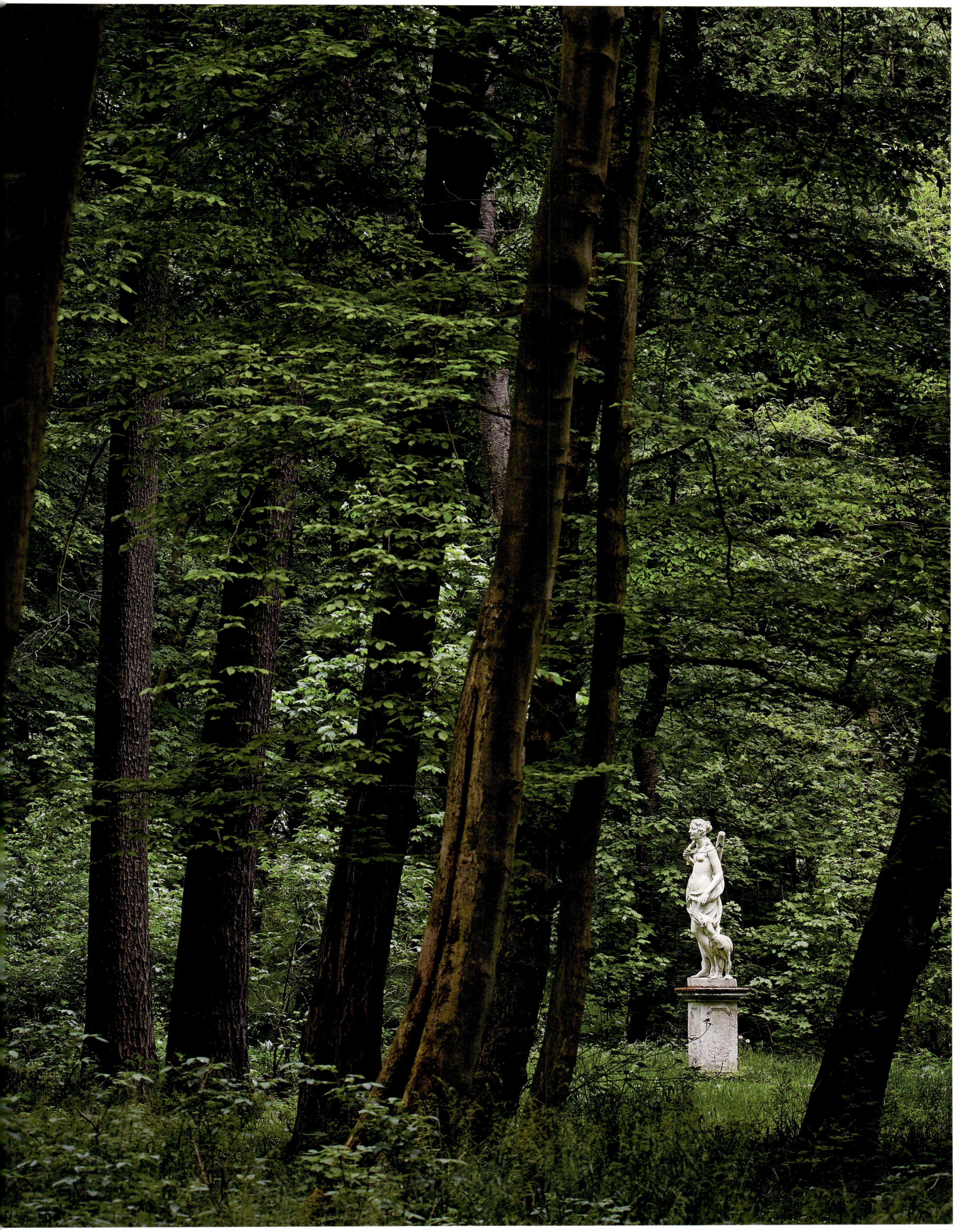

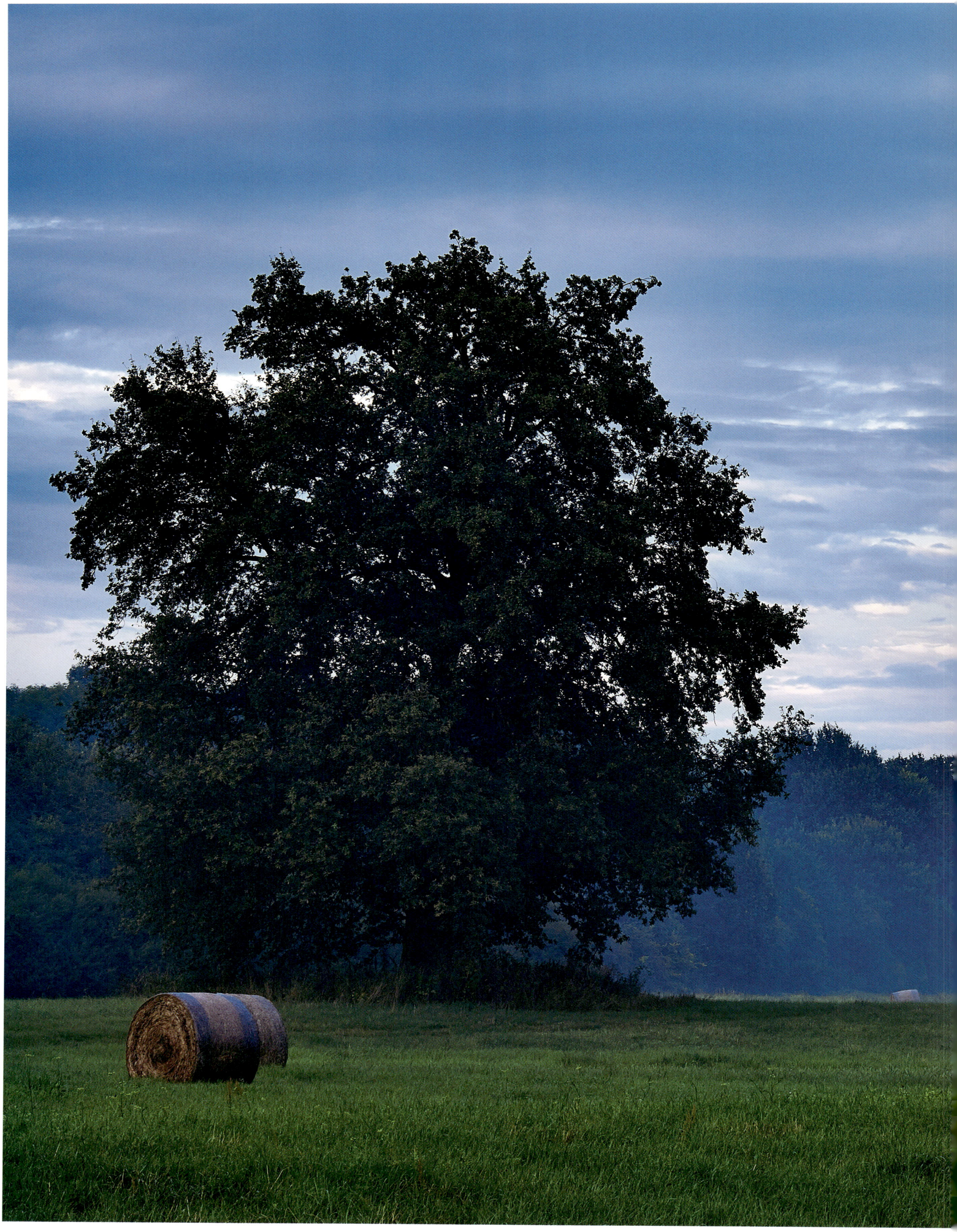

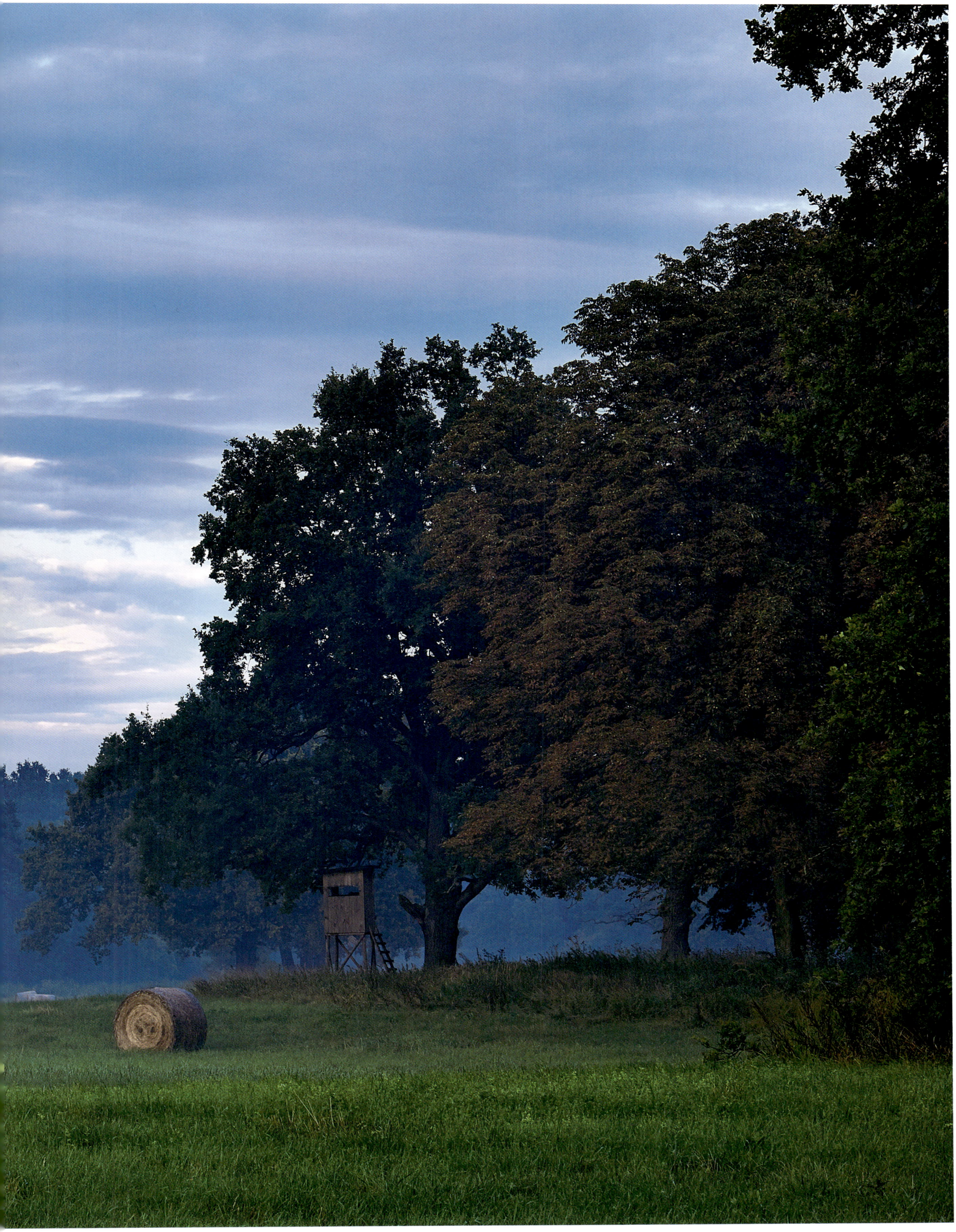

lange warten. Aus einem Feldgehölz tritt im ersten Tageslicht eine Rehricke mit ihrem Kitz auf die vor mir liegende Wiese. Wenn ich jetzt schieße, dann erst das Kitz und dann seine Mutter. Rehkitze sind im Herbst keine weiß gefleckten Bambis mehr. Das Kindchenschema ist kaum noch ausgeprägt. Vor mir steht der zarteste Braten, den man sich vorstellen kann. Das Fadenkreuz meines Zielfernrohrs steht ruhig hinter dem Schulterblatt des Kitzes. Den Schuss hört es nicht mehr. Als seine Mutter nach einigen Sätzen noch einmal verhofft, schieße ich sie auch tot. Das Forstamt verlangt von jedem Jäger einen Mindestabschuss. Will man den erfüllen, muss man jede Gelegenheit nutzen. Außerdem ist es besser, bei einer Jagd viel, statt bei vielen Jagden wenig Beute zu machen. Das reduziert den Jagddruck auf das Wild, das sich bei hohem Jagddruck nahezu unsichtbar macht. Auch Nichtjäger haben aber Anspruch darauf, Wild in freier Natur beobachten zu können. Es gehört zu unserer Kulturlandschaft.

Wenn ich von der Jagd nach Hause komme, sind die Cafés in der Nachbarschaft schon bevölkert. In den Kinderwägen brabbeln Säuglinge. Prenzlauer Berg ist eine der kinderreichsten Gegenden Deutschlands. Milchiger Friede liegt über der Szenerie. Ich habe gerade zwei Rehe ausgeweidet und verberge meine noch etwas blutigen Hände diskret in den Hosentaschen. Was würde ich denn antworten, wenn eine dieser jungen Mütter mich zornig funkelnden Blickes fragte, ob ich nichts Besseres zu tun habe, als eine Rehmama und ihr Kind zu morden? Nein, müsste ich antworten, das ist wirklich das Beste, was man tun kann. Und ich würde hinzufügen: Niemand liebt Rehe mehr als ich, lebende ebenso wie gebratene.

Ich töte nicht gedankenlos. Mir ist klar, dass ich nicht auf biomechanische Automaten schieße, sondern auf Lebewesen, zu denen der Mensch in den Jahrtausenden seiner Kulturgeschichte eine innige Beziehung entwickelt hat. Die Jagd ist ein wesentlicher, ja über die längste Zeit sogar *der* wesentliche Teil dieser Geschichte, wie Hermann Parzingers „Geschichte der Menschheit bis zur Erfindung der Schrift" eindrucksvoll belegt. Ich bin mit vielen Tieren groß geworden, mit solchen, die meine Kumpane waren, und mit solchen, die gegessen wurden. Ich päppelte aus dem Nest gefallene Vögel auf und schoss mit dem Luftgewehr Stare aus den Obstbäumen, was damals noch erlaubt war. Früh gehörte das Hühnerschlachten zu meinen Aufgaben. Doch habe ich meine tiefe Empathie für Tiere und die frühe Gewöhnung daran, sie zu töten, nie als Widerspruch empfunden.

Daran hat sich nichts geändert. Nie ist es mir in den Sinn gekommen, dass Jagd etwas Verwerfliches sein könnte. Allerdings: Gerade weil ich ein leidenschaftlicher Jäger bin und der Jagd die Zukunft offenhalten will, gerate ich zunehmend in Widerspruch zu vielen Erscheinungen der Jagdpraxis in Deutschland und zur in der konservativen Mehrheit der Jäger immer noch vorherrschenden Jagdideologie vom patriarchalischen „Heger und Pfleger", der in der Natur angeblich für „Gleichgewicht" sorgt. Der Kult um die Trophäe, der entgegen allen Beteuerungen von Jagdfunktionären weithin geübt wird – der kapitale Bock, Keiler oder Hirsch steht

In der wildreichen Auenlandschaft betreiben die Dessauer Fürsten von Alters her die Jagd. Der kunstsinnige Fürst Franz folgte dieser Tradition und äußerte: „Vornehmlich war es die Jagd, welche die Engländer so leidenschaftlich lieben und die auch meine Passion war, die mich fortriß und nicht selten in Gefahr brachte, Hals und Bein zu brechen; denn aus einem Lehrlinge der tollen Jäger wurde ich bald ihr Meister ...".

Vornehmlich Rehwild, hier ein Schmalreh, fühlt sich in den Elbauen heimisch.

Hauptwildart in den Wäldern und Auen des Gartenreichs ist neben dem Rehwild hauptsächlich Schwarzwild, wobei auch der Rotfuchs und – heutzutage eher seltener – der Fasan als jagdbare Wildarten anzutreffen sind.

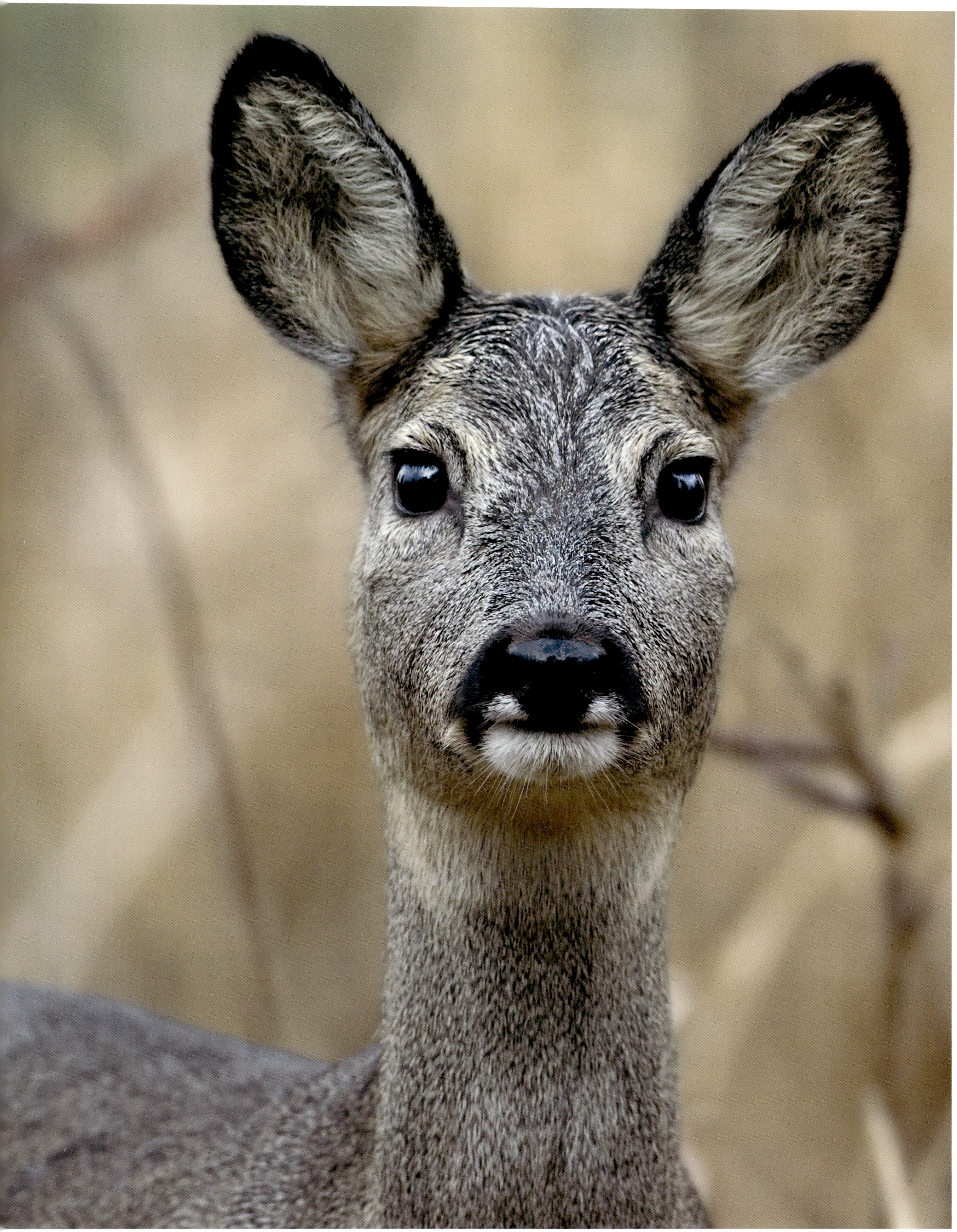

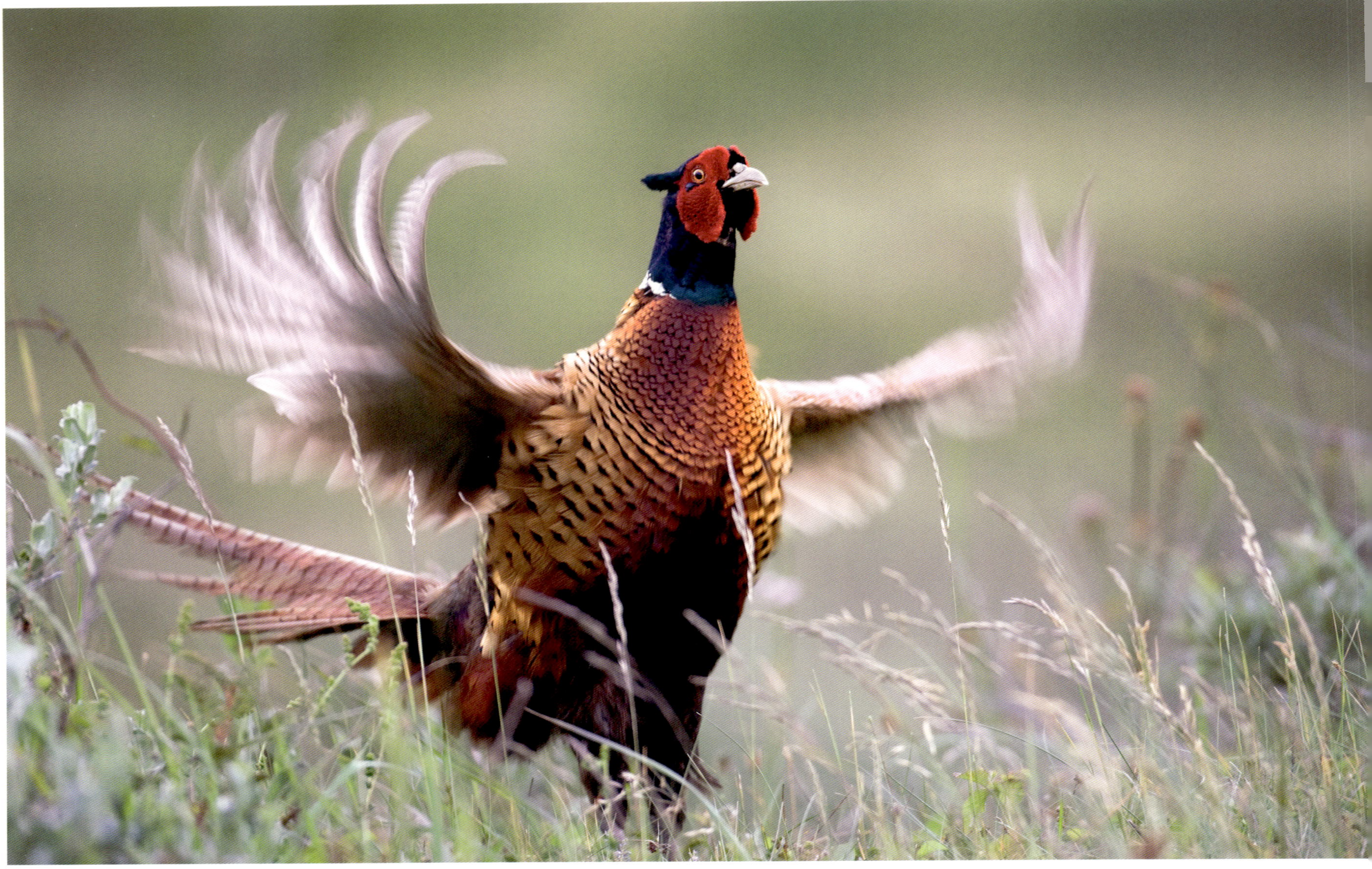

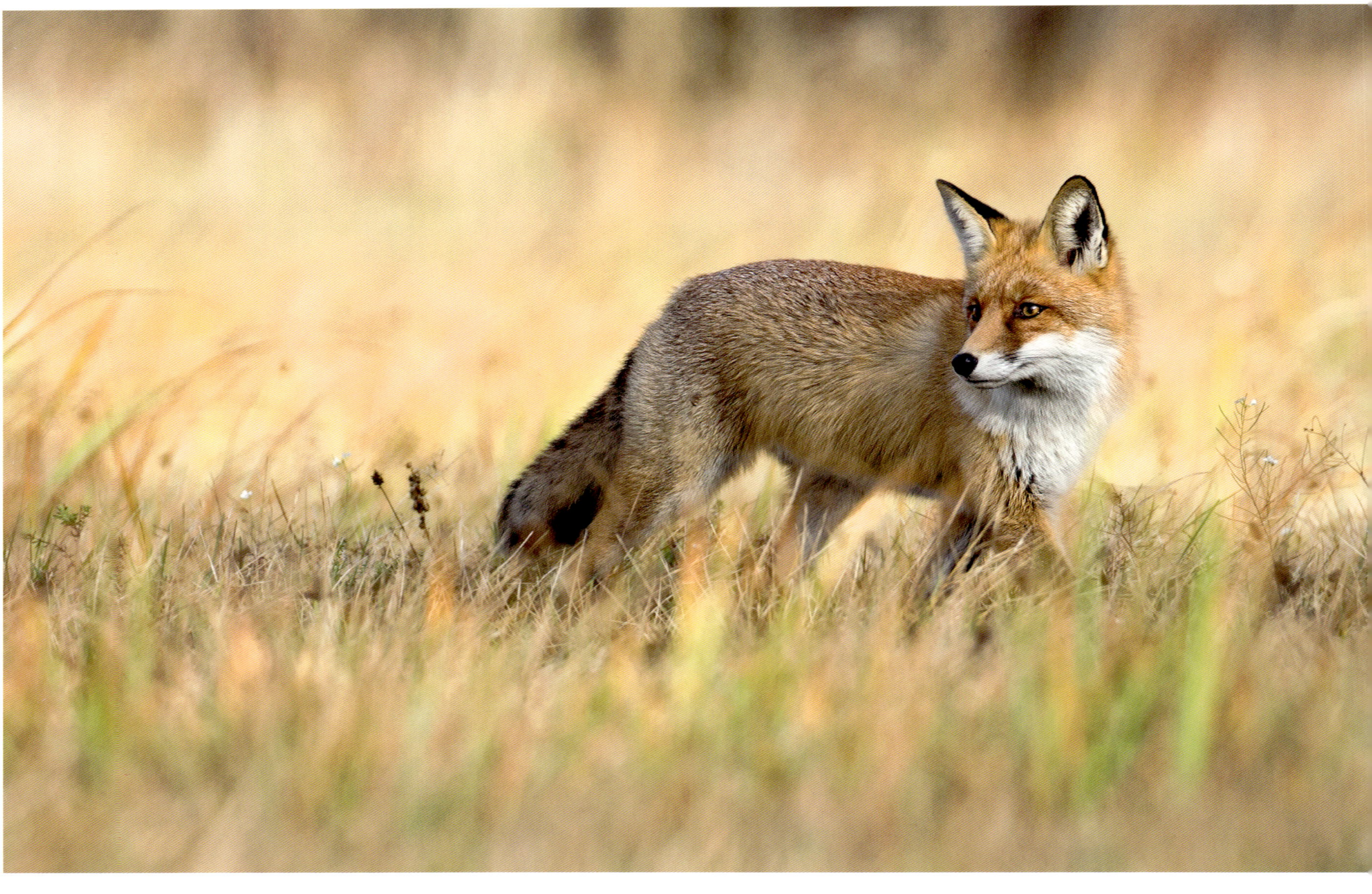

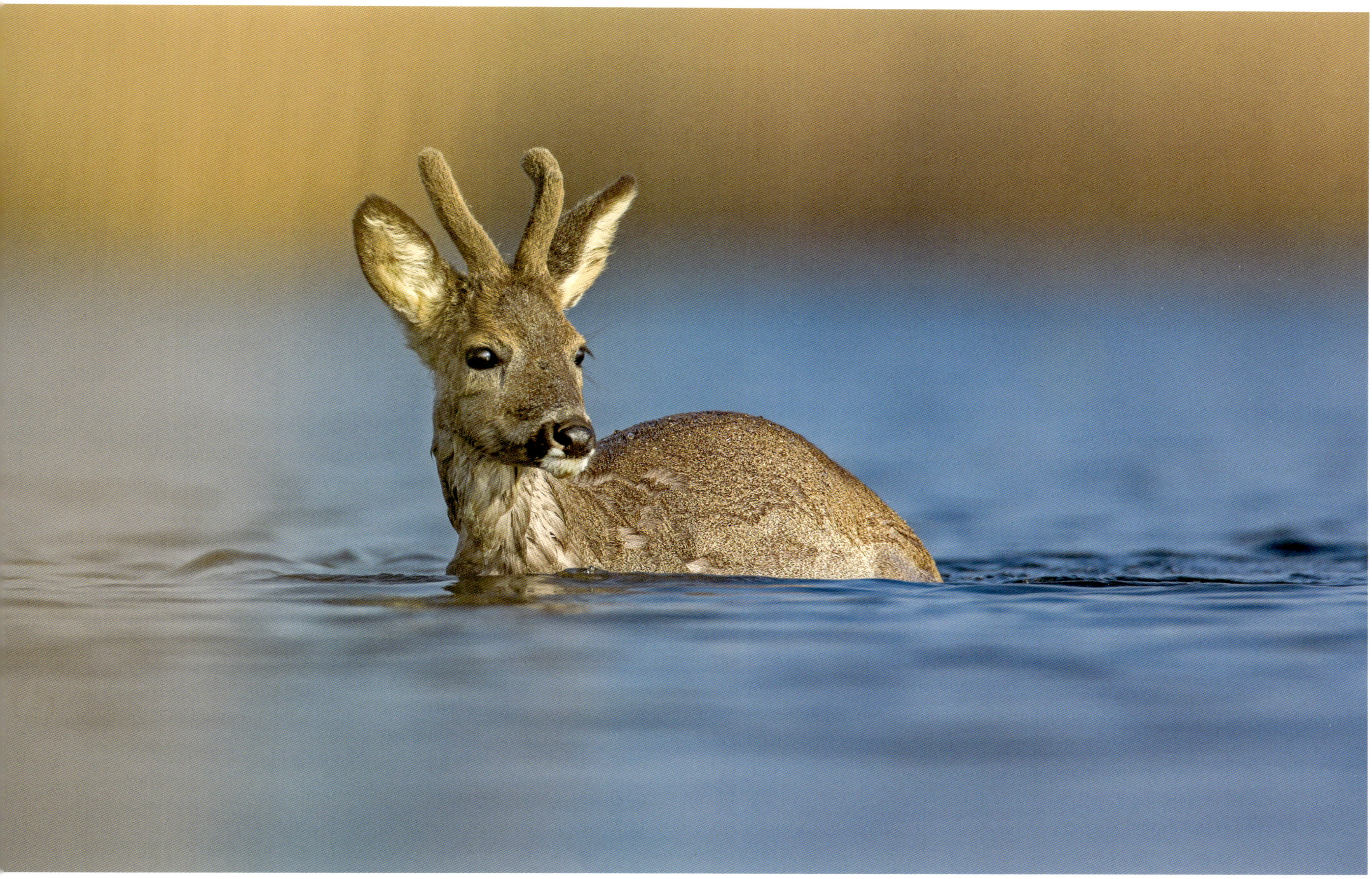

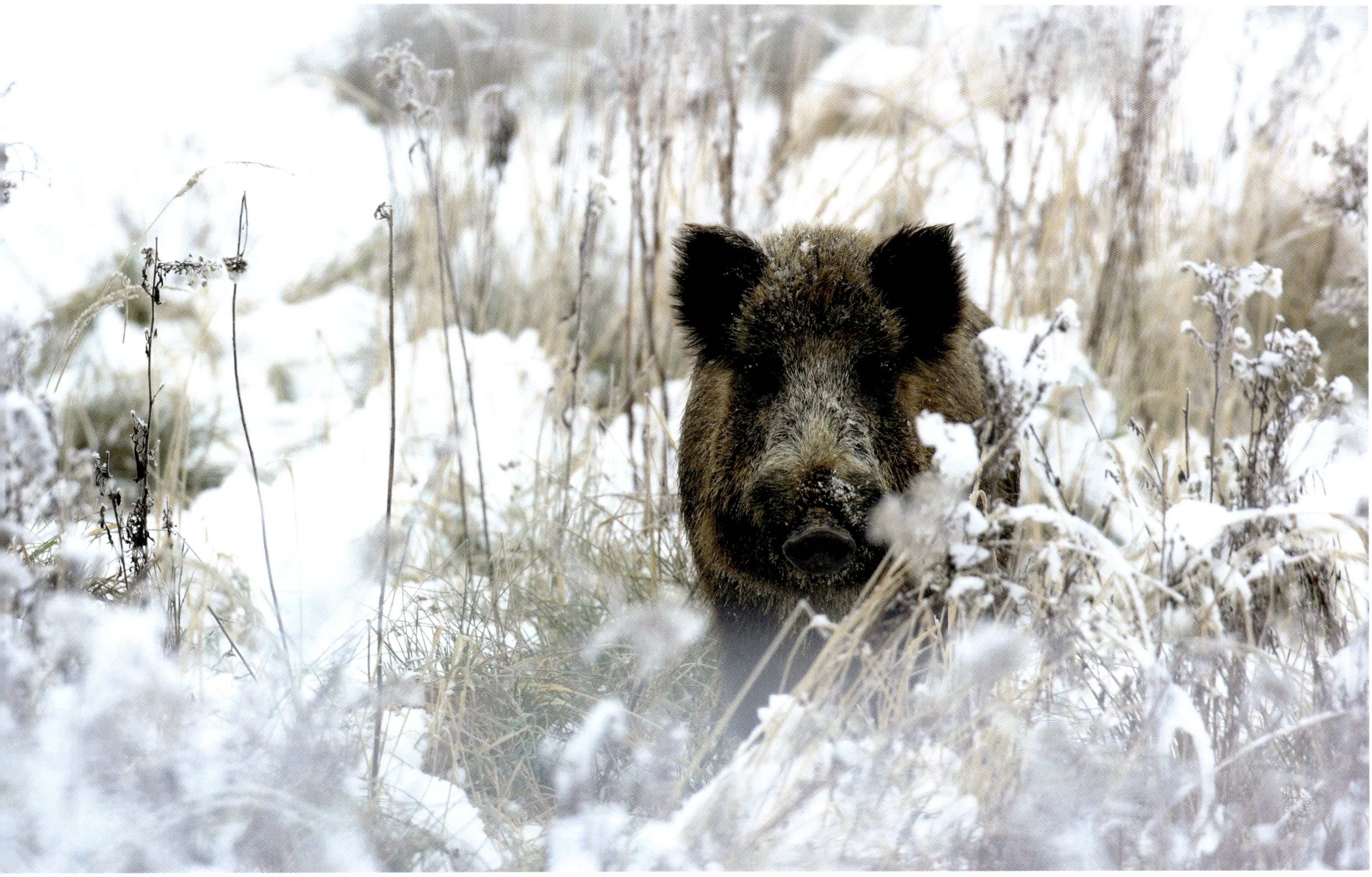

nach wie vor im Zentrum des Denkens vieler Jäger –, ist das deutlichste Zeichen dafür, dass die Jagd sich grundlegend wandeln muss, wenn sie Bestand haben soll. Allerdings mehren sich auch die Zeichen dieses Wandels. Die Jagdmotivation verändert sich. Gerade bei frischgebackenen Jagdscheininhabern und -inhaberinnen steht das Wildbret im Vordergrund. Sie wollen selbst ein hochwertiges Lebensmittel aus der Natur gewinnen. Der Umgang mit diesem Rohstoff nimmt in der Ausbildung der Jäger immer größeren Raum ein. Das ist hoch erfreulich. Für keinen Jäger sollte die Jagd mit dem Schuss und dem Absägen der Trophäe vorbei sein. Sie geht in der Wildkammer, im Zerwirkraum, in der Küche und schließlich am Esstisch weiter.

Nach meinem Verständnis ist die Jagd ein Handwerk, das als Teil der Land- und Forstwirtschaft eine wichtige Rolle spielt. Man muss zur Jagd nicht „berufen" sein. Jeder kann dieses Handwerk erlernen. Und immer mehr wollen das auch tun. Mit mehr als 360 000 Jagdscheininhabern gibt es heute so viele Jäger in Deutschland wie noch nie. Etwa zehn Prozent davon sind Frauen. In den Vorbereitungskursen auf die Jägerprüfung liegt der Frauenanteil schon deutlich höher. Als Männerdomäne kann man die Jagd schon nicht mehr bezeichnen.

Ich komme vom Land, ich lebe und arbeite zurzeit in der Stadt. Die Jagd ist die Nabelschnur, die mich mit meiner Herkunft verbindet. Durch sie erfahre ich, was auf dem Land, in der Land- und Forstwirtschaft geschieht. Das dürfte eigentlich keinem mündigen Staatsbürger gleichgültig sein, denn das, was auf mehr als 80 Prozent unserer Landfläche getan oder unterlassen wird, entscheidet über die künftigen Lebensmöglichkeiten auch des urbansten Postmaterialisten und Internetbewohners. Nicht nur für den einzelnen Jäger ist die Jagd mehr als eine Nebensache. Sie ist für die gesamte Gesellschaft von einiger Relevanz. Allerdings fordern viele Jäger das Fehlurteil, die Jagd sei ein absterbender Zweig der Folklore, dem man keine Träne nachweinen muss, durch ihr Verhalten geradezu heraus.

Der von Forst- und Landwirtschaft, vom Naturschutz und weithin auch von der Politik gegen die Jäger vorgebrachte Vorwurf, sie erfüllten ihre wichtigste gesetzliche Aufgabe nicht, nämlich für Wildbestände zu sorgen, die den landeskulturellen Verhältnissen angepasst sind, ist leider nicht ganz unberechtigt. Die Jagdstrecken bei wild lebenden Huftieren sind zwar in Deutschland so hoch wie noch nie, seit es eine Jagdstatistik gibt, doch ist zum Beispiel das forstlich überall verfolgte Ziel, standorttypische Baumarten ohne künstliche Schutzvorkehrungen hochbringen zu können, noch längst nicht erreicht. Jäger erlegen eine Million Rehe, eine halbe Million Wildschweine, mehr als 100 000 Stück Rot- und Damwild jährlich. Das ist ein Vielfaches dessen, was vor dem Krieg in Deutschland zur Strecke kam, zu dem damals noch Ostpreußen, Pommern und Schlesien gehörten, jagdliche Traumländer allesamt. Milde Winter, üppiger Stickstoffeintrag in die Böden, die großen Sturmschäden der vergangenen Jahre mit ihrer Nachfolgevegetation, die explosionsartige Zunahme des

Die Jagdhornbläser mit Parforcehorn und Fürst Pless Jagdhorn sind wesentlicher Teil der traditionellen Drückjagden im herbstlichen Gartenreich.

Der Schütze, aus Sicherheitsgründen mit signalfarbiger Jacke, auf dem Weg zu seinem vom Jagdherrn zugewiesenen Stand, den er bis zum Ende der Jagd nicht verlassen darf.

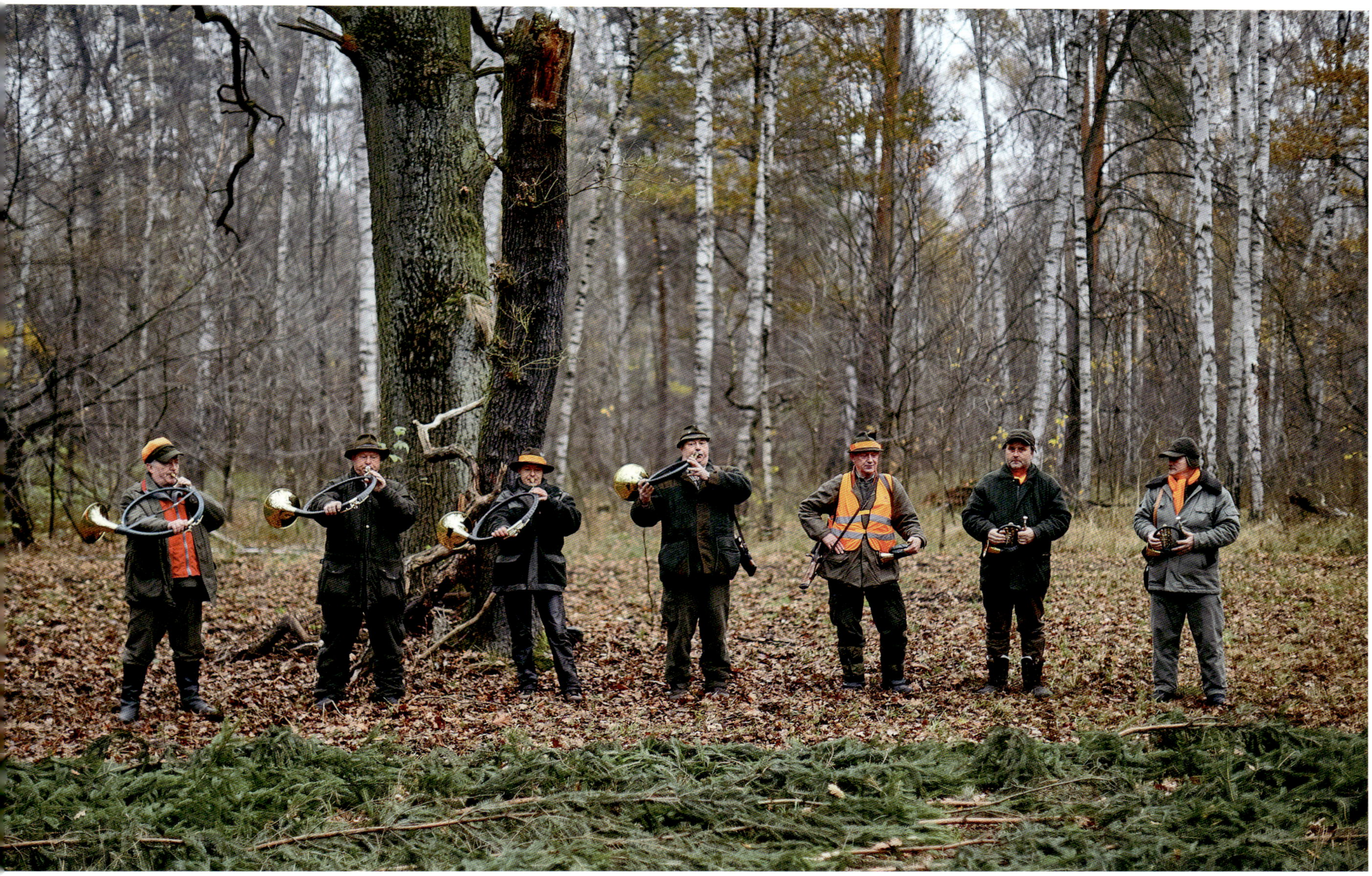

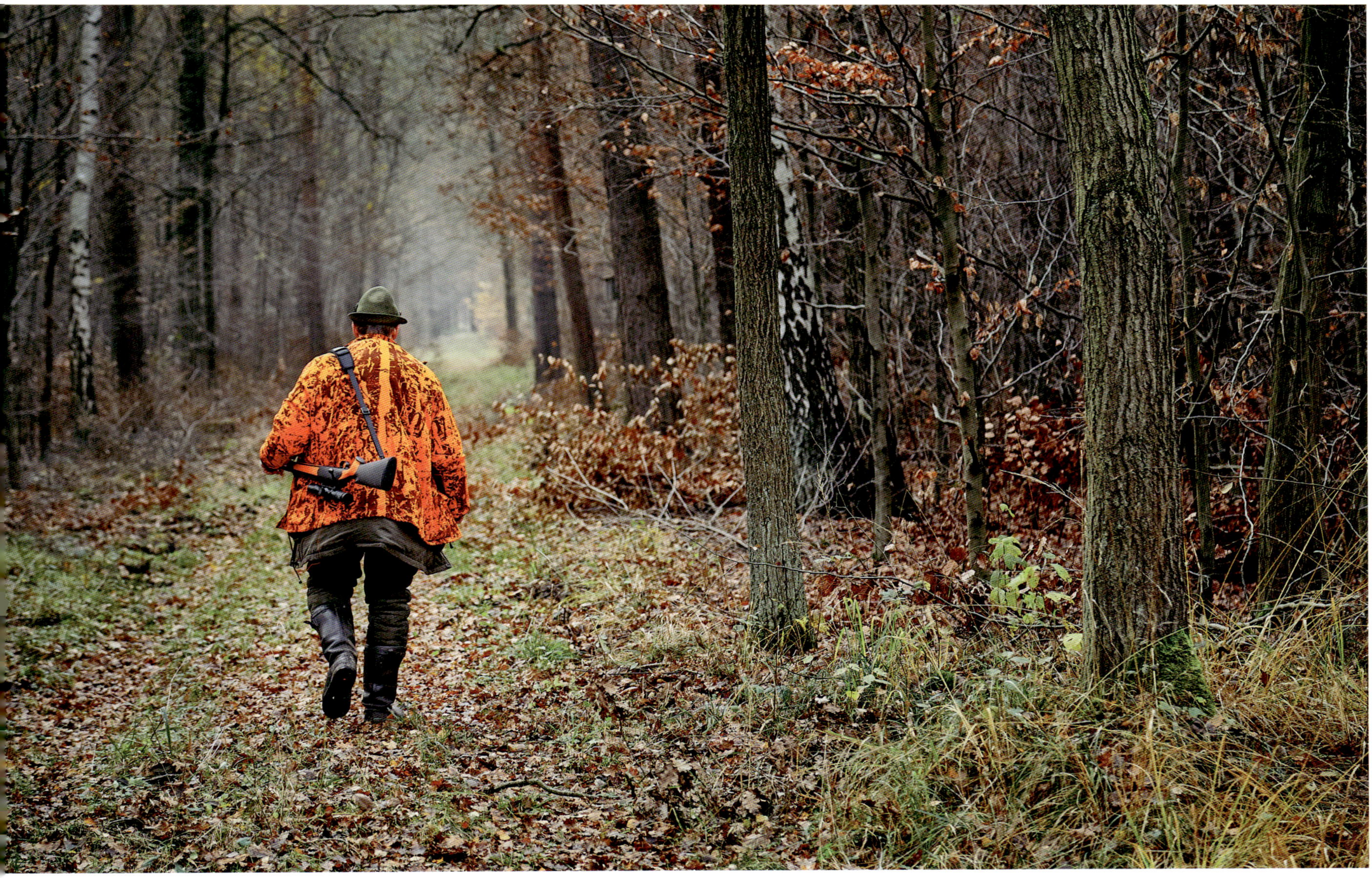

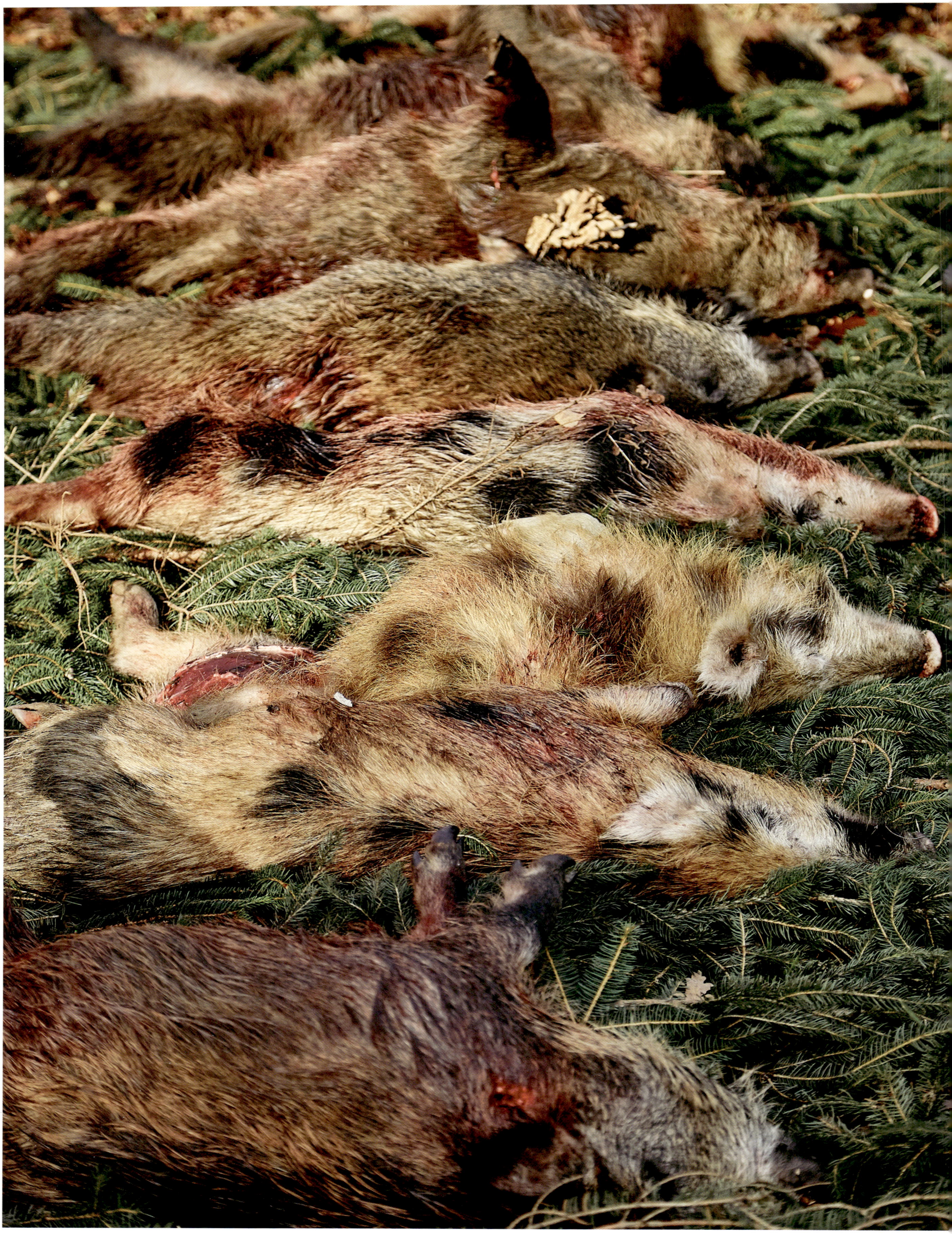

Maisanbaus – all das hat die Lebensbedingungen der großen Pflanzenfresser, also des „Schalenwilds", optimiert. Wahrscheinlich ziehen heute so viele wild lebende Huftiere durch Deutschlands Wald und Flur wie noch nie in der Geschichte. Aber ein großer Teil der Jägerschaft weigert sich immer noch, der Tatsache ins Auge zu sehen, dass wir in einer Schalenwildepoche leben und das Management dieses Wildes die zentrale, über Sein oder Nichtsein der Jagd entscheidende Aufgabe ist. Dabei sind widerstreitende, jedoch gleichermaßen berechtigte Interessen der Land- und Forstwirtschaft, des Naturschutzes, des Tourismus und auch der Jagd zu berücksichtigen. Übermäßige Wildschäden müssen verhindert werden, das Wild soll auch für Wanderer und Spaziergänger sichtbar bleiben und nicht durch permanenten Jagddruck in die Nachtaktivität gedrängt werden, und es soll so bejagt werden, dass sein Fleisch als hochwertiges, ethisch einwandfrei erzeugtes Lebensmittel genutzt werden kann. Das gleicht der Quadratur des Zirkels. Aber es zeigt die Komplexität der Aufgaben, vor denen die Jagd steht.

Nichts deutet darauf hin, dass die Jagd überflüssig werden könnte. Auch die zum Glück sich bei uns wieder ausbreitenden Wölfe werden die Jäger nicht arbeitslos machen, sondern ihnen höchstens einen Teil der Arbeit abnehmen. Dem gesetzlich vorgegebenen Ziel, gesunde und vitale Wildbestände zu erhalten, dient ihre instinktsichere Jagd auf jeden Fall. Aber auch wenn das vom Bundesamt für Naturschutz theoretisch errechnete Maximum von 440 Wolfsrudeln in Deutschland tatsächlich erreicht würde, wäre das für die menschlichen Jäger kein Anlass, die Büchse im Schrank zu lassen. Unsere hoch produktive Kulturlandschaft bringt so viel Biomasse in Form von Rehen, Hirschen und Wildschweinen hervor, dass es für alle reicht. Der Wahnvorstellung allerdings, der menschliche Jäger könne durch seine vor allem am Kopfschmuck der männlichen Tiere orientierten Selektionskriterien „verbessernd" auf den Wildbestand einwirken, bereiten die Wölfe endlich ein Ende.

…rlegtes Schwarzwild, hier eine
…eihe mit Frischlingen auf der
…ogenannten Strecke, einem mit
…weigen von Nadelholz ausgelegten
…atz

…eit einigen Jahren ist das Rotwild
…ieder in den Auenwald zurück-
…ekehrt.

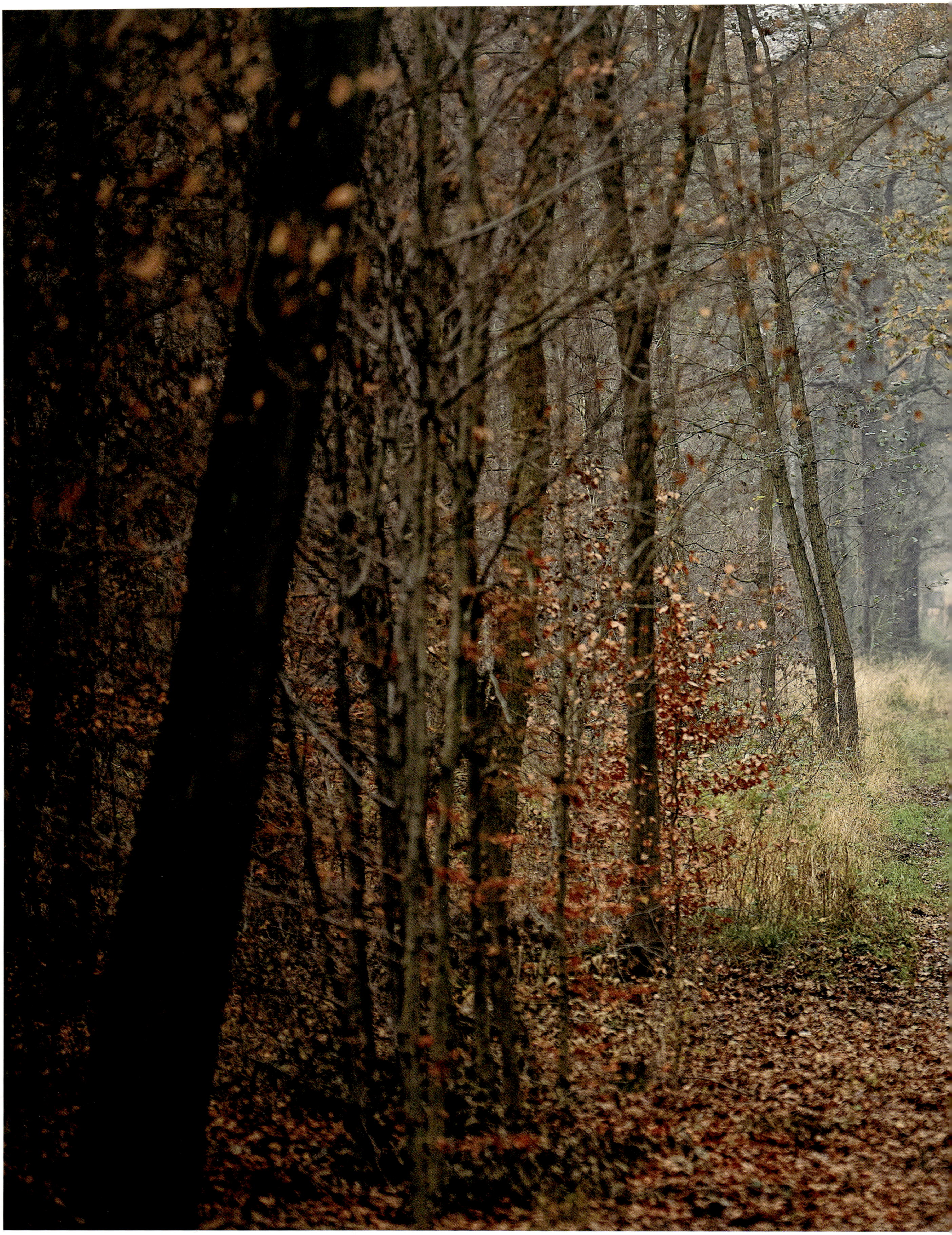

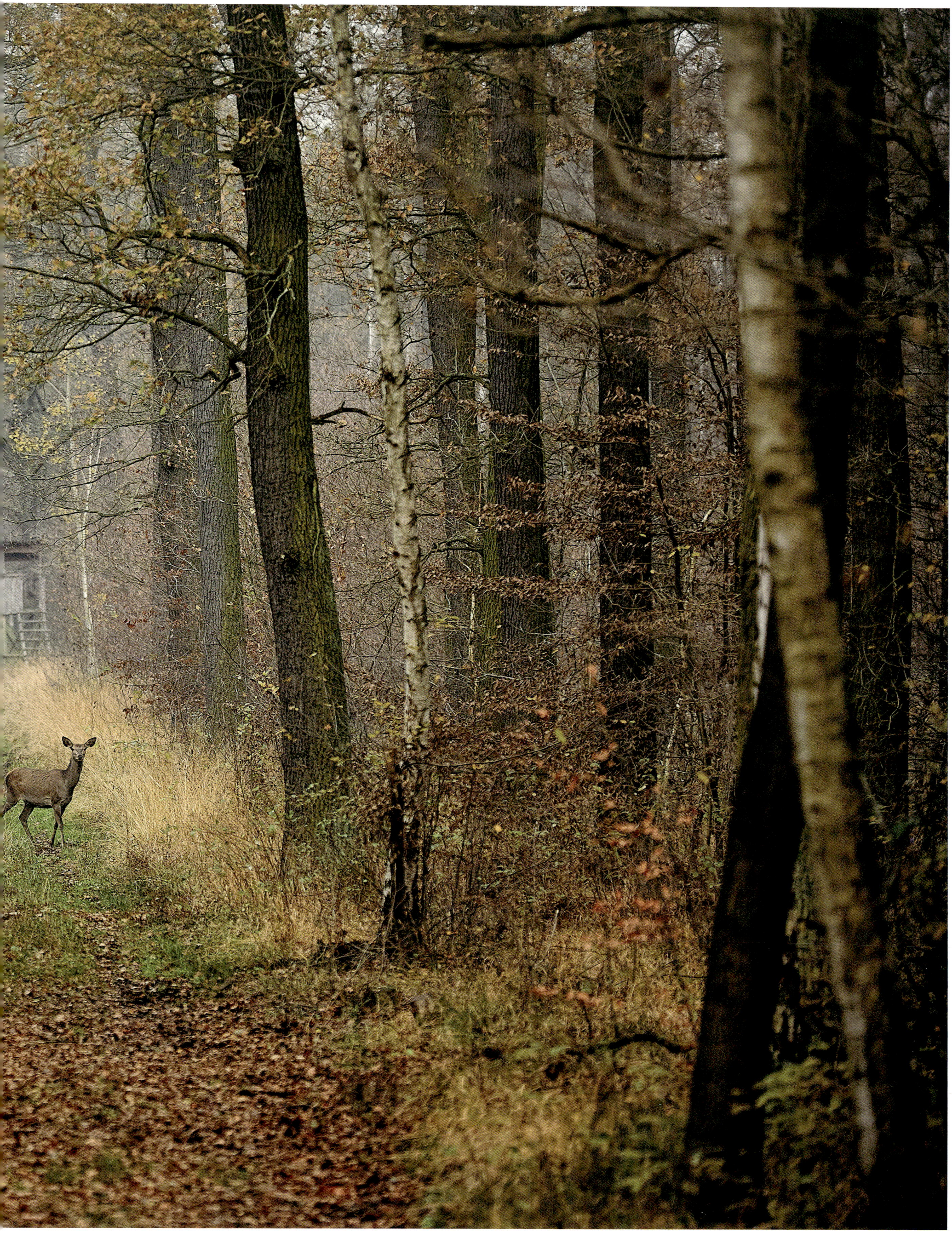

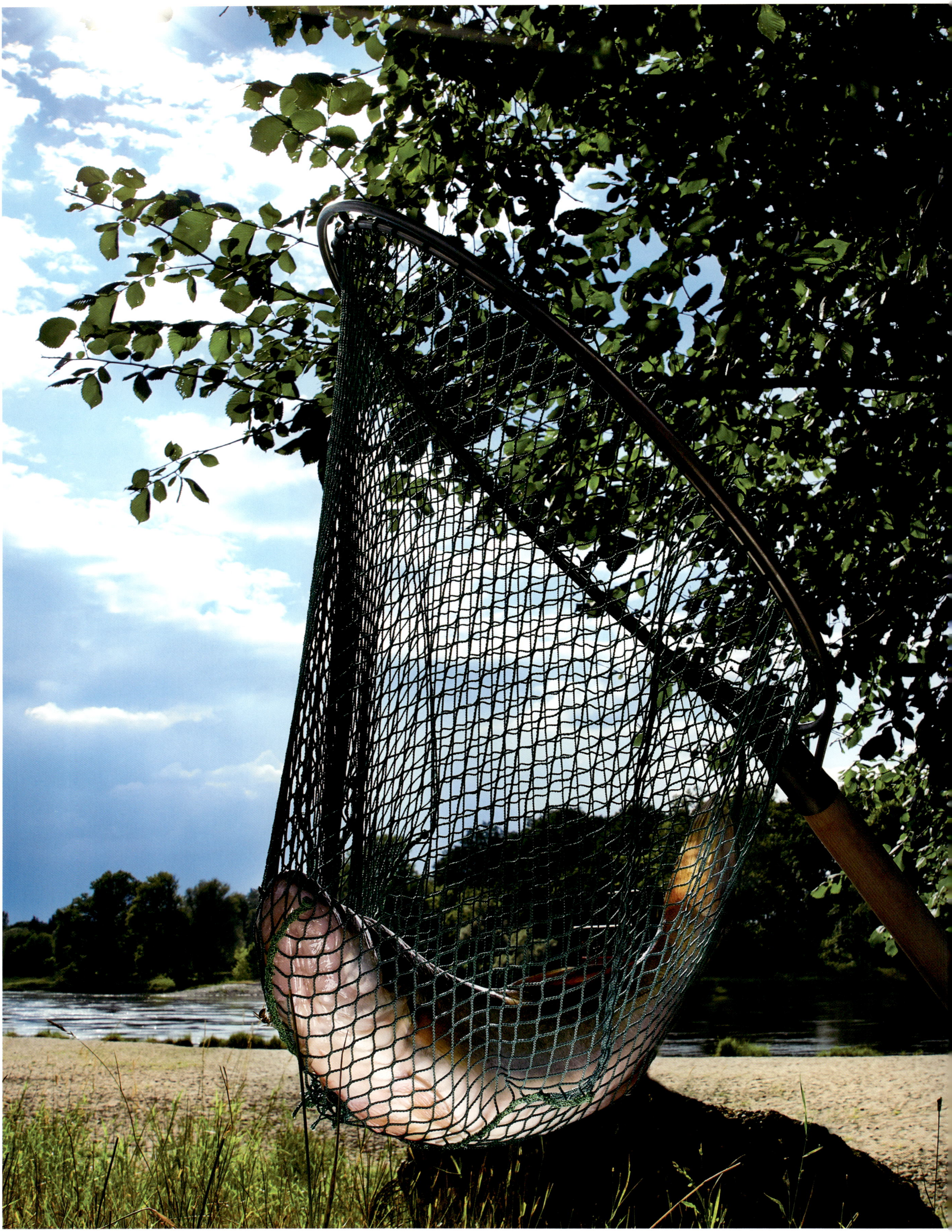

Gaumenfreuden

INGO SCHMIDT

Es hat die Anmutung einer gemalten Idylle: Der Fischer Klaus Pinkert rudert gemächlichen Tempos am frühen Morgen auf dem Wörlitzer See. Nichts stört die Ruhe, die Ruderschläge sind so präzise gesetzt wie ein Schweizer Uhrwerk und der Kescher ist bereit, die Schätze des Binnengewässers zu bergen. Das sind Hechte, Karpfen, Zander, Aale, Zwergwelse und Plötzen. Der Fischer von Wörlitz ist einer der Letzten seiner Art, die im großen Walloch des viergliedrigen Sees mit Blick auf den Gründungsbau des deutschen Klassizismus, das Wörlitzer Schloss, dem Fischereihandwerk nachgehen. Bis ins 15. Jahrhundert reicht in ununterbrochener Erbfolge die Familientradition der Fischerfamilie Pinkert aus Horstdorf im Wörlitzer Winkel zurück. Pinkert weiß und schätzt, dass er in einem Garten Eden seinem Beruf nachgehen kann. Mehr Naturnähe bei gleichzeitig einmaliger kultureller Rahmung geht nicht, und so verweilt das Auge des Fischers gelegentlich, um vom Wasser aus die grandios gestaltete Pracht des Gartenreichs zu betrachten.

Kostbare Momente sind es, wenn Pinkert die Ruderblätter zur Seite legt und die Blicke schweifen lässt zur Villa Hamilton auf dem Wunderfelsen, der Insel Stein oder zum sogenannten Toleranzblick auf die St. Petri-Kirche und die Synagoge von Wörlitz. Für einen Augenblick genießt er den Innehalt. Ein anderes Landschaftsbild könnte auch auf der Staffelei eines Malers entstanden sein: Schäfer Olaf Mücke aus Riesigk weidet seine Merinolandschafe, grau gehörnten Heidschnucken und robusten Rhönschafe auf den Deichen des Gartenreiches, die Fürst Franz von Anhalt-Dessau vor mehr als 200 Jahren anlegen ließ – ein Motiv von arkadischer Tiefe, Romantik pur, ein Fest für die Augen. Und doch auch von hohem Nutzwert, denn die Herde betreibt aktive Natur- und Landschaftspflege und ernährt sich gleichzeitig von nährstoffreichen Pflanzen und Kräutern, die in der als UNESCO-Biosphärenreservat geschützten Auenlandschaft entlang von Mittelelbe und Mulde gedeihen. Schäfer Norbert Kislinger aus Kakau lässt seine Herde in Vockerode weiden. Seine Suffolk- und Schwarzkopfschafe sind Rassen mit sehr guten Fleisch bildenden Eigenschaften.

Pinkert, Mücke und Kislinger sind nur drei Namen, die im Koordinatensystem der vielfältigen Genusslandschaften im Weltkulturerbe Gartenreich Dessau-Wörlitz gleichsam für Aufbruch und Tradition stehen. Sie bewahren die gewachsenen Traditionen einer „Ferme ornée" in Kombination mit einer nachhaltig betriebenen Land- und Teichwirtschaft und sind in ihrer kompromisslos qualitätsorientierten und regionalen Ausrichtung, was ihre Produkte und handwerklichen Arbeitsweisen anbelangt, Katalysatoren einer Qualitätsoffensive, wie sie der Gartenreichregion nicht besser zu Gesicht stehen könnte.

„Slow Garden – Slow Food": Unter diesem Diktum verantwortungsvollen Umgangs mit den Schätzen der Natur fühlen sich immer mehr Protagonisten in der Gartenreichregion dazu berufen, Erstklassiges in authentisch regionalen Kreisläufen zu produzieren. Das Gartenreich und die Kulturstiftung DessauWörlitz sind an diesem Wertschöpfungsprozess aktiv beteiligt. Landnutzung und Landschaftsgestaltung werden als Einheit betrachtet, das gelebte Motiv von „Green & Clean" wird – wo immer es praktikabel ist – protegiert und transparent umgesetzt. Im Gartenreich folgt man der aufgeklärten Ideenwelt seines Begründers Fürst Leopold III. Friedrich Franz, indem man dessen Botschaften interpretiert und in Gegenwart und Zukunft fortschreibt. Keine zweite Landschaft in Deutschland dürfte so natürlich erschlossen sein wie das Gartenreich. Und doch gäbe es Potenziale, die es – auch aus ökonomischer Sicht – zu befördern gilt. Das trifft auf die Viktualien und auf die wachsende Schar nachhaltig agierender Erzeuger und Produzenten der Region zu. Sie sind Identitätsstifter, die gerade erst damit beginnen, dem Weltniveau der historischen Bauten, der Landschaft und der Natur ein produktives Äquivalent aus „entschleunigter Genusskultur und -vielfalt" an die Seite zu stellen.

Fürst Leopold III. Friedrich Franz war des kleinen Reiches oberster Landschaftsgärtner, ein tüchtiger Landwirt und kenntnisreicher Dendrologe

---

Die zunehmend höhere Wasserqualität lässt wieder ein steigendes Aufkommen aller ursprünglich in der Elbe beheimateten Fischarten zu. Auch die Population an Zandern ist wieder stark angewachsen. Ein aus der Elbe frisch gefangener Zander stellt einen kulinarischen Hochgenuss dar.

Im 18. Jahrhundert sollten gemischte Tierherden das Landschaftsbild bereichern und an Arkadien erinnern.

Die Elbauen hinter den Wörlitzer Anlagen werden extensiv beweidet. Einer der Landwirte hält auf den fruchtbaren Weiden die aus Mittelfrankreich stammenden Charolais-Rinder, die bei Gourmets weltweit wegen ihres vorzüglichen Fleisches geschätzt werden.

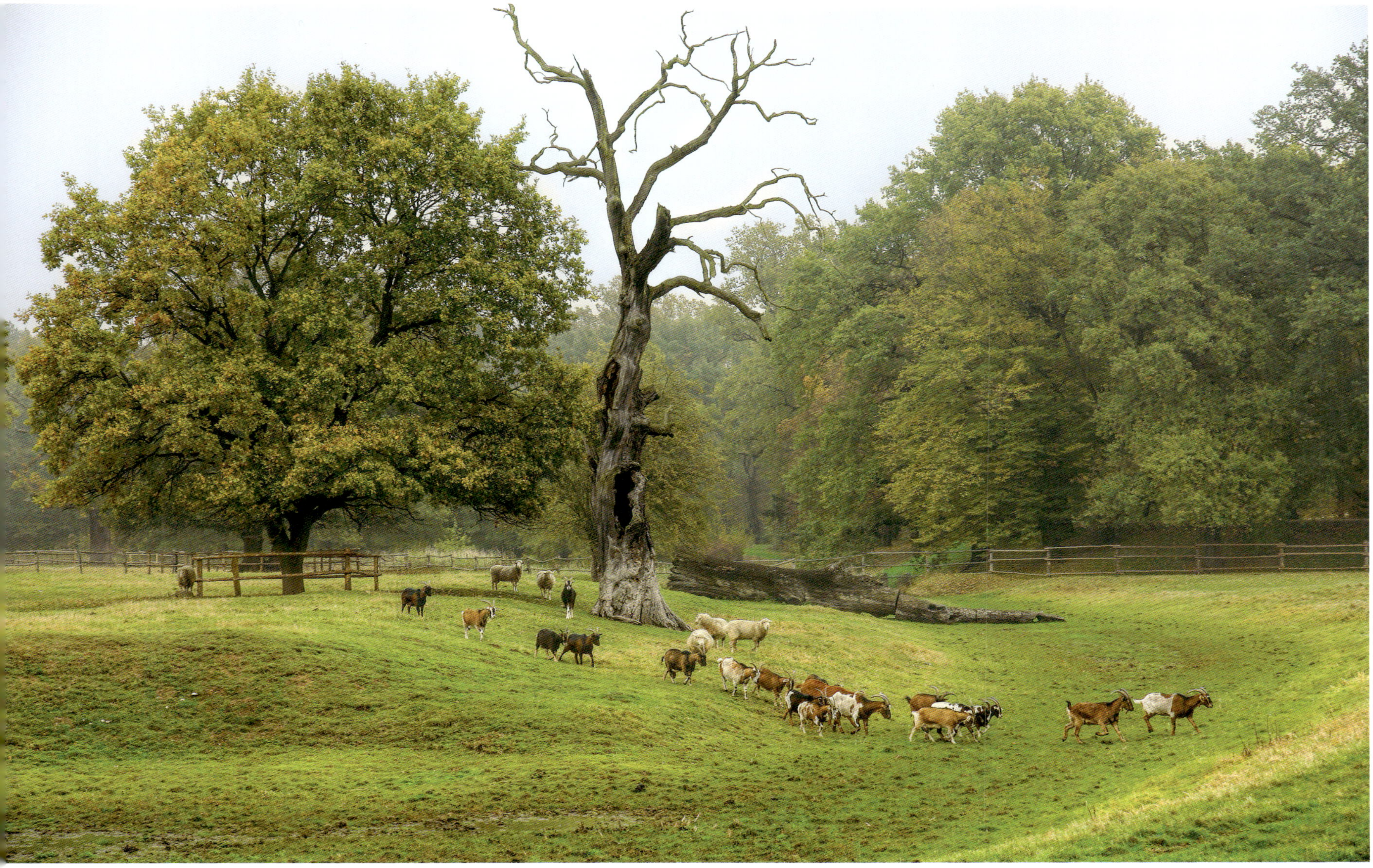
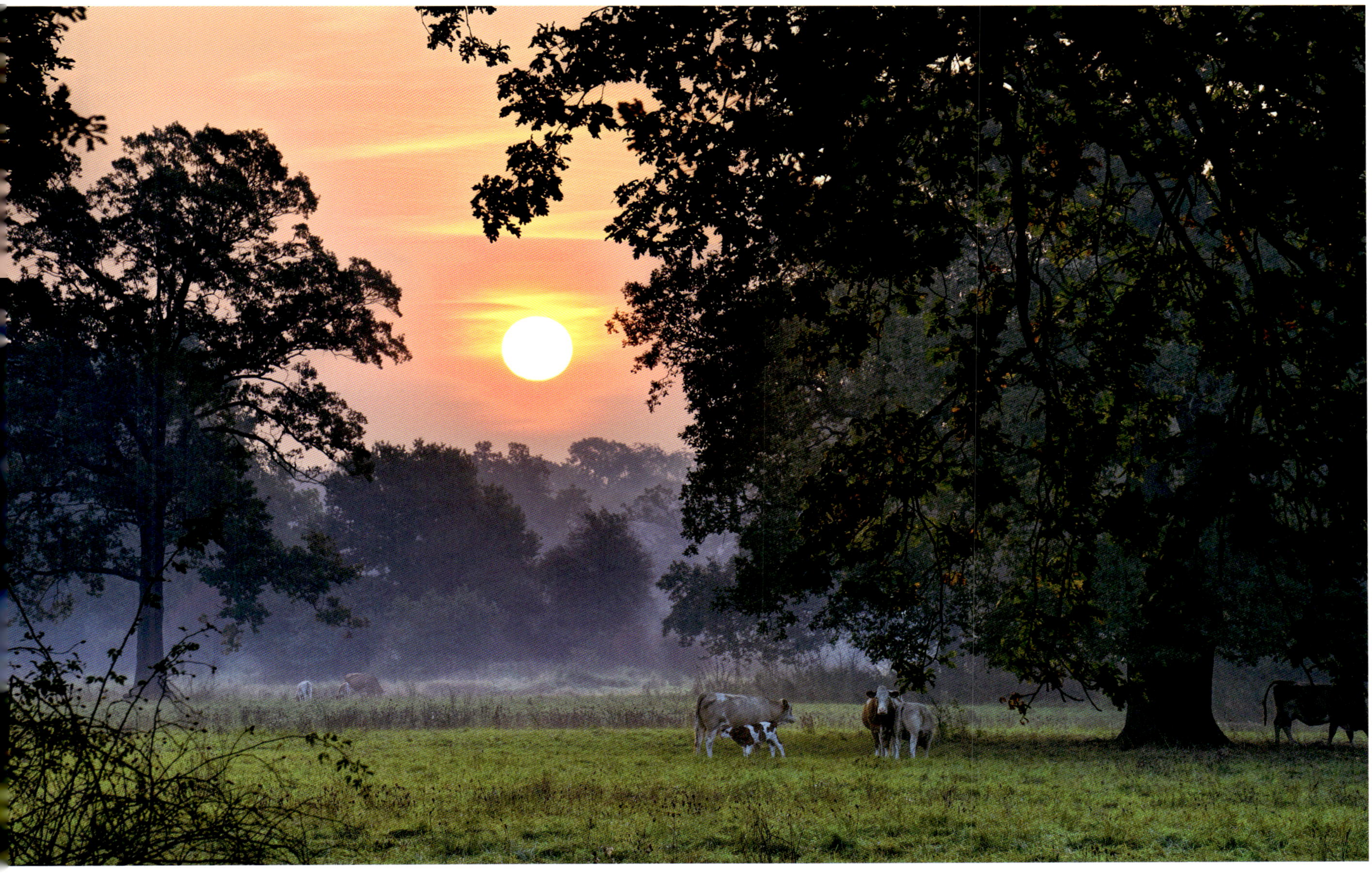

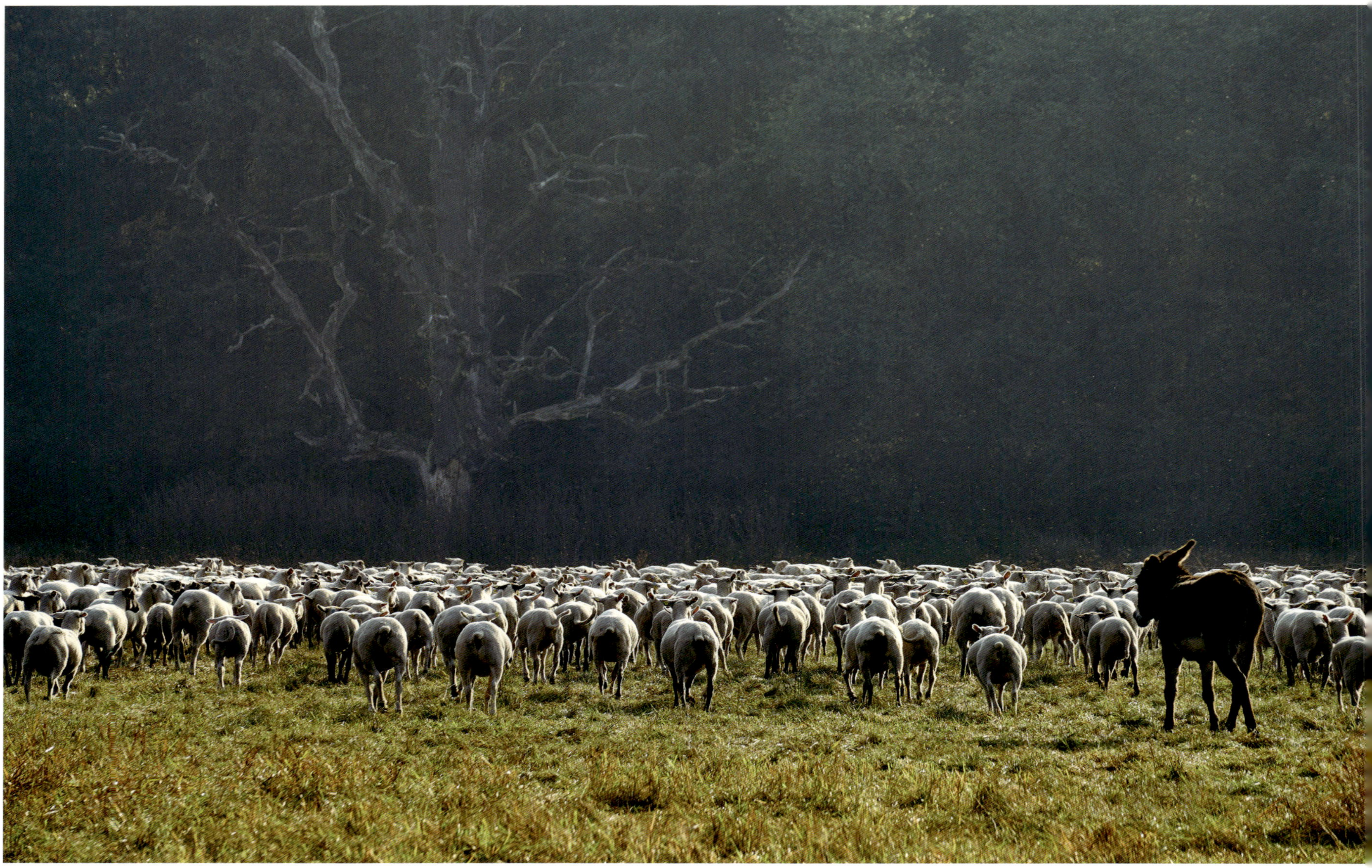

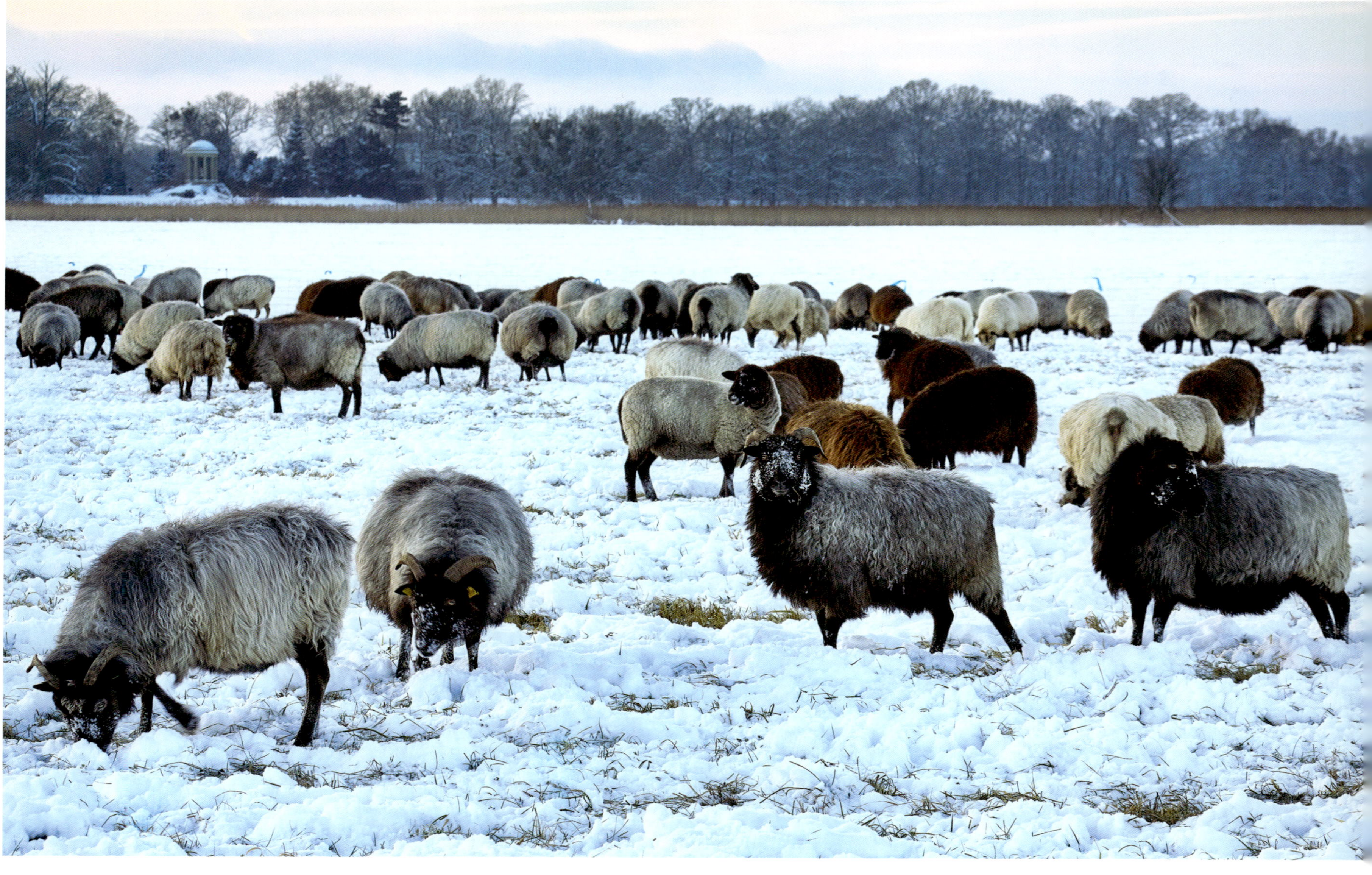

war er zudem. Den „fruchttragenden Bäumen" galt seine besondere Aufmerksamkeit. Entlang der Wege und Hauptstraßen des Gartenlandes, auf Wällen und Wiesen ließ er mannigfach Obstbäume anpflanzen. Sie bereicherten nicht nur das ästhetische Landschaftsbild mit der prachtvollen Blüte im Frühjahr, sie stellten auch eine wichtige Einnahmequelle des Fürstentums dar. Die alten Reststreuobstbestände, die einst unter den berühmten Landschaftsgärtnern Eyserbeck und Schoch angelegt wurden, werden heute erhalten, gepflegt und wirtschaftlich genutzt. Kleine lokale Verarbeitungsbetriebe stellen aus dem Obst – vornehmlich sind dies alte anhaltische Äpfelsorten – naturbelassene Säfte und Gelees her.

Die Auenwälder des Gartenreiches sind seit alters her bekannt für ihren Wildreichtum. Zuzeiten der Fürsten von Anhalt war die „Dessauer Jagd" weithin bekannt. Zur Sauhatz und zu den Dessauer Parforcejagden kamen regelmäßig aus dem nicht allzu fernen Weimar Herzog Carl August und sein Staatsminister Johann Wolfgang von Goethe in das „Waldland" von Anhalt-Dessau und Anhalt-Zerbst. Heute findet man Reh- und Schwarzwild auf den Speisekarten der Restaurants und Gaststätten der Region wieder. Für Privatkunden sichern Wildhändler und Metzger die Nachschubwege für die gesunde Delikatesse.

Wasser, Eichen, Obstquartiere: Diese natürliche Vielfalt zeichnet das Gartenreich aus. Fische, alte Obstkulturen, Schafe, Rinder und Wild sind hier beheimatet und haben als kulinarische Botschafter hohe Akzeptanz. Nachhaltig und oft in biologisch-dynamischer Arbeitsweise werden die Produkte weiterverarbeitet. Vielfach werden Milcherzeugnisse noch in Handarbeit aus frischer Rohmilch hergestellt. Die Schafe und Ziegen grasen auf saftigen Wiesen, die später als andernorts gemäht werden, deshalb viele ursprüngliche Nährstoffe behalten und erstklassiges Heu ergeben. Das schmeckt man: Joghurt, Molke und Käsespezialitäten von Biohöfen sind beliebt. Zu wissen, woher die Lebensmittel kommen, wie sie produziert und weiterverarbeitet wurden, steht bei Feinschmeckern und gesundheitsbewussten Verbrauchern hoch im Kurs.

Immer mehr Menschen aus der anhaltischen Welterberegion folgen diesem Trend. Hier hat man geschafft, was allerorten erstrebenswert ist: ein Netzwerk aus verlässlichen regionalen Qualitätspartnern aufzubauen, das den gezielten Wareneinkauf und die Zusammenarbeit mit Erzeugern aus der Region fördert und somit zur lokalen Wertschöpfung beiträgt. Die Qualität der Nähe kommt an und passt zum ganzheitlichen Selbstbild des Gartenreichs, das Natur und Genuss im Einklang der Jahreszeiten schon unter dem fürstlichen Landesherrn als Maxime ausgab.

Oft landet manches aus der Gartenreichregion in dem einen oder anderen Picknickkorb. Das beschauliche Verweilen in der Natur bietet sich vor allem im Frühling und im Sommer an, wenn sich das rund 142 Quadratkilometer große Landschaftsareal mit uralten Solitäreichen, Kanälen und Wassergräben, Deichen und Dämmen, Weiden und Wäldern in verschwenderischer Fülle zum kulinarischen Rendezvous im schönen

Die Schafhaltung im Gartenreich spielt seit jeher eine große Rolle. Waren es im 18. Jahrhundert insbesondere englische Rassen, z. B. aus Shropshire, sind es heute zumeist Merinoschafe oder Heidschnucken. Das ganze Jahr über beweiden sie die Auenwiesen. Auf den Deichen verdichten sie mit ihren Hufen die Oberflächen, wodurch Hochwasserschäden verhindert werden.

Garten anbietet. Das Picknick an Elbe und Mulde ist längst Kult, vermittelt es doch Savoir-vivre in seiner vielleicht schönsten Form.

Ganymed, der Mundschenk des obersten Griechengottes Zeus, hat mehrfach seinen steinernen Auftritt im Gartenreich. Überhaupt darf konstatiert werden, dass der Besucher – oder nennen wir ihn besser Flaneur – zwischen Großkühnau im Westen und den Wörlitzer Anlagen im östlichen Teil des UNESCO-Welterbes durchaus zum Probieren und Verkosten angeregt wird, wenn auch zumeist vermittelt durch historische Assoziationen und kunstgeschichtliche Darreichungen wie beispielsweise die Präsentation der kostbaren und filigran geformten hohlen Wachsfrüchte des „Pomologischen Cabinetts" im Gotischen Haus oder die von Hans-Christoph Rackwitz rekonstruierte und gemalte Granatapfelhecke im Palmensaal des Wörlitzer Landhauses. Auch die 176 Meter lange Orangerie mit ihrem reichen Bestand an Zitrusfrüchten im Schloss Oranienbaum ist einen Besuch wert.

Wen es nach herzhaften und feineren kulinarischen Eindrücken gelüstet, der hat im Gartenreich die angenehme Qual der Wahl. Ein besonderes Erlebnis sind kulinarische Gondelfahrten, die im Gartenreichsommer nachmittags zu Kaffeetouren mit Wörlitzer Kuchen einladen oder an lauen Abenden mit italienischen Buffets mediterrane Gaumenfreuden bescheren. Auch zahlreiche Gaststätten, Cafés und Hotel-Restaurants laden in den Landschaftsanlagen und rund um sie ein. Die feine regionale Jahreszeitenküche genießt in der Welterberegion Dessau-Wörlitz hohe Anerkennung. Bevorzugt kommen heimische Produkte zum Einsatz, etwa Gemüse aus den Elbauen und Wild aus den Elbauenwäldern.

Des Fürsten Baumeister Friedrich Wilhelm von Erdmannsdorff hatte das Küchengebäude in unmittelbarer Nähe zum Schloss zwischen 1770 und 1772 errichten lassen. Es diente als Schlossküche und Gästehaus. Über einen noch heute zu benutzenden unterirdischen Gang waren Schloss und Küchengebäude miteinander verbunden.

Eine kulinarische Adresse mit historischem Bezug ist das Café am Eichenkranz, das dem historischen Gasthof „Zum Eichenkranz" angegliedert ist. Das repräsentative Bauwerk wurde zwischen 1785 und 1787 unter Fürst Franz erbaut und diente als Gästehaus. Es war das erste Wirtshaus am Platz und zugleich das Eingangstor zur Stadt Wörlitz.

Man stelle sich vor: Die dunklen „Tafeln aus Mahagony" – praktische Klapptische englischer Provenienz – sind im Speisezimmer des fürstlichen Landsitzes aufgestellt. Passend sind diese mit einem kostbaren Service der berühmten englischen Manufaktur von Josiah Wedgwood für mehrere Gäste eingedeckt. Das schwere Silberbesteck ist sorgfältig ausgerichtet. Die Teller und Schalen werden flankiert von geschliffenen Kristallgläsern. Alles harrt der Eröffnung der Tafel durch den Hausherrn.

Die Dienerschaft – ein Kammerdiener, zwei Lakeien, diverse Hilfskräfte unter der Leitung des Küchenchefs der Dessauer Residenz – bereitet

Auf einem kleinen Hügel am westlichen Rand der Schlosswiese steht die vom Bildhauer Johann Christian Ehrlich nach dem Entwurf von Erdmannsdorff gefertigte Dietrichsurne. 1775 als Denkmal zur Erinnerung an seinen Onkel und Vormund, Fürst Dietrich von Anhalt-Dessau, errichtet, zeigt es auf dem Postament Reliefs mit allegorischen Darstellungen zur Kriegskunst, zur Jagd und zur Landwirtschaft.

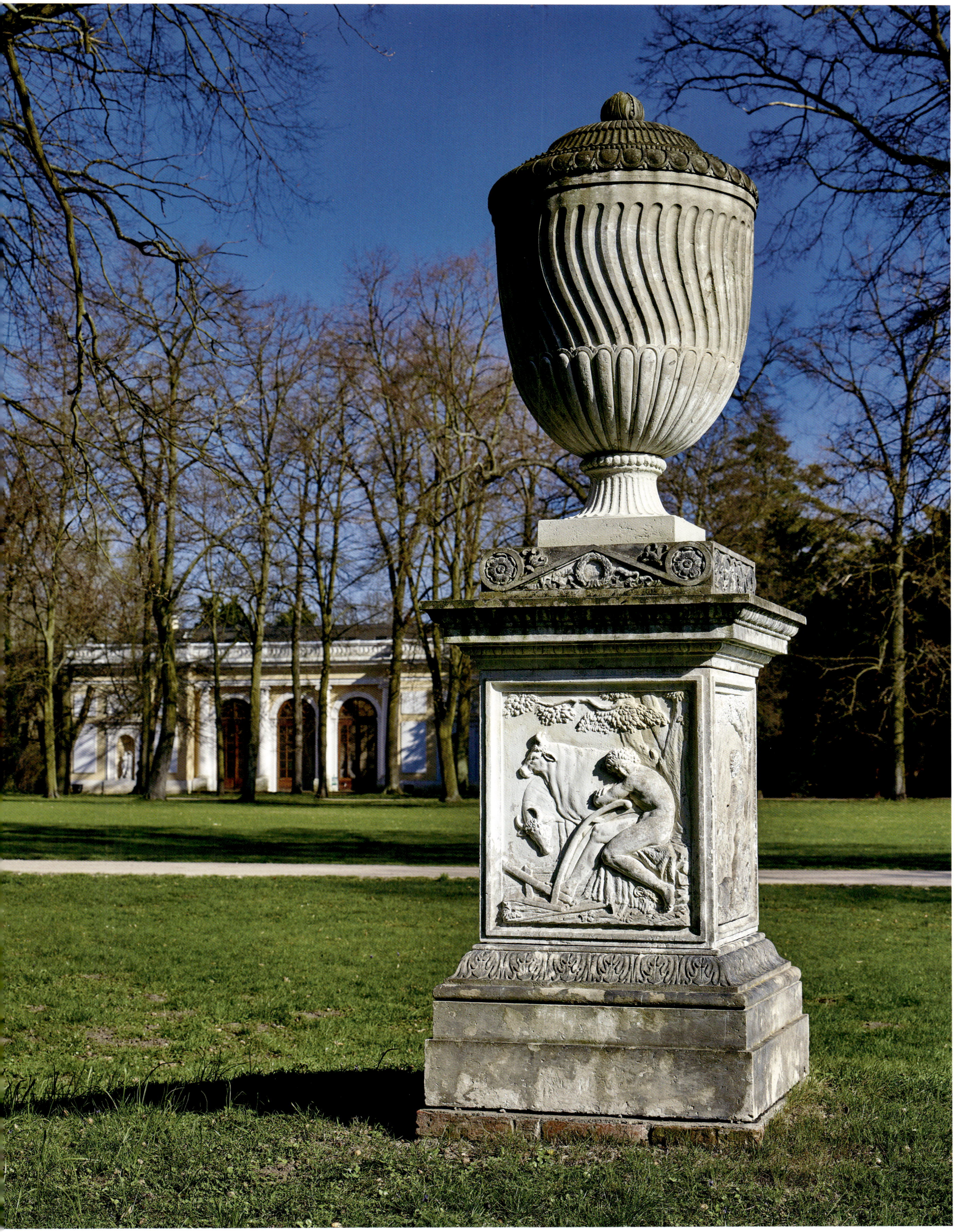

im nahe gelegenen Küchengebäude seit Stunden die Speisen vor und wartet nur auf ein Zeichen, ihre Kochkünste den fürstlichen Gästen zu demonstrieren. Diese pflegte Fürst Franz laut Friedrich Reil oftmals gänzlich unkonventionell, völlig spontan einzuladen: „Wollen Sie heute nicht bei uns essen?" Wenn man auf diese Weise die Ehre hatte, eingeladen worden zu sein, gab es, wie der Biograf sich erinnert, zumeist Hausmannskost: „Eine gute Bouillonsuppe, Rindfleisch und schmackhaftes junges Gemüse, zuweilen frischen oder geräucherten Lachs, zuletzt gewöhnlich Wildpretsbraten, am liebsten Dammwild nebst Zubehör." Ein Lieblingsgericht des Fürsten war „Taubenfülsel mit Speck". Wie dieses Essen gewürzt war, welche Düfte es im Haus entwickelte, wie es den Gästen gemundet hat, darüber gibt es bedauerlicherweise keine Aussagen.

Eine Gipsfigur des Ganymed, Mundschenk der antiken Götter, bekrönt noch heute im Wörlitzer Speisesaal symbolisch ein Holzpodest, das als Eisschrank diente. Der konnte damals bis weit in den Sommer hinein das in einer Eisküte im Park eingelagerte, tief gefrorene Wasser des Sees aufnehmen, um die Getränke und Gläser ständig kühl zu halten. „Zwei bis drei Gläser Chateau Margeaux, dazwischen manchmal ein bis zwei Gläser Bischof und dabei eine gehörige Menge Wassers" trank Fürst Franz gewöhnlich während des Mittagessens.

Im Anschluss an das Essen liebte er „eine Tasse nicht zu starken Kaffee mit fetter, dicker Sahne und vielem Zucker, worin Er noch Zwieback oder sonst leichten Kuchen tunkte." Bei besonderen Anlässen hat, wie Georg Forster einmal höchst beeindruckt notierte, sogar die Fürstin selbst ihren Gästen den Tee eingeschenkt. Im Wörlitzer Park war man weitgehend unbeobachtet, lebte sozusagen „en famille" und genoss in Gemeinschaft die anglophile Lebensweise, die man auf mehreren Reisen nach England zu schätzen gelernt hatte.

Insbesondere den Rezepten seines Kochs im Dessauer Residenzschloss, Franz Otto Müller, kann man entnehmen, dass Fürst Franz nicht nur ein Gourmet allerersten Ranges war, sondern sich auch um die in seinem Land erzeugten Produkte ständig selbst kümmerte. Die Hinwendung zum Natürlichen, Einfachen, Ursprünglichen geht hier eine ideale Verbindung ein mit der Jagdpassion des Fürsten und seinem lebenslangen Motto, das Angenehme mit dem Nützlichen zu verbinden: „Pastete von Haselhühner und Trüffeln, Lachs à la Britannique, Rollade von wilder Schweinwamme, Eyerkuchen vom Borstorfer Apfel; Gefrorenes von Pommeranzen, Creme von Kaffe à la Pompadour."

„Vor dem mittelsten Fenster erhebt sich auf einem viereckigen mahagony Postamente – worin ein Schrank und verschiedene Schubladen angebracht sind – ein Gipsabguss eines Ganymeds, der einem neben ihm sitzenden Adler einen Vogel vorhält."
(August von Rode)

Der Mythos vom schönsten griechischen Jüngling, Mundschenk der Götter, hält bis in die heutige Zeit an

▶▶
Seit einigen Jahren sieht man auf den Wiesen der Elbauen nördlich der Wörlitzer Anlagen wieder weidende Charolais-Rinder, die für ihr Fleisch berühmt sind und durch ihr weißes Fell zur inszenierten Landschaft passen, ähnlich dem weißen Damwild und den weißen Rindern, die im 18. Jahrhundert um das Gotische Haus herum ihre Weideflächen hatten.

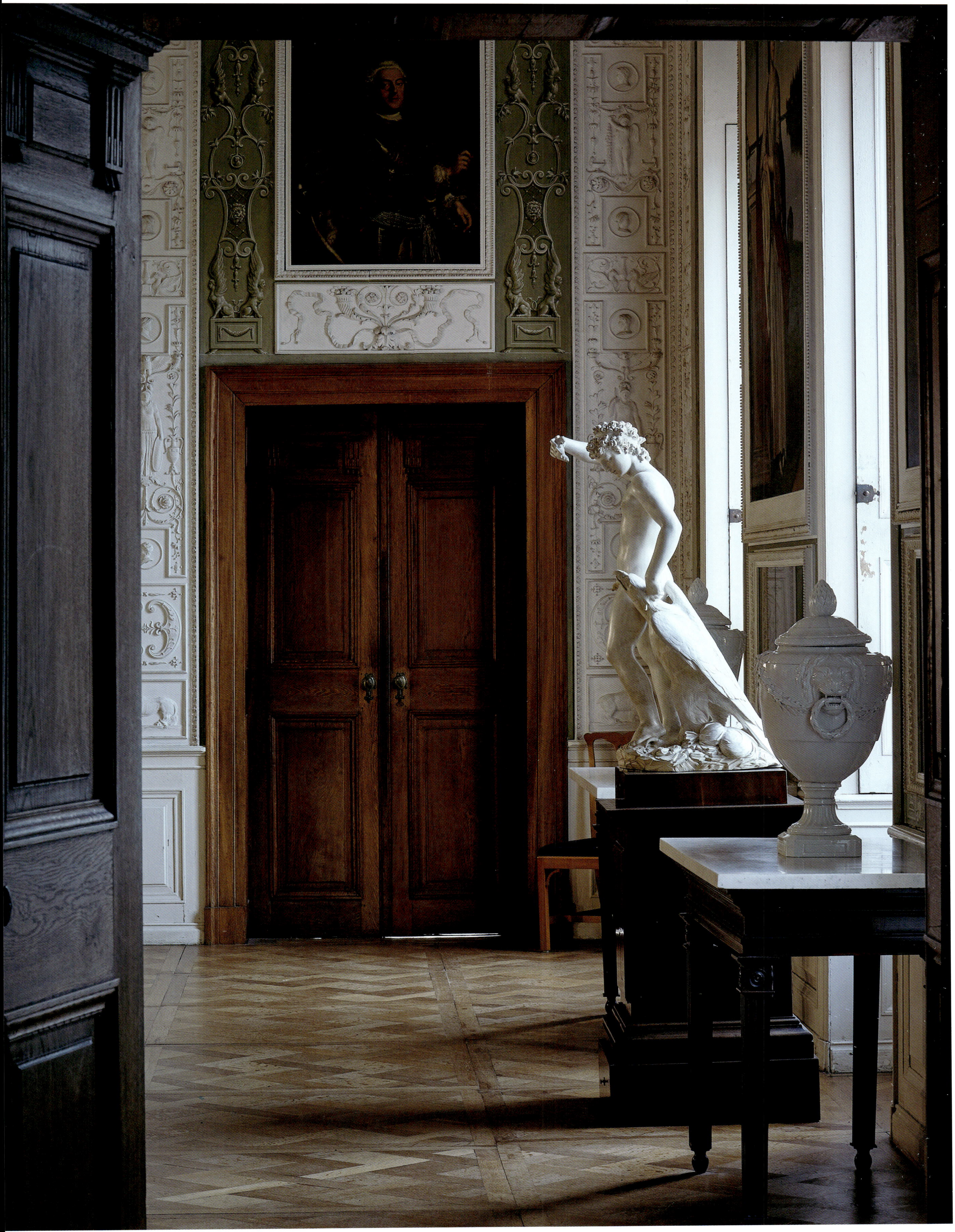

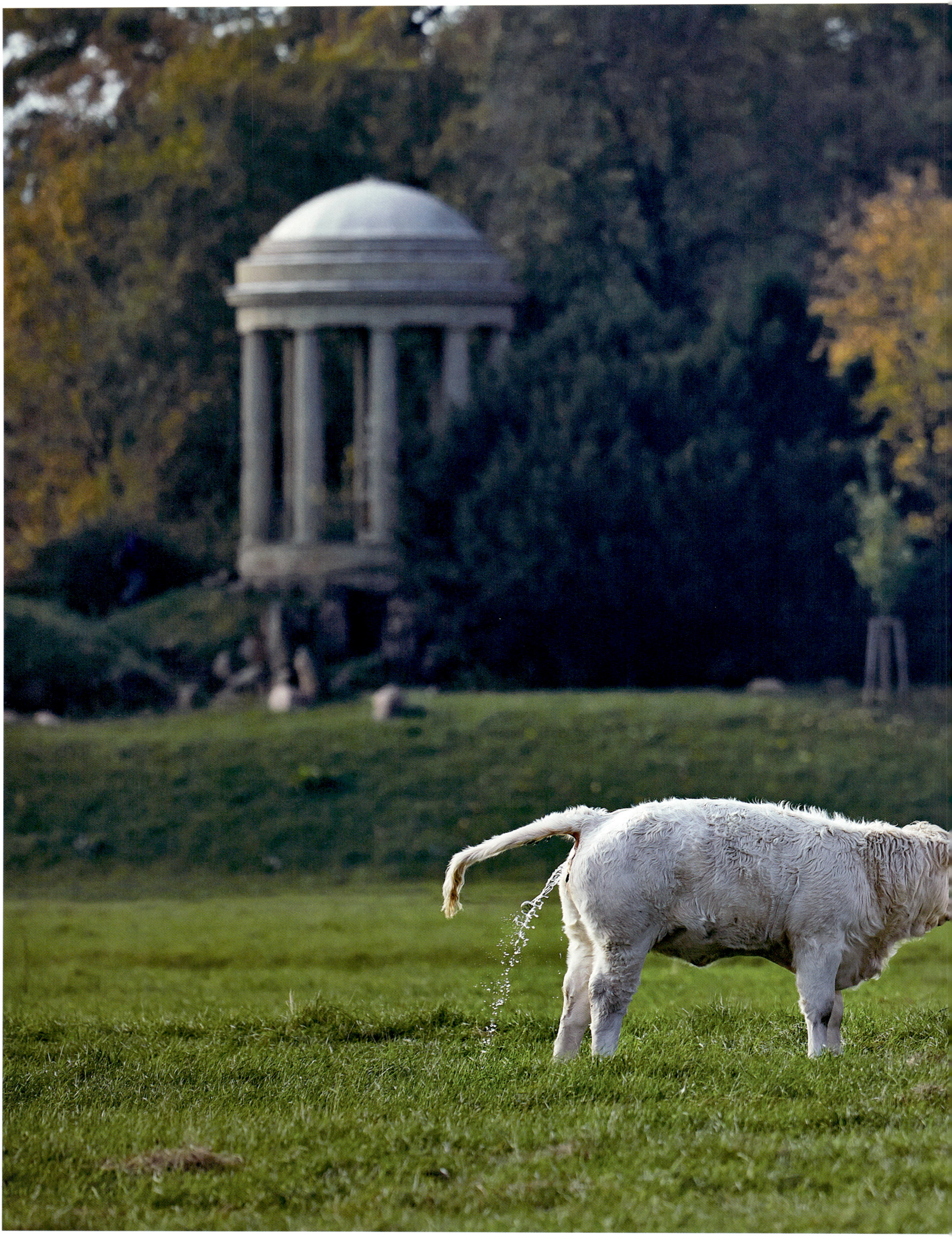

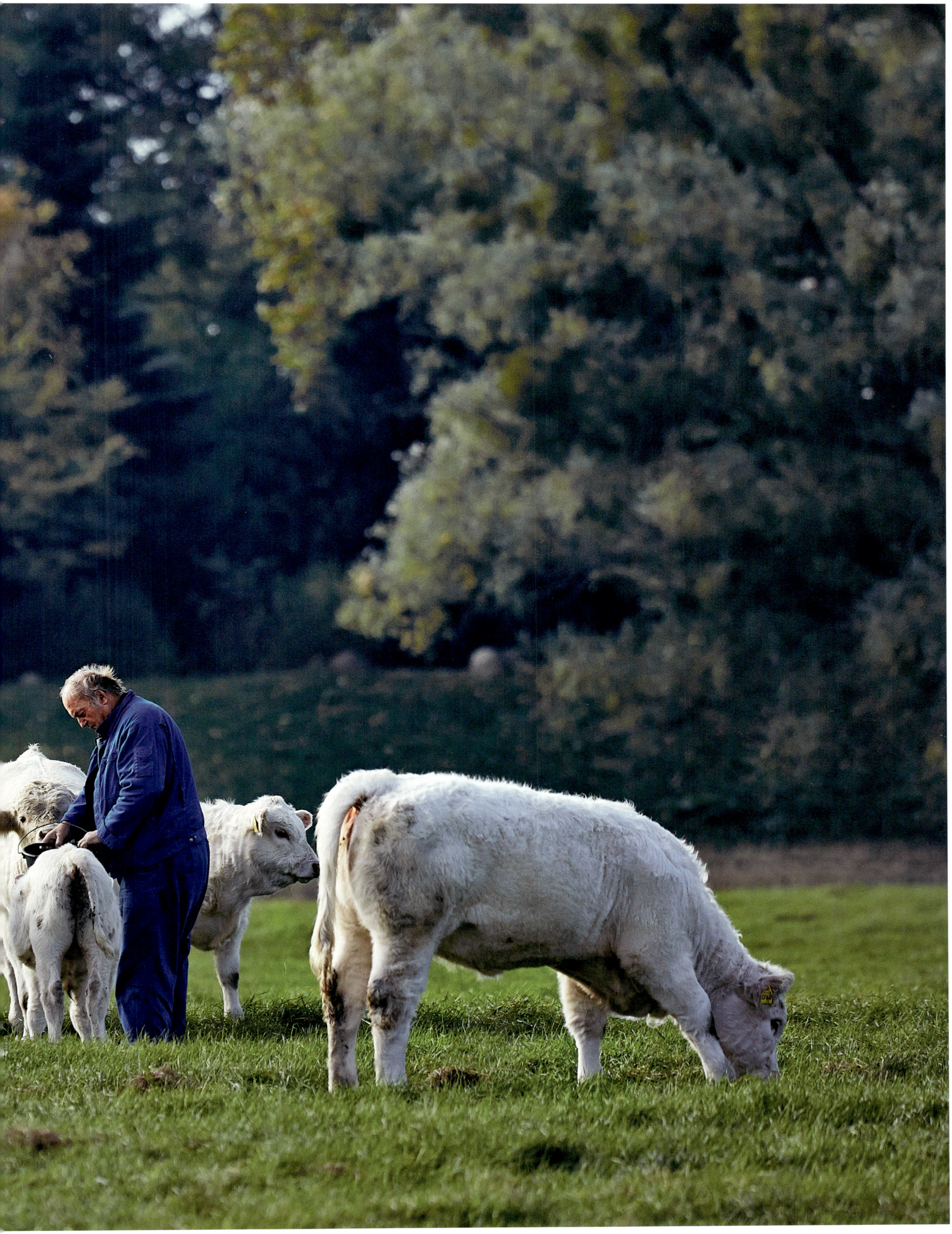

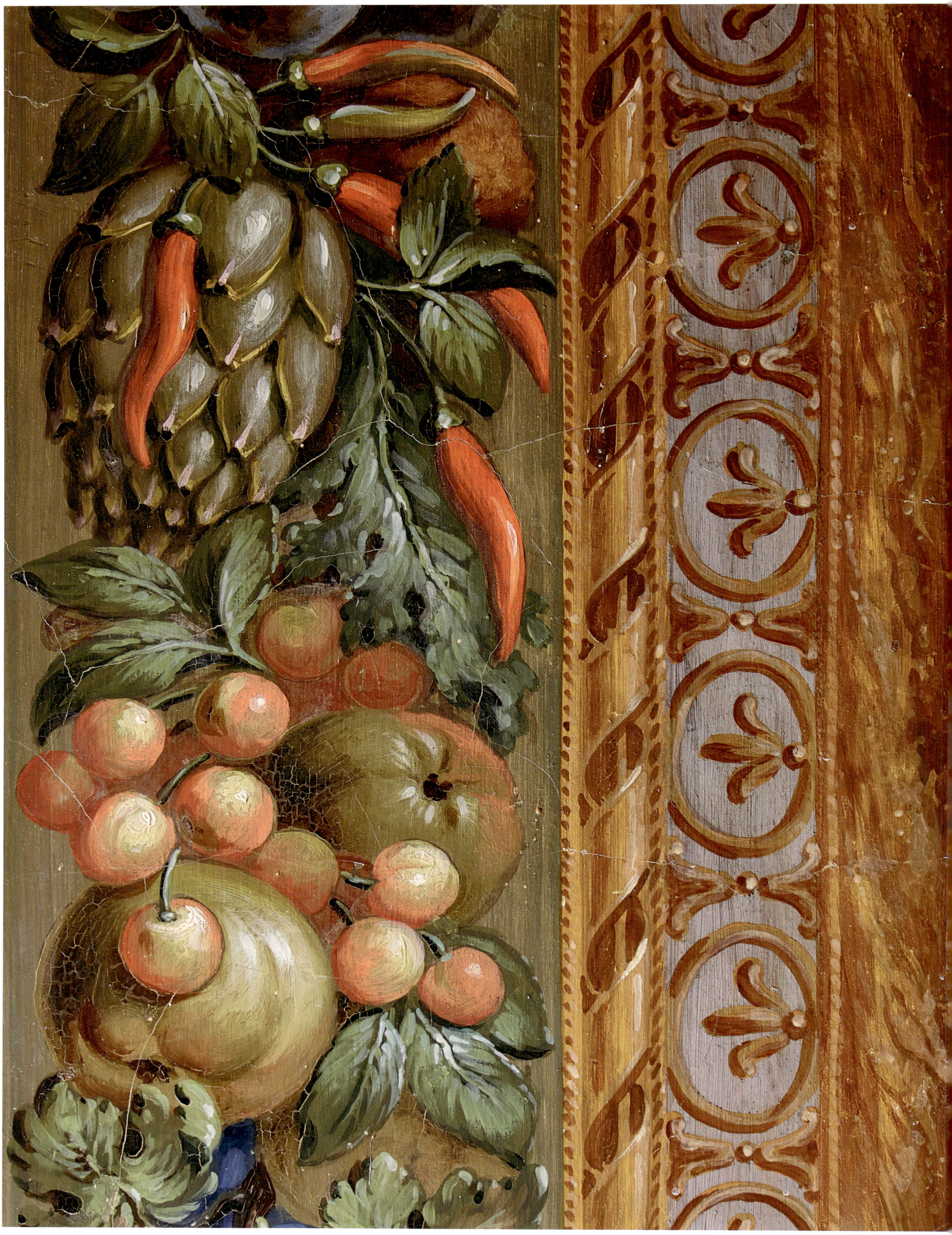

Genuss ohne Grenzen

LUKULLISCHE TAFELFREUDEN IM GARTENREICH

THOMAS WEISS

Eher zufällig stößt man in historischen Reisebeschreibungen, wie zum Beispiel in derjenigen des Berliner „Vernunfttheologen" und Publizisten Andreas Riem, auf das Essen und Trinken im Gartenreich betreffende Nachrichten: „In Coßwig, Wörliz vorzüglich findet man eine Verpflegung, die Berlin nicht besser geben kann; und eine Reinlichkeit, die wenig ihre Gleichen hat. Damit die Fremden, die diesen Ort besuchen, gut behandelt werden, so werden die Weine aus dem Keller des Fürsten geliefert, und sind vortrefflich." (1796)

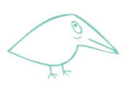

Seit jeher sind faszinierende Schönheiten von Kunst und Natur von kulinarischen Köstlichkeiten nicht zu trennen. Gemeinsam gehören sie zum Charakter einer Landschaft und ihrer Geschichte. Hier wie dort entwickeln Düfte und Farben ein nuancenreiches Tableau von Geruchs- und Bildwelten. Bedauerlicherweise erfahren wir aus den überlieferten schriftlichen Zeugnissen des 18. und 19. Jahrhunderts kaum Konkretes über die Lebensmittel und den Genuss sowie die Tafelkultur des Hofes im ehemaligen Fürstentum Anhalt.

Die Rezepte Franz Otto Müllers, des fürstlichen Kochs im Dessauer Residenzschloss, stellen eine Rarität dar. Sorgfältig hat er sie gesammelt und in Berlin im Jahr 1796 unter dem Titel „Gründlicher Unterricht in der feinen Kochkunst" veröffentlicht. Bei den Produkten für die fürstliche Tafel, die stets höchsten Ansprüchen zu genügen hatte, bevorzugte Müller Erzeugnisse des Landes, die ihm saisonal zur Verfügung standen, gleichwohl ohne auf extravagante Lebensmittel wie beispielsweise Austern oder etwa Trüffel zu verzichten.

Die historische Küche für breite Bevölkerungskreise in Anhalt war jedoch in der Regel über die Jahrhunderte eher schlichter Natur, die Kochkunst dort hat bis heute keine bemerkenswerte Tradition entwickelt. Inzwischen jedoch haben die Menschen begonnen, mehr und mehr Wert auf eine gesunde Ernährung zu legen und setzen bei der Auswahl ihrer Lebensmittel in zunehmendem Maß auf regional im Einklang mit der Natur gewonnene Produkte. Demgemäß ist die Zahl der Erzeuger und Anbieter von hochwertigen Lebensmitteln aus dem anhaltischen Land innerhalb der letzten zwei Jahrzehnte kontinuierlich gewachsen.

So wird in den folgenden jeweils dreigängigen Menüs nur das aufgetischt, was die Gegend an diversen Spezialitäten und frischen Erzeugnissen jahreszeitlich zu bieten hat. Bert Freier, Sous-Chef des Ringhotels zum Stein in Wörlitz, orientierte sich bei der Auswahl der Produkte für seine Gerichte hauptsächlich am Kreislauf der Natur und an der Qualität ihrer Erzeugnisse, ganz wie im 18. Jahrhundert die Dessauer Schlossküche. Er hat für dieses Buch keine historischen Rezepte umgewandelt, um sie unseren heutigen Geschmacksgewohnheiten anzupassen. Eine „Saucisses à la Riole mit dem Gehirn von Kalbs- und Schweineköpfen" etwa oder eine „Suppe von Kopfsalat mit einem alten Huhn" aus dem Repertoire des fürstlichen Hofkochs Müller würden auf einer Speisekarte bei heutigen Genießern vermutlich kaum Interesse wecken und wohl auch niemanden zum Nachkochen zu Hause animieren.

◀◀
Festons gliedern die Wände im Festsaal des Schlosses Luisium, auch Saal der weiblichen Tugenden genannt. Sie sind üppig mit diversen Früchten dekoriert. Die den roten Peperoncini ähnelnden galten u. a. in Neapel schon im 18. Jahrhundert als Fruchtbarkeitssymbol und als apotropäisches Zeichen. Noch heute fungieren Nachbildungen dieser Objekte aus Plastik oder anderen Materialien als Talismane für männliche Potenz.

Gemälde wie das von Dujardin mit gesunden Schweinen und glücklichen Rindern lassen erahnen, warum sich Rezepte aus der Vergangenheit auch heute nur mit hochwertigen Lebensmitteln, die nicht aus industrieller Herstellung stammen, stilecht nachkochen lassen.

Karel Dujardin (1622–1678):
Waldstück mit Viehmarkt
(Ausschnitt)
1655
Öl auf Leinwand
53 x 57 cm
Schloss Mosigkau

▶▶
Nicht nur Ambrosia, die Speise der Götter in der antiken Mythologie, findet sich auf der Tafel der von dem bärtigen Flussgott Acheloos geladenen Gäste. Er lässt auch Fische, Hummer und Muscheln zu einem üppigen Mahl auftischen. Genuss war nicht nur in der Antike, sondern auch im Barock ein wichtiges Element des Lebens.

Hendrik van Balen (1575–1632):
Gastmahl des Acheloos
Öl auf Holz
55,5 x 89 cm
Schloss Wörlitz

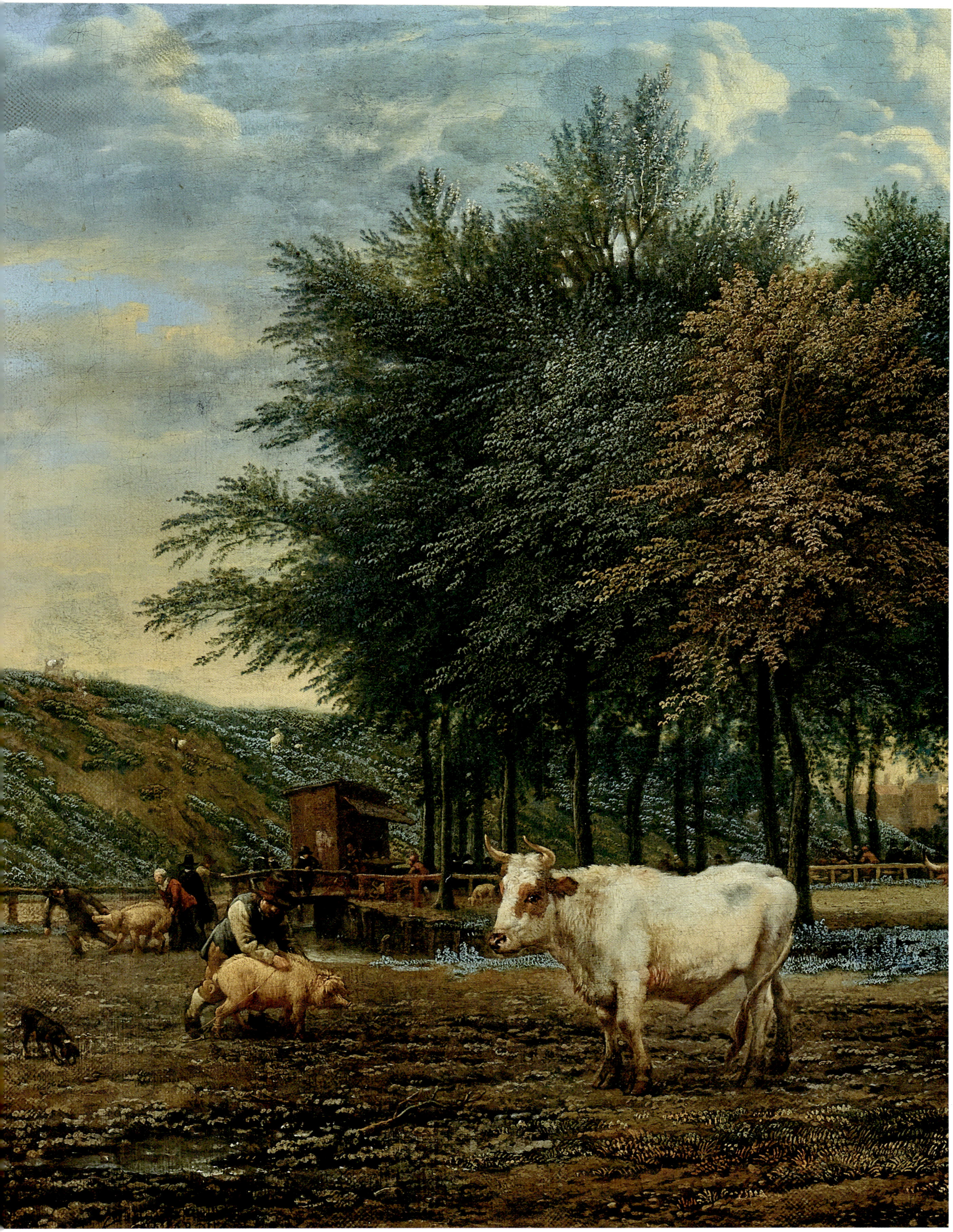

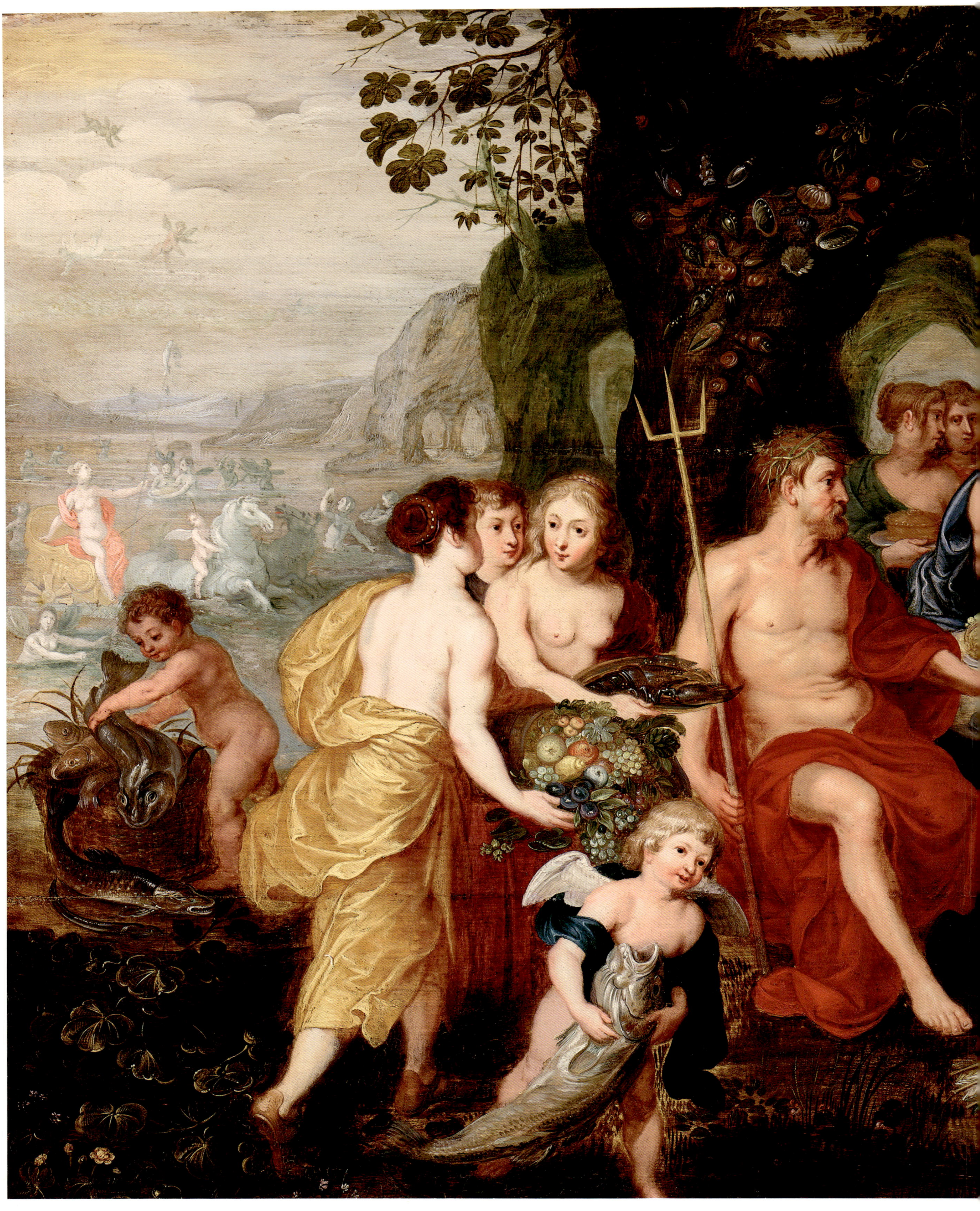

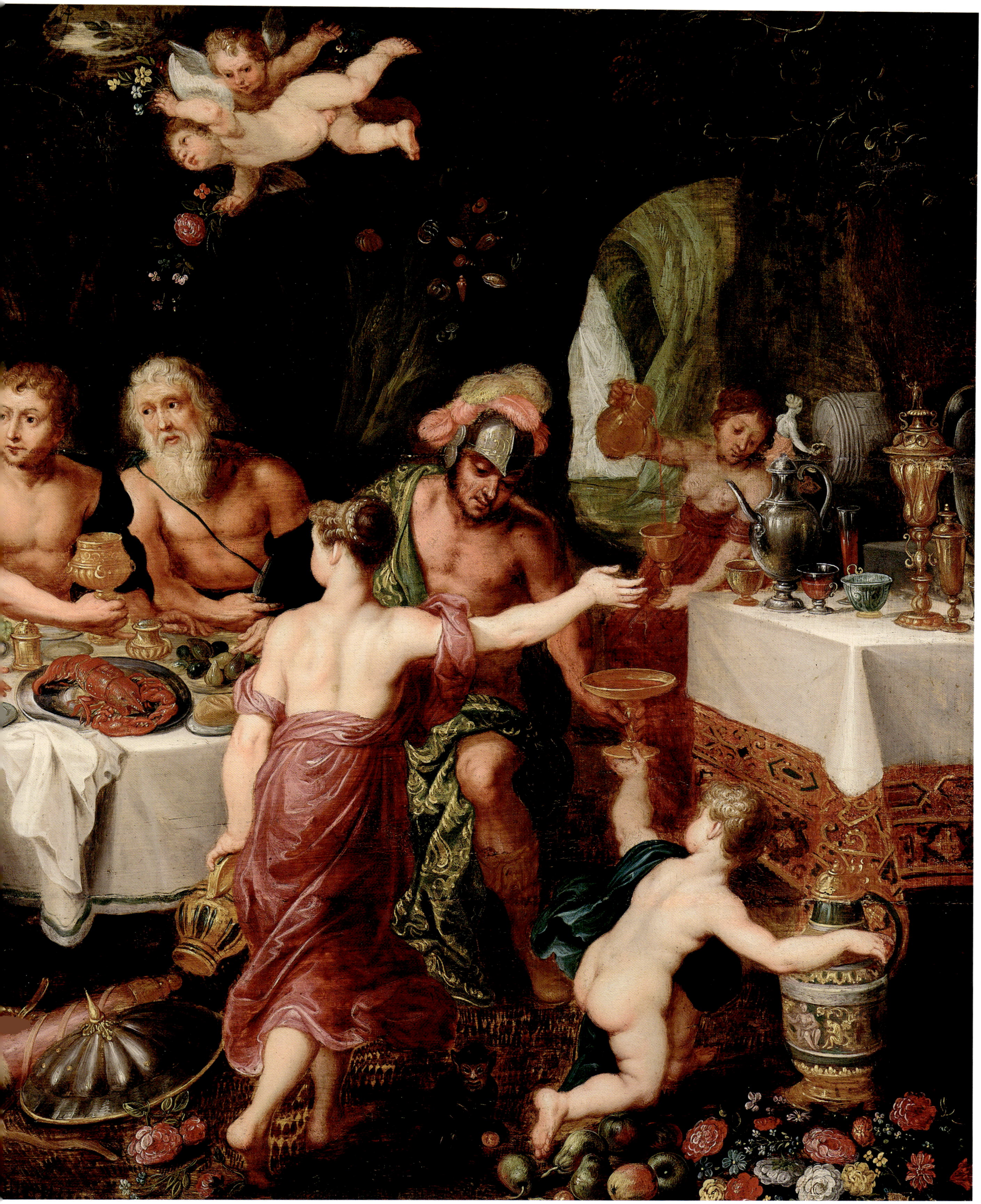

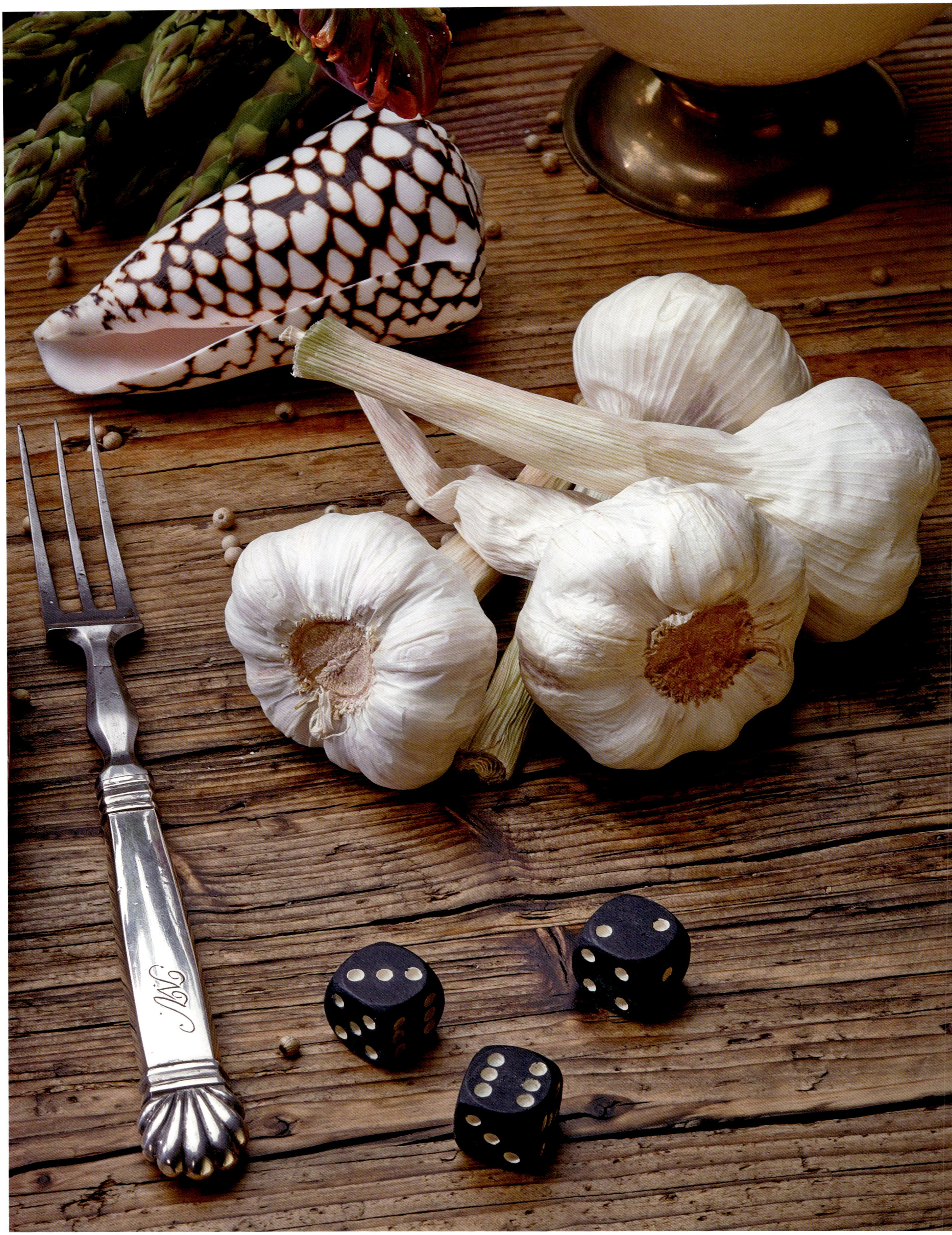

Menü für das Frühjahr

Warmes geräuchertes Filet vom Saibling mit Bärlauch-Mousse
Filet vom Charolais-Kalb mit Spargelrisotto
Grießpudding mit Rhabarberkompott

Für 4 Personen
Zubereitungszeit
ca. 2,5 Stunden

Bärlauch-Mousse

1 große Kartoffel
50 g Bärlauch
1 Becher Joghurt (3,5 %)
100 ml flüssige Sahne
4 EL Leinöl
Salz, Pfeffer aus der Mühle
2 geräucherte Saiblingsfilets

Die Kartoffel in Salzwasser kochen, schälen, noch warm in feine Würfel schneiden und auskühlen lassen. Den Bärlauch waschen, putzen und klein schneiden. Die Kartoffelwürfel mit Bärlauch, Joghurt und Leinöl in einem Küchenmixer (Thermomixer) pürieren. Mit Salz und Pfeffer würzen. Die Mousse zugedeckt im Kühlschrank etwa 4 Stunden durchziehen lassen. Aus der Masse mit einem immer wieder in heißes Wasser getauchten Esslöffel Nocken abstechen und auf Tellern anrichten. Die halbierten Saiblingsfilets bei 60 °C 15 Minuten im Ofen erwärmen.

Filet vom Charolais-Kalb mit Spargelrisotto

1 Stück Kalbsfilet
8 EL Sonnenblumenöl
Salz, Pfeffer aus der Mühle
frischer Rosmarin, Thymian

5 cm große Stücke vom Kalbsfilet schneiden (Medaillons), in Sonnenblumenöl mit Thymian und Rosmarin von jeder Seite 4 Minuten braten. Die Steaks nach dem Anbraten mit Salz und Pfeffer würzen, in Alufolie einwickeln und 3 Minuten ziehen lassen.

Anhaltisches Spargelrisotto

500 g Lindauer Spargel (weiß)
50 g harten Schafskäse
250 g Vialone oder Avorio-Reis
1/3 l Silvaner (Saale-Unstrut)
6 EL Leinöl
2 Schalotten
Salz, Pfeffer aus der Mühle
1 EL Butter

Spargel waschen und schälen, die holzigen Enden wegschneiden, die zarten Spitzen abschneiden und beiseite legen. Restabschnitte etwas zerkleinern, in knapp 1 l Salzwasser 25 Minuten kochen. Gegarte Spargelabschnitte herausnehmen, mit dem Pürierstab fein zerkleinern oder durch ein Sieb streichen und in die Brühe zurückgeben. In einen breiten Topf 6 EL Leinöl erhitzen. 2 Schalotten feinhacken, unter Rühren andünsten. Spargelspitzen kurz mitbraten, 250 g Reis einstreuen und glasig dünsten. Mit 1/3 l Weißwein ablöschen, nach und nach kochend heiße Spargelbrühe (etwa 3/4 l) angießen und den Reis unter ständigem Rühren ausquellen lassen. 1 EL Butter und 50 g harten Schafskäse unter das fertige Risotto rühren, mit Salz und Pfeffer abschmecken.

Grießpudding

650 ml Milch
150 ml Sahne
80 g Zucker
70 g Hartweizen
Zitronenabrieb

Milch und Sahne mit Zucker aufkochen, Grieß hinzufügen. Unter ständigem Rühren Grießbrei ca. 2 Minuten köcheln lassen und Zitronenabrieb hinzufügen, dann abkühlen lassen.

Rhabarberkompott

500 g Rhabarber
5 EL Rotwein
100 g Zucker
1 Zimtstange

Rhabarber waschen, schälen und in 1 cm große Stücke schneiden. Ihn dann im Topf mit Zucker, Rotwein und Zimt zum Kochen bringen. Alles bei geringer Hitze weich kochen und anschließend abkühlen.

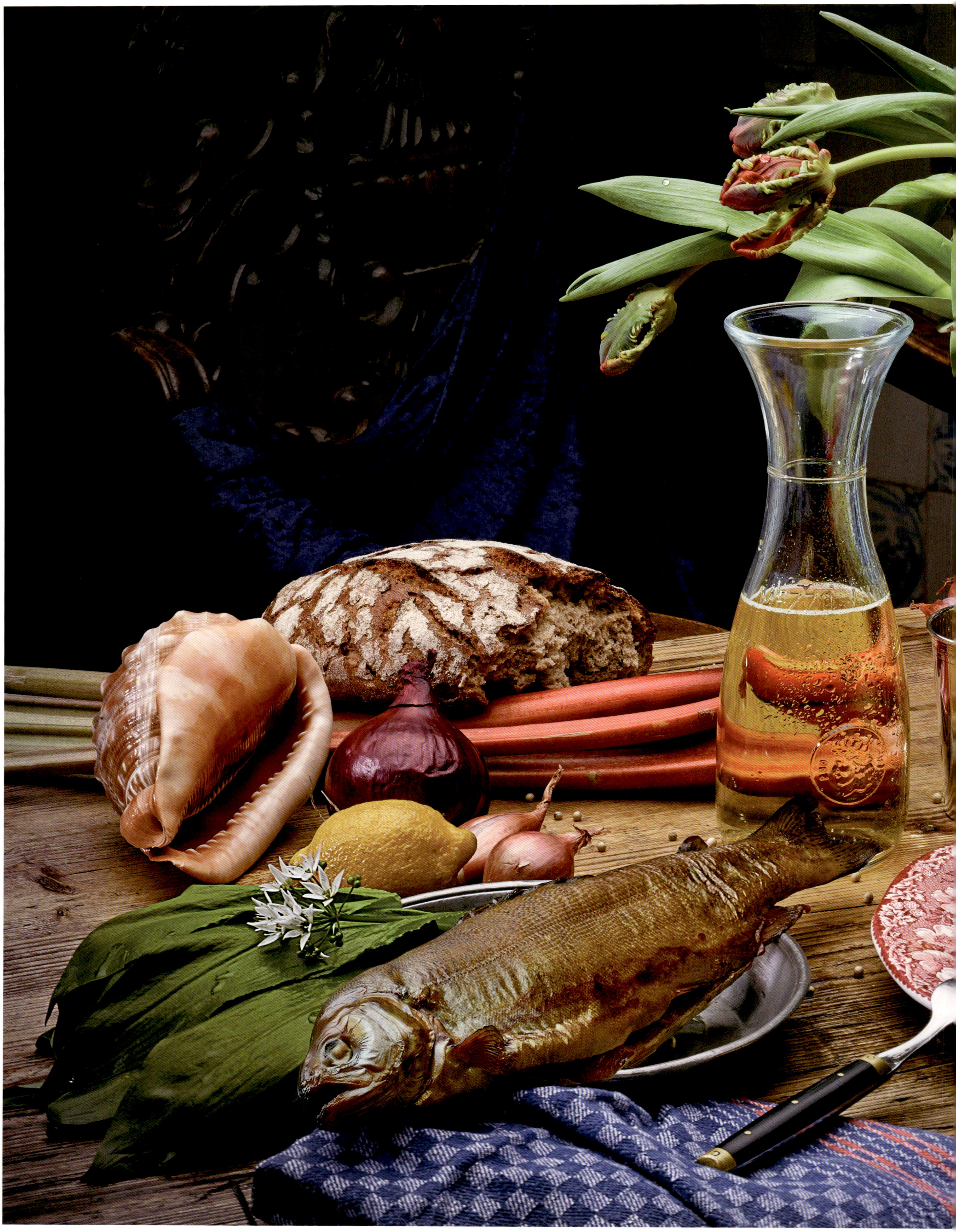

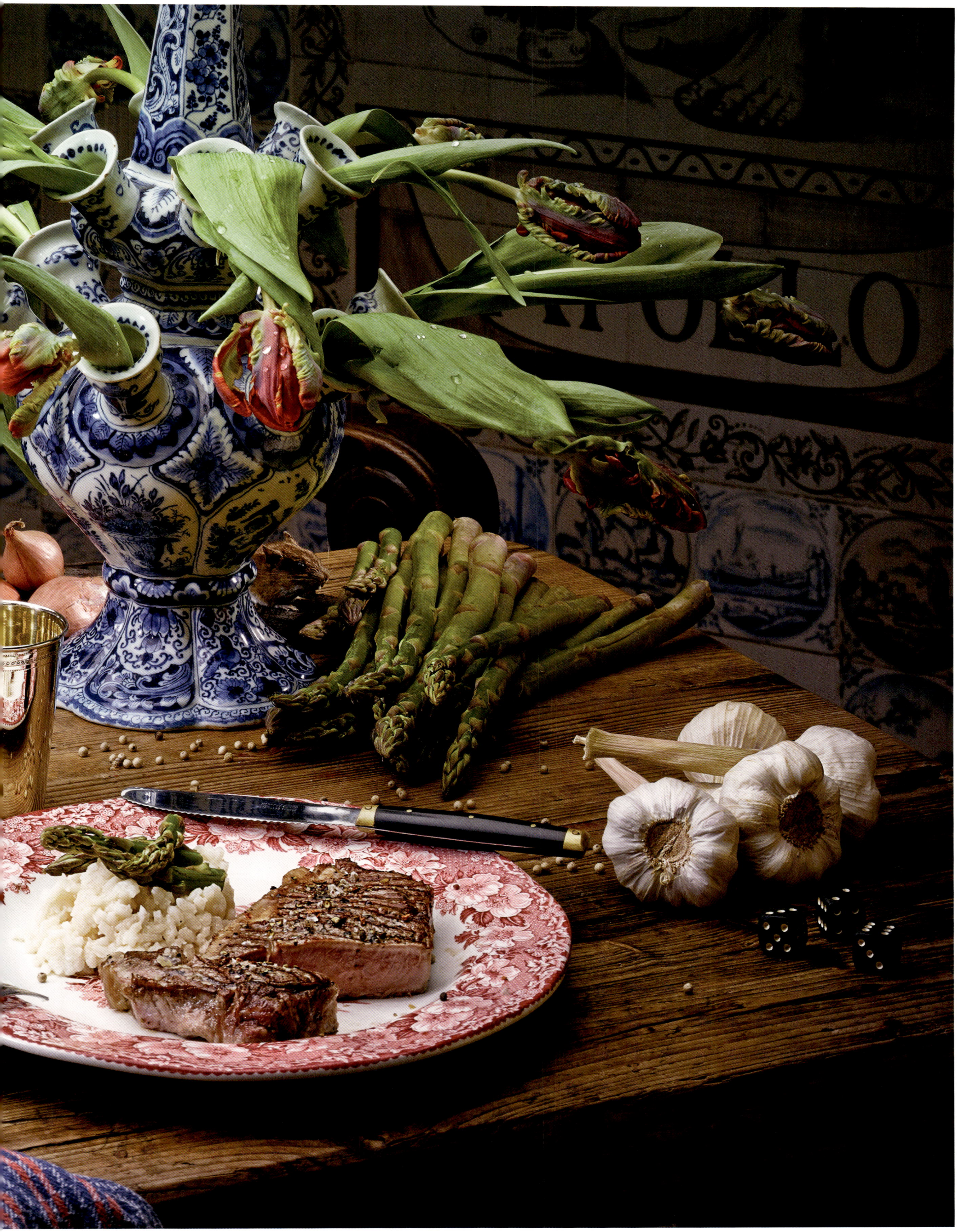

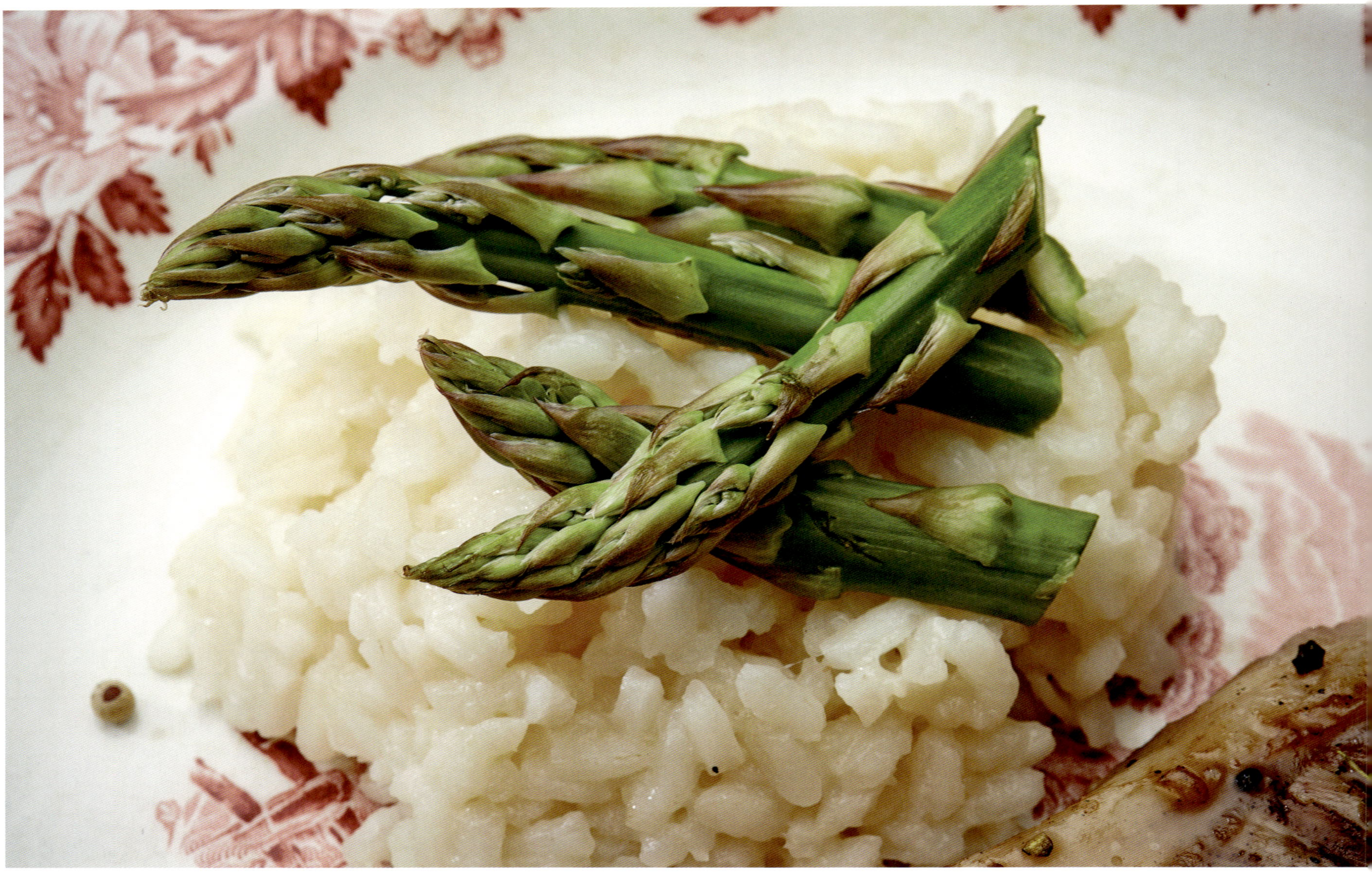

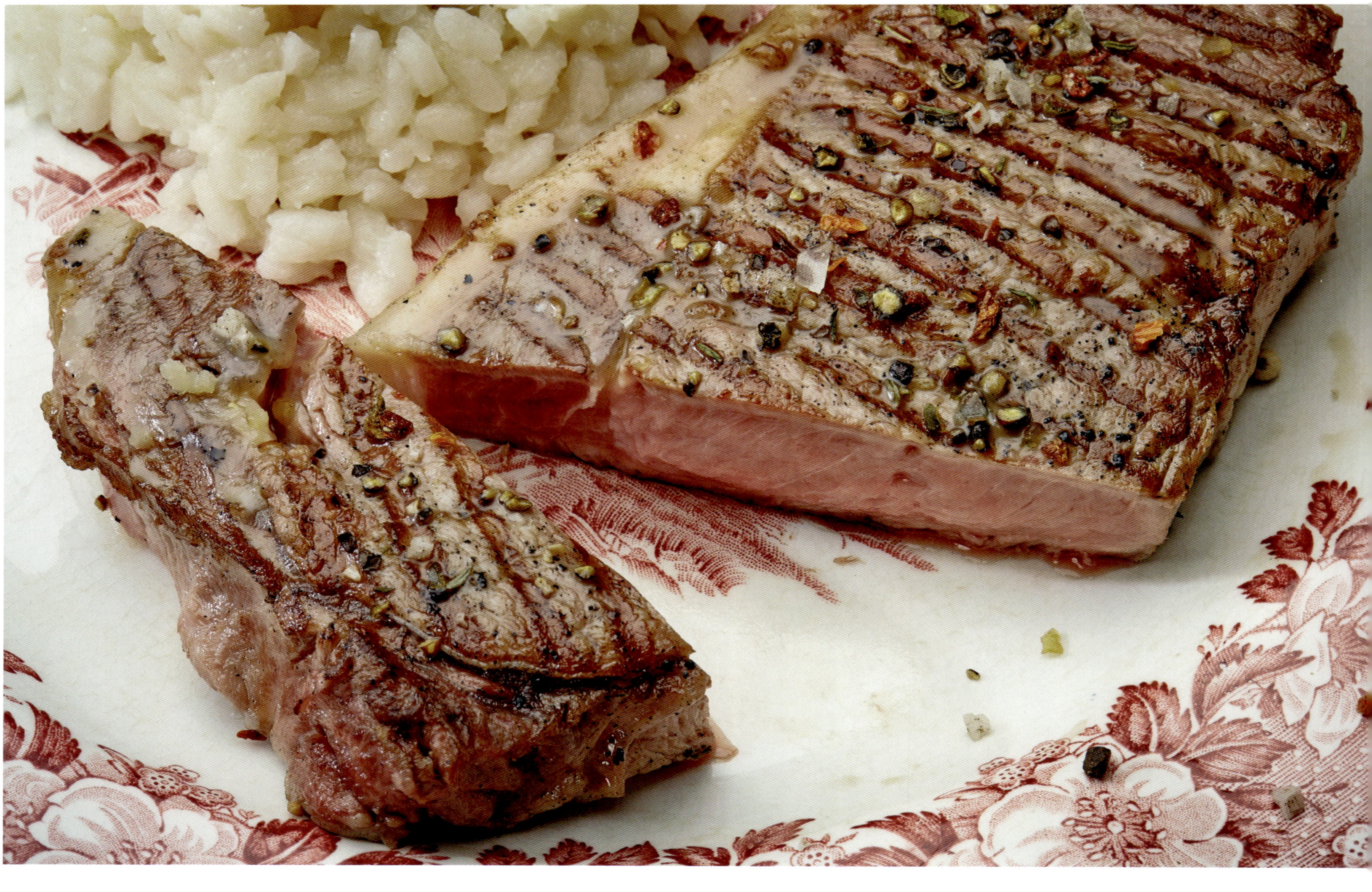

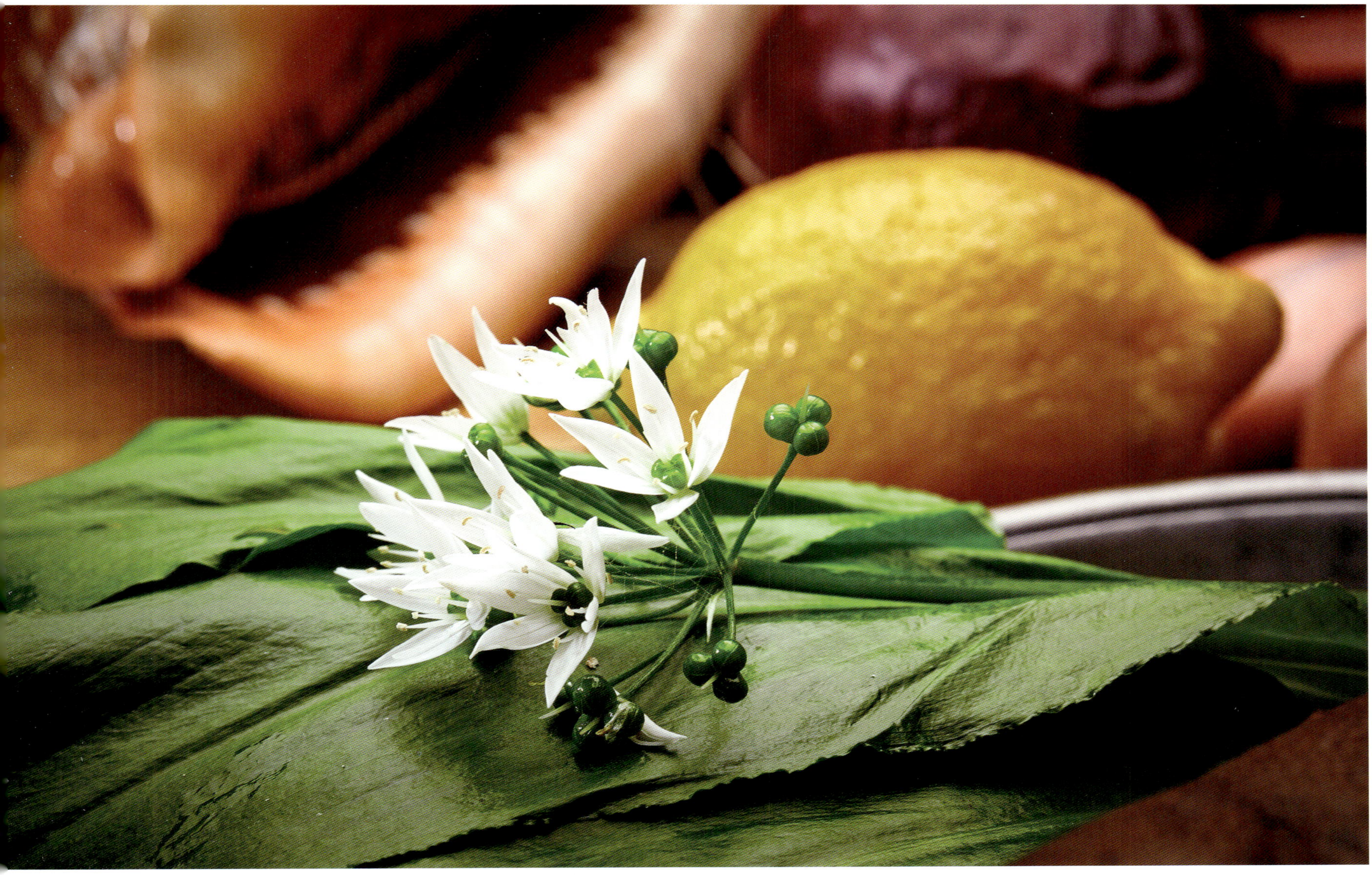

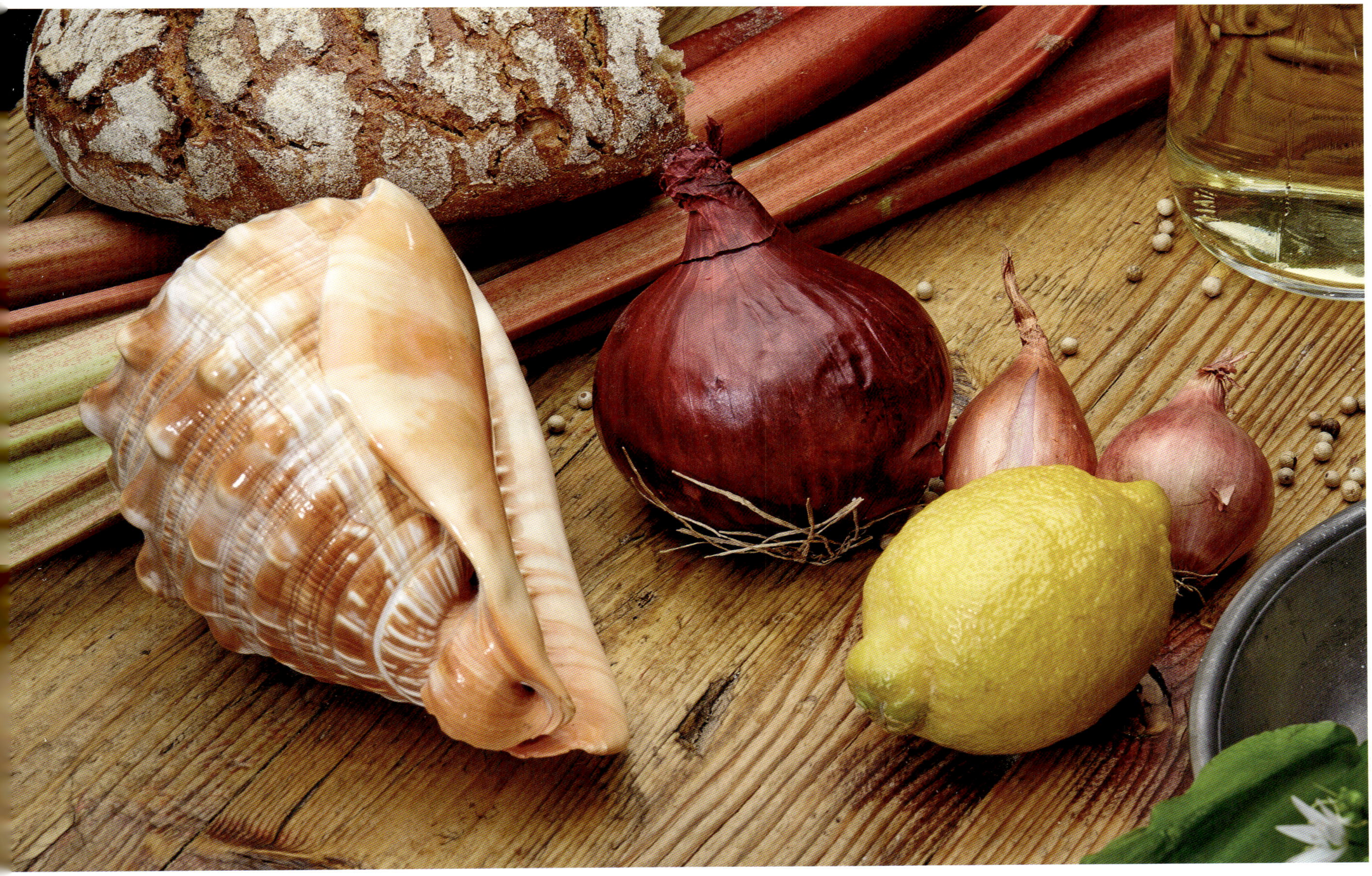

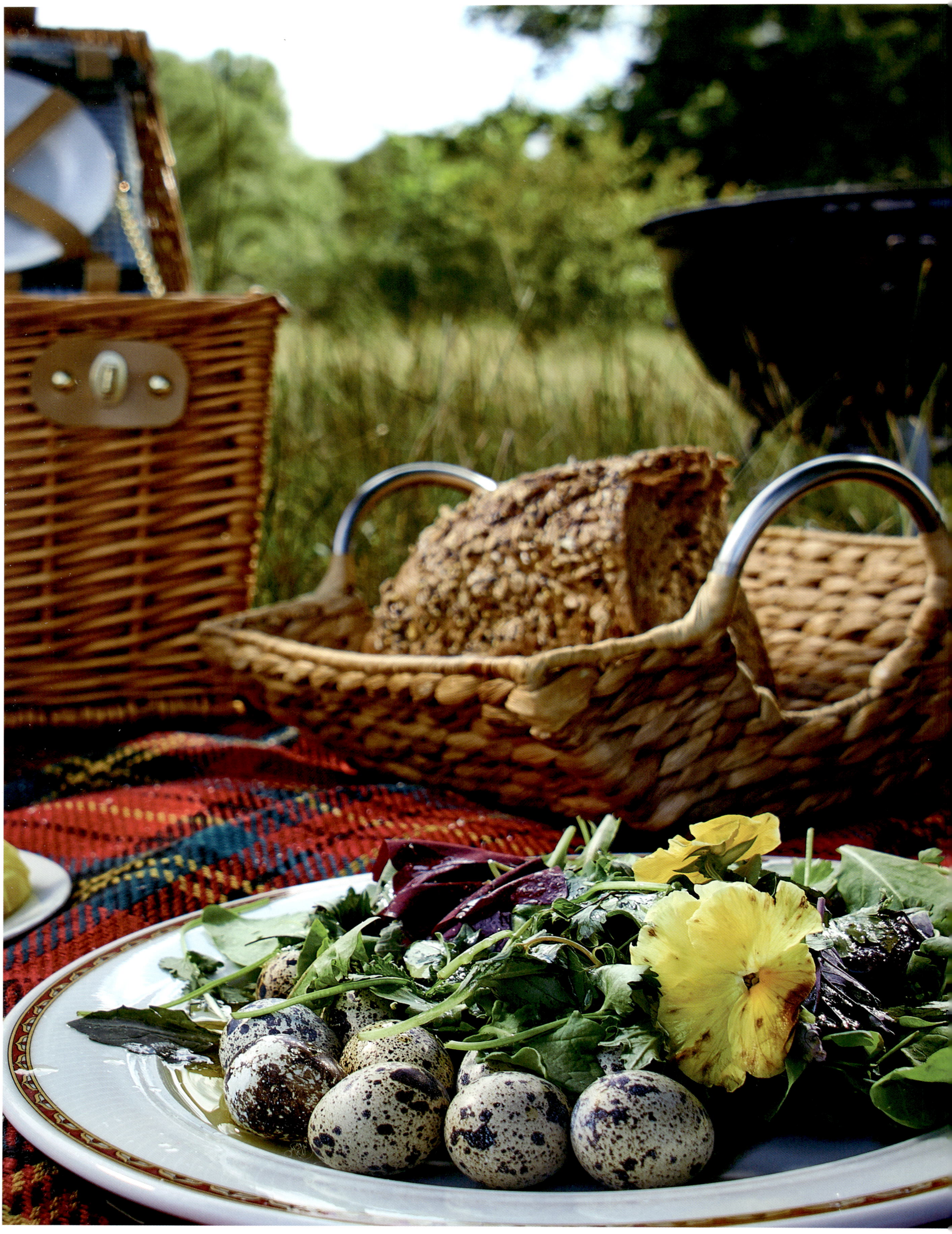

Sommer~Picknick am Elbstrand

Bauernterrine von Wildente
Gegrillter Zander mit Zitronenmayonnaise
Wachteleier auf Wildkräutersalat (mit Vinaigrette)

Für 4 Personen
Zubereitungszeit
ca. 2,5 Stunden

Bauernterrine von Wildente

250 g Entenleber
2 cl Kirschwasser
70 g Entenschmalz
250 g Entenfleisch aus der Keule
1 Zwiebel
1 Knoblauchzehe
Bund glatte Petersilie
1 Ei
3 EL Sahne
Salz, Pfeffer aus der Mühle
1 EL gerebelter Majoran
150 g durchwachsener Räucherspeck

Entenleber in große Stücke schneiden, mit Kirschwasser begießen und zugedeckt eine Stunde marinieren. Davon 150 g Leber in etwa 1 cm große Würfel schneiden. 20 g Entenschmalz in einer Pfanne erhitzen und die restlichen marinierten, gut abgetrockneten Leberstücke darin kurz anbraten. Mit einem Schaumlöffel herausheben und dann die Leberwürfel anbraten, herausnehmen und beiseite stellen. Einen großen Topf, drei Finger hoch mit Wasser gefüllt, in den Backofen stellen und auf 180 °C vorheizen. Die Entenkeulen auslösen. Das gekühlte Entenfleisch sowie die geschälte Zwiebel und die Knoblauchzehe in Würfel schneiden. Mit der Petersilie und der abgekühlten Leber (100 g) portionsweise in der Küchenmaschine fein pürieren. In eine Schüssel geben und mit Ei, Sahne und dem Kirschwasser (vom Einweichen) gründlich verrühren. Kräftig salzen und pfeffern und mit Majoran abschmecken. Den Räucherspeck in kleine Würfel schneiden und mit den gebratenen kleinen Leberwürfeln unter die Farce mischen. In eine gefettete Terrinenform füllen und im Wasserbad etwa eine Stunde garen. Das restliche Entenschmalz erwärmen, über die abgekühlte Terrine gießen und erstarren lassen.

Gegrillter Zander

1 Zander
1 Zitrone
Salz, Pfeffer aus der Mühle
50 g Mehl

Den Zander schuppen, filetieren, Filets waschen und mit Küchenkrepp abtupfen. Mit Zitrone säuern, salzen und pfeffern. Die Filets in Mehl wälzen und auf einem geölten Grillrost grillen.

Zitronenmayonnaise

2 große Eigelb
1 TL Dijonsenf
500 ml Olivenöl (es kann auch geschmacksneutrales Öl verwendet werden)
1 Zitrone
Salz, Pfeffer aus der Mühle

In einer Schüssel das Eigelb und den Senf mit dem elektrischen Rührgerät gründlich verrühren, bis die Masse hell gelblich wird. Jetzt nur tropfenweise das Olivenöl zugeben und ständig weiterschlagen. Den nächsten Tropfen immer nur hinzugeben, wenn der vorherige von der Masse komplett aufgenommen ist. Sobald diese dann allmählich fester wird, nach ca. 3 EL Olivenöl, kann das restliche Öl in einem feinen Strahl unter ständigem Rühren hinzugegeben werden. Wenn das gesamte Öl untergerührt ist, die Mayonnaise mit Salz, Pfeffer und Zitronensaft abschmecken.

Vinaigrette

Olivenöl
Aceto Balsamico
Salz, Pfeffer aus der Mühle
1 EL Dijonsenf

3 Teile Olivenöl mit 1 Teil Essig verrühren, den Senf hinzugeben und weiter verrühren. Mit Salz und Pfeffer würzen. Gegebenenfalls ein wenig Zucker zugeben, dazu Wildkräuter nach Wahl und gekochte Wachteleier.

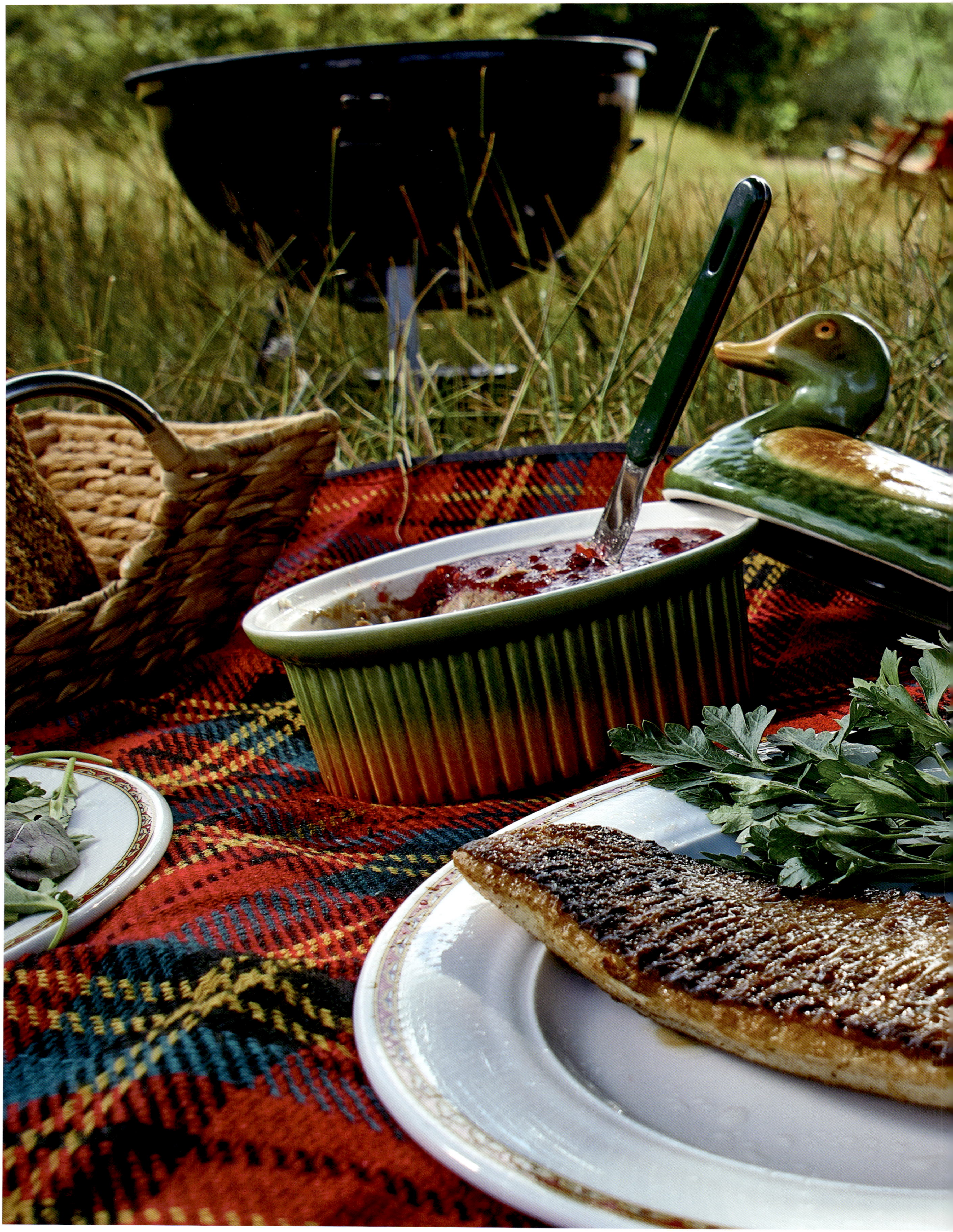

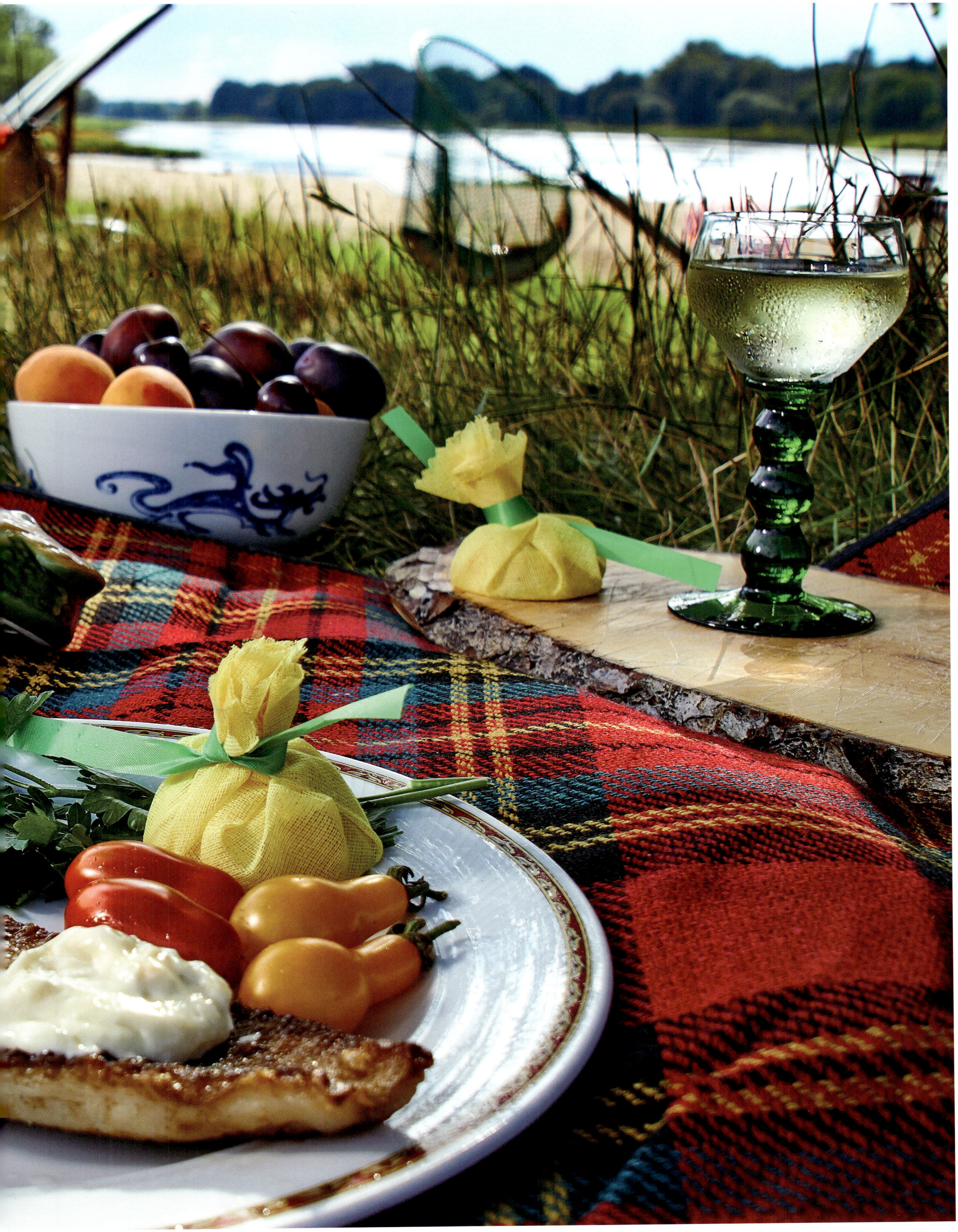

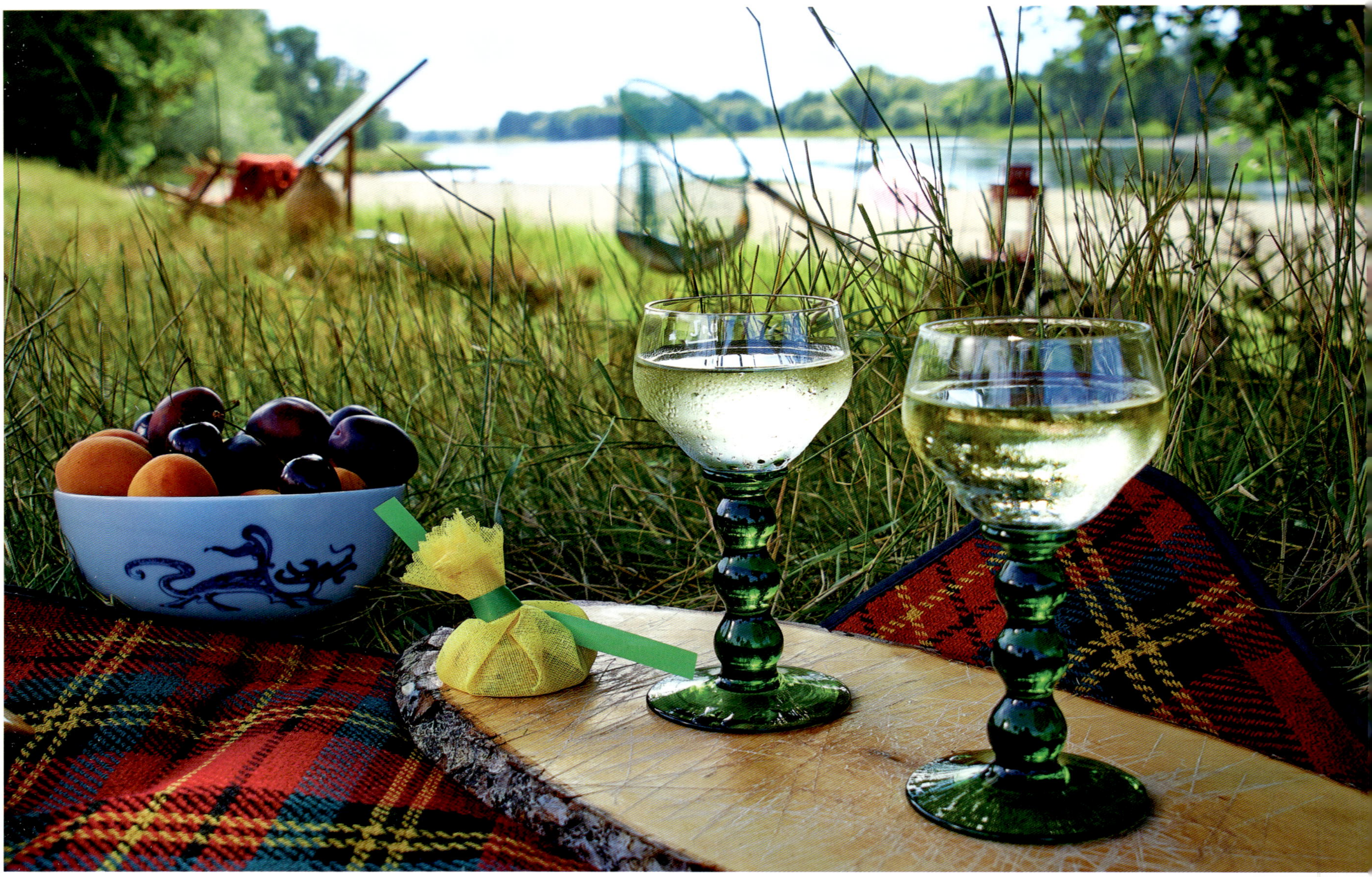

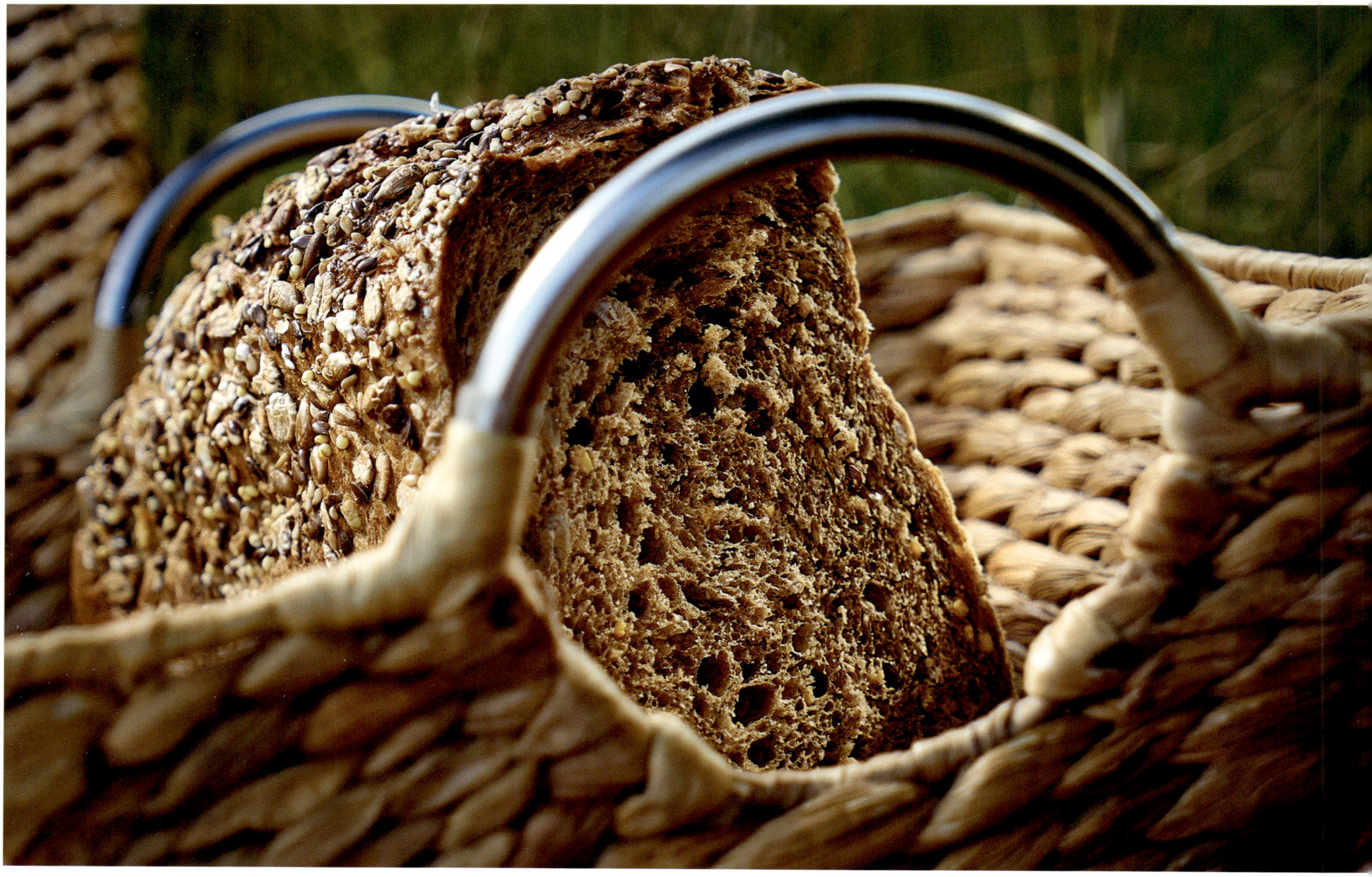

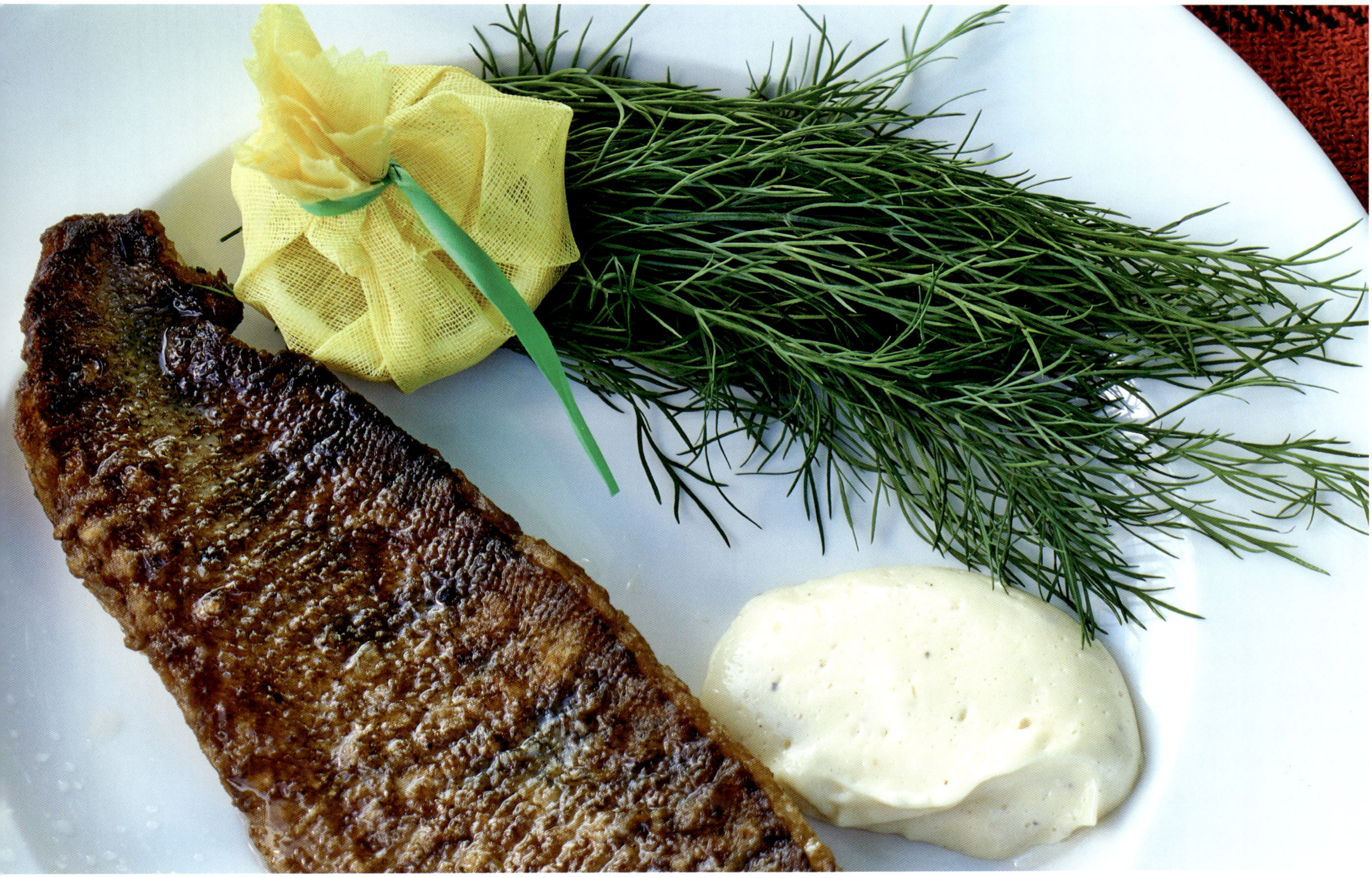
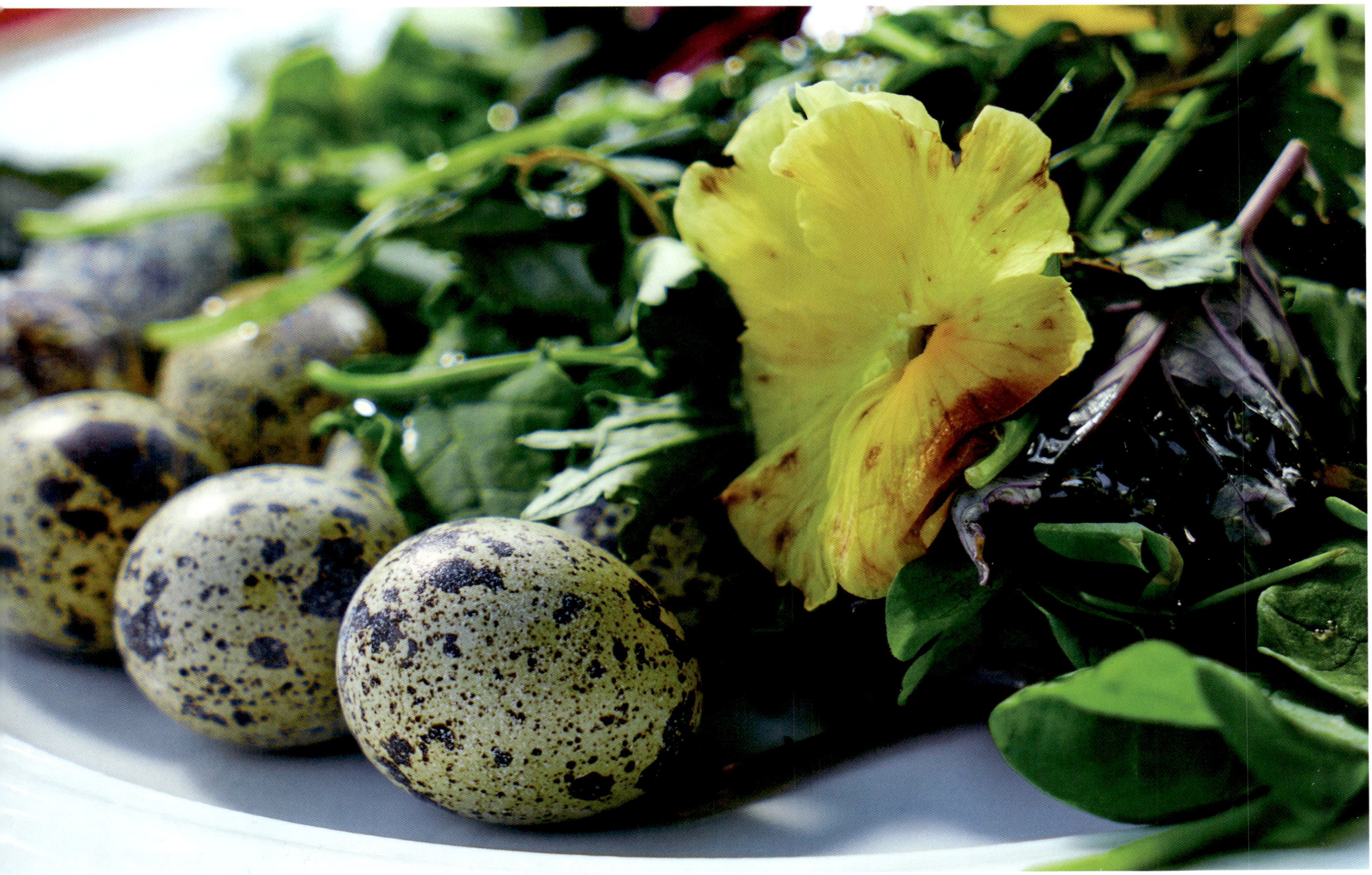

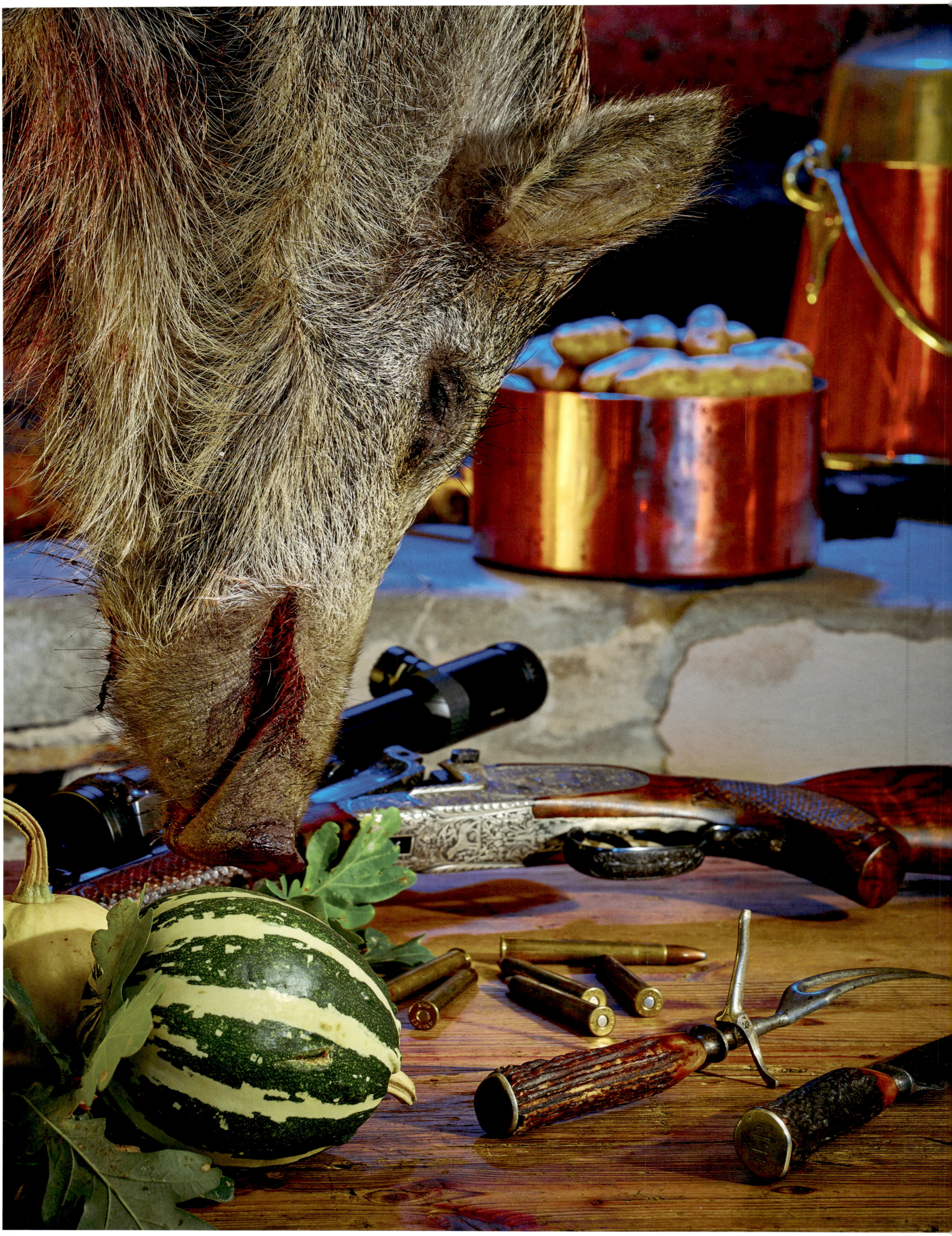

Menü für den Herbst

Steckrübensuppe
Gebratener Wildschweinrücken mit Süßkartoffelpüree
Bohnen im Speckmantel
Vanillecreme mit Birnenkompott

Für 4 Personen
Zubereitungszeit ca. 4 Stunden

750 g Schweinerippe
1 Kohlrübe
750 g Kartoffeln
1 TL Kümmel
2 l Gemüsebrühe
Salz, weißer Pfeffer aus der Mühle, Zucker
Petersilie

Steckrübensuppe

Die Schweinerippe in Salzwasser weich kochen, Kohlrübe und Kartoffeln schälen und in Würfel schneiden. Fleisch aus der Brühe nehmen. In der Brühe die Kohlrüben und Kartoffeln weich kochen (bissfest). Knochen ziehen, dann das Fleisch in Würfel schneiden und in die Brühe geben. Kohlrüben, Kartoffeln, Fleisch und die Gemüsebrühe aufkochen, mit Salz, Pfeffer und etwas Zucker abschmecken. Mit Petersilie garnieren und servieren.

1 Wildschweinrücken
200 g Sellerie, Karotten
Zwiebeln
1 l Gewürztraminer
Salz, Pfeffer aus der Mühle,
Wacholder, Thymian
Rotwein

Wildschweinrücken

Wildschweinrücken im Bräter anbraten, von allen Seiten mit Salz, Pfeffer, Thymian und Wacholder würzen. Aus dem Bräter nehmen, Gemüse im Bräter anbraten, mit Rotwein ablösen und weich kochen. Wildschweinrücken auf dem Sud von Gemüse und Rotwein ansetzen und im Backofen bei 180 °C 15 Minuten garen. Fleisch in Alufolie wickeln und ruhen lassen. Fond passieren.

400 g Süßkartoffeln
100 g Butter
100 ml Sahne
Salz, weißer Pfeffer, Muskat

Süßkartoffelpüree

Die Süßkartoffeln schälen und in 1 cm große Würfel schneiden und weich kochen. Sahne mit Butter und den Gewürzen aufkochen, Kartoffeln durch die Presse drücken, in die heiße Sahne einrühren und servieren.

400 g Stangenbohnen
Bauchspeckscheiben
Salz, Pfeffer aus der Mühle

Bohnen im Speckmantel

Bohnen putzen und blanchieren (Bohnen in kochendes Salzwasser geben, 5 Minuten kochen und im Eiswasser abschrecken). 10 Bohnen mit einer Bauchspeckscheibe umwickeln und in Butter braten.

0,5 l Milch
150 g Zucker
1 Vanilleschote
2 Eigelb
40 g Speisestärke

Vanillecreme

Die Milch (0,4 l) mit der Vanilleschote und dem Zucker aufkochen. Das Eigelb, 100 ml Milch und die Stärke vermischen. Diese Masse unter die aufgekochte Milch rühren, in kleine Schalen gießen und auskühlen lassen.

4 Birnen (Helene)
150 g Zucker
Zitrone
5 Nelken
1 Zimtstange
30 g Speisestärke

Birnenkompott

Die Birnen waschen, schälen und in feine Würfel schneiden. 0,5 l Wasser mit Zucker, Zimtstange und Nelken aufkochen. Die Birnenwürfel in den kochenden Sud geben und bissfest kochen. Die Stärke in kaltem Wasser einrühren. Das Birnenkompott mit Stärke binden.

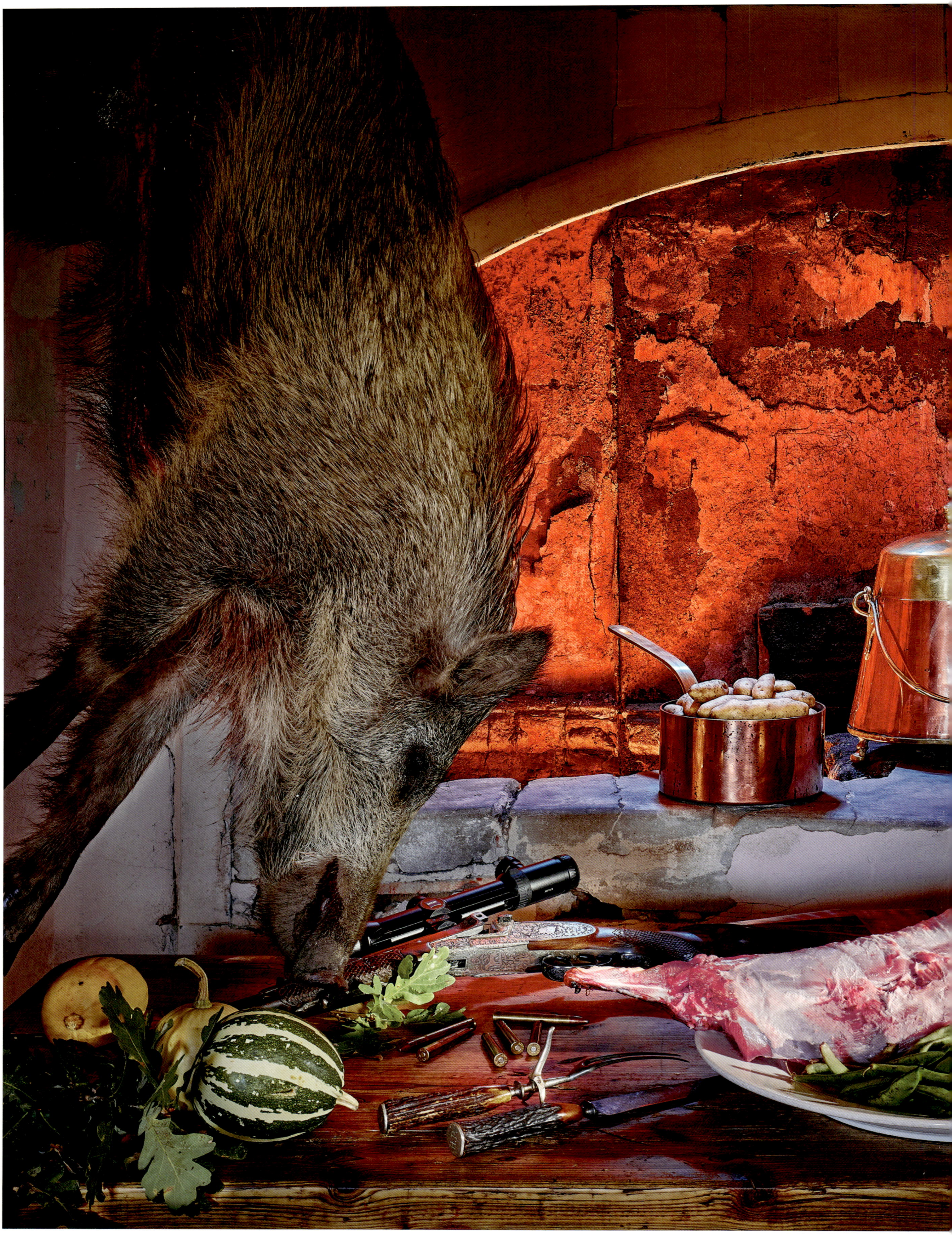

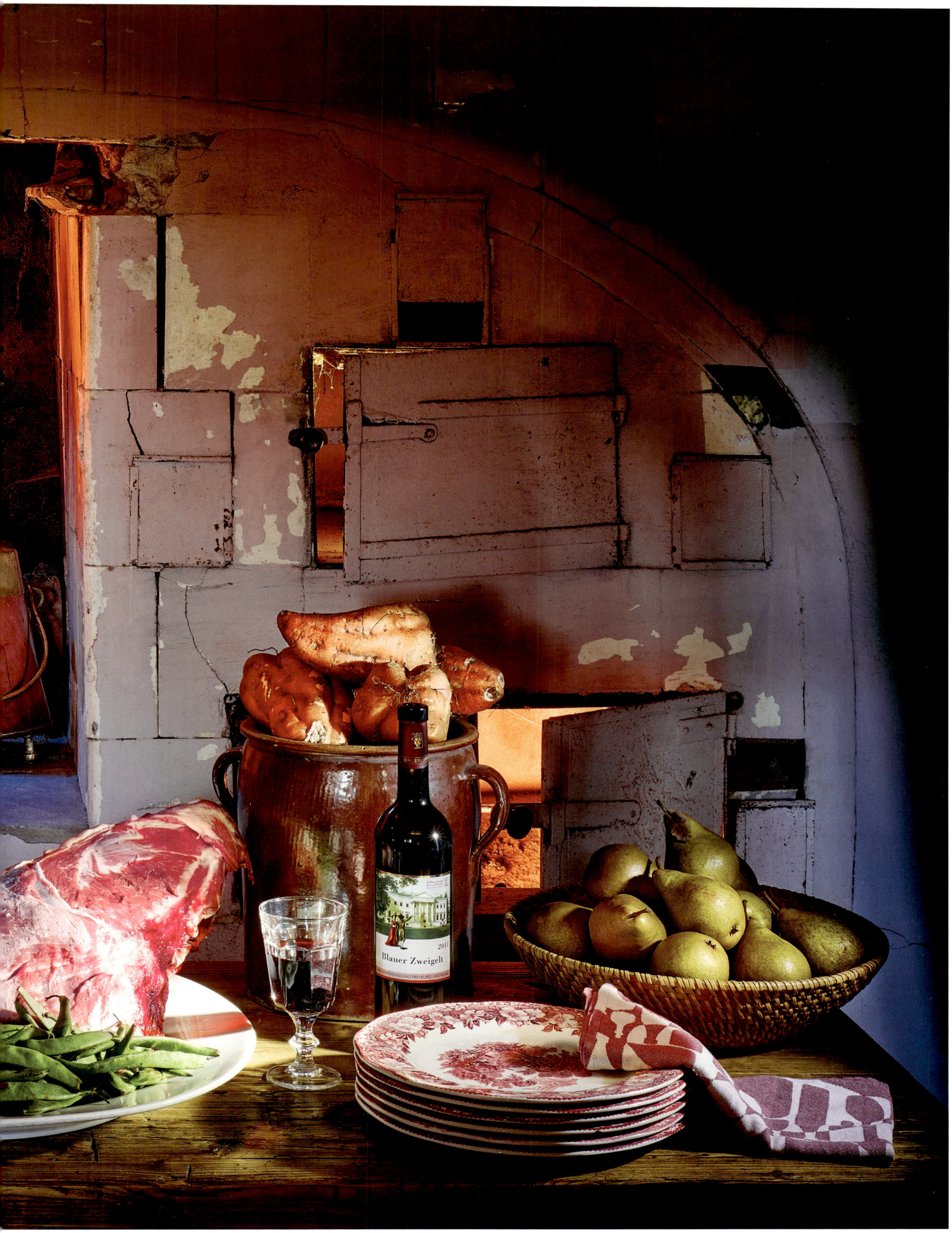
2011
Blauer Zweigelt

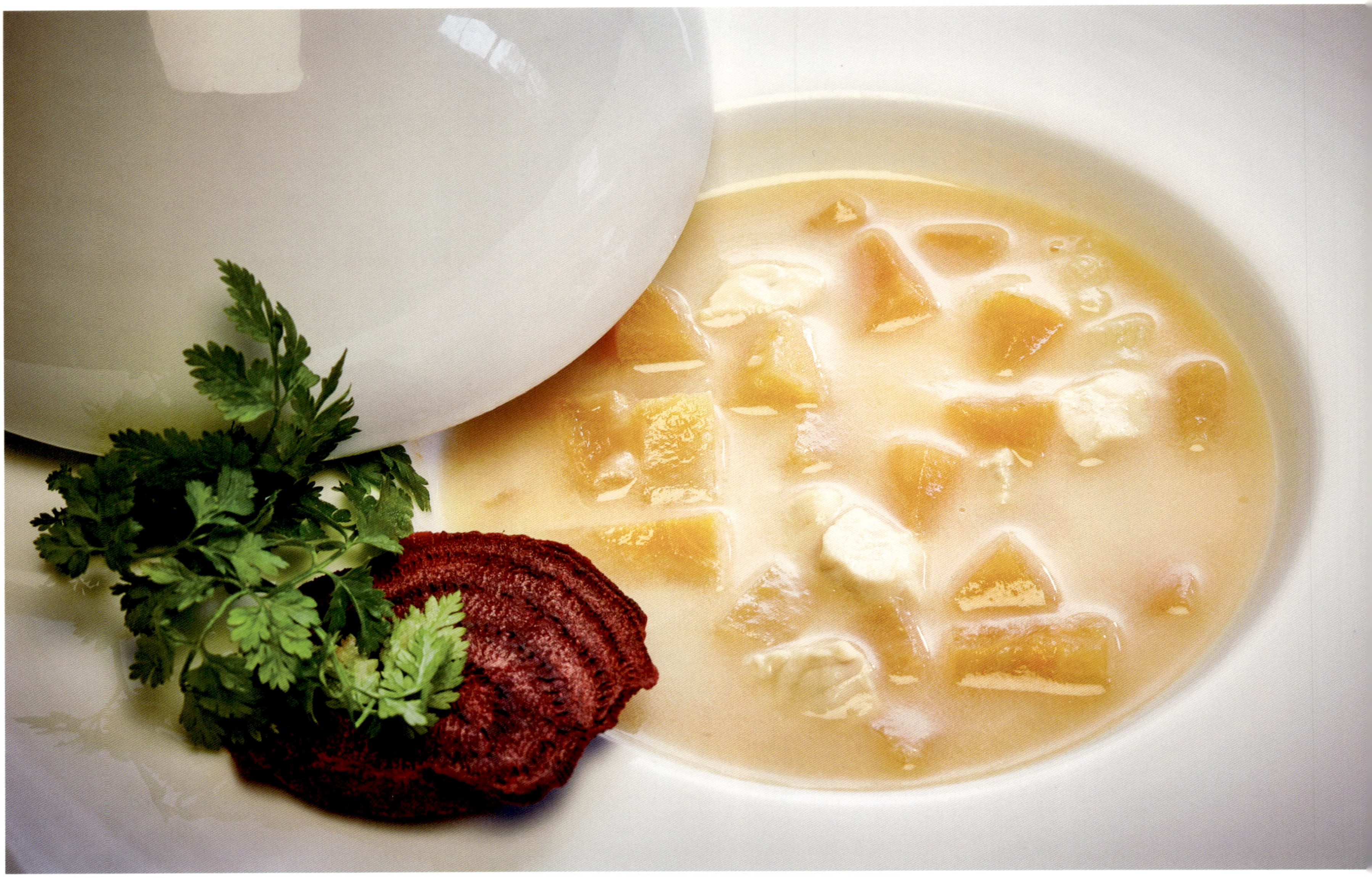

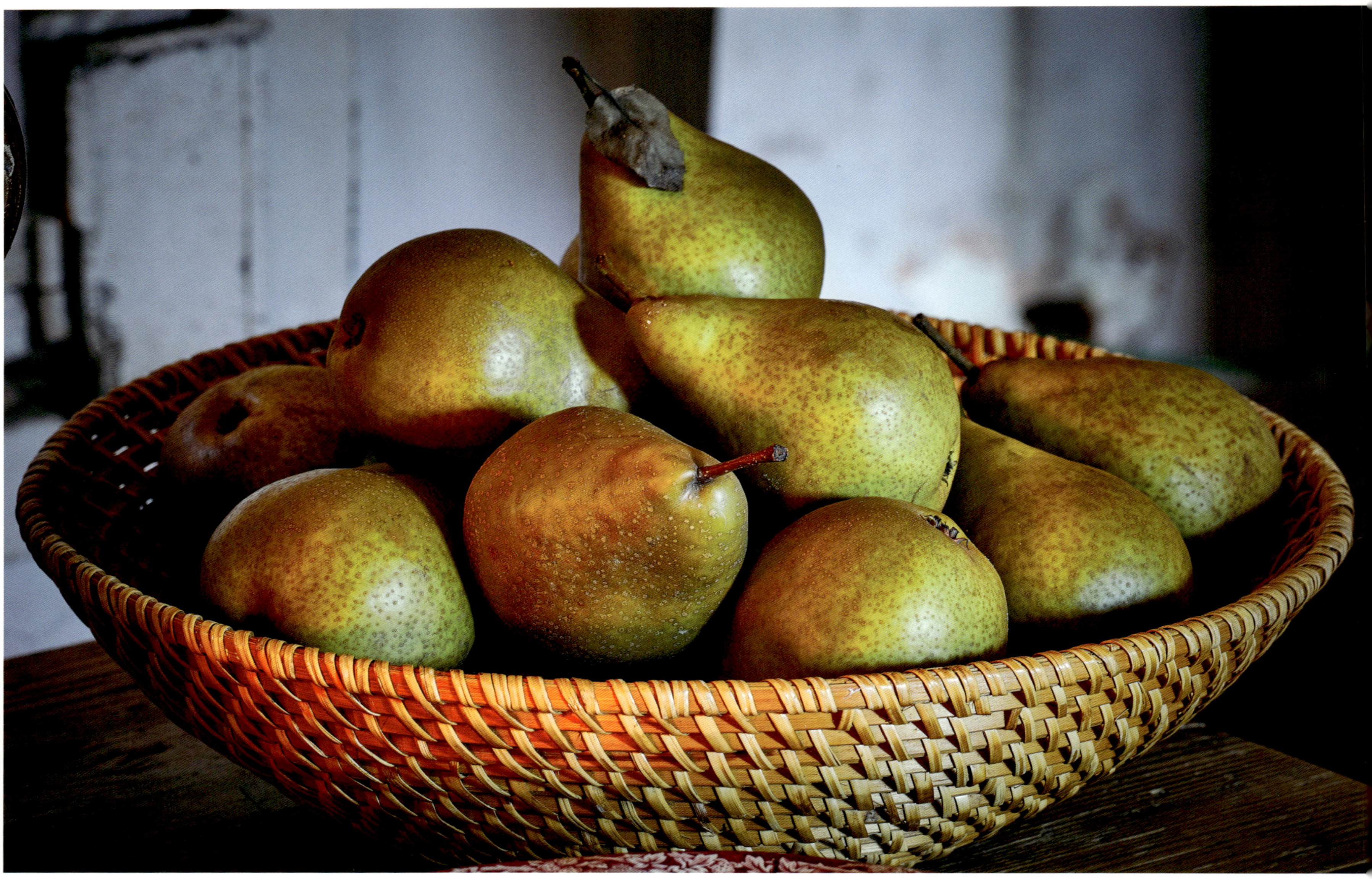

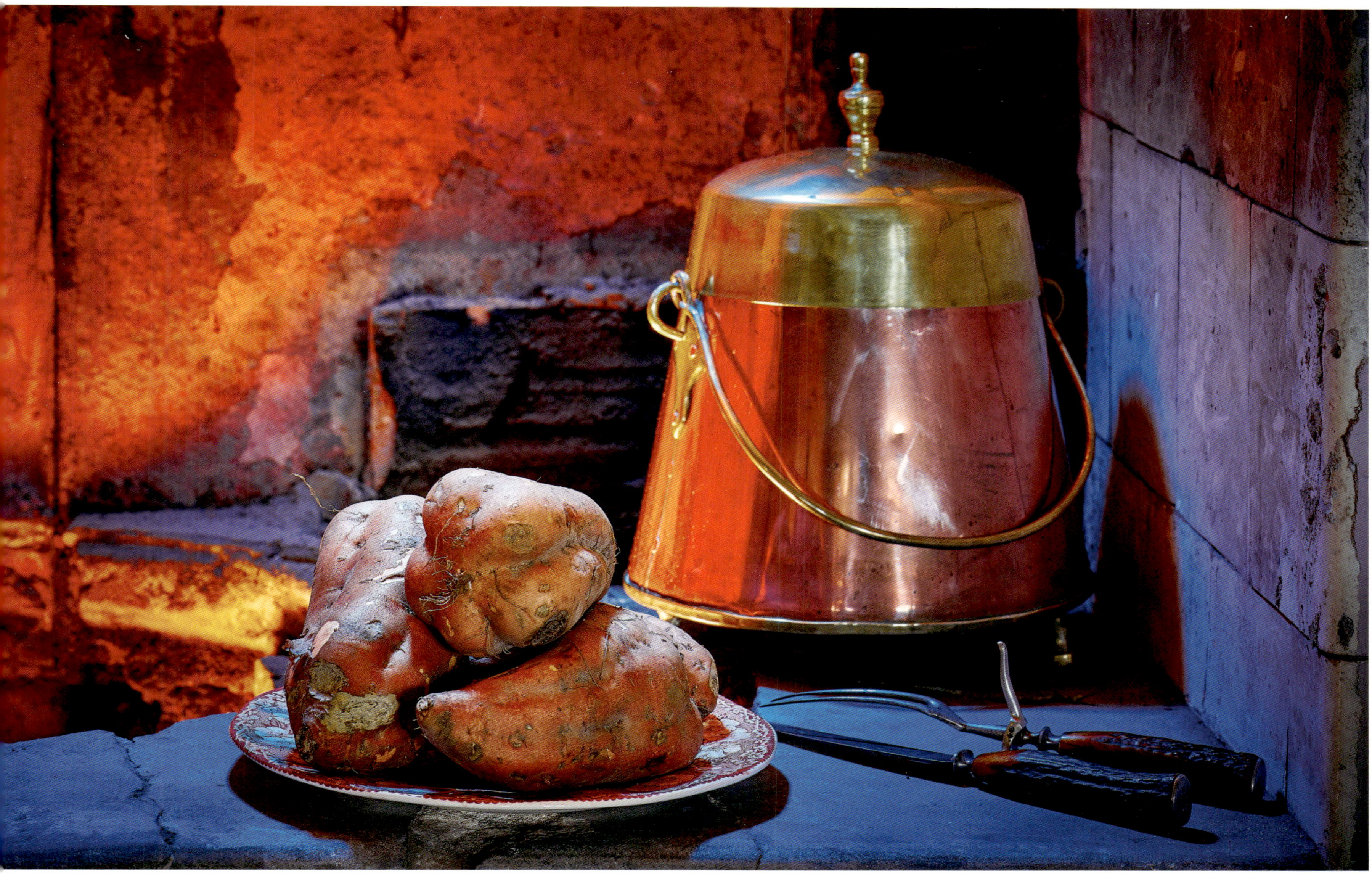

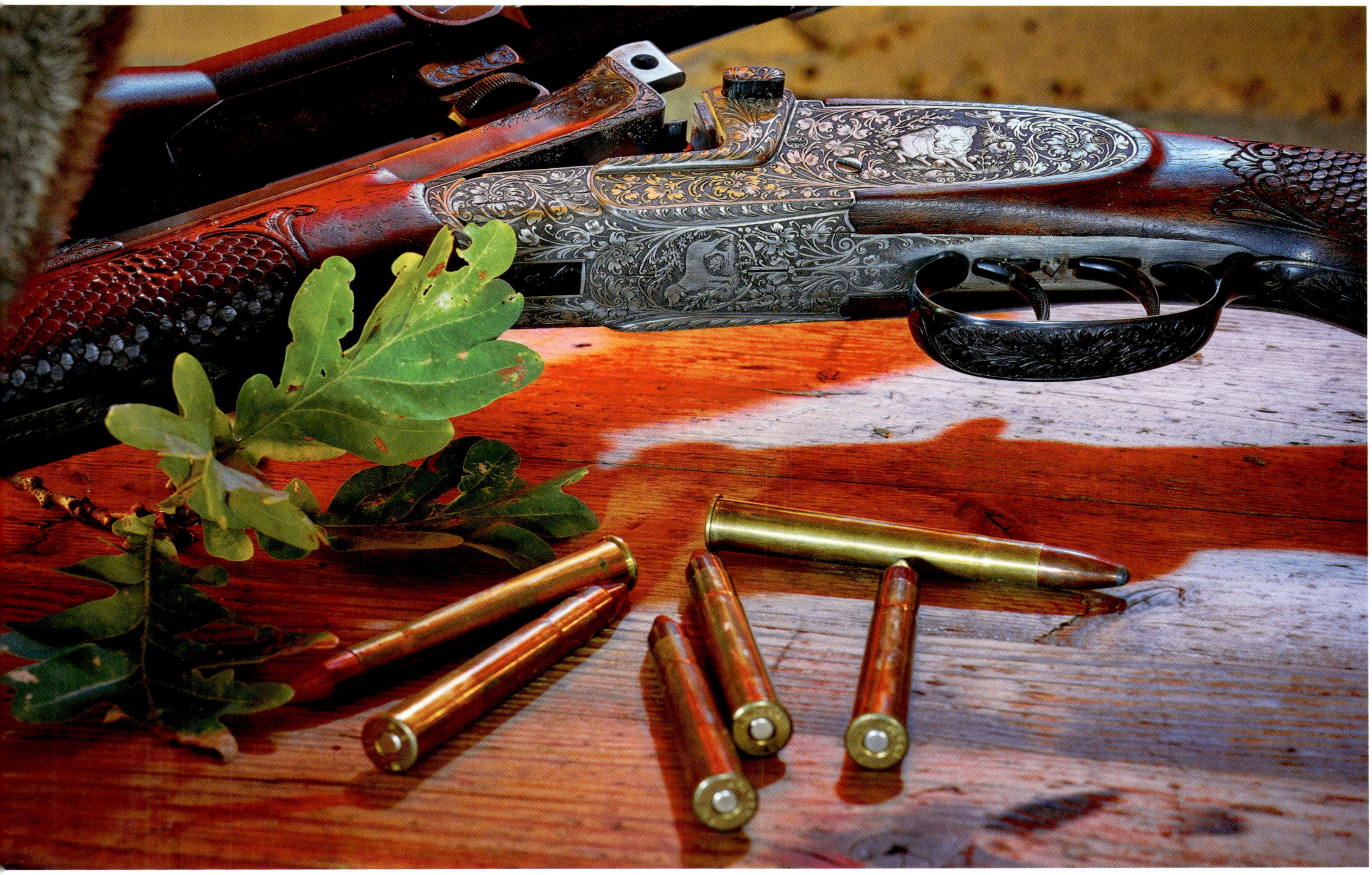

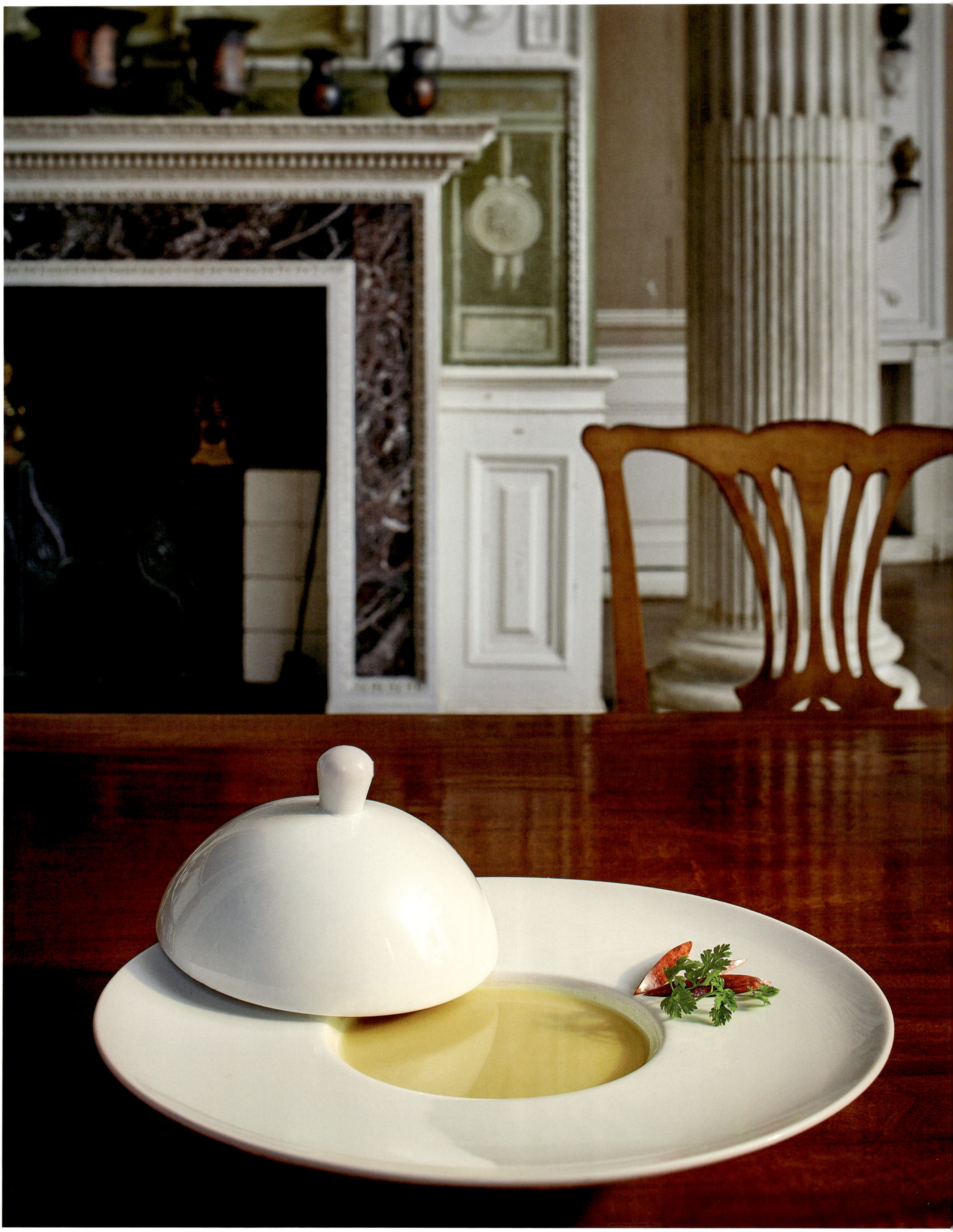

Menü für den Winter

Maronenschaumsüppchen
Martinsgans
Anhaltischer Grünkohl
Gefüllter Bratapfel

Für 4 Personen
Zubereitungszeit ca. 3 Stunden

Maronenschaumsüppchen

1 l Geflügelfond
600 g Maronen
1 Zwiebel (gewürfelt)
Öl
300 ml Sahne
6 cl Himbeeressig
Salz, Pfeffer aus der Mühle
Schinkenstreifen

Zwiebelwürfel und Maronen in Öl glasig dünsten, mit der Hälfte des Himbeeressigs ablöschen. Dann mit Geflügelfond aufgießen und 20 Minuten köcheln lassen. Sahne dazugeben und die Suppe pürieren. Das Ganze mit Salz, Pfeffer und dem Rest Himbeeressig abschmecken, nach Belieben mit Schinkenstreifen als Einlage anrichten.

Martinsgans

1 Hafermastgans
100 g Apfel
100 g Zwiebeln
20 g Beifuß
20 g Majoran
Salz, Pfeffer aus der Mühle
Bindfaden

Für die Soße
20 g Karotten
20 g Sellerie
Lorbeer, Piment

Die Gans von innen und außen gut waschen. Flügelknochen, Hals und Fettdrüse entfernen. Apfel und Zwiebeln walnussgroß schneiden und mit Pfeffer, Beifuß und Majoran vermengen. Die Gans von innen und außen mit Salz einreiben und mit der Apfel-Zwiebel-Masse füllen. Die Keulen zusammenbinden. Gans in einen Bräter setzen, mit Wasser angießen und ca. 3 Stunden bei 220 °C garen. Zwischendurch mit dem Fond immer wieder übergießen. Für die Soße: Die Innereien (außer der Leber), Hals, Flügelknochen, Karotten und Sellerie anbraten. Mit Wasser auffüllen. Lorbeer und Piment zugeben und ca. 2 Stunden kochen lassen. Den Fond aus dem Bräter und den Soßenansatz passieren, aufkochen, abschmecken und mit etwas Stärke binden.

Beilagen-Empfehlung: Kartoffelklöße und Grünkohl.

Anhaltischer Grünkohl

2 kg Grünkohl
100 g Gänseschmalz
200 g Zwiebeln
Salz, Pfeffer aus der Mühle,
Majoran

Grünkohl putzen (von Stielen befreien). Den geputzten Grünkohl mit Wasser, 50 g Gänseschmalz, 200 g Zwiebeln, Salz, Pfeffer und Majoran kochen. Den gekochten Grünkohl abkühlen lassen, Grünkohlblätter ausdrücken (Wasser aufheben) und durch die feinste Scheibe des Fleischwolfes lassen. Den durchgelassenen Grünkohl in 50 g Gänseschmalz braten, mit etwas Grünkohlwasser ablöschen, gut durchkochen und servieren.

Gefüllter Bratapfel

4 große säuerliche Äpfel
4 EL brauner Zucker
8 TL in Rum eingelegte Rosinen
8 TL grob gehackte Mandeln
etwas Honig und
Orangenmarmelade
1 EL weiche Butter und etwas
Butter für die Form

Von den Äpfeln den Deckel abschneiden, die Stiele dranlassen. Die Kerngehäuse der Äpfel bis auf das untere Drittel ausstechen. Zutaten mischen und in die Äpfel füllen, den Deckel auflegen. Die Äpfel in eine gebutterte Form geben und dann ca. eine halbe Stunde in den heißen Ofen (200 °C) schieben. Heiß servieren.

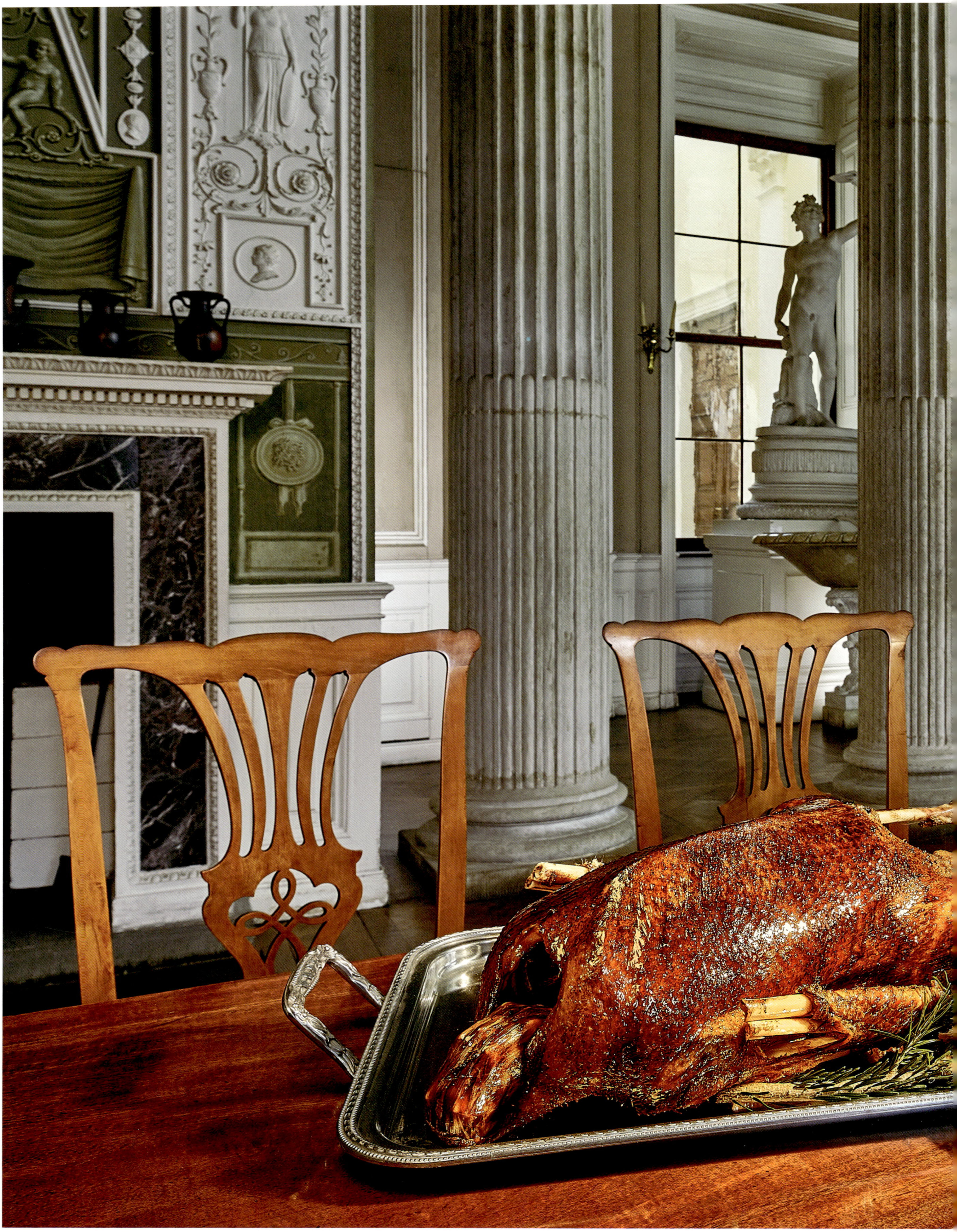

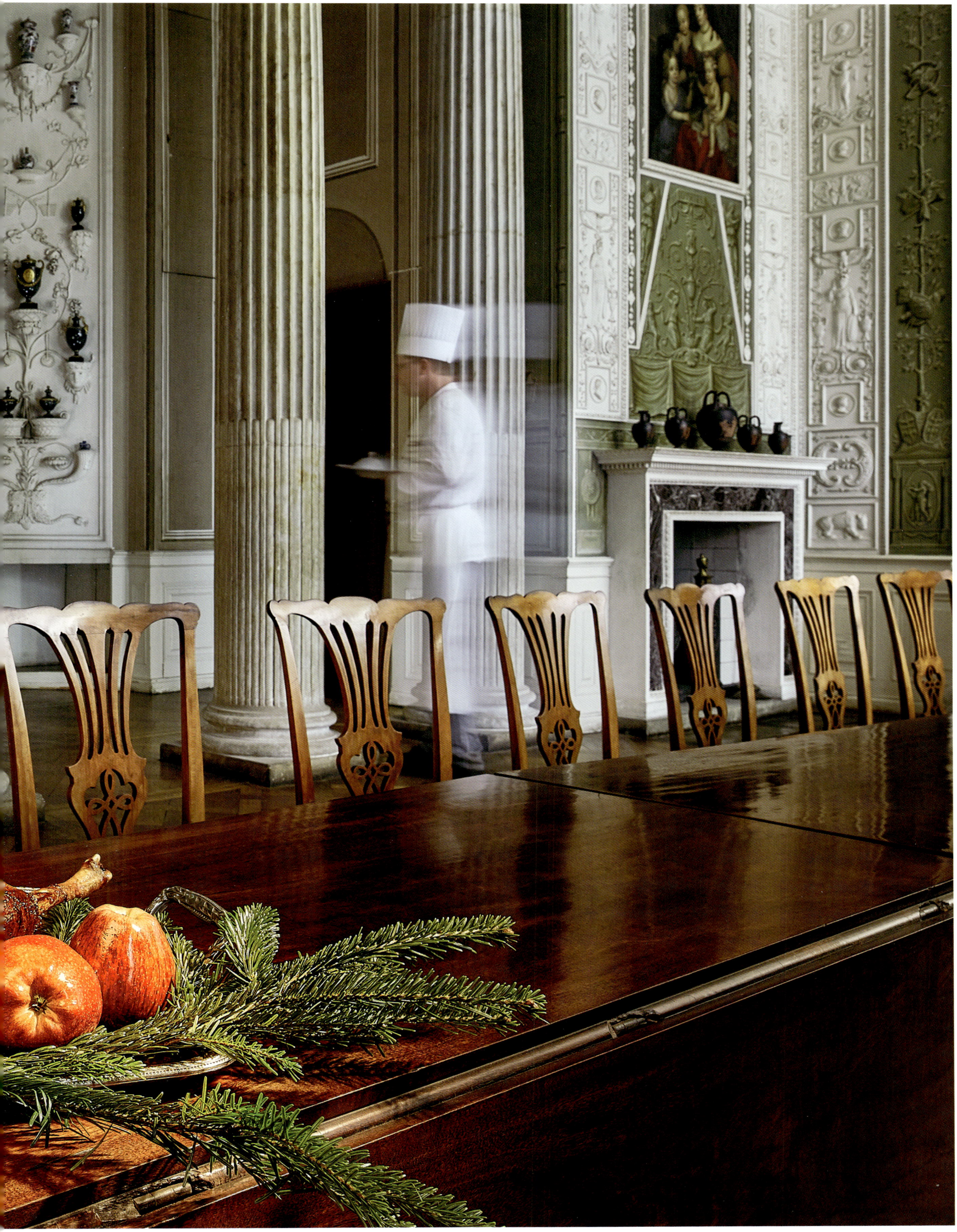

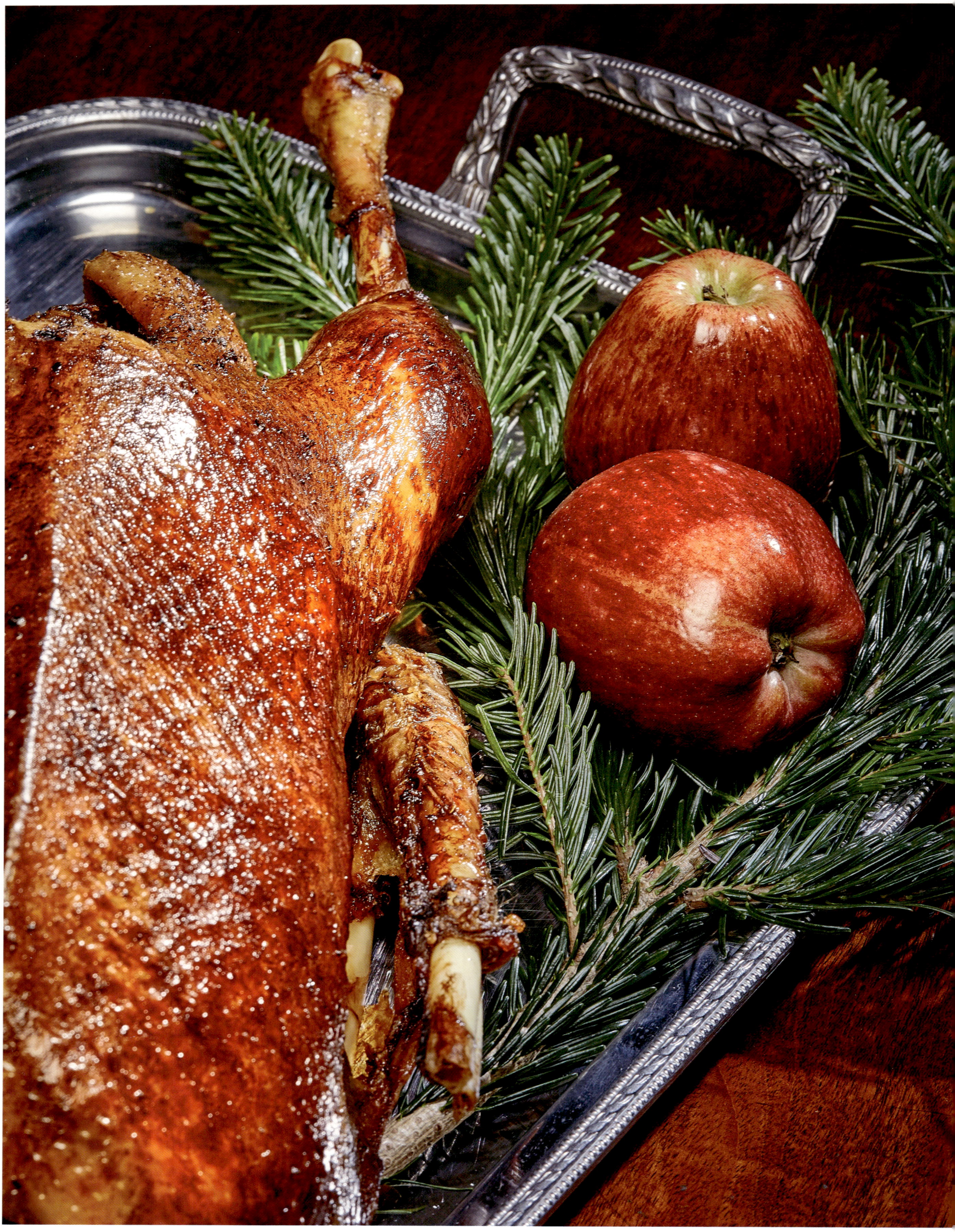

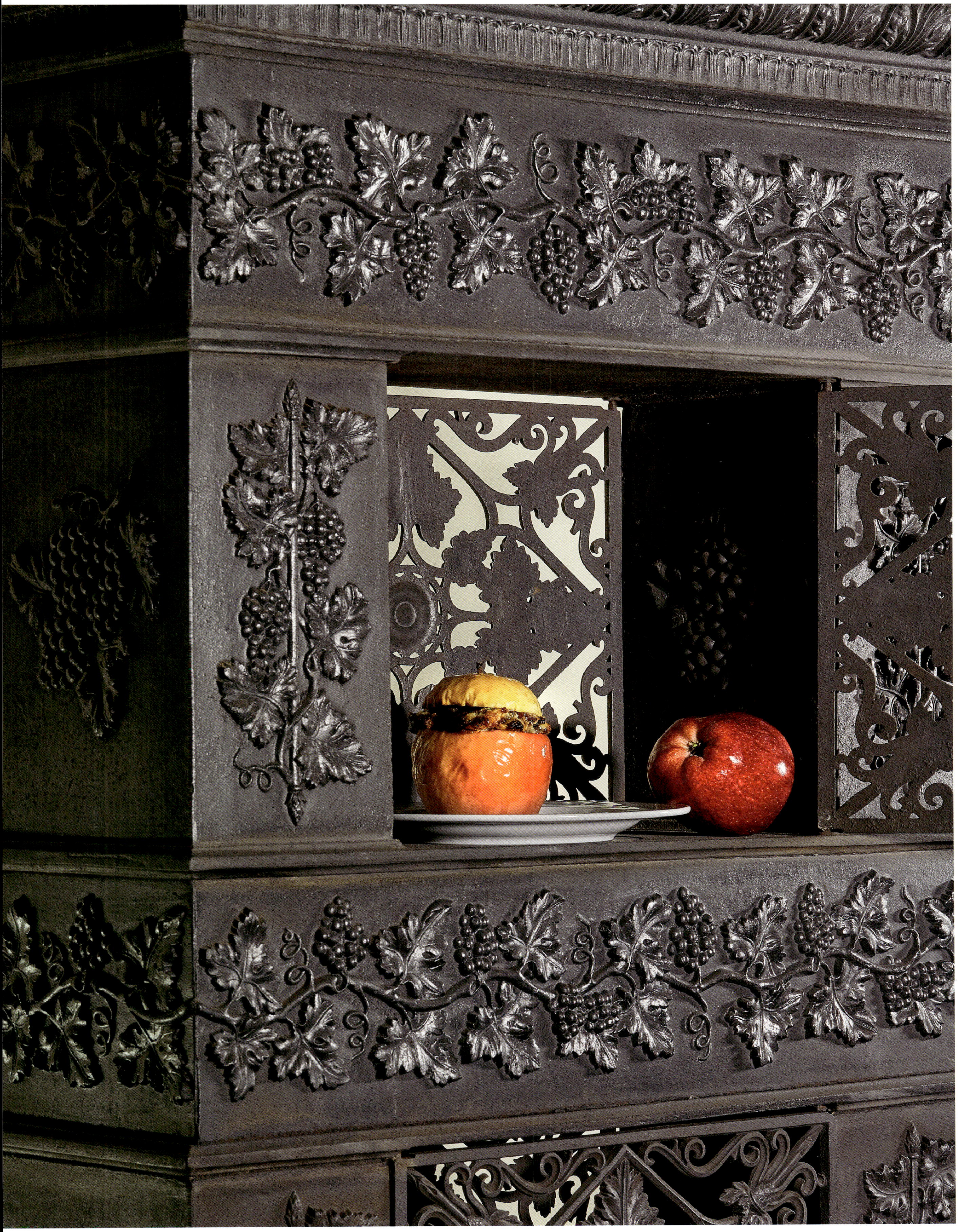

Autoren

Thomas Weiß, Dr., bekleidet seit 1997 das Amt des Vorstands und Direktors der Kulturstiftung DessauWörlitz. Zuvor war der 1951 in München geborene promovierte Kunsthistoriker vier Jahre lang Direktor der Staatlichen Schlösser und Gärten Wörlitz, Oranienbaum, Luisium. Seit 1999 amtiert er als stellvertretender Vorsitzender der Dessau-Wörlitz Kommission am Interdisziplinären Zentrum für die Erforschung der Europäischen Aufklärung der Martin-Luther-Universität Halle-Wittenberg und hatte dort von 2004 bis 2008 einen Lehrauftrag am Institut für Kunstgeschichte und Archäologien Europas für den Aufbaustudiengang Denkmalmanagement und Öffentlichkeitsarbeit. Seit 2005 ist er Mitglied im Denkmalrat des Landes Sachsen-Anhalt. Er ist Herausgeber und Autor zahlreicher Veröffentlichungen zur Kulturgeschichte des UNESCO-Welterbes Gartenreich Dessau-Wörlitz.

Hans-Ulrich Cain, Prof. Dr., geb. 1951, wurde nach dem Studium der Klassischen Archäologie 1980 in München promoviert. Nach Assistentenjahren am Deutschen Archäologischen Institut in Rom und an der Universität Bonn habilitierte er sich 1991 und wechselte an das Museum für Abgüsse Klassischer Bildwerke in München. Seit 1997 ist er Universitätsprofessor für Klassische Archäologie und Direktor des Antikenmuseums der Universität Leipzig.

Sebastian Doil aus Vockerode, geb. 1984, leitet seit Juli 2009 das Referat Gartenunterhalt und Pflanzenpflege in der Gartenabteilung der Kulturstiftung DessauWörlitz. Hier ist er u. a. für die Betreuung der Pflanzenbestände in den Gartenanlagen sowie für die Orangeriepflanzenbestände und die Pflege der Obstgehölze verantwortlich. Als gelernter Zierpflanzengärtner absolvierte er sein Fachschulstudium im Fachbereich Gartenbau und Technik.

Heinz Fräßdorf, geb. 1956 in Halle (Saale), ab 1962 in Dessau, 1972–1974 Schlosserlehre im VEB Waggonbau Dessau, in diesem Beruf dort auch tätig, 1985 Beschäftigung im Werbezentrum der Filmfabrik Wolfen, dort Ausbildung zum Fotografen, ab 1987 als Fotograf tätig im 1997 in die Kulturstiftung DessauWörlitz eingegliederten Museum Schloss Mosigkau.

Eckhard Fuhr, geb. 1954 im südhessischen Groß-Rohrheim, nach einem Studium der Geschichte und Soziologie begann er bei der Frankfurter Allgemeinen Zeitung seine journalistische Laufbahn. Zurzeit ist er Korrespondent für Kultur und Gesellschaft bei den Titeln der WELT-Gruppe. Er schreibt die Kolumnen „Fuhrs Woche" und „Fuhrs Hund" und veröffentlichte u. a. die Bücher „Jagdlust" und „Rückkehr der Wölfe".

Christa Hasselhorst ist Kulturjournalistin, seit sie im Jahr 2000 nach Potsdam zog, ist sie passionierte Parkomanin, schreibt über Pflanzen und Gärten. 2010 kreierte sie auf der Landesgartenschau Bad Essen/Schloss Ippenburg (Niedersachsen) den Show-Garten „Gärtnerin aus Liebe". So heißt auch ihr Portal (www.gärtnerinausliebe.de). Ihr Buch „Park Sanssouci" bekam 2013 den „Deutschen Gartenbuchpreis". Zum 225. Geburtstag von Preußens grünem Genie erschien 2014 ihr elftes Buch „Peter Joseph Lenné – vom Erschaffen der Landschaft".

Thomas Hinsche, geb. 1963 in Dessau, Maschinen- und Anlagenmonteur, Enkel des Dessauer Kreisnaturschutzbeauftragten Alfred Hinsche, seit 2006 widmet er sich der Naturfotografie, Naturschutzbeauftragter beim Naturschutz- und Umweltamt Dessau-Roßlau, Mitglied im Projekt „Naturfotografen for nature" und in der Gesellschaft Deutscher Tierfotografen.

Hartmut Kolbe, geb. 1938 in Meinsdorf, blieb zeitlebens der Dessau-Wörlitzer Landschaft verbunden. Er arbeitete als Lehrer, in den letzten Jahren am Goethe-Gymnasium Rosslau. Umweltschutz und ornithologische Freizeitforschung füllten sein nichtberufliches Leben aus. Als Autor oder Mitherausgeber publizierte er fünf Bücher mit vogelkundlichem Inhalt.

Ingo Pfeifer, Dr., geb. 1960, von 1979 bis 1981 Studium der Kunstgeschichte an der Universität Poznan (Polen), von 1981 bis 1984 an der Universität Leipzig, 1995 Promotion an der Martin-Luther-Universität Halle-Wittenberg, seit 1984 wissenschaftlicher Mitarbeiter und stellvertretender Abteilungsleiter der Kulturstiftung DessauWörlitz, zahlreiche Publikationen zur Kultur- und Kunstgeschichte des Gartenreiches Dessau-Wörlitz.

Guido Puhlmann, geb. 1963 in Coswig (Anhalt), studierte von 1984 bis 1989 an der Universität Rostock Meliorationsingenieurwesen. Nach Tätigkeit in der Landwirtschaft 1990 Ressortleiter der neugebildeten Unteren Naturschutzbehörde in Roßlau, ab 1993 in der staatlichen Wasserwirtschaftsverwaltung Dessau bzw. Lutherstadt Wittenberg, Dezernatsleiter mit Schwerpunkt Hochwasserschutz. Seit 1998 Leiter der Biosphärenreservatsverwaltung Mittelelbe, bis 2009 Sprecher der AG Biosphärenreservate bei EUROPARC Deutschland e. V. und seit 2009 Vorstandsvorsitzender von EUROPARC Deutschland e. V., seit 1976 ehrenamtlicher Naturschutzhelfer in Anhalt und Freizeitornithologe.

Uwe Quilitzsch, geb. 1956 in Dessau, 1978 Mitarbeiter der Staatlichen Schlösser und Gärten Wörlitz, Oranienbaum, Luisium, Studium der Museologie an der Fachschule für Museologen in Leipzig (FH), 1983 Diplommuseologe (FH), seit 1994 Referatsleiter in der Kulturstiftung DessauWörlitz, zahlreiche Veröffentlichungen zum Thema Gartenreich.

Thomas Raff, Prof. Dr., geb. 1947, Kunsthistoriker, studierte Kunstgeschichte, Klassische Archäologie und Volkskunde, Mitarbeit am Reallexikon zur Deutschen Kunstgeschichte, Assistent, Oberassistent und Vertretungsprofessor an der Universität Augsburg, Kurator mehrerer Ausstellungen, zahlreiche Publikationen, 1980 Dissertation über Windpersonifikationen.

Wolfgang Savelsberg, Dr., geb. 1956 in Lünen, Studium der Kunstgeschichte an der Rheinischen Friedrich-Wilhelms-Universität Bonn, 1988 Promotion, 1992–1997 Direktor des Museums Schloss Mosigkau in Dessau, seit 1997 Abteilungsleiter Schlösser/Kunstsammlungen der Kulturstiftung DessauWörlitz, fachliche Schwerpunkte: Malerei, speziell die Bestände der Oranischen Erbschaft in den Sammlungen der Kulturstiftung DessauWörlitz.

Ingo Schmidt, geb. 1962 in Bassum/Niedersachen, Studium der Germanistik und Geschichte an der Leibniz-Universität Hannover, Abschluss Magister Artium. Anschließend Pressesprechertätigkeit bei einer Hotelgruppe in Nordhessen. Seit 2007 selbstständiger Journalist und Publizist mit eigenem Redaktionsbüro FEINES LAND in Goslar/Niedersachsen. Tätig als Magazin- und Buchautor zu den Themen Kultur, Reisen und Kulinaria. Zuletzt erschien aus seiner Feder die auf vier Bände angelegte Edition „Faszination Welterbe".

Annette Scholtka leitet die Abteilung Baudenkmalpflege der Kulturstiftung DessauWörlitz. Sie studierte Restaurierung in Dresden und Stuttgart, Kunstgeschichte in Halle (Saale) und Architektur in Hannover. Bevor sie 2002 zur Kulturstiftung kam, war sie im Institut für Denkmalpflege und den Staatlichen Kunstsammlungen Dresden sowie im Fraunhofer IRB in Stuttgart tätig.

Eckart Schwarze, geb. 1938 in Dessau, war bis 1994 als Dipl.-Chemiker im Deutschen Hydrierwerk Rodleben tätig. Von Jugend an widmete er sich dem Studium, der Erkundung und dem Schutz der heimischen Vogelwelt. Als Naturschutzbeauftragter im Altkreis Roßlau (seit 1972) und im heutigen Stadtkreis Dessau konnte er den Fachgremien mit seinem praxisrelevanten Wissen zur Seite stehen.

Janos Stekovics, Verleger, Fotograf, geb. 1959 im ungarischen Sárvár, nach dem Studium der Betriebswirtschaft in Merseburg arbeitete er in der DDR als Isolierer, in Ungarn im Außenhandel und war später dort als Wirtschaftsjournalist tätig. Ab 1985 war er Bildreporter bei der ungarischen Nachrichtenagentur MTI in Szeged. Anfang 1989 verließ er Ungarn, lebte in Vilsbiburg, Passau, München und Halle (Saale), seit 1994 im Saalekreis. Dort ist heute sein Verlag ansässig. Seit 1992 veröffentlichte er mehr als 500 Publikationen und prägt damit die mitteldeutsche Kulturlandschaft. Mitglied im Verband Bildender Künstler und im Verband ungarischer Fotokünstler.

Christoph Stölzl, Prof. Dr., geb. 1944, der Historiker begann seine Laufbahn mit Forschungen zur Geschichte des europäischen Nationalismus. 1974 wechselte er von der Universität ins Museumsfach und arbeitete zuerst im Bayerischen Nationalmuseum und dann von 1980 bis 1987 als Direktor des Münchner Stadtmuseums. 1987 wurde er zum Gründungsdirektor des Deutschen Historischen Museums in Berlin berufen. Stölzl hat zahlreiche große Ausstellungen zur europäischen Kulturgeschichte veranstaltet sowie viele Arbeiten zu Geschichte, Kultur und Politik Europas veröffentlicht. 2000/2001 war er Berlins Kultur- und Wissenschaftssenator und von 2002 bis 2006 Vizepräsident des Berliner Abgeordnetenhauses. Seit 2004 lehrt Stölzl Kulturmanagement und Kulturgeschichte an der Freien Universität Berlin. Seit dem 1. Juli 2010 ist er Präsident der Hochschule für Musik FRANZ LISZT Weimar.

Ludwig Trauzettel, Dipl.-Ing., geb. 1951 in Weimar, studierte nach Schulausbildung und Lehre als Baumschulgärtner Landschaftsarchitektur an der TU Dresden und arbeitete ab 1974 in der kommunalen Planung und Bauausführung von städtischen Grünflächen der Hansestadt Stralsund. Seit 1979 ist er Mitarbeiter und seit Juli 1981 verantwortlicher Abteilungsleiter für die Gartenpflege und Restaurierung in der Kulturstiftung DessauWörlitz. Die unter seiner Leitung ab 1981 durchgeführten Wiederherstellungsarbeiten im heute als Weltkulturerbe gewürdigten Dessau-Wörlitzer Gartenreich wurden 1997 mit dem Carlo Scarpa Preis der Benetton Stiftung (Treviso, Italien) ausgezeichnet.

Antje Vollmer, Dr., geb. 1943 in Lübbecke/Westfalen, studierte von 1962 bis 1968 Evangelische Theologie in Berlin, Heidelberg, Tübingen und Paris, 1973 Promotion zum Dr. phil. Sie war Mitglied der Fraktion Die Grünen im Deutschen Bundestag (1983–1990) und von 1994 bis 2005 erneut Bundestagsabgeordnete sowie Vizepräsidentin des Deutschen Bundestages. Vollmer engagierte sich für eine Entschädigung für Zwangsarbeiter, NS- und Euthanasieopfer, Homosexuelle und Wehrdienstverweigerer und begann einen Dialog mit Terroristen der RAF. Sie unterstützte eine Vielzahl politischer Initiativen, etwa die Initiative für eine deutsch-tschechische Versöhnungserklärung oder das Jugendprojekt „Straßenfußball für Toleranz". Im Jahr 2001 war sie Mitinitiatorin des deutsch-chinesischen Rechtsstaatsdialogs. Sie erhielt zahlreiche Auszeichnungen, darunter die Medaille der Karlsuniversität Prag (1997), den Hannah-Arendt-Preis (1998), den Carl von Ossietzky-Preis (1989), den Masaryk-Orden der tschechischen Republik für Verdienste um die deutsch-tschechische Aussöhnung (2003), das Große Verdienstkreuz der Bundesrepublik Deutschland (2005) und den Dorothee-Fliess-Preis für Widerstandsforschung (2012).

Entlang des Schönitzer Sees hat Fürst Franz 1795 aus Gründen des Hochwasserschutzes neun an der Strömungsseite mit Pflastersteinen befestigte Hügel anlegen lassen, welche das Eis brechen und Schwemmgut, Eisschollen und Strömung weiträumig von den Wörlitzer Wällen ableiten sollten. Auf einem der Hügel steht seit 1800 der Proteusstein, wofür Fürst Franz eine Inschrift verfasste.

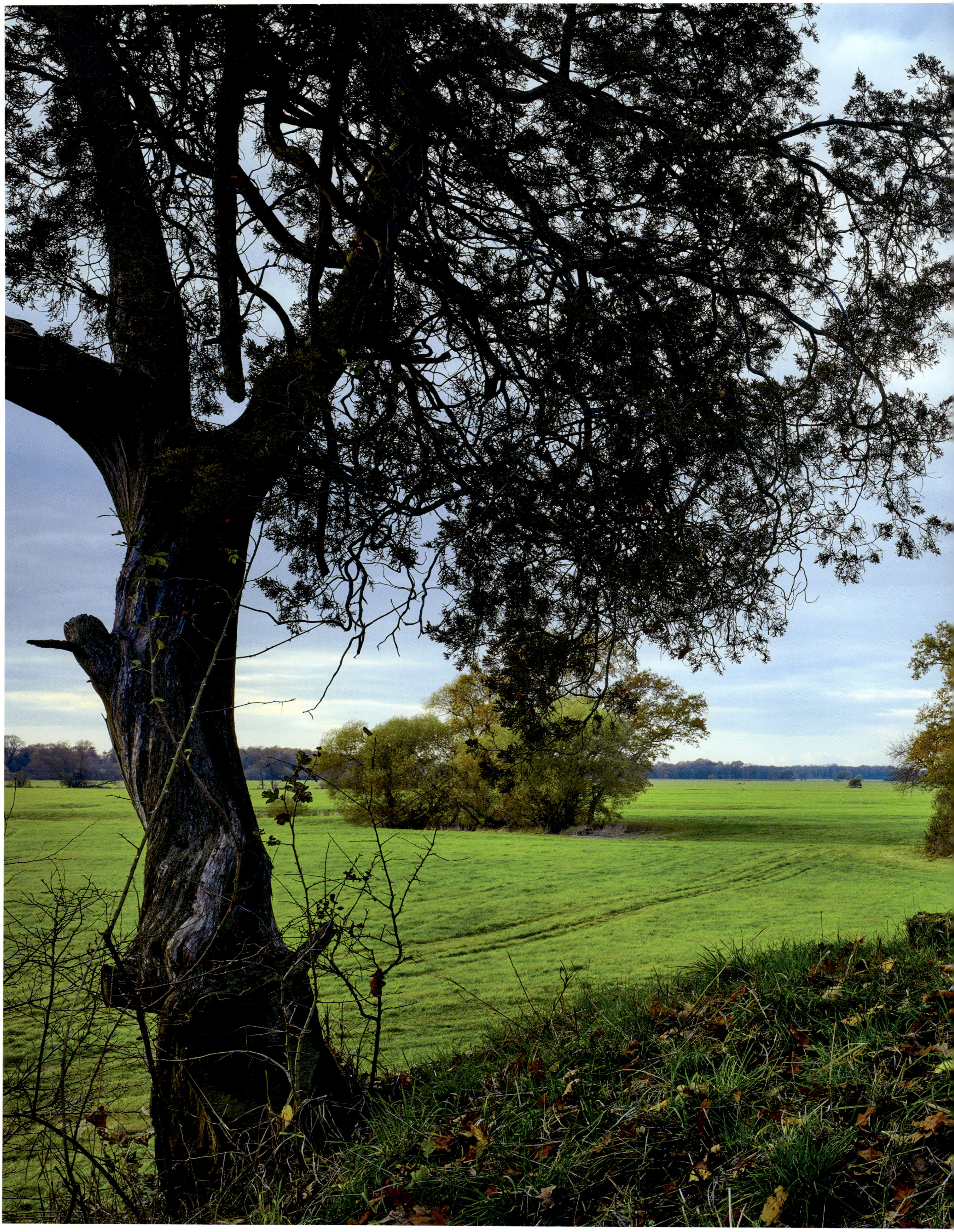

HÖRET NACHKOMMEN EINE EUCH WARNENDE STIMME
VORSICHTIGER FLEISS SCHUF DIESE HÜGEL
UND DIESES GEBÜSCH UM DIE FELDBEWAHRENDEN DÄMME
VOR DEM ZERSTÖRENDEN EISE ZU BEWAHREN
WENDET ALLES AN SIE ZU ERHALTEN

(Inschrift vom Proteus-Stein)

Impressum

Diese Publikation wurde vom Land Sachsen-Anhalt gefördert.

Danksagung
Herausgeber und Verlag möchten weiterhin folgenden Personen und Institutionen für ihre Hilfe bei der Vorbereitung dieses Buches danken: Bodo Beuther, Bert Freier, Christoph Jann, Karl-Heinz Koppe, Alexandra Lübbert-Barthel, Henry Hentze, Franziska Mundt, Bettina Oldenbourg, Ingo Pfeifer, Michael Pirl, Bork Schaetz, Herbert Schröter, Dora Stekovics, Antje Unger, Jan Wätzold.

Besonderer Dank gilt der Familie Pirl als Inhaber des Ringhotels „Zum Stein" in Wörlitz und ihren Mitarbeitern für die Zubereitung der im Buch abgebildeten Menüs.

Die für dieses Buch verwendeten Requisiten und Lebensmittel wurden vom Ringhotel „Zum Stein" in Wörlitz, vom Forellenhof Thiessen, vom Fischereibetrieb Horst Pinkert, Horstdorf, von der Kulturstiftung DessauWörlitz sowie aus Privatbesitz freundlicherweise zur Verfügung gestellt.

Abbildungen
Titel: Nymphäum im Wörlitzer Park
Umschlag Rückseite: Diana, Göttin der Jagd, im Sieglitzer Park
Bezug: Jan Brueghel d. J. und Hendrik van Balen: Ceres und Amphitrite (Allegorie der Elemente Erde und Wasser), Ausschnitt, Öl auf Leinwand, 62,5 x 84,5 cm
Vorsatz: Carl Wilhelm Kolbe d. Ä. (1757–1835): Leierspieler und Mädchen an einem Brunnen, 1802/03, Radierung
Nachsatz: Carl Wilhelm Kolbe d. Ä.: Die Kuh im Schilfe, um 1800, Radierung

Bildnachweis
Thomas Hinsche: 93–95, 96 u., 96 o. r., 100, 104, 109–129, 313, 314, 315 o.
Heinz Fräßdorf: 73, 172, 184–186, 200, 201, 203, 206 o. (2), 236, 239, 242, 243 u., 245, 249 u., 325 o.
Sándor Vadász: S. 315 u.
Anhaltische Gemäldegalerie, Dessau: S. 206 u.
Alle übrigen Aufnahmen: Janos Stekovics

Lektorat: Dr. Ulrich Steinmetzger
Geamtgestaltung, Layout: Janos Stekovics
Bildbearbeitung: Janos Stekovics, Hans-Jürgen Paasch
Grafische Beratung: Bork Schaetz

Gesamtherstellung
VERLAG JANOS STEKOVICS
Straße des Friedens 10 · 06193 Wettin-Löbejün OT Dößel
Telefon: (03 46 07) 2 10 88 · Fax: (03 46 07) 2 12 03
E-Mail: verlag@steko.net · Internet: www.steko.net

Druck
Těšínská tiskárna, a. s., Český Těšín, Czech Republic

Bibliografische Information Der Deutschen Bibliothek
Die Deutsche Bibliothek verzeichnet diese Publikation in der Deutschen Nationalbibliografie; detaillierte bibliografische Daten sind im Internet über http://dnb.ddb.de abrufbar.

© 2015, VERLAG JANOS STEKOVICS
Alle Rechte vorbehalten. Nachdruck, vollständige oder auszugsweise Reproduktion, gleich in welcher Form (Fotokopie, Mikrofilm, Speicherung in elektronische Datenverarbeitung, CD-ROM oder durch andere Verfahren), Vervielfältigung, Weitergabe von Vervielfältigungen sind nur mit schriftlicher Genehmigung des Verlages gestattet.
www.steko.net
ISBN 978-3-89923-352-0

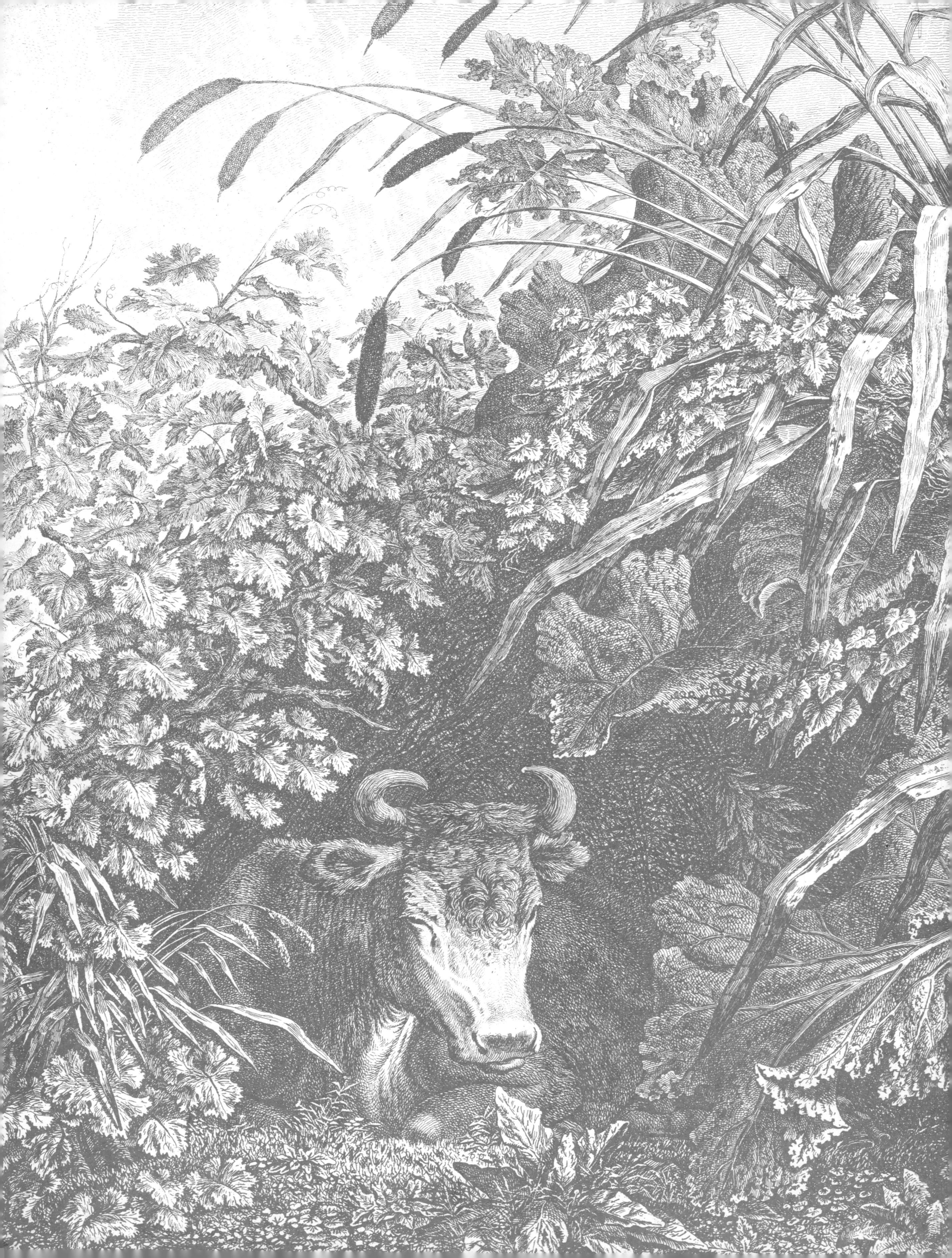

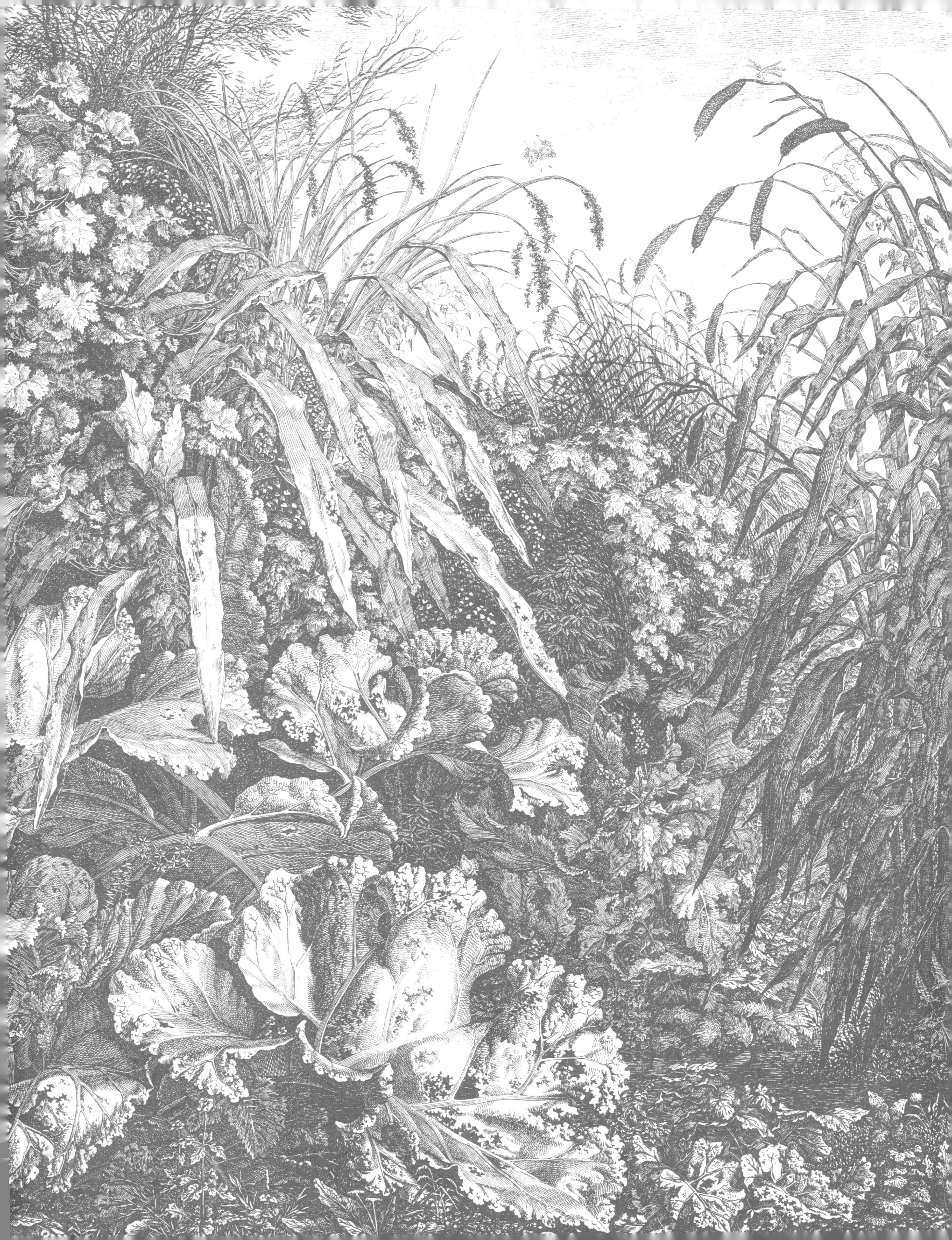